国家社科基金资助项目（05BMZ034）
黑龙江省历史文化研究工程出版资助项目（CBZZ1301）
哈尔滨市宣传文化发展资金资助项目

哈尔滨犹太简明辞书

THE
CONCISE HARBIN
JEWISH
DICTIONARY

总策划　曲　伟　刘瑞强　鲍海春
主　编　曲　伟　李述笑
副主编　傅明静　张铁江　韩天艳　郝志鸿

社会科学文献出版社
SOCIAL SCIENCES ACADEMIC PRESS (CHINA)

谨以此书向原哈尔滨犹太社区标志性企业
——马迭尔宾馆创建 100 周年献礼！

THIS DICTIONARY IS DEDICATED
TO THE CENTENARY OF MODERN HOTEL
—REPRESENTATIVE OF THE ENTERPRISES IN
THE FORMER JEWISH COMMUNITY IN HARBIN!

目　　录

序　言 ……………………………………………………………………… 5

　序一　我们家族的根在哈尔滨 ………………… 埃胡德·奥尔默特 / 5

　序二　世界人道主义的光彩记录 ………………… 亨利·基辛格 / 15

　序三　哈尔滨是最善待犹太人的城市 ……… 查琳·巴尔舍夫斯基 / 20

　序四　回顾历史　开创未来 ……………………… 特迪·考夫曼 / 27

　序五　犹中人民友谊的历史见证 ………………………… 安泰毅 / 35

凡　例 ………………………………………………………………………… 38

索　引 ………………………………………………………………………… 41

　词条索引 ………………………………………………………………… 43

　图片索引 ………………………………………………………………… 88

词　条 ……………………………………………………………………… 105

附　录 ……………………………………………………………………… 411

　附录一　哈尔滨犹太历史年表（1898～2012） ……………………… 413

　附录二　辞书人名要览（中俄英对照） ……………………………… 454

　附录三　哈尔滨市主要街道新旧街名对照表（中俄英对照） ……… 478

　附录四　哈尔滨皇山犹太公墓墓葬分布表 …………………………… 485

　　中文列表 ……………………………………………………………… 485

　　英文列表 ……………………………………………………………… 504

　　俄文列表 ……………………………………………………………… 521

　附录五　1953 年哈尔滨犹太宗教公会会员名册 …………………… 539

　　中文名册 ……………………………………………………………… 539

　　英文名册 ……………………………………………………………… 551

　　俄文名册 ……………………………………………………………… 565

　附录六　哈尔滨犹太历史文化遗址遗迹示意图 …………………… 578

主要参考文献 ……………………………………………………………… 580

　俄文文献 ………………………………………………………………… 580

　英文文献 ………………………………………………………………… 584

　日文文献 ………………………………………………………………… 584

　中文文献 ………………………………………………………………… 585

后　记 ……………………………………………………………………… 586

CONTENTS

Prefaces / 5

    Preface Ⅰ   Our Family Roots in Harbin   *Ehud Olmert* / 5

    Preface Ⅱ   A Glorious Record of World Humanitarian Spirit

             Henry Kissinger / 15

    Preface Ⅲ   Harbin, a City that Treated the Jewish People Best

             Charlene Barshefsky / 20

    Preface Ⅳ   Looking Back on History and Creating the Future

             Teddy Kaufman / 27

    Preface Ⅴ   Historical Witness of the Friendship between

           the Jewish and Chinese Peoples   *Amos Nadai* / 35

Editorial Notes / 38

Indexes / 42

    Index of Entries / 43

    Index of Illustrations / 88

Entries / 104

Appendices / 411

    Appendix Ⅰ   Chronology of the Jewish Presence in Harbin (1898 – 2012)

             / 413

    Appendix Ⅱ   Names of the Persons from the Dictionary (in Chinese,

           Russian and English) / 454

    Appendix Ⅲ   The Former and Current Names of Harbin's Main Streets

           (in Chinese, Russian and English) / 478

    Appendix Ⅳ   Distribution Table of the Tombs at the Huangshan Jewish

           Cemetery in Harbin / 485

      The Chinese Version / 485

      The English Version / 504

      The Russian Version / 521

Appendix V   The 1953 Roster of the Harbin Jewish Religious Society   / 539

    The Chinese Version   / 539

    The English Version   / 551

    The Russian Version   / 565

Appendix VI   A Sketch Map of the Jewish Sites in Harbin   / 578

Main References   / 580

    Russian Sources   / 580

    English Sources   / 584

    Japanese Sources   / 584

    Chinese Sources   / 585

Postscript   / 586

我们家族的根在哈尔滨

〔以色列〕 埃胡德·奥尔默特

首先，我要说哈尔滨是我们家族历史的中心和转折点。我虽然出生在以色列，但儿童时代就常常听父母提起哈尔滨，因为那里有他们美好的回忆。在那世界反犹排犹浪潮迭起的年代里，哈尔滨曾经是他们唯一可以幸福生活的乐园。他们从来没有被哈尔滨人排挤过，中国人民非常友善地对待他们，他们在自己的社区里生活十分自由。

我的父母出生在乌克兰。在沙俄歧视、排斥犹太人时，我的祖父母认为乌克兰已经不是犹太人可以平安生活的家园，因而他们决定另寻安乐之地，迁移到哈尔滨。当时对他们来讲，东方的中国哈尔滨是最理想的地方。

我的父母在哈尔滨长大。据我的父母回忆，他们离开哈尔滨以后再没有机会故地重游，但是在他们的记忆中哈尔滨是多么舒适，多么惬意，多么令人向往。

2004 年 6 月，当我以以色列副总理和原居哈尔滨犹太人后裔的身份，有机会亲自来到哈尔滨——这个我的祖父生活与安息之地时，看到哈尔滨是一个充满生机活力的城市、一个富有魅力特色的城市，看到当地政府正在积极努力修复哈尔滨的犹太社区遗址遗迹，我感到十分兴奋，激动不已，我能深深地感受到当年犹太社区生机勃勃的气息。哈尔滨保留下来的犹太会堂等犹太社区遗址遗迹，都是当时多数国家拒绝接纳犹太人，唯有中国敞开大门、敞开胸怀善待犹太人的有力佐证。

我的父母是在 20 世纪 30 年代在哈尔滨相识相爱的。1931 年我的父亲先去了欧洲，然后来到以色列；我的母亲 1933 年从哈尔滨移居以色列，在以色列我的父母重逢并结婚。他们的一生，直到去世时都对中国、对哈尔滨充满美好的回忆。我父亲直到去世前还在讲中文，他说最大的遗憾是没有再回哈尔滨看一看。我很遗憾不会说中文，但我希望自己能学会。在父母的熏陶之下，我也能听懂一些中文。我父亲在85岁高龄时仍然能流利地说中文，这说明我们家族的根在中国，在哈尔滨。

我父亲作为哈尔滨锡安主义的领导人之一，年轻时就想回到巴勒斯坦完成锡安的梦想。当他向我的祖父母讲了这个愿望之后，我的祖母却说："你想去天堂，去巴勒斯坦，你疯了吧？"我父亲回答说："那是犹太人的国土，那是犹太人的家园，那里是古以色列，我一定要去为恢复建设以色列国家而出力。"我的祖母说："如果你一定要去，我不能给你路费，你需要自己去挣钱。"所以我父亲在一位中国朋友的帮助下，到了哈尔滨以南的双城堡，成为一个中国学校的俄语老师。为与学生沟通，他学习了中文。在20世纪20年代末30年代初，作为一个哈尔滨犹太人，我的父亲既能熟练地讲俄语，也能说流利的中文。

2004年6月，我以去哈尔滨犹太墓地为我祖父扫墓为名，来到哈尔滨访问。我在哈尔滨的犹太墓地看到了我们家族的名字，看到了保存完好、修缮一新的祖父的墓碑，我从心底里十分感动。我的祖父于1941年5月14日在哈尔滨逝世。墓碑上面的文字是古希伯来语，与我们现在所写的不完全一样，下面用俄文标注卒年。这个犹太墓地主要是祭奠包括我祖父在内的生活在哈尔滨地区的犹太人。我们环顾四周可以看到许多墓碑，表明当时有很多犹太人生活在这里，最后也葬在这里。这不仅对犹太人是一种骄傲，对中国人来说也是一种骄傲。我想对所有哈尔滨人表示我诚挚的敬意，感谢你们用你们的心血来维护我们家族的尊严。当时，我同我的哥哥和我的夫人在那里用犹太人特有的方式祭奠了我的祖父。以色列有很多人知道我的祖父葬在中国，葬在哈尔滨，这也是他们了解中国和以色列关系的一个渠道。

我要感谢哈尔滨人民保护我们家族的过去，并且让曾经是这个犹太社区一部分的人感受到了他们的尊严，感受到他们受到的尊敬。这一切将永远使我们铭记曾有很多的犹太人生活在这座城市——哈尔滨。再次感谢你们保护了犹太人的记忆。他们不仅是我们犹太人民中的一部分，同时也因曾作为中国人民的一分子而感到自豪。我的家族曾经讨论过，是不是应该把我们祖父的遗骨迁移到以色列来。最后的一致意见是，我们应该理解他们选择了哈尔滨，长期生活在哈尔滨。我们应该尊重他们热爱中国和哈尔滨的感情，尊重他们已经与哈尔滨这座城市结下的不解之缘，他们不仅属于犹太民族，也属于中国，属于哈尔滨。总之，我们应该尊重他们的选择。

2009年8月15日我再次访问哈尔滨，从省委书记吉炳轩先生介绍的情况，我看到了黑龙江省所取得的成就。每次到这里来，我都感觉到我是一个受到尊敬的人。哈尔滨是黑龙江省的省会城市，哈尔滨是我在中国最了解的城市之一。与我5年前来黑龙江省和哈尔滨相比，哈尔滨又有了很大的变化。今天的哈尔滨在我眼里更加生动，更加强大。有很多高楼大厦拔地而起，黑龙江省，乃至全中国，在此期间都取得了非常快速的发展。

中国在整个世界是一个崛起的大国。黑龙江省为中国成为这样的大国提供了许多最基本的东西，也是以色列公民生活最基本的需要。他们需要食物，需要发展良好的工业，需要好的药品、好的教育，需要有各种不同的大专院校。

我非常骄傲地看到哈尔滨取得如此飞速的发展。虽然这些发展与我没有太大的关系，但是在过去的10年内，我会利用每一个机会向以色列人提起哈尔滨。哈尔滨曾经是我们的家乡，我的家族曾经非常骄傲地在这座城市生活成长。许多犹太人回到以色列也非常骄傲地对我说，我去过中国，去过哈尔滨。我知道哈尔滨有那么多犹太人的历史文化遗存。哈尔滨是犹太人的第二故乡，我注意到哈尔滨与以色列在农业领域的合作，已经取得了非常好的成果。我对此感到非常骄傲，我希望以色列与黑龙江省的合作取得更大的成果。

2008年6月，我在以色列接待了黑龙江省的一个代表团，我同他们高兴地谈起黑龙江与以色列的农业合作，这种合作使黑龙江和以色列都能从中获得最大利益。黑龙江人口是以色列的5~6倍，面积是以色列的20多倍。

我这次到中国来，是想从一个全新的领域促进发展以色列同中国、同黑龙江省的合作。与我一起来的以色列DSG公司的董事长、总经理本雅明·斯坦米兹，他们经营的是一家非常有前景的公司，他们不仅在以色列，在全球30多个国家，包括中国，都有他们非常重要的合作伙伴。这次我到中国来，是想介绍他们与你们合作，使DSG公司的网络覆盖到黑龙江省。我们知道，现在整个经济是一个全球化的经济，网络在全球化中也越来越重要。

我第一次到中国来时带来200多个企业客商到中国访问，现在这200多家企业多数从事与中国有关的商业活动。我并不是说，上次来中国是我最后一次来中国，以后我将会每年到中国一次，而且一定要到黑龙江来。我每次来都会带企业家，就像这次带DSG公司的企业家来一样，最终会找到以色列同中国合作的机会、合作的领域。我们希望同中国构建一种互利双赢的合作机制，这对中国的发展有好处，同样对以色列人民也有好处。本着这种合作的精神，尤其对我的父母居住的地方、我的祖父长眠的地方，对黑龙江省表达我的挚爱和忠诚。在此我向吉炳轩书记承诺，我会经常到中国来，到黑龙江，来感谢中国对以色列的友谊，感谢以色列和黑龙江省的长久关系。

以色列农业大部分采用温室大棚，利用大棚产生的温室效应实现农业的高产、高质和高效。建议黑龙江省考虑开辟境外市场，把畜产品、农产品出口到俄罗斯、东北亚和欧洲，像以色列一样成为欧洲的"冬季厨房"和"菜篮子"。与以色列相比，黑龙江省距离欧洲要更近一些，从黑龙江省飞到欧洲也就七八个小时。

目前黑龙江的农产品主要供应当地和本国市场需求。中国目前是个居住各地区的人民在食品、蔬菜、水果方面都非常富足的国家。我想谈的是一个商业领域问题，黑龙江省应把商品更多地出口到海外去，需要确立一个目标，中国需要出口，出口，再出口。我接触过黑龙江的许多代表团，他们对科技创新很感兴趣，愿意发展与以色列的农业科技合作。我相信这会有效地提高黑龙江省农产品的出口竞争力。

我要用希伯来语和英语两种文字为哈尔滨犹太历史文化展览留言，为你们即将出版的《哈尔滨犹太简明辞书》作序。我的父母从哈尔滨回到以色列，我的父母在哈尔滨生活生长并受到教育。他们在其他地方受到迫害，在哈尔滨受到尊重并找到了认同感，我为此非常感动。我的父母在这里成为锡安主义青年组织"贝塔"的成员，回到以色列后继续从事锡安主义活动，我从心底里非常受感动。在哈尔滨这个距离以色列如此遥远的地方，当我看到犹太民族在哈尔滨的这段历史，我也为中国政府对犹太人历史的保护和尊重所感动。中国人民一向保护犹太人，特别是在犹太人民遭受危难迫害的时候给他们提供了庇护，这令我们犹太人永存感激之心。这座纪念馆、这本辞书是友谊之光，以欢乐和荣耀永远照亮我们的心胸。

（作者系原居哈尔滨犹太人后裔，曾任耶路撒冷市市长、以色列副总理、总理，黑龙江省社会科学院名誉研究员。本文为作者与黑龙江省社会科学院院长曲伟研究员的谈话摘要。）

Our Family Roots in Harbin

Ehud Olmert (Israeli)

First of all, I would say Harbin is the center and turning point of our family history. Born in Israel as I was, I used to hear my parents tell of Harbin in my childhood, for they had wonderful memories of the city. In that era when anti-Semitist waves surged repeatedly over the world, Harbin was the only paradise for them to live in happily. Instead of suffering from discrimination, they were kindly treated by the Chinese people and they led a free and easy life in their own community in Harbin.

My parents were born in Ukraine. At the time of Tsarist Russia's discrimination and persecution against Jews, my grandparents thought that Ukraine was already not a homeland for Jews to live in peace, so they decided to find a peaceful and nice land elsewhere and eventually moved to Harbin. At that time, Harbin, China in the east, was an ideal place for their habitation.

My parents grew up in Harbin. According to their memories, they felt it a pity that they had no opportunities to return to their homeland of Harbin after they left it, even though it remained so comfortable and desirable a place in their memory.

In June 2004, I was lucky to have personally visited Harbin—my grandparents' dwelling and resting place—in the name of Deputy Prime Minister of Israel and a descendant of the former Jewish residents in Harbin. I found that Harbin was a city full of vitality, charm and distinctive characteristics, and that the local government was actively working to restore the old sites and remains of the Jewish community in Harbin, about which I was very excited and could deeply feel the vibrant atmosphere of the Jewish community in those years. The preserved sites and remains like synagogues of the Harbin Jewish community, were all convincing proofs that only China opened the door to the Jews and kindly treated them when they were rejected by most of the countries in the world.

It was in the 1930s that my parents met and fell in love in Harbin. In 1931, my father went to Europe first, then came to Israel; my mother moved to Israel from Harbin in 1933, had a reunion with my father and married him there. Their minds were full of wonderful memories of China, especially of Harbin, all their lives. All the time my father would speak Chinese until his death. He said his biggest regret was his incapability of returning to Harbin and having a look at it. It is a pity that I cannot speak Chinese, but I hope I can. Yet, I can understand some Chinese under the influence of my parents. The fact that my father was still able to speak fluent Chinese at the age of 85 indicates that our family roots are in China, or rather, in Harbin.

In his youth acting as a Zionist leader in Harbin, my father yearned to return to Palestine to fulfill his Zionist dream. When he told my grandparents about it, my grandmother said: "You must be crazy planning to go to Palestine, aren't you?" My father replied: "That is the Jewish land, the Jewish homeland and ancient Israel. I am determined to go there and exert myself for the resumption and construction of the state of Israel." My grandmother said: "If you are sure to go, I won't offer you the travel expenses. You'll have to make money on your own." So, with the help of a Chinese friend, my father went to the town of Shuangcheng, south of Harbin, and worked there as a teacher of Russian language in a Chinese school. In order to communicate with his students smoothly, he studied Chinese language. In the late 1920s and early 1930s, my father, as a Jew in Harbin, could speak Russian and Chinese fluently.

In June 2004, I went to Harbin for a visit in the name of paying respects to my grandparents at their graves in the Jewish cemetery in Harbin. At the cemetery I was touched from the bottom of my heart at the sight of the names of my family and my grandparents' tombstones, which were so well preserved that they looked completely new after repairs. My grandparents died in Harbin on May 14, 1941. On the upper part of their tombstone, the inscription was carved in ancient Hebrew, not quite the same as the written Hebrew in modern times, while on the lower part, their death times were written in English. The Jewish cemetery was preserved mainly to respect for the Jews formerly dwelled in Harbin, including my grandparents. Looking around, we could see so many tombstones there, which indicates that there used to be many Jews living and eventually buried here. This is a pride not only for the Jews but for the Chinese people as well. I would like to pay sincere tribute and gratitude to all the Harbiners for their painstaking efforts made in maintaining a dignity of our family. At that time, when we were at the cemetery, my elder brother, my wife and I held a memorial ceremony for my grandparents in the unique Jewish way. A lot of Israelis know my grandfather was buried in Harbin, China, which is a channel for them to understand the relationship between Israel and China.

I want to thank the people of Harbin for the fact that they protected our family's past, and let the people of the Jewish community feel that their dignity is preserved and they are respected. All this will always make us remember there used to be a lot of Jews living in the city of Harbin. Thank you once again for having protected the memories of the Jews who used to be proud that they had been not only part of the Jewish people, but part of the Chinese people as well. It has been discussed in our family as to whether or not we should transfer the remains of our grandparents to Israel. The final consensus was that we should understand their right choice of Harbin where they preferred living for good, respect their feelings of loving Harbin and loving China, respect the fact that they have forged an indissoluble bond with the city, and that they belong not only to the Jewish people, but also to China, to Harbin. In a word, we should respect their choice.

When I was revisiting Harbin on August 15, 2009, Mr. Ji Bingxuan, Secretary of the Provincial Party Committee, told me what Heilongjiang Province had achieved, which I could also see. Each time I was here, I could feel I was a respected person. Harbin is the capital city of Heilongjiang Province and is among the Chinese cities I know best. Great changes have taken place in

Harbin and Heilongjiang Province since five years ago when I first visited the city. Today's Harbin is more dynamic and more powerful in my eyes. Many more tall buildings have risen straight from the ground and rapid development has been achieved both in Heilongjiang Province and in China as a whole during these years. In the whole world, China is a surpassing force. To make China a world superpower, Heilongjiang Province has been contributing a number of the most basic things, which are also basic living necessities needed by Israeli citizens. They need food, good industries, good medicine, good education, and a variety of educational institutions.

I am very proud to see Harbin has achieved such rapid development. Although these achievements in development do not have much to do with me, I would take every opportunity to mention Harbin to Israelis over the past 10 years. Harbin used to be our hometown and my family used to be very proud of having been living and growing in the city. Many Jews, upon return from China, would very proudly say to me that they had been to China, or to Harbin. I knew that there had been so many Jewish relics of history and culture in Harbin and that

it is the second hometown for many Jews. I noticed that the cooperation between Israel and Harbin in agricultural sector has resulted in very good achievements, of which I feel very proud and hope that the cooperation between Israel and the Heilongjiang Province could be much more fruitful. In June 2008, I received a delegation of Heilongjiang Province in Israel and pleasantly talked with them about agricultural cooperation between Israel and Heilongjiang. I believe that both Israel and Heilongjiang Province could gain maximum benefits through such cooperation, seeing that Heilongjiang's population is 5 to 6 times that of Israel and its land area is 20 times larger.

One of my purposes of visiting China this time is to promote Israel's cooperation with China and with Heilongjiang in an entirely new field. Along with me on the visit is Mr. Benjamin Sitanmizi, chairman of the board of directors and president of an Israeli company, DSG. Theirs was a very promising company. Their partners were located not only in Israel, but also in more than 30 countries around the world, including China, a country with some important partners of theirs in it. On this occasion, I want to introduce them to you for your possible cooperation, so that DSG's network could cover Heilongjiang

Province. We know that the economy nowadays has been globalized and business networks become increasingly important in the globalization.

I brought with me over 200 entrepreneurs when I first came to China. Now most of their enterprises are engaged in commercial activities related to China. I hope our bilateral trade volume could reach over 10 billion U.S. dollars in the next few years. I'm not implying this is my last visit to China. From now on, I will come to China once a year, and will surely come to Heilongjiang. Every time I come, I will bring entrepreneurs like those from the DSG company. I am sure suitable opportunities and sectors for the mutual cooperation between Israel and China could be located sooner or later. We wish to build a mutually beneficial and win-win cooperation mechanism with China, which will benefit China's development and will equally be good for the people of Israel. In line with this spirit of cooperation, especially, to express my sincere love for and loyalty to Heilongjiang Province, where my parents lived and where my grandparents were buried, I hereby promise to Secretary Ji Bingxuan, I will often come to China, to Heilongjiang

to extend my thanks for the sake of the friendship between Israel and China and the long-term relationship between Israel and Heilongjiang Province.

Most of the Israeli farming is in the form of greenhouses. The effect arising from use of greenhouses can help achieve high-yield, high quality and high efficiency in agriculture. It is suggested that Heilongjiang Province consider working on opening the overseas markets and therefore have its livestock and agricultural products exported to Russia, Northeast Asia and Europe so as to make the province a Europe's "winter kitchen" and a "vegetable basket" like Israel. Compared with Israel, Heilongjiang Province is nearer to Europe. For instance, it takes 7-8 hours to fly to Europe from Heilongjiang.

At present, Heilongjiang's agricultural products are mainly supplied to meet the demands of local and domestic markets. China is now a country with sufficient supplies of food, vegetables and fruits for all the people living in different parts of the country. What I would like to talk about is a business issue. Heilongjiang Province should export more commodities to overseas markets. To this end, the province needs to fix a goal of export-orientation. Through contacting many delegations from Heilongjiang, I can see that they are very interested in technological innovation, willing to develop cooperation with Israel in agricultural technology. I believe it will enable Heilongjiang to improve its competitiveness in agricultural exports.

I would like to leave my comments on the Harbin Jewish History and Culture Exhibition both in Hebrew and in English and would also like to preface your forthcoming book, *The Concise Harbin Jewish Dictionary*. My parents who had grown up and educated in Harbin, returned to Israel from the city. It is where they were respected and found a sense of identity whereas they had been persecuted elsewhere, which touches me a lot. What touches from the bottom of my heart is that my parents became a member of the Zionist youth organization, Betar, in Harbin and continued the Zionist activities after moving to Israel. When I saw the history of the Jewish community in Harbin, a place so far away from Israel, we were moved by the Chinese government for their protection of and respect for the Jewish history. The Chinese people would always protect the Jewish people, especially offered them asylum when they were persecuted and in distress, for which we Jews would cherish gratitude for good.

The light of friendship, given out from the memorial synagogue and the forthcoming Dictionary, is always lighting up and will light up our hearts forever with joy and glory.

(The writer is a descendant of the former Harbin Jews. He used to be mayor of Jerusalem, Israeli deputy prime minister, prime minister and is now an honorary research fellow of Heilongjiang Academy of Social Sciences. This article is extracted from his talk with Mr. Qu Wei, researcher and president of Heilongjiang Academy of Social Sciences.)

世界人道主义的光彩记录

〔美国〕亨利·基辛格

我很高兴你们黑龙江省社会科学院的代表团到纽约来。在你们来以前我对哈尔滨犹太人一无所知。因此我对犹太人在哈尔滨没有多少发言权。能够接待你们的来访，我感到非常荣幸。以前我没有接触到犹太人在哈尔滨这段历史，但是知道中国上海庇护过大量犹太人。看到曲伟先生送给我你们编辑的《犹太人在哈尔滨》画册，听到曲伟先生介绍这段中国哈尔滨人善待犹太人的历史，我很感动。

听到这些信息，本人不胜欣喜，因为我是一个犹太人，我非常关注犹太民族的命运。我的父母是从德国来到美国的犹太移民。我知道在历史上中国人一直是善待犹太人的，早在1000多年前就有犹太人在开封生活，同中国人和睦相处几百年。我现在的一个学生就在学习中美关系，研究中国人与犹太人交往的历史。我刚刚访问过中国，我十分清楚中国人善待犹太人的情况。因此我对你们在研究、宣传中国善待犹太人，促进发展中美两个国家、中华民族和犹太民族两个民族友谊合作取得的成就表示祝贺。感谢你们邀请我参加你们将要举办的"哈尔滨犹太历史文化国际论坛"和国际贸易洽谈会，我明年4月到中国，出席在北京召开的一个国际会议。6月份能不能去哈尔滨，我会在安排日程时尽量考虑。

听了曲伟院长介绍的情况，我感到加强哈尔滨犹太人历史文化研究这件事，对促进中美友谊是一件很重要的事情；对你们从事研究、宣传哈尔滨犹太人的事业，我很受感动；成为你们的名誉研究员，也是我的荣誉。

首先我要感谢曲伟先生率黑龙江省犹太历史文化代表团从哈尔滨来到

纽约访问。你们介绍的情况和带来的《犹太人在哈尔滨》画册和相关资料，让我知道曾经有两万多犹太人为摆脱迫害、歧视而定居哈尔滨，他们在哈尔滨受到中国人民的善待，犹太人在哈尔滨也创造了发展奇迹。因此，哈尔滨是犹太遗迹较多的城市，拥有东亚地区最大的犹太墓地，几十座造型优美别致的犹太历史建筑受到保护。哈尔滨人民以中华民族特有的博大胸怀善待犹太人的历史事实，是一个世界人道主义的光彩记录。我坚信，重视中美国家关系，促进中美人民友谊，是维护世界和平的基础要素。我感谢黑龙江省、哈尔滨市政府和人民为世界人道主义事业作出的贡献，并感谢中国曾在第二次世界大战期间救助庇护过很多犹太人，感谢一直以来中国对其他民族提供的巨大帮助，也祝贺中国改革开放以来取得的巨大成就，祝愿黑龙江省和哈尔滨市有更大的发展变化，希望你们在哈尔滨犹太人的研究上取得更大成就。

（亨利·基辛格博士，美国前国务卿、中国人民的老朋友，也是黑龙江省社会科学院的名誉研究员。以上代序系 2005 年 10 月 21 日在纽约基辛格咨询公司会见黑龙江省社会科学院曲伟院长时的谈话摘要。）

A Glorious Record of World Humanitarian Spirit

Henry Kissinger (Ameican)

I am glad to extend my sincere welcome to the delegation from Heilongjiang Academy of Social Sciences to New York, for I haven't had the faintest idea of Jews in Harbin until your arrival, therefore, I am not qualified to express my views on Jews in Harbin. That's why I feel privileged to give a warm reception to you, members of the delegation. In spite of little knowledge about Jews in Harbin, I know Shanghai was once a haven for a large number of Jews. I was overwhelmed by excitement and passion when I saw the picture album *Jews in Harbin*, fruit of your hard work, presented to me by Mr Qu Wei, president of Heilongjiang Academy of Social Sciences, and heard the presentation made by Mr Qu about the

history of kindness shown to Jews by Harbin people.

As a Jew, I am glad to hear such good news, for I am greatly concerned about the destiny of the Jewish people. As far as I'm concerned, I am a child of a Jewish couple immigrating to America from Germany. I know Chinese people treated Jews kindly historically, evidenced by the fact that Jews once living in Kaifeng in China as early as 1000 years ago enjoyed a harmonious life with Chinese people.

One of my students is engaged in Sino-US relations, now delving into the history of relations between Jewish people and Chinese people. I concluded my visit to China not long ago, so I have in-depth knowledge that Jews were once treated kindly in China. Accordingly, I'd like to convey my congratulations to you on your achievements made in promoting friendly cooperation between the two nations and two peoples through researching and publicizing the history of Chinese people's kindness to Jews.

Thank you very much for inviting me to attend the coming "International Forum on the History and Culture of Harbin Jews" and the International Trade Fair in Harbin. There is an international conference to be held next April in Beijing, and I will try to pencil it in my agenda to pay a visit to Harbin next June.

Presentation given by President Qu Wei makes me feel that it is of great significance for the promotion of Sino-US relations to delve into the research of history and culture of the Jews in Harbin. I am also grateful for your efforts to research and publicize the causes ever undertaken by the former Jews in Harbin. At the same time, I feel honored to become one of your honorary research fellows.

First of all, I'd like to thank Mr Qu for his heading the delegation all the way from Harbin to New York. You have made a great presentation and brought with you the picture album *Jews in Harbin* as well as other materials concerned. All these informed me the fact that more than 20 000 Jews once settled down in Harbin to cut loose from persecution and discrimination inflicted on them, and they were treated kindly and worked wonders in Harbin. As a result, Harbin is a city with a considerable number of Jewish remains, including the largest Jewish cemetery in East Asia. Dozens of Jewish historical buildings with novel elegance are well preserved. The fact that people in Harbin once treated Jews friendly in a broad-minded way unique to Chinese people is a glorious record of humanitarian spirit in the world. I'm firmly convinced that it is a solid foundation for world peace to attach importance to Sino-US relations and strengthen friendship between Chinese and American people.

I want to express my thanks to Heilongjiang provincial government, Harbin municipal government and the citizens for their contributions to world humanitarian cause, and my thanks also go to China for its kindness to put Jews under its umbrella and for its great assistance given to other peoples in the world. I also want to convey my congratulations to China for its great achievements made since the implementation of the policy of reform and opening up. And finally, I wish Heilongjiang and Harbin a better future. It is my hope that you could make even greater achievements in Jewish studies.

(Henry Kissinger, former secretary of state of the United States, is an old friend of Chinese people as well as an honorary research fellow of Heilongjiang Academy of Social Sciences. The above preface to this book is abstract of a talk delivered by him when greeting Mr. Qu Wei, President of Heilongjiang Academy of Social Sciences, in Kissinger Consulting Company in New York on October 21, 2005.)

哈尔滨是最善待犹太人的城市

〔美国〕 查琳·巴尔舍夫斯基

我在 2005 年冰雪节时，第一次去哈尔滨。虽然时间短暂，但是这座城市给我留下了深刻的印象。那些欧式的建筑，承载了这座城市中西合璧的历史；冰雪节的艺术创意和美轮美奂的冰雕雪雕，非常具有视觉冲击力。印象特别深刻的是来到黑龙江省社会科学院，并在曲伟院长和犹太中心研究人员的陪同下参观了《犹太人在哈尔滨》大型图片展览。这个展览反映了中国人民善待犹太人的光彩历史，不仅原居哈尔滨犹太人会受感动，全美国、全世界的犹太人都会激动不已。

在美国我就听说哈尔滨举办了犹太人历史图片展览，保护并修复了哈尔滨犹太遗址遗迹，美国的一些媒体曾做过报道。许多犹太人都深受感动，要来哈尔滨看一看。我的母亲讲过的哈尔滨犹太遗址遗迹，例如哈尔滨犹太新会堂、老会堂，犹太中学等

一批犹太建筑活生生地展现在我的面前。黑龙江省和哈尔滨市政府投资保护修缮犹太遗址遗迹，是对犹太民族和犹太历史文化的尊重，我作为一个犹太人对此致以深深的感谢。我的家族是俄籍犹太人，祖父于 20 世纪初迁居美国。我 92 岁高龄的妈妈听说我要来哈尔滨，十分激动，让我一定要好好看看，多拍一些照片带回去。如果《犹太人在哈尔滨》展览赴美展出，我将非常愿意帮助促成此事，一定出席在美展出的开幕式，并尽力帮助联系在美居住的原居哈尔滨犹太人及其后裔。

黑龙江省和哈尔滨市领导人远见卓识，很好地修缮了犹太新会堂、老会堂和犹太中学，保护了犹太历史文化遗产，打造了哈尔滨犹太历史文化景观。这必将增进中国人民与世界各国犹太人的友谊，促进哈尔滨旅游业

的发展，并进一步促进对外开放和拉动招商引资。我建议把省社科院举办的《犹太人在哈尔滨》大型图片展放在犹太会堂展出，我愿意做你们的谈判代表，同省、市政府洽谈。

1923年，我父亲11岁时到美国定居。我的母亲是波兰籍犹太人，在芝加哥与我的父亲相识并结婚。我的舅舅曾居住在哈尔滨，经常谈起哈尔滨。我每次到中国访问时，我的母亲都让我有机会一定要到哈尔滨去看一看。她说，哈尔滨是最善待犹太人的城市。我本人在芝加哥大学法律系毕业，从事法律工作。作为WTO谈判总代表，参与了中美贸易谈判。1999年卸任后组建了一个法律咨询机构，现有1200多名雇员，在十几个国家设有分支机构，其中50％的业务与中国有关。

我的母亲告诉我许许多多哈尔滨犹太人的信息，她说在哈尔滨中国人和犹太人非常友好，几代人互相信任、互相帮助，他们联合成立了体育组织，组建共同的球队，总之那里是非常和谐的地方。因为中国人和犹太人有许多共同点，比如说非常重视家庭，重视教育，与人为善，和谐相处，共同富裕。世界上所有的民族如果都能这样，整个世界就将变得更加美好。

克林顿政府时期，对中美贸易关系非常重视。我认为，美国是最大的发达国家，中国是最大的发展中国家，这两个贸易共同体应该有更多互利双赢的合作。我作为美国贸易总代表，重视发展中美贸易关系，经常介绍美国企业、日本企业到中国投资，原因之一是中国人包括哈尔滨人对犹太人特别友善。

哈尔滨是个具有中西文化交融历史背景的特别城市，也是远东地区最发达、最重要的城市之一，我想它要提高开放程度，最重要的是制定更加优惠的政策，加大力度改善投资环境，吸引更多外商投资，建立更多的跨国企业，包括利用哈尔滨善待犹太人的历史事实，吸引犹太人到哈尔滨投资发展。

我的母亲多次提到，在20世纪上半叶，哈尔滨的人文环境比欧洲更宽松，那里有自由宽松的经济发展环境，丰富多彩的娱乐活动，西方高水平的音乐演出，市民之间从大人到小孩，从中国人到犹太人，都像一个和睦的大家庭成员一样融合在一起。

犹太人对美国经济社会发展做出了重大贡献，主要体现在体育、商业、金融、媒体、娱乐等诸多方面。其中最重要的原因是犹太人社区完备，非常"抱团"。哈尔滨善待犹太人的这段历史，过去鲜为人知，现在有必要让美国、让世界的人们知道。因此，我赞成你们编撰出版《哈尔滨犹太简明辞书》，相信它会成为受到所有犹太人欢迎的哈尔滨犹太历史文化研究的新成果，成为研究和学习犹太历史文化的人们关注的工具书。

（作者系美国前贸易总代表、现美国律师行业排名前五位的威凯平（Wilmer，Cutler & Pickering）国际律师事务所负责国际业务的资深合伙人，黑龙江省社会科学院名誉研究员。以上代序为作者与黑龙江省社会科学院院长曲伟先生的谈话摘要。）

Harbin, a City that Treated the Jewish People Best

Charlene Barshefsky (American)

I paid my first visit to Harbin in 2005 when the Ice and Snow Festival was on there. In spite of a short stay, I was deeply impressed by this city: European-style buildings showcasing the combination of western and Chinese history, original concept embodied in the Ice and Snow Festival and magnificent ice and snow sculptures with great strength of visual impact. However, what imprinted in my mind most was the large-scale photo exhibition *Jews in Harbin* that I visited accompanied by President Qu Wei and others from Research Center of Jews when I made my way to Heilongjiang Academy of Social Sciences, for it serves as a mirror reflecting the history of Chinese people's kindness to Jews. If standing personally

in the scene, Jews once living in Harbin will undoubtedly be moved, so will Jews in America and in the world at large.

In America, I have heard that a photo exhibition on Jewish history was held in Harbin and Jewish historical remains have been preserved and restored there, evidenced by reports by American media. Spurred by this, many Jews long for a visit to Harbin. All the memories of my mother about Jewish remains in Harbin such as Jewish new synagogue, old synagogue and Jewish middle school came back to me so vividly as if I were in Harbin. Heilongjiang provincial and Harbin municipal governments have devoted a large amount of money to the preservation and restoration of Jewish remains, which is a token of respect to

23

Jewish history and culture. As a Jew, I'd like to express my profound thanks to their efforts. My family is of Russian Jews and my grandfather immigrated to America early last century.

My 92-year-old mother, when learning that I was leaving for Harbin, was so excited that she urged me to visit this city in a serious fashion and take as many photos back as possible. Whenever you are willing to hold the picture exhibition "Jews in Harbin" in the United states, I would very much like to help make it possible. If it is held, I will surely be present at the opening ceremony and will do my best to help you get in touch with the former Harbin Jews and their offsprings living in the United States.

Leaders in Heilongjiang province and Harbin city are so far-sighted that they have made great efforts to create a Jewish historical and cultural landscape: restoring Jewish old and new synagogues and Jewish middle schools, preserving Jewish historical and cultural heritage. All these efforts will be sure to play an important role in enhancing the friendship between Chinese people and Jewish people across the world, furthering tourism development of Harbin and spurring Harbin's opening up wider and attracting more foreign investments. I sincerely propose that the photo exhibition should be held in a Jewish synagogue and I'd like to, if needed, negotiate on behalf of you with government concerned to make it possible.

At the age of 11, my father immigrated to America and settled down, where he met my mother, a Polish Jew, and got married. My uncle once lived in Harbin and he used to speak of this city. Every time I visit China, my mother would ask me to go to Harbin, for she tells me that Harbin is where Jews were most kindly treated. As for me, I graduated from Chicago University, majoring in law, and have been engaged in law-related work. As chief representative of WTO negotiation on American side, I took part in Sino-US trade negotiation. After I retired from political arena in 1999, I established a law advisory agency, which has expanded to one with a staff over 1200 and branches in a dozen of countries. Half of my business has something to do with China.

My mother has shared a lot of information about Jews in Harbin with me. Searching her memory, she recalled that people in Harbin lived in harmony with Jews for generations, trusting and helping each other, and that they joined hands to establish many sports organizations and teams. In a word, that is a harmonious place, because Chinese people and Jewish people have something in common such as valuing family and education, being kind to others and seeking common prosperity. Should all peoples in the world behave like this, we could share a better world in future.

I paid close attention to Sino-US trade during the Clinton Administration. I believe that China and US should have more mutually-beneficial win-win cooperation as two trade communities, for the United States is the largest developed country, while China is the largest developing one. As chief trade representative, I used to place emphasis on Sino-US trade, often arranging some American and Japanese enterprises to invest in China. One of the reasons behind such a move is the fact that Chinese people including Harbin people are kind to Jews.

Harbin, a city with a combination of Chinese and western historical background, is one of the most developed and important cities in Far East. To open wider to the outside world, what matters most for Harbin, I

think, is to formulate more preferable policies and improve investment environment further. Only in this way can more investors flow to Harbin and more multinational enterprises be established there. Of course, you can attract more Jewish investors to be here by publicizing the history of Jews once treated kindly there.

My mother mentioned many times to me that in the first half of the 20th century Harbin enjoyed better humanities environment than that in Europe. In Harbin people were blessed with free and comfortable environment to conduct business activities, had access to colorful recreations including high-caliber western concerts and all the people, children and adults, Chinese and Jews alike, lived in harmony like an extended family.

Jews have made great contributions to American economy and society in the areas of sports, business, finance, media and entertainment. What makes this possible is that we enjoy a good Jewish community where we are closely united like one piece. While the history of Harbin people treating Jews friendly was previously unknown to many people, it is time for us to share it with people in the United Sates and in the whole world at large. In light of this, I strongly recommend that you compile and publish the *Concise Harbin Jewish Dictionary.* I am fully convinced that this book, once published, will be cherished by all Jews as an achievement of research on Jewish history and culture in Harbin and as well as a tool to learn and study Jewish history and culture.

(Charlene Barshefsky, the former chief trade representative of U.S., is a senior partner of Wilmer Cutler and Pickering international law office, one of top five law firms in US. She is also an honorary research fellow of Heilongjiang Academy of Social Sciences. The above is the abstract of her talk with Mr. Qu Wei, President of Heilongjiang Academy of Social Sciences.)

回顾历史　开创未来

〔以色列〕特迪·考夫曼

中国黑龙江省社会科学院院长、研究员曲伟和该院研究员李述笑先生是哈尔滨犹太历史文化研究的著名专家。他们二人都是以色列各界人士熟知的朋友。他们的足迹几乎遍及整个以色列，包括圣城耶路撒冷、地中海沿岸城市特拉维夫、北部重镇海法、南部红海之滨的埃拉特以及哈尔滨市的友好城市——吉夫阿塔依姆；在以色列人文科学院、耶路撒冷希伯来大学、特拉维夫大学、巴伊兰大学，以及大屠杀博物馆、散居世界各地的犹太人博物馆、以色列原居中国犹太人协会、原居哈尔滨犹太人创办的"阿米卡姆"莫沙夫，都有他们访问的足迹。他们曾会见了以色列时任总统摩西·卡察夫、总理埃胡德·奥尔默特，也曾几次会见以色列人文科学院前副院长哈依姆·塔德莫尔、特拉维夫大学校长 И. 拉比诺维奇，并且采访了

数以百计的原居哈尔滨犹太人。这些考察访问，丰富了曲伟、李述笑先生研究哈尔滨犹太人的阅历，为他们主持中国国家社会科学基金课题并主编完成《哈尔滨犹太简明辞书》（以下简称《简明辞书》）提供了重要基础。

从 19 世纪末到 20 世纪中叶，为逃避在俄国、欧洲惨遭歧视迫害的厄运，先后约有数万犹太人移居哈尔滨的历史，是世界犹太人大流散历史的重要组成部分，是世界人道主义的光彩记录，是中华民族善待犹太民族的历史；同时也是犹太人参与哈尔滨经济社会发展，以自己的聪明才智为哈尔滨发展作出卓越贡献的历史，是犹中人民友谊合作历史的重要组成部分。

虽然从第一个犹太人移居哈尔滨（1898 年）到现在已经过去了 112 年，最后一批犹太人离开哈尔滨移居以色列也有 50 多年，如今哈尔滨的城市面

27

貌发生了巨大变化，但是原居哈尔滨犹太人的遗址遗迹得到了很好的修缮保护，这在世界其他国家都是少有的。

自 2000 年以来，黑龙江省社会科学院的科研人员撰写了一系列论文，出版了多部著作、画册和论文集，召开了三次关于哈尔滨犹太历史文化和经贸合作的国际论坛，长期举办哈尔滨犹太历史文化大型展览，使哈尔滨人能够了解这段弥足珍贵的历史。这段历史引起了世界犹太学术界及其他社会各界的广泛关注。最近，曲伟院长和李述笑研究员带领犹太研究中心的科研人员，深入研究，不遗余力地推出这本《简明辞书》，体现了中华民族对犹太民族所怀有的深厚感情，标志着哈尔滨犹太历史文化研究进入到一个热点研究的新阶段。

《简明辞书》在哈尔滨犹太历史文化研究的若干领域推出了一批新成果。《简明辞书》使用了来自法国国家档案馆的法文《马迭尔谋杀案》的历史档案，来自以色列散居世界各地的犹太人博物馆的图片资料，以及近几年采访的多国原居哈尔滨犹太人的口述历史资料。特别是运用了以色列原居中国犹太人协会所藏的 1920 年至 1943 年在哈尔滨出版的《犹太生活》杂志、1954 年以来出版的《以色列原居中国犹太人协会会刊》等历史资料，首次推出完整的"哈尔滨犹太历史年表（1898～2012）"、"辞书人名要览"、

"哈尔滨市主要街道新旧街名对照表"、"哈尔滨皇山犹太公墓墓葬分布表"等，这些成果体现了哈尔滨犹太历史文化研究的最新进展。

《简明辞书》为发展中华民族和犹太民族的友谊以及未来的合作提供了一个新契机。《简明辞书》深度挖掘了前以色列总理埃胡德·奥尔默特的父母、祖父母在哈尔滨的历史资料、以色列－中国友好协会前会长特迪·考夫曼先生的家族在哈尔滨的历史资料，以及法籍犹太青年钢琴家谢苗·卡斯普绑架案的历史资料、奥地利籍犹太人罗伯特·伯力士为哈尔滨防疫事业作出贡献的历史资料。不仅推出一批新的研究成果，而且拉近了这些国家与哈尔滨乃至中国的距离，为发展中华民族和犹太民族的友谊，加强多元合作搭建了一座桥梁，提供了一个新契机。

《简明辞书》为增进中国人民与世界犹太人的传统友谊以及现实合作提供了一个新的范例。《简明辞书》全面系统地介绍了犹太人在哈尔滨宗教、政治、经济、金融、文化、教育、卫生等领域的历史事件以及重大社会活动，其内容涵盖了犹太社团在哈尔滨的全部历史。以反映一个城市的犹太人历史文化推出《简明辞书》，不仅在中国首开先河，即使在以色列以外的其他国家也很少见。这标志着中国学者对哈尔滨犹太历史文化研究进入了

一个新阶段，为在新的世纪增进犹中人民友谊、加强互利合作提供了一个全新的范例。

《简明辞书》为原居哈尔滨犹太人及其后裔和世界各地犹太人发展与哈尔滨的友谊合作奠定了坚实的基础。《简明辞书》的出版，将为原居哈尔滨犹太人及其后裔，乃至关注离散世界犹太人历史的所有犹太人，提供一个难得的"数据库"。重温哈尔滨善待犹太人和犹太人在哈尔滨创业的历史，《简明辞书》将唤起犹太人同哈尔滨市、黑龙江省乃至中国发展合作的愿望。

《简明辞书》是以中人民友谊的历史见证。《简明辞书》的出版将为原居哈尔滨犹太人，乃至关注离散世界犹太人历史的所有犹太人认识哈尔滨、黑龙江创造条件，也为哈尔滨市、黑龙江省走向世界创造人文环境，为发展哈尔滨市、黑龙江省乃至中国与以色列在文化交流、经贸和科技合作方面提供坚实的人文基础。我相信，这部《简明辞书》的问世必将受到原居哈尔滨犹太人及其后裔的欢迎，受到以色列人民乃至世界所有关注犹太人命运的人们的欢迎。

值此《简明辞书》出版之际，我谨代表以色列—中国友好协会、以色列原居中国犹太人协会，以及以色列乃至世界各地的原居哈尔滨犹太人及其后裔，向我的中国朋友和以色列人民的朋友——黑龙江省社会科学院院长曲伟和研究员李述笑先生表示衷心的感谢！

（作者系已故原居哈尔滨犹太人、原以色列原居中国犹太人协会会长、以色列—中国友好协会会长。）

Looking Back on History and Creating the Future

Teddy Kaufman (Israeli)

The chief compliers of *the Concise Harbin Jewish Dictionary* (hereinafter referred to as "the Concise Dictionary"), Mr. Qu Wei, president and research fellow of China's Heilongjiang Provincial Academy of Social Sciences, and Mr. Li Shuxiao, a research fellow from the same academy, are noted leading experts in studies of the history and culture of the former Jews in Harbin. Both of them are well-known friends of the Israelis of various circles. Before completion of the Concise Dictionary, the two scholars had accumulated rich knowledge for their research of Harbin Jews through visiting many places around Israel, thus having laid an important foundation for writing the book. Their footprints reached most parts of the country, including the Holy

City of Jerusalem, the Mediterranean coastal city of Tel Aviv, the strategically important northern city of Haifa, the Red Sea-located southern coastal city of Eilat as well as Givatayim—the sister city of Harbin. They visited Israel Academy of Humanities and Sciences, Hebrew University of Jerusalem, Tel Aviv University, Bar-Ilan University, the Holocaust Museum, the Diaspora Jewish Museum, the Association of Former Residents of China in Israel, and Moshav Amikam founded by former Jews of Harbin. During their visits, they had several meetings with the then Israeli president Moshe Katsav, Premier Ehud Olmert and met for a couple of times with Mr. Chaim Tadmor, the former deputy president of Israel

Academy of Humanities and Sciences, Mr. I. Rabinovich, president of Tel Aviv University, and interviewed hundreds of former residents of Harbin Jews.

From the late 19th century to the mid-20th century, tens of thousands of Jews moved to Harbin successively to escape from misfortune of brutal persecution and discrimination in Russia and Europe, which constitutes an important part of the history of the world-wide Jewish Diaspora. It is such a historical period of the Chinese nation's kind treatment of the Jewish people that makes a brilliant record of the world humanitarianism; a period of Jewry's involvement in Harbin's economic and social development; and a period of their outstanding contributions made to Harbin's development with their intelligence and ability. In addition, this period is an important part of the history of the friendship and cooperation between the Jewish and chinese peoples.

112 years has passed since 1898 when the first Jew emigrated to Harbin and 50 years has passed since the last batch of Harbin Jews emigrated to Israel and elsewhere, and tremendous changes have taken place in the city. Yet, the sites and relics of former Harbin Jews have been well preserved and repaired, which is rarely seen in other countries but China.

Since 2000, researchers from Heilongjiang Provincial Academy of Social Sciences have written a series of papers, published several books, a picture album and a collection of works, held three meetings of the international forum on Harbin Jewish history, culture and trade-and-economic cooperation, and established a long-term exhibition of the History and Culture of the Jews in Harbin, thus enabling the Harbin citizens to have a pretty good understanding of the precious history, a history that has drawn wide attention of the academic community in Jewish studies and other social communities in the world. Recently, led by Prof. Qu Wei, and Prof. Li Shuxiao, researchers of the Jewish Research Center of the academy made in-depth studies and spared no effort to compile the Concise Dictionary. The coming out of the book will reflect the fact that the Chinese people cherish deep feelings for the Jewish people, marking a new stage of great interest that the research in Jewish history and culture in Harbin has entered.

The Concise Dictionary introduces a number of new achievements in some areas of the History and Culture of Harbin Jews. Rich materials are absorbed

31

in the Concise Dictionary, including the historical files of the "Moderne Hotel Murder Case" (or the "Caspe Affair") from the National Archives of France and picture materials from the Diaspora jewish Museum in Israel as well as the oral historical data collected through interviewing in recent years some former Harbin Jews now living in different countries. In particular, used in the book are some historical data from the journal of "Jewish Life" in its issues published between 1920 and 1943, which are kept in the Association of Former Residents of China in Israel, and the association's publication "Bulletin" — fifty-six years' issues since 1954.

The writers introduced, for the first time, the complete *"Chronology of the Jewish Presence in Harbin (1898-2012)"*, *"Names the Major Persons from the Dictionary"*, the *"Former and Existing Names of Harbin's Main Streets"*, the *"Distribution Table of the Tombs at Huangshan Jewish Cemetery in Harbin"* and so on. These achievements reflect the latest developments in the research of the history and culture of Harbin Jews.

The Concise Dictionary provides a new opportunity for developing the friendship and future cooperation between the Chinese and the Jewish peoples. In the Concise Dictionary, important historical data of some Jewish elites in Harbin are revealed through deep excavation, such as data of the parents and grandparents of the former Israeli Prime Minister Ehud Olmert, data of the family of Mr. Teddy Kaufman, ex-president of Israel-China Friendship Association, data of the kidnapping case of Semyon Caspe, a young Jewish pianist of French nationality, and data of Robert Bolish, an Austrian Jew who made a valuable contribution to Harbin's epidemic prevention, etc. The coming out of the book not only introduces a batch of new research achievements, but also narrows the gap between these countries and Harbin, and even China, builds a bridge and provides a new opportunity for developing the traditional friendship between the Chinese and Jewish nations as well as for strengthening diverse mutual cooperation.

The Concise Dictionary provides a new paradigm for the promotion of China's traditional friendship with the Jews around the world and for the realistic mutual cooperation.It makes systematical and comprehensive introduction of the historical events and major social activities of the Jews in Harbin in religion, politics, economy, finance, culture, education, health and other areas, which covers the entire history of the Jewish community in Harbin. The publieation of the Dictionany breaks a path in China to compile a dictionary through reflecting a city's Jewish history and culture, and is rarely seen in a country outside Israel.

This indicates that Chinese scholars' studies on the history and culture of Harbin Jews have entered a new phase, and that a new paradigm has been provided in the new century for enhancing the friendship between the Jewish and Chinese peoples, and for mutually beneficial cooperation.

The Concise Dictionary lays a solid foundation for the former Harbin Jews and their descendants around the world to develop friendly cooperation.

The publication of the Concise Dictionary will provide a hard-won "database" for the former Jewish residents in Harbin, their descendants, and even for all those who are interested in the history of the Diaspora Jews. When we Jews review, through reading the Concise Dictionary, the history of Harbin's kind treatment of the Jewish immigrants and the immigrants'

entrepreneurship in the city, a desire to develop our cooperation with the city of Harbin, Heilongjiang Province, and even China, will be aroused.

The Concise Dictionary is a witness to the history of Israeli-Chinese friendship. Its publication will facilitate the former Harbin Jews and even facilitate all the Jews who are concerned about the history of Diaspora Jews to have a better understanding of Harbin City and Heilongjiang Province, will create a cultural environment for Harbin and Heilongjiang to further advance towards the outside world, and will provide a solid cultural foundation for the city, the province and even the whole country of China to develop their cultural exchanges and cooperation with Israel in economy, trade and technology.

I believe that the coming-out of the Concise Dictionary will surely be popular with the former Jewish residents in Harbin and their descendants, with the Israeli people and even with all the people of the world who are concerned about the fate of Jews.

On the occasion when the Concise Dictionary is about to come out, I would like to extend, on behalf of Israel-China

Friendship Association, and on behalf of the Association of the Former Jewish Residents of China in Israel, and on behalf of the former residents of Harbin and their descendents in and out of Israel, my heart-felt thanks to Prof. Qu Wei and Prof. Li Shuxiao, my Chinese friends and friends of the Israeli people!

(The writer is the late president of Israel—China Friendship Association, and the late president of the Association of the Former Jewish Residents of China in Israel.)

序五

犹中人民友谊的历史见证

〔以色列〕安泰毅

以色列人民的好朋友、中国黑龙江省社会科学院曲伟研究员牵头主编的《哈尔滨犹太简明辞书》（下称《简明辞书》）即将出版，这是一部具有特殊意义的历史文化题材的工具书，反映的是19世纪末到20世纪中叶犹太人离散世界的一段鲜为人知的历史，见证的是犹太民族和中华民族的传统友谊，体现的是中国人民对犹太民族深厚的感情。我作为以色列驻华大使，对此表示衷心的祝贺。

历史研究表明，哈尔滨是世界范围内善待犹太人的一座模范城市，2万多犹太人在哈尔滨生活、工作了半个多世纪，他们感受到了世界几乎所有国家都没有的包容、善待和庇护。如今这座城市发生了翻天覆地的巨大变化，但是犹太人当年在哈尔滨的遗址遗迹得到了很好的保护和修缮，犹太人在哈尔滨的历史也得到发掘、研究。这表明哈尔滨人乃至所有中国人具有博大的世界人道主义胸怀，创造了世界人道主义的光彩记录。《简明辞书》这部著作，就是黑龙江省社会科学院推出的关于这段历史文化研究的最新研究成果。它用丰富的历史资料、最新的研究发现、严谨的科学态度、深入的考察论证、大量的艰苦工作，展示了犹太人在哈尔滨的多彩历史画卷。

我希望中国所有关心世界犹太人历史文化的人们喜欢它，也希望这部《简明辞书》能够译成英文走向世界，更希望这部著作起到促进以中两国之间开展更多文化交流和经贸合作的积极作用，并祝愿以色列与中国两个伟大国家更加繁荣富强。

（作者系前以色列驻中华人民共和国特命全权大使。）

Historical Witness of the Friendship between the Jewish and Chinese Peoples

Amos Nadai 〔Istraeli〕

Compilation of the *Concise Harbin Jewish Dictionary* is headed by Mr. Qu Wei, who is the Research Fellow of Heilongjiang Academy of Social Sciences as well as a good friend of the Israeli people, and the Dictionary will be published soon. As a culture & history-themed dictionary pertaining to the history of Diaspora from the end of 19th century to the middle of 20th century, it reflects the historical friendship between the Chinese and the Jews. As Israeli Ambassador to China, I would like to show sincere congratulations on its publication.

In the historical perspective, Harbin is a world model city where the Jewish people got sheltered and treated kindly, More than 20,000 Jews lived and worked there, getting protection and kind treatment, which were rarely found in other countries. Although great changes took place, the Jewish relics and sites were well protected and repaired, and the history of Jews in Harbin was explored and researched. The noble deeds reflect the humanitarian spirit of the Harbin and Chinese people. As the latest achievement in the field of Harbin Jewish studies made by Heilongjiang Provincial Academy of Social Sciences through their in-depth exploration and lots of painstaking efforts, the Dictionary offers us a piece of colorful scroll painting with its rich historical resources, latest discoveries, and scientific outlook.

I hope the Dictionary will be appreciated by the Chinese people who are interested in Jewish history and culture, be translated into English so as to be read worldwide, and enhance the cultural and economic exchange between the two countries. Wish prosperity of Israel and China.

(The writer is Israel's ex-ambassador plenipotenitiary to China.)

凡　例

1. 本书收入哈尔滨犹太社团、宗教、政治、经济、文化等方面的机构、人物、事件条目；与此相关联的中外重大历史事件、重点历史人物、重要民族习俗节庆等也予酌情收入。

2. 本书条目均按汉语拼音字母顺序排列。第一个字同音者，从四声声调顺序；同音又同调者，按笔画多少和笔顺排列；完全相同者，按第二个字的拼音、声调、笔画、笔顺排列；第二个字相同者，按第三个字排列。以此类推。

3. 本书汉译词条一般采用通用译法，有约定俗成者，按约定俗成译法。

4. 为编排和检索方便，人物条目的汉译一般姓氏在前，名与父名在后，姓氏后加逗号；名与父名用外文字母缩写时，按原文出处标示。

5. 为行文简明、减少篇幅，内容相近或相关的词条、可相互解释或补充的词条，采用"参见"方式。

6. 为了帮助读者了解哈尔滨犹太人的历史文化情况，本书还附录了"哈尔滨犹太历史年表（1898～2012)"、"辞书人名要览"、"哈尔滨皇山犹太公墓墓葬分布表"、"1953年哈尔滨犹太宗教公会会员名册"、"哈尔滨市主要街道新旧街名对照表"、"哈尔滨犹太遗迹分布示意图"以及编撰本书的主要参考文献等资料，供读者参考。

Editorial Notes

1. The entries in this dictionary include institutions, figures, events related to the Jewish community, religion, politics, economy and culture in Harbin. Entries relating to some historical events, personages and customs are also incorporated in with their importance taken into consideration.

2. All the entries are arranged in the order of Chinese phonetic alphabet. When the first character of an entry in Chinese bears the same pronunciation as that of another entry, the two entries are arranged in the order of the tones of the very characters; when the first character of an entry is found with the same pronunciation and the same tone as those of another entry, the corresponding entry is arranged by stroke number and stroke order; when two entries share exactly the same first character, the same rules are applicable to the second character, and in the same manner to the rest of the characters.

3. All the entries are translated as per the general rules, except for those terms with conventional versions of translation.

4. For the convenience of arrangement and reference, the name of a figure follows the order of surname, given name, father's name, with a comma punctuated behind the surname. An abbreviated given name and/or father's name in the Chinese version are marked with their sources of the original version.

5. To avoid unnecessary repetition and keep concise in writing length, a "refer

to…" approach is adopted for an entry that is similar to another one in contents, or they are interrelated, mutually explicable or complementary.

6. To help readers have a better understanding of the history and culture of the Jewish presence in Harbin, we have attached to the Dictionary a "Chronology of the Jewish Presence in Harbin (1898-2012) ", the "Names of the Major Persons from the Dictionary", the "Distribution Table of the Tombs at Huangshan Jewish Cemetery in Harbin", "The 1953 Roster of the Harbin Jewish Religious Society", the "Former and Existing Names of Harbin's Main Streets", a "Sketch Map of the Jewish Sites in Harbin", and the "Main References" for compiling the Dictionary.

索引
Indexes

词条索引
Index of Entries

拼音索引 Alphabetic Index	词条名称 Entry Titles	页码 Page
A 部		
a	阿布拉麦斯科,茹列塔 Abrameske, Julietta	107
a	阿布拉莫夫,阿霞 Abramov, Asia	107
a	阿尔库斯,奥莉加 Arkus, Olga	107
a	阿格兰,保罗 Agran, Paul	108
a	阿格兰,扎尔曼 Agran, Zalman	108
a	阿凯尔曼,安娜 Akerman, Anna	109
a	阿米卡姆 Amikam	109
a	阿姆拉米,巴鲁赫 Amrami, Baruch	109
a	阿姆拉米,费妮娅 Amrami, Fenia	110
a	阿普捷尔曼,Л. Г. Apterman, L. G.	110
a	阿普捷卡列娃,Л. Л. Aptekareva, L. L.	110
a	阿舍乌洛娃,别尔塔 Asheulova, Berta	110

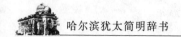

续表

拼音索引 Alphabetic Index	词条名称 Entry Titles	页码 Page
a	阿什河糖厂 Ashihe Sugar Refinery	110
a	阿什克纳济（旧译阿许根那齐），梅厄 Ashkenazi, Meir	111
a	阿什克纳济（旧译阿许根那齐），托伊芭 Ashkenazi, Toiba	112
a	阿什肯纳兹犹太人 Ashkenazim, or Ashkenazi Jews	113
ai	埃德隆德，丽塔 Edlund, Rita	113
ai	埃尔鲍姆，莉娅·阿布拉莫芙娜 Elbaum, Lia Abramovna	113
ai	埃尔贝格，米丽娅姆 Elberg, Miriam	113
ai	埃尔兰，阿巴 Elran, Abba	113
ai	埃尔兰，吉尔 Elran, Gil	114
ai	埃尔兰，达尼 Elran, Dani	114
ai	埃尔兰，摩西亚 Elran, Mosia	114
ai	埃尔兰，尼哈玛 Elran, Nehama	115
ai	埃尔兰，伊斯拉埃尔 Elran, Israel	115
ai	埃里曼，米哈伊尔 Elman, Mikhail	116
ai	埃列尔，法尼娅 Eliel, Fania	116
ai	埃伦布鲁姆，莉诺 Elenblum, Lenore	116
ai	埃廷贡，纳乌姆·伊萨科维奇 Eitingon, Naum Icaakovich	117
ai	艾森伯格，拉斐尔 Eisenberg, Refael	117

续表

拼音索引 Alphabetic Index	词条名称 Entry Titles	页码 Page
ai	艾森伯格,沙乌尔 Eisenberg,Shaul	118
ai	爱泼斯坦,伊斯雷尔 Epstein,Israel	119
ai	爱斯金,大卫 Eskin,David	120
ai	爱斯金兄弟商会 Eskin Brothers Trading Company	121
an	安息日 Sabbath	121
ao	奥尔洛夫斯基,阿纳托利·格里戈里耶维奇 Orlovsky,Anatoly,Grigorevich	122
ao	奥尔默特,阿姆拉姆-阿里 Olmert,Amram – Ali	122
ao	奥尔默特,埃胡德 Olmert,Ehud	123
ao	奥尔默特,贝拉 Olmert,Bella	124
ao	奥尔默特,莫尔杰哈伊·约瑟福维奇 Olmert,Mordechai Josephovich	124
ao	奥尔默特,伊尔米 Olmert,Irmi	125
ao	奥尔默特,约瑟夫·约瑟福维奇 Olmert,Yosef Yosefovich	126
ao	奥尔默特,约西 Olmert,Yossi	126
ao	奥格列连包里斯基保险公司 Ogrelenborisky Insurance Company	126
ao	奥西波夫,M. У. Osipov,M. U.	126
ao	奥西诺夫斯基,阿纳托利·谢瓦斯季扬诺维奇 Osinovsky,Anatoli Sevastyanovich	126
ao	奥西诺夫斯基,塞巴斯蒂安 Ossinovsky,Sebastian	129
ao	奥西诺夫斯卡娅,娜杰日达·鲍里索芙娜 Osinovskaya,Nadezda Borisovna	130

续表

拼音索引 Alphabetic Index	词条名称 Entry Titles	页码 Page
ao	奥辛，约瑟夫 Ossin (Ossinovsky), Joseph	130
ao	奥辛娜，萨拉 Ossina, Sarah	131
ao	奥泽兰斯基，伊塔 Ozeransky, Ita	131
B 部		
ba	巴别达服装店 Pobeda Clothing Store	132
ba	《巴尔—科赫巴》 Bar Kokhba	132
ba	巴克利，娜丁 Buckley, Nadine	132
ba	巴拉霍维奇，拉赫莉 Barahovich, Rahel	133
ba	巴拉诺夫斯基-加茨-什卢格尔，哈娜 Baranovsky – Gatz – Shluger, Hana	133
ba	巴拉诺夫斯基，什洛莫 Baranovsky, Shlomo	134
ba	巴勒斯坦锡安工人党 Palestine Zionist Workers' Party	134
ba	巴勒斯坦周 Palestine Week	134
ba	巴辛，莉瓦 Basin, Riva	134
ba	巴辛，西马 Basin, Sima	135
bao	鲍格丹诺夫斯基，巴维尔 Bogdanovsky, Pavel	135
bao	鲍里索夫娜，法因贝格·巴西娅 Borisovna, Fainberg Basia	135
bao	鲍曼，茨维 Bauman, Tsvy	135
bei	北满赛马协会 North Manchurian Horse – Racing Association	136

续表

拼音索引 Alphabetic Index	词条名称 Entry Titles	页码 Page
bei	北满制糖株式会社 North Manchurian Sugar Production Corporation	136
bei	贝尔格曼，Г. А. Bergman, G. A.	137
bei	贝尔克，亨利 Berk, Henry	137
bei	贝霍夫斯基，Г. А. Byhovsky, G. A.	137
bei	贝奇科夫，埃里克 Bychkov, Eric	138
bei	贝森，迈克尔 Bessen, Michael	138
beng	崩得 Bund	138
bi	比涅斯 Pines	139
ben	边特，马克 Bent, Mark	139
bian	边特兄弟商行 Bent Brothers Trading Company	140
bie	别尔采里，萨姆依尔·伊列维奇 Pertsel, Samuil, Ilevich	140
bie	别尔金，米哈伊尔·伊里奇 Berkin, Mihail Ilich	140
bie	别尔科维奇，丹尼 Berkovich, Danny	141
bie	别尔科维奇，马丁 Berkovich, Martin	141
bie	别尔科维奇，穆夏 Berkovich, Musia	141
bie	别尔科维奇，约瑟夫·马特维耶维奇 Berkovich, Yosif, Matveevich	141
bie	别洛采尔科夫斯基，津卡 Belotzerkovsky, Zika	142
bing	病人之家 The Invalids' Home	142

续表

拼音索引 Alphabetic Index	词条名称 Entry Titles	页码 Page
bo	波多利斯基,阿列克斯 Podolsky, Alex	142
bo	波多利斯基,叶菲姆·彼得罗维奇 Podolsky, Efim Petrovich	142
bo	波多利斯基,叶夫谢伊 Podolsky Evsei	143
bo	波多利斯卡娅,埃斯菲里 Podolskaya, Esfir	144
bo	波多利斯卡娅,加利娅 Podolskaya, Galia	144
bo	波利策(旧译伯力士),罗伯特 Politzer, Robert	145
bo	波利亚科夫,贝·萨莫伊洛维奇 Poliakov, Ber Samoilovich	146
bo	波洛茨基,叶夫谢伊 Polotsky, Evsei	146
bo	伯尔顿,皮特 Bolton, Peter	146
bo	勃利涅尔,尤里 Brinner, Yul	147
bo	博克瑟,诺尔曼 Boxer, Norman	148
bo	博克瑟,约瑟夫 Boxer, Joseph	148
bo	博伊德曼,B. N. Boidman, B. N.	149
bu	布尔苏克,萨拉 Bursuk, Sarra	149
bu	布雷斯勒,鲍里斯(鲍里斯拉夫) Bresler, Boris (Borislav)	149
bu	布里塔尼斯基,列夫·格里戈里耶维奇 Britanisky, Lev Grigorievich	150
bu	"布利麻"高等理发所 The Advanced Barbershop "Prima"	150
bu	布伦纳,利奥瓦 Brunner, Liova	150

续表

拼音索引 Alphabetic Index	词条名称 Entry Titles	页码 Page
bu	布伦纳,莉莉娅 Brunner，Liliya	151
bu	布伦纳,卢巴 Бруннер，Луба	151
bu	布伦纳,伊贾 Бруннер，Изя	151
bu	布罗茨基,拉扎尔 Бродский Лазарь	151
bu	布罗茨卡娅,玛拉 Бродская，Мара	151
bu	布罗温斯基,加里 Brovinsky，Gari	151
bu	布罗温斯基,伊萨克·埃马努伊洛维奇 Brovinsky，Isaak Emmannuilovich	152
bu	布罗温斯卡娅,比娜·格里戈里耶夫娜 Bravinskaya，Bina Grigorevna	153
bu	布尼莫维奇,М. И. Bunimovich，M. I.	153
bu	布谢尔,伏赫霞 Busel，Fuchsia	153
C 部		
can	忏悔祷词 Prayer of Confession	154
can	忏悔十日 Ten Days of Repentance	154
chang	长明灯 Ner Tamid	154
chen	晨祷 Shacharit	155
cheng	成文律法 The Written Law	155
chu	除酵节 The Feast of Unleavened Bread	155

续表

拼音索引 Alphabetic Index	词条名称 Entry Titles	页码 Page
D 部		
da	达吉拉伊斯基,米哈伊尔·罗曼诺维奇 Dagilaisky, Mikhail Romanovich	156
da	达吉拉伊斯基,伊赛·米哈伊洛维奇 Dagilaisky, Isai Mihailovich	156
da	达吉拉伊斯卡娅,索菲娅·莫伊谢耶夫娜 Dagilaiskaya, Sophia Moiceevna	156
da	达列尔,贝尔纳德 Darel, Bernard	157
da	达申斯基,沃尔夫 Dashinsky, Wolf	157
da	达申斯基,伊扎克 Dashinsky, Izak	158
da	达维德,哈里斯 David, Harris	158
da	达维多夫,鲍里斯 Davidov, Boris	159
da	达维多维奇,伊达 Davidovich, Ida	159
dan	丹涅曼,奥莉加 Danneman, Olga	159
dao	悼念灯 Yahrzeit Candles	159
dao	道里北市场大楼 The North Market Building in Daoli District	160
de	德拉贡,纽玛 Dragun, Niuma	160
de	德里金,大卫·叶夫列莫维奇 Drizin, David Efremovich	160
de	德里金,Г. В. Drizin, G. B.	161
de	德里金公司 Drizin Company	161
de	德里森,鲍勃 Drisin, Bob	161

续表

拼音索引 Alphabetic Index	词条名称 Entry Titles	页码 Page
de	德鲁里，尼莉 Drori, Nili	162
de	德施科夫，列夫 Deshkov, Lev	162
de	德沃尔日茨卡娅，阿拉·尼古拉耶夫娜 Dvorzhitskaya, Alla Nikolaevna	162
di	迪龙，В. И. Dilon, V. I.	163
di	蒂希曼，露丝 Tichman, Ruth	163
di	地烈金火磨 Drizin's Electric Mill	163
di	第二届"贝塔"运动会 The Second Betar Sports Meet	163
di	第一个定居在哈尔滨的犹太人 The first Jew settled in Harbin	163
di	第一届世界锡安主义者代表大会 The First World Zionist Congress	164
dong	东方机器制粉厂 The East Machinery Flour Mill	164
du	杜利金，卡马 Dulkin, Kama	165
duo	多比索夫，叶甫谢尼·伊萨耶维奇 Dobisov, Evseni Isaevich	165
duo	多夫里，伊斯拉埃尔 Dovri, Israel	166
duo	多夫，微拉 Doff, Vera	166
F 部		
fa	法克托洛维奇，М. П. Factorovich, M. P.	167
fa	法亚银行哈尔滨分行 French – Asian Bank, Harbin Branch	167
fa	法伊布绍维奇，塔玛拉 Faibusovich, Tamara	168

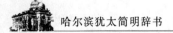
续表

拼音索引 Alphabetic Index	词条名称 Entry Titles	页码 Page
fa	法伊曼,奥德蕾 Faiman, Audrey	168
fa	法因贝格,波莉娅 Fainberg, Polia	168
fa	法因戈尔德,法尼娅·阿布拉莫夫娜 Faingold, Fania Abramovna	168
fa	法因格尔什,弗拉基米尔 Faingersh, Vladimir	169
fan	反诽谤联盟 Aniti－Defamation League	169
fan	反犹主义 Anti－Semitism	169
fei	菲施宗剧团 Fishzon Troupe	171
fei	费尔德曼,亚历克斯 Feldman, Alex	171
fei	费尔德施泰因,尤利·瑙莫维奇 Feldshtein, Yuli Naumovich	171
fei	费格尔博伊姆,阿尼亚 Feigelboim, Ania	172
fu	弗拉基米罗维奇,Я.В. Vladimirovich, Y. V.	172
fu	弗莱施曼,莫伊谢伊·鲍里索维奇 Fleishman, Moicei Brisovich	172
fu	弗莱施曼,伊拉 Fleishman, Ira	172
fu	弗朗西斯,西加尔 Francis,Sigal	173
fu	弗里德曼,大卫 Fridman, David	173
fu	弗里德,伊萨克·所罗门诺维奇 Fride, Issaak Solomonovich	173
fu	弗利德曼遇难事件 Fridman's Death Affair	173
fu	弗鲁姆森,大卫 Frumson, David	174

续表

拼音索引 Alphabetic Index	词条名称 Entry Titles	页码 Page
fu	弗鲁姆森,萨拉 Frumson，Sara	174
fu	弗伦克尔,格雷戈里 Frenkel，Gregory	174
fu	弗伦克尔,约瑟夫 Frenkel，Joseph	174
fu	附祷 Musaf	174
fu	复活 Resurrection	175
G 部		
gai	盖森贝格,莉达 Gaizenberg，Lida	175
ge	戈别尔尼克,雅科夫·格里戈里耶维奇 Gobernik，Yaakov Grigorevich	175
ge	戈德伯格,马拉 Goldberg，Mara	176
ge	戈德金,杰克 Godkin，Jack	176
ge	戈德金,夏洛特 Godkin，Charlotte	176
ge	戈尔德法坚,阿布拉姆 Goldfaden，Abram	176
ge	戈里德施京,伊莉娅诺 Elianor Goldstein	177
ge	戈里德施京,U. M. Goldshtein，U. M.	177
ge	戈列诺波利斯基,坦克雷德 Golenopolsky，Tankred	178
ge	割礼 Circumcision	178
ge	格尔伯特,伊斯雷尔 Golburt，Israel	178
ge	格尔曼特,拿单 Germant，Nathan	178

续表

拼音索引 Alphabetic Index	词条名称 Entry Titles	页码 Page
ge	格尔施戈琳娜，B. Л. Gershgorina，V. L.	179
ge	格尔施泰因，所罗门·阿布拉莫维奇 Gershitein，Solomon Abramovich	180
ge	格尔施泰因，谢苗·所罗门诺维奇 Gershitein，Semyon Solomonovich	180
ge	格哈卢茨移居巴勒斯坦 Immigration of Hehaluts to Palestine	180
ge	格拉兹曼，达尼埃尔 Glazman，Daniel	181
ge	格拉祖诺夫高等音乐学校 The A. K. Glazunov High School of Music	182
ge	格拉祖诺夫高等音乐学校弦乐四重奏组 The String Music Quartet of the A. K. Glazunov High School of Music	183
ge	格莱辛格，保罗 Glessinger，Paul	183
ge	格列别尔曼，约瑟夫 Gleberman，Joseph	183
ge	格林贝格，阿布拉沙 Grinberg，Abrasha	183
ge	格鲁布纳，阿尼娅 Grubiner，Anya	184
ge	格罗斯曼，赖莎 Grossman，Raisa	184
ge	格罗斯曼，玛拉 Grossman，Mara	184
ge	格罗斯曼，摩西 Grossman，Moshe	184
ge	格依戈涅尔爵士乐队 Goigoner Jazz Band	184
gu	古尔维奇，罗扎 Gurvich，Roza	185
gu	古尔维奇，萨穆伊尔 Gurvich，Samuil	185

续表

拼音索引 Alphabetic Index	词条名称 Entry Titles	页码 Page
gu	古芬克尔，弗拉基米尔·鲍里索维奇 Gurfinkel，Vladimir Borisovich	185
gu	古拉斯曼，П. С. Gulasman，P. S.	185
gu	古列维奇，亚伯拉罕 Gurevich，Abraham	185
gu	古特曼，大卫 Gutman，David	185
guan	《关于引入犹太资金的研究与分析报告》 *Study and Analysis on Attracting Jewish Capital*	186
guang	光明节 Hanukkah	186
H 部		
ha	哈尔滨"贝塔"组织 Harbin Betar (Brith Trumpeldor) Organization	186
ha	哈尔滨第一、第二借款公司 The First and Second Harbin Financing Companies	188
ha	哈尔滨第一俄侨语言学校 The First Harbin Russian Language School	188
ha	哈尔滨第一社会商务中学 The First Harbin Public High School of Commerce	188
ha	哈尔滨第一社会商务中学话剧小组 The drama group of the First Harbin Public High School of Commerce	189
ha	哈尔滨第一社会商务中学三弦琴乐队 The Shamisen Band of the First Harbin Public High School of Commerce	189
ha	哈尔滨第一音乐学校 The First Harbin Conservatory	189
ha	哈尔滨俄国工兵代表苏维埃 The Soviet – Russian Workers and Soldiers' Congress in Harbin	190
ha	哈尔滨"格霍维尔" The "Gehover" organization in Harbin	190
ha	哈尔滨华俄道胜银行 Russo – Chinese Bank (also called Sino – Russian Righteousness Victory Bank)，Harbin Branch	190

续表

拼音索引 Alphabetic Index	词条名称 Entry Titles	页码 Page
ha	哈尔滨华梅西餐厅 Harbin Huamei Western-style Restaurant	191
ha	哈尔滨汇丰银行 The Harbin HSBC Bank（Hong Kong and Shanghai Banking Corporation）	191
ha	哈尔滨交响乐团 Harbin Symphony Orchestra	192
ha	哈尔滨交易所 Harbin Stock Exchange	192
ha	哈尔滨联合啤酒饮料厂 Harbin Joint Beer & Beverage Factory	193
ha	哈尔滨"马卡比" Harbin Maccabi-the Jewish Youth Movement Organization"Maccabi" in Harbin	193
ha	哈尔滨"马卡比"话剧小组 The Harbin Maccabi Drama Group	194
ha	哈尔滨商务俱乐部附属青年话剧小组 The "Youth Drama Group" of the Harbin Commercial Club	194
ha	哈尔滨商务俱乐部音乐训练班 The music training class of the Harbin Commercial Club	194
ha	哈尔滨铁路俱乐部交响乐队 The symphony orchestra of the Harbin Railway Club	195
ha	哈尔滨万国储蓄会 Harbin International Savings Society	195
ha	哈尔滨锡安主义青年小组"以色列希望" "Israeli Hope",a Zionist youth club in Harbin	195
ha	哈尔滨锡安主义组织 The Harbin Zionist Organization	195
ha	哈尔滨锡安主义组织图书馆 Library of the Harbin Zionist Organization	197
ha	哈尔滨弦乐四重奏组合 Harbin String Quartet	197
ha	哈尔滨协和银行 Harbin Concord Bank	197

拼音索引 Alphabetic Index	词条名称 Entry Titles	页码 Page
ha	哈尔滨信济银行 Harbin Thriftcor Bank, or the Thriftcor Bank in Harbin	198
ha	哈尔滨英满储蓄贸易商会（英满投资交易公司） Anglo - Manchurian Savings & Trade Company (Anglo - Manchurian Investment Trading Company)	198
ha	哈尔滨犹太妇女慈善会 The Jewish Women's Charity Society, or DEBO (the abbreviation of its Russian name) in Harbin	199
ha	哈尔滨犹太妇女慈善会劳动学校 The Vocational School of the DEBO in Harbin	199
ha	哈尔滨犹太妇女慈善小组 The Jewish Women's Charity Group in Harbin	200
ha	哈尔滨犹太妇女小组 The Jewish Ladies' Group in Harbin	200
ha	哈尔滨犹太公共图书馆 The Jewish Public Library in Harbin	200
ha	哈尔滨犹太公墓 The Jewish Cemetery in Harbin	200
ha	哈尔滨犹太国民银行 The Jewish People's Bank in Harbin	201
ha	哈尔滨犹太家庭祈祷所 The "Minyan" Homes in Harbin	202
ha	哈尔滨犹太教会私立第一初级小学 The First Private Judaic Elementary School in Harbin	202
ha	哈尔滨犹太教祈祷所 The Jewish Houses of Prayer in Harbin	202
ha	哈尔滨犹太军团 Harbin Jewish Legion	202
ha	哈尔滨犹太历史文化国际论坛 The International Forum on the History and Culture of Harbin Jews(2006)	203
ha	哈尔滨犹太历史文化国际研讨会 The International Forum on the History and Culture of Harbin Jews(2004)	204
ha	哈尔滨犹太经济 Jewish economy in Harbin	204
ha	哈尔滨犹太免费食堂 The Jewish Soup Kitchen in Harbin	205

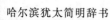
续表

拼音索引 Alphabetic Index	词条名称 Entry Titles	页码 Page
ha	哈尔滨犹太民族大学 The Jewish National College in Harbin	206
ha	哈尔滨犹太民族宗教学校 The Jewish National Religious School in Harbin	206
ha	哈尔滨犹太贫病救济会 Harbin's Jewish Relief Society for the Poor and Invalids, or "Mishmeret Holim"	206
ha	哈尔滨犹太青年联合会 Harbin Jewish Youth Federation	207
ha	哈尔滨犹太人 Jews of Harbin/ Harbin Jews/The Jewish People in Harbin	207
ha	哈尔滨犹太人秘密移民委员会 The underground immigration council in Harbin	209
ha	哈尔滨犹太人移居巴勒斯坦促进协会 The Harbin Aliyah Association	209
ha	哈尔滨犹太人移居巴勒斯坦促进协会图书馆 The library of the Harbin Aliyah Association	210
ha	哈尔滨犹太丧葬互助会 Harbin Jewish Mutual – Aid Burial Society	210
ha	哈尔滨犹太社会救济委员会 The Harbin Jewish Social Relief Committee	210
ha	哈尔滨犹太社区临时委员会 The Interim Committee of the Harbin Jewish Community	210
ha	《哈尔滨犹太社区委员会通报》 "Bulletin", the publication of the Harbin Jewish Community Committee	211
ha	哈尔滨犹太社团档案委员会 The Archives Committee of the Harbin Jewish Community	211
ha	哈尔滨犹太社团纪念"贝尔福宣言"发表一周年大会 The Harbin Jewish Conference for the First Anniversary of the Balfour Declaration	211
ha	哈尔滨犹太社团救助欧战犹太难民委员会 The Harbin Jewish Committee of Assistance to the War Victims (EKOPO)	212
ha	哈尔滨犹太社团救助水灾难民委员会 The Flood Relief Committee of the Harbin Jewish Community	212

续表

拼音索引 Alphabetic Index	词条名称 Entry Titles	页码 Page
ha	哈尔滨犹太社团举办庆祝耶路撒冷希伯来大学成立音乐会 A Harbin Jewish Community concert celebrating the Founding of the Hebrew University of Jerusalem	213
ha	哈尔滨犹太社团抗议希特勒德国迫害犹太人集会 A meeting held by the Harbin Jewish Community in protest of Hitler's persecution to the Jews	213
ha	哈尔滨犹太社团欧战犹太难民救济所 The Harbin Jewish Community relief centers for European refugees	214
ha	哈尔滨犹太图书馆 The Harbin Jewish Library	214
ha	哈尔滨犹太文学研究小组 The Harbin Circle of Jewish Literature	214
ha	哈尔滨犹太消费合作社 Harbin Jewish Consumer Cooperation	215
ha	哈尔滨犹太小学 The primary school "Talmud Torah" in Harbin	215
ha	哈尔滨犹太新会堂 The New Synagogue of Harbin	215
ha	哈尔滨犹太养老院 The Harbin Jewish Home for the Aged	216
ha	哈尔滨犹太医院 The Harbin Jewish Hospital	217
ha	哈尔滨犹太语言爱好者协会 The Harbin Jewish Language Association	218
ha	哈尔滨犹太中学 The Harbin Jewish Gymnasium (high school)	218
ha	哈尔滨犹太宗教公会 Harbin Jewish Religious Society，or HEDO(an abbreviation from its Russian name)	218
ha	哈尔滨犹太宗教公会会员大会 The Plenary Meeting of the Harbin Jewish Religious Society	219
ha	哈尔滨犹太宗教公会监事会 The Board of Supervisors of the Harbin Jewish Religious Society	219
ha	哈尔滨犹太宗教公会理事会 The Council of the Harbin Jewish Religious Society	219

续表

拼音索引 Alphabetic Index	词条名称 Entry Titles	页码 Page
ha	哈尔滨犹太宗教公会组织章程 The Organizational Rules of Harbin Jewish Religious Society	219
ha	哈尔滨犹太总会堂 The Main Synagogue of Harbin	220
ha	哈尔滨与世界犹太人经贸合作国际论坛 The International Forum on the Economic and Trade Cooperation between Harbin and Worldwide Jewry	221
ha	哈尔滨远东锡安主义者代表大会 The Far East Zionist Congress in Harbin	222
ha	哈尔滨远东银行 The Far East Bank in Harbin	222
ha	哈宁,廖瓦(原名列奥) Lyova(Leo)	223
ha	哈宁娜,纽西娅 Hanina, Niussia	224
ha	哈努卡节 Hanukkah	224
ha	哈塞,阿拉 Hasser, Alla	224
ha	哈伊莫维奇,多拉 Haimovich, Dora	225
hai	海菲茨,雅科夫 Heifitz, Yaakov	225
hai	海曼,莱昂弗里德(又名弗里德尔) Heiman, Leonfried (Friedl)	225
hai	河豚鱼计划 Fugu Plan	225
he	荷花艺术学校 The Lotus Art Studio	226
he	赫杰尔 Hodel	227
he	赫什科维奇,菲拉(又名埃丝特) Hershkovich, Fira (Esther)	227

续表

拼音索引 Alphabetic Index	词条名称 Entry Titles	页码 Page
hou	《喉舌》 The *Rupor*	227
hua	花旗银行 Citibank	227
hua	华美银行 Sino – American Bank	228
hua	华英东方贸易公司 Anglo – Chinese East Trading Company	228
hua	华英油坊 Anglo – Chinese Oil Mill	228
huan	欢庆圣法节 Simchat Torah	229
hui	回归法 Law of Return	230
huo	霍尔珀林，米拉 Halperin，Mira	230
huo	霍罗什，尤里·利沃维奇 Horosh，Yuri Livovich	230
J 部		
ji	基大利斋日 Fast of Gedaliah	231
ji	基奇金，米哈伊尔·亚历山德罗维奇 Gichkin，Mikhail Aleksandrovich	231
ji	基谢廖夫，阿伦-摩西·施穆伊洛维奇 Kiselev，Aron Moses Shmulevich	232
ji	吉姆，科拉夫季娅 Zim，Klavdiya	233
ji	汲水节 Feast of Tabernacles – Succoth	233
ji	济曼，亚伯拉罕 Zinman，Abraham	233
ji	祭司 The Jewish High Priest	234
jia	加布里埃尔，E.哈里 Gabriel，E. Harry	234
jia	加尔佩林，埃列奥诺拉 Galperin，Eleonora	234

续表

拼音索引 Alphabetic Index	词条名称 Entry Titles	页码 Page
jia	加尔佩林,伊斯拉埃尔·什穆依洛维奇 Galperin, Israel Shmuilovich	235
jia	《加捷凯尔》双周刊 "*Hadegel*"(the Flag), a biweekly journal	235
jia	加兰季亚针织工厂 The "Guarantee" Knitting Mill	235
jia	"加绍麦尔·加察伊尔" Gashomer Gatsair	235
jie	洁净礼 Ablution	236
jie	结庐节 Succoth – Feast of Tabernacles	237
jie	诫律 The Ten Commandments	237
jin	金斯伯格,弗鲁玛·米哈伊洛芙娜 Ginzburg, Fruma Mihailovna	237
jin	金斯伯格,H. Ginzburg, N.	237
jin	金斯伯格,C. 3. Ginzburg, S. Z.	237
jin	金兹堡保险公司 Ginzburg Insurance Company	237
jin	津巴利斯特,叶甫列姆 Zimbalist, Efrem	238
jin	津格尔缝纫机商店 Singer's Sewing Machine Shop	238
jin	津格尔,维里莫施 Singer, Vilmos	238
jin	禁食日 Tisha B'Av	239
jing	经文护符匣 Phylacteries	239
jing	精神中心党 Mizrachi	240
jing	精神中心工人党 Hapoel Hamizrachi	241

拼音索引 Alphabetic Index	词条名称 Entry Titles	页码 Page
jing	净殿节 Hanukah	241
jing	净身池 Mikveh	241
Jiu	救助欧战难民委员会 The Jewish Committee for Assistance of European Refugees	241
K 部		
ka	卡巴 Kippah	241
ka	卡巴尔金，Р. М. Kabalkin，R. M.	242
ka	卡巴尔金，Я. Р. Kabalkin，Y. R.	243
ka	卡尔冬斯基，伊赛 Kardonsky，Isai	243
ka	卡尔利克-拜因，尤迪特 Karlik－Bain，Yudit	243
ka	卡尔利克，米哈伊尔·雅科夫列维奇 Karlik，Mihail Yakovlevich	244
ka	卡尔林斯基，西蒙 Karlinsky，Simon	244
ka	卡干，А. И. Kogan，A. I.	245
ka	卡干钟表珠宝店 Kagan Watch & Jewelry Shop	245
ka	卡林，费奥多尔·雅科夫列维奇 Kalin，Fyodor Yakoflevich	246
ka	卡涅尔，诺利亚 Kanel，Nolia	246
ka	卡普兰，亚历克斯 Kaplan，Alex	246
ka	卡恰诺夫斯基，阿布拉姆 Kachanovsky，Abram	247
ka	卡恰诺夫斯基，Л. Kachanovsky，L.	247

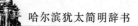

续表

拼音索引 Alphabetic Index	词条名称 Entry Titles	页码 Page
ka	卡斯普事件 The Kaspe Affair	247
ka	卡斯普,谢苗(又译西蒙)·约瑟福维奇 Kaspe, Semon Josephovich	248
ka	卡斯普,约瑟夫·亚历山德罗维奇 Kaspe, Joseph Alexandrovich	249
kai	凯达尔,季娜 Keidar, Dina	249
kai	凯达尔,罗尼 Keidar, Roni	250
kai	凯斯勒,雅科夫(雅纳) Kessler, Yaakov (Yana)	251
kan	坎波尔,乔治 Kanpol, George	251
kang	康季莲娜乐器行 Kantilena Musical Instrument Firm	251
kao	考夫曼,阿布拉姆(又译亚伯拉罕)·约瑟福维奇 Kaufman, Abraham, Yosifovich	251
kao	考夫曼,埃斯菲利·达维多芙娜 Kaufman, Esfil, Davidovna	252
kao	考夫曼-塞格尔曼,拉莎 Kaufman – Zegerman, Rasha	253
kao	考夫曼,索菲娅·鲍里索芙娜 Kaufman, Sophia Borisovna	253
kao	考夫曼,特迪 Kaufman, Teddy	253
kao	考夫曼,叶夫根尼 Kaufman, Evgeny	255
kao	考夫曼,伊赛 Kaufman, Isay	256
kao	考夫曼,约瑟夫·扎尔玛诺维奇 Kaufman, Iosif Zalmanovich	257
ke	科茨,M. M. Kots, M. M.	257
ke	科茨,萨穆伊尔 Kots, Samuil	258

续表

拼音索引 Alphabetic Index	词条名称 Entry Titles	页码 Page
ke	科夫通,伊萨克 Kovtun，Isaac	259
ke	科甘,阿巴 Kogan，Abba	259
ke	科甘,阿霞 Kogan，Asya	259
ke	科甘,迈克尔 Kogan，Mikhail	260
ke	科特安,约瑟夫 Kotan，Joseph	261
ke	科特金娜,加利娅 Kotkina，Galia	262
ke	科特金,伊赛 Kotkin，Isai	262
ke	克拉斯诺夫,雅沙 Krasnov，Yasha	262
ke	克拉斯诺娃,艾娅 Krasnova，Aiya	262
ke	克莱因,奥莉加 Klein，Olga	263
ke	克莱因,谢苗 Klein，Semyon	263
ke	克莱因,雅科夫 Klein，Yaakov	264
ke	克莱因,亚伯拉罕 Klein，Avraham	264
ke	克莱因,尤里 Klein，Yuri	265
ke	克莱因,约西 Klein，Yossi	265
ke	克劳克,诺拉 Krouk，Nora	266
ke	克劳克,叶菲姆 Krauk，Efim	266
ke	克里奥林,3. M. Kliorin，Z. M.	267

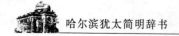
续表

拼音索引 Alphabetic Index	词条名称 Entry Titles	页码 Page
ke	克利马臣斯基,米娜 Krimchansky, Mina	267
ke	克利马臣斯基,穆尼亚 Krimchansky, Monia	267
ke	克利马臣斯基,雅科夫·伊兹莱列维奇 Krimchansky, Yakov Izraelevich	267
ke	克列巴诺夫,阿西娅 Klebanov, Asiya	268
ke	克列巴诺夫,丽莉 Klebanov, Lily	269
ke	克鲁格利亚科夫,雅科夫·格里戈里耶维奇 Krugliakov, Yaakov Grigorevich	269
ke	克鲁格利亚克,鲍里斯·格里戈里耶维奇 Krugliak, Boris Grigorevich	269
ke	克罗尔,Г. И. Krol,G. Y.	269
ke	克罗尔,尼奥马 Krol, Nioma	270
ke	克罗尔,亚历山大 Krol, Alexander	270
ke	克尼西,丹尼 Kenig, Danny	270
ke	克尼西,И. Э. Kenig, I. E.	271
ku	库拉什 Kurash	271
ku	库里盖尔,С. М. Kuliger, S. M.	271
ku	库列绍夫 Kuleshov	271
ku	库皮茨卡娅,萨拉·绍洛芙娜 Kupitskaya,Sara Saulovna	271
ku	库什涅尔,К. И. Kushner,K. Y.	271
ku	库什涅尔,沃瓦 Kushnir, Vova	271

续表

拼音索引 Alphabetic Index	词条名称 Entry Titles	页码 Page
kuang	狂欢节 Purim	271
L 部		
la	拉比 Rabbi	272
la	拉比诺维奇，И. А. Rabinovich，I. A.	273
la	拉比诺维奇，C. M. Rabinovich，S. M.	273
la	拉比犹太教 Rabbinic Judaism	273
la	拉布金，所罗门·莫伊谢耶维奇 Rabkin，Solomon Moyseevich	274
la	拉尼尔(兰金)，阿夫拉姆(阿维) Lanir，Avraham	274
la	拉尼尔(兰金)，诺姆 Lanir(Lankin)，Noam	275
la	拉维科维奇，戴利娅 Rabikovich，Dalia	275
la	拉兹诺希科娃，玛丽亚·弗拉基米罗芙娜 Raznochikova，Maria Vladimirovna	275
lai	莱纳，约瑟夫 Lerner，Joseph	276
lai	莱斯克，叶利娅 Lesk，Elia	276
lai	莱泽罗维奇，果尔达 Leizerovich，Golda	276
lan	兰金，阿夫拉姆(又名拉尼尔，阿维) Lankin，Abraham(Lanir，Avi)	276
lan	兰金，埃利亚胡 Lankin，Eliyahu	276
lan	兰金，多丽丝 Lankin，Doris	278
lan	兰金，拉谢尔 Lankin，Rachel	278

续表

拼音索引 Alphabetic Index	词条名称 Entry Titles	页码 Page
lan	兰金,莉诺 Lankin, Lenore	278
lan	兰金,莫伊谢伊·阿布拉莫维奇(摩西) Lankin, Moisei Abramovich (Moshe)	278
lan	兰金,诺姆 Lankin, Noam	279
lan	兰金,雅科夫 Lankin, Yaakov	279
lao	老巴夺,伊利亚 Лопато, Е. А.	280
lei	雷森,阿尔(原名列兹尼科夫,卢夏) Rayson, Al (Reznikoff, Lusia)	281
li	里赫利茨基,克拉拉 Rikhlitzky, Clara	281
li	里斯金,米哈伊尔 Riskin, Mihail	282
li	利别尔曼,吉赛亚 Liberman, Gisia	282
li	利别尔曼,吉霞·阿纳托利耶芙娜 Liberman, Gisya Anatolevna	282
li	利别尔曼,谢苗 Liberman, Semyon	282
li	利别尔曼,雅科夫 Liberman, Yaakov	283
Li	利波夫斯基剧团 Lipovsky Troupe	284
li	利夫希茨,玛拉 Lifshitz, Mara	284
li	利夫希茨,斯特娜 Lifshitz, Sterna	285
li	利夫希茨,雅科夫·马特维耶维奇 Lifshitz, Yaakov Matveevich	286
li	利夫希茨照相馆 The Lifshitz Photography Studio	287
li	利霍马诺夫,列夫·莫伊谢耶维奇 Likhomanov, Lev Moiseevich	287

续表

拼音索引 Alphabetic Index	词条名称 Entry Titles	页码 Page
li	利霍马诺夫,摩西 Likhomanov, Moshe	288
li	利特温,本杰明 Litvin, Benjamin	288
li	利特温,丹尼尔 Litvin, Daniel	288
li	利特温,哈伊姆 Litvin, Chaim	289
li	利文森,罗曼·格里戈里耶维奇 Livenson, Roman Grigorievich	289
li	利沃维奇,A. L. Lvovich, A. L.	290
li	利希蒂希,阿尼娅 Lichtig, Anya	290
li	利希蒂希,尤济科 Lichtig, Yuzik	290
lie	列尔曼,A. L. Lerman, A. L.	290
lie	列维京,罗莎 Levitin, Rosa	291
lie	列伊博维奇,利阿娜 Leibovitch, Leann a	291
lie	列伊博维奇,纳坦 Leibovich, Natan	291
lin	林斯基,吉利耶尔 Linsky, Giliel	291
lu	卢丁,阿舍 Ludin, Asher	291
lu	卢里亚,E. Y. Luria, E. Y.	292
lu	鲁宾逊,德罗尔 Robinson, Dror	292
lu	鲁宾逊,法尼娅·马丁诺夫娜 Robinson, Fania Martihovna	292

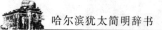

续表

拼音索引 Alphabetic Index	词条名称 Entry Titles	页码 Page
lu	鲁宾逊,汉斯·埃米尔耶维奇 Robinson, Gans Emilevich	292
lu	鲁宾逊，捷耶夫 Rubinson, Zeev	294
lu	鲁宾逊，娜佳 Robinson, Nadia	295
lu	鲁特施泰因,阿纳托利 Rutstein, Anatoly	296
lu	鲁韦尔,阿布拉姆 Ruvel, Abram	297
lu	鲁韦尔,哈娜 Ruvel, Hannah	297
lu	鲁韦尔,哈伊姆 Ruvel, Hayim	297
lu	鲁韦尔,雅科夫 Ruvel, Yakov	299
lun	伦贝格,根纳季 Lemberg, Gennady	299
lun	伦敦呢绒庄 London Woolen Fabric Store	299
luo	罗尔班特,萨穆伊尔 Rolbant, Samuil	299
luo	罗森贝格,艾里雅古 Rosenberg, Ariagu	300
luo	罗森布拉特,穆尼亚 Rosenblat, Monia	300
luo	罗森菲尔德,安娜·玛尔科芙娜 Rozenfeld, Anna Markovna	300
luo	罗森施泰因,埃斯特尔 Rozenstein, Ester	300
luo	罗森施泰因,巴鲁赫（又名博里亚） Rozenstein, Barukh（Boria）	300
luo	罗森施泰因,法迪亚 Rozenstein, Fadia	300
luo	罗森施泰因,穆尼亚 Rosenstein, Monia	301

续表

拼音索引 Alphabetic Index	词条名称 Entry Titles	页码 Page
luo	罗森施泰因,热尼娅 Rosenstein, Jenia	301
luo	罗森施泰因,雅科夫·马尔科维奇 Rozenchteyn, Yaakov Markovich	302
luo	罗森施泰因,伊萨 Rosenstein, Isa	302
luo	罗森塔尔,弗里茨·古斯塔诺维奇 Rozental, Flitz Gustanovich	302
luo	罗尚斯基,莫蒂亚 Rozhansky, Motia	302
luo	罗生特(雅各布·罗森菲尔德) Rosenfeld, Jakob	303
luo	罗丝,萨拉 Ross, Sarah	304
luo	罗伊斯别尔格,Л. Roizberg, L.	304
luo	洛扎尔,罗尼娅 Lozar, Ronia	305
luo	洛扎尔,梅厄 Lozar, Meir	305
M 部		
ma	马迭尔宾馆 Moderne Hotel	305
ma	马迭尔绑架案 The Moderne Hotel kidnapping incident	306
ma	马多尔斯基,哈伊姆·列伊博维奇 Madorsky, Haim Leibovich	306
ma	马多尔斯基,列奥·鲍里斯 Madorsky, Leo Boris	306
ma	马尔科维奇,安娜·亚历山德罗芙娜 Markovich, Anna Aleksandrovna	307
ma	马尔科维奇,格里戈里 Markovich, Gorigori	307
ma	马尔科维奇,米哈伊尔·所罗门诺维奇 Markovich, Mihail Solomonovich	307
ma	"马尔斯"巧克力糖果点心厂 Mars Chocolate – Sweets & Pastry Factory	307

续表

拼音索引 Alphabetic Index	词条名称 Entry Titles	页码 Page
ma	马吉德，丽贝卡 Magid，Rebecca	308
ma	马吉德，罗伯特 Magid，Robert	308
ma	马吉德，伊萨多 Magid，Isador	308
ma	马家沟祈祷堂 The Madiagou Synagogue – the synagogue at Madiagou（today Majiagou）	309
ma	马特林，雅科夫 Matelin，Yaakov	309
mei	梅德济尼，莫舍 Medzini，Moishe	310
mei	梅杰尔，Э. Л. Meder，E. L.	310
mei	梅金，米龙·格里戈里耶维奇 Meizin，Miron，Grigorevich	310
mei	梅金兄弟 The Meizin brothers	310
mei	梅金兄弟面包房 Meizin Brothers Bakery	311
mei	梅金，约瑟夫·格里戈里耶维奇 Meizin，Joseph Grigorevich	311
mei	梅罗维奇，尤金 Meerovich，Eugene	311
mei	美祖扎赫 Mezzuzah	312
mi	米尔金，鲍里斯 Mirkin，Boris	312
mi	米勒，舒里 Miller，Shuli	312
mi	"米尼阿久尔"咖啡茶食店 Café "Miniature"	313
mi	米尼阿久尔西餐厅 Western Food Restaurant "Miniature"	313

续表

拼音索引 Alphabetic Index	词条名称 Entry Titles	页码 Page
mi	米奇尼克,费多西娅·莫伊谢耶夫娜 Mitchnik, Fedosia Moseevna	314
mi	米绍里,罗莎 Mishori, Rocha	314
mi	米斯科尔,雅科夫·格里戈里耶维奇 Misker, Yaakov Grigorievich	315
mi	米夏埃利,摩西(又名米哈伊洛夫斯基,莫夏) Michaeli, Moshe (Mikhailovsky, Mosia)	315
mi	"米兹拉赫·加—拉霍克"股份公司 Mizlahe G – Lahok Co. Ltd.	315
mi	明鞍 Minyan	315
mo	莫尔古列夫,马拉 Morgulev, Mara	316
mo	莫尔古列娃,萨拉 Morguleva, Sarra	316
mo	莫什科维奇,V. Moshkovich, V.	316
mo	莫斯科大药房 Moscow Pharmacy	316
mo	莫伊谢耶夫,莫西亚 Моисеев, Мосья	317
mu	穆兰茨,米拉 Мранц, Мира	317
mu	穆棱煤矿公司 The Muling Coal Mining Company	317
mu	穆斯塔芬,玛拉 Moustafine, Mara	318
N 部		
na	纳德尔,列夫·伊萨科维奇 Nadel, Lev Isakovich	319
na	纳德尔,伊茨哈克 Nadel, Itzhak	320

续表

拼音索引 Alphabetic Index	词条名称 Entry Titles	页码 Page
na	纳德尔,伊兹亚(又名奥伦,伊兹亚) Nadel, Izya (Oren, Izya)	321
na	纳夫塔林,M. A. Naphtalin, M. A.	322
na	纳夫塔林娜—约菲,E. C. Naftalina – Yoffe, I. S.	322
na	纳夫塔诺维奇,阿纳尼亚·阿布拉莫维奇 Naftanovich, Anania Abramovich	322
na	纳夫塔诺维奇,伊赛·阿布拉莫维奇 Naftanovich, Isai Abramovich	322
na	纳胡姆森,布洛尼娅 Nahumson, Bronia	323
na	纳胡姆森,大卫 Nahumson, David	323
na	纳胡姆森,麦克斯 Nahumson, Max	323
na	纳胡姆森,亚历克斯 Nahumson, Alex	323
na	纳克姆松,D. A. Nachemson, D. A.	324
nan	南森护照 Nansen Passport	324
nei	内哈姆金,希尔什 Nehamkin, Hirsh	324
nei	内哈姆金,约瑟夫 Nehamkin, Yoseph	325
ni	尼森鲍姆,弗丽达 Nissenbaum, Frieda	325
nuo	挪威洋行 The Norwegian Company	325
P 部		
pa	帕图申斯基,亚伯拉罕·所罗门诺维奇 Patushinsky, Abraham Solomonovich	325
pei	佩尔索夫,伊赛 Persov, Isai	326
pei	佩利,奥尼亚 Paley, Onia	326

续表

拼音索引 Alphabetic Index	词条名称 Entry Titles	页码 Page
pei	佩谢利尼克，索尼娅 Peselnik，Sonia	326
pi	皮亚斯图诺维奇，Л. И. Piastunovich，L. I.	326
ping	平斯基，巴维尔 Pinsky，Pavel	326
ping	平斯基，G. 保罗 Pinsky，G. Paul	327
pu	普珥节 Purim Festival	327
pu	普加奇，米哈伊尔 Pugach，Mikhail	327
pu	普拉特，埃曼努埃尔 Pratt，Emmanuel	327
pu	普鲁扎诺夫，Ф. П. Pruzhanov，F. P.	327
pu	普罗戈列斯针织厂 Progress Textile Factory	328
pu	普洛特金，吉尼娅 Plotkin，Genia	328
pu	普洛特诺夫斯基 Plotnovsky	328
pu	普希金大药房 The Pushkin Pharmacy	329
Q 部		
qi	七七节 Shavuot	329
qi	七枝烛台 Menorah	329
qi	齐克曼，波林娜·莫伊谢耶芙娜 Zikman，Polina Moisevna	330
qi	齐克曼，Л. Г. Zikman，L. G.	330
qi	齐克曼关于将 200 名欧洲犹太皮革工人移居伪满洲国的设想 The Zikman's plan to bring 200 Jewish tanners from Europe to Manchukuo	330
qi	齐特林，瓦尔特 Tsitrin，Valter	331

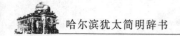
续表

拼音索引 Alphabetic Index	词条名称 Entry Titles	页码 Page
qi	祈祷书 Siddur	331
qie	切尔恩，列利亚 Tseren，Lelia	331
qie	切尔尼亚夫斯基，阿布拉姆 Cherniavsky，Abram	332
qie	切尔尼亚夫斯基，A. C. Cherniavsky，A. S.	332
qie	切尔尼亚夫斯基，C. P. Cherniavsky，C. R.	332
qie	切尔尼亚夫斯基遇害事件 The Cherniavsky Assassination Affair	332
qie	切尔尼亚夫斯卡娅，埃斯特 Cherniavskaya，Ester	333
qie	切尔尼亚夫斯卡娅，赖莎 Cherniavskaya，Raisa	333
qie	切尔尼亚夫斯卡娅，莉季娅 Cherniavskaya，Lidiya	333
qie	切尔尼亚夫斯卡娅，玛露霞 Cherniavskaya，Marusia	334
R 部		
ri	日本政府五大臣会议 The Five-minister Meeting of the Japanese Government	334
ri	日祷 Day Prayer	335
ri	日俄战争 Russo–Japanese War（1904–1905）	335
ri	日内瓦钟表珠宝店 Watch & Jewelry Shop "Geneva"	336
rui	瑞典洋行 The Swedish Company	336
ruo	若罗夫，谢苗 Zhorov，Semyon	336
ruo	若罗娃，列亚·谢苗诺芙娜 Zhorova，Semyonovna	336

续表

拼音索引 Alphabetic Index	词条名称 Entry Titles	页码 Page
ruo	若罗娃,玛丽亚 Zhorova, Mariya	336
S 部		
sa	萨尔诺,希莉亚 Sarno, Hilia	337
sa	萨姆索诺维奇,格里戈里 Samsonovich, Grigory	337
sa	萨姆索诺维奇,穆霞 Samsohobich, Musia	337
sa	萨姆索诺维奇兄弟商会 Samsonovich Brothers Trading Company	337
san	三大朝圣节 The three Jewish pilgrimage festivals	338
sang	桑德尔—克莱因,尤迪特 Sandel – Klein, Yudit	338
sang	桑福德,韦纳 Sanford, Wainer	339
sang	桑托斯,吉娜 Santos, Gina	339
sha	沙弗兰,边济奥 Shafran, Benzion	339
sha	沙列尔,米沙 Sharell, Misha	340
sheng	《生活新闻》 The *Novosti Jizni*(*News of Life*)	340
sheng	圣殿 The Holy Temple of Jerusalem	340
sheng	圣会节 Shemini Atzeret	341
sheng	圣幕 Tabernacle	341
sheng	圣日前夕祝祷 Kiddush	341
sheng	圣所 The Holy Sanctuary	341

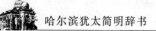

续表

拼音索引 Alphabetic Index	词条名称 Entry Titles	页码 Page
sheng	圣约之子会 B'nai B'rith	342
shi	施利费尔，基蒂亚 Shlifer，Kitya	342
shi	施奈德，索尼娅 Shneider，Sonia	342
shi	施皮尔曼，И. Shpilmann，Y.	342
shi	施泰纳，纳胡姆 Steiner Nahum	342
shi	施泰因曼，鲍里斯（鲍勃）·拉扎鲁斯 Shteinman，Boris（Bob）Lazarus	342
shi	施泰因曼，拉扎尔 Shteinman，Lazar	344
shi	施特恩费尔德，索尼娅 Sternfeld，Sonia	344
shi	施瓦尔茨—考夫曼劳动学校 Shvarts－Kaufman Vocational School	344
shi	施瓦尔茨—考夫曼，贝尔塔·伊萨耶芙娜 Shvarts－Kaufman，Berta Isaevna	344
shi	施瓦尔茨，莫佳 Shvarts，Motia	345
shi	施因菲尔德，О. А. Sheinfeld，O. A.	345
shi	什克洛夫，拿单 Shiklov，Nathan	345
shi	《时事通讯》地下刊物 The underground leaflet "Newsletter"	345
shi	世界锡安主义组织西伯利亚和远东地区移居巴勒斯坦事务驻哈尔滨全权代表办事处 The World Zionist Organization's Harbin Office for the Immigration to Palestine from Siberia and the Far East	346
shou	收割节 Shavuot	346
shou	受戒礼 Bar Mitzvah	346

续表

拼音索引 Alphabetic Index	词条名称 Entry Titles	页码 Page
shu	赎罪日 Yom Kippur	347
si	斯基德尔斯基，根丽埃塔·阿尔诺多芙娜 Skidelsky，G. A.	348
si	斯基德尔斯基家族 The Skidelsky family	348
si	斯基德尔斯基，罗伯特 Skidelsky，Robert	349
si	斯基德尔斯基，Л. Ш. Skidelsky，L. S.	349
si	斯基德尔斯基，所罗门·列昂季耶维奇 Skidelsky，Solomon Leontevich	350
si	斯基德尔斯基塔木德-托拉学校 The Skidelsky Talmud – Torah School	350
si	斯基德尔斯基，谢苗·列昂季耶维奇 Skidelsky，Semyon Leontevich	351
si	斯基德尔斯基，雅科夫 Skidelsky，Yaakov	352
si	斯卢茨克尔，策利希 Slutzker，Zelig	352
si	斯莫良斯基，诺伯特 Smoliansky，Norbert	352
si	斯穆什克维奇，列昂京娜（蒂娜） Smushkevich，Leontina	352
si	斯特恩，赫尔穆特 Stern，Helmut	353
si	斯特劳斯，琳 Shtraus，Lin	354
si	斯托夫曼，薇拉 Stofman，Vera	354
song	松花江大药房 Sungari Pharmacy	355
song	松花江制粉厂 Sungari Flour Mill	355
song	诵经坛 Bimah	355

续表

拼音索引 Alphabetic Index	词条名称 Entry Titles	页码 Page
su	素祭 Cereal Offering	356
suo	梭忌奴啤酒厂 The Soedino Brewery	356
suo	索洛韦奇科，哈伊姆 Solovechick，Haim Abramovich	356
suo	索斯金，И. X. Soskin，I. H.	356
suo	索斯金，C. X. Soskin，S. H.	356
suo	索斯金股份公司 Soskin Joint-stock Company	357
suo	索斯金家族 The Soskin Family	357
suo	索斯金面粉厂 Soskin Flour Mill	358
suo	索斯金油坊 Soskin Oil Mill	358
T 部		
ta	塔德莫尔，哈伊姆 Tadmor，Haim	359
ta	"塔尔布特"协会 "Tarbut"Association	360
ta	塔利特 Talit	360
ta	塔木德经卷 Talmud	360
tan	坦杰特，阿里 Tandet，Ali	360
tan	坦杰特，萨穆伊尔 Tandet，Samuil	361
te	特拉赫金贝尔格，弗拉基米尔·达维多维奇 Trachtenberg，Vladimir Davidovich	361
te	特里古博夫，鲍里斯·瑙莫维奇 Trigubov，Boris Naumovich	361

续表

拼音索引 Alphabetic Index	词条名称 Entry Titles	页码 Page
te	特里古博夫,哈里·奥斯卡 Triguboff, Harry Oscar	362
te	特里古博夫,摩西 Trigubo，Moshe	362
te	特里古博夫,纳乌姆·约瑟福维奇 Trigubov, Naum Iosifovich	363
te	特里古博娃,吉塔-列亚·莫伊谢耶芙娜 Trigubova, Gita – Leya Moiseevna	364
te	特鲁姆佩尔道,约瑟夫 Trumpeldor, Joseph	364
tong	通克尔,米哈伊尔 Tunkel，Mihail	364
tuo	托佩尔,玛丽亚 L. Topper, Maria Lazerefna	365
W 部		
wan	晚祷 Ma'ariv	365
wan	万国救济苏俄饥民协济会 The International Relief Association for Soviet Famine Refugees	365
wei	韦尔茨曼,格里戈里 Vertzman, Grigori	365
wei	韦尔茨曼,索菲娅 Vertsman, Sophia	366
wei	维恩斯坦,约翰 Weinstein, John	366
wei	维格多尔奇克-韦尔茨曼,叶娃-伊利尼什娜 Vigdorchik – Vertsman, Eva – Ilinishna	366
wei	维格多尔奇克,伊利亚 Vigdorchik, Ilya	366
wei	维特林,A. V. Vitlin, A. V.	366
wei	魏列尔,舒拉 Vailer，Shura	367
wei	魏涅尔曼,阿尔伯特 Veinerman, Albert	367

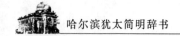
续表

拼音索引 Alphabetic Index	词条名称 Entry Titles	页码 Page
wei	魏涅尔曼,埃丝特(又名埃西娅) Veinerman, Esther (Essia)	367
wei	魏涅尔曼,罗尼(又名拉恩) Veinerman, Ronny (Ran)	368
wei	魏涅尔曼,雅科夫 Veinerman, Yaakov	369
wei	魏斯宾,纳乌姆 Vaisbin, Naum	369
wen	温考,金娜 Vincow, Dina	369
wo	沃尔芬,马克 Wolfen, Mark	370
wo	沃甫琪克眼镜公司 The Optik Glasses Company	370
wo	沃利斯基,鲍里斯 Volisky, Boris	370
wo	沃利斯卡娅,贝拉·所罗门诺芙娜 Voliskaya, Bela Solomonovna	370
wo	沃洛布林斯基,莫伊谢伊 Volobrinsky, Moisey	371
wo	沃洛布林斯卡娅-卡茨,加利娅 Volobrinskaya – Kats, Galiya	371
wo	沃洛布林斯卡娅,玛丽亚 Volobrinskaya, Maria	372
wo	沃洛布林斯卡娅,伊琳娜 Volobrinskaya, Irina	372
wo	沃伊汉斯卡娅,玛利亚 Voihanskaya, Maria	372
wu	乌里施捷因,И. М. Golstein, I. M.	373
wu	"乌尼昂"服装店 Clothing Shop "Union"	373
wu	午祷 Mincha	373
wu	舞台艺术团 Stage Troupe	373

续表

拼音索引 Alphabetic Index	词条名称 Entry Titles	页码 Page
X 部		
xi	《西伯利亚—巴勒斯坦》周刊 The *Siberia – Palestine* Weekly	373
xi	西伯利亚犹太文化未来联盟图书馆 The Siberian Library of the Jewish Culture Union	374
xi	西特林，瓦尔特 Citrin, Walter	374
xi	希伯来大学 The Hebrew University of Jerusalem	375
xi	希伯来圣经 The Hebrew Bible	375
xi	希伯来语培训班 The Hebrew Language Training Class	376
xi	希费尔布拉特，H. A. Shifferbrat, N. A.	376
xi	希克曼，伊萨克 Shickman, Isaac	376
xi	锡安工人党 Zionist Workers' Party	377
xi	锡安主义 Zionism	377
xi	锡安主义党 Zionist Party	378
xia	夏皮罗，阿里埃尔 Shapiro, Ariel	378
xia	夏皮罗，康斯坦丁 Shapiro, Konstantin	378
xia	夏皮罗，迈克尔 Shapiro, Michael	378
xia	夏皮罗，雅科夫 Shapiro, Yaakov	378
xia	夏皮罗，伊萨克 Shapiro, Isaak	378
xia	夏皮罗，约瑟夫 Shapiro, Joseph	379

续表

拼音索引 Alphabetic Index	词条名称 Entry Titles	页码 Page
xie	谢杰斯制粉厂 Skidelsky Flour Mill	379
xin	辛格,埃玛 Singer,Emma	379
xin	辛格尔,贝芭 Zinger,Beba	380
xin	欣策,迈克尔 Hintze,Michael	380
xin	新哈尔滨大药房 The New Harbin Pharmacy	381
xin	新月节 Rosh Hodesh	381
xue	学经堂 Bet Midrash	381
xue	血祭诽谤 Blood-libels	381
Y 部		
ya	亚布罗夫,所罗门·格里戈里耶维奇 Yabrov,Solomon Grigorevich	382
ya	亚布罗夫,伊利亚·所罗门诺维奇 Yabrov,Ilya,Solomonovich	382
ya	亚布罗娃,尤季菲·伊里尼奇娜 Yabrova,Yudif Ilinichna	382
ya	亚尔霍,阿哈伦 Yarkho,Aharon	382
ya	亚尔霍,伊萨 Yarho,Isa	383
ya	亚历克西斯,纳迪娅 Alexis,Nadia	383
ye	耶路撒冷节 Jerusalem Day	383
yi	伊夫兰,西玛 Ifland,Sima	383
yi	《1902 年侨居哈尔滨犹太人协议》 The *Harbin Jewish Immigrants Agreement*,1902	384

续表

拼音索引 Alphabetic Index	词条名称 Entry Titles	页码 Page
yi	伊兹古尔,阿巴·萨摩伊洛维奇 Izgur，Aba Samsonovich	384
yi	以色列纪念中国犹太社区会堂和文化中心 Synagogue and Cultural centre in memory of the Jewish communities in China	384
yi	以色列建国 The establishment of the State of Israel	384
yi	以色列原居中国犹太人协会 Association of Former Jewish Residents of China in Israel（IYS）	385
yi	以色列原居中国犹太人协会会刊 Periodical "*Bulletin*" – the organic publication of the Association of Former Jewish Residents of China in Israel（IYS）	386
yi	以色列-中国友好协会 Israel – China Friendship Society	387
yi	意第绪语 The Yiddish language	388
yin	因季科夫,格里戈里·本·摩西 Indikov, Grigory ben Moshe	388
yin	因季科夫,汉尼娅 Indikov, Henya	389
yin	因季科夫,摩西·本·雷博 Indikov, Moshe Ben Leib	389
ying	英吉利—亚细亚电报通讯社 The British – Asia Telegraph News Agency	390
you	尤多维奇,达维德 Yudovich, David	390
you	犹太标志 Jewish Symbols	390
you	犹太会堂 Synagogue	391
you	犹太教 Judaism	391
you	犹太教父训言 Moral Teachings of Jewish Sages	392
you	犹太墓地 Jewish Cemetery	393

续表

拼音索引 Alphabetic Index	词条名称 Entry Titles	页码 Page
you	《犹太生活》 *Jewish Life*	393
you	犹太圣地 The Holy Land	395
you	犹太新年 Rosh Hashanah, the Jewish New Year	395
you	《犹太言论》 *Jewish Word*	396
you	犹太音乐—文学—戏剧协会"伊玛尔达戈" The Jewish Cultural Club "Yimaldag" (abbreviation for the Yiddish Music, Literary and Dramatic Group)	396
you	犹太总会堂"藏匿德国间谍"案件 The case of hiding a German spy in the Main Synagogue	397
yu	逾越节 Passover	398
yuan	远东地区犹太人社区代表大会 The Congress of the Jewish Communities in the Far East	399
yuan	远东犹太商业银行 The Far East Jewish Bank of Commerce	399
yuan	远东地区犹太社区三十年史编撰委员会 The Compilation Committee for the 30-year History of the Jewish Communities in the Far East	400
yuan	远东犹太中央情报局 The Jewish Central Information Bureau of the Far East	400
yue	约尼斯,米利亚 Ionis, Milia	401
yue	约瑟夫,埃利亚胡·巴尔（又名罗伊斯伯格，莱利亚） Yosef, Eliahu Bar (Roisberg, Lelia)	402
yue	约瑟夫,拉谢尔·巴尔 Yosef, Rachel Bar	402
yue	约瑟列维奇,薇拉 Ioselevich, Vera	403
Z 部		
ze	泽尔策,米娜·阿布拉莫芙娜 Zeltzer, Mina Abramovna	403

续表

拼音索引 Alphabetic Index	词条名称 Entry Titles	页码 Page
ze	泽利科夫斯基,A. B. Zelikovsky,A. B.	403
zha	扎尔曼诺夫,约瑟夫 Zalmanov, Joseph	403
zha	扎尔曼诺娃,安娜 Zalmanova, Anna	403
zha	扎列茨基,阿布拉姆·莫尔杜霍维奇 Zaretsky, Abram Morduhovich	403
zha	扎列茨基,莫蒂亚 Zaretsky, Motya	404
zha	扎列茨卡娅,吉塔 Zaretskaia, Gitan	404
zha	扎伊格拉耶夫,维克多 Zaigraev, Viktor	405
zha	栅栏区 The Pale of Settlement	405
zheng	政治锡安主义 Political Zionism	406
zhong	中东路事件 The 1929 Chinese Eastern Railway Incident	407
zhong	中央大街 Kitaiskaya Street (today Central Pedestrians Street)	408
zhong	中央大药房 The Central Pharmacy	408
zhu	住棚节 Sukkot (known as the Feast of Booths, or the Feast of Tabernacles)	409

图片索引
Index of Illustrations

序号 Serial Number	图片说明 Caption of Illustrations	页码 Page
1	阿霞·阿布拉莫夫 Asia Abramov	107
2	2008年重返哈尔滨的保罗·阿格兰 Paul Agran back in Harbin in 2008	108
3	莱霍夫-阿姆拉米大街 Rehov Amrami Street	110
4	阿什河糖厂1908年时的办公楼 The office building of Ashihe Sugar Refinery in 1908	111
5	摩西亚和尼哈玛·埃尔兰的结婚照（1940年摄于哈尔滨） Nehama & Mosia Halpern on their wedding day, Harbin, 1940	114
6	1987年，尼哈玛（中）与哥哥雅科夫（左一）、埃利亚胡，妹妹拉谢尔在耶路撒冷 Nehama (middle) with her brothers Yaakov, Eliyahu and sister Rachel in Jerusalem, 1987	115
7	埃尔兰夫妇（中）与家族成员在耶路撒冷寓所 Members of the extended Elran family at their residence in Jerusalem	116
8	米哈伊尔·埃里曼 Mikhail Elman	116
9	罗尼和莉诺（2007年） Ronnie and Lenore, 2007	117
10	埃伦布鲁姆一家（2007年） The Ellenblum family, 2007	117
11	伊斯雷尔·爱泼斯坦在中国人民政治协商会议上 Israel Epstein at the Chinese People's Political Consultative Conference	119
12	大卫·爱斯金和他的曾孙女 David Eskin with his great-granddaughter	121

续表

序号 Serial Number	图片说明 Caption of Illustrations	页码 Page
13	爱斯金兄弟商会坐落在中国大街与商市街交角处 The Eskin Brothers Trading Company at the intersection of Kitaiskaya and Birzhevaya streets	121
14	阿姆拉姆-阿里·奥尔默特在哈尔滨皇山犹太公墓 Amram – Ali Olmert at the Huangshan Jewish Cemetery in Harbin	123
15	埃胡德·奥尔默特对哈尔滨怀有深厚的感情 Ehud Olmert cherishes a deep nostalgia for Harbin.	123
16	贝拉·乌格曼(左)与莫尔杰哈伊·奥尔默特在哈尔滨 Bella Vugman (left) and Mordehai Olmert in Harbin	124
17	莫尔杰哈伊·奥尔默特1930年代在哈尔滨 Mordehai Josephovich Olmert in Harbin in the 1930s	125
18	奥西诺夫斯基家族宗谱 Ossinovsky's Family Tree	127
19	奥西诺夫斯基家族与斯基德尔斯基家族姻亲关系图 Ossinovsky – Lyon – Skidelsky Linea	128
20	奥西诺夫斯基家族在哈尔滨的宅院 Ossinovsky Compound and Home in Harbin	129
21	S. 奥西诺夫斯基 S. Ossinovsky	129
22	娜杰日达·奥西诺夫斯卡娅 Nadia Spivakaya	130
23	1930年代的约瑟夫·奥辛 Joseph Ossin in 1930s	130
24	萨拉·奥辛娜和女儿埃丝特 Sarah with her daughter Esther	131
25	阿里克·奥辛 Arik Ossin	131
26	1910年代中国大街上的巴别达服装店 Clothing Shop "Pobeda" on Kitaiskaya Street in the1910s	132
27	哈娜·巴拉诺夫斯基 Hana Baranovsky	133
28	1933年巴维尔·鲍格丹诺夫斯基在他夫人的墓前 Pavel Bogdanovsky at his wife's grave in 1933	135
29	2004年茨维·鲍曼(中)出席哈尔滨犹太历史文化国际研讨会 Tsvy Bauman (centre) at the 2004 International Seminar on the History and Culture of Harbin Jews	135

续表

序号 Serial Number	图片说明 Caption of Illustrations	页码 Page
30	1910 年代的哈尔滨赛马场 The Harbin Horse-racing Course in the 1910s	136
31	Г. А. 贝尔格曼 G. A. Bergman	137
32	亨利·贝尔克 Henry Berk	137
33	埃里克·贝奇科夫 Eric Bychkov	138
34	2004 年迈克尔·贝森夫妇访问哈尔滨 The Michael Bessons visiting Harbin in 2004	139
35	1920 年代的比涅斯商会 The Pines Brothers Trading Company in the 1920s	140
36	1920 年代的边特兄弟商行 The Bent Brothers Trading Company in the 1920s	140
37	阿列克斯·波多利斯基(左)与母亲、妹妹合影 Alex Podolsky (left) with his mother and sister	142
38	叶菲姆·波多利斯基 1958 年在哈尔滨 Efim Petrovich Podolsky in Harbin in 1958	143
39	叶夫谢伊·波多利斯基 Evsey Podolsky	144
40	埃斯菲里·波多利斯卡娅 1954 年在哈尔滨 Esfir Podolskaya in Harbin in 1954	145
41	皮特·伯尔顿少年时在哈尔滨 Peter Berton in Harbin in his teen years	147
42	尤里·勃利涅尔 Yul Brinner	148
43	1910 年代的"布利麻"高等理发所 The Advanced Barbershop "Prima" in the 1910s	151
44	8 岁的加里·布罗温斯基在独奏音乐会上 The 8-year-old Gari Brovinsky at a solo concert	152
45	伊萨克·布罗温斯基 20 世纪 30 年代末在哈尔滨 Isaak Emmannuilovich Brovinsky in Harbin in the late 1930s	153
46	贝尔纳德·达列尔 Bernard Darel	157

续表

序号 Serial Number	图片说明 Caption of Illustrations	页码 Page
47	道里北市场大楼 The North Market Building in Daoli District	160
48	Г. Б. 德里金 G. B. Drizin	161
49	И. Е. 德里金公司的广告 An advertisement of I. E. Drizin Company	161
50	德鲁里夫妇和子女在一起 The Drori family	162
51	阿拉·德沃尔日茨卡娅 Alla Nikolaevna Dvorzhitskaya	163
52	V. I. 迪龙 V. I. Dilon	163
53	1900 年代的哈尔滨东方机器制粉厂 Harbin East Machinery Flour Mill in the 1900s	165
54	叶甫谢尼·多比索夫 Evseny Isaevich Dobisov	166
55	М. П. 法克托洛维奇 M. P. Factorovich	167
56	法尼娅·法因戈尔德 Fania Abramovna Faingold	168
57	Я. В. 弗拉基米罗维奇 Я. В. Vlandimirovich	172
58	弗鲁姆森夫妇 The Frumsons	174
59	U. M. 戈里德施京 U. M. Goldshtin	177
60	В. Л. 格尔施戈琳娜 V. L. Gershgorina	179
61	达尼埃尔·格拉兹曼 Daniel Glazman	181
62	1920 年代的格拉祖诺夫高等音乐学校 A. K. Glazunov High School of Music in the 1920s	183
63	赖莎·格罗斯曼 Raisa Grossman	184
64	格依戈涅尔爵士乐队 Goigner Jazz Band	185

续表

序号 Serial Number	图片说明 Caption of Illustrations	页码 Page
65	亚伯拉罕·古列维奇(左)和他的父亲在一起 Abraham Gurevich (left) with his father	185
66	大卫·古特曼(中)和他的中国学生们 David Gutman (centre) with his Chinese students	186
67	1929 年哈尔滨"贝塔"组织总部成员合影 The staff of the Harbin Betar headquarters, 1929	187
68	哈尔滨第一社会商务中学毕业晚会 A graduation evening of the First Harbin Public High School of Commerce	189
69	哈尔滨第一社会商务中学三弦琴乐队 The Shamisen Band of the First Harbin Public High School of Commerce	189
70	哈尔滨第一音乐学校艺术委员会 The Art Committee of the First Harbin Conservatory	189
71	哈尔滨俄国工兵代表苏维埃庆祝十月革命胜利 The Soviet Workers and Soldiers' Congress in Harbin celebrating the victory of the October Revolution	190
72	1902 年建成的哈尔滨华俄道胜银行 The Harbin branch of the Russo – Chinese Bank, established in 1902	190
73	1910 年代的汇丰银行哈尔滨分行 Harbin HSBC Bank in the1910s	192
74	1930 年代的哈尔滨交响乐团剧照 Harbin Symphony Orchestra in the 1930s	192
75	1900 年代的哈尔滨联合啤酒饮料厂 Harbin Joint Beer & Beverage Brewery in the 1900s	193
76	1922 年哈尔滨"马卡比"组织成员合影 Members of the Harbin Maccabi Organization in 1922	194
77	1920 年代的哈尔滨铁路俱乐部交响乐队 The symphony orchestra of the Harbin Railway Club in the 1920s	195
78	坐落在中国大街上的哈尔滨法国万国储蓄会 The International Savings Society (French) in Harbin, situated at Kitaiskaya Street	195
79	1919 年哈尔滨锡安主义组织成员合影 Members of the Harbin Zionist Organization in 1919	196
80	1919 年 3 月在哈尔滨召开的远东锡安主义者大会 The Far East Zionist Conference held in Harbin in March, 1919	196
81	由犹太音乐家组成的哈尔滨弦乐四重奏组合 The Harbin String Quartet composed of Jewish musicians	197

续表

序号 Serial Number	图片说明 Caption of Illustrations	页码 Page
82	哈尔滨协和银行 Harbin Concord Bank	198
83	1920 年代的哈尔滨美国信济银行 The Harbin Thriftcor Bank (U. S. A.) in the 1920s	198
84	哈尔滨犹太妇女慈善会委员会成员合影 Members of the Harbin Jewish Women's Charity Society Committee	199
85	哈尔滨皇山犹太公墓 The Jewish Cemetery at Harbin's Huangshan	201
86	哈尔滨犹太国民银行 The Jewish People's Bank in Harbin	201
87	2004 年哈尔滨犹太历史文化国际研讨会会场 The meeting hall of the 2004 Harbin International Seminar on the History and Culture of Harbin Jews	204
88	哈尔滨犹太免费食堂 The Jewish Soup Kitchen in Harbin	206
89	哈尔滨犹太丧葬互助会于 1920 年在犹太墓地建设的祈祷所 The synagogue built at the Jewish Cemetery in 1920 by the Harbin Jewish Mutual – Aid Burial Society	210
90	哈尔滨犹太社团救助水灾难民委员会 The Flood Relief Committee of the Harbin Jewish Community	213
91	哈尔滨犹太公共图书馆 The Harbin Jewish Public Library	214
92	1921 年 9 月 25 日建成的哈尔滨犹太新会堂 The New Synagogue of Harbin built on Sep. 25，1921	216
93	1921 年开办的哈尔滨犹太养老院为衣食无靠和孤寡年迈的难民提供的养老场所 The Jewish Home for the Aged, built in Harbin in 1921, provided a shelter for refugees that were old, helpless and incapable of self-subsistence.	217
94	1930 年代的哈尔滨犹太医院 The Jewish Hospital in Harbin in the 1930s	217
95	1918 年 12 月哈尔滨犹太中学落成并开学 The Harbin Jewish Gymnasium, completed and inaugurated in December, 1918	218
96	经选举产生的犹太社区管理组织机构哈尔滨犹太宗教公会 The Harbin Jewish Religious Society – HEDO, an elected managerial institution of the Jewish Community	218

续表

序号 Serial Number	图片说明 Caption of Illustrations	页码 Page
97	哈尔滨犹太宗教公会理事会成员合影 Members of the Harbin Jewish Religious Society Council	219
98	1909 年 1 月建成并启用的哈尔滨犹太总会堂 The Main Synagogue of Harbin, completed and inaugurated in January, 1909	221
99	1920 年代的哈尔滨远东银行 The Far East Bank in Harbin in the 1920s	223
100	20 世纪 20 年代 Я. 海菲茨来哈尔滨巡回演出 Y. Heifetz on a performance tour in Harbin in the 1920s	225
101	曾是哈尔滨艺术家特别是美术家摇篮的荷花艺术学校 The Lotus Art Studio-once a cradle of Harbin artists, particularly in fine arts	226
102	《喉舌》报编辑部同仁 The editorial staff of the *Rupor* journal	227
103	1919 年,美国花旗银行在哈尔滨埠头区设立的花旗银行哈尔滨分行 The Harbin branch of the U. S. A.-based Citibank, established in Pristan District in 1919	228
104	1914 年 P. M. 卡巴尔金在哈尔滨创办的华英油坊 The Anglo-Chinese Oil Mill opened by R. M. Kabalkin in Harbin in 1914	229
105	尤里·利沃维奇·霍罗什 Yuri Livovich Horosh	230
106	基奇金(中)和他的学生们在荷花艺术学校 Gichkin (middle) with his students in the Lotus Art Studio	232
107	阿伦-摩西·施穆伊洛维奇·基谢廖夫 Aron-Moshe Shmuilovich Kiselev	232
108	科拉夫季娅·吉姆 Klavdiya Zim	233
109	1930 年代的《加捷凯尔》双周刊编辑部 The editorial department of the bi-weekly "Hadegel"in the 1930s	235
110	加兰季亚针织工厂的广告 An advertisement of the 'Guarantee' Knitting Mill	235
111	小提琴家叶甫列姆·津巴利斯特 Violinist Efrem Zimbalist	238
112	维里莫施·津格尔和他的爵士乐队在演奏 Vilmos Singer with his jazz band in a performance	239

续表

序号 Serial Number	图片说明 Caption of Illustrations	页码 Page
113	P. M. 卡巴尔金 R. M. Kabalkin	242
114	Я. P. 卡巴尔金 Y. R. Kabalkin	243
115	尤迪特·卡尔利克-拜因童年时在哈尔滨 Karlik – Bain, Yudit in Harbin in her childhood	244
116	米哈伊尔·卡尔利克 Mihail Yakovlevich Karlik	244
117	A. И. 卡干在哈尔滨 A. I. Kagan in Harbin	245
118	Д. 卡干钟表珠宝店 D. Kagan Watch & Jewelry Shop	246
119	诺利亚·卡涅尔 Nolia Kanel	246
120	阿布拉姆·卡恰诺夫斯基和妻子塔季阿娜 Tatyana and Abram Kachanovsky	247
121	谢苗·约瑟福维奇·卡斯普 Simon Josephovich Kaspe	249
122	约瑟夫·亚历山德罗维奇·卡斯普 Joseph Alexandrovich Kaspe	249
123	季娜·凯达尔童年时在哈尔滨 Dina Keidar in Harbin in her childhood	250
124	1920 年代的康季莲娜乐器行 The Kantilena Musical Instrument Firm in the 1920s	251
125	阿布拉姆·约瑟福维奇·考夫曼 Abraham Yosifovich Kaufman	252
126	拉莎·考夫曼-塞格尔曼 Rasha Kaufman – Zegerman	253
127	索菲娅·鲍里索夫娜·考夫曼 Sophia Borisovna Kaufman	253
128	特迪·考夫曼 Teddy Kaufman	254
129	叶夫根尼·考夫曼 Evgeny Kaufman	255
130	伊赛·考夫曼在哈尔滨 Isai Kaufman in Harbin	256

序号 Serial Number	图片说明 Caption of Illustrations	页码 Page
131	约瑟夫·考夫曼 Iosif Zalmanovich Kaufman	257
132	M. M. 科茨 M. M. Kots	258
133	萨穆伊尔·科茨 Samuil Kots	259
134	1905 年刚来哈尔滨时的伊萨克·科夫通 Isaac Kovtun arrived in Harbin in 1905.	259
135	阿巴·科甘 Abba Kogan	259
136	阿霞·科甘同阿霞之梦食堂的就餐者在一起。 Mrs. Asya Kogan with the diners of "Asya's Dream"	260
137	迈克尔·科甘 Kogan，Mikhail	261
138	约瑟夫·科特安 Joseph Kotian	262
139	谢苗·克莱因 Semyon Klein	264
140	亚伯拉罕·克莱因 Abraham Klein	265
141	约西·克莱因 Yossi Klein	265
142	3. M. 克里奥林 Z. M. Kliorin	267
143	雅科夫·伊兹拉莱维奇·克利马臣斯基 Yaakov Izraelevich Krimchansky	268
144	丽莉·克列巴诺夫 Lily Klebanov	269
145	雅科夫·克鲁格利亚科夫 Yaakov Grigorevich Krugliakov	269
146	Г. И. 克罗尔 G. I. Krol	270
147	И. Э. 克尼西 I. E. Kenig	271
148	哈尔滨犹太人举行歌舞晚会纪念普珥节 Harbin Jews celebrating the Purim Festival at an evening gala of singing and dancing	272

续表

序号 Serial Number	图片说明 Caption of Illustrations	页码 Page
149	阿夫拉姆·拉尼尔中校 Lt.-Col. Avraham Lanir	274
150	诺姆·拉尼尔 Noam Lanir	275
151	兰金夫妇（埃利亚湖和多丽丝） Doris and Eliyahu Lankin	277
152	多丽丝和埃利亚胡在女儿莉诺(中)结婚之日(1983年5月20日摄) Doris & Eliyahu Lankin with their daughter Lenore on her wedding day，May 20，1983	278
153	莫伊谢伊·兰金 M. A. Lankin	279
154	兰金夫妇(雅科夫和马尔卡) Malka and Yaakov Lankin	280
155	伊利亚·老巴夺 E. A. Lopato	281
156	米哈伊尔·里斯金 Mihail Riskin	282
157	谢苗·利别尔曼与妻子吉赛亚 Semyon Liberman with Gisia，his wife	283
158	1948年雅科夫·利别尔曼夫妇在上海的结婚照 Yaakov Liberman and his wife on their wedding day，Shanghai，1948	283
159	Я. М. 利夫希茨一家合影 The Y. M. Lifshits family	286
160	哈尔滨的利夫希茨照相馆坐落在鲍格丹诺夫斯基大楼内 The Lifshits Photography Studio housed in Bogdanovsky Building	287
161	汉斯·埃米尔耶维奇·鲁宾逊医生的医师证书 The Doctor License of Dr. Gans Emilevich Robinson	294
162	捷耶夫·鲁宾逊 Zeev Rubinson	295
163	2004年捷耶夫·鲁宾逊和夫人在哈尔滨犹太公墓 The Zeev Rubinsons at the Harbin Jewish Cemetery in 2004	295
164	娜佳·鲁宾逊 Nadia Robinson	296
165	哈伊姆·鲁韦尔(右)与加利娅·科茨在2007年光明节庆典中 Haim Ruvel（right）and Galya Katz – Volobrinsky at the 2007 Hanukka Reunion	297

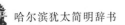

续表

序号 Serial Number	图片说明 Caption of Illustrations	页码 Page
166	根纳季·伦贝格 Gennady Lemberg	299
167	1932 年的哈尔滨伦敦(惠康)呢绒庄 The London(Huikang)Woolen Fabric Store, Harbin, 1932	299
168	安娜·玛尔科夫娜·罗森菲尔德 Anna Markovna Rozenfeld	300
169	热尼娅·罗森施泰因 Jenia Rosenstein	302
170	弗里茨·罗森塔尔 Fritz Rozental	303
171	罗生特担任东北民主联军卫生部总顾问 Jakob Rosenfeld serving in the Anti－Japanese Northeast Democratic Allied Army as General Counselor of the Medical Division	303
172	萨拉·罗丝 Sarah Ross	304
173	1910 年代的哈尔滨马迭尔宾馆 The Moderne Hotel in the 1910s	306
174	"马尔斯"巧克力糖果点心厂的广告 An advertisement of the Chocolate－Sweets & Pastry Factory "Mars"	307
175	雅科夫的父亲萨洛蒙·马特林在哈尔滨 Salomon Zalman Shneur Matelin, Yaakov's father, in Harbin	309
176	哈尔滨犹太公墓中雅科夫·马特林的墓碑 Yaakov Matelin's tombstone at the Harbin Jewish Cemetery	309
177	Э. Л. 梅捷尔 E. L. Meder,	310
178	梅金兄弟——米龙和约瑟夫 The Meizin brothers－Miron and Joseph	310
179	"米尼阿久尔"咖啡茶食店 The Miniature Café	313
180	米尼阿久尔西餐厅 Western Food Restaurant "Miniature"	313
181	费多西娅·莫伊谢耶芙娜·米奇尼克 Mitchnik, Fedosia Moseevna	314
182	1950 年,罗莎(拉谢尔)在新婚之日和娘家人合影(左起:尼哈玛、埃利亚胡、汉娜、摩西、雅科夫;前中:罗莎) The Lankin Family on Rachel's wedding day (From left: Nehama, Eliyahu, Hanna, Moshe, Yaakov. In the middle: Rachel.)	314

序号 Serial Number	图片说明 Caption of Illustrations	页码 Page
183	莫斯科大药房广告 An advertisement of Moscow Pharmacy	317
184	1920 年代的穆棱煤矿公司矿井 The mines of the Muling Coal Mining Company in the 1920s	318
185	玛拉·穆斯塔芬儿时在哈尔滨松花江岸边留影 The infant Mara Mustafine at the Sungry (Songhua) River in Harbin	318
186	玛拉的曾祖母切斯娜·奥尼库尔(前右)从苏联回哈尔滨时与家人合影，其中有吉塔(前左)、莫蒂亚(后左)、阿列克(后右)、因娜(后中)和玛拉(前中) Back in Harbin from the USSR，Mara's great grandmother Chesna Onikul's (right front) got reunited with her family: Gita (left front)，Motya (left back)，Alec (right back)，Inna (centre back) and Mara (centre front).	318
187	玛拉、特迪·考夫曼和曲伟摄于 2004 年哈尔滨犹太历史文化国际研讨会 Mara with Teddy Kaufman and Qu Wei at the first International Seminar on the History and Culture of Harbin Jews in 2004	319
188	2005 年玛拉和丈夫安德鲁在造访哈尔滨犹太研究中心期间与曲伟先生合影 Mara and her husband Andrew meeting with Mr. Qu Wei at the Harbin Jewish Research Centre in 2005.	319
189	玛拉的母亲因娜 Inna，Mara's mother	319
190	伊茨哈克·纳德尔(奥伦) Itshak Nadel (Oren)	321
191	1940 年时的布洛尼娅(中) Bronia (center) in 1940	323
192	布洛尼娅(右)和母亲叶夫杰尼娅·马特林在哈尔滨 Bronia (right) and her mother Evgenia Matelin in Harbin	323
193	哈尔滨地方政府颁发的亚历克斯·纳胡姆森的出生证明 Alex Nahumson's birth certificate issued by Harbin local authoritiy	324
194	2008 年 5 月，亚历克斯和哈尔滨访以代表团在一起〔左起：杜宇新(哈尔滨市委书记)、鲁文·班夏哈(吉夫阿塔伊姆市市长)、亚历克斯、亚历克斯的妹妹伊拉娜〕 Alex was pictured with a Harbin municipal delegation visiting Israel in May, 2008. Standing from left：Du Yu-xin (Secretary of Harbin Municipal Party Committee)，Reuven Ben – Shahar (Mayor of Givatayim)，Alex and his sister Ilana.	324

续表

序号 Serial Number	图片说明 Caption of Illustrations	页码 Page
195	一本盖有图章的南森护照 A Nansen Passport affixed with a seal	324
196	Л. И. 皮亚斯图诺维奇 L. I. Piastunovich	326
197	《汉希字典》的编撰者普拉特 Pratt，the compiler of the "Chinese – Hebrew Dictionary"	328
198	Л. Г. 齐克曼 L. G. Zikman	330
199	亚历山大·萨莫伊洛维奇·切尔尼亚夫斯基 Alexander Samoylovich Cherniavsky	332
200	哈尔滨上万人为 A. C. 切尔尼亚夫斯基举行隆重的葬礼 Tens of thousands of Harbin citizens attending A. S. Cherniavsky's grand funeral	333
201	莉季娅·切尔尼亚夫斯卡娅 Lidiya Cherniavskaya	333
202	B. M. 科茨(右一)在父亲开的日内瓦钟表珠宝店门前 B. M. Kotz(first on the right)in front of his father's watch and Jewelry shop "Geneva" in Harbin.	336
203	格里戈里·萨姆索诺维奇 Grigory Samsonovich	337
204	萨姆索诺维奇兄弟商会 Samsonovich Brothers Trading Company	338
205	韦纳·桑福德 Wainer Sanford	339
206	《生活新闻》报编辑部同仁合影 The editorial staff of the "News of Life"	340
207	贝尔塔·伊萨耶芙娜·施瓦尔茨—考夫曼 Berta Isaevna Shvarts – Kaufman	345
208	根丽埃塔·阿尔诺多芙娜·斯基德尔斯基 G. A. Skidelsky	348
209	罗伯特·斯基德尔斯基 Robert Skidelsky	349

续表

序号 Serial Number	图片说明 Caption of Illustrations	页码 Page
210	建于 1914 年的 Л. Ш. 斯基德尔斯基私宅（摄于 2010 年） L. S. Skidelsky's private residence, built in 1914	349
211	所罗门·列昂季耶维奇·斯基德尔斯基 Solomon Leontevich Skidelsky	350
212	斯基德尔斯基塔木德—托拉学校 The "Skidelsky Talmud Torah" school	351
213	谢苗·列昂季耶维奇·斯基德尔斯基 Semyon Leontevich Skidelsky	351
214	赫尔穆特·斯特恩 Helmuth Shten	353
215	1920 年代的松花江大药房 Sungri (Songhuajiang) Pharmacy in the 1920s	355
216	1900 年代的哈尔滨松花江制粉厂 Sungari (Songhuajiang) Flour Mill in the 1900s	355
217	И. Х. 索斯金 I. H. Soskin	356
218	С. Х. 索斯金 S. H. Soskin	357
219	索斯金全家合影 The Soskin family	358
220	索斯金面粉厂 Soskin Flour Mill	358
221	哈伊姆·塔德莫尔(左)在耶路撒冷接待中国朋友 Hayim Tadmor (left) is greeting Chinese friends in Jerusalem	359
222	弗拉基米尔·特拉赫金贝尔格 Vladimir Davidovich Trachtenberg	361
223	哈里·奥斯卡·特里古博夫 Harry Oscar Triguboff	362
224	哈里·奥斯卡·特里古博夫和女儿们在天津 Harry Oscar Triguboff and his daughters in Tianjin	362
225	约瑟夫·特鲁姆佩尔道 Joseph Trumpeldor	364

续表

序号 Serial Number	图片说明 Caption of Illustrations	页码 Page
226	2004 年约翰·维恩斯坦(右)参加哈尔滨犹太历史文化国际研讨会 John Wainstein (right) in Harbin attending the 2004 International Seminar on the History and Culture of Harbin Jews	366
227	(右起)罗尼、罗尼的母亲埃西娅、曾外祖母列娜和外祖母卡佳四代人合影 Four generations：(from right)Ronny, Ronny's mother Essia, Ronny's great grandmother Lena, and Ronny's grandmother Katya.	368
228	罗尼·魏涅尔曼和中国驻以色列大使馆参赞张小安 Ronny Veinerman with Zhang Xiao'an, Counselor of the Chinese Embassy in Israel	369
229	雅科夫·魏涅尔曼和妻子安娜 Yaakov and Anna Veinerman	369
230	沃甫琪克眼镜公司 Glasses company "Optik"	370
231	加利娅·沃洛布林斯卡娅 Galia Volobrinskaya	371
232	伊琳娜·沃洛布林斯卡娅 Irina Volobrinskaya	372
233	"乌尼昂"服装店 Clothing shop "Union"	373
234	《西伯利亚—巴勒斯坦》周刊 The "*Siberia - Palestine*" weekly	374
235	H. A. 希费尔布拉特 N. A. Shifferbrat	376
236	伊萨克·夏皮罗 Isaak Shapiro	379
237	迈克尔·欣策 Michael Hintze	380
238	新哈尔滨大药房 The New Harbin Pharmacy	381
239	以色列纪念中国犹太社区会堂和文化中心 The Synagogue and Cultural Centre in Memory of the Jewish Communities in China	384
240	以色列原居中国犹太人协会会刊 Periodical "*Bulletin*" - the organic publication of the Association of Former Jewish Residents of China in Israel (IYS)	386

续表

序号 Serial Number	图片说明 Caption of Illustrations	页码 Page
241	犹太会堂内部陈设简单,不设任何偶像 A synagogue is simply furnished and free of idols.	392
242	1925 年 1 月起出版的《犹太生活》周刊刊头 The first page of the first issue of the *Jewish Life* weekly,published in January，1925	394
243	1918 年出版的《犹太言论》刊头 The first page of the first issue of "*Jewish Word*"，published in 1918	396
244	远东犹太商业银行广告 An advertisement of the Far East Jewish Bank of Commerce	400
245	约瑟夫和母亲安娜 Joseph and his mother Anna	403
246	安娜和丈夫塞缪尔·扎尔曼诺夫在哈尔滨犹太公墓的墓碑 Anna and Samuel Zalmanovs' gravestones at the Harbin Jewish Cemetery	404
247	阿布拉姆·扎列茨基 Abram Morduhovich Zaretsky	404
248	雷切尔·伊萨科夫娜·扎列茨基	404
249	1912 年从白俄罗斯来到哈尔滨的莫蒂亚	405
250	莫蒂亚与吉塔 1927 年的结婚照 The wedding photo of Motya and Gita，1927	405
251	2000 年玛拉·穆斯塔芬在哈尔滨犹太公墓她曾外公曾外婆墓碑前留影 Mara Mustafin was at the gravestone of her maternal great-grandparents in Harbin Jewish Cemetery in 2000	406
252	中央大街曾是哈尔滨犹太人经济和文化的中心 Kitaiskaya Street（today Central Pedestrians Street），once the economic and cultural center of Harbin Jews	408
253	中央大药房 The Central Pharmacy	409

词条
Entries

A

阿布拉麦斯科，茹列塔 原居哈尔滨及天津犹太人。1925 年生于哈尔滨，在哈尔滨度过了儿童时代。后来随家人迁居天津。1949 年与家人移居以色列，在海法市定居。作为以色列原居中国犹太人协会海法分会的会员，茹列塔生前积极参加该协会活动。2008 年 1 月，83 岁的茹列塔在海法去世。

阿布拉莫夫，阿霞 原居哈尔滨犹太人，父姓希夫林。生于哈尔滨。自幼喜爱音乐，是一位很有天赋的钢琴师。在哈尔滨生活期间，曾多次成功举办音乐会。除钢琴之外，她还喜爱写诗作画，用俄语写过很多诗。在哈尔滨嫁给了亚历克（Alec）并和他生下了儿子特迪（Teddy）。20 世纪中叶，随着犹太人大批离开中国，阿布拉莫夫和希夫林家族回到了以色列。在丈夫亚历克于 1988 年去世后，一直和儿子以及孙辈在一起。2009 年 6 月 10 日，在内坦亚去世，享年 82 岁。

阿霞的遗属有儿子及其家人；弟弟马克·希夫林及其家人；以及两个姨妈：住在以色列的内莉·阿维纳米奈-卡恰诺夫斯基（Nellie Avinaminee, nee Kachanovsky）和住在东京的阿霞·科甘-卡恰诺夫斯基（Asia Kogan, nee Kachanovsky）。在阿霞·阿布拉莫夫去世几日后，她的姨妈阿

◎ 阿霞·阿布拉莫夫

霞·科甘以祭奠死者的名义，向"米沙·科甘奖学金基金"捐献了 1000 美元。

阿尔库斯，奥莉加 哈尔滨犹太人，哈尔滨犹太妇女组织"维佐"（WIZO，国际锡安主义妇女组织的缩写）的最后一任主席。她家境殷实，在哈尔滨经营一家药店（兼营自制香水）。在哈尔滨处在苏联军管时期（20 世纪 40 年代中期），奥莉加独居在哈尔滨的安基巴斯大楼（the Antipas building，位于哈尔滨大安街旁的公寓楼）内的一所公寓里。1946 年年初某日上午，奥莉加寓所突遭苏军士兵洗劫，奥莉加本人亦被拘捕并被解往海参崴附近的格罗杰科沃监狱（the Grodekovo prison），与 40 名中国男性犯人关押在一间仓库里。后经审讯，她被无罪开释，遂返回哈尔滨家中。这时，其寓所和药店均已被苏联军管当局侵占。于是，奥莉加便上书苏联

领事馆、军事检察官和莫斯科当局，要求归还其被非法没收的公寓和药店，并为她无端被拘押所受的精神打击给予赔偿。不久，她的基本要求得到了满足（但没有精神赔偿）。然而，在苏军于 1946 年 4 月末撤离哈尔滨前夕，奥莉加突然被苏军士兵强行带上开赴苏联的火车驶离哈尔滨。不久后，人们在中东路的路轨旁发现了其被割喉的尸体。奥莉加的遭遇在哈尔滨犹太社区引起了很大震动和恐慌。

阿格兰，保罗 俄籍原居哈尔滨犹太人。1915 年，为了逃避沙俄政府对犹太人的迫害，保罗·阿格兰的祖父母从乌克兰迁居哈尔滨，全家人住在道里区红霞街上的一栋三层小楼内。保罗的父亲列夫·阿格拉诺夫斯基在哈尔滨火车站前开了一家杂货铺。保罗的祖父于 1928 年去世，葬于哈尔滨犹太墓地。1922 年 9 月 6 日，保罗·阿格兰在哈尔滨铁路医院（现为哈尔滨医科大学第四医院）出生。保罗·阿格兰的夫人埃斯特尔·阿格兰于 1926 年随父母从伊尔库茨克来到哈尔滨避难并定居下来，其父母各开了间工厂，家境殷实。年轻时的埃斯特尔·阿格兰特别喜爱文艺，上学时经常参加各种歌剧、戏剧和芭蕾舞的演出，尤其擅长钢琴演奏。保罗六岁时即与夫人相识，埃斯特尔的哥哥与保罗是同班同学，保罗与埃斯特尔兄妹同在哈尔滨商务学校就读。1948 年 4 月 11 日，大学毕业的保罗与埃斯特尔在哈尔滨犹太总会堂举行了婚礼。1950 年，为了寻找家族中的其他亲人，保罗与妻子离开哈尔滨，远赴澳大利亚。1955 年后，夫妻俩辗转到了美国，定居在芝加哥市。2008 年 9 月 3 日，保罗·阿格兰夫妇重返哈尔滨，9 月 5 日在马迭尔酒店举行了盛大的结婚 60 周年（钻石婚）庆典。

◎ 2008 年重返哈尔滨的保罗·阿格兰

阿格兰，扎尔曼 又名贾马·阿格拉诺夫斯基，原居哈尔滨犹太知识分子，哈尔滨犹太宗教公会的秘书。毕业于哈尔滨商务学校，参加过哈尔滨"马卡比"组织。他受过良好教育，很有学问，为人谦逊温和、彬彬有礼。接触过贾马的人都对他十分喜爱和尊敬。在哈尔滨犹太宗教公会存续末期，只有极少数的犹太居民在哈市留守、护卫着犹太遗产，贾马就是其中的杰出代表。

那时，贾马作为哈尔滨犹太宗教

公会的最后一任秘书，为公会做了大量工作。他参与了1958年开始的犹太墓地搬迁。从20世纪50年代初犹太人大规模迁离哈尔滨之时起，到1963年哈尔滨犹太宗教公会自行关闭（1963年，除了汉娜·阿格列不愿离开哈尔滨以外，所有犹太人都已离开哈尔滨），他一直负责公会档案的保管。贾马留下了大量哈尔滨犹太人的历史文档：他的日记就是犹太社区末期的编年史，是对哈尔滨犹太社区末期历史文字记载的孤本。该编年史完整地发表在《以色列原居中国犹太人协会会刊》上。这些工作都是由贾马以其特有的谦逊和忠诚默默完成的。

2008年2月27日，扎尔曼（贾马）·阿格兰，这位原居哈尔滨的犹太精英，在纽约去世。

阿凯尔曼，安娜 原居哈尔滨犹太人，1907年首任哈尔滨犹太妇女慈善救济会会长。

阿米卡姆 位于以色列北部加利利湖附近的莫沙夫（私营农场）。该莫沙夫成立于1950年，主要由来自哈尔滨的犹太移民和来自北非的犹太移民创建，后来也吸收来自波兰的犹太移民，大多数家庭从事农业，主要种植桃子、李子、油桃等水果，也有蜜蜂养殖与蜂蜜生产。该莫沙夫拥有约145个家庭和一所师资水平较高的初中。原居哈尔滨犹太人阿里·坦杰特随家人于1950年2月返回以色列，其父和叔父都参与创建了"阿米卡姆"莫沙夫。

阿姆拉米，巴鲁赫 原居哈尔滨俄籍犹太人。1988年生于俄罗斯的一个宗教家庭。1905年，出于对俄罗斯国内屠犹事件的义愤，17岁的巴鲁赫毅然离开了就读的神学院，加入了锡安主义组织，成为一名锡安主义者。为了开展锡安主义运动，他曾去过美国。回到俄罗斯后学习了一段牙医学。十月革命爆发后，离开俄罗斯，来到中国东北并在哈尔滨落户。在哈尔滨他和犹太姑娘费妮娅结为夫妻并生养了三个孩子。他还积极参加公共事务：发起成立了远东第一所希伯来语学校；担任一家俄文报纸的编委；曾是锡安主义大会的代表。

为了尽早实现锡安主义理想，1921年巴鲁赫·阿姆拉米举家移民巴勒斯坦。到巴勒斯坦后，他起初住在佩塔提克瓦（Petah Tikva）村，但是他不愿看到那里使用阿拉伯劳动力。于是，他迁居卡法萨巴（Kar Saba）村，那是一个1920年阿拉伯人遗弃的破败村落。当时，有朋友为他介绍耶路撒冷市内的一份文员工作，他回绝说："我是来建国的，不是来坐办公室的。"种植橘子树是他在当地从事的主要农业项目。不过由于当地条件十分落后，加之经营不善巴鲁赫总是债务缠身。他家的三个孩子只有一个能上得起学。

◎ 莱霍夫-阿姆拉米大街

虽然，他未能改善个人家庭生活水平，但是他在村里的公共活动方面颇有成就。在这个不足 50 户人家的村落中，他当选为第一届村委会主任。在任期间，他成立了该村的供水公司和第一家银行。1938 年，这位年仅 50 岁的锡安主义志士，还没有看到复国理想的实现就潜然离开了人世。后来，卡法萨巴村发展成为一座城市，该市的莱霍夫-阿姆拉米大街就是以原居哈尔滨俄籍犹太人巴鲁赫·阿姆拉米的姓氏命名的。

阿姆拉米，费妮娅 原居哈尔滨犹太人，在哈尔滨她嫁给了哈尔滨的俄籍犹太青年巴鲁赫·阿姆拉米，和他先后生养了三个孩子。1921 年，她和丈夫带着三个孩子移居巴勒斯坦，起初住在佩塔提克瓦（Petah Tikva），后迁至卡法萨巴（Kfar Saba）村。由于当地条件十分艰苦，她和丈夫靠种橘子树勉强供养全家人。在丈夫于 1938 年过早离世后，她利用家中藏书并不断从耶路撒冷购置的书籍，办起了一个图书馆。她的儿媳娅耶尔（Yael）帮她打理图书馆的生意。费妮娅的图书馆办得很成功，图书馆外经常可以看到顾客排长队等待换书借阅。随着他们家生活的改善，卡法萨巴也由原来不足 50 户人家的村庄变成了一座城市，市内的一条街道系以她丈夫的姓氏命名，即阿姆拉米大街。

阿普捷克曼，Л. Г. 原居哈尔滨犹太商人，曾在哈尔滨道里区北市场大楼、石头道街设号经商。

阿普捷卡列娃，Л. Л. 原居哈尔滨犹太钢琴家，哈尔滨音乐教育的先驱。曾在著名的哈尔滨格拉祖诺夫高等音乐学校任教，培养了许多音乐人才。

阿舍乌洛娃，别尔塔 原居哈尔滨犹太人。1920 年生于哈尔滨。后移居苏联，先后迁居莫斯科、哈巴罗夫斯克。1999 年从苏联移民以色列。2008 年 6 月，在吉夫阿塔伊姆去世，身后留下了一儿一女等亲人。

阿什河糖厂 由原居哈尔滨的波兰籍犹太人柴德瓦夫于 1908 年创办。阿什河糖厂距离阿城火车站 500 多米，靠近阿什河西岸，占地总面积 1477 万平方米，是中国首家甜菜制糖厂。糖厂的机械设备多从波兰购入，共有甜菜洗涤机 1 组、甜菜切碎机 1 台、渗出器 14 个（每个可容纳甜菜 600 公斤）、碳酸器 3 台、亚硫酸发生器 1

◎ 阿什河糖厂 1908 年时的办公楼

台、真空蒸发器 5 台、石糖窑 1 座、过滤器 2 台、真空结晶罐 3 个（其中一个制造砂糖用）、开放式结晶器 1 台、离心分离器 3 台。该厂利用这些机械设备，每日最多可处理甜菜近 200 吨，一昼夜可生产 32 吨糖，每年作业时间 2～3 个月，即从当年 11 月到翌年 1 月或 2 月。生产的角砂糖主要销往西伯利亚一带，精白糖销往哈尔滨和中东铁路沿线。在 1916～1926 年的十年间，阿什河糖厂大约使用 15 万吨甜菜，每年平均生产砂糖 1700 吨。1923 年，由于生产和经营状况不佳，阿什河糖厂被转到松花江制粉厂名下，柴德瓦夫仅负责糖厂日常生产工作。1926 年，柴德瓦夫返回波兰，糖厂即由松花江制粉厂的法籍犹太企业家 A. И. 卡干支配。此后，A. И. 卡干致力于新设备的引进，生产形势曾一度好转。1928 年，由于该厂出现巨额债务，糖厂转交给美国花旗银行。1931 年花旗银行以每年 1 万元的租赁费租给犹太人 Л. Г. 齐克曼（原糖厂技师长）。1934 年 3 月 6 日，阿什河糖厂被日本砂糖贸易会社收购，成立了北满制糖株式会社，副社长仍是犹太商人 Л. Г. 齐克曼。

阿什克纳济（旧译阿许根那齐），梅厄 原居哈尔滨俄籍犹太拉比。其姓氏旧译为"阿许根那齐"。1891 年生于俄罗斯犹太人栅栏区。其父母均为虔诚的犹太教信徒，对梅厄的成长影响很深。梅厄在汤姆海特敏米姆（Tomchei Temimim）神学院学习时，是全院最优秀的学生。1914 年一战爆发时，他们全家和其他许多犹太家庭一起逃离俄罗斯，来到哈尔滨。在哈尔滨，阿什克纳济拉比和女拉比托伊芭·利巴（Toiba Liba）结成夫妻。他的岳父索洛维奇克（又姓利巴或拉扎列夫）曾是俄罗斯莫吉廖夫省切里科夫（Cherikov）镇的总拉比，也是他的第一任导师。

由于不为人知的原因，阿什克纳济拉比及其家族成员在哈尔滨旅居几年后，便离开哈尔滨去了海参崴。1918 年，阿什克纳济拉比被当地犹太社区任命为拉比。后来，由于布尔什维克政权已开始限制犹太人的活动并要关闭犹太会堂，所以阿什克纳济拉比在当了 7 年犹太社区的精神领袖之后，决定离开海参崴。就在这时，阿什克纳济拉比接到了纽约犹太社区的邀请，请他赴纽约领导那里的犹太社区。阿什克纳济欣然接受并和妻子着手做行前准备。在临行前他接到了一封来自上海犹太社区的挂号信，信中恳请他出任上海俄籍犹太社区的拉比。面对来自两地的邀请，他稍加权衡便义无反顾地选择了上海，因为他考虑的唯一因素就是看哪一方对犹太拉比的需求更迫切，而不是哪一方的物质条件更优越或别的因素。然而，当时的苏联政府对国内人员离境限制很严，甚至将提出离境申请也视同叛国行为。所以，阿什克纳济拉比煞费周折地通过非正常方式办理了离境手续，并于1926年离开苏联，去了上海。稍后，他的夫人和两个孩子也到了上海。后来，阿什克纳济拉比的父母和四个兄弟姐妹（两个兄弟、两个姐妹）也设法离开了苏联，去了上海。

到了上海后，他们先在舟山路（Chusan Road）8号安了家，后来搬到了法租界。在上海任阿什肯纳兹犹太社区拉比期间，阿什克纳济拉比以其智慧以及对本族同胞忘我的奉献和爱心，领导当地的阿什肯纳兹犹太社区克服了种种艰辛，在犹太社区建设、犹太宗教生活和救助犹太难民等方面，做出了卓越贡献。在他的主持和领导下，上海犹太社区修建了犹太会堂和犹太小学；为社区的不同需要进行了许多次募捐；接纳并安置了多批次的犹太难民；他还多次为了给犹太人争取更多的权益而与日本统治当局进行

交涉，甚至在珍珠港事件之后，日美互为敌国的情况下，他不顾个人安危，违反日本人的规定，与美国的犹太人组织进行联络并收取捐款。

20世纪40年代末，在上海数千名犹太居民离开中国之后，阿什克纳济拉比也和妻子及两个女儿离开中国去了美国，在纽约定居。他晚年一心研读托拉经卷。1954年8月25日，在纽约去世，享年63岁。

阿什克纳济（旧译阿许根那齐），托伊芭　原居哈尔滨及上海俄籍犹太女拉比，父姓"索洛维奇克"或"利巴"。她生于俄罗斯莫吉廖夫省切里科夫（Cherikov）镇，其父亲索洛维奇克是该镇犹太社区的总拉比。1914年一战爆发时，她和家人离开俄罗斯，来到了哈尔滨。在哈尔滨，她与父亲的学生梅厄·阿什克纳济（旧译阿许根那齐）拉比结为夫妻，生下了两个女儿曼妮娅（Mania）和埃丝特（Esther）。

在梅厄日后成为海参崴犹太社区及上海阿什肯纳兹犹太社区宗教领袖的几十年里，托伊芭·阿什克纳济拉比与丈夫同心同德，在生活和事业上全力支持丈夫。她心地善良，恪守托拉经卷的道德准则和教义，对犹太同胞富有极大的爱心和耐心，总是敞开家门，接待犹太难民和需要帮助的犹太同胞。她和丈夫在海参崴和在上海的家几乎成了犹太人的救助站。上海的犹太难民救济所、医院、神学院和

犹太会堂是她常去提供社会服务的场所。在托伊芭·阿什克纳济拉比在纽约去世后，曾经被她挽回生命的纽约犹太神学院院长在她的葬礼上对她表示了深切的怀念和感激。（另见词条"阿什克纳济，梅厄"）

阿什肯纳兹犹太人 中世纪著作中对居住在莱茵河畔、后来对居住在整个日耳曼地区的犹太人的称谓。随着时间的推移，它不仅指称德国犹太人，而且泛称中世纪德国犹太人的后裔。按现代的理解，该称谓属于上述社会和文化综合体的那部分犹太人，它包括了法国北部、德国和斯拉夫国家的犹太人。阿什肯纳兹犹太人使用意第绪语。15～16世纪，阿什肯纳兹犹太人中心转移到波西米亚、摩拉维亚、波兰和立陶宛。17世纪，许多阿什肯纳兹犹太人从乌克兰、波兰移居西欧、大西洋。18世纪下半叶，随着波兰的三次被瓜分，俄国成为阿什肯纳兹犹太人的最大聚居地。19世纪末，许多俄国犹太人又移居美国。第二次世界大战前夕，阿什肯纳兹犹太人已占全世界犹太人的90%。由于俄国曾是世界阿什肯纳兹犹太人的最大聚居地，哈尔滨犹太人90%以上来自俄国，所以哈尔滨犹太人绝大多数是阿什肯纳兹犹太人。

埃德隆德，丽塔 原居哈尔滨犹太人，哈尔滨俄籍犹太企业家迈克尔·科甘的女儿。住在美国南加州。嫁给了老板电影制片厂的创始人理查德·埃德隆德。截至2005年，丽塔还拥有塔依托公司8.50%的股份。

埃尔鲍姆，莉娅·阿布拉莫夫娜 原居哈尔滨俄籍犹太人。后离开哈尔滨，移居苏联。1990年从苏联移民以色列。2004年在以色列去世，享年89岁。

埃尔贝格，米丽娅姆 原居哈尔滨及上海犹太人。生于哈尔滨犹太名门，父亲策利希·斯卢茨克尔拉比是哈尔滨塔木德—托拉学校的教师，"米兹拉希"（Mizrahi，意为中东犹太人社团）主席，哈尔滨犹太社区委员会委员。1936年，米丽娅姆从哈尔滨第一社会商务中学毕业（第十三期毕业生）后去了上海。后来在上海嫁给了西姆哈（又名西姆霍尼）·埃尔贝格博士，他也是一位拉比。二战结束后，她和家人移居纽约。2003年1月，米丽娅姆在纽约去世。1月20日，遗体被送往以色列，在耶路撒冷入葬。

埃尔兰，阿巴 又名阿维，原居哈尔滨犹太人。1945年生于哈尔滨。系原居哈尔滨犹太名人摩西亚·埃尔兰和尼哈玛·埃尔兰夫妇两个孩子（儿子）中的次子。1950年随父母移居以色列。先后毕业于耶路撒冷的列哈维亚中学（the middle school "Rehavia"）和海法理工学院（the Haifa Technion）。在以色列空军的领导岗位工作多年。在阿巴朋友眼中，他是个有文化、有教养、机智聪慧、为人友善并具有生动幽默感的人。2006年1月9日，年仅60岁的阿巴在以色列病逝，被葬于佩塔提克瓦附近的埃纳特基布兹墓地（the cemetery of Kibbutz Einat）。阿巴身后的遗属有他妻子塞莉娅（Celia）和他们的三个子女。

埃尔兰，吉尔 原居哈尔滨犹太人埃尔兰夫妇（摩西亚和尼哈玛）的孙子，伊斯拉埃尔·埃尔兰的儿子。吉尔曾在以色列理工学院读电气工程专业，以优异成绩毕业并获学士学位。后来，他又以优异成绩毕业于特拉维夫大学，获工商管理硕士学位。2011年起，他在飞利浦公司工作，任医学成像部的部门经理。他的妻子莉莫尔（Limor）本科毕业于海法大学，硕士毕业于特拉维夫大学。她所从事的职业是研究心脏成像方面的医疗机械。吉尔和莉莫尔有三个孩子：诺姆（Noam）、奥马尔（Omer）和艾莱（Ilay）。

埃尔兰，达尼 原居哈尔滨犹太人埃尔兰夫妇（摩西亚和尼哈玛）的孙子，伊斯拉埃尔·埃尔兰的儿子。先在以色列理工学院电气工程专业以优异成绩读完本科、获学士文凭，后在该校读完工商管理专业的研究生、获硕士文凭。他的工作是在通用电气公司医疗成像部门担任软件开发组组长。达尼的妻子察菲·埃尔兰（Tsafi Elran，父姓塞巴—Sebba）是特拉维夫大学希伯来文学专业毕业的博士，现在海法大学任教（讲师）。他们有绍罕（Shoham）和纳马（Naama）两个孩子。

埃尔兰，摩西亚（1916～2003）又名哈尔珀林，摩西。原居哈尔滨著

◎ 摩西亚和尼哈玛·埃尔兰的结婚照
（1940年摄于哈尔滨）

名锡安主义活动家，哈尔滨犹太青年组织"贝塔"的领导者之一。父亲伊斯拉埃尔·哈尔珀林是原满洲里和哈尔滨犹太社区的著名领导人。青年时期的摩西亚因其英俊的外表和出色的内在品质而极具个人魅力，一度被奉为"犹太青年的偶像"和"新一代犹太人的典范"。他的妻子是哈尔滨及中国"贝塔"组织领导人雅科夫·兰金的妹妹尼哈玛。1950年，埃尔兰家族举家迁居以色列。在以色列，摩西亚担任以色列财政部要员多年。1970～1978年，旅居纽约，任以色列驻美国大使馆经济参赞。退休后，在耶路撒冷开了个私家银行，幸福地度过了充

实的晚年。埃尔兰夫妇对哈尔滨的生活岁月留有美好的记忆。据他们的长子伊斯拉埃尔介绍，埃尔兰夫妇在以色列经常称赞中国人勤劳善良，对犹太人毫无敌意和歧视。他们曾说："与二战期间欧洲屠犹现象适成反照的是，他们和很多犹太人一样，在哈尔滨一直受到优待。"为了寄托对哈尔滨美好生活的怀念，埃尔兰夫妇将他们在耶路撒冷的寓所完全装修成了中式风格。1992年，埃尔兰夫妇和兰金夫妇（埃利亚胡和多丽丝）一道访问了中国，兴奋地目睹了新中国的现代化景象和哈尔滨的犹太遗址遗迹，了却了他们渴望多年的访华心愿。

埃尔兰，尼哈玛　原居满洲里和哈尔滨犹太人，1917年生于满洲里，父亲是满洲里及哈尔滨犹太社区早期领导人摩西·兰金，在摩西的五个子女中排行第四。她的两个哥哥——雅科夫和埃利亚胡后来成为以色列著名的军政要员。1930年，尼哈玛随家人迁居哈尔滨。她和未来的丈夫摩西亚·埃尔兰很早就已相识，因为他们既是哈尔滨俄国中学的校友，又是哈尔滨"贝塔"青年组织的同仁，而且二人在"贝塔"组织中都当过多年领导人兼教官。他们于1940年在哈尔滨完婚，日后生下了伊斯拉埃尔和阿维两个儿子。

1950年，尼哈玛和家人一道从哈尔滨移居以色列，在耶路撒冷定居。现存于特拉维夫市贝塔博物馆中的全

◎ 1987年，尼哈玛（中）与哥哥雅科夫（左一）、埃利亚胡，妹妹拉谢尔在耶路撒冷

套贝塔期刊《加捷凯尔》杂志和贝塔锦旗，正是她和丈夫带回以色列的。他们在哈尔滨生养的两个儿子伊斯拉埃尔和阿维后来都成为以色列国防工业部门的高级工程师。2006年，尼哈玛在丈夫去世3年后在耶路撒冷去世，享年89岁。在20世纪末至21世纪初相继故去的同辈家人中，尼哈玛是最后一位逝者。

埃尔兰，伊斯拉埃尔　原居哈尔滨犹太人埃尔兰夫妇（摩西亚和尼哈玛）两个儿子中的长子，生于以色列。中学毕业后，在以色列理工学院读电气工程专业，以优异成绩毕业并获学士学位。不久后，又在该校读电气工程专业的研究生，获理学硕士学位。毕业后，在以色列国防部所属的一家国防企业就业，在该企业工作了40年。在此期间，他牵头成功运作了几个大项目。他的妻子埃达（Ada）是海法大学毕业的文学硕士，后来在某师

范学校当老师。他和妻子婚后生有三个孩子：女儿西加尔（Sigal）和两个儿子吉尔（Gil）、达尼（Dani）。退休后，伊斯拉埃尔和妻子埃达在海法市安享晚年，而他们的三个孩子均已成家，独立在外生活。

◎ 埃尔兰夫妇（中）与家族
成员在耶路撒冷寓所

埃里曼，米哈伊尔　知名犹太小提琴家，世界著名犹太音乐教育家利奥波德·奥尔大师的高徒，与侨居哈尔滨的著名小提琴家 H. A. 希费尔布拉特、B. Д. 特拉赫金贝尔格有同窗之谊。20 世纪 20 年代，曾来哈尔滨献艺，轰动一时，为哈尔滨这座音乐城增添了光辉。

埃列尔，法尼娅　原居哈尔滨犹太人，1929 年 1 月 29 日在哈尔滨出生，父姓亚尔霍。1950 年 1 月 28 日，法尼娅和第一批回归以色列的哈尔滨犹太人从香港乘飞机飞抵以色列。她和两个兄弟——什洛莫（Shlomo）和阿隆（Aron）在卡法塔博市（Kfar

◎ 米哈伊尔·埃里曼

Tabor）定居。后来她嫁给了卡法塔博本地人阿布拉姆·埃列尔，和他生了一儿二女三个孩子。不幸的是，1982年 6 月 5 日，法尼娅的儿子约西（Yossi）在黎巴嫩战争中牺牲，当时他只有 21 岁。丧子之痛让法尼娅悲痛万分，身心长期处于亚健康状态。2004年 3 月 17 日，75 岁的法尼娅在卡法塔博市去世，身后留下了丈夫和两个女儿等遗属。

埃伦布鲁姆，莉诺　原居哈尔滨犹太社区著名锡安主义社会活动家埃利亚胡·兰金的独生女。1957 年 10 月 20日生于耶路撒冷市。后在耶路撒冷从事建筑设计和城市规划工作。1983 年5 月 20 日，和罗尼·埃伦布鲁姆先生结婚，与之生有三个子女：加莉（Gali，1986 年生）、尤瓦尔（Yuval，1990 年生）和马娅（Maya，1994 年

◎ 罗尼和莉诺（2007 年）

◎ 埃伦布鲁姆一家（2007 年）

生），一家人在以色列生活得其乐融融。莉诺是一位非常有教养、有文化的貌美女性，对兰金家族的长辈充满了热爱和自豪，对长辈生活过的城市哈尔滨也十分景仰。2010 年，和丈夫罗尼·埃伦布鲁姆（希伯来大学教授）来哈尔滨探访，参观了哈尔滨的多处犹太遗址和市容。

埃廷贡，纳乌姆·伊萨科维奇

1899 年出生于莫吉列夫的造纸厂犹太工人家庭（祖辈曾经是商人）。曾就读于莫吉列夫商业中学，1917 年进入莫吉列夫统计局工作。从青年时代起就积极参与社会活动，1917 年曾短暂加入过"左"派社会革命党。不久后进入苏维埃军事部门工作，曾先后在戈梅利省的政治部任军事专员、契卡负责人等职务，1921 年在战斗中负伤，恢复后调往乌法任职。1923 年就读于红军军事科学院东方学系，学业完成后被相关情报机构派往中国，在苏联领事人员身份的掩护下先后驻扎上海、北京，1927 年后长期在哈尔滨工作。30 年代，先后在欧洲各地从事情报活动，曾参与刺杀托洛茨基的行动。1941 年 6 月 17 日，被苏联最高苏维埃主席团授予列宁勋章。第二次世界大战爆发后，成为特别行动部门负责人，其主要任务是组织敌后破坏活动，先后在土耳其、波兰、捷克、保加利亚等地活动。1951 年 10 月，与苏联国家安全部门的许多人一样，受犹太医生案件牵连，被关进监狱。1953 年 3 月被释放，5 月返回苏联内务部门工作。不久，受贝利亚案件的牵连，他再次被捕，并于 1957 年被判处 12 年徒刑，关押在弗拉基米尔监狱。1964 年被释放，后长期担任《国际关系》杂志编辑。他曾获得过一枚列宁勋章（1941年）、两枚红旗勋章（1927 年、1937年）、一枚苏沃洛夫二级勋章（1944年）、一枚亚历山大·涅夫斯基勋章(1944年)。1981 年去世，1992 年获得平反，名誉得到恢复。

艾森伯格，拉斐尔 原德国犹太

人，生于慕尼黑的一个波兰籍犹太家庭。其弟为国际著名商企大亨沙乌尔·艾森伯格。在虔信犹太教的父母影响下，拉斐尔成为了一个聪慧的哈西德教派的犹太教徒并于日后写有几部专著。纳粹政权上台后，他逃离德国，在海外流亡多年，后赴以色列定居。1952年，在弟弟沙乌尔的帮助下，他在以色列成立了"艾森伯格兄弟公司"。1976，拉斐尔去世，身后留有10个子女。

艾森伯格，沙乌尔（1921～1997） 原居哈尔滨犹太人，国际知名犹太巨商和企业大亨、以色列开展对华经贸合作的杰出代表和领军人物。他生于德国，纳粹上台后便流落他乡，辗转在欧洲一些国家漂泊谋生。流落至荷兰时，正值纳粹进驻荷兰，于是他又乘船逃离荷兰，驶往远东并于1940年到达上海，不久又转赴哈尔滨。由于当时他在日本占领下的哈尔滨看不到自己的发展前景，遂继续漂泊去了日本，打算取道日本前往美国发展。然而，他在日本却遇到了事业的发展机缘，最终留在了日本长期旅居。1941年他和日本女子莱娅（后归化为犹太籍）结婚，二人生养了6个孩子（5女1男）。二战结束后，日本一度处在美国管制之下。此前，几个日本富商巨贾担心自己的资产被美国人没收，遂将其转至艾森伯格名下，托他代管。对于这些资产，他若据为己有，并无违法之虞。但他为人诚实，断无不义

之图。所以风险过后，他便信守承诺，将这些资产悉数退归原主。为了一报完璧归赵之恩，这几个日本富商分别向艾森伯格赠以巨款，还为他提供了一些生意伙伴。自此，他得以同日、美、韩、印等国的一些大公司从事包括军火在内的各种生意，尤其是大宗交易，迅速拓展了自己旗下公司的业务，进而成为国际知名的亿万富翁。1949年他成为以色列公民。

艾森伯格生前颇有中国情缘。"艾森伯格信任中国，一直记着救过他生命的人。中国人曾收留过他和他家人……"（艾森伯格农业设备北京公司总经理阿维·哈尔泊特如是说）。正因如此，他格外看重对华投资。20世纪80年代至21世纪初，经他不断努力，其旗下企业在以色列企业中对华投资最早、投资项目最多、投资规模最大。1979年，艾森伯格首次随以色列军事代表团回中国秘密造访，随团到访者均为以色列军工方面的重量级人物。作为中国改革开放后最早进入中国的犹太人，他的企业以对华军售为主，同中资企业成功开展了经贸合作，从而搭建了两国间在军工领域沟通与合作的桥梁。据以色列官方披露，1979年以来（至2005年），以色列售与中国的军事装备与技术达数十亿美元，其中艾森伯格公司的份额很大。1996年，时任中共黑龙江省委书记岳岐峰先生曾参观过艾森伯格在北京开设的公司，亲眼见到他展示以色列

先进的滴灌系统。1996年4月22日，萨尔·艾森伯格创办的以色列艾森伯格集团联合发展有限公司（UDI）与哈尔滨东北轻合金加工厂合资建设了世界最大的铝合金高材板带项目。在项目签字时，时任国务院副总理的吴邦国出席了签字仪式。作为开拓以中两国合作的先行者，艾森伯格将自己的余生献给了对华贸易事业，在推动两国关系发展方面成绩斐然，居功至伟。1997年3月27日，在最后一次访华期间，他不幸于北京病逝，享年76岁，身后留有六个子女（1男5女）。

2005年，艾森伯格身后留下的艾森伯格公司，在中国的事业已经发展到农业、石油、电力、制造、投资等诸多领域，拥有25个合资和1个独资企业，艾森伯格北京公司也已成为在华投资额最大、历史最悠久的以色列公司。以色列前总理拉宾曾赞誉他说："艾森伯格为以色列打开了通向中国的大门。"据艾森伯格集团联合发展有限公司相关人士介绍，2011年艾森伯格集团的年收入在以色列GDP中占比达10%之多。

爱泼斯坦，伊斯雷尔　原居哈尔滨犹太人，国际著名记者。是一位具有国际主义、人道主义精神，热爱中国，把一生献给中国的国际友人。1915年4月20日出生于波兰华沙一个犹太人家庭。父母是犹太劳动同盟（俄国社会民主工党——马克思主义团体）的成员。母亲曾流放西伯利亚。年幼时跟随父母前往日本神户市，1917年随父母移居中国哈尔滨，1920年迁往天津。五岁开始上学，先后在英国人及美国人办的学校读书。1930年中学毕业，最早在天津俄文《晨报》工作。1931年在《京津泰晤士报》从事新闻工作。曾任《北平时事日报》兼职记者。1933年与美国记者埃德加·斯诺结识并为斯诺的《远东前线》一书写书评。1934年与伊迪丝结婚。从1937年起任美国合众社记者。1938年在香港参加宋庆龄创建的保卫中国同盟。在整个抗日战争期间，他努力向世界人民报道中国共产党和中国人民的英勇斗争。日本投降后，他在美国积极参加反对干涉中国内政和宣传新中国诞生的活动。1942年1月香港沦陷后，与邱茉莉等被关进日本拘留营。1943年与第一任妻子离婚后，在重庆与邱茉莉结婚，二人共同生活了40年，直到邱茉

◎ 伊斯雷尔·爱泼斯坦在中国人民政治协商会议上

莉身患癌症去世。1951年应宋庆龄之邀，回到中国参与《中国建设》杂志创刊工作。1957年加入中国国籍。历任全国政协常委、《今日中国》杂志名誉总编辑、中国福利会副主席、宋庆龄基金会副主席、中国国际友人研究会名誉会长、中国工业合作协会国际委员会名誉副主席等职。已出版的主要著作有：《见证中国》、《人民战争》、《中国未完成的革命》、《从鸦片战争到解放》、《西藏的转变》、《宋庆龄——二十世纪的伟大女性》、《爱泼斯坦新闻作品选》等。2004年8月29日回到阔别80多年的哈尔滨，参加中国哈尔滨犹太历史文化研讨会。为《犹太人在哈尔滨》画册撰写了前言。2005年5月26日爱泼斯坦在北京逝世，享年90岁。

爱斯金，大卫 原居哈尔滨和上海的俄籍犹太侨民。1907年在俄罗斯出生，是家中的长子。在十几岁时，就经常去外地购买一些日用商品，供父亲做易货贸易之用。中学毕业后，17岁的大卫应叔叔马克思和乔治之邀来到哈尔滨，在爱斯金兄弟商会旗下的百货商店做事，认识并迎娶了出纳员贝蒂·萨拉津斯基（Betty Sarajinsky）。为了事业有更好的发展，他和贝蒂南下去了上海，住进了上海丽都公寓（Cosmopolitan Apartments）三楼的一套公寓。1936年，他们生下了儿子莫里斯（Morris）。在阿列克斯-哈德逊公司（Alex Henderson & Co）

工作多年后，大卫自己创办一家纺织品进口公司，办公室在江边的汇丰银行大楼里。为了经营好自己的小公司，大卫每天总是工作到很晚。

20世纪50年代初，上海的犹太人纷纷离开中国，而大卫则不以为然。直到苏联领事馆要求他移居苏联时，他才认真考虑离开中国的问题。于是，大卫就向他内弟求助，帮他家办理去澳洲的签证。他内弟米利亚·萨拉津斯基（Milia Sarajinsky）和妻子萨拉（Sara）是1951年移居悉尼的。与此同时，大卫还找了在加拿大生活的赫利格曼家族（the Heligmans）的表亲请求帮助。由于当时西方国家都不愿收容来自社会主义阵营国家的难民，所以直到1953年，他们才分别拿到了赴澳大利亚和加拿大的签证。出境签证也有麻烦，需要长时间等待才有可能获批。

在内弟的帮助下，大卫和妻子贝蒂终于在1956年来到了悉尼，在勃朗特海滩区（Bronte Beach）落户。刚到悉尼几天之后，他就凭借会说英语的优势，在詹姆士哈迪制冷公司（James Hardie Refrigeration）找到了一份工作。他干的是倒班工作，还经常加班，为的是改善家里生活并定期向莫斯科的父母和亲戚邮寄包裹。后来，大卫用辛苦工作赚来的钱和彩票中得的不太多的进账，在乔治大街开了一家零售店，和许多原居中国的老朋友一起，经销军队的剩余物资。他每天从早到晚地工作，星期日也不休息。下班回到玫瑰湾（Rose Bay）地区的住所之后，还要清点账目。他的老伴贝蒂一直依傍在左右，既要照顾他，又要当好全职店主。大卫80余岁时，视力开始下降。于是，他就不情愿地逐步结清了公司账目，退休养老。1991年老伴贝蒂的去世令大卫一直无法从悲痛中解脱，好在子女常来家中照看他，他悲苦的心绪才有所释怀。1999年，大卫身体状况极差，已无法自理，只好住进了养老院。2005年，大卫·爱斯金寿终离世，享年98岁。

◎ 爱斯金兄弟商会坐落在中国大街
与商市街交角处

◎ 大卫·爱斯金和他的曾孙女

爱斯金兄弟商会　立陶宛籍犹太人爱斯金兄弟于1915年创办，坐落在中国大街与商市街（现中央大街与红霞街）交角处。商会设有大型布匹、日用产品批发仓库，与俄罗斯、美国和欧洲许多国家及地区有业务往来。

安息日　犹太教主要节期之一。安息日是一周的第七天。犹太教认为这是一个休息的日子，同时也是一个特别神圣的日子。在《律法书》中，安息日制度与以下一些观念相联系：（1）与上帝的创世相联系，上帝创世在六天内完成，第七天休息。（2）与平等的观念相联系，那天没有主人和仆人的区别，所有的人——包括仆人和外邦人都休息。（3）与神圣的观念相联系："你们要圣洁，因我耶和华——你们的上帝是圣洁的……也要守我的安息日。"（4）安息日是上帝同以色列人立的约，所以以色列人要世世代代守安息日为永远的约。先知不断地告诫人们要保守安息日的神圣性。因此，最高的祝福能否取得，主要也取决于是否能严守安息日。守安息日时人们要穿上最好的衣服，要满心喜悦，在白天用餐三次，晚餐前要诵读一个特别的祝福。安息日结束时，也要背诵一种特别的祝福，这一祝福强调"分别"的观念，即强调安息日与一周中其他的日子、神圣与凡俗以及光明与黑暗之间的区别。这是一个快乐的精神之日，正是它确保了犹太人在漫长的流散生活中，在充满敌意的环境里解除精神上的紧张和压力。"与其说犹太人保守了安息日，不如说安息日保守了犹太人"，遵守安息日和保存以色列民族这两者之间有不可分的亲密关系，正如 12 世纪犹太诗人伊本·以斯拉的诗句所说："我守安息日，上帝保守我，这是我和他之间的一个标志"。关于安息日的起源，没有证据显示希伯来族长时期有守安息日的习俗。对于安息日的起源地，人们尚不清楚。有人说是巴比伦，有人说是埃及，有人说是珈南。但不管源于何处，学者认为，它所有的宗教意义是在希伯来人接受它以后才产生的。当年，哈尔滨犹太人多数也遵循安息日的要求，在这一天杜绝或大大减少商业活动。现生活在以色列的原居哈尔滨犹太人摩西·利霍马诺夫在他的回忆录中提到，其父的家族在哈尔滨一直严格遵守安息日的规则。

奥尔洛夫斯基，阿纳托利·格里戈里耶维奇 原居哈尔滨犹太人，哈尔滨犹太宗教公会司库。为哈尔滨犹太社区做了许多工作。1945 年与 А. И. 考夫曼一起被苏联红军逮捕，被监禁在苏联集中营多年。20 世纪 50 年代得以回到以色列与家人团聚，1958 年 2 月 18 日逝世，葬在特拉维夫。А. Г. 奥尔洛夫斯基与哈尔滨犹太社区精神领袖 А. М. 基谢廖夫拉比关系甚密，是他的助手之一。他还熟知犹太

文化，每逢星期六和节日他都出色地朗读托拉。

奥尔默特，阿姆拉姆-阿里 原居哈尔滨犹太人后裔，以色列农业专家。中文名字：欧慕然。他是原居哈尔滨犹太人莫尔杰哈伊·约瑟福维奇·奥尔默特的长子，生于 1936 年 9 月 21 日。1958～1962 年在耶路撒冷希伯来大学农业系学习农业经济与管理，农业科学硕士毕业，专长为土壤、肥料、有效节水、盐湖水利用及柑橘属果树种植。1961～1968 年担任以色列农业部以色列南部土壤灌溉与扩展服务部主任，1968～1974 年在以色列农业部任扩展服务部主任，1974～1976 年任中美洲以色列农业代表处主任，1976～1978 年在以色列农业部任农业国际贸易中心主任，1978～1981 年任以色列农业部农业国际合作中心副主任，1981～1997 年为 "Agridev" 国际农业组织成员。欧慕然多年来一直从事以色列农业技术推广服务工作，主要从事国际农业领域合作与人力资源培训，在组织建立农业合作项目以及进行农业知识培训方面有着丰富的经验，曾与多家国际企业合作并参与商业谈判。其祖父母在俄国革命时期为躲避反犹主义对犹太人的迫害，从俄国移居中国哈尔滨。欧慕然本人是以色列农业节水与灌溉技术方面的专家，在中以两国正式建交之前便多次以秘密身份被派往中国进行两国农业合作

项目的考察与洽谈，并于 2000～2004 年间担任以色列驻中国大使馆公使衔科技与农业参赞，成为中以农业建交和中以农业合作的重要参与者与见证人。目前，欧慕然仍担任中国农业大学、东北农业大学、吉林珠海学院、山东莱阳农学院的客座教授，仍在续写着与中国的不舍情缘。

◎ 埃胡德·奥尔默特对哈尔滨
怀有深厚的感情

◎ 阿姆拉姆-阿里·奥尔默特在
哈尔滨皇山犹太公墓

奥尔默特，埃胡德 原居哈尔滨犹太人后裔。曾历任以色列耶路撒冷市市长、以色列副总理、总理。1945 年出生在以色列北部的宾亚米纳地区，其祖父约瑟夫·奥尔默特 1917 年移居哈尔滨，并一直生活在那里，逝世后被安葬在哈尔滨犹太公墓。他的父亲莫尔杰哈伊·约瑟福维奇·奥尔默特在哈尔滨长大，1933 年回到巴勒斯坦。埃胡德·奥尔默特曾在耶路撒冷希伯来大学就读，先后获心理学、哲学和法学学士学位。从政前做过记者、报纸专栏作家、律师。1973 年，年仅 28

岁的埃胡德·奥尔默特当选以色列国会议员，开始步入政坛。1988 年，他在前总理沙米尔政府中担任不管部部长，1990 年任以色列卫生部长。1993～2003 年，担任耶路撒冷市市长。1999 年，他曾与沙龙角逐利库德集团主席的职位，未能如愿。2003 年，埃胡德·奥尔默特出任沙龙政府的副总理兼工业贸易部长。2005 年 8 月，内塔尼亚胡辞去财政部长职务后，他兼任财政部长。长期以来，埃胡德·奥尔默特一直被认为是沙龙在利库德集团内最亲密的盟友，是沙龙单边行动计划的坚定支持者。由于利库德集团内部分歧严重，2005 年 11 月，沙龙另起炉灶组建了新党——前进党，埃胡德·奥尔默特随即加入前进党。2006 年 1 月，沙龙因中风昏迷不醒住院，埃胡德·奥尔默特代行总理职务，3 月率前进党在以色列大选中获胜，5 月正式出任总理。2008 年 9 月宣布辞去总理职务。埃胡德·奥尔默特从政期间颇有政绩。他虽曾是利库德集团成员，但他的政治观点相对"左"倾。在巴以问题上，他经常婉转表达一些"鸽派"观点，着力避免巴以矛盾激化，这为他赢得了良好的声誉。在接任前进党领导人后，他明确表示要执行沙龙路线，在约旦河西岸地区继续实施撤离行动，并在4年内单方面划定以巴永久性边界线。

埃胡德·奥尔默特喜爱足球，与夫人阿莉扎·奥尔默特育有4个子女。埃胡德·奥尔默特对中国、对哈尔滨怀有深厚感情，曾多次访问中国。每当黑龙江省或哈尔滨市的政府代表团访问以色列时，得知消息的他都会挤出时间安排会见。2004年6月，他以以色列副总理兼工贸部长身份率以色列工贸代表团访华，并专程到哈尔滨出席黑龙江—以色列经贸合作洽谈会，偕夫人阿莉扎·奥尔默特参观黑龙江省社会科学院举办的"犹太人在哈尔滨"图片展览，游览哈尔滨犹太遗址遗迹，还专程与哥哥欧慕然一起到哈尔滨皇山犹太墓地祭奠其祖父约瑟夫·奥尔默特，并题词："我的根在中国"。2009年8月15日，埃胡德·奥尔默特以以色列前总理的身份偕夫人再次访问哈尔滨，参观哈尔滨犹太历史文化展览，拜谒其祖父的墓地。

奥尔默特，贝拉 原居哈尔滨犹太人，曾任以色列国副总理、总理的埃胡德·奥尔默特的母亲，父姓乌格曼。1917年后从乌克兰的敖德萨移居

◎ 贝拉·乌格曼（左）与莫尔杰哈伊·奥尔默特在哈尔滨

哈尔滨，1930年毕业于哈尔滨第一社会商务中学，并获金奖。曾为哈尔滨"贝塔"组织的积极分子，双周刊《加捷凯尔》的编辑。在哈尔滨期间与犹太青年组织"贝塔"总部成员之一的莫尔杰哈伊·奥尔默特（曾任以色列国副总理、总理埃胡德·奥尔默特的父亲）相识相爱。1933年她回到以色列地，与1931年离开哈尔滨去荷兰学习农业知识归来的莫尔杰哈伊·奥尔默特相逢并于1937年结为夫妻。夫妇俩共养育了四个儿子，其中除埃胡德·奥尔默特曾任以色列国副总理、总理外，其余三个儿子也都在不同的工作岗位上为以色列国的建设作出了突出贡献。

奥尔默特，莫尔杰哈伊·约瑟福维奇 原居哈尔滨犹太人。以色列前总理埃胡德·奥尔默特的父亲。生于1911年1月11日，卒于1998年3月30日，享年87岁。1917年他随父

◎ **莫尔杰哈伊·奥尔默特**
1930 年代在哈尔滨

母从俄国萨马拉（1935 年改为古比雪夫）移居黑龙江省齐齐哈尔市。当时只有 6 岁，在齐齐哈尔读完小学和中学。1927 年莫尔杰哈伊通过预科考试进入中俄工业大学校，就读于电气工程专业。在校学习期间，他的学习成绩十分优秀，加上他体育运动出色，被安排担任大学预科班学生的辅导员。1928 年加入锡安主义组织"贝塔"。是总部首批成员之一，主要负责财会事务，督促"贝塔"成员按时缴纳会费，为"贝塔"组织购买运动器材、支付教练工资等。会员缴纳会费后，由他安排财政支出，同时还负责组织"贝塔"成员开展体育活动，是该组织最好的拳击和跳远运动员，他创造的跳远纪录保持 10 年之久。受锡安主义思想的感召，莫尔杰哈伊决定中断学业，回归巴勒斯坦。在中国同学吴万松的

帮助下，到距离哈尔滨 60 公里的双城堡中学（原吉林省立第三中学）担任俄语教员以筹集路费。1930 年 11 月他回到哈尔滨，12 月 31 日乘国际列车离开哈尔滨，经西伯利亚大铁路抵达荷兰，在瓦绪宁根市农业大学上夜校，学习农业基础知识，为回归巴勒斯坦做准备。莫尔杰哈伊认为，作为锡安主义者"就应投身巴勒斯坦，到了巴勒斯坦，首先是开垦土地，要开垦土地，必须有农业知识"。1933 年，莫尔杰哈伊回到巴勒斯坦，在西北边远地区安置下来，开始务农。其间与贝拉·乌格曼结为夫妇，并生下四个儿子：阿姆拉姆－阿里、艾尔米、埃胡德、约西。1946 年，莫尔杰哈伊创办了"阿米卡姆"莫沙夫，该莫沙夫是专门吸收来自哈尔滨犹太移民的一家农村合作社。1955 年，莫尔杰哈伊当选为国会议员，并连任两届（第二、三届）。回到巴勒斯坦后，他先后成为锡安主义组织的领导人之一、农业技术专家兼农场主、以色列政府农业部门的代表。1998 年，莫尔杰哈伊在以色列科法尔萨巴的医院中因病抢救无效逝世，葬于"阿米卡姆"莫沙夫所在的宾亚米纳墓地。

奥尔默特，伊尔米　原居哈尔滨犹太人后裔。入伍前在希伯来大学主修农业，入伍后为以色列军队预备役将官，曾担任以色列吉瓦特什穆埃尔地方委员会领导，并在以色列国防

部供职，少将军衔，退役后担任以色列篮球协会主席。

奥尔默特，约瑟夫·约瑟福维奇 以色列前总理埃胡德·奥尔默特的祖父，俄国犹太人，1918 年偕妻子米丽娅姆（Miriam）、儿子莫尔杰哈伊从俄国萨马拉迁居黑龙江省哈尔滨。初到哈尔滨时，约瑟夫一家经济拮据，生活十分困难，全家依靠米丽娅姆经营的一间小店贩卖牛奶和奶制品维持生计。约瑟夫曾在中东铁路局工作两年，后在齐齐哈尔找到一份差事，于是全家搬到齐齐哈尔定居。1941 年，约瑟夫在哈尔滨去世，被安葬在犹太墓地。

奥尔默特，约西 原居哈尔滨犹太人后裔，以色列国前总理埃胡德·奥尔默特的胞弟。目前生活在美国，为大学教授。曾师从以色列著名中东问题专家摩西·马奥兹，专门研究叙利亚问题，曾担任以色列政府新闻局局长。精通阿拉伯语，具有博士学位。1994 年，曾应邀访华并前往哈尔滨寻找祖父的墓地。

奥格列连包里斯基保险公司
1920 年，立陶宛籍犹太人奥格列连包里斯基投资 3000 元，在哈尔滨埠头区新城大街（今道里区尚志大街）创办的保险公司代理行，主要经营代理保险业务。1936 年专业评估额为 6000 元。

奥西波夫，M. Y. 原居哈尔滨犹太金融家，哈尔滨美国信济银行发起人之一。

奥西诺夫斯基，阿纳托列·谢瓦斯季扬诺维奇 原居哈尔滨俄籍犹太人，哈尔滨犹太社区最后一任主席。他在俄罗斯出生，在 6 个兄弟姐妹中排行最后。1921 年随父母从海参崴迁居哈尔滨。他父亲塞巴斯蒂安很有钱，曾在哈尔滨和特拉维夫购置了地产并于 1922 年斥资 3 万美元，在哈尔滨地段街建造了一幢商业大楼和 5 栋平房住宅，还于 1925 年在特拉维夫市中心购置了一处地产。

1949 年以后，虽然欧洲人大多都陆续离开了中国，但阿纳托列·奥西诺夫斯基和夫人亨丽埃塔（Henrietta）仍坚持留居哈尔滨，他们为清理哈尔滨犹太社区财物并把"托拉"等宗教用品运回以色列做了大量工作。经过长时间努力后，阿纳托列获准将"托拉"、银饰物和许多祷告书等共 30 箱财物运回以色列。在当时条件下，他极尽努力使犹太宗教祭祀用品免遭亵渎。他还为哈尔滨犹太墓地迁址做了许多工作，曾组织人员监守犹太墓地。对于许多即将离开哈尔滨移居他国的犹太人，阿纳托列给予了慷慨资助。

奥西诺夫斯基家族宗谱

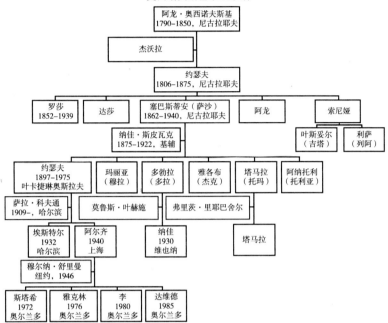

The Ossinovskys

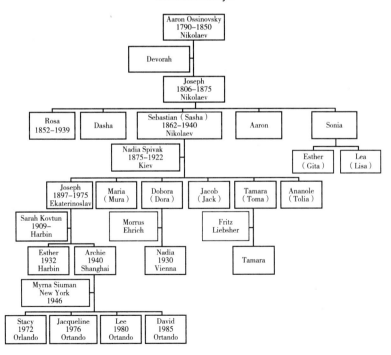

奥西诺夫斯基家族与斯基德尔斯基家族姻亲关系图

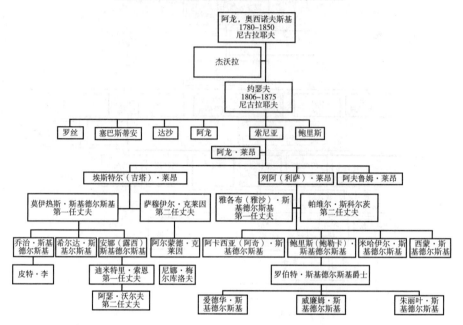

Ossinovsk–Lyon–Skidelsky Lineage

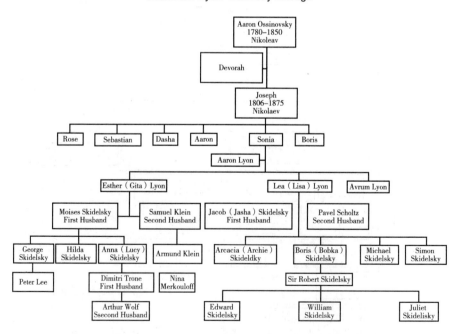

1955 年，奥西诺夫斯基夫妇唯一的儿子，8 岁的利奥卡（Lyoka）因患肾病早逝，葬于哈尔滨犹太墓地。1956 年，阿纳托列和妻子虽不忍离开他们的独子利奥卡的坟茔，但鉴于其家族资产和企业已尽数收归国有，他们还是为生计所迫，利用一个工作机会，离开哈尔滨赴瑞士定居。得知弟弟的境遇后，阿纳托列的 5 个哥哥姐姐决定卖掉他们亡父生前在特拉维夫购置的地产，将所得价款送给阿纳托列和他妻子，使他们能够在瑞士顺利开始新生活。

◎ 奥西诺夫斯基家族在哈尔滨的宅院

奥西诺夫斯基，塞巴斯蒂安

原居哈尔滨俄籍犹太富翁。1862 年生于俄帝国尼古拉耶夫（今乌克兰南部港市）。1897 年 8 月 2 日，塞巴斯蒂安和夫人纳迪娅（Nadia）在叶卡捷琳诺斯拉夫省生下了他们的长子约瑟夫，此后，奥西诺夫斯基夫妇又生养了 5 个子女，即：玛丽娅（Maria）、多博拉（Dobora）、雅各布（Jacob）、塔玛拉（Tamara）和阿纳托列（Anatole）。1905 年，奥西诺夫斯基一家迁居法国尼姆市。1907 年，又从法国的尼姆迁至海渗崴。1912 年，塞巴斯蒂安赴哈尔滨，出资 1.5 万美元购置了位于哈尔滨地段街 62～74 号的地产，该处地产位于哈尔滨市内的日本商业区中心。1921 年，奥西诺夫斯基家族离开海参崴，迁到了哈尔滨。1922 年，塞巴斯蒂安斥资 3 万美元，在哈尔滨地段街建造了一幢商业大楼和 5 栋平房住宅。奥西诺夫斯基家族的宅院很大，2009 年他的老宅里还住着 20 户中国家庭。1925 年，塞巴斯蒂安在巴勒斯坦购置了一处地产（位于今特拉维夫市中心商业区）。1940 年 2 月，他在哈尔滨去世。

◎ S. 奥西诺夫斯基

奥西诺夫斯卡娅，娜杰日达·鲍里索夫娜 原居哈尔滨俄籍犹太人。出生于基辅的一个传统犹太家庭。她在基辅接受的教育包括希伯来语和犹太文学。1917～1919 年间，她迁到了海参崴，在那里积极帮助犹太人移居中国哈尔滨。最后，她自己也到了哈尔滨。她对犹太侨民总是敞开家门，热情接待。她去世时只有 48 岁。

◎ 娜杰日达·奥西诺夫斯卡娅

奥辛，约瑟夫 原居哈尔滨俄籍犹太人，原姓奥西诺夫斯基，1897 年 8 月 2 日在俄国叶卡捷琳诺斯拉夫省出生。1921 年离开海参崴，去美国纽约州特洛伊市留学，就读于伦斯勒理工学院，同年奥西诺夫斯基家族也离开海参崴，迁到了哈尔滨。1927 年，约瑟夫在美国马萨诸塞州皮茨菲尔德市正式加入美国籍，同时改姓奥辛。1929 年，从美国回到哈尔滨。1930 年，在哈尔滨铁路俱乐部的舞会上与哈尔滨犹太人伊萨克·科夫通的女儿萨拉邂逅相识。1931 年和萨拉迁居上海，在法租界保罗亨利路 9/7 号（9/7 Paul Henry）购置了一套公寓。同年 6 月 6 日在上海与萨拉完婚。1932 年 4～5 月，萨拉专程回哈尔滨生产，并于 5 月 19 日生下了女儿埃丝特。1940 年 1 月 7 日，奥辛夫妇的儿子伊萨克·阿尔卡迪（阿里克）在上海出生。1941 年 11 月，约瑟夫·奥辛从上海乘船前往美国。由于美日交战，交通受阻，约瑟夫被迫滞留旧金山，而萨拉及女儿埃丝特和儿子阿里克（Arik）则住在上海，直到 1945 年 11 月 5 日，他们一家才团圆并在旧金山定居。1975 年，约瑟夫·奥辛去世，享年 78 岁。

◎ 1930 年代的约瑟夫·奥辛

奥辛娜，萨拉 原居哈尔滨犹太人。1909年8月12日在哈尔滨出生。其父伊萨克·科夫通于1905年从乌克兰的波尔塔瓦迁来哈尔滨。1927年，萨拉·科夫通进入哈尔滨经济与法律学校就读。1930年，在哈尔滨铁路俱乐部的舞会上与约瑟夫·奥辛邂逅相识。1931年，随约瑟夫迁居上海，并于6月6日在上海与约瑟夫完婚，住进了约瑟夫在法租界保罗亨利路9/7号购置的一套公寓。1932年4～5月，萨拉专程回哈尔滨生产，并于5月19日生下了女儿埃丝特·奥辛。1937～1941年，埃丝特在上海的一所法国学校就读。1940年1月7日，奥辛夫妇的儿子伊萨克·阿尔卡迪（阿里克）·奥辛在上海出生。1941～1945年，萨拉在上海犹太学校就读，还在保罗亨利路9/7号的自家公寓旁租了几间房。1941年11月，约瑟夫·奥辛从上海乘美国轮船拉瓦卡号（USS Lavaca）前往美国，后因美日交战，交通受阻，被迫和家人分离，直到四年后，萨拉·奥辛和她的两个孩子乘船赴旧金山与约瑟夫团聚并定居旧金山。她在美国远东协会旧金山分会所属的妇女委员会（the Ladies Auxiliary）当了多年的主任。1975年丈夫去世后，萨拉·奥辛和子女在旧金山又生活了近30年，最终于2004年9月去世，享年95岁。

◎ 萨拉·奥辛娜和女儿埃丝特

◎ 阿里克·奥辛

奥泽兰斯基，伊塔 原居哈尔滨犹太人。在丈夫大卫·奥泽兰斯基去世多年后，她也于2003年2月6日在海德拉市（Hadera）病逝。其身后亲人仅有她弟弟阿布拉沙·奥兹雷洛维奇（Abrasha Ozrelovieh）及其家人。

B

巴别达服装店　原居哈尔滨拉脱维亚籍犹太人 П.А. 斯卢茨基于 1917 年创办，"巴别达"的意思是胜利。服装店位于哈尔滨埠头区中国大街（现道里区中央大街）116 号，以经营各种毛皮大衣为主，并承接定制各种服装。

◎ 1910 年代中国大街上的巴别达服装店

《巴尔—科赫巴》　俄罗斯犹太戏剧创始人阿布拉姆·戈尔德法坚创作的犹太轻歌剧。巴尔—科赫巴是公元 132～135 年第二次犹太战争中的起义领袖。《民数记》第 24 章第 14 节预言"有星要出于雅各，有杖要兴于以色列"，称起义领袖西门为"巴尔—科赫巴"，希伯来语意为"星之子"，因此第二次犹太战争亦称"巴尔—科赫巴起义"。公元 118 年，罗马皇帝哈德良加强了对犹太人的独裁统治，再度激起了犹太人对罗马统治的反抗，大卫家族的后裔西门揭竿而起。公元 134 年夏，罗马军队攻陷耶路撒冷，起义军退守耶路撒冷以南 12 公里的贝塔尔要塞。公元 135 年阿布月九日，即当年耶路撒冷被毁的纪念日，贝塔尔要塞陷落，巴尔—科赫巴壮烈牺牲，犹太人第二次起义宣告失败。《巴尔—科赫巴》这部犹太名剧不仅是犹太人上演的主要剧目，而且也受到了俄罗斯演员的青睐。20 世纪 20 年代前后，一些俄罗斯演员如 K.A. 祖博夫、季阿加林、克鲁奇宁娜等来到哈尔滨，表演一些反映犹太人生活的剧目。1922 年 3 月开始在哈尔滨排演《巴尔—科赫巴》。该剧由安恰罗夫从意第绪语译成俄语，K.A. 祖博夫担任导演并扮演主角，哈尔滨犹太会堂唱诗班、俄罗斯芭蕾舞剧团和乐队也参加了演出。

巴克利，娜丁　原居哈尔滨知名俄籍犹太女士，1902 年 3 月 8 日生于俄罗斯克拉斯诺亚尔斯克边疆区的坎斯克市。日俄战争结束后，年幼的娜丁随父母移居中国哈尔滨，在哈尔滨生活到 1953 年。娜丁曾以姣好的形象和甜美的歌喉入选哈尔滨十大美女。她也擅长游泳，曾在哈尔滨湍急的松花江水中救起过两位溺水者。她的首任丈夫是哈尔滨著名企业家米勒·格里戈里耶维奇·梅金。她和首任丈夫生有唯一的儿子亚历山大·梅金。日本人占领哈尔滨后，哈尔滨发生了多起俄罗斯歹徒绑架犹太富家子弟，勒索赎金、折磨乃至杀掉人质的恶性事件。为了避免厄运，梅金夫妇在二战爆发之前就将亚历山大送往美国的旧金山。亚历山大日后成为旧金山著名的实业家。身为梅金夫人时，娜丁对哈尔滨"关爱战争孤儿"等市民团体给予过慷慨资助。1954 年 10 月 24 日，首任丈夫梅金在哈尔滨去世，不久外国在华企业开始收归国有。拥有梅金巨额遗产的娜丁遂离开中国，移居以色列。在以生活不久，她又移居旧金山，投奔儿子亚历山大。在旧金山，娜丁和身为码头工人的鳏夫威廉姆 F. 巴克利先生相识并于 1957 年嫁给了他。她和第二任丈夫共同生活了 29 年。他们喜欢旅游，曾多次在英国和以色列小住。1986 年，娜丁·巴克利夫人先于丈夫巴克利先生去世，享年 84 岁。

巴拉霍维奇，拉赫莉　拉赫莉是萨穆伊尔·沃洛布林斯基的长女，嫁给了托木斯克著名的毛皮商巴拉霍维奇。他们于 1920 年迁居哈尔滨，巴拉霍维奇成为美国一个大公司驻哈尔滨的代表，后来他发展了自己的事业——出口毛皮。

巴拉诺夫斯基—加茨—什卢格尔，哈娜　原居哈尔滨俄籍犹太人。1905 年生于西伯利亚的赤塔，父母是布卢马（Bluma）和梅耶尔（Meier）·巴拉诺夫斯基。幼年时，曾随家人去

◎ 哈娜·巴拉诺夫斯基

蒙古的库伦（今乌兰巴托）住过几年，然后又回到了赤塔。1924 年，哈娜和阿尼西姆·加茨（Anisim Gatz）完婚后不久，他们就带着女儿伊莎贝拉来到了中国的哈尔滨。哈尔滨沦陷后，他们一家又搬到了天津。她丈夫不幸在天津亡故。

1940 年，哈娜又嫁给了第二任丈夫雅各布·什卢格尔并和他生下了两个孩子列昂娜（Leona）和埃芬（Ephim）。战争和革命又促使哈娜的新家迁徙到了巴西的里约热内卢。他们在那里住到约 20 年时，雅各布·什卢格尔便过早去世。第二任丈夫去世后，哈娜就搬到了美国密歇根州安娜堡，住在女儿列昂娜附近。后来，她搬离了密歇根州，一直在纽约定居。

2005 年 2 月 27 日，在她百岁寿辰

之际，众多亲友都前往她住处为她祝寿。当时她很瘦弱，但却很爱说话。交谈时能记得过往的事情，不时会展示幽默、欢笑和悲切。

巴拉诺夫斯基，什洛莫 原居哈尔滨犹太人巴拉诺夫斯基夫妇伊塔（Ita）和伊兹亚（Izia）之子。什洛莫因久病不愈而于2003年1月20日在内坦亚去世，享年仅57岁。其身后亲人有父母、妻子、两个女儿等。

巴勒斯坦锡安工人党 巴勒斯坦最早的社会主义锡安主义政党之一。1905年11月，约60名农业工人和原锡安工人党成员在巴勒斯坦的雅法集会，成立了锡安工人党。该党自认为是形成中的巴勒斯坦工人阶级的政党和奥斯曼帝国境内犹太工人阶级的唯一革命政党。该党的目标：使生产手段社会化，建立一个以社会主义为基础的社会。随后不久，该党又修正了自己的纲领，认为资本主义道路应当而且能够避免。1907年，巴勒斯坦锡安工人党开始向世界锡安主义组织派遣代表。1910年起出版了希伯来语杂志《团结》。1909～1910年，该党和青年工人党共同创立了公有制性质的农业组织"克武察"，后发展为"基布兹"。巴勒斯坦锡安工人党认为犹太人与阿拉伯人的冲突是历史的误会，两个民族的民主力量应当联合起来建立一个社会主义的巴勒斯坦。而实际上，由于该党主张尽可能地只雇佣犹太人，

排挤阿拉伯人，造成了许多阿拉伯人失业，民族矛盾始终非常尖锐。巴勒斯坦锡安工人党的主要领导人有大卫·本—古里安和伊扎克·本—茨维。原居哈尔滨犹太人，特别是哈尔滨的锡安主义者与巴勒斯坦锡安工人党有较多的联系。一些原居哈尔滨犹太人和哈尔滨的锡安主义者移居巴勒斯坦后加入了巴勒斯坦锡安工人党。

巴勒斯坦周 哈尔滨移居巴勒斯坦促进协会以及后来改组的哈尔滨锡安主义组织为宣传其政治主张，曾多次举办各种活动。1918年3月，哈尔滨锡安主义组织举办了"巴勒斯坦周"。3月18日在哈尔滨商务俱乐部举办了大型音乐集会，募集巴勒斯坦政治基金。扎戈尔斯卡娅、Л.阿普捷卡列娃、卢金等著名演员、音乐家、教授出席了音乐集会，А.И.考夫曼在会上作了《关于巴勒斯坦政治基金》的报告。一周内，锡安主义组织成员沿街募集了大量捐款，并举行抽彩活动，支持建立巴勒斯坦政治基金。

巴辛，莉瓦 原居哈尔滨犹太人，1915年生于满洲里的一个知名锡安主义者家庭。1929年随家人迁居哈尔滨之后，成为"贝塔"组织的积极分子。她是位天才演员、作家，写过关于满洲里历史的文章，还写过诗歌配乐曲和短篇故事。她曾代表满洲里、哈尔滨、上海和神户（日本）的犹太社区从事过各种活动。在50年代初，

她和丈夫西马（Sima）随大规模犹太迁徙者，第一批从中国迁居以色列，在耶路撒冷定居。她多年担任以色列原居中国犹太人协会耶路撒冷分会秘书，被誉为"精英一代哈尔滨犹太人之又一位代表"。2004年12月22日，莉瓦·巴辛在耶路撒冷逝世，享年89岁。

巴辛，西马 原居满洲里及哈尔滨犹太人，1915年生于满洲里并在此读了中学，在父母因中苏冲突影响于1929年迁居哈尔滨许久之后也来到了哈尔滨。1941年，西马娶莉瓦（Riva）为妻，夫妻俩都是"贝塔"成员，育有二女一子。莉瓦的父母莫伊谢耶夫（Moiseev）夫妇是以色列和他方犹太人中声名显赫的锡安主义活动家。1950年，巴辛夫妇移居以色列，作为"中国拓荒者"积极参与了贝塔定居点阿米卡姆的开拓和建设。他们在耶路撒冷居住多年，一直是原居中国犹太人协会的活跃成员。西马为人和善谦恭，认识他的人都很喜欢他，对他赞誉有加。2002年西马·巴辛逝于特拉维夫，享年87岁。

鲍格丹诺夫斯基，巴维尔 原居哈尔滨犹太人。其父扎卡里·鲍格丹诺夫斯基当年在哈尔滨曾拥有鲍格丹诺夫斯基大楼，位于中国大街与大坑街（现中央大街与大安街）交角处。

鲍里索夫娜，法因贝格·巴西娅 原居哈尔滨俄籍犹太人。1892年1月4日生于俄罗斯外贝加尔地区。1912～1924年在基辅市国洛夫奇聂尔

◎ **1933年巴维尔·鲍格丹诺夫斯基在他夫人的墓前**

牙科医师学校读书。1920年从赤塔移居哈尔滨。在哈尔滨经纬二道街34号2楼35户居住，并在此自设牙科诊所执业行医。

鲍曼，茨维 原居哈尔滨犹太人。20世纪50年代出生于哈尔滨，后移居英国，现任国王大学教授。其祖父亚伯拉罕·施克曼与祖母索菲亚于1905年从敖德萨迁居哈尔滨。茨维·

◎ **2004年茨维·鲍曼（中）出席哈尔滨犹太历史文化国际研讨会**

鲍曼的父亲伊萨克·施克曼于 1909 年
在哈尔滨出生。

北满赛马协会　1905 年在哈尔
滨成立。协会所属赛马场位于哈尔滨
市南岗区马家沟河的南端（现黑龙江
省档案馆附近），创办人为俄籍犹太人
库列绍夫。北满赛马协会先后从俄国
进口了一批名贵的奥尔洛夫斯基赛马，
在每年的春秋两季，每逢周六、周日
都会举行赛马比赛，这成为当时哈尔
滨重要的娱乐活动。在这项运动中，
犹太人雅科夫·马特林称得上是哈尔
滨赛马运动的先驱，他和他的马在哈
尔滨赛马界享有盛誉。当时的赛马项
目分为三种：一是轻驾车赛马；二是
速度赛马；三是障碍赛马。从 1912 年
起，时任中东铁路局局长的俄国人霍
尔瓦特开始任赛马协会的会长，并将
协会改名为"满洲赛马协会"。俄国十
月革命后，哈尔滨的白俄势力逐渐减
弱。1922 年，日本人加入该协会并取
得了主导权，协会名称改为"股份公
司哈尔滨赛马场"。

◎ **1910 年代的哈尔滨赛马场**

北满制糖株式会社　1934 年 3
月 6 日，日本砂糖贸易会社收购阿什
河糖厂（详见"阿什河糖厂"），成立
了北满制糖株式会社，总资本达 200
万元。社长由日本人高津久右卫门担
任，犹太商人 Л. Г. 齐克曼为副社长。
糖厂经过技术更新，一昼夜可处理甜
菜约 400 吨，年实际生产期为 120 天
左右，每年需要 5 万吨甜菜，甜菜含
糖率也上升到 17% 左右。北满制糖株
式会社借助日伪的统治力量，组织分
散的农民签订甜菜生产合同，缩小甜
菜生产区为以工厂为中心、30 华里的
半径之内，南到二道河子，北到滨江
县境。1935 年种植甜菜 5130 垧，3532
户农民签订契约；1937 年北满制糖
式会社与 3086 户农民签订契约，组织
甜菜生产 5177 垧，甜菜种植面积约占
阿城县（现哈尔滨市阿城区）当时可
耕地的 4%。1943 年，犹太商人 Л. Г.
齐克曼退出股份，糖厂归日本人独资
经营。1945 年，苏联红军进驻哈尔滨，
将北满制糖株式会社委托哈尔滨秋林
公司代管。同年 11 月，苏军将原日本
人的 51% 股份卖给英籍卡拉伊姆人老
巴夺，更改厂名为"松江制糖股份有
限公司"。1946 年 4 月 28 日，哈尔滨
解放，松江省（现黑龙江省）人民政
府派陈恒力为经理，接管了"松江制糖
股份有限公司"，同时改为公私合营企
业。松江省人民政府于 1950 年 3 月，
以东北币 300 亿元收购了老巴夺全部股

份，将该公司命名为"松江省地方国营阿城糖厂"，成为全民所有制企业。此后该厂曾几次改变隶属关系，20 世纪90 年代阿城糖厂破产，不复存在。

贝尔格曼，Γ. A. 原居哈尔滨犹太医生，曾任哈尔滨特别市立医院主任医师。

◎ Γ. A. 贝尔格曼

贝尔克，亨利 又名叶尼亚·奥克森贝格，原居哈尔滨俄籍犹太人。他出生于俄罗斯的彼尔姆，后随家人来到哈尔滨。1936 年，亨利在哈尔滨读完中学。1939 年离开哈尔滨，赴美国旧金山定居。他在旧金山与莉莉·什里洛（Lilly Shriro）结为夫妻，生养了两个子女——琳达（Linda）和马克（Mark）。亨利会讲波兰语、希伯来语、汉语、日语和英语。太平洋战争期间，他在美国军中服役，曾被日本人俘获并关押。原子弹摧毁广岛后，亨利去

过这个城市参与处理战后事宜，并为美国政府翻译了日本的投降书和同盟国与日本签订的《和平条约》。亨利生前为旧金山远东协会积极开展工作，曾任该协会首任副会长。2007 年 8 月26 日，亨利在旧金山去世。

◎ 亨利·贝尔克

贝霍夫斯基，Γ. A 哈尔滨著名犹太企业家和社会活动家。1877 年出生于白俄罗斯莫吉廖夫省的犹太定居点。20 世纪初，随着中东铁路的修建，Γ. A. 贝霍夫斯基移居中国东北，从事毛皮贸易，并成功将毛皮出口到国际贸易中心莱比锡，成为中国东北毛皮出口欧洲的先驱者之一。在哈尔滨生活期间，Γ. A. 贝霍夫斯基积极从事慈善活动。十月革命后，俄国爆发内战，大量犹太人因此逃难至哈尔滨，为了帮助安置犹太难民，Γ. A. 贝霍夫斯基

提供了大量资金。作为重要的公众人物、慈善家和企业家，他与基谢廖夫等哈尔滨犹太社团领袖关系密切。Г. А. 贝霍夫斯基后迁居沈阳，并成为沈阳犹太社区的第一任主席。40 年代，他移居比利时，并在二战结束后移居以色列。1964 年 8 月，Г. А. 贝霍夫斯基在以色列内坦亚去世，享年 87 岁。

贝奇科夫，埃里克 原居哈尔滨犹太画家。生于 1914 年 12 月 30 日，1950 年回到以色列，成为"阿米卡姆"莫沙夫（私营农场）的一员，后离开去了阿什凯隆附近的莫沙夫，再移居海法，居住数年，从事电影放映员工作。酷爱绘画，曾师从著名画家阿夫拉姆·亚斯希尔。埃里克的绘画创作来源于现实生活，他非常热爱以色列的大自然，其描绘大自然的油画和素描画展，引起了许多著名画家的关注，反响良好。作为原居哈尔滨犹太人，他常常思念哈尔滨，其画作《我的河流》（有铁路桥横跨的松花江）由以色列原居中国犹太人协会赠送给了中国黑龙江省社会科学院，在哈尔滨犹太历史文化博物馆中展出。晚年信教，终日去犹太会堂祈祷。逝世于 1984 年 12 月，享年 70 岁，同年 12 月 30 日在"别特—蓬夫"中心为其举行了追悼会，玛拉·莫尔古列夫致悼词，众人以各种方式表达怀念之情，其中米哈伊尔·里斯金用小提琴演奏了巴赫的咏叹调，加利娅·卡茨朗诵了诗歌。

◎ 埃里克·贝奇科夫

贝森，迈克尔 原居哈尔滨犹太人。1929 年出生于哈尔滨，在哈尔滨曾经生活了 10 年，现在美国洛杉矶过着退休生活。迈克尔·贝森毕业于加州理工大学，获电气工程博士学位。1991 年前在洛杉矶水下声纳系统咨询公司工作。父亲亚伯拉罕·贝森曾在哈尔滨市端街 5 号开设了一家规模最大的牙科医疗器械用品商店；母亲费恩娜·贝森 1931 年毕业于哈尔滨牙科学校。迈克尔的祖父伊泽克·贝森、祖母姆努哈·贝森、外祖父艾莱亚·沃尔夫松、外祖母索菲娅·沃尔夫松都安葬在哈尔滨犹太公墓。

崩得 意第绪语"联盟"的意思，全称为立陶宛、波兰和俄国犹太工人总联盟，俄国、波兰和美国的犹太社

◎ **2004 年迈克尔·贝森夫妇访问哈尔滨**

会党。1897 年 10 月在维尔诺建立，是俄国社会民主工党的独立组织。1898 年，俄国社会民主工党在明斯克召开的第一次代表大会，9 名代表中有 3 名是崩得成员。但崩得代表屡次与俄国社会民主工党的领导在犹太自治问题上发生冲突。崩得组织希望俄国社会民主工党承认它是犹太劳动者在民族特征上（而不是在地域特征上）的唯一代表。而俄国社会民主工党的各个组织是按地区建立的，他们联合居住在划定地区的全体党员，不管他们的民族归属如何。崩得提出必须为犹太党员建立单独的地方组织。由于分歧尖锐，崩得于 1903 年从俄国社会民主工党中脱离。崩得组织认为，锡安主义是反动的资产阶级和小资产阶级民族主义运动。锡安主义提出，犹太人只有移居到历史家园，才能解决自己的问题。与此相反，崩得主张犹太问题要在犹太人居住的地区和国家中解决。崩得不把犹太人看做统一的民族，反对全球性的犹太政策。

崩得的最高机构是代表大会，由代表大会选举出中央委员会。20 世纪初，崩得的活动主要集中在政治工作，成为犹太社会生活最重要的因素之一。1912 年布尔什维克和孟什维克彻底分裂，崩得留在孟什维克派中。到 1917 年底，崩得共有 400 个组织，4 万名成员。1920 年苏维埃政权建立以后，崩得分成左派和右派。右派大部分成员侨居国外，而左派部分成员加入了布尔什维克。崩得坚决反对锡安主义和宗教政党，但在各个领域中同其他犹太工党合作。崩得的代表在波兰犹太工会全国委员会中占绝大多数。1936～1939 年，在纳粹占领波兰前夕，波兰崩得的政治影响达到巅峰。在波兰被占领期间，崩得积极地组织了犹太抵抗运动。1947 年，崩得第一届国际代表大会在比利时首都布鲁塞尔召开。原居哈尔滨犹太人中有来自俄国的崩得组织成员，他们在哈尔滨同锡安主义组织立场观点相悖，但是哈尔滨锡安主义组织占据主流，起主导作用。

比涅斯 原居哈尔滨波兰籍犹太人，开办广济大药房和兄弟商会，坐落在中央大街上。

边特，马克 原居哈尔滨俄籍犹太人，1920 年 9 月 20 日生于俄罗斯伊尔库茨克，20 世纪初随家人来到哈尔滨。他父亲和叔叔阿尔卡迪·边特兄弟是当年哈尔滨很有名气的纺织品批

◎ 1920 年代的比涅斯兄弟商会

◎ 1920 年代的边特兄弟商行

发商，二人在今中央大街和东风街交角处开设了一家大型纺织公司，即边特兄弟商行。马克日后移民去了美国，2005 年 1 月 30 日在加利福尼亚州拜阿蒙特（Biamont）市去世，享年 85 岁。

边特兄弟商行　哈尔滨最早的著名犹太商行之一，位于哈尔滨市埠头区中国大街（现道里区中央大街）31号。Я. 边特和 A. 边特兄弟在此专营皮毛制品、男女服装、鞋以及布匹，并且承接男女服装订做，紧急订做可在 24 小时内完成。商行原址也曾为阿基谢耶夫兄弟商会所在地。

别尔采里，萨姆依尔·伊列维奇

见"第一个定居在哈尔滨的犹太人"。

别尔金，米哈伊尔·伊里奇

1901 年出生在斯摩棱斯克省的林业商人家庭。1916 年进入布良斯克的车辆制造厂工作。十月革命期间，积极参与了当地的革命活动。1918 年米哈伊尔·伊里奇加入游击队，在库班地区活动，后长期从事情报工作。1929 年担任国家政治保安局莫斯科地区行政办公室特别助理，随后成为该机构的高级侦缉官员、反间谍特别小组的负责人。1930 年受苏联情报机构指派，赴哈尔滨负责中国东北的地下工作，担任哈尔滨地下区委书记和地下区委委员会委员。1935～1936 年，担任图瓦共和国内务人民委员部国家安全总局外国处领导。1936～1938 年，负责主持中国新疆（阿克苏、克什）地区的情报行动工作。1939 年进入伏龙芝军事学院进修深造。第二次世界大战爆发后，他先后在克里米亚、北高加索、格罗兹尼等地从事军事情报工作。从 1946 年起，他在苏联安全部门继续从事情报工作。50 年代初，被迫离开安全部门，在莫斯科利哈乔夫汽车制造厂先后担任钳工、检验员、高级工程师等职务。米哈伊尔·伊里奇在战争年代做出过卓越贡献，他被授予了两枚列宁勋章（1939 年、1945 年），五枚红旗勋章（1942 年、1943 年、1944 年、1945 年、1947 年），卫国战争的第一级勋章（1943 年），红星一级及二级勋章各一枚。1980年，米哈伊尔·伊里奇在莫斯科去世，享年79岁。

别尔科维奇，丹尼 原居哈尔滨犹太人。1915年生于哈尔滨。丹尼属于哈尔滨"贝塔"组织30年代初移居巴勒斯坦团队中的一员。当年，同他一道去巴勒斯坦的亲人有他的妻子穆霞（Musia）、穆霞的姐姐埃拉（Ella）和姐夫莫马·莱斯克（Moma Lesk）。在巴勒斯坦的那些艰苦岁月里，他们两家相互扶助，亲如一家。以色列建国后，丹尼进入了商业圈，多年间一直担任日本"斯巴鲁"汽车公司的独家代理商。在以色列原居中国犹太人协会成立后的多年间，他一直和该协会保持密切关系，经常向该协会慷慨提供捐款，有很多原居中国的犹太朋友。2008年10月4日，丹尼·别尔科维奇在赖阿南纳去世，享年83岁。

别尔科维奇，马丁 原居哈尔滨犹太人。1916年生于哈尔滨。父母是俄籍犹太人约瑟夫·马特维耶维奇·别尔科维奇（Yosif Matveevitch Berkorich）和法尼娅·伊萨耶夫娜·别尔科维奇（Fanya Isaevna Berkorich）。马丁曾在哈尔滨第一社会商务中学就读，后随家人迁居天津，毕业于天津语言学校。1935年去了美国，在纽约大学读商务管理专业并以学士学位毕业。二战期间，曾在美军服役四年半，其中在美国驻欧洲部队服役两年。1949年迁居以色列后不久，便与刚刚来自上海的女子贝拉（Bela）结婚。贝拉的父母是原居上海犹太人西马·菲内兰德（Sonia Fineland）和索尼娅·菲内兰德（Sima Fineland）。西马·菲内兰德曾在以色列国家航空公司(El-Al) 工作多年，后任该公司驻加拿大蒙特利尔的代表。马丁和贝拉于1957年在以色列生下了他们的女儿贾妮（Janic）。同年，他们一家迁至加拿大蒙德利尔市。马丁开始在加拿大经商并和妻子生下了他们的儿子拉里（Larry）。退休后，他们移居旧金山。马丁在那里有许多朋友，主要是原居中国的犹太移民朋友。和他的父亲一样，马丁在为以色列原居中国犹太人协会募捐方面做了大量工作。1991年6月马丁在美国旧金山逝世，享年75岁。

别尔科维奇，穆夏 原居哈尔滨犹太人，1923生于哈尔滨犹太家族迪亚特洛韦茨基家族。1943年穆夏嫁给了丹尼·别尔科维奇。这对夫妇都是哈尔滨"贝塔"青年组织成员，刚一完婚便作为阿利亚先遣队成员，移居到了巴勒斯坦，支援以色列建国大业。在婚后几十年的风雨岁月中，穆夏一直是丈夫的忠实助手和爱妻，直至2006年12月23日在赖阿南那市去世，享年83岁。

别尔科维奇，约瑟夫·马特维耶维奇 哈尔滨及天津犹太社区杰出的领导人之一。他和法尼娅·伊萨耶夫娜在哈尔滨结婚并于1916年生下了他们的儿子马丁。移民加拿大后，他一直关心以色列原居中国犹太人协会并担任该协会在加拿大的荣誉代表，他还为该协会慷慨提供捐款并在该协会筹集资金方面发挥了重要作用。（另见词条"别尔科维奇，马丁"）

别洛采尔科夫斯基，津卡 原居沈阳犹太人，原居哈尔滨犹太青年埃泽尔·别洛采尔科夫斯基之妻，父姓巴涅沃尔。童年时和父母住在沈阳，后迁居天津和上海。在上海与原居哈尔滨犹太青年埃泽尔·别洛采尔科夫斯基结婚。1950年初同丈夫迁至以色列，定居海法。系以色列原居中国犹太人协会妇女部成员。2006年1月3日在海法去世，享年86岁。

病人之家 原居哈尔滨犹太人为慢性病人和病弱者所设立的机构。1942年在哈尔滨埠头区炮队街（现道里区通江街）正式成立，共有四个病房，由全职男护士照料病人的起居。这些病人在犹太医院里接受免费的治疗。病人之家由犹太医生伊萨依·古列维奇担任主席，并得到了犹太商人米哈伊尔·科茨的资助，后者是犹太总会堂的司事，也是犹太社区的司库。

波多利斯基，阿列克斯 现任以色列原居中国犹太人协会耶路撒冷分会会长叶夫谢伊·波多利斯基的儿子，是最后一个在哈尔滨出生的犹太人。他于1961年4月出生。同年8月，

四个半月大的他随父母离开哈尔滨前往以色列。阿列克斯的童年是在耶路撒冷度过的。他六岁的时候经历了六日战争，战争期间他是在防空洞里度过的。阿列克斯十二岁的时候，他的妹妹加利娅出生，他帮助父母照顾妹妹。阿列克斯在耶路撒冷大学附近的小学和中学顺利毕业。上学期间从事竞技运动并获得国家冠军的称号，他所在的中学为此感到骄傲。中学毕业后，参军到坦克师服役，退役时为坦克车长。退役后过了一段时间，他决定考耶路撒冷大学食品工艺系。现在阿列克斯自己经营公司，进口食品工业原料和食品。曾几次来中国，他非常热爱自己出生的城市——哈尔滨。目前，阿列克斯正在积极学习汉语，探索与哈尔滨的合作方式。

◎ 阿列克斯·波多利斯基（左）
与母亲、妹妹合影

波多利斯基，叶菲姆·彼得罗维奇 原居哈尔滨犹太人，现任以色列—中国友好协会和以色列原居中国犹太人协会中央委员会主席团成员和

耶路撒冷分会会长叶夫谢伊·波多利斯基的父亲。1904 年出生于乌克兰南部城市尼古拉耶夫（Николаев）附近的多布罗韦利奇科夫卡（Добрая Величковка）镇。苏俄国内战争之后，波多利斯基一家迁到了位于南布格河（Южный Буг）和因古尔河（Ингул）交汇处的尼古拉耶夫市，在该市从事商业活动。然而，随着苏联社会主义工业化和农业集体化运动的全面开展，私营企业者和富农重新受到限制和排挤，直至最后消灭。殷实的个体户和富农遭到监禁和流放。此时，波多利斯基一家和许多犹太人一样，生活陷入困境。1932 年在乌克兰发生了大饥荒，传染病也大肆流行。面对天灾人祸，28 岁的叶菲姆·波多利斯基勇敢地选择了移居哈尔滨。迁居哈尔滨之初，他在位于中国大街（现中央大街）上的一个布匹商店当售货员，后来自己开办了一家销售毛皮和布匹的商店。商店名为"竞争者"，位于中国大街和石头道街（现西十二道街）交角处。1935 年，叶菲姆与列亚·谢苗诺夫娜·若罗娃结为伉俪。他们居住在著名的"姆拉夫奇克（Муравчик）大楼"，位于商务街（现上游街）29 号。1936 年和 1939 年他们的儿子叶夫谢伊和女儿埃斯菲里相继出生。不幸的是，1945 年 8 月苏联红军进入哈尔滨的时候，执行任务的人错误地把他当成白匪分子抓走了，送到了著名的古拉格

集中营。在集中营他的身体受到了极大损害。1953 年斯大林逝世后，叶菲姆得以平反，被释放出来。他于 1956 年回到哈尔滨与家人进行了短暂的相聚。因是临时签证，他不得不再次返回苏联。后来他申请了长期签证，于 1958 年回到哈尔滨与家人团聚。1961 年 8 月，全家人离开哈尔滨奔赴以色列，于 1961 年 10 月 31 日到达以色列著名港口城市海法，后被安置到了别埃尔—舍瓦（Беэр - Шева），在那里定居下来，在海法的一个机械厂当了一名普通工人。

◎ 叶菲姆·波多利斯基
1958 年在哈尔滨

波多利斯基，叶夫谢伊 原居哈尔滨犹太人，以色列耶路撒冷大学工程师，现任以色列原居中国犹太人协会耶路撒冷分会会长。1932 年，其父亲来到哈尔滨，两年后结婚。1936

◎ 叶夫谢伊·波多利斯基

年，叶夫谢伊出生。他在塔木德—托拉学校读完七年级，于 1950 年毕业，然后在俄罗斯人开办的学校继续学习，3 年后毕业并获得银奖。后考入了哈尔滨工业大学建筑系，1958 年毕业，毕业后在哈工大工作了半年，后来在一个大型机械厂工作，还曾教过中国人俄语。1960 年，叶夫谢伊与娜塔莎结为夫妻。1961 年，他们的儿子阿列克斯出生，阿列克斯是最后一个在哈尔滨出生的犹太人。同年，波多利斯基举家回到以色列。在以色列，叶夫谢伊继续从事建筑工程师的工作，为国家建设做了许多工作。1964 年，他到耶路撒冷大学建筑处工作，70 年代任该处处长，为这所世界一流大学的发展建设作出了许多贡献。妻子娜塔莎回到以色列后就读于图书馆馆员专修班，毕业后在耶路撒冷大学图书馆工作。2003 年，叶夫谢伊·波多利斯基

退休。多年来，他积极参与以色列原居中国犹太人协会的工作，近几年成为协会中央委员会主席团成员和耶路撒冷分会会长。他曾 4 次访问中国。为了更好地与中国人交流，叶夫谢伊开始在耶路撒冷大学学习汉语。他还有一个女儿，于 1973 年出生。

波多利斯卡娅，埃斯菲里 原居哈尔滨犹太人，现任以色列—中国友好协会和以色列原居中国犹太人协会中央委员会主席团成员和耶路撒冷分会会长叶夫谢伊·波多利斯基的妹妹。1939 年 3 月 30 日生于哈尔滨。1945 年就学于哈尔滨斯基德尔斯基塔木德—托拉学校，毕业后进入哈尔滨第一社会商务中学就读，并于 1955 年毕业。接着，她又学习了会计专业和机械制图。离开哈尔滨之前，她曾在哈尔滨苏联俱乐部担任会计两年。1961 年 10 月 31 日与家人一起回到以色列。在以色列，她很快找到了合适的工作，在海法市的一个制铁工厂工作了 28 年，担任制图员。刚到以色列的时候，她利用业余时间在"乌尔潘"学习了希伯来语。埃斯菲里于 1966 年结婚，育有一子，名叫奥菲尔（Офир），于 1970 年出生，是一名物理—化学博士。

波多利斯卡娅，加利娅 现任以色列—中国友好协会和以色列原居中国犹太人协会中央委员会主席团成员和耶路撒冷分会会长叶夫谢伊·波

◎ 埃斯菲里·波多利斯卡娅
1954 年在哈尔滨

多利斯基的女儿。出生于 1973 年，硕士毕业。大学本科学的是金融专业，研究生读的是管理专业。目前，她是一家大公司的管理人员。

波利策（旧译伯力士），罗伯特（1885～1968）　原居哈尔滨著名奥地利籍犹太医生。1885 年生于奥地利，毕业于维也纳大学医学院。毕业后在维也纳一家大医院当外科医生。1914 年一战爆发后，应征参加奥地利政府军，任随军军医。1914 年 9 月，在一次护送奥军伤病人员途中，遭沙俄军队拦截，遂成战俘，并被押解到基辅的一个战俘营。1914 入冬时节，俄军在海参崴附近的一所战俘营突发传染性斑疹伤寒，俄国人急忙在战俘中抽调罗伯特等一批医生前往救治。

1915 年夏，他离开该医院，相继被关押到了几个战俘营。1917 年十月革命爆发时，出任红河地区一所战俘医院的负责人。布尔什维克军队进驻红河地区后，开始遣散战俘。当时，奥地利红十字会需要一名医生协助他们遣散遗留的战俘，罗伯特遂志愿前往并完成了任务。

1919 年年末，罗伯特离开俄罗斯，来到哈尔滨。1920 年初，他临时应聘于东北防疫事务总管理处（the Manchurian Plague Prevention Service），在其所属的一所传染病医院的实验室工作。当时，哈尔滨刚刚出现严重的流行性肺炎。他的前任——细菌学医师正是由于畏惧该病而离职。在实验室工作了几个月后，他被该单位任用为正式员工。1923 年在哈与一位俄籍女子结婚并和她生有一子。

在鼠疫研究与防治方面，罗伯特与中国传染病研究专家伍连德合作，进行了卓有成效的研究。伍连德撰写的《论肺鼠疫》一书的英译本，经罗伯特编辑后，于 1926 年在国际联盟出版。这样，罗伯特便与国际联盟所属的卫生组织建立了联系。罗伯特和他的中国同事们经研究证实了俄国人的一项发现，即：流行性肺鼠疫的传染源是旱獭、传染媒介是跳蚤。几年后，东北东南地区首次出现腺鼠疫，罗伯特即刻随东北防疫事务总管理处的医疗队前往工作。通过实地调研，他有了一些新发现并将其发表在《中华医疗杂志》号外专刊中。

在哈期间，罗伯特对霍乱也展开了研究，与人合作撰写了一些关于鼠疫和霍乱的书籍和论文。1926～1930年，曾在哈尔滨医学专门学校兼职任教。1930年，为了研究霍乱，他去了霍乱的高发地上海并在那里逗留一个夏天。1932年，东北再次流行霍乱，罗伯特全程参与了抗病救灾行动。此后，他又在哈尔滨防疫事务管理处工作了一段时间，然后就去了上海，为上海检疫事务管理处（the Quarantine Service in Shanghai）工作。1937年，由于检疫部门因战乱停业，他应邀为上海外国租界区的10万难民组建一个医疗防疫机构。于是，经他倾心努力，该机构顺利建成。此后，上海虽有霍乱发生，但外国租界区的难民基本未受影响。后来，罗伯特加入了总部设在香港的国际联盟中国传染病委员会。1941年以后，他担任中国卫生署顾问，在中国各地开展鼠疫防治的巡回医疗。

1945年，罗伯特离开中国，应聘于联合国善后救济总署（UNRRA），任东南亚地区鼠疫及霍乱事务所顾问，先后赴新德里及日内瓦工作。他在世界卫生组织总部撰写的700页鼠疫手册成为世卫组织的鼠疫知识范本。后来，他应邀加入了乔治·威廉姆斯的胡珀基金会旧金山分会（George Willianms Hooper Foundation in San Francisco），从事霍乱方面的科研和写作。1949年，应世界卫生组织之邀，罗伯特先后回到新德里和日内瓦工作。后赴美国定居。1968年在美去世，享年86岁。

波利亚科夫，贝·萨莫伊洛维奇 原居哈尔滨俄籍犹太人。生前在哈尔滨犹太免费食堂工作，积极为哈尔滨贫困的犹太人提供餐饮。1930年8月10日去世后，被安葬在哈尔滨犹太公墓。

波洛茨基，叶夫谢伊 原居哈尔滨犹太人，1919年生于哈尔滨。1930年代和家人迁居上海。他后来离开中国，去了加拿大。叶夫谢伊年轻时曾是哈尔滨及上海"贝塔"组织的活跃分子。在加拿大生活期间，他多年担任以色列原居中国犹太人协会驻蒙特利尔的荣誉代表，为该协会进行过募捐、做过广告。2002年，叶夫谢伊突发急病，不幸在蒙特利尔去世，享年83岁。

伯尔顿，皮特 原居哈尔滨犹太人，音乐家，后任美国南加州大学教授。在哈尔滨度过青少年时期，当时称彼得·别尔施捷因。其父赫拉弗恩·密罗诺维奇·别尔施捷因于1926年来到哈尔滨的丹麦宝泰隆洋行做出口粮食的生意。1928年，6岁的皮特随母亲拉伊莎·雅科夫列芙娜·明克斯从波兰迁居哈尔滨。他们先后在道里西六道街、炮队街（今通江街）、大

◎ 皮特·伯尔顿少年时在哈尔滨

坑街（今大安街）居住。曾就学于哈尔滨斯基德尔斯基塔木德—托拉学校和哈尔滨基督教青年会学校。1935年，13岁的皮特进入哈尔滨第一音乐学校学习小提琴，老师就是著名的犹太小提琴家 V. D. 特拉赫金贝尔格。1940年皮特参加了中学生演出活动，由于成绩优秀，一度想成为一名音乐家。1940年3月4日在马迭尔宾馆举办的纪念帕格尼尼逝世100周年的音乐会上，他成功地演奏了帕格尼尼 D 大调小提琴协奏曲的第一乐章。1941年3月14日，他与同学合作在哈尔滨商务俱乐部（今上游街科学官）共同演出了贝多芬的小提琴协奏曲。这期间年轻的皮特还辅导过后来成为著名音乐家的赫尔穆特·斯特恩和加里·布罗温斯基学习小提琴。他还曾是著名的哈尔滨交响乐团的第一小提琴手，1939年3月随团到中国东北、韩国和日本进行了一个月的演出。1941年，以优异的成绩毕业于哈尔滨第一音乐

学校。皮特·伯尔顿多才多艺，读书时在哈尔滨"马卡比"运动会上还获得过乒乓球冠军。1941年5月，离开生活了13年的哈尔滨，赴日本巡回演出，后进入早稻田大学读书。1949年赴美国进入哥伦比亚大学东亚学院学习历史，获得博士学位，成为美国著名的俄中、俄日、日中关系史专家。

勃利涅尔，尤里 原居哈尔滨犹太人。著名演员，奥斯卡金奖得主。1920年出生于海参崴（其母玛罗希雅·布拉格维多拉，犹太裔医生的女儿，父亲鲍里斯·勃利涅尔是名工程师）。很早就随母亲移居哈尔滨，就读于哈尔滨基督教青年会学校，1934年随母亲移居巴黎。在欧洲被著名演员麦克尔·契科夫看中并收为学生。1940年，随契科夫前往美国。由于能流利地说数国语言，1942年，被美国战时情报部录用，遂担任战时法语播音员。1946年，开始在百老汇登台。1949年，他首次出现在银幕上，在影片《纽约港》中演反派角色。1951年，他在百老汇轰动一时的音乐剧《国王和我》中扮演国王，该剧连演1246场，获得诸多奖励和好评，至此，尤里·勃利涅尔蜚声美国剧坛。1956年，该剧改编为电影，尤里出演影片主角，获年度奥斯卡最佳男主角奖。同年，由于在另外两部影片《真假公主》、《十戒》中的优秀演技，被全美电影评议会授予最佳男演员奖，进入好莱坞

明星行列，在 1957 年、1958 年连续两年被列为好莱坞十大卖座明星之一，他主演的影片《七个好汉》、《卡拉马佐夫兄弟》、《旅程》均广为人知。尤里·勃利涅尔不仅在国际影坛享有颇高声望，而且还积极参与社会公益活动。在 1985 年 1 月患病之际，他接受"早安美国"节目采访时表示希望拍摄告诫别人不要吸烟的广告。他说："现在，我走了，我告诉你：不要吸烟，你做什么事都好，就是不要抽烟。"美国癌症协会从该次采访剪辑了以上的讲话，制成告诫不要吸烟的广告，并在他死后发表。1985 年 10 月，尤里·勃利涅尔病逝，葬于圣米迦勒·德·伯斯·乌比修道院，在好莱坞星光大道，他留有星星，而位于海参崴的童年居所现在是座博物馆。

◎ 尤里·勃利涅尔

博克瑟，诺尔曼 原居哈尔滨犹太人，1915 年出生于乌克兰的派沃迈斯克。十月革命后随家人离开乌克兰，来到中国哈尔滨，他在哈尔滨学会了汉语并很快融入了当地社会。他会讲俄语、汉语、意第绪语和英语。他曾就读哈尔滨工业大学，获该校土木工程专业学位。

20 世纪 40 年代，诺尔曼和家人开始向加拿大迁徙，投奔他在温哥华的叔叔拿单。在全家人行经旧金山时，诺尔曼的父亲雅各布一病不起。父亲临终前，叔叔拿单从温哥华匆匆赶赴旧金山，和奄奄一息的雅各布见上了一面——这是他们兄弟二人阔别 30 余年后的最后相聚和诀别。父亲死后，诺尔曼便成了家中的主角。在家人迁居加拿大不久，诺尔曼的母亲患上了癌症。他既要照管母亲的治疗，又要对她进行日常护理。1966 年，诺尔曼同"公爵医院"的一位护士长米莉结婚。在他于温哥华生活的 38 年期间和作为斯哈拉-采德克（Schara Tzedeck）正统犹太教会堂的祈祷者 30 多年当中，他的职业一直是投资商，在"圣约之子会"（B'nai Brith）旗下搞投资。1987 年 4 月 3 日，诺尔曼·博克瑟突发急病，医治无效，在温哥华市立总医院去世，享年 72 岁。

博克瑟，约瑟夫 原居哈尔滨及上海犹太人。生于哈尔滨。在日伪统治时期，读完了哈尔滨塔木德—托拉学校和俄罗斯商务中学。后来，他和家人迁居上海。在上海某大学学习过建筑，还参与过其家族的贸易活动。1954年，约瑟夫离开中国去了加拿大，前往温哥华投奔其兄诺尔曼。他在温哥华上了第二所大学——英属哥伦比亚大学，并拿到了商业管理专业的学士学位。此后，他便开始终生从事建筑和房地产开发。温哥华许多有名的历史性建筑都留下了他打造的印记。在1960～1961年的两年期间，约瑟夫曾赴欧洲和以色列开展业务活动，在以色列认识了他未来的妻子列吉娜（Regina）。1962年，他们在温哥华完婚。

出于对音乐和艺术的长期喜爱，约瑟夫于1955年成立了英属哥伦比亚歌剧协会（the British Columbia Operatic Society）。他酷爱摄影，专门研修过人物肖像摄影。曾为振兴本·古里安大学积极提供过赞助。在温哥华基督教青年会任职（国际开发部主任和会长）15年期间，约瑟夫指导过加拿大与中国、日本和苏联之间开展的友好交流项目。

博伊德曼，B. N. 早期哈尔滨俄籍犹太侨民。生前是哈尔滨锡安主义组织中的活跃分子。1931年11月30日因心脏病发作去世，被葬于哈尔滨犹太公墓。

布尔苏克，萨拉 原居哈尔滨犹太人，钢琴家，出生在哈尔滨著名的布尔苏克家族。其兄是哈尔滨"奥夫谢特普列斯"（"Офсет Пресс"，意为报刊胶印）印刷厂厂主，该印刷厂是当时东北最大的印刷厂之一。布尔苏克家族很富有，积极参加哈尔滨犹太社团组织和慈善组织发起的各项活动。其母利季娅·利沃芙娜·布尔苏克参与组织"贝塔"的普珥节晚会、"马卡比"的哈努卡节晚会、"维佐"的庆祝表演会、犹太妇女慈善会组织的慈善晚会和妇女慈善展销会等。其父罗曼·莫伊谢耶维奇·布尔苏克积极从事社会活动，曾担任犹太免费食堂理事会主席。利季娅·利沃芙娜和罗曼·莫伊谢耶维奇都是心地善良、极富同情心的人，总是默默地帮助他人。在这样的环境下，萨拉获得了音乐教育，成长为一名天才的钢琴家。她不仅是一位出色的演奏者，而且是一名优秀的音乐教育工作者。布尔苏克家族于20世纪50年代初迁居以色列。在以色列，萨拉终于找到了自己的归宿，嫁给 C. 利斯邦，夫妻和睦恩爱，养育了一个女儿阿尼娅。从以色列原居中国犹太人协会成立之日起，萨拉就积极参加海法分会的工作，每一场晚会和老乡聚会她都参与。她继承了长辈们的优良品格，善良而富于同情心，多次号召对生活困难的老乡给予帮助，并且默默无闻，从不虚张声势。1995年2月23日萨拉逝世于以色列第三大城市海法。

布雷斯勒，鲍里斯（鲍里斯拉

夫）　原居哈尔滨犹太社团活动家，知名学者。早年就读于哈尔滨第一社会商务中学。1929年哈尔滨"贝塔"组织成立时，积极参与了该组织的创建，为该组织的领导成员之一。后来赴美国深造，以优异成绩毕业于著名的伯克利大学，成为钢铁和混凝土强度方面的专家，在美国乃至世界享有很高声誉。作为知名专家学者，他在伯克利大学担任教授直至退休。在从事科研工作的同时，他从未放弃过犹太社团的活动，尤其对研究犹太人在中国的历史抱有极大兴趣。从1994年起，他在以色列开始投身于原居中国犹太人协会的工作，系统地整理了协会的档案，组建了协会档案委员会。2000年，病逝于以色列，享年81岁。

布里塔尼斯基，列夫·格里戈里耶维奇　原居哈尔滨及天津的立陶宛籍犹太商人，美国远东协会前任会长，国际知名社会活动家。1926年，由于立陶宛首都维尔纳（今维尔纽斯）出现了严酷的排犹活动，列头和他母亲便逃离了家乡维尔纳，经14天穿越西伯利亚的旅行，来到哈尔滨投奔他的舅舅。他舅舅当时来哈已有20年，在哈尔滨经营钻石生意。

在哈尔滨的那些日子里，列头对当地犹太社区的兴旺景象留有难忘的印象。不过，为了利用亲属关系从事一个赚钱多的职业，他还是决定听从他在天津的一个姐姐的建议，准备在天津开始经营当时很火的毛皮生意。他虽然会讲俄语和意第绪语，但姐姐还是要求他在入行之前要学会英语。于是，他就找了一位私塾老师学了半年英语，然后就在天津做起了出口贸易。出于业务需要，列夫去过中国的许多地方，还学会了中国的普通话。其夫人就是他出差时在青岛认识的。

1948年，在他的生意发展得很顺利的时候，他还是将生意清盘，离开中国去了美国。移居旧金山后，他一边继续做贸易，一边为美国远东协会工作，担任该协会的副会长12年（1953~1965）；然后担任会长和荣誉会长一直到1989年去世前。在他任职期间，领导美国远东协会与以色列原居中国犹太人协会长期保持了密切合作关系。1989年9月5日，列夫·格里戈里耶维奇·布里塔尼斯基在纽约逝世。

"布利麻"高等理发所　1906年创办，位于哈尔滨市东大直街，业主是犹太人A.A.什纳依杰尔曼。理发店业务范围主要包括男女理发、化妆、烫发等，既接待犹太人，也为中国等其他国家的人提供服务。

布伦纳，利奥瓦　原居哈尔滨犹太人。生于哈尔滨一个传统的犹太家庭。毕业于哈尔滨塔木德—托拉学校和哈尔滨第一社会商务中学，是哈尔滨"贝塔"组织成员。1950年，利奥

◎ 1910 年代的"布利麻"高等理发所

瓦和家人移居以色列。到以色列的最初几年，他和夫人卢芭（Luba）参加了阿米卡姆定居点艰苦的开拓工作。自以色列原居中国犹太人协会成立时起，利奥瓦就是该协会的活跃分子，曾任该协会中央委员会委员和该协会驻阿米卡姆的荣誉代表。2005 年 7 月 21 日，在阿米卡姆去世，享年 86 岁。

布伦纳，莉莉娅 原居哈尔滨犹太人，"贝塔"组织的积极分子，1925 年出生在哈尔滨的一个传统犹太家庭。在哈尔滨期间，她积极参与"贝塔"的各项活动，尤其在体育方面表现出不凡的天赋，曾在乒乓球和田径方面取得过不俗的成绩。1999 年，莉莉娅在以色列去世，享年 74 岁。

布伦纳，卢巴 原居哈尔滨犹太人，父姓坎达科夫。生于哈尔滨，在哈尔滨与列夫·布伦纳结婚。1950 年和丈夫及家人移居以色列，成为"阿米卡姆"定居点的初期拓建者。在以色列生活期间，她一直是以色列原居

中国犹太人协会的会员。2009 年 12 月 27 日在"阿米卡姆"莫沙夫去世。

布伦纳，伊贾 原居哈尔滨犹太人。生前积极从事以色列原居中国犹太人协会工作多年，历任以色列原居中国犹太人协会荣誉秘书、司库、副会长和以中友好协会副会长。2008 年 10 月 27 日去世。

布罗茨基，拉扎尔 原居沈阳及天津犹太人。1957 年从天津移居以色列。他学养颇深，曾是一位英语教师。晚年虽孤身一人，但在以色列原居中国犹太人协会的朋友关照下，并不感到孤单。2001 年拉扎尔在内坦亚病逝，享年 81 岁。

布罗茨卡娅，玛拉 原居哈尔滨犹太人。1916 年 2 月出生于哈尔滨。她与格里沙·布罗茨基结为夫妻，并且有一个女儿苏珊娜。1952 年，随着大规模回归浪潮，玛拉全家离开中国抵达以色列。玛拉曾在海法等地的学校教授英语。此外，她还是民防志愿者，积极参加该组织的活动。她极为关心以色列原居中国犹太人协会的各项工作，积极参与海法分会的工作，是以色列原居中国犹太人协会海法委员会委员。2011 年 10 月去世，享年 95 岁。

布罗温斯基，加里 原居哈尔滨犹太人。1930 年加里的父母从敖德萨来到哈尔滨。1934 年加里出生。加里从小就表现出了音乐天赋，5 岁起从师

◎ 8 岁的加里·布罗温斯基
在独奏音乐会上

出色的音乐教育家 B. Д. 特拉赫金贝尔格学习小提琴演奏。1943 年，8 岁的加里就举办了独奏音乐会。他曾是"贝塔"组织成员。1949 年 12 月，加里获得了十年级毕业证书。1950 年 3 月随父母回到以色列，在以色列继续学习音乐。1952 年参军，在军乐队服役。1955 年复员后被世界著名的以色列爱乐乐团录用。三年后，他去了英国，在伦敦一所技术学院学习，1961 年获得电子学工程师毕业证书。在伦敦学习期间，他与未来的人生伴侣相识。毕业后在巴黎一个生产电视机的大型企业工作两年。1963 年回到以色列后继续从事所学专业。因工作关系，

加里经常去美国、法国和意大利。退休后在一个私人电子设备公司当了几年顾问。他有三个儿子，均事业有成。2004 年和 2006 年，他两次回到哈尔滨，参加黑龙江省社会科学院举办的哈尔滨犹太历史文化国际研讨会。

布罗温斯基，伊萨克·埃马努伊洛维奇　原居哈尔滨犹太人，以色列原居中国犹太人协会和以色列—中国友好协会理事会成员加里·布罗温斯基的父亲。生于 1905 年 4 月 4 日，其妻子比娜·格里戈里耶夫娜·布罗温斯卡娅生于 1906 年 9 月 5 日，他们在敖德萨时已结为伉俪。伊萨克是一个银匠，从事给餐具镀金和镀银的工作。然而，在实施新经济政策的后期，苏联加强了对私营工商业的限制和排挤，像 И. Э. 布罗温斯基这样的商人被看作是新生的资产阶级。随着国家经济不断趋于好转，对"耐普曼"的政策越来越严厉，1926 年以后他们更是被认为是新生的反动阶级、"人民的敌人"，对其实行"全面排挤和彻底消灭的政策"，城市里殷实的个体户不可避免地会遭到监禁和流放。1930 年，И. Э. 布罗温斯基夫妇离开了敖德萨，经海参崴来到哈尔滨。他们购买了住宅，位于大坑街（现大安街）17 号。住宅很舒适，有三个房间，拥有各种设施：浴室、热水和集中供热。为了生计，И. Э. 布罗温斯基与同样来自敖德萨的大舅哥纳乌姆·魏斯宾

（Наум Вайсбин）合伙开办了一个作坊，操起了老本行，继续从事给餐具镀金和镀银的工作。作坊的收益不错，他们在哈尔滨生活得很好，家里还雇了一个中国厨师和一个保姆。厨师每星期来他家三次，给他们既做俄餐，又做中餐。而在节日的时候，И. Э. 布罗温斯基一家始终遵循犹太传统，遵守犹太饮食法，如在逾越节吃无酵饼等。1933 年 12 月 15 日，И. Э. 布罗温斯基夫妇的儿子加里在大坑街与炮队街（现通江街）交角处的德国医院出生。夫妇二人极其重视对孩子的教育。以色列建国后，具有锡安主义思想的布罗温斯基一家怀着满腔热忱向苏联驻哈尔滨总领事馆递交了移居以色列的申请，并于 1950 年 3 月成功回到祖国的怀抱。刚到以色列的时候，

◎ 伊萨克·布罗温斯基
20 世纪 30 年代末在哈尔滨

И. Э. 布罗温斯基夫妇很难找到工作，因为他们既不懂希伯来语，也不懂英语。当时，在以色列讲俄语的人很少，主要是 20 世纪 20 年代来自俄罗斯和波兰的移民。在外面很难遇见讲俄语的人。渐渐地，И. Э. 布罗温斯基干起了老本行，开了一个作坊，后来又学会了加工钟表。他的妻子比娜·格里戈里耶夫娜没有参加工作，一直是家庭主妇。

布罗温斯卡娅，比娜·格里戈里耶夫娜　见“布罗温斯基，伊萨克·埃马努伊洛维奇”词条。

布尼莫维奇，М. И.　原居哈尔滨犹太银行家，哈尔滨犹太贫病救济会创办人、首任主席。其父是维尔纽斯犹太人贫病救济会主席。见“哈尔滨犹太贫病救济会”。

布谢尔，伏赫霞　原居哈尔滨犹太人。1922 年 7 月 6 日生于哈尔滨。她的父亲沃尔夫·亨金（Wolf Henkin）和母亲艾拉·亨金娜（Ella Henkina）是哈尔滨受人尊敬的犹太名人。伏赫霞是家中最小的孩子，还有两个姐姐。她毕业于哈尔滨第一社会商务中学。迁居天津后，又在天津语言学校（the Tientsin Grammar School）以优异成绩毕业。在全家搬到上海以后，她参加了秘书培训，然后在伊弗兰德旅行社（S. Ifland's Travel Office）工作。二战爆发，欧洲难民陆续流亡上海之时，她辞别了工作，主

动到米尔神学院（Mirer Yeshiva）帮助照顾那里的学生。二战结束不久，她嫁给了该院毕业生 Y. A. 布谢尔拉比。他们在上海所生的儿子日后也成为了拉比。在米尔神学院迁址美国后，布谢尔夫妇也去了美国，在纽约州布鲁克林市定居并在那里生下了他们的女儿佩希（Pessie）。丈夫去世后，她当起了米尔神学院的总管。她聪慧机敏，温婉儒雅，言语幽默，信教虔诚，会讲意第绪语、俄语、汉语、法语、英语和希伯来语。为了表彰她突出的工作和活动业绩，米尔神学院向她颁授了"英勇女性"（A Woman of Valor）奖章。

C

忏悔祷词 犹太教祈祷时使用的一段认罪祷文。该祷文于公元 3 世纪形成，直到 9 世纪才正式固定下来。该祷文在祈祷仪式中插入使用，其插入时刻因不同地区的犹太习惯而不同，而巴勒斯坦犹太人诵读习俗是在阿米达之后进行的，这一习俗现已为大多数犹太人接受。祷词中心内容是：上帝就他的慈恩的 13 种具体表现对摩西的训诲。忏悔祷词原先只在禁食日祈祷时使用，后来使用范围渐渐扩大到其他场合，在新年开始的忏悔十日和其他祈祷仪式中使用。原居哈尔滨犹太人在犹太会堂或犹太墓地的宗教祈

祷活动中也使用忏悔祷词。

忏悔十日 从犹太新年到赎罪日的 10 天。这 10 天是犹太人反省过去、忏悔自身的日子。犹太教认为，犹太人在犹太新年时要站在上帝面前经受审判，但上帝的判决要在赎罪日这一天才会做出，故对犹太人来说，这 10 天是一年中最严肃的时期。教义规定，犹太人在取得上帝宽恕之前，先要取得伙伴的宽恕，罪过才能得到救赎。因此，犹太人在这期间总要设法登门拜访自己周围的人，请求他们原谅自己在过去一年中可能犯下的冒犯言行。在虔诚的犹太教徒家中，所有家人会在这期间聚在一起，相互请求宽恕，结果出现了夫妻之间、父母子女之间、兄弟姐妹之间互相请求原谅的现象。同时，根据不能宽恕他人的人不会得到上帝宽恕的规定，各人在此期间还要清除头脑中对他人的憎恨和厌恶一类的想法，以示对他人的宽恕。这一活动，对促进犹太民族的认同和内部团结显然是十分有益的。在这期间，人们习惯上还要到已故亲朋好友墓地表示悼念。原居哈尔滨犹太人也利用忏悔十日反省过去、忏悔自身，增强犹太民族的认同和内部团结。

长明灯 犹太礼仪用品，犹太会堂使用的永不熄灭的油灯。该习俗来自《希伯来圣经》中对犹太人的一种诫命："把点灯用的青橄榄油拿来，使灯常常点着"，并要以此作为"世

世代代永久的定例"。长明灯最早置于犹太会堂约柜对面西墙特设的壁龛中，稍后，移到置放约柜的同一面墙前。最后，悬挂在约柜前。现今犹太会堂中的长明灯均以此作为置放的正式位置。长明灯必须使用特制的清洁橄榄油，而向犹太会堂捐献灯油或支付这笔费用被视为一种善举、一种功德，捐献人的名单会在安息日的晨祷中被提及。现在，燃油的长明灯多由电灯取代。悬挂长明灯用的吊链用特种金属制成。有的还做成橄榄枝叶状，象征和平。它与约柜、多枝灯台一样，是犹太会堂中必不可少的一项礼仪用品。哈尔滨犹太会堂早年也曾使用燃油的长明灯，后为避免引发火灾改用电灯。

晨祷 犹太教礼仪之一。犹太教徒每天上午进行的祈祷仪式。它是一日三祷中最重要的一次祈祷，也是唯一的一次男教徒要披戴经匣和祈祷披巾的日祷。传统上，晨祷是为了纪念犹太人的始祖亚伯拉罕，在圣殿被毁后，犹太拉比将此解释为用来代替圣殿中每日举行的晨祭。在晨祷仪式中，人们要在天刚破晓时诵读《阿米达》和其他祷词，祷词诵读完后，还要口诵一系列祝祷。晨祷分个人的和公共的两种，个人晨祷在家中进行，公共晨祷通常在犹太会堂中举行。当年原居哈尔滨信仰犹太教的犹太人个人晨祷通常在家中进行，公共晨祷通常在犹太新老会堂中举行。

成文律法 指犹太教的《律法书》。拉比犹太教认为，该法由上帝亲自授予犹太教始祖摩西，分为成文律法和口传律法两大部分，并认为这两部律法共同构成犹太教的立法来源。从严格意义上来说，成文律法只指《希伯来圣经》中的《律法书》部分，它是犹太教基本要义之根本，犹太教所有诫命之源泉，具有绝对的权威性。但是拉比犹太教历来认为，成文律法从来就不是孤立存在的，而且成文律法只有通过口传律法的权威性解释才能被人们正确理解。犹太教历史上所有不同教派以及各种犹太教经典，都是在成文律法的基础上产生的。所以，犹太教派在观点上有诸多分歧和对立，但对待成文律法态度是一致的。原居哈尔滨犹太人不仅遵循犹太教的成文律法——《律法书》，而且专门设立斯基德尔斯基塔木德—托拉学校，向未成年的犹太少年儿童传承《律法书》。

除酵节 犹太民族古代节日。除酵节始于犹太历尼散月（公历4月前后）第15天，共持续7天。除酵节正值大麦开镰收割的时节，被人们看作是春季的一个重大节日。在这7天中，以色列犹太人只吃新麦做的无酵饼，以示食物中没有一点上年收获的东西。7天的最初和最后一天不得工作，用来举行宗教集会。除酵节的祭品是当年收割的第一捆禾,表示新的一年由此开始。除酵节也与上帝与以色列人立"约"密切相关,"凡吃有酵之饼的,必从以色列者中剪除"。同时以色列人把无酵饼追溯到出埃及的历史传统,赋予它一个纯粹的希伯来意义上的起源:当法老终于同意摩西、亚伦率领以色列人离开后,"以色列人从兰塞起行,往疏割去,除了妇人小孩,步行的男人约有 60 万……他们用埃及带出来的生面烤成无酵饼。这生面原没有发起,因为他们被催逼离开埃及不能耽延,也没有为自己预备什么食物"。这样除酵节便带有强烈的宗教色彩。但由于该节日与逾越节紧连在一起,加上后来又同以色列人出埃及的事件联系到了一起,所以现已合二为一。在一般情况下,只称为逾越节。当年原居哈尔滨的犹太人,每当逾越节来临之际,都要制作一批生面烤成的无酵饼,有的供自己家庭食用,有的供食品店向犹太人销售。这些商品上都印着"逾越节洁净食品"的字样,并附有哈尔滨犹太社区拉比的印章。

D

达吉拉伊斯基,米哈伊尔·罗曼诺维奇 原居哈尔滨犹太人,与妻子索菲娅·莫伊谢耶夫娜、儿子伊萨伊于1927年从敖德萨迁居哈尔滨。因其毕业于敖德萨的一所技术学院,所以来到哈尔滨后,在中东铁路管理局做电气工程师工作。1929 年 3 月 8 日,他们的又一个儿子贝尔纳德出生。20世纪30年代中期,米哈伊尔·罗曼诺维奇在犹太总会堂附近开办了一个纽扣厂,工厂一直存在至 1947 年。他还于 20 世纪 30 年代末 40 年代初在炮队街开了一家规模很大的电器商店,该商店也存在至 1947 年。此外,他还在哈尔滨犹太总会堂附近开办了一家浴池。他于 1950 年 7 月回到以色列。

达吉拉伊斯基,伊赛·米哈伊洛维奇 原居哈尔滨犹太人,以色列—中国友好协会委员会委员和以色列原居中国犹太人协会理事会成员贝尔纳德·达列尔先生的哥哥。1927 年随父母从乌克兰的敖德萨来到哈尔滨。毕业于哈尔滨第一社会商务中学。中学毕业后,他跟随父亲做电器生意。1945 年随苏联红军去了苏联,留在了哈巴罗夫斯克,1995 年移居以色列。

达吉拉伊斯卡娅,索菲娅·莫伊谢耶夫娜 原居哈尔滨犹太人,以色列—中国友好协会委员会委员和以色列原居中国犹太人协会理事会成员贝尔纳德·达列尔先生的母亲。1927 年,她和丈夫米哈伊尔·罗曼诺维奇·达吉拉伊斯基及长子伊赛(伊萨)从乌克兰南部城市敖德萨迁居哈尔滨,曾在埠头区中国大街(现道里区中央大街)居住。其丈夫所经营的工厂、商店和浴池效益不错，所以在侨居哈尔滨期间，他家生活富裕，居住的是三室一厅，还雇了保姆和厨师，他们都是中国人，与达吉拉伊斯基一家人相处得非常融洽。C. M. 达吉拉伊斯卡娅是在敖德萨接受的中等教育，迁居哈尔滨之后，因为家里经济条件较好，不需要她出去工作，所以她就一心一意做家庭主妇。1950 年 7 月回到以色列。

达列尔，贝尔纳德　原居哈尔滨犹太人，1929 年 3 月 8 日出生在哈尔滨。自幼师从哈尔滨著名的小提琴家特拉赫金贝尔格，学习小提琴演奏近 5 年。7 岁时就在音乐会上演出小提琴独奏曲。1940 年，被送到日本神户的音乐学院继续学习小提琴演奏，1944 年返回哈尔滨，在哈尔滨交响乐队继续演奏小提琴。贝尔纳德毕业于哈尔滨第一社会商务中学。1950 年 3 月 1 日移居以色列。

◎ 贝尔纳德·达列尔

在以定居后，贝尔纳德先到部队服役两年半，然后参加工作，曾担任过日本索尼公司驻特拉维夫分公司的副经理。目前，他在特拉维夫拥有两家医学疗养院，有 250～300 人在此工作。此外，他在耶路撒冷广播电视公司还拥有 25% 的股份。他认为以色列和中国的合作很有前景，并已与中方进行了多项合作：与哈飞汽车公司签订了销往非洲的合同，从中国进口了许多用于建设宾馆的建筑材料，如大理石，还与天津合作，签订了在特拉维夫建立中医研究院的合作意向。中国的广州、北京等地都有他的商务代表。贝尔纳德非常喜欢中国，频繁来华访问，曾于 2004 年来哈尔滨参加了由黑龙江省社会科学院主办的哈尔滨犹太历史文化国际研讨会。此后，他又数次来哈尔滨寻求与哈尔滨的合作项目。

达申斯基，沃尔夫　原居中国海拉尔犹太人。20 世纪 20 年代，他和新婚妻子伊莲娜（Irena）离开俄罗斯，来到中国的海拉尔。沃尔夫很快在海拉尔的一家香肠厂找到了工作。他的收入虽然不多，但可以解决他们夫妇的吃住问题。随着该厂生产规模的扩大，沃尔夫的收入也相应增加，因而他和伊莲娜生活得比较安逸。1926 年，他和伊莲娜有了他们的儿子伊扎克。然而在儿子 8 岁时，伊莲娜不幸去世，这让沃尔夫很受打击。在那些日子里，他既要上班挣钱，又要照顾儿子，搞得他疲惫不堪。于是，他就花钱找了一户人家寄养伊扎克。沃尔夫经常去那户人家看儿子。看到他们与伊扎克亲如一家，沃尔夫非常放心。

后来，一位女药剂师走进了沃尔夫的生活，成了他的第二任妻子。他们婚后开了一家药店，住进了新房，生活得很幸福。作为他儿子的继母，沃尔夫的新夫人对伊扎克很好，经常请伊扎克去他们的新居串门。由于已经成年的儿子喜爱摄影，想上艺术院校深造，而海拉尔周边没有合适的学校，所以沃尔夫就建议他去苏联求学。儿子采纳了父亲的建议去了苏联。由于生活的变迁，他从此再也没有得到儿子的消息。

达申斯基，伊扎克 原居中国海拉尔犹太知识分子。1926 年出生于海拉尔的一个俄籍犹太家庭。8 岁时他母亲就过早去世了。为了不影响工作，其父亲沃尔夫（wolf）为他找了一户人家寄养并经常来看望他。伊扎克就读的是一所法国人办的学校，所学课程有法语、英语和中学会考课程。

中学毕业后，由于伊扎克没有学过专门技能，所以他只得干一些出卖体力的临时工作，直到他以外语特长被刚进入中国不久的华纳公司录用。伊扎克搞到了一部旧但却好使的照相机，于是，他便开始摄影，希望以后在华纳公司搞摄影。但周边的院校没有摄影系。于是，伊扎克决定去苏联上一个艺术院校。

他历尽周折来到伊尔库茨克，在此结婚并生有一儿一女，拥有一处住宅。收入虽然不多，但尚可养家糊口并满足子女的教育经费，何况退休以后还可以享用养老金。然而，由于长期收听国际新闻，拓宽了眼界，所以伊扎克并不满足于现有的生活。

1996 年，在犹太办事机构的协助下，伊扎克和他的儿子、儿媳、三个孙子一起来到了以色列。他们被安排在纳哈里亚（Nahariya）市海滨的一幢楼房顶层居住。尽管已到了 70 岁，但他为了适应以色列的新环境，伊扎克还是开始学习希伯来语。他学得很吃力，感到力不从心。不过，当地的图书馆给了他很大的安慰，使他能够轻松地用上英语和俄语。在看了一些英文版的以色列原居中国犹太人协会会刊时，他感到十分亲切。不过，他也发现了上面有许多错误，于是便自愿修改了错误。他的名字很快就出现在会刊上，而且经他编辑的英俄互译译稿成了该杂志的标准译本。他对这一新工作乐此不疲，到了 80 岁时还在为该杂志编辑部工作。

达维德，哈里斯 原居哈尔滨犹太人。其妻子罗斯（Rose）是原居哈尔滨犹太人多布罗夫斯基（Dobrovsky）夫妇的女儿。多布罗夫斯基夫妇 1949 年移居以色列，住在拉马特伊沙伊市（Ramat Yishai），但不久便离开了以色列赴美国定居。罗斯在美国认识并爱上了哈里斯，那时哈里斯是一位为社会弱势群体主张权益的律师和法官。他们婚后生养了两个儿子：艾略特（Elliott）和约纳（Jona）。2001 年，哈里斯患上了癌症。在与疾病抗争多年后，于 2009 年 4 月病逝。

达维多夫，鲍里斯　原居哈尔滨犹太人。1931 年和家人一道离开哈尔滨，移居苏联索契。1999 年 9 月 14 日，鲍里斯和妹妹贝尔塔（Bertha）移民到了以色列，在拉马特甘市定居。此前，他女儿和孙辈的几家人在 1997 年就已迁居以色列。

达维多维奇，伊达　原居哈尔滨犹太人。1916 年出生在哈尔滨，曾就读于哈尔滨第一社会商务中学，是哈尔滨"贝塔"组织的积极分子。1937 年移居天津，在这里她积极参与犹太社团的活动，曾担任天津犹太妇女组织"维佐"的秘书。1950 年，她与家人乘坐"安娜"号轮船移居以色列。在以色列，最初她在国立门诊任牙医，后在私立医院担任牙医。1997 年 4 月 20 日，伊达在以色列的家中去世，享年 81 岁。

丹涅曼，奥莉加　原居哈尔滨犹太人。生于满洲里一个有 6 个子女的大家庭，父姓基姆斯塔奇。1930 年随家人迁居哈尔滨。毕业于哈尔滨商业学校，上过哈尔滨的一个芭蕾舞培

训班。此后和另外两个姐妹合作，开始在芭蕾舞剧团表演。他们的剧组名叫"纳尔逊姐妹"（The Nelson Sisters），原居哈尔滨和上海的犹太侨民对这一名称都很熟悉。她父亲去世后，他们家搬迁到了上海。在上海，她在奥列格·隆斯特列姆（Oleg Londstram）乐队从事过舞台表演，经历过战乱，并结婚成了家。后来，她和家人移民苏联。在苏联的那些年里，她坚强地挺过了丈夫被抓到劳改营等生活磨难。

1972 年，奥莉加和家人移民以色列。初到以色列时，已年过 50 岁的奥莉加不得不承受找工作和学习希伯来语等现实压力。然而，她凭借顽强的毅力，很快就在耶路撒冷的鲁宾研究院（the Rubin Academy）谋得了一个教授经典舞蹈的职位。她在教学方面颇具创意，因而获得了该院的荣誉证书。此外，她还曾在里娜·尼科瓦的舞蹈练习场（Rina Nikova's studio）工作。奥莉加不但意志坚强、勇于奋斗，而且性格也很开朗随和。她很爱笑，也乐于逗人发笑，对亲朋好友和需要帮助的人，她充满了爱心，鼎力相帮。2009 年 3 月 30 日，奥莉加在海法病逝，享年 87 岁。

悼念灯　犹太教礼仪用品。为哀悼已故亲友而点用的一种灯。《希伯来圣经》上有"人的灵是上帝的灯"一说。但这一习俗始于中世纪德国的犹

太人，后被其他犹太社团所接受，逐渐成为今日的一种习俗。悼念灯的主要使用场合是：死者家属作息瓦（Shivah，意为"7日"，指从死者下葬之日起算的第一个星期，或指在此期间对死者的悼念活动）期间；父母或其他关系亲近的亲属的忌辰（以犹太历为准）；赎罪日前夕。悼念灯由特制的蜡烛做成，通常放在玻璃或金属器皿中，至少能连续点燃24小时。为防止火灾或对会堂的污染，现悼念灯已由电灯代替。悼念灯可以在家中点燃，也可在犹太会堂中点燃。在点燃时，一般要同时诵读特别悼念祝祷。在以色列国，为纪念第二次世界大战期间被屠杀的600万犹太人和在战场上为国捐躯的将士，悼念灯点燃次数已有所增加，通常要在大屠杀悼念日和阵亡将士纪念日点燃。在哈尔滨犹太新会堂，悼念法籍犹太青年钢琴家谢苗·卡斯普遇害、哈尔滨犹太人精神领袖基谢廖夫拉比逝世等重要时刻，都使用了悼念灯。

道里北市场大楼　落成于1920年，位于哈尔滨市道里区石头道街，由伊·尤·列维金设计，属于古典主义风格建筑。曾是哈尔滨著名的商业大楼，Л. Г. 齐克曼、Л. Г. 阿普杰尔曼等许多著名犹太商人都曾在此设号经商。2000年该建筑被拆毁。

德拉贡，纽玛　原居哈尔滨犹太人。1920年出生于乌克兰。1926年随家人由乌克兰移居哈尔滨，在这里他

◎ 道里北市场大楼

的父亲创办了针织厂。纽玛曾就读于哈尔滨第一社会商务中学，并成为第13届毕业生。在哈尔滨生活期间，纽玛积极参与了锡安主义活动，成为哈尔滨"贝塔"组织成员，曾代表"贝塔"象棋队参加许多比赛。在哈尔滨第一社会商务中学毕业后，他在日本公司担任销售中成药的工作。由于他酷爱中国书法，因此1946年进入哈尔滨工业大学东方学系学习。1950年移居以色列，在耶路撒冷定居下来。他先是在旅游部门工作，随后在科技翻译机构供职，负责中国地理方面的工作。纽玛与妻子里夫卡育有三女一子。1993年，纽玛·德拉贡去世，享年73岁。

德里金，大卫·叶夫列莫维奇　原居哈尔滨俄籍知名犹太商人。生前是远东互助信贷银行（the Far East Mutual Credit Bank）行长，也是哈尔滨锡安主义组织的活跃人物。1922年年初，因患癌症在海参崴去世，享年48岁。其遗体于同年2月3日运抵哈尔

滨，并葬于哈尔滨犹太公墓。

德里金，Г.Б. 旧译"地烈金"、"得力金"，原居哈尔滨犹太商人，著名犹太企业家、社会活动家。生于 1846 年，1899 年来到哈尔滨。此前曾在中东铁路沿线的横道河子（现哈尔滨所属尚志市的一个镇）经营肉铺。1903 年 6 月在东四家子（现道外区的一部分，地处傅家甸以东）租占土地，开工修造洋房。同年与犹太人巴杜申斯基在埠头区（现道里区的一部分）的一面街、透笼街和买卖街的中间地段创办了东方机器制粉厂（俗称地烈金火磨），成为哈尔滨制粉业中的大型企业。1915 年底，德里金将东方制粉厂出售给中国商人张廷阁，后者将其更名为"双合盛火磨"。1914 年 3 月，Г.Б. 德里金当选哈尔滨俄自治公议会议员。1917 年 7 月，哈尔滨救助欧战犹太难民委员会开办免费食堂，Г.Б. 德里金是发起人之一。1917 年 10 月，哈尔滨犹太中学在炮队街（现通江街）奠基，Г.Б. 德里金任建设委员会主席。1918 年 9 月，哈尔滨"米兹拉赫·加—拉霍克"股份公司成立，Г.Б. 德里金成为管理委员会成员。1920 年 11 月，哈尔滨犹太养老院落成，Г.Б. 德里金成为照管委员会成员。1923 年 6 月，哈尔滨犹太国民银行创办，Г.Б. 德里金是主要发起人和出资人之一。1949 年 1 月 18 日，Г.Б. 德里金逝世，终年 103 岁。死后葬于哈尔滨犹太墓地。

◎ Г.Б. 德里金

德里金公司 位于中国大街（现中央大街），专门经营照相器材、留声机和唱片，同时经营金银以及手表等产品。公司老板是哈尔滨著名犹太商人 И.Е. 德里金。

◎ И.Е. 德里金公司的广告

德里森，鲍勃 原居哈尔滨犹太人。1912 年 4 月 3 日出生于哈尔滨。在哈尔滨接受了早期教育并积极参与犹太社区事务。十几岁时，迁居上海。曾先后加入上海童子军和上海万国商团所属的犹太义勇队。

1951年，鲍勃去了澳大利亚，在那里参与组建了远东犹太人协会，先后出任该协会理事会理事、会长等职。他为以色列的事（尤其是为以色列原居中国犹太人的事）非常尽力，为他们组织聚会、筹措资金等。他曾当选为悉尼犹太人组织"国际伯奈布里斯"（B'nai B'rith International）的秘书并为该组织奉献了大量时间和精力。鲍勃还是悉尼斯特拉斯菲尔德地区犹太社区的一分子。在晚年，他对来自俄罗斯的犹太移民做了极为可贵的工作。1985年4月3日，鲍勃·德里森在悉尼去世，享年73岁。

德鲁里，尼莉　原居哈尔滨犹太著名犹太社会活动家雅科夫·兰金的女儿，1940年代生于以色列。哥哥是以色列空军烈士阿维·拉尼尔（Avi Lanir）中校。尼莉曾在巴黎和以色列学习美术，后在以色列国立美术教师学院工作。2009年4月15～16日，和丈夫德鲁里教授（时任清华大学客座教授）访问了哈尔滨。他们受到了黑龙江省社会科学院领导和科研人员的接待，参观了哈尔滨市容和犹太历史遗存。

德施科夫，列夫　原居哈尔滨犹太小提琴家。出生在哈尔滨并在此度过少年时代，后去日本，师从希费尔布拉特学习小提琴演奏。后来获得了到莫斯科继续接受音乐教育的机会，毕业于苏联斯维尔德洛夫斯克音乐学院。1938年，在苏联大清洗中惨遭厄

◎ 德鲁里夫妇和子女在一起

运，在监狱和集中营里度过了8年时光。重获自由后，继续走音乐之路，1982年移居美国。

德沃尔日茨卡娅，阿拉·尼古拉耶夫娜　原居哈尔滨犹太人，著名话剧演员。其母是著名犹太医生奥莉加·弗拉基米罗夫娜·洛米科夫斯卡娅。毕业于哈尔滨基督教青年会学校，在哈尔滨商务俱乐部开始戏剧生涯，后成为 В. И. 托姆斯基剧团的著名演员，连续多年在马迭尔宾馆演出。20世纪50～60年代回到苏联后，先在切利诺格勒话剧院工作，后转到费尔干纳话剧院，晚年生活在马格尼托哥尔斯克市。由于受到俄罗斯文化的熏陶，在哈尔滨从事的戏剧艺术活动不仅丰富了哈尔滨的文化生活，而且在一定程度上促进了中俄文化交流，并对哈尔滨戏剧艺术的发展方向产生了一定影响。早在20世纪60年代，哈尔滨话剧院就以擅长演出苏联戏剧而闻名全国，曾与北京人艺、上海人艺、辽宁人艺一起，并称中国四大话剧院。

◎ 阿拉·德沃尔日茨卡娅

迪龙，В. И. 见"戈里德施京，У. М."。

◎ В. И. 迪龙

蒂希曼，露丝 原居哈尔滨犹太人，原哈尔滨"贝塔"组织成员，以突出成绩（金奖获得者）毕业于哈尔滨第一社会商务中学。她在音乐方面天资过人，十几岁便举办过个人钢琴演奏会。她的音乐教师曾评价她说"她

所展现的天赋，为世人开启了更宽的视野"。在这位老师的坚持下，她离开哈尔滨去纽约发展。在纽约，她和同样天资出众的单簧管演奏家赫伯特·蒂希曼（Herbert Tichman）相识并结婚生子，活跃在欧美乐坛多年。晚年，她和丈夫迁居旧金山，2005 年在当地去世。

地烈金火磨 见"东方机器制粉厂"。

第二届"贝塔"运动会 1934 年在天津召开，是犹太人组织"贝塔"在中国举办的第二届运动会。本届"贝塔"运动会参赛队伍有上海"贝塔"代表队、天津"贝塔"代表队和哈尔滨"贝塔"代表队。哈尔滨"贝塔"代表队由 М. 列斯克带队，Д. 别尔科维奇、Б. 特里古博夫、Е. 罗津贝尔格、О. 弗列尔、Л. 塔列尔、Ц. 奥尔洛夫、Д. 巴拉加尔等 8 人参加。本次"贝塔"运动会所设的径赛项目有 100 米、200 米、400 米、800 米、1500 米、110 米栏接力，田赛项目有铁饼、标枪、铅球、跳高、跳远项目，球类赛项有篮球和排球。哈尔滨"贝塔"代表队在本届运动会上取得了不俗的成绩。Б. 特里古博夫获得 200 米、400 米跑冠军，Д. 别尔科维奇、Л. 塔列尔和 Ц. 奥尔洛夫分别获 400 米、1500 米跑和跳高冠军，代表队还获得田径接力赛冠军，以总分 121 分的成绩名列团体第二名。

第一个定居在哈尔滨的犹太人

根据《中俄密约》和《中俄合办东清铁路公司合同》，1898 年东清铁路在哈尔滨正式开工铺设。随着中东铁路的建设，1899 年俄籍犹太人萨姆依尔·伊列维奇·别尔采里来到哈尔滨，在埠头区（现道里区）开办了服饰用品店，成为第一个来哈尔滨定居的犹太人。

第一届世界锡安主义者代表大会　1897 年 8 月 29 日，在瑞士巴塞尔开幕，31 日闭幕。大会由锡安主义著名领导人赫茨尔组织召开。这次大会是自犹太人被驱散到世界各地以后，召开的第一次正式的世界性犹太人会议。它的召开是现代锡安主义运动正式开始的标志。共有 197 名代表出席了大会，他们分别来自东欧、西欧、英国、美国和阿尔及利亚。会议对世界犹太人面临的问题进行了热烈讨论，做出了一系列对犹太人事业产生巨大影响的决议。大会为锡安主义运动制定了行动纲领，宣布成立世界锡安主义者政治组织，并选举了领导机构。会议通过了《巴塞尔纲领》，这是锡安主义运动史上第一部具有划时代意义的历史性文件。宣言中包括的主要内容有：不断鼓励犹太人大规模向巴勒斯坦移民定居；组织和联合所有的犹太人；大力加强犹太民族情感和提高他们的觉悟；采取步骤，争取有关政府对锡安主义运动的支持和同情。会上成立了锡安主义者协会，它不仅把东、西欧的锡安主义者团结在同一面旗帜下，而且将全世界的犹太人都连结在一起，为犹太民族的解放事业进行共同的斗争。大会还选出了以赫茨尔为主席的锡安主义者协会领导机构，并建立了行动委员会。大会的程序为：海外犹太社团的形势报告；故土以色列形势及移民安置活动报告；议案辩论；议案表决和选举领导机构。大会所确定的会议程序成为后来代表大会召开的固定模式。本次代表大会的海外犹太人社团形势报告由诺尔道所作。会议的正式用语为德语，会议公报也以德语发表。原居哈尔滨犹太人虽然没有出席这次大会，但是第一届锡安主义者代表大会确立的复国方略得到哈尔滨锡安主义组织的高度认同，并作为行动的纲领进行认真贯彻。

东方机器制粉厂　1903 年，犹太著名企业家 Г. Б. 德里金与巴杜申斯基在埠头区（现道里区的一部分）的一面街、透笼街和买卖街的中间地段创办了东方机器制粉厂（俗称地烈金火磨），总账房设在买卖街。该厂占地 2500 平方沙绳（俄丈），折合 5300 多平方米，生产设备均由俄国引进，主要生产精制和普通面粉，是当时哈尔滨制粉业中的大型企业。1908 年生产面粉 59.9 万普特（合 9812 吨），1909 年生产面粉 45 万普特（合 7371 吨），开创了哈尔滨机器制粉行业大生产的先河。据史料记载，"所制红鸡印面粉异常精良，久已四达驰名，每年行销内地各省为数甚巨"。1911 年，沙俄由于在日俄战争中失利和国内阶级矛盾的日益激化，海参崴港口的自由贸易权被迫撤销，增加了满洲小麦和面粉的输入税，取消了中俄边境 50 俄里的自由贸易区。因而，俄国商人在哈尔滨的面粉制造业发展减慢，且有一些俄商为抽回资本，将其面粉企业转卖给华商。1915 年底，华商张廷阁和郝升堂将东方制粉厂买下，易名为双合盛火磨，于 1916 年 2 月重新开工生产，员工人数多达 180 人，改"红鸡"商标为"金鸡"商标。为了提高双合盛在制粉业中的竞争能力，1930～1936 年，张廷阁先后三次从德国、瑞士进口动力机和干燥机等先进设备，使双合盛成为哈尔滨制粉业中机器设备最先进、最有信誉的一家制粉厂。新中国成立初期，双合盛是哈尔滨面粉的主要生产厂之一，年产量达 4 万余吨。1954 年 1 月 24 日的一场大火将该厂磨房及机器设备全部烧毁。

◎ 1900 年代的哈尔滨东方机器制粉厂

杜利金，卡马 原居哈尔滨犹太人，出生于哈尔滨一个传统的犹太家庭。和许多犹太青年一样，他首先就读于斯基德尔斯基塔木德—托拉学校，然后在哈尔滨第一社会商务中学获得中等教育。十四岁时加入哈尔滨"贝塔"组织，成为一名出色的运动员，在许多体育项目上他都表现出色。不仅排球、篮球、乒乓球等球类运动玩得很棒，而且在投掷类项目上取得了骄人的成绩。1937～1940 年连续四年创造了"贝塔"青少年组的所有纪录，而且这些纪录由他一直保持到该组织 1945 年停止活动为止。1941 年 1 月，卡马南迁至天津，继续为"贝塔"组织成员。在空闲时间积极参加体育活动。第二次世界大战结束后，1945 年深秋他决定回哈尔滨看望父母，但不幸的是，父亲已于 1945 年 10 月逝世。三个月后他重返天津，后回到苏联的斯维尔德洛夫斯克市。在工厂工作，任副厂长。大学学的是机械和经济专业。"六日战争"前不久他曾到以色列旅游，他的母亲、兄弟姐妹和许多朋友都生活在以色列。卡马于 1975 年逝世，享年 52 岁。

多比索夫，叶甫谢尼·伊萨耶维奇 原居哈尔滨俄籍犹太人，哈尔滨犹太社区社会活动家。曾任哈尔滨犹太总会堂堂长、哈尔滨犹太社区委员会主席、哈尔滨移居巴勒斯坦促进协会理事、哈尔滨救助欧洲难民委员会理事、哈尔滨市董事会民生与保健部部长等职。他工作勤奋，经常每日工作 12～14 小时。他本人毕业于俄罗斯四年制小学，没接受过正规犹太教育，不懂犹太语言，却是忠实的锡安主义者，热心公益事业，深受哈尔滨犹太人爱戴。1918 年 6 月 18 日去世后，3000 多人为其送葬。他的墓穴现仍在哈尔滨皇山犹太公墓。

◎ 叶甫谢尼·多比索夫

多夫里，伊斯拉埃尔 又名伊柳沙·普洛特诺夫斯基，原居哈尔滨犹太人。1914 年 3 月 17 日生于哈尔滨商务街（今上游街）的一个波兰籍犹太家庭。他 12 岁时进入哈尔滨商务学校就读，读书期间参加了哈尔滨"贝塔"青年组织。他自幼酷爱文学，12 岁之前就读了很多俄苏文学名著。他的外祖父是苏联莫吉廖夫市犹太社区的拉比利夫希茨（Lifshits）。在利夫希茨拉比的五个女儿中，伊柳沙的妈妈排行第四。利夫希茨拉比的长女嫁给

了德国莱比锡的一个百万富翁埃廷贡（Etingon）。埃廷贡先生在美国与人合办了"埃廷贡—希尔德毛皮贸易公司"（Etingon & Schild Fur Trading Firm）。该公司在哈尔滨设有分公司。由于亲属关系，伊柳沙的父亲被任用为该公司驻哈尔滨分公司的经理。他的这份工作收入不菲，使自己和家人在哈尔滨过得很富足。1926 年由于他父亲的公司倒闭，他们的家产被拍卖一空。沮丧之下，他父亲抛下他们母子去了欧洲，从此便没有了音讯。没有了收入来源，加上此时比伊斯拉埃尔大六岁的哥哥还在美国读大学，其家庭生活一时陷入窘境。好在他那个身为埃廷贡夫人的姨妈开始每月资助他们家 100 美元，所以他们家里的生活还过得去。父亲离开当年，伊斯拉埃尔便和母亲去了天津。在天津伊斯拉埃尔和来自哈尔滨的女子拉娅·拜娜（Raya Beiner）完婚，她曾是伊柳沙在哈尔滨童年时期非常要好的玩伴。后来，他们一家离开天津，去了以色列。

多夫，薇拉 原居哈尔滨及上海犹太社会活动家，父姓帕图申斯卡娅。1920 年出生于哈尔滨，后随家人迁居上海。1937 年毕业于上海市公立学校。1944 年嫁给了保罗·多夫（约赫维多夫）。1951 年同家人移居澳大利亚悉尼市。在悉尼，薇拉成为当地犹太社区的活跃人物，历任新南威尔士州锡安委员会委员、委员会总书记和澳大利

亚锡安主义联盟总书记。她是一位忠诚的锡安主义者和卓越的管理者。1985 年退休后她仍然参加锡安主义活动。为了嘉奖她所做的贡献，她被选定为澳大利亚锡安主义者联盟的终生会员。1999 年 6 月 19 日，薇拉在悉尼去世，享年 79 岁。她身后留下了两个儿子——巴尔特和罗恩，以及她的同胞姐妹索菲·巴尔德博士等亲人。

F

法克托洛维奇，M. П. 原居哈尔滨犹太人。1927 年哈尔滨体育运动自行车赛冠军，1924～1928 年东北三省跳高比赛冠军。

◎ **M. П. 法克托洛维奇**

法亚银行哈尔滨分行 1929 年 4 月于哈尔滨埠头区中国大街（今道里区中央大街）10 号建立，取代原俄亚银行。支配人为原俄亚银行经理——犹太金融家 M. D. 布亚诺夫斯基。该行总部设在法国巴黎，资本金号称 2500 万法郎，实际拥有每股 500 法郎 5 万股，实际缴纳股金为 0.4 万股即 200 万法郎。其主要股东为 M. D. 布亚诺夫斯基（20 万法郎）、谢列尔·德·弗罗拉斯（20 万法郎）、巴提及马兹塞内等。法亚银行营业项目为一般银行业务，主要办理票据贴现、汇款及买卖外汇、商品担保、金融、定期及通用储蓄以及其他一般银行业务。哈尔滨分行的储户约 150 名，其储蓄额为 50 万元左右，储户大多数为犹太商人，其次为俄、华、法国商人。年营业额约 400 万元，融资户约为 250 名，其中大部分为欧洲人，每户贷款 200～25000 元不等，总额在 40 万元左右。该行完全处于哈尔滨分行总经理 M. D. 布亚诺夫斯基的支配之下，巴黎的总经理巴提无任何实权。法亚银行哈尔滨分行自开业以来，深受欧洲人尤其是绝大多数犹太人的信赖，取得了不错的业绩。在国外拥有资本公司，在伪满洲国内设立分公司的犹太商馆，在上海经营羊毛、皮革等中介贸易，在长春设有工厂，在哈尔滨设有支行。法亚银行于 1936 年 6 月 30 日宣布关闭。法亚银行哈尔滨分行总经理 M. D.

布亚诺夫斯基是一位精明干练、热心事业的人物，特别是在犹太商人中间享有颇高信誉，但他因25万元的不良货款而引咎自杀，虽未对储户带来麻烦，但他的自杀行为对中外人士带来很大冲击。副总经理秋列尼耶夫是犹太金融家，还有许多犹太商人如札伊古拉耶夫、列维茨基、埃利亚逊、列维因托夫、鲍金等从事个人金融业务。特别是在太平洋战争爆发后，犹太个人金融业务尤为活跃。

法伊布绍维奇，塔玛拉 原居哈尔滨犹太人伊萨克·法伊布绍维奇的遗孀。1922年3月4日出生。1990年从俄罗斯克拉斯诺亚尔斯克市移居以色列。到以色列之后的许多年中，她一直积极参加以色列原居中国犹太人协会的活动，曾整理该协会档案室所藏相册中的照片，并帮助分发该协会会刊。

法伊曼，奥德蕾 原居伦敦犹太人，系原居哈尔滨犹太人阿列克斯·法伊曼之妻。2002年其丈夫在伦敦去世，享年70岁。她生前在伦敦多个犹太组织中表现积极，曾任英国圣约之子会第一地方分会（the First Lodge of Bnai Brith in England）主要领导人。

法因贝格，波莉娅 父姓费尔德曼。原居哈尔滨犹太人，1919年生于哈尔滨。1939年，波莉娅凭借其体育天赋和成绩在哈尔滨犹太体育组织"马卡比"中声名鹊起。她受过良好的教育，为人和蔼可亲，谈吐幽默，曾

在爱斯金博物馆任管理员多年。1944年，波莉娅迁居上海，在此结婚并生有一子。1949年，她和家人移居以色列，在基利亚特-比亚利克市定居并和丈夫在此生下了一个女儿。回到以色列后，波莉娅在米格达尔保险公司担任了多年图书管理员，是以色列原居中国犹太人协会的长期会员。1998年丈夫法因贝格先生去世后，她一直住在养老院，直到2005年12月3日因病不治去世，享年86岁。

法因戈尔德，法尼娅·阿布拉莫夫娜 原居哈尔滨犹太人。1903年出生于俄罗斯的赤塔市。1931年随家人移居哈尔滨，其家族在此开设了著名的"新光学器材"公司。在哈尔滨，法尼娅与丈夫Φ. A. 法因戈尔德积极从事锡安主义活动，是哈尔滨犹太宗教公会董事会成员。1950年，法尼亚·阿布拉莫夫娜全家移居以色列，在拉马特甘定居下来。1984年去世。

◎ **法尼亚·法因戈尔德**

法因格尔什，弗拉基米尔　原居哈尔滨犹太人。1917 年生于哈尔滨。父亲是哈尔滨俄籍犹太富商阿诺尔德·法因格尔什（Arnold Faingersch），母亲是哈尔滨犹太商业大亨谢苗·索斯金的妹妹贝蒂娅（Betia）。1929 年，他随家人移居德国柏林，投奔已迁居欧洲的索斯金家族。1933 年，为免遭纳粹迫害，全家人遂迁离德国，移居法国。到法国 8 个月后，弗拉基米尔便以优异成绩毕业于当地的一所中学；毕业后就读于巴黎的一所大学，学习工程专业。那时，他打算大学毕业后，到舅舅谢苗·索斯金在英格兰创办的埃尔斯特利电影制片厂（Elstree Film Studios）工作，成为一名电影制片人。

1937 年，弗拉基米尔长期患病的父亲在巴黎去世 1939 年，"二战"爆发，弗拉基米尔加入法军参战。在与德军进行的一次战役中，他所在的前线团被德国人击溃，只有包括他在内的 500 人逃生。出逃后，他回到了自己在里维埃拉（Riviera）地区的家。当时控制里维埃拉（Riviera）地区的贝当（Petain）政府禁止犹太人务工，所以弗拉基米尔无法打工养家。1942 年 1 月，意大利人接管了里维埃拉地区，他们家人从纳粹手中幸免。但在意大利占领军投降后，德国人再次控制了里维埃拉地区。当时正在为法国反德武装效力的弗拉基米尔被法军上校拉米雷斯（Ramieres）隐藏了起来。

巴黎解放后，弗拉基米尔开始从事电影行业的工作。后来他成立了自己的"吉玛珂产业"（Gemac Industries）电影制片公司。

在朋友眼中，弗拉基米尔性格开朗、心胸豁达、言谈诙谐，是个很有教养、很有亲和力的人。他有过两次婚姻，有两个女儿若勒（Joelle）和多米妮克（Dominique）。他还有一个叫诺埃米（Noemi）的胞妹。在忠于法国的同时，他也心系自己出生地和祖籍。1999 年 9 月 29 日，弗拉基米尔在巴黎病逝，享年 82 岁。

反诽谤联盟　国际性非政府组织。联盟总部设在美国。负责对抗反犹主义思想，针对反对犹太人的不当言论加以封锁，以维护犹太人利益。1913 年由圣约之子会发起成立。其最初的成立宗旨是保护被诽谤的犹太人，确保公平公正对待所有公民和制止歧视。在美国拥有一百多个下级组织。

反犹主义　泛指厌恶、憎恨、排斥、仇视犹太人的思想和行为。反犹主义最早出现在 1897 年，由德国人威廉·马尔德首创。反犹主义在不同历史时期有着不同的表现形式和含义，导致反犹主义出现的原因也各不相同。18 世纪末，法国大革命宣告了犹太人获得解放时代的到来，不少欧洲国家纷纷宣布还犹太人以公民权。但在拿破仑军队被打败后，一些原先宣布犹太人解放的国家，又纷纷制定了对犹太人的限制，或者对犹太人的解放强加种种条件，许多犹太人再次丧失了做人的权利。犹太人由于在经济领域的成就，有许多人跻身中产阶级，还有一些进入上层，所以引起了一些被排除在一般赢利范围之外的中下层群众，以及日益丧失权利的贵族地主阶层对犹太人的极端仇恨，他们把自己的不幸和衰落归咎到犹太人身上。19世纪初，种族优胜论对德意志民族产生了灾难性的影响，许多人都不愿再与犹太人接触，唯恐造成种族上的衰退，犹太人的存在再次成为全社会厌恶、憎恨的焦点。到 19 世纪最后 25 年，反犹主义终于成为德国政治生活中的一个普遍现象。在法国，保守党人德律蒙把法国的经济萧条和社会贫困说成是犹太人的罪过，煽动法国工人起来夺取犹太人的职业，并声称犹太人阴谋消灭基督徒，夺取世界的统治权。他们不断掀起人们的反犹情绪，不断有企业解雇犹太人。在反犹主义影响下，法国出现了抢劫犹太商店、围攻犹太人的暴民活动。在俄国，犹太人不仅没有公民权，而且沙俄政府还通过特别法对他们的居住、经济发展和婚姻严加限制。在尼古拉一世统治下，犹太人的生存状况日益恶化。在亚历山大二世统治后期，俄国反犹政策加剧，俄国政府制定了限制犹太人入学数的最高限额。1881 年 3 月，

亚历山大二世遇刺身亡，俄国掀起了集体迫害犹太人的浪潮。1887 年颁布的《五月法令》，明文禁止在犹太区内外建立任何新的居住点，并准许乡村居民把犹太人赶走，致使几十万犹太人逃离家园，远走他乡。在罗马尼亚、匈牙利、保加利亚、波兰，反犹主义一直盛行不衰。东欧对犹太人迫害的结果之一，就是使数以百万计的犹太人迁移到巴勒斯坦。进入 20 世纪，欧洲成为杀害犹太人最残酷的中心，反犹主义达到历史的最高点。第一次世界大战结束后爆发的苏联—波兰边界战争，使成千上万的犹太人在集体迫害之中或是被杀或是被赶走。犹太人在政治领域被剥夺了选举权，在经济领域受到种种排挤。在波兰，新的共和国成立不久就对犹太人实行高税制和人员定额制，主张不给生活在波兰的 300 万犹太人以任何生存空间。在罗马尼亚，许多犹太人被捕入狱，迫害犹太人的恐怖事件不断发生。在匈牙利，对犹太人的歧视使犹太学生数大幅度减少。在德国，反犹主义开始呈上升趋势。尤其是希特勒上台后，反犹主义成了希特勒德国的一项国策，开始了有计划、有步骤、有组织的迫害活动。1938 年发生的"水晶之夜"事件严重打击了犹太人的经济活动。第二次世界大战爆发后，德国法西斯开始肆无忌惮的迫害活动。犹太人被迫佩戴犹太标志，成批犹太人被押往

集中营和隔离区，并最后在那里被集体屠杀。战争结束时，约 600 万犹太人被杀害，大约 90% 的犹太居住区被摧毁。20 世纪是世界犹太人遭受迫害达到顶峰的世纪，是犹太人面临种族歧视最为严重的世纪。而在中国的上海、哈尔滨没有这些歧视迫害。世界范围兴起的反犹主义新形式，凸显出中国哈尔滨是庇护善待犹太人的东方"诺亚方舟"。原居哈尔滨犹太人多是在世界出现反犹主义倾向之后，俄国乃至欧洲犹太人为逃避反犹主义迫害而迁居哈尔滨的。

菲施宗剧团 原居哈尔滨俄罗斯犹太戏剧奠基人之一阿布拉姆·菲施宗创立的剧团。1917 年，为躲避战争风暴，A. 菲施宗原打算从俄罗斯取道中国去美国，于是率剧团来到哈尔滨。剧团来到哈尔滨后不久去了上海，但很快又返回哈尔滨。在哈尔滨，剧团演出整整五年，冬季在 1908 年创办的位于商铺街（现花圃街）的"伊玛尔达戈"俱乐部、位于商务街（现上游街哈尔滨市科学宫址）的商务俱乐部和职工协会俱乐部演出，夏季在哈尔滨市立公园剧场演出。剧团大都上演轻歌剧。天才的犹太喜剧演员阿龙·列别杰夫、伊里斯、福格尔涅斯特、库欣斯卡娅，杰出的戏剧演员舒姆斯基等都曾在哈尔滨登台演出。他们在夏季剧场和商务俱乐部演出的犹太喜剧和轻歌剧吸引了不少观众。这些演员在哈尔滨居住 3～4 年后去了美国，发展得很好，在犹太戏剧艺术舞台上取得了不菲的成绩。1922 年 A. 菲施宗戏剧家协会成立，上演了一系列犹太剧目。1922 年 1 月，A. 菲施宗在哈尔滨逝世，享年 84 岁，葬于哈尔滨犹太墓地。60 多年来，他忍受了痛苦、不幸和被迫迁移，但仍不屈不挠地将自己的一生献给了犹太民族的演艺事业。菲施宗剧团在 5 年的时间里活跃在哈尔滨的犹太戏剧艺术舞台上，对当时哈尔滨犹太社区乃至整个哈尔滨的文化艺术生活作出了重要贡献。

费尔德曼，亚历克斯 哈尔滨及上海犹太社区著名社会活动家。生于哈尔滨。14 岁时加入哈尔滨"贝塔"青年组织。1939 年移居上海后，加入了上海万国商团下属的犹太义勇队。同年，大批欧洲犹太难民流亡上海，亚历克斯积极参与了对他们的救助工作。1949 年移居以色列后，曾在以色列国防军服役。1953 年迁居纽约，成为当地"贝塔"组织、世界锡安主义组织和锡安主义修正派运动组织的活跃分子。1966 年，获"伊尔贡"组织授予的"伊尔贡"老兵奖。1978 年成为台湾犹太社区执委会委员。此外，费尔德曼还担任了两年（1982～1983）以色列"赫鲁特"党美国支部（设在旧金山）的支部书记。

费尔德施泰因，尤利·瑙莫维奇 原居哈尔滨犹太人，1912 年生于俄罗斯西伯利亚托木斯克市，1925年随母亲来到哈尔滨。曾毕业于哈尔滨第一社会商务中学，为该校第六届毕业生。1931年迁居上海，在那里参加了"贝塔"组织，并多年为上海"贝塔"组织总部成员。1949年移居以色列。他曾在一家进出口公司工作45年，先是在上海，后来在以色列。1979年他当选为以色列原居中国犹太人协会监察委员会委员，1980年12月起担任该委员会主席一年。1982年开始在以色列原居中国犹太人协会工作，工作兢兢业业，有条不紊，认真而细心。虽身体不好，但仍坚持工作。1987年因病逝世，享年75岁。

费格尔博伊姆，阿尼亚 原居哈尔滨犹太人，其父亲雅科夫·鲍里索维奇·拉姆为哈尔滨犹太宗教公会的工作人员多年。1950年，阿尼亚与丈夫一起回到以色列，在格尔茨利亚定居。阿尼亚也曾在哈尔滨犹太宗教公会工作多年。后来曾在以色列的俄罗斯犹太人联合会和特拉维夫犹太代办处工作，还曾担任以色列原居中国犹太人协会的秘书。她温柔善良，工作认真负责，赢得了大家的尊敬。阿尼亚逝世于1998年7月16日，享年86岁。

弗拉基米罗维奇，Я. В. 原居哈尔滨犹太人，医学博士。1923年7月24日出生于赤塔，1924年随家人移居哈尔滨。在哈尔滨，接受了基础教育，随后赴天津、上海等地学习。在

上海，考入"极光"医学院，学习放射治疗专业。大学毕业后，曾在法国"圣玛丽"医院和苏联诊所工作。他酷爱体育运动，喜欢击剑、打篮球、排球以及游泳等体育活动，是排球俱乐部的成员。1955年，同家人回到苏联，在伊尔库茨克的医疗单位从事医学工作。1972年，前往赤塔工作三年，后返回伊尔库茨克继续从事医学研究。在伊尔库茨克医学院，被任命为放射科负责人。多年来，Я. В. 弗拉基米罗维奇被认为是在伊尔库茨克地区最优秀的放射科医生。2000年12月19日，因病去世，享年77岁。

◎ Я. В. 弗拉基米罗维奇

弗莱施曼，莫伊谢伊·鲍里索维奇 原居哈尔滨犹太人，哈尔滨犹太社区的重要人士，曾任哈尔滨犹太宗教公会理事会成员，后回到以色列，是以色列纪念中国犹太社区会堂和文化中心的创始人之一，1982年逝世。

弗莱施曼，伊拉 父姓波格雷贝茨基。原居哈尔滨犹太人，1920年

生于俄国伊尔库茨克市，年幼时随父母迁居哈尔滨。在哈尔滨生活了若干年后，伊拉随家人迁居天津，尔后又到了上海。伊拉曾在上海圣约翰大学学习化学，毕业后不久便与米沙·弗莱施曼结婚。50 年代初，伊拉和丈夫移居以色列，共同从事化学方面的工作。她和丈夫生有一子二女，但儿子不幸死于车祸。晚年的伊拉长期受疾病折磨，虽经不断医治和丈夫米沙的精心护理，还是于 2006 年 1 月 5 日不治去世，享年 86 岁。

弗朗西斯，西加尔　原居哈尔滨犹太人埃尔兰夫妇（摩西亚和尼哈玛）的孙女，伊斯拉埃尔·埃尔兰的女儿。西加尔毕业于以色列理工学院，获工业工程学士学位。后来又在该校读完了工商管理研究生，以优异成绩获硕士学位。毕业后在海法的一家互联网公司工作，任项目经理。她的丈夫德罗尔·弗朗西斯（Dror Francis）先生本科学的是电脑专业，毕业后在KLA - Tencor 公司（一家研发半导体配套机械的公司）工作，后来也升任项目经理。他们生有三个孩子：谢莉（Sheli）、加尔（Gal）和奥伦（Oren）。

弗里德曼，大卫　原居哈尔滨犹太人。1920 年 12 月 4 日出生在中国海拉尔，其家族是个谨守犹太传统的家族，因此，他从小就受到了严格的犹太教育。1940 年，来到哈尔滨学习，毕业于当时的北满大学，并熟练掌握

日语、英语以及俄语。1953 年，随同一批哈尔滨犹太人回归以色列。自 1956 年直至退休的 35 年中，他一直在以色列的航空工业部门工作。2007 年 11 月在以色列去世，享年 87 岁。

弗里德，伊萨克·所罗门诺维奇　原居哈尔滨俄籍犹太人，1853 年生于俄罗斯。1900 年由俄国迁至哈尔滨。系哈尔滨犹太宗教公会会员，在哈尔滨犹太社区活动中表现积极。1927 年 12 月 6 日在哈去世，遗体葬于哈尔滨犹太墓地。

弗利德曼遇难事件　1921 年 3～4 月，随着苏俄国内爆发的一系列白卫军集体迫害犹太人的风潮，在中国东北地区也出现了反犹排犹的势头。白卫军迫害、屠杀犹太人的阴霾笼罩着哈尔滨，俄国反犹分子组成的反犹团体散发了很多反犹小册子，哈尔滨犹太人极为恐慌。1921 年复活节前，哈尔滨犹太社团召开紧急会议，采取应对措施，并派出代表到滨江道尹公署和各国驻哈尔滨领事馆请愿，要求保护犹太侨民。格鲁吉亚侨民会也派代表声援犹太侨民。东省铁路护路军总司令曾就此发布通令，在东省特别区内不允许有任何反犹之举。1922 年 10 月，侨居满洲里的犹太商人尼桑·门捷列维奇·弗利德曼在阿巴盖图被白卫军枪杀。10 月 17 日，满洲里犹太宗教公会召开紧急会议，并紧急通报哈尔滨犹太宗教公会，请中国军队保护

侨居东省特别区内的犹太侨民。中国当局为保护犹太侨民，增加岗哨，派警梭巡，采取了相应的防范措施。

弗鲁姆森，大卫 原居哈尔滨犹太人，在哈尔滨长大。1934 年与哈尔滨犹太人萨拉·卡茨结婚。婚后不久夫妻便移居上海，在上海生下了他们的女儿阿霞（Asya）。1949 年，他们一家移居以色列，在内坦亚定居。在内坦亚，大卫开了一家眼镜店，萨拉应聘当牙科技师。1963 年，他们一家移居澳大利亚的墨尔本市，在那里度过了充实而幸福的晚年。（另见词条"弗鲁姆森，萨拉"。）

弗鲁姆森，萨拉 原居哈尔滨俄籍犹太人，父姓卡茨。1911 年 5 月 29 日生于俄罗斯托木斯克。两岁时随父母移居哈尔滨。在哈尔滨完成早期教育后，考取了一所大学继续深造。1934 年与哈尔滨犹太青年大卫·弗鲁姆森结婚。婚后不久夫妻便去了上海，在上海生下了他们的女儿阿霞（Asya）。1949 年，他们一家移居以色列，定居在内坦亚。在内坦亚，萨拉一边从事牙科技师工作，一边帮助丈夫打理眼镜店的生意。1963 年，他们全家移居澳大利亚墨尔本市。音乐是弗鲁姆森夫妇生活的重要部分。他们生平都酷爱古典音乐，萨拉擅长演奏钢琴，大卫擅长演奏小提琴。晚年发现自己患有癌症后，萨拉仍以顽强意志和积极的治疗与病魔抗争了 25 年，

直到 2005 年 1 月 9 日，94 岁的萨拉才病体不支，在墨尔本去世。

◎ 弗鲁姆森夫妇

弗伦克尔，格雷戈里 原居哈尔滨犹太人。1931 年毕业于哈尔滨商务学校。多年后移居澳大利亚悉尼。弗伦克尔家族当年在哈尔滨拥有一个印务商行，该商行满足了哈尔滨犹太社区的大部分需求。《犹太生活》和《加捷凯尔》等杂志均系该商行刊印。在悉尼生活期间，弗伦克尔与许多澳洲及海外的原居中国犹太人联系密切，直到 1997 年去世。

弗伦克尔，约瑟夫 原居哈尔滨犹太人。1942 年生于哈尔滨，父母是哈尔滨犹太侨民阿道夫（Adolf）和伊谢（Isie）·弗伦克尔。移居以色列后，约瑟夫先后有过两次婚姻，第一任妻子是赖莎·戈尔金（Raisa Goldin），第二任妻子是丽玛（Rimma）·弗伦克尔。2005 年 10 月 30 日，约瑟夫·弗伦克尔在特拉维夫去世，享年 63 岁。

附祷 犹太教的附加祈祷礼仪。主要是在安息日、三大朝圣节、犹太新年、赎罪日和新月节的早祷仪式后

进行。附祷来源于《希伯来圣经》有关在上述节日的早、晚两祭时要增加公祭的礼仪规定。第一、第二圣殿时期，这一祭礼通常在正常的晨祭之后进行。圣殿被毁后，祭礼改成祈祷，并开始制度化。附祷的内容主要是重复诵读《阿米达》，先由参加礼拜的人个别诵读，然后由正式诵经员代众诵读。自19世纪以来，犹太教的改革派和保守派趋向取消这一附祷，或将其与其他仪式合并。原居哈尔滨犹太人也相应取消附祷或与其他仪式合并。

复活 犹太教中认为死者的肉体终有一天要从墓地复活，并与原先的灵魂重新结合的神学观念。犹太教的复活观产生于后《希伯来圣经》时代，较晚成文的《希伯来圣经》若干篇幅中，就多次提到将来死者要复活的事。后来的犹太学者把末世观的三大信念——死者复活、灵魂不朽以及救世主义结合起来，形成一种独特的神学观念，即灵魂在人死后继续存在，救世主弥赛亚出现后，将与复活的肉体重新结合。中世纪的犹太哲学家大多遵循由犹太拉比归纳出的这一观念，但进入现代社会以来，除正统派以外，其他犹太教派都不再相信死者复活一事。改革派从祈祷书中删除了所有与复活有关的内容。重建主义派则一开始就不接受这一观点。保守派也对传统的祈祷书有关内容作了适当的修正。原居哈尔滨犹太人多数不相信"复活"之说。

G

盖森贝格，莉达 原居哈尔滨俄籍犹太人。移居以色列多年后，于1996年9月19日在特拉维夫去世。同年10月18日，在埃纳特公墓（Einat Cemetery）她的坟前举行了墓碑的揭碑仪式。在仪式上她的儿子拉菲克朗诵了悼念诗篇和祭文，其中提到，他们家人决定在以色列原居中国犹太人协会设立一个纪念莉达的助学基金，而且还提到拉菲克本人就曾接受过该协会的奖学金。参加揭碑仪式的以色列原居中国犹太人特迪·考夫曼先生在致辞中指出，莉达生前总是乐于帮助生活在以色列和俄罗斯的原居中国犹太贫困人士。

戈别尔尼克，雅科夫·格里戈里耶维奇 原居哈尔滨犹太人。生于赤塔，后迁居哈尔滨。他就学于工业技术学校，酷爱马术运动，是远东著名的教练员和骑手。他成功参加了在中国北部许多城市举行的比赛。他还具有语言天赋，能够流利地讲英语、汉语和日语，这有利于他与周围人和行政当局打交道。新中国成立后，比赛不再举行，他就积极投入到社会工作中。20世纪50年代末举家迁往苏联的新西伯利亚市。在20年的时间里，他领导剧院的工作，受到了新西伯利亚艺术家和社会活动家的高度评价和尊敬。他的儿子格里戈里是西伯利亚乃至全俄罗斯著名的作曲家。

戈德伯格，马拉 原居哈尔滨犹太人。1950年移居以色列。毕业于海法理工学院。后在拉斐尔公司工作。生前与以色列原居中国犹太人协会联系密切。2006年7月6日在海法去世，享年72岁，被葬于海法某墓地，身后留下了妻子米拉和一儿一女等亲人。

戈德金，杰克 香港犹太妇女协会（J. W. A.）前任会长夏洛特的独子。其母亲的原籍是海参崴，后来相继迁居哈尔滨、大连、上海和香港；其父亲是原居上海犹太人，1948年迁居香港。杰克在香港长大，毕业于加拿大多伦多的德锐大学（Devry Institute）并获电子专业学士文凭。

戈德金，夏洛特 原居哈尔滨、上海和香港的俄籍犹太人，香港犹太妇女协会（J. W. A.）前任会长。夏洛特出生于海参崴的一个中产阶级家庭，在她年纪尚小时，父亲就过早离开了人世。在十月革命爆发后，俄罗斯资产阶级群体人人自危。于是，她妈妈先独自去了哈尔滨，一个月后又请人把夏洛特接往哈尔滨。不幸的是，在向导领着她跨越中俄边界时，夏洛特被巡警抓获。在被拘33天后，她提出的返回海参崴的请求得到了同意。于是，她和另一位女子被一辆卡车送往海参崴。在路上，两个女子找了个

停车的机会下车跑开了，一直跑到过境向导的家里。然后，向导就把他们送过了边界。这样，她就和母亲靠着殷实的家资在哈尔滨过起了平静而安逸的生活。

几年后，夏洛特在大连找了一份秘书工作，于是就去了大连。在一次去上海度假时，她认识了鲍勃并和他定下了终身。然而，鲍勃后来成为战犯，在上海被关押了多年。1948年，夏洛特和鲍勃在上海完婚。鲍勃不久便去了香港，夏洛特因故拖至1949年4月27日才搭飞机离开上海，赴香港与丈夫汇合。定居香港后，夏洛特很快就加入了香港的犹太妇女协会等犹太团体。在她担任香港犹太妇女协会会长的12年里，她为处境困难的犹太人，从中国大陆来香港定居和途径香港的犹太移民，以及为犹太社区建设做了大量工作。

戈尔德法坚，阿布拉姆 俄罗斯犹太戏剧的创始人。最初带领演员们在俄国南部进行巡回演出，后来定居敖德萨并创立犹太民族剧团，演出由其本人创作的剧作。剧团在有犹太人居住的大城市演出，在群众中享有很高声誉。《舒拉米特》、《巴尔—科赫巴》等剧作于1922年3月开始在哈尔滨上演。1882年，沙俄政府禁止犹太人用犹太民族语言上演戏剧，责令剧团关闭或改用德语演出。A. 戈尔德法坚拒绝用德语表演犹太戏剧，于是关

闭剧团去了美国，后在纽约组建犹太剧团。剧团在美国发展得很好，诞生了美国第一个犹太剧作家雅科夫·戈尔金，其剧本颇受欢迎。

戈里德施京，伊莉娅诺　原居哈尔滨犹太钢琴家，1928年生于哈尔滨，父亲 U. M. 戈里德施京是哈尔滨 A. K. 格拉祖诺夫高等音乐学校校长和著名小提琴演奏家，母亲 V. I. 迪龙是该校钢琴教师。她自幼接受父母音乐教育，具有很高的音乐天赋。1937年，在随父母离开哈尔滨移居以色列之前，9岁的伊莉娅诺举办了一场钢琴演奏会，赢得了众多好评，哈尔滨《黎明报》等多家俄文大报均对此做了报道。哈尔滨的音乐评论家认为，"这个缔造奇迹的儿童将来必成大器"。1938年年初，为了祝贺父母在特拉维夫开办的一所高等音乐学校，伊莉娅诺为父母举办了专场音乐会，此后不久便去了美国。

戈里德施京，U. M.　原居哈尔滨著名犹太小提琴演奏家和教育家。1910年毕业于柏林皇家音乐学院，获得了该院小提琴系和作曲系分别授予的"自由艺术家"学位；1913～1915年，在彼得堡歌剧院（The Petersburg Theatre of Musical Drama）任小提琴演奏师。1915～1923年，在高加索地区工作期间，组建了巴库音乐学院和巴库音乐技术学院（the Baku Musical Technion）。1915年，与德国莱比锡音

◎ U. M. 戈里德施京

乐学院毕业的高才生钢琴家 V. I. 迪龙结识，1917年聘迪龙到巴库音乐学院任教，后与其结婚。他们在教学之余，共同从事音乐创作，并经常在俄罗斯国内外巡回演出。1923～1925年期间，夫妻二人与大提琴演奏家 S. M. 施皮尔曼组合，活跃于彼得格勒和莫斯科，并以"莫斯科的三重奏"而名噪一时。其间，他们还在莫斯科创办了"夏里亚宾音乐学校"。1925年，戈里德施京夫妇到哈尔滨巡演时，留居哈市。同年7月，他们和 S. M. 施皮尔曼在埠头区炮队街哈尔滨犹太中学（今道里区通江街朝鲜族第二中学）西北角创办了哈尔滨市立音乐学校（1928年更名为 A. K. 格拉祖诺夫高等音乐学校），戈里德施出任校长兼艺术委员会主任。1936年，格拉祖诺夫高等音乐学校关闭。1937年，戈里德施京一家离开哈尔滨，去了以色列。

戈列诺波利斯基，坦克雷德

原居哈尔滨及上海犹太人。后移居莫斯科。作为《国际犹太新闻》杂志的创办人和编辑，坦克雷德在莫斯科和俄罗斯犹太人的社会生活中发挥了重要作用。在坦克雷德和夫人加林娜（Galina）于 2008 年 9 月赴以色列访问期间，他们于 9 月 21 日造访了以色列原居中国犹太人协会总部。

割礼 犹太教重要仪式之一。行割礼就是用刀子割除出生 8 天的犹太男孩阴茎龟头的包皮，是犹太男子不同于其他民族的标志，也是上帝与亚伯拉罕及其后裔立约的证据。犹太教规定犹太男子必须行割礼。当举行割礼时，通常要邀请亲朋好友到场，以示欢庆。割礼手术最初由婴儿的父亲施行，后来逐渐由受过专门训练的割礼者代替。现在，在以色列，由官方指定的专职医生来做。此外，信仰犹太教的外族男子也要在入教时施割礼，以示与上帝立约，同时标志犹太人身份的获得。当年居住在哈尔滨的犹太男子大多施行割礼，通常是邀请犹太医生在家中施行这一小的手术，后来则主要在犹太医院施行割礼。现代医学证明，对犹太男孩施行割礼手术，不仅具有宗教意义，而且也可在某种程度上有利于防止男性生殖器官因不洁引发的一些疾病。

格尔伯特，伊斯雷尔 原居哈尔滨犹太人，生于与乌克兰的梅利托波尔市，1917 年来到哈尔滨，1923 年离开哈尔滨。伊斯雷尔有个儿子叫巴伯，他的两个兄弟伊鲁沙和莫夏在松花江游泳时溺水早逝。第二次世界大战结束后不久，伊斯雷尔便举家移居以色列地（巴勒斯坦）。

格尔曼特，拿单 又名尼卡·格尔曼特。原居哈尔滨犹太精英，以色列著名的爱国将领，为犹太人的民族自由和以色列建国作出过卓越贡献。尼卡 1916 年出生，父亲弗鲁马·格尔曼特和母亲埃马纽埃尔·格尔曼特是十月革命时流落到哈尔滨的。同哈尔滨大多数犹太青年一样，尼卡毕业于哈尔滨商业学校，在哈尔滨"贝塔青年俱乐部"度过了他青年时期的业余时光并成为"贝塔"组织领导人。在"贝塔"组织中，他以忠诚可靠和谦虚而闻名。在接受了雅博廷斯基的锡安主义思想后，他从未有过动摇。

1936 年，尼卡离开哈尔滨奔赴以色列地（巴勒斯坦），投身到以色列的复国大业之中。他先是在当地的"贝塔"劳动营劳动，在那里与来自拉脱维亚里加的"贝塔"成员、他未来的妻子内阿玛·祖斯曼相识。接下来，他被派到耶路撒冷，编入长期驻守"西墙"（"西墙"系见证古时犹太人于当地存在的历史遗迹）的"贝塔"支队。后来，他和内阿玛结婚并有了女儿雅尔和儿子尼尔。犹太人的地下军事组织"伊尔贡"成立后，尼卡顺理成章地加入了该组织。当时，锡安主义阵营中各团体之间不断激化的政治宿怨，将以色列地的犹太居民带到了内战的边缘。1941年，尼卡被"哈加纳"游击队逮捕并被判处极刑。在即将被枪决之际，他戏剧般地受到"哈加纳"最高当局的赦免。"哈加纳"游击队的人将他带到了一个与犹太人敌对的阿拉伯村后，遂将他释放。他没有被当地人处决，而是奇迹般地逃了出来。1944年，尼卡遭英国警察逮捕并被发配到厄立特里亚的一个英国集中营。他在那里写了一本献给女儿雅尔的书《活着的字母表》。他在集中营参与策划了7次出逃行动。前6次是为狱友，第7次是为自己。他是和一群"伊尔贡"同僚一起逃走的。其中有梅纳海姆·贝京的助手雅科夫·梅里多尔。后来，尼卡去巴黎投奔了时任"伊尔贡"欧洲区司令的哈尔滨同乡埃利亚胡·兰金。1948年6月，这两位哈尔滨人策划实施了著名的"阿尔塔莱娜行动"。兰金任那次行动的总指挥，尼卡任军火押运官。到了耶路撒冷后，身为"伊尔贡"耶路撒冷战区旅长的尼卡立即去了新组建的以色列国防军总部报到，希望以色列国防军能将他和他的属下收编。以色列国防军的主管军官同意将他收编，但要让他当二等兵。他没有同意，此事因而作罢。

在战后生活中，尼卡成了普通公民，一直在以色列的一家食品加工公司"维塔公司"任仓库经理。他将自己的业余时间都奉献给了家庭。然而为了实现他最终的愿望——让人们永久记住那些为以色列自由而在战斗中阵亡的他的战友，尼卡为他们修建了两座纪念碑，一座建在拉姆拉，另一座建在罗什艾因。尼卡对自己在中国的经历总是感到骄傲。以色列原居中国犹太人协会成立伊始，他就是会员。他一直坚持参加该协会的活动。2003年12月28日，尼卡·格尔曼特在特拉维夫寓所去世，享年87岁。

格尔施戈琳娜，B. Л. 原居哈尔滨犹太人，著名钢琴家。1899年7月26日生于俄罗斯伊尔库茨克市，后随父母来到哈尔滨。1918年毕业于奥克萨科夫斯卡娅女子中学，1925年毕业于巴黎音乐学院，1933年到意大利音乐学院深造，在意大利皇家音乐学院大赛中获"钢琴大师"称号。1936年返回哈尔滨，经哈尔滨著名犹太音

◎ B. Л. 格尔施戈琳娜

乐家特拉赫金贝尔格推荐，任哈尔滨第一音乐学校校长。同时，在埠头区中国大街（现道里区中央大街）120号开办私立钢琴学校。40年代末移居美国。她的很多学生后来都成了著名的钢琴家。

格尔施泰因，所罗门·阿布拉莫维奇 原居哈尔滨犹太人。1906年出生于西伯利亚乌兰乌德的犹太畜牧商人家庭。父亲阿布拉姆是一名军人，曾在俄国军队服务25年，后在西伯利亚定居，从事毛皮贸易。在20世纪20年代末，所罗门随父亲移居蒙古，后移居哈尔滨。在哈尔滨侨居期间，他跟随父亲经营毛皮生意。1929年，所罗门与妻子艾玛的孩子谢苗诞生。1936年，所罗门举家迁到了莫斯科，他开始在外贸公司从事质检工作。1937年9月25日，被苏联人民委员会内务部门逮捕。1938年11月，被最高军事法院以间谍罪判处死刑。妻子艾玛也于同年2月被捕，被判处5年监禁。所罗门于1956年7月18日获得平反。

格尔施泰因，谢苗·所罗门诺维奇 原居哈尔滨犹太人，物理学家、俄罗斯科学院院士。1929年6月，出生于哈尔滨的犹太畜牧家庭。1936年随父母移居莫斯科。童年时期，由于父母被苏联内务部门逮捕判刑（后获得平反），谢苗由祖母安娜·伊萨科芙娜和阿姨米拉抚育成人。1946年他以优异成绩中学毕业，被送往莫斯科大学物理系深造。1951年毕业后，曾作为一名乡村教师在卡卢日地区（1951~1954年）进行教学工作，后返回学校深造（1955~ 1958年），随后在列宁格勒物理技术研究所（1958~1960年），核物理研究所（1960~1964年）从事物理研究工作。从1964年起，在高能物理研究所（莫斯科地区）担任首席研究人员、教授。谢苗·所罗门诺维奇在理论物理方面有大量的科研成果，发表了200余篇科技论文，2003年当选为俄罗斯科学院院士。在谢苗·所罗门诺维奇的后代中，长子亚历山大毕业于列宁格勒工学院，现居住在以色列，次子雅利克斯毕业于莫斯科州立大学，现在莫斯科生活和工作，幼子尤里毕业于莫斯科物理技术研究所，是一名物理学者，现生活和工作在美国。

格哈卢茨移居巴勒斯坦 格哈卢茨又译为哈卢茨、黑哈卢茨，意为"创业者、先锋"，是非政治性的犹太青年世界组织，其宗旨是为犹太青年返回巴勒斯坦、参加重建家园的劳动生活做准备，是约瑟夫·特鲁姆佩尔道（参见"约瑟夫·特鲁姆佩尔道"）提出的关于返回巴勒斯坦创业先锋的理想。第一次世界大战结束后，其成员主要在俄国。20世纪20年代其总部设在柏林，后转移到华沙。1921年在卡尔斯德举行了第一次世界大会。早在 1919 年 1 月，哈尔滨就成立了格哈卢茨犹太青年组织，旨在吸纳那些准备移居巴勒斯坦从事开拓土地和其他生产劳动的年满 18 岁的犹太青年并对其进行培训，得到了哈尔滨锡安主义组织负责人 А. И. 考夫曼和 Б. Г. 宗多维奇的支持和指导。1921 年，哈尔滨锡安主义组织积极开展了格哈卢茨移居巴勒斯坦活动。为此，犹太人踊跃捐款，建立了移民基金，还在哈尔滨成立了农业工人培训部和菜农小组。1921 年 4 月，英国政府正式任命 А. И. 考夫曼为负责世界锡安主义组织西伯利亚和远东地区移居巴勒斯坦事务的驻哈尔滨办事处全权代表，地点就设在马街（现东风街）。1921 年 4 月 20 日，第一批经由大连至上海的远东地区的哈卢茨成员共 47 人，从上海乘"特利耶斯特"号轮船出发，经埃及塞得港，于 6 月 1 日抵达巴勒斯坦。在第一批哈卢茨中哈尔滨犹太人 21 名，其中有 Н. 梅施科夫斯基、瓦伊斯曼、卡茨、Р. 宗多维奇、Д. 弗利泽尔、卡奇科等；此外，还有满洲里 15 名、海参崴 8 名、上海 3 名。1921 年 5 月，第二批哈卢茨成员共 26 人从上海乘"波尔托斯"号轮船出发，开赴巴勒斯坦；7 月 12 日第三批哈卢茨成员共 44 人从上海出发，移居巴勒斯坦。在第二、第三批迁移到巴勒斯坦的哈卢茨成员中，一些成员成为早期移居

巴勒斯坦的先锋，为以色列建国作出了重大贡献，是哈尔滨犹太人的骄傲。

格拉兹曼，达尼埃尔 原居哈尔滨犹太人。哈尔滨锡安主义的先行者与实践者。1874 年，达尼埃尔出生于乌克兰敖德萨的一个玩具制造商家庭，其父列昂·达尼洛维奇·格拉兹曼在犹太社区颇受尊敬。在列昂·格拉兹曼的四个子女中，达尼埃尔是长子。作为敖德萨的犹太富裕阶层，格拉兹曼家族居住在敖德萨的繁华街道——季拉斯波尔大街 22 号。按照当地的犹太教育传统，从童年起达尼埃尔接受了传统犹太文化的洗礼，同时也获得了良好的世俗教育。达尼埃尔所就读的敖德萨商业学校是当地颇具名望的学校。

◎ 达尼埃尔·格拉兹曼

19 世纪末的敖德萨开始出现了锡安主义运动，这使达尼埃尔·格拉兹曼看到了犹太民族的未来之路。1905 年俄国爆发大规模的排犹活动，格拉

兹曼全家决定离开敖德萨。此时，达尼埃尔已经与利芭·别尔先斯卡娅结为夫妻。1906 年，达尼埃尔前往加拿大寻找新的生存出路。在那里，他购买了大片林地，并尝试在此建立大型现代化农场，但很快投资失败，被迫卖掉了土地返回敖德萨。

在敖德萨没有逗留太久，达尼埃尔·格拉兹曼就很快重新选择了新的迁移目的地，那就是犹太祖先繁衍生息的故土——巴勒斯坦地区。他带领家人动身前往巴勒斯坦地区的时候，夫妇二人已经有了三个儿子，他们分别是哈伊姆、以利亚和达维德。抵达巴勒斯坦之后，达尼埃尔在艾因-加尼姆（现佩塔提克瓦的部分地区）购买土地定居下来。如今在佩塔提克瓦的城市历史纪念馆中，依然记载着达尼埃尔·格拉兹曼等首批犹太开拓者的功绩，这是近代犹太移民在巴勒斯坦建立的第一批居民点之一。

第一次世界大战爆发后，随着地域政治的变幻，巴勒斯坦地区犹太移民点的情况变得复杂起来，达尼埃尔·格拉兹曼再次被迫返回敖德萨，不久，达尼埃尔偕妻儿踏上了赴远东的旅途。经过辗转跋涉之后，他们全家在哈尔滨埠头区炮队街（现道里区通江街）7 号安顿下来。为了生存，达尼埃尔购买了机器以及大量原料重操家族生意，在家中开设商店，出售锡制士兵玩偶以及其他玩具。

1917 年，《贝尔福宣言》颁布，在海外流散的犹太人中间流传着犹太国即将建立的消息，达尼埃尔·格拉兹曼也从中看到了希望的曙光。1919 年 5 月下旬，达尼埃尔·格拉兹曼终于获得了前往日本的签证以及其他相关手续，准备启程辗转前往巴勒斯坦地区。为了欢送哈尔滨首位前往巴勒斯坦地区的锡安主义开拓者，全体哈尔滨锡安主义组织代表为他举行了隆重的告别仪式。

达尼埃尔全家抵达巴勒斯坦地区后，在当时特拉维夫郊区购买住宅定居下来。为了维持日常生计，达尼埃尔在自己家中创办了私人电影院，这是特拉维夫所拥有的第二座电影院。电影院被命名为"奥拉尼亚"。30 年代末，达尼埃尔将电影院关闭，改为创办铅笔厂"祖国"。在特拉维夫生活期间，作为锡安主义运动的积极拥护者，达尼埃尔·格拉兹曼也积极参与了反对英国阻碍犹太民族自治和限制犹太人回归的运动。1945 年，达尼埃尔去世，享年 71 岁。

格拉祖诺夫高等音乐学校　创办于 1925 年 11 月 18 日，当时名为"哈尔滨市立音乐学校"（亦称"哈尔滨第二音乐学校"），1928 年 8 月更名为"A. K. 格拉祖诺夫高等音乐学校"，简称"格拉祖诺夫高等音乐学校"。该校创始人为犹太小提琴家 U. M. 戈里德施京、钢琴家 B. N. 迪龙和大提琴家

S. M. 施皮尔曼。格拉祖诺夫高等音乐学校不仅以圣彼得堡音乐学院院长的名字命名，还完全按照圣彼得堡音乐学院的教学大纲办学。三位创办人不仅亲自执教，还邀集了一批欧洲知名音乐家任教，在此后的 11 年里，培养出了以大提琴家鲍斯特列姆为代表的音乐人才 500 多人（7 届毕业生）。1936 年，因办学条件恶化，该校终告关闭。

◎ 1920 年代的格拉祖诺夫高等音乐学校

格拉祖诺夫高等音乐学校弦乐四重奏组 20 世纪 20 年代后期，在犹太巨商 C. Л. 斯基德尔斯基资助下，哈尔滨格拉祖诺夫高等音乐学校组织了一个弦乐四重奏组，著名犹太小提琴家 У. M. 戈里德施京和大提琴家 И. 施贝尔曼是其主要成员。该乐队的组建旨在向中国人民介绍西洋室内乐。

格莱辛格，保罗 原居哈尔滨德籍犹太人。生于维也纳，1938 年为逃避纳粹屠杀，沿西伯利亚铁路辗转来到中国东北。不久便移居哈尔滨。在哈尔滨就业、生活若干年后，因签证规定的限制被迫移居天津并仍望日后返回哈尔滨，但终未如愿。

格列别尔曼，约瑟夫 原居哈尔滨知名犹太社团活动家、商人，早年毕业于波兰的"塔尔布特"中学。20 世纪 30 年代末，约瑟夫从波兰来到中国，在著名毛皮商人格洛乌别尔曼的公司工作，不久与季娜·格洛乌别尔曼结婚，婚后育有两子。从青年时代起，约瑟夫就积极投身于锡安主义运动，在大连参与了犹太社团的各项活动，是当地"马卡比"组织的创建者和领导者之一。同时，在哈尔滨他也曾积极参与过"马卡比"的各项活动。1949 年，旅居中国犹太人开始大批回归以色列，格列别尔曼一家也在此时回到了以色列。此后约瑟夫在海法的一家石油公司工作，并继续致力于社会活动。1951 年，以色列原居中国犹太人协会成立，他被选为该协会首届中央委员会委员。约瑟夫并没有长期定居在以色列，不久便离开以色列到哥伦比亚从事商业活动，最后全家移居美国。1997 年，约瑟夫在美国洛杉矶去世。

格林贝格，阿布拉沙 原居哈尔滨犹太人。生于哈尔滨，毕业于哈尔滨第一社会商务中学。曾加入哈尔滨"贝塔"组织。阿布拉沙从小就从事体育运动，后成为一名出色的运动员，长时间的纪录保持者。1950 年回到以色列，并开始在年轻的以色列商船队工作，职务升至船长，在船长任上工作 12 年。由于健康原因，1980 年转入管理工作，三四年后与世长辞，时年仅 62 岁。

格鲁布纳，阿尼娅 原居哈尔滨犹太人，生于哈尔滨。父亲是哈尔滨犹太宗教公会理事会成员和社会活动家耶胡达·泽利万斯基（Yehuda Zelvinsky）。阿尼娅毕业于哈尔滨商务学校。在 1939～1945 年哈尔滨"马卡比"组织存续期间，她一直是该组织中的活跃分子。1950 年，阿尼娅移居以色列，在以色列结婚成家。她在以色列总工会老人住房项目部工作了 20 余年。在以色列原居中国犹太人协会成立之日，她就加入了该组织，而且一直不知疲倦地为该组织开展工作。在她生命的最后几年里，她一直在赖阿南纳市的一家老年医院卧床疗养。2003 年 9 月 23 日，在卡法萨巴病逝，享年 85 岁，被葬于霍隆公墓。

格罗斯曼，赖莎 原居哈尔滨犹太人。1923 年来哈尔滨，40 年代初任哈尔滨犹太妇女慈善救济会会长，是列夫·齐克曼的姐姐。

格罗斯曼，玛拉 原居哈尔滨犹太人。父姓亚布隆斯基。1923 年 1 月 30 日生于哈尔滨；1939 年毕业于哈尔滨第一社会商务中学；1952 年与柳西亚·格罗斯曼在哈完婚。他们夫妇后来去了澳大利亚。在澳洲生活了一段时间后，又移民去了美国，先暂居旧金山，后定居洛杉矶。在美期间，玛拉和柳西亚一直是南加州地区远东协

◎ 赖莎·格罗斯曼

会会员。他们积极参与社会活动，曾为以色列原居中国犹太人协会提供过诸多重要帮助。他们虽然没有子女，但二人经 53 年长相厮守，感情甚笃，以致在 2005 年柳西亚去世后，玛拉对生活中的一切都失去了兴趣，曾慨言："既然柳西亚不在了，我还有什么理由活下去？" 2006 年 8 月 16 日，玛拉·格罗斯曼在旧金山去世，享年 83 岁。

格罗斯曼，摩西 原居哈尔滨犹太人，曾任哈尔滨斯基德尔斯基塔木德—托拉犹太民族宗教学校教师。

格侬戈涅尔爵士乐队 因乐队指挥为钢琴家 Д. И. 格侬戈涅尔而得名。1930 年，乐队应美国哥伦比亚唱片公司的邀请灌制唱片。乐队演奏的《请来安慰我》、《宁静遥远的海洋》、

《月季花》、《犹太人舞曲》等 40 首狐
步舞、探戈舞曲曾风靡哈尔滨并驰名
中外，女歌手 C. P. 别里斯卡娅演唱的
犹太民歌也深受欢迎。

◎ 格依戈涅尔爵士乐队

古尔维奇，罗扎　原居哈尔滨犹
太人。她是著名女社会活动家贝尔
塔·伊萨耶夫娜·施瓦尔茨—考夫曼的
姐姐，嫁给了著名的药剂师萨穆伊尔·
古尔维奇，生活富裕。罗扎希望聪明能
干的妹妹贝尔塔能够获得高等教育，所
以出资送她到瑞士巴塞尔大学医学系学
习，使贝尔塔不仅获得了医学院的大学
毕业证，而且使她的锡安主义思想在大
学学习期间得到进一步成熟。

古尔维奇，萨穆伊尔　原居哈
尔滨犹太人，著名药剂师。他大学毕
业，是俄国西伯利亚和远东最早开办
药店的人之一。他先在海参崴，然后
在满洲里、哈尔滨、沈阳、天津、上
海等地开办了药店，是一个非常富有
的人。贝尔塔·伊萨耶夫娜·施瓦尔
茨—考夫曼的姐姐罗扎嫁给了他。

古芬克尔，弗拉基米尔·鲍里

索维奇　哈尔滨早期俄籍犹太移民。
哈尔滨犹太社区及犹太学校创始人之
一，第一次世界大战难民救助委员会
委员和哈尔滨锡安主义组织成员。
1918 年，古芬克尔在哈尔滨去世，被
葬于哈尔滨犹太公墓。

古拉斯曼，Ⅱ. C.　原居哈尔滨
犹太商人。1930 年在哈尔滨创办"加
兰季亚"（保证）针织厂，位于马街
（现东风街）。

古列维奇，亚伯拉罕　原居哈
尔滨犹太人。1952 年出生在哈尔滨，
现居美国洛杉矶。父亲西蒙·古列维
奇和母亲拉伊莎·古列维奇曾在哈尔
滨做生意。

◎ 亚伯拉罕·古列维奇（左）
和他的父亲在一起

古特曼，大卫　原居哈尔滨犹太
钢琴家。1923 年生于哈尔滨，1939
年 12 月毕业于哈尔滨第一社会商务
中学。曾在哈尔滨第一音乐学校跟随
格尔施戈琳娜学习钢琴，1946 年 7 月

以优异成绩毕业，并获银奖。1947年5月24日在哈尔滨举办钢琴演奏会，1949年5月5日在哈尔滨苏联俱乐部举办钢琴独奏会。1949年4月至1950年7月，在哈尔滨市文艺工作者协会任管弦乐队的钢琴、和声学、对位法、管弦乐法教员，为新中国培养了不少音乐人才。中国音乐家协会会员、小提琴演奏家杨牧云曾是他的学生。

◎ 大卫·古特曼（中）和
他的中国学生们

《关于引入犹太资金的研究与分析报告》 1939年6月，由日本企业家犬冢、安江及日本驻上海总领事石黑草拟的报告，是"河豚鱼计划"的深化。该报告长达90页，于1939年7月由犬冢提交东京。其主要内容有：在伪满洲国某地或上海近郊设立犹太人居留地，人口规模1.8万～90万人；至于犹太人区域的行政管理，将实现自治，但须采取步骤使日本国官方处于监督和幕后指导的地位；也包括了吸收上海富裕的中东犹太人资金的问题；还有如何支配美国公众舆论的计划。1940年9月，德意日签订了军事同盟。于是日本人精心设计和运筹的"河豚鱼计划"便随着犹太人对三国公约的愤怒而结束了。

光明节 犹太节日，又称净殿节、献殿节或哈努卡节。是为了纪念公元前165年犹太民族反抗异族统治起义胜利，收复耶路撒冷，洁净第二圣殿并把它重新献给上帝的日子。公元前168年，统治巴勒斯坦的塞琉古王朝安条克四世为了强制推行"希腊化"，宣布犹太教非法，并采取各种严厉措施消灭犹太教，其中最令犹太民族不能容忍的是在耶路撒冷犹太人圣殿里竖起希腊神祇奥林匹亚宙斯的祭坛，在上面用犹太人视为不洁的猪进行献祭，并强迫犹太人食用猪肉。这一仇视犹太教的做法导致了一场反抗塞琉古王朝统治的犹太人起义。3年后，以犹大·玛喀比为首的起义取得了胜利，耶路撒冷被犹太人收复。犹大·玛喀比下令清洗圣殿，清除异教痕迹，重建犹太人祭坛，并规定了庆祝这一胜利的活动日期。原居哈尔滨犹太人在犹太总会堂建成后，每年举行纪念光明节的有关活动。

H

哈尔滨"贝塔"组织 1929年

在哈尔滨市埠头区炮队街（现道里区通江街）成立，他们的活动一直持续到1945年，中间没有任何停顿。"贝塔"组织成员有150余名，几乎占当时哈尔滨犹太青年人的一半。"贝塔"组织的活动无疑对哈尔滨犹太青年人影响最大，在19世纪30年代日伪统治哈尔滨的10多年里，"贝塔"组织的活动成为哈尔滨犹太人重要的积极政治运动。犹太青年组织"贝塔"是雅博廷斯基于1923年12月创立的，以犹太民族英雄约瑟夫·特鲁姆佩尔道的名字命名，主要倡导锡安主义和建立有作战能力的犹太军队。"巴勒斯坦社会主义同盟"组织的一些成员也着迷于雅博廷斯基的意识形态，他们中的一些人也加入了"贝塔"组织。在20世纪20年代，最初到达以色列的是"巴勒斯坦社会主义同盟"和"马卡比"组织的成员。从30年代开始，大多数移入者为"贝塔"组织成员中的开拓者。在哈尔滨，"贝塔"组织前后有四位领导人。中国的"贝塔"

◎ 1929年哈尔滨"贝塔"组织
总部成员合影

的密使是亚历山大·古尔维奇。"贝塔"的创立者兼第一任领导人是列夫·皮亚斯图诺维奇；其后是什洛莫·列斯克，他后来迁入了以色列；第三任是亚伯拉沙·米利希科尔，由于结核病而英年早逝；第四任也是最后一位是塞缪尔·克莱因，他同时是哈尔滨"贝塔"组织创办的杂志《加捷凯尔》（1939～1945年）的编辑。以色列前总理埃胡德·奥尔默特的父亲莫尔杰哈伊·奥尔默特曾经是哈尔滨"贝塔"组织的领导人之一。日伪时期，日本人没有介入和干涉犹太人的"贝塔"组织活动，但他们要求犹太人要对日本人忠诚。例如，在日军占领哈尔滨期间每年3月1日，即伪满洲国成立之日，日本占领当局要求哈尔滨所有学校和青年人必须参加举办的庆祝游行活动。游行在哈尔滨市区外几公里处的地方举办，围绕着在"解放"满洲时阵亡的日本人纪念碑开始进行。卡车上悬挂着四面旗帜，"贝塔"、"马卡比"及伪满洲国的青年人坐在车中。与苏联人不同，日本人认为犹太人对复国的忠诚与对天皇的忠诚并不互相抵触。穿着运动服，高举着旗帜，人们有序地进行。在那一天，人们能够听到诸多的演讲，演讲主要是用日语和汉语，一小部分也用俄语。"贝塔"组织成员的服饰是褐色的，佩戴着肩饰。哈尔滨"贝塔"组织经常举办活动，每年"贝塔"组织都召开一次舞会，"贝塔"组织的舞会定在普珥节。不管政治导向如何，所有犹太社区成员都参加这些舞会，舞会也为资金筹集者提供了良好的活动机会。他们通过发放奖券、卖各种蛋糕等形式开展筹集资金活动，最后将所筹资金全部用于"贝塔"运动。"贝塔"组织预算的一半来自在舞会上所筹集的款项，另一半款项来自社会的捐助。犹太商人齐克曼经常向"贝塔"组织捐款。"贝塔"组织根据年龄段每周组织一次比赛。在安息日和其他"圣日"期间，暂停比赛。从星期六傍晚到星期四，每晚4点至晚11点，他们的活动繁多而紧密。他们不仅举行各种讲座、组织关于犹太人历史的研究小组，而且庆祝各种节日、唱犹太人歌曲并讨论锡安主义和重返巴勒斯坦。1945年苏联红军进入哈尔滨以后，哈尔滨"贝塔"组织停止了活动。

哈尔滨第一、第二借款公司

哈尔滨商会成立后，于1908年、1910年相继成立了第一、第二借款公司。第一借款公司，也叫第一互助社，1908年11月由哈尔滨的奇斯佳柯夫和库拉耶夫创建，地址在哈尔滨埠头区石头道街（今道里区西十二道街），董事长为齐连希科夫，资本2.8万卢布。1910年7月，银行的出入款总额达2910523卢布，1910年银行纯利达7万卢布。第二借款公司也叫第二互助社，1910年5月建立，董事长为梅姆

林，地址在哈尔滨埠头区中国大街（今道里区中央大街）。当时公司有资本6290卢布、股份636股，同年11月1日增加到1534股，同时允许华人入股。1911年3月，该公司资本为61335卢布。这两个借款公司的业务均以存款、放款、汇兑为主，有时也代理保险业。两个借款公司与哈尔滨华俄道胜银行关系密切，每当资金缺乏时即向道胜银行拆借。两个借款公司之间也有拆借关系。据《远东报》报道："1911年8月，第二借款公司借第一借款公司款项达500万卢布。"1917年俄国十月革命后，第一借款公司的经营陷于困境，作价100万卢布转让给华俄道胜银行，成为该行埠头区石头道街分行。第二借款公司由远东相互信用公会继续经营，1921年改名远东借款银行，1933年停业。哈尔滨犹太企业家积极参加了第一、第二借款公司的组建。这两个借款公司的放款对象也主要是俄籍犹太人，华商与之也有经济往来。

哈尔滨第一俄侨语言学校　见"哈尔滨第一社会商务中学"。

哈尔滨第一社会商务中学

1921年12月创办，位于埠头区炮队街（现道里区通江街）与大坑街（现大安街）交口，后迁入位于上游街的哈尔滨商务俱乐部二楼。1922～1925年，H.B.乌斯特里亚洛夫曾担任该校校长。哈尔滨第一社会商务中学1940年

◎ 哈尔滨第一社会商务中学毕业晚会

◎ 哈尔滨第一社会商务中学三弦琴乐队

改称哈尔滨第一俄侨语言学校，最后一任校长是 B. B. 谢列尼诺夫。该学校主要用俄语教学，学生有俄罗斯人、犹太人，也有中国人，但半数以上是犹太人。在校犹太学生占学生总数的50％左右，有时甚至达到70％。

哈尔滨第一社会商务中学话剧小组 20世纪20年代，犹太戏剧开始在哈尔滨繁荣发展，于1921年12月创办的哈尔滨第一社会商务中学组建了话剧小组。话剧小组里有很多犹太学生，如于1929年毕业的犹太人安娜·哈宁娜就是话剧小组成员。

哈尔滨第一社会商务中学三弦琴乐队 创办于1921年12月的哈尔滨第一社会商务中学有半数以上的犹太学生，他们成为该校文艺活动的主要力量。该校组建了一个主要由20余名犹太男女学生参加的三弦琴乐队，为活跃校园文化生活和培养学生们的音乐才能起了重要作用。

哈尔滨第一音乐学校 创办于1921年5月，最初校址在南岗区铁路商务学堂（现西大直街55号，哈尔滨工业大学校舍）。1928年迁移到奥克萨科夫斯卡娅中学，1941年再次迁址到大同路（现新阳路），最后迁址到哈尔滨商务俱乐部（现道里区上游街哈尔滨市科学宫址）。哈尔滨第一音乐学校是哈尔滨最早的音乐学校，学制为六年，从建校到40年代初期共培养了近百位音乐家。学校的创办者是一位名叫马森的俄国人（此人于1925年迁居上海，把上海30年代中期的音乐活动也搞得有声有色），学校的第一任校长是犹太钢琴家 B. L. 格尔施戈琳娜，在该校担任艺委会主席的人都是在艺术上很有造诣的、很出色的俄国音乐家。从1933年起，这所学校的艺委会主席由

◎ 哈尔滨第一音乐学校艺术委员会

毕业于彼得堡音乐学院小提琴家奥尔大师班的学生海菲茨的同窗学友——著名犹太音乐家 В. Д. 特拉赫金贝尔格担任。在校任教的教师很多是犹太音乐家。1947 年哈尔滨第一音乐学校解体，与哈尔滨音乐训练班合并改组，成立哈尔滨苏联高等音乐学校。

哈尔滨俄国工兵代表苏维埃
1917 年俄国二月革命、十月革命均波及哈尔滨。3 月，哈尔滨俄国工人代表苏维埃、士兵代表苏维埃成立。6 月 22 日，工人代表苏维埃与士兵代表苏维埃合并，成立了工兵代表苏维埃，选举留金为主席。很多俄国政党、组织和联合会，如社会民主党、社会革命党、立宪民主党等都参加了工兵代表苏维埃。原居哈尔滨著名犹太医生、社会活动家 А. И. 考夫曼作为哈尔滨医师协会的代表也参加了工兵代表苏维埃的工作。

◎ 哈尔滨俄国工兵代表苏维埃
庆祝十月革命胜利

哈尔滨"格霍韦尔" 锡安主义大学生组织，1918 年在哈尔滨成立，目的是培养青年人在巴勒斯坦从事劳动和自卫。它把整个远东地区的具有锡安主义思想的青年协会和小组都联合起来了。该组织与远东的许多城市都有联系，在布拉戈维申斯克、海参崴、满洲里等城市设有分部。1918 年底，该组织合并入哈尔滨锡安主义组织。

哈尔滨华俄道胜银行 1895 年，由俄法两国合资建立的金融机构，资本金额为 600 万卢布。尽管该行冠以"华俄"二字，但开办时并无华资，只是在 1896 年 8 月 28 日，《中俄御敌互相援助条约》（又称《中俄密约》）签订后，中国清政府才与华俄道胜银行订立了"伙做生意"的合同，并出资库平银 500 万两。由此俄国"合法"取得了东清铁路的承建权，掩盖了帝俄攫取在中国修筑和经营铁路的真实面目。华俄道胜银行创建时的股本为 600 万卢布。参加创建的有四家法国银行（霍丁格尔银行、里昂信托银行、巴黎荷兰银行、国家贴现银行）组成的国际银团和一家俄国银行——圣彼得堡国际商业银行。而圣彼得堡国际商业银行是德国犹太资本家开设的德国贴现公司的子公司。华俄道胜

◎ 1902 年建成的哈尔滨华俄道胜银行

银行的董事、第一任总办犹太人 A. Iu. 罗思坦（Rothstein）既是彼得堡国际商业银行的代表，又是俄国财政大臣的亲信，也是华俄道胜银行业务上的中心人物，真正的行长和支配者。俄国著名银行家 G. 金兹堡男爵，也是一个著名犹太家族出身的犹太人，亦是华俄道胜银行的董事。1898 年，华俄道胜银行在哈尔滨香坊区（现道外区）开设分行；1902 年，又在哈尔滨霍尔瓦特大街（今南岗区红军街）建立了哈尔滨华俄道胜银行大楼；后来又在哈尔滨市埠头区中国十二道街（现道里区西十二道街）设立了分行。华俄道胜银行哈尔滨分行除经办哈尔滨地区的金融业务外，还统辖东北地区的长春、海拉尔、齐齐哈尔等地的道胜银行。该分行共有职工 82 名，行长布亚诺夫斯基，副行长漂得洛夫。该行开业后的主要业务是为中东铁路办理筑路的经济往来、代发筑路工人工资等业务。该行还在中国东北地区发行俄国纸币金卢布（中国人称之为"羌帖"），每一金卢布合纯金 0.77423 克。金卢布可随时兑现，后来逐渐成为东北市场上流通的主要货币。1910 年 6 月 7 日，经俄国财政部批准华俄道胜银行与北方银行合并，改称"俄亚银行"，其总行设在莫斯科，拥有资本 3500 万卢布（后增至 5500 万卢布），为中东铁路公司的股东，经理人为犹太人斯切尔曼，副经理人为犹太人秋利尼耶夫。1911 年，俄亚银行发行纸币 285 万卢

布。至第一次世界大战爆发前，流通在哈尔滨地区的卢布多达 4000 万元，相当于 8000 万银元。第一次世界大战爆发后，俄国沙皇下令纸币卢布停止兑现，卢布日益贬值。1917 年，俄国十月革命后，沙俄政府和以克伦斯基为首的资产阶级临时政府发行的卢布变成了一文不值的废纸。中国东北地区存有卢布的商民由此蒙受巨大损失。1926 年，由于华、俄、日三国铁路事业不景气，以及沙俄政权的没落，俄亚银行遂于 9 月 27 日宣布关闭。当时俄亚银行哈尔滨分行的领导人为犹太人伊萨科维奇。华俄道胜银行哈尔滨分行是哈尔滨及东北地区最早出现的一家外资银行，它的建立标志着国际犹太资本进入哈尔滨及沙俄在哈尔滨的金融体系已开始形成，为中东铁路的修筑奠定了资本基础，从某种意义上说也是哈尔滨近代金融业的开端。

哈尔滨华梅西餐厅　见"马尔斯"巧克力糖果点心厂。

哈尔滨汇丰银行　1911 年 12 月，汇丰银行哈尔滨分行在哈尔滨埠头区水道街（现道里区兆麟街）创设，是继华俄道胜银行后，在哈尔滨建立的第二家融入国际犹太资本的外国银行。资本为 125 万港元，1934 年增至 300 万港元。主要扶植英商向哈尔滨大量输入英国商品和输出北满的大豆、毛皮、肉类等产品。汇丰银行哈尔滨分行以低于中国和其他外国银行的利

息放款，力图扩大并垄断哈尔滨的进出口贸易。汇丰银行哈尔滨分行的汇兑主要汇往纽约、伦敦、上海、天津等地的中外大商埠，此外还办理华币买卖，票据贴现和对中国人、俄国人进行不动产放款，但数额很小。1931年"九·一八"事变后，汇丰银行哈尔滨分行业务因受到严重打击而日益衰落，于1941年太平洋战争爆发前夕关闭。哈尔滨汇丰银行的上级总行为"香港上海股份银行"，"汇丰"是中国人赋予它的名字。1865年，由在华的英、美、法、德、伊朗、波兰籍的犹太财阀所创办，翌年取得香港（市）政厅规定的法人资格。该行在世界各地有分行39处，中国境内有14处，东北的奉天、哈尔滨、大连均设有分行。汇丰银行初建时，股本额港币5000万元，在中国主要对铁路修筑、矿业开采给予巨额投资。汇丰银行曾垄断中国的国际汇兑，操纵外汇汇价，掌管中国关税和盐税的存储保管权。汇丰银行哈尔滨分行在哈尔滨营业期间，与哈尔滨犹太国民银行等犹太金

◎ 1910 年代的汇丰银行哈尔滨分行

融机构有经济往来，哈尔滨从事贸易进出口的犹太商人也在该行有较多的存贷款和汇兑业务。

哈尔滨交响乐团　成立于20世纪30年代，因乐团成员技艺精湛而驰名中外。1935～1941年共举办了136场音乐会，演奏了贝多芬、勃拉姆斯、格拉祖诺夫、格林卡、德彪西、莫扎特、巴赫、舒曼、肖邦、拉赫玛尼诺夫等世界名家的作品——交响乐、奏鸣曲、协奏曲、幻想曲等，深受哈尔滨广大听众的欢迎。В. Д. 特拉赫金贝尔格、Н. Г. 鲍斯特列姆、Н. 金斯布尔格、П. 别尔施捷因等犹太音乐家均为该乐团的骨干。

◎ 1930 年代的哈尔滨交响乐团剧照

哈尔滨交易所　成立于1907年5月15日，是哈尔滨工商界重要的组织管理机构。交易所章程于1906年11月30日被批准，1907年5月2日选举出了交易所委员会首届组成人员，其中包括9名正式成员和3名候补成员。犹太人进入委员会的有 М. И. 弗里德和候补成员 Е. И. 多比索夫、Д. Л. 萨

姆索诺维奇和 И. С. 弗里杰。在参与首届交易所成员会议的 71 名商人中，有 16 人是犹太人，即 А. Я. 扬克列维奇、Е. И. 多比索夫、И. 隆东、Я. К. 波利亚科夫、Г. Л. 格尔舍维奇、Г. Б. 德里金、Д. Е. 德里金、И. С. 弗里杰、Я. М. 瓦因古尔特、Д. Л. 萨姆萨诺维奇、М. И. 弗里德、С. 索斯金、М. Г. 格什戈林、И. Я. 亚波、А. Я. 斯特里扎克和 М. Г. 基罗。这些犹太商人所从事的经贸活动包括运输、日杂商品买卖、榨油、毛皮、开采以及金融等，在本民族人口基数相对较少的情况下，犹太商人占据了哈尔滨交易所成员相当大的比例，充分表明在当时哈尔滨的工商业中犹太资本以及商业活动所占据的重要位置。1938 年 11 月 3 日，哈尔滨交易所新楼在道外区南马路落成（当年 8 月 1 日动工，面积 5000 平方米）。

哈尔滨联合啤酒饮料厂　创办于 1905 年，是哈尔滨犹太人科夫曼、Г. И. 克罗尔等合伙创办经营的合营企业（当时音译为"梭忌奴"啤酒厂）。位于哈尔滨道外区南马路，年生产能力超过 700 吨。早期生产啤酒所用的主要原料均由外国购入；从 20 世纪 20 年代起，主要原料大麦和酒花不再从国外进口，其中大麦从松花江和嫩江地区购入，酒花则从一面坡等地采购，这既方便了运输又降低了成本。1934 年 6 月，日本人池田长康男等人在哈尔滨建立"大满洲忽布麦酒株式会

社"，随后"梭忌奴"等 3 家哈尔滨啤酒厂被兼并，兼并后的厂名未变。1936 年日商建立的"大日本麦酒株式会社"吞并了"大满洲忽布麦酒株式会社"及其下属各厂。

◎ 1900 年代的哈尔滨联合啤酒饮料厂

哈尔滨"马卡比"　哈尔滨犹太人首个大型文体组织。哈尔滨"马卡比"成立时正值锡安主义在哈尔滨犹太人中盛行的时候。1921 年 6 月，根据锡安主义者达维德·拉斯科夫的倡议，哈尔滨锡安主义各派别与"格霍维尔"共同着手组建犹太体育组织"马卡比"。该组织提倡从事民族文化和体育运动，发扬自强不息的精神，这在犹太青年中引起了共鸣。Л. И. 希斯多—戈利德贝尔格被推选为"马卡比"首任主席，理事会成员包括 Ц. 列伊曼施泰因、М. 斯特里热夫斯基、Г. 拉波波特、Ц. 谢加尔和 И. 科托维奇等人。该组织的成立标志着哈尔滨犹太人的体育运动进入了全面发展的时期。此后，由于大量犹太人迁离哈尔滨，社区规模不断缩小，1925 年"马

卡比"被迫停止了一切文体活动。30
年代末,部分欧洲犹太难民来到哈尔
滨重新推动了"马卡比"的复苏。
1939 年,鉴于近半数的哈尔滨犹太青
年没有参加犹太组织,在传统锡安主
义者的支持下,哈尔滨犹太社团和锡
安主义运动领导人 A. И. 考夫曼提议
重新组建"马卡比",И. Ц. 亚诺维奇
被推选为新的主席。哈尔滨"马卡比"
是犹太民族现代体育运动发展史上的
重要组成部分,它间接地促进了哈尔
滨现代体育运动的整体发展。

◎ 1922 年哈尔滨"马卡比"
组织成员合影

哈尔滨"马卡比"话剧小组

由犹太艺术家尤里·利沃维奇·霍罗
什创建,小组成员有:艺术指导
Ю. Л. 霍罗什,导演 Х. И. 纳德尔,
演员 Л. 波格丹诺夫斯卡娅、Г. 伦贝
格、Э. 列尔曼、П. 费尔德曼、A. 恰
普林斯卡娅、Л. 魏斯贝尔格尔、Ю.
利赫季格等。"马卡比"话剧小组得到
了哈尔滨犹太社区领导的重视,并以
出色的表演赢得了观众的认可。1942

年 10 月 8 日,小组在商务俱乐部举行
了汇报演出,上演由 Д. 弗里德曼的幽
默作品、长篇小说《孟德尔·马兰茨》
改编的戏剧。剧本由 Ю. Л. 霍罗什改
编,导演是 E. Г. 达维多娃。演出很成
功,大厅里座无虚席,犹太社区的人
几乎都来观看,以东亚犹太民族委员
会主席、"马卡比"哈尔滨分部名誉成
员 A. И. 考夫曼医生为首的所有著名
的犹太社会活动家也都观看了演出,
其中还有许多年轻的"马卡比"成员
和"贝塔"成员。这充分说明观众对
"马卡比"组织的好感和对话剧小组演
技的认可。

哈尔滨商务俱乐部附属青年话剧小组

1938 年夏在犹太艺术家尤
里·利沃维奇·霍罗什和雅科夫·利
别尔曼的倡议下创建的青年话剧小组。
半年后,哈尔滨商务俱乐部允许他们
在俱乐部进行排练。小组首场演出了
普希金的《茨冈人》、契诃夫的《熊》
等剧作。除 Ю. Л. 霍罗什和 Я. 利别尔
曼外,参加演出的还有 Л. 波格丹诺夫
斯卡娅、Н. 金斯布尔格、Э. 特罗伊
茨卡娅、И. 孔达科娃、Ф. 宾克维奇、
Н. 涅米罗夫斯基等人。青年话剧小组
的演出成为哈尔滨商务俱乐部文化生
活的一部分。

哈尔滨商务俱乐部音乐训练班

哈尔滨商务俱乐部位于商务街(现上
游街哈尔滨市科学宫址),是哈尔滨犹
太人社会和文化活动的主要场所。曾

开办音乐训练班，其师资队伍中有一批杰出的犹太音乐家，他们视哈尔滨为第二故乡，在此辛勤耕耘，向中国人民介绍西洋音乐，培养了许多音乐人才，提高了哈尔滨人的艺术修养和音乐鉴赏力。

哈尔滨铁路俱乐部交响乐队

成立于1919年，具有雄厚的实力，在远东享有较高的声誉。犹太音乐家构成了该乐队的主体，成为乐队的骨干力量。乐队指挥是著名的犹太音乐家Э. Л. 梅杰尔（又译梅特勒），毕业于彼得堡音乐学院，1918年来到哈尔滨，后移居日本。首席小提琴家是 B. 戈拉弗曼。

◎ **1920 年代的哈尔滨铁路
俱乐部交响乐队**

哈尔滨万国储蓄会　1917 年法国人投资 1 万国币在哈尔滨埠头区中国大街 1 号（今道里区中央大街 1 号）设立。总会设在上海，哈尔滨的经理人为谢·夏列尔。其营业项目主要是销售彩票及储蓄债券（3 元、6 元、12 元）及经营动产不动产金融业务。哈尔滨万国储蓄会自 1917 年创建至 1932

◎ **坐落在中国大街上的哈尔滨
法国万国储蓄会**

年曾获得 500 万元以上的纯利。1932 年，由于当地发行的《公报》揭露了万国储蓄会的内幕，使该会的信用受到影响，不再像过去独占鳌头，1934 年交易额为 300 万元，1936 年的评价额为 50 万元国币。哈尔滨万国储蓄会在俄、华、犹太人中间广泛发展业务，曾聘用俄亚银行经理犹太人斯切尔曼，采用极其冒险的商业策略。

哈尔滨锡安主义青年小组"以色列希望"　该小组成立于 1916 年末，其成员为中学高年级学生和 17～18 岁的青年，1917 年其成员增至 120 人，该小组倡导自学，但 1917 年革命后开始从事民族政治问题研究。

哈尔滨锡安主义组织　1897 年 8 月 29 日，第一次锡安主义代表大会在巴塞尔召开。两年后俄籍犹太人别尔采里便第一个来到了哈尔滨。日俄战争结束后的 1906 年，哈尔滨犹太人已骤增至 3000 多人。当时哈尔滨的一些锡安主义者只是散发谢克和售卖犹太民族基金券，继而开始向散居各地的犹太人宣传应返回自己家园的主张。

◎ **1919 年哈尔滨锡安主义组织成员合影**

◎ **1919 年 3 月在哈尔滨召开的远东锡安主义者大会**

1909 年哈尔滨锡安主义小组成立，著名犹太商人 C. X. 索斯金当选为组长。1912 年 2 月，俄籍犹太人 A. И. 考夫曼医生从俄国乌拉尔移居哈尔滨。同年 6 月，哈尔滨犹太人移居巴勒斯坦促进委员会（简称巴勒斯坦协会）成立，6 月 10 日在哈尔滨埠头区炮队街（现道里区通江街）的犹太小学校召开了第一次会议。会议选举了委员会的理事会，A. И. 考夫曼医生当选主席。在不同时期担任哈尔滨移居巴勒斯坦促进委员会理事会理事的还有 E. И. 多比索夫、Г. Б. 德里金等。1917 年俄

国二月革命后，哈尔滨犹太人移居巴勒斯坦促进委员会便自动转为并改称哈尔滨锡安主义组织。1917 年 4 月 8 日，在哈尔滨犹太小学举行了哈尔滨锡安主义者第一次大会。会上，150 人加入了锡安主义组织，俄籍犹太人 A. И. 考夫曼医生当选为主席，C. И. 拉维科维奇为副主席，Г. Б. 德里金任司库，И. В. 格舍林和里亚茨金任秘书。20 世纪 30 年代，哈尔滨锡安主义组织委员会的领导人是：主席 A. И. 考夫曼，副主席 M. Я. 叶利金，秘书 Я. В. 吉斯金特，司库 A. И. 杜勃松，M. 兰金和 И. M. 斯特里热夫斯基等。1929 年 5 月 18 日，哈尔滨犹太青年组织"加绍麦尔·加查依尔"与世界犹太青年组织"贝塔"取得联系后，开会决定加入"贝塔"组织，选举列夫·皮亚斯图诺维奇为哈尔滨总部首领。总部成员有 M. 奥尔默特、H. 利弗希茨、T. 平斯基、P. 列维娜、A. 伊弗良特、Л. 科托维奇和 И. 梅罗米。1931 年 6 月 15 日，由 A. Я. 古尔维奇发起，哈尔滨锡安主义修正派联盟成立，选举产生委员会。1935 年，哈尔滨锡安主义修正派组织和"贝塔"青年组织在哈尔滨市犹太人中就脱离原锡安主义组织，成立新锡安主义组织问题进行了征集签名和公决。在 1937 年的哈尔滨犹太宗教公会的选举中，修正派代表 П. К. 别尔曼、A. Я. 古尔维奇和 X. И. 纳杰利当选为理事。

哈尔滨锡安主义组织在哈尔滨犹太人政治生活中曾发挥过重要作用，在哈尔滨犹太历史文化中占有重要地位：它在宣传锡安主义思想、组织远东地区犹太人移居巴勒斯坦、复兴自己的民族家园方面做了大量的工作；曾不遗余力地为救助一战、二战时期的欧洲犹太难民作出过重大贡献；成员是与俄国法西斯党、反犹势力斗争的先锋；在哈尔滨文化教育、体育运动中成就斐然；为以色列国的建立做了大量的思想、舆论准备并输送了大批人才。

哈尔滨锡安主义组织是哈尔滨犹太宗教公会的核心和灵魂。哈尔滨锡安主义组织的内部团结，与其他党派团体的精诚合作，是其得以成功的基础。哈尔滨锡安主义组织与世界锡安主义组织的紧密联系和相互支持，使它的活动成为世界锡安主义运动的重要篇章。哈尔滨锡安主义组织的不朽业绩体现了犹太民族团结坚韧、自强不息的精神。

哈尔滨锡安主义组织图书馆
见"哈尔滨犹太图书馆"。

哈尔滨弦乐四重奏组合　主要由犹太音乐家组成的四重奏组合，曾是音乐城——哈尔滨的骄傲。20世纪20～40年代，几易其人，变化组合，但其主要成员都是犹太音乐家。它的第一次组合：第一小提琴手 Н. А. 希费尔布拉特、第二小提琴手 В. Д. 特拉赫金贝尔格、中提琴手 И. Э. 肯尼格、大提琴手 И. М. 乌里施捷因都是犹太人。在 Н. А. 希费尔布拉特东渡日本后，该四重奏组第一小提琴手长期由 В. Д. 特拉赫金贝尔格担任。

◎ 由犹太音乐家组成的哈尔滨弦乐四重奏组合

哈尔滨协和银行　该行最初称哈尔滨经济会。1926年10月，经哈尔滨市政管理局许可，由经济会9名俄籍犹太会员出资9000日元创办。总行设在哈尔滨埠头区外国六道街（今道里区大安街），支行设在上海、天津、大连等地。代表人为布洛卡诺斯维埃托、耐普洛夫及韦因斯坦因，最初从事汇兑及毛皮投机。该行自成立以后，每年都增资3000～4000日元，主要为毛皮商提供资金。1934年，呈请营业许可时资本已达伪满币5万元。该行同时改称哈尔滨协和银行，不久又改成股份有限银行，资本增至伪满币10万元。哈尔滨协和银行只办理汇兑、存放款和钱钞交易，营业范围很小。1935 年后，协和银行逐渐衰落，于 1941 年 7 月被迫并入犹太国民银行。

◎ 哈尔滨协和银行

◎ 1920 年代的哈尔滨美国信济银行

哈尔滨信济银行 1927 年 7 月在哈尔滨埠头区中国大街 3 号（今道里区中央大街 3 号，2000 年被拆毁）设立。创办人为前华俄道胜银行职员、哈尔滨永胜公司经理犹太人克里格尔（时称克极），前俄亚银行 A. A. 彼得罗夫、M. W. 奥西波夫等，资本金为 5000 英镑。哈尔滨信济银行的董事长兼总经理为克里格尔，经理为马卡罗夫及奥西波夫，在上海、青岛设有分行。1933 年，将总行移设上海。信济银行的创建人之一克里格尔的女儿生于美国，取得了美国国籍，用她的名字于美国领事馆领取营业执照，故中文行名冠以"美国"二字，而非美国资本，因此信济银行实非美国银行。该行是以 5000 英镑资金在美国官方登记注册的，在当地银行却宣称拥有 10 万美元，实际上信济银行资本几乎均为外资，在其所属的约 100 万元资产中，50 万元是从苏联远东银行借入的，拥有个人储蓄约 30 万元。信济银行主要办理小额储蓄（主要为北满铁路职工），而且利率高，甚至被称为典当铺的利率。但例外地对下列商店办理长期大额金融业务：扎拉及路波尔两新闻社 20 万元；斡伦乔夫兄弟商会 5 万元；北太平洋运输公司 5 万元。由于当时处于需求小额资金的时代，所以信济银行取得了相当的业绩。1927～1931 年，据称信济银行获得 10 万元左右的纯利，但自 1931 年以后，业务转向不振，"九·一八"事变后的 1932 年、1933 年几乎无任何收益，1934 年度则出现了赤字。1935 年伴随北铁的转让，职工撤回俄国，哈尔滨信济银行宣告倒闭。

哈尔滨英满储蓄贸易商会（英满投资交易公司） 属英系银行业。1926 年，犹太人扎伊古拉耶夫、谢耶维奇等投资 3 万美元在哈尔滨埠头区市场街41号（今道里区西十一道街）创办。经理人为尼耶维尔（英国籍，保险检查官）。1933年的交易额为20万美元，1934年的评估额为10万美元。

哈尔滨犹太妇女慈善会 哈尔滨犹太妇女界的慈善组织，隶属于哈尔滨犹太宗教公会，其主要职责是做好社区慈善事业及职业培训。1906年，为慰问和救助日俄战争中负伤的犹太士兵，哈尔滨犹太妇女小组自发成立，由列文拉比的夫人担任组长。1907年12月，在 E. C. 多比索夫、A. И. 莫尔多霍维奇和 C. Г. 亚布罗夫的提议和帮助下，哈尔滨犹太妇女小组改称哈尔滨犹太妇女慈善小组，正式拟定章程，选举第一届委员会。首任组长为安娜·叶菲莫娃·阿凯尔曼。第一次世界大战爆发后，很多欧战难民来哈，哈尔滨犹太妇女慈善小组改组，成立哈尔滨犹太妇女慈善会，1916年通过组织章程。此时哈尔滨犹太妇女慈善会配合哈尔滨犹太社团救助欧战难民委员会做了大量的工作，其救济工作包括医疗、发放冬季燃料、发放衣物、补助资金开业、抚养孤老、职业教育等。俄国十月革命和苏俄国内战争期间，哈尔滨犹太妇女慈善会创办了救济基金会，许多犹太妇女踊跃捐出金项链、金戒指等，为乌克兰等地受迫害的犹太孤儿捐款。哈尔滨犹太妇女慈善会还创办了施瓦尔茨—考夫曼劳动学校，免费教授来哈的犹太女孤儿

劳动技能和知识，以便她们就业自救。妇女慈善会还为就业工匠提供劳动工具，帮助其建立手工作坊；为养殖场捐赠奶牛；向贫困家庭发放取暖木材和煤炭；向领养孤儿的家庭、老人及病人提供养护费；向处于贫困窘境的待嫁女孩提供嫁妆等。历任哈尔滨犹太妇女慈善会主席的有：E. Б. 别尔曼、Б. И. 施瓦尔茨—考夫曼、М. П. 索斯金（玛丽娅·索斯金是伊萨克·索斯金的夫人）、Н. Ф. 弗里泽尔、Б. Х. 法因格尔什、Е. Д. 齐特林、С. O. 瓦因古尔特等。С. Д. 克拉斯拉夫斯卡娅、М. М. 沙耶维奇、Ф. И. 吉谢廖娃、Н. И. 托洛茨卡娅等人为哈尔滨犹太妇女慈善会热心工作，作出过重要贡献。1953年，哈尔滨犹太妇女慈善会理事会构成如下：主席 С. O. 瓦因古尔特，副主席 Ф. Г. 鲍罗瓦娅，司库 К. Д. 格罗斯曼，秘书 Б. А. 利赫季格，理事 Л. Л. 布尔苏克、С. Л. 特里古博娃、Ф. М. 列文斯卡娅。

◎ 哈尔滨犹太妇女慈善会委员会成员合影

哈尔滨犹太妇女慈善会劳动学

校 俄国十月革命和苏俄国内战争时期，数以千计的犹太难民逃入哈尔滨，其中有许多孤儿。哈尔滨犹太妇女慈善会于1922年10月创办了劳动学校，旨在免费教授来到哈尔滨的犹太女孤儿劳动技能和知识，以便她们就业自救。学校除教授裁剪、缝纫和打字外，还教给女孩子们其他相关的基础知识。1923年10月，劳动学校还开办了普通教育夜校，每周上课两个小时，教授俄语、数学、自然、犹太历史和犹太语言等。1925年，哈尔滨犹太妇女慈善会会长、锡安主义妇女组织"维佐"主席 Б. И. 施瓦尔茨—考夫曼逝世后，该犹太劳动学校为纪念她，将校名改为"施瓦尔茨—考夫曼劳动学校"。1930年，施瓦尔茨—考夫曼劳动学校关闭。

哈尔滨犹太妇女慈善小组 哈尔滨犹太妇女慈善会的前身，成立于1907年。参见"哈尔滨犹太妇女慈善会"。

哈尔滨犹太妇女小组 哈尔滨犹太妇女慈善小组的前身，成立于1906年。参见"哈尔滨犹太妇女慈善会"。

哈尔滨犹太公共图书馆 见"哈尔滨犹太图书馆"。

哈尔滨犹太公墓 哈尔滨犹太公墓是哈尔滨犹太宗教公会所属的专门埋葬已故犹太人的墓地。犹太宗教公会通过犹太丧葬互助会（葬仪公社

委员会）对它进行管理。哈尔滨犹太公墓始建于1903年，起初设在俄国东正教老墓地后侧（现南岗区东大直街东正教堂后侧），后迁至太平区太安街（现道外区太安街），占地达24264.70平方米。自1903年6月10日第一个辞世的犹太人下葬于此，至1958年公墓迁移，共有3173座墓穴。起初只埋葬俄籍犹太人，后来不同国籍的犹太人也在此埋葬。据1938年《哈尔滨年鉴》记载：犹太墓地在当时的外侨墓地中占地面积最大，有2.4万平方米。其中已葬面积为1.3万平方米，未葬面积1.1万平方米，平均每年葬70人，已有2270个墓穴。犹太公墓按希伯来教规埋葬死者，设备完好，设洗尸间、休息厅及办公室。犹太人实行土葬，不准在安息日、赎罪日和节日举行葬礼。葬礼中尊重从简、迅速下葬的习俗；不举行任何献祭，只举行祈祷和诵经活动。1958年，由于城区的发展，哈尔滨市人民政府决定将犹太公墓迁往皇山。皇山犹太公墓于1963年最后落成。哈尔滨犹太丧葬互助会协助哈尔滨市人民政府做了大量工作。皇山犹太公墓位于哈尔滨东郊哈尔滨——同江公路6公里处，占地面积836平方米，原有墓穴677座，现存583座。哈尔滨犹太人墓地葬有当年活跃在哈尔滨的著名企业家、音乐家、艺术家和社会活动家。其中著名人物有犹太教拉比亚伦-摩西·基谢廖夫，以色列原居中国

犹太人协会、以色列—中国友好协会主席特迪·考夫曼的祖父母、母亲等亲人，曾任以色列总理埃胡德·奥尔默特的祖父约瑟夫·约瑟福维奇·奥尔默特，著名企业家与慈善家德里金和斯基德尔斯基，还有哈尔滨最早的面包师第一机制面包厂厂主 И. Г. 梅金，哈尔滨秋林公司总会计师通科诺戈夫，马迭尔饭店老板的儿子、钢琴家谢苗·卡斯普。哈尔滨犹太墓地经考证被认定是目前东亚地区现存最大、保存最完整的犹太墓地，具有极高的史料价值。1997年和2006年，哈尔滨市人民政府两次出资对犹太公墓进行了修缮，重建了犹太墓地会堂。皇山犹太公墓已成为哈尔滨犹太历史文化研究的宝贵资源，成为哈尔滨犹太人历史的见证。现在经常有原居哈尔滨犹太人及其后裔来此扫墓，亦有世界各国的犹太人来此参观。

◎ 哈尔滨皇山犹太公墓

哈尔滨犹太国民银行 1923年6月3日，由哈尔滨犹太人斯基德尔斯基、卡甘、贝尔柯维奇、克兹、捷克曼、德里金等集资5812元哈大洋，在哈尔滨埠头区中国十一道街44号（今道里区西十一道街角）创办的一家民营银行。1924年正式确定为资本10万元哈大洋。该行设有分支机构，在柏林、巴黎、纽约、伦敦等地委托有代理行，收受与国外的往来汇款。犹太国民银行的目的是团结在哈尔滨的犹太商人，发挥其互助精神，在资金上相互通融。该行以出资人为会员，会员有获得借款的权利。银行的机构比较精简，人员精干。主要特点：实行"参议制"，银行设董事会，董事5人，参议15人，监事2人，作为开展和扩大银行业务活动的参谋和顾问；限制股权，出资10股以内者有一投票权，10股以上者每100股有一投票权，避免个别股多的股东操纵银行；经营上"以避免资金之固定化为方针，使资金多富有流动性"，以加速资金周转；设立公积金，每年从纯利中提取10%作为公积金。1945年，"八·一五"光复后，犹太国民银行一直继续营业。

◎ 哈尔滨犹太国民银行

1959 年 10 月 16 日，该行更名为哈尔滨市人民银行外侨储蓄所。至此，犹太国民银行的业务全部结束。

哈尔滨犹太家庭祈祷所 根据犹太律法的规定，成年犹太教徒每天需要定时进行祈祷。在社区住所周边，满 13 周岁的男性犹太祈祷者达到 10 人就必须要在"明鞅"（Миньян，小型家庭祈祷所）内进行集体祈祷。集体祈祷必须摆放《托拉》经卷，妇女不能参与这种集体祈祷，祈祷时是否有拉比主持仪式和固定地点并不重要。1899 年，10 名哈尔滨犹太教徒在 Г. К. 科诺瓦洛夫家中结成首个"明鞅"，举行犹太宗教祈祷活动，该"明鞅"的成立标志着有组织的哈尔滨犹太宗教活动正式出现。

哈尔滨犹太教会私立第一初级小学 见"斯基德尔斯基塔木德—托拉学校"。

哈尔滨犹太教祈祷所 哈尔滨犹太人早期进行祈祷的场所。1903 年，侨居哈尔滨的犹太人已有 500 人。为了宗教生活的需要，1903 年 2 月 16 日，哈尔滨犹太人在埠头区沙曼街（现道里区霞曼街）成立了哈尔滨犹太教祈祷所，不久又迁至炮队街（现通江街哈尔滨市税务局涉外分局址），选举产生第一届哈尔滨犹太宗教公会，是为哈尔滨犹太宗教公会成立之始。当时犹太宗教公会的会长是 Р. М. 梅耶洛维奇（旧译密拉维奇），司库是

Е. И. 多比索夫（旧译杜皮索夫），学者是 К. Л. 古尔维奇，理事是 М. Л. 萨姆索诺维奇。不久，Ш. 列文拉比应邀从俄国来到哈尔滨，主持教务。1904～1905 年日俄战争期间，因大批在俄军服役的犹太士兵在此祈祷，该祈祷所曾被称为"犹太士兵教堂"。1906 年日俄战后，哈尔滨犹太人增至 3000 多人。

哈尔滨犹太军团 1918 年，在美国和英国伦敦大力进行建立犹太军队的宣传鼓动，号召犹太志愿者汇聚在民族的旗帜下，拿起手中的武器，为获得犹太人的故土——以色列地（巴勒斯坦）而斗争。在哈尔滨，有不少具有锡安主义思想的青年希望参加犹太军团。在 А. И. 考夫曼的帮助下，哈尔滨犹太军团建立，它是由自愿参加解放以色列地军事行动的志愿者组成的军事组织。其成员必须经过严格筛选，不满 18 岁禁止加入。军团选出了总部，并聘请教官对战士进行军事技能培训。А. И. 考夫曼出面协调"伊马尔达戈"俱乐部理事会，让他们给军团提供了训练场地，他还在救助欧战犹太难民所用的房子里给他们提供了两个大房间作为营地。А. И. 考夫曼对军团非常重视，在思想上和组织上给予了指导。每天他都去营地与战士们见面。多次出席他们的活动。经常会见其总部成员。并向军团提供了一定数量的资金支持。但是，

要把他们派往军团运动中心——美国需要大量资金。为了给犹太军团提供尽可能的支持和帮助，А. И. 考夫曼把此问题提交有 19 人参加的犹太社区临时委员会审议。他陈述了军团运动的概况和已经成立的哈尔滨巴勒斯坦犹太军团的情况。在锡安主义者和无党派人士的支持下，最终以 17 票赞成、1 票反对和 1 票弃权的表决结果通过。社区临时委员会选举了军团事务管理委员会，А. И. 考夫曼领导该委员会的工作。1918 年 8 月，在犹太学校举行了军团战士大会，出席大会的有数百人，大多是青年。犹太社区和组织的代表也出席了大会，А. И. 考夫曼在会上发言。当晚，有数百名犹太青年加入军团。

在哈尔滨建立犹太军团的消息很快传遍了西伯利亚，许多城市的犹太青年纷纷询问、申请加入军团。1918 年 9 月，А. И. 考夫曼给位于美国纽约的巴勒斯坦犹太军团执行局发去电报，旨在希望得到英国政府的协助：一是承认军团的合法性，二是把军团战士派到部队，参加战斗。这需要英国政府给英国驻哈尔滨领事下达指示，以便他发给军团战士回归巴勒斯坦的签证。А. И. 考夫曼还拜访了英国驻哈尔滨领事，并与其商谈关于将军团战士派往巴勒斯坦之事。然而，最终这些军团战士没有被派出去，因为那时交战双方已经宣布停战，开始谈判和准备召开和平大会，另外，把他们派往巴勒斯坦前线的手续也过于烦琐。

哈尔滨犹太历史文化国际论坛
2006 年 6 月 16～19 日在哈尔滨成功召开。本届论坛由黑龙江省人民政府主办，黑龙江省社会科学院承办，为第十七届中国哈尔滨国际经济贸易洽谈会的重要组成部分。参加本届论坛的有来自以色列、美国、法国、澳大利亚、俄罗斯、西班牙、中国等 7 个国家的专家学者、政府官员、原居哈尔滨犹太人、企业家共计 200 余人。中共黑龙江省委常委、省委宣传部部长李延芝，黑龙江省人民政府副省长程幼东，以色列驻华大使海逸达，以色列驻中国前大使南月明，中国驻以色列前大使潘占林，以色列—中国友好协会、以色列原居中国犹太人协会会长特迪·考夫曼，俄罗斯犹太自治州副州长瓦列里·古列维奇等国内外嘉宾出席了论坛。国内外政要对此次论坛给予了广泛关注，时任以色列总统的摩西·卡察夫和总理埃胡德·奥尔默特等人发来了贺信。在大会上作学术报告的专家学者 19 人，其中 11 位来自国外，8 位来自国内。他们以传承哈尔滨与犹太人的历史友谊，加强黑龙江省、哈尔滨市与以色列及世界犹太人的合作为主题展开了交流讨论。会议期间，与会代表还参观了哈尔滨国际贸易洽谈会、哈尔滨犹太历史文化展览以及犹太会堂、犹太墓地等哈尔滨犹太人遗址遗迹。本届论坛取得了丰硕的成果。这是一个增进中以两国和中犹两个伟大民族之间友谊的论坛，是一个多国学者进行学术交流的论坛，也是一个探讨研究加强中以合作发展的论坛；是哈尔滨犹太人及其裔、世界犹太人在哈尔滨相聚的一次历史性的不同寻常的会议。论坛推出了一批高水平的哈尔滨犹太历史文化研究的学术成果；接收了一批原居哈尔滨犹太人的资料捐赠；促进了以色列与哈尔滨市在农业科技领域的合作。

哈尔滨犹太历史文化国际研讨会 2004 年 8 月 29 日至 9 月 2 日由黑龙江省社会科学院在哈尔滨举办。参加会议的有来自中国、俄罗斯、法国、以色列、澳大利亚、美国、英国等 10 个国家和地区的专家学者、政府官员、原居哈尔滨犹太人及后裔 200 余人，其中外宾 100 余人。提交论文 30 余篇，26 位代表作了大会发言。到会采访的国内外媒体多达 20 多家、30 余人次，其中包括新华社、中国日报社、中国经济报社、中央电视台、人民画报社、《对外大传播》杂志社等，美国《洛杉矶时报》也派人采访报道。以色列驻华大使海逸达、中国驻以色列前任大使潘占林、全国政协常委伊斯雷尔·爱泼斯坦、以色列—中国友好协会、以色列原居中国犹太人协会会长特迪·考夫曼也出席了会议。会议采

取研讨和参观哈尔滨犹太展览及遗址遗迹相结合的方式，取得了非常好的效果。此次会议不仅促进了哈尔滨犹太人历史文化的研究工作，而且是原居哈尔滨犹太人及其后裔的大聚会。中共中央外宣办主任赵启正、中国对外友好协会会长陈昊苏等给大会发来了贺信，充分肯定了此次会议。以中友好协会会长特迪·考夫曼认为，这次国际会议非常成功，"是关于原居中国犹太人历史文化研究最大规模、最高水平的国际会议"，"是一次盛况空前的研讨会议，也是一次沟通友谊的会议"。

◎ **2004 年哈尔滨犹太历史文化国际研讨会会场**

哈尔滨犹太经济 犹太人最初是随着中东铁路的修建而移居哈尔滨的。哈尔滨历史上诸多的金融和商业机构均出自于犹太人之手。犹太人在哈尔滨居住的几十年里，经济活动十分活跃，为哈尔滨近代工业经济的发展奠定了基础。犹太人的经济活动涉及采

矿、冶金、金融、宾馆、林业、制粉、炼油、酿酒、制糖、烟草、毛皮、印刷、仓储、运输、畜牧等诸多行业领域，其中许多企业的建立在哈尔滨都属先例。犹太人凭借着自己的商业才能成为哈尔滨早期金融业、工商业的奠基人及哈尔滨出口业的开拓者。Л. Ш. 斯基德尔斯基、Р. М. 卡巴尔金、С. 索斯金、Г. Б. 德里金、А. И. 卡干、Л. Г. 齐克曼等都是他们中的佼佼者。他们的努力拉近了哈尔滨与世界的距离，使这里的商贸异常活跃，并把中国的大豆首次出口到欧洲，使之成为国际市场的热门货，获得了"世界性商品"的美誉。20 世纪上半叶，犹太人在哈尔滨的房地产业和工商业中占有举足轻重的地位。当时侨居哈尔滨的各国侨民最多时达 20 余万人，无论是俄国籍、苏联籍、法国籍，还是波兰籍、立陶宛籍，抑或是其他国籍的犹太人，都在同国籍的工商业者中占有相当比例；从业犹太人中，从事房地产业和工商业者达半数以上。可以说，哈尔滨这座近代都市在形成和发展的过程中为犹太人提供了创业、积累财富的良好机遇，为他们日后迁往欧美继续发展奠定了坚实的基础；同时，犹太人也为哈尔滨城市的发展、经济的增长和国际声望的提高作出了不可磨灭的贡献。

哈尔滨犹太免费食堂 哈尔滨犹太宗教公会所属慈善机构，位于埠头区炮队街（现通江街）。第一次世界大战爆发后，在欧洲本已备受歧视和迫害的犹太人更加陷入水深火热之中。哈尔滨犹太社团向他们伸出了援助之手，成立了救助欧战难民委员会。1915 年 6 月中旬，第一批欧战犹太难民辗转来到哈尔滨。哈尔滨犹太救助欧战难民委员会为此在商务街（现上游街）开办了难民救济所和免费食堂。1917 年 7 月 3 日根据 А. И. 考夫曼和 Г. Б. 德里金的提议，哈尔滨犹太救助欧战难民委员会成立了免费食堂委员会：主席 А. И. 考夫曼，司库 А. М. 莫尔多霍维奇，秘书 М. И. 托洛茨基，委员有 З. Б. 古尔芬克利、Б. С. 波利亚科夫、С. И. 加利别林、Г. Б. 德里金、А. С. 巴杜申斯基、М. А. 纳弗塔林、В. Л. 斯科维尔斯基、Б. М. 弗列伊施曼。当时，免费食堂并无固定场所，1918 年底还曾在刚刚落成的犹太中学楼内开伙布施。1918 年 2 月 20日，哈尔滨犹太社团临时委员会决定，犹太免费食堂脱离救助欧战难民委员会，成立专门委员会，独立管理。免费食堂暂定沙曼街（现道里区霞曼街）10 号址，1918 年 12 月 30 日迁犹太中学。同年，为给衣食无靠和孤寡年迈的难民提供固定场所，С. М. 拉比诺维奇和 И. А. 拉比诺维奇慷慨解囊，在炮队街原犹太祈祷所址修建了一栋二层摩尔式小楼，建筑入口处有尖拱式柱廊，屋顶两侧有两个圆形穹顶，一楼为免费食堂。1920 年 11 月 22 日楼房落成。1921 年初，犹太免费食堂迁入新址。1919 年 7 月 1 日，犹太免费食堂管理委员会改组为社会救济委员会。1920 年 2 月 10 日，社会救济委员会还成立了劳动局，为难民介绍工作，发放救济金。A. M. 波塔克选任局长。1920～1939 年的 20 年间，犹太免费食堂共为难民和贫困者提供了近 80 万人次免费午餐、30 万人次廉价午餐，为此支出折合人民币 16.5 万元。到免费食堂就餐的 70% 是犹太人，也有俄国人和中国人来此求助。免费食堂的最后一任院长（第四任）Г. M. 布尔苏克，石印厂厂主，是 1949 年犹太宗教公会会员大会推举产生的。另据有关资料载，犹太养老院、犹太妇女慈善会、犹太贫病救济会（犹太医院落成前）、犹太水灾难民救济委员会（1932年）、犹太人慢性病研究所（1942 年）也曾先后设在免费食堂楼内。1996 年，该楼被扩建成六层办公楼，现址为哈尔滨市税务局涉外分局。

哈尔滨犹太民族大学　1924 年 12 月，犹太青年发起成立哈尔滨犹太民族大学，聘基谢廖夫拉比讲授宗教学、宗教史及哲学、古犹太文字学，维特林讲授塔木德及律法，伊兹古尔讲授犹太历史，考夫曼讲授犹太文学及民族运动，拉维科维奇讲授锡安主义。次年 1 月开学，校址在犹太中学楼内。该犹太大学属自发办学性质，

◎ 哈尔滨犹太免费食堂

是未经教育行政部门核准的普通高等学校。

哈尔滨犹太民族宗教学校　见"斯基德尔斯基塔木德—托拉学校"。

哈尔滨犹太贫病救济会　第一次世界大战后，许多欧洲犹太难民辗转来到哈尔滨。1920 年，哈尔滨犹太人已增至 2 万多人，其中不乏衣食无靠、疾病缠身者。有鉴于此，11 月 24 日哈尔滨犹太社团成立临时委员会，委托 M. И. 布尼莫维奇等人起草章程，发起成立了犹太贫病救济会，其宗旨是为贫病者提供免费医疗，并在必要时给予物质援助。1921 年 1 月 8 日，哈尔滨犹太贫病救济会召开第一次会议，通过章程，将协会定名为"米什麦列斯—赫依利姆"，并选举 M. И. 布尼莫维奇为主席，Ю. E. 爱利亚松为副主席，C. M. 维赫捷尔、A. И. 考夫曼、И. C. 弗里杰、Г. A. 贝霍夫斯基、

И. А. 拉比诺维奇为理事，组成了第一届理事会。起初，医生们是在难民所进行义诊。1921 年 5 月 8 日，哈尔滨贫病救济会在免费食堂楼内开办了施诊所，А. И. 考夫曼医生主持施诊所的工作。不久，又开办了牙医诊所。施诊所年救济治疗贫病者达 2.5 万人次。自施诊所开办之日始，贫病救济会就设立了犹太医院建设基金，计划创办一所犹太医院，并为此开展了募捐活动。由于贫病救济会长期不懈的努力，10 年后建立犹太医院的设想终如愿以偿。1932 年 9 月 4 日，Е. С. 纳芙塔琳娜—约菲将其在埠头区东商市街（现道里区西五道街）的地号捐予贫病救济会。1933 年 6 月 4 日，犹太医院在东商市街破土动工。哈尔滨犹太居民积极响应宗教公会的号召，踊跃捐献了建设和设备资金。同年 11 月 5 日，门诊部开业。1934 年扩建为二层楼房，10 月 29 日犹太医院（含住院部）全部启用（参见"哈尔滨犹太医院"）。哈尔滨犹太贫病救济会历任主席是：М. И. 布尼莫维奇（1921 年～？在职）、С. М. 维赫捷尔（？～1935 年在职）、С. Е. 利别尔曼（1935～1942 年在职）、И. М. 别尔科维奇（1942～1950 年在职）、М. И. 索罗维奇克（1950～1953 年在职）。1935 年哈尔滨犹太贫病救济会理事会成员如下：主席 С. М. 维赫捷尔，理事 А. И. 考夫曼、Н. И. 托洛茨卡娅、М. И. 托洛茨卡娅、Е. М. 戈兰斯卡娅、Д. В. 戈兰斯卡娅、М. Т. 吉明、С. Е. 利别尔曼、А. А. 巴杜申斯卡娅、А. С. 卡干、С. О. 瓦因古尔特、Я. Р. 卡巴尔金、П. Л. 楚克尔曼、И. Х. 阿德列尔、И. М. 别尔科维奇、Е. С. 纳芙塔琳娜—约菲、М. А. 爱泼斯坦、Е. Д. 齐特林、И. Л. 拉波波尔特。1953 年 5 月 12 日，选举出新的理事会：主席 Г. М. 布尔苏克，副主席 С. И. 瓦因古尔特，副主席兼秘书 А. С. 奥西诺夫斯基，药局主任 А. Я. 格罗斯曼，事务主任 А. С. 布林杰尔，司库 Э. К. 科恩，理事 Н. С. 卡涅尔、Р. М. 布尔苏克、Е. С. 纳芙塔琳娜—约菲、Б. А. 涅米克、Н. И. 盖津别尔格、С. С. 施泰因加特、М. И. 布列斯列尔。

哈尔滨犹太青年联合会 1917 年初哈尔滨犹太青年成立的组织，有会员 120 人，主要由学校中的高年级学生组成。该联合会每周都组织报告会，邀请 А. И. 考夫曼和海法赫等为学生们讲述犹太文学、历史，进行民族传统教育。该组织虽然存在时间不长，但在学生中留下了深刻印象。

哈尔滨犹太人 19 世纪末到 20 世纪中叶在中国东北哈尔滨及毗邻地区居住的犹太人。犹太人涉足哈尔滨地区的历史始于 19 世纪后半叶，特别是在俄国从清朝政府手中获得修建中东铁路权之后。最早抵达的犹太人大多来自俄国，其中有皮毛经销商、牧牛人、乳制品制造商、工匠以及从俄国军队逃出的犹太士兵。在修筑中东铁路期间，沙皇政府对中俄边境地区的迅速移民和经济发展感兴趣，鼓励俄国犹太人向满洲移居。1903年哈尔滨的犹太人已达500人。日俄战争（1904～1905年）后，犹太人开始急剧增加。大批在俄国军队服役的犹太军人以各种方式脱离所在部队，成为哈尔滨的犹太定居者。1907～1909年，在哈尔滨定居的犹太人建起第一座犹太会堂，建筑高大，具有浓郁的俄罗斯风格。到1908年，哈尔滨的犹太人数已逾8000人。1917年俄国十月革命后，许多原居住在俄国和波兰等国的犹太人纷纷穿过西伯利亚来到哈尔滨及毗邻城市。哈尔滨的犹太社团更是得到了迅速的扩大。至1920年，移居哈尔滨的犹太人数已达2万人，成为中国境内最大的犹太社区。1919年，首次通过选举的方式产生了哈尔滨犹太社区委员会，负责领导和处理与犹太人有关的事务。公益活动开始有组织地展开，犹太人建起了自己的医院、图书馆、学校以及塔木德—托拉犹太民族宗教学校。旨在帮助年迈者、孤儿、穷人的福利机构纷纷设立。各项文化事业也得到了发展，除了不断有戏剧、音乐、演出方面的活动，犹太出版物也纷纷面世。在这些出版物中，大部分为俄语读物，少数为意第绪语读物。一份当地出版的意第绪报刊以报道社团活动和世界犹太人消息为主，颇受读者欢迎。其中巴勒斯坦远东局及其机关刊物《西伯利亚－巴勒斯坦》周刊（1925年1月起改名为《犹太生活》），从1920年起创办，直至1943年才停刊。哈尔滨犹太社团的人员比较单一，主要由来自俄国的阿什肯纳兹犹太人组成，少数为来自波兰、德国、奥地利及其他国家的犹太人。其大部分受俄国锡安主义思想影响较大，具有较强烈的复国主义倾向。社区内锡安主义活动频繁，对社区的生活发挥着重要影响。1917年，有组织的锡安主义活动出现。1920年，在哈尔滨召开了由东北、上海、天津锡安主义人士参加的巴勒斯坦会议，成立巴勒斯坦远东局。在苏联禁止锡安主义活动后，哈尔滨几乎成为世界唯一的锡安主义的俄语中心。在派别众多的锡安主义思潮中，锡安主义修正派的观点较为流行。1929年后，"贝塔"组织活动在社区内拥有大量青年成员。在锡安主义思想影响下，早在20世纪20年代，哈尔滨犹太社区便有成员移居巴勒斯坦，投入创建犹太人家园的事业中去。20年代末，哈尔滨犹太社区的经济生活受到一系列冲击，社区开始出现衰退迹象。许多犹太人开始离开哈尔滨和东北其他地区，前往天津和上海寻找较为宽松的经济环境。30年代中期，因日本占领当局限制和迫害犹太人，哈尔滨犹太人口已减至5000人。1945年

8月，苏联对日宣战后哈尔滨为苏军占领，犹太人组织被取缔，社区领袖被押解至苏联境内集中营，犹太人生活受到极大影响。加之以色列 1948 年建国鼓励犹太人回归，1950 年起犹太人大批离去，其中部分俄罗斯犹太人返回苏联，数千人移居以色列。1955 年哈尔滨的犹太人已不足 400 人。1985 年，最后一名犹太老妇人阿哥列在哈尔滨去世。

哈尔滨犹太人秘密移民委员会

1948 年，新生的以色列国向世界犹太人敞开了大门。根据以色列法律，散居在世界各地的犹太人一踏上以色列国土就可自动取得以色列国籍，成为以色列公民。具有锡安主义思想的哈尔滨犹太人向往着早日回到祖国的怀抱。1948 年 12 月，以色列移民部在上海设立代表处，向中国犹太人发放前往以色列的移民许可证。1949 年，哈尔滨犹太人成立了秘密的移民委员会，负责办理犹太人移居以色列事宜。其办公地点设在哥萨克街（现高谊街），这是薇拉·施托夫曼提供的。移民委员会成员有：主席 C. И. 斯皮瓦克，秘书特迪·考夫曼（1949 年 4—11 月）和三名"贝塔"组织成员：Я. 坦杰特、Б. 米尔金和 B. 施托夫曼。该组织与上海、天津的犹太人组织建立了联系。由于特迪·考夫曼是哈尔滨犹太社区的秘书，所以哈尔滨犹太人与天津、上海的犹太人组织以及以色列驻莫斯科大使馆的来往信函都寄到他的名下。哈尔滨犹太人移民委员会的工作卓有成效，以戈利德哈麦尔（Гольдхаммер）为首的首批德国犹太难民约 120 人获得了签证，与他们同行的还有哈尔滨犹太人 Я. 罗滕贝格及夫人、Д. 米德林、薇拉·根德林娜及女儿费娅。开始大规模移民的时候，由犹太组织租来船只，他们先把大批移民运往欧洲，再从欧洲前往以色列。

哈尔滨犹太人移居巴勒斯坦促进协会

哈尔滨犹太人移居巴勒斯坦促进协会简称巴勒斯坦协会，是哈尔滨锡安主义组织的前身，成立于 1912 年 6 月，1917 年俄国二月革命后改称哈尔滨锡安主义组织。1912 年 6 月 10 日，哈尔滨犹太人移居巴勒斯坦促进协会在犹太小学校（当时仅一层，后扩建为犹太中学，现哈尔滨朝鲜族第二中学址）召开会议，宣布成立，由不久前从乌拉尔来到哈尔滨的 А. И. 考夫曼当选为主席。哈尔滨犹太人移居巴勒斯坦促进协会五年中为宣传锡安主义的主张做了大量的工作。成立当年的 6 月 24 日，该促进协会和犹太宗教公会在犹太总会堂举行追悼会，悼念政治锡安主义的创始人、世界锡安主义组织的缔造者西奥多·赫茨尔逝世八周年；11 月，协会建立图书馆；1913 年 6 月，协会举办纪念著名犹太诗人福鲁格文学生活 30 年晚会；第一次世界大战爆发后，1914 年 12 月 30

日，协会在商务俱乐部举办音乐会，为欧战犹太难民募捐义演。随后又为救助欧战犹太难民做了许多工作。

哈尔滨犹太人移居巴勒斯坦促进协会图书馆 见"哈尔滨犹太图书馆"。

哈尔滨犹太丧葬互助会 又译犹太葬仪公社委员会，是哈尔滨犹太宗教公会所属宗教和慈善组织，是在犹太社区内自发形成的。在互助会内，除了灵车司机收取一定报酬之外，其他人都是义务为社区服务。其宗旨是依照犹太人的宗教和风俗习惯，安排故去的犹太人丧葬，管理犹太公墓。1903 年创办，首届理事会由 Л. 布托姆、И. Л. 巴赫、А. М. 萨利特、布尔施泰因、鲍罗沃伊、别尔采里、列文拉比、康多列维奇组成。1904 年章程获得通过，И. 加利别林等加入犹太丧葬互助会。日俄战争时期，哈尔滨犹太丧葬互助会克服了很多困难，埋葬了阵亡在中国东北的俄军犹太士兵。随着社区的发展和壮大，哈尔滨犹太丧葬互助会于 1920 年在犹太墓地建设了二层楼的祈祷所，并修建了围栏。1926 年 2 月，Б. М. 弗列伊施曼出任哈尔滨犹太丧葬互助会理事会主席后，丧葬互助会的工作更加有效，增加了墓地面积，改善了丧葬设施，添设了电灯照明，将马拉灵车改为汽车灵车，开展了更多的慈善活动。哈尔滨犹太丧葬互助会自 1903 年 5 月 28 日至

1958 年 3 月 5 日在老犹太墓地共安葬了 3173 名故去的犹太人，其中男性 1923 人，女性 1250 人。20 世纪 50 年代，哈尔滨犹太丧葬互助会委员会构成情况为：会长 С. Н. 卡涅尔，司库 А. С. 布林杰尔，委员 Ш. С. 施泰因加德，犹太宗教公会代表 Р. М. 布尔苏克，秘书 Я. М. 米利希克尔。1958 年，犹太公墓由市区迁移至皇山。哈尔滨犹太丧葬互助会协助哈尔滨市人民政府做了大量工作。

◎ 哈尔滨犹太丧葬互助会于 1920 年在犹太墓地建设的祈祷所

哈尔滨犹太社会救济委员会 其前身是哈尔滨犹太免费食堂管理委员会。1919 年 7 月 1 日，犹太免费食堂管理委员会改组为社会救济委员会。参见"哈尔滨犹太免费食堂"。

哈尔滨犹太社区临时委员会 1917 年俄国的二月革命和十月革命波

及哈尔滨，此时在哈尔滨的俄国人思想活跃、政党林立。1917 年 3 月底，哈尔滨犹太人召开会议，决定改组犹太社团。会议推选各团体、派别代表 15 人组成哈尔滨犹太民主社团章程起草委员会。4 月 4 日举行会议，选举 33 名委员，成立哈尔滨犹太社团临时委员会。锡安主义组织、锡安山工人党、犹太教正统派、崩得等几乎所有的团体和派别都参加了社区临时委员会。会议选举 Е. И. 多比索夫为会长，А. И. 考夫曼和 С. И. 拉维科维奇为副会长；废止原犹太宗教公会章程，委托临委会起草新的民主社团章程。哈尔滨犹太社区临时委员会尽管内部党争激烈，斗争不断，但仍在特殊的历史时期为哈尔滨犹太社区的完善做了大量工作。

《哈尔滨犹太社区委员会通报》

在 1948～1949 年一年半的时间里，哈尔滨秘密出版了《哈尔滨犹太社区委员会通报》，反映当时在以色列发生的事件。这是自 1943 年 6 月至 1954 年 5 月的 11 年间唯一记录哈尔滨犹太宗教公会历史的出版物。

哈尔滨犹太社团档案委员会

1928 年由 Я. Д. 弗里泽尔倡议，为撰写哈尔滨及远东地区犹太历史收集文献资料而组建的宗教公会专门委员会。该档案委员会经细心工作，收集了很多社团组织及成员的往来信函、剪报、手稿和照片。1930 年 6 月和 1931 年 4 月，在宗教公会所在地先后两次举行了哈尔滨犹太社团档案展览。1935 年《犹太生活》杂志据此出版了 15 周年纪念刊。

哈尔滨犹太社团纪念"贝尔福宣言"发表一周年大会

1918 年 11 月，在"贝尔福宣言"发表一周年之际，哈尔滨犹太社团举行了隆重的纪念活动，庆祝自己的民族节日。

11 月 23 日（星期六）早 10 时，数以千计的哈尔滨犹太人来到犹太总会堂集会，进行祈祷。会堂内座无虚席。А. И. 考夫曼和 С. И. 拉维科维奇在会上演讲。11 月 26 日，全市犹太工厂停工、商店闭店、学校放假，到处插满了白蓝色旗子，挂起了西奥多·赫茨尔的画像，一派节日景象。晚 6 时，人们盛装来到马迭尔影剧院和职员协会俱乐部。满洲里、海拉尔、齐齐哈尔等地的犹太人也纷纷赶到哈尔滨参加盛典。8 时 30 分，英、法、美、比利时、意大利等国驻哈领事，在哈乌克兰、格鲁吉亚、亚美尼亚、鞑靼各民族代表，中国当局以及铁路代表来到马迭尔，出席了晚会并发言祝贺。隆重的集会由 А. И. 考夫曼主持，С. И. 拉维科维奇讲话。职员协会俱乐部的庆祝集会是在晚 9 时 30 分开始的。著名的"吉姆拉"歌舞团在集会上演出了犹太民族歌舞，最后演唱了《哈蒂克瓦》。人们载歌载舞，情绪高昂，热情奔放，集会持续至凌晨 2 时。

哈尔滨犹太社团纪念"贝尔福宣言"发表一周年大会体现了哈尔滨犹太人对自己民族家园的向往和复国的决心，也展示了哈尔滨犹太社团的凝聚力。

哈尔滨犹太社团救助欧战犹太难民委员会 1914 年 11 月 9 日，由 A. И. 考夫曼、Е. И. 多比索夫等发起，哈尔滨犹太人开会讨论救助欧战难民问题，成立了救助欧战难民委员会，该委员会主要领导人有 A. 基谢廖夫拉比、И. 多比索夫、莫尔多霍维奇、A. 考夫曼、巴杜申斯基、德里金等。会议通过决议：战争期间，哈尔滨犹太社团的成员每周需捐出一天的薪水，作为救援欧战难民基金，并选举组织委员会，开展捐款救助活动。1915 年 6 月中旬，第一批欧战犹太难民辗转来到哈尔滨。10 月哈尔滨犹太社团救助欧战犹太难民委员会在商务街（现上游街）开办难民救济所，后在药铺街（现中医街）、沙曼街（现霞曼街）和八区等地也办了难民救济所。其中八区难民救济所是栋二层楼，院内还有栋厢房，可容纳难民 800～900 人。11 月 11 日，哈尔滨救助欧战犹太难民委员会在难民救济所开办了免费食堂。1917 年 5 月 30 日，哈尔滨锡安主义组织为巴勒斯坦、波兰、立陶宛的战争难民举行捐款救助活动，共募集捐款 2.2 万卢布。7 月 3 日，由 A. И. 考夫曼和 Г. Б. 德里金发起，哈尔滨救助欧战犹太难民委员会开办免费食堂，成立免费食堂管理委员会，A. И. 考夫曼任主席。10 月 10 日，哈尔滨救助欧战难民委员会和移居巴勒斯坦促进协会发表呼吁书，呼吁哈尔滨犹太人紧急捐资救济来哈的犹太难民。1917 年哈尔滨犹太社团救助欧战难民委员会为救助欧战难民募捐达 94 498 卢布。

哈尔滨犹太社团救助水灾难民委员会 1932 年 8 月，哈尔滨发生了大水灾，道里、道外、正阳河、江北等地一片泽国，十余万水灾难民啼饥号寒，惨不忍睹。为救济水灾难民，8 月 12 日，哈尔滨犹太社团在拉维科维奇的主持下召开紧急会议，成立救助水灾难民委员会。在哈尔滨的各犹太社会团体、组织的代表参加了救助水灾难民委员会。委员会主席团组成如下：主席 С. И. 拉维科维奇，副主席 Я. Д. 弗里泽尔，司库 И. М. 别尔科维奇，秘书 A. С. 伊兹古尔。成员：A. М. 基谢廖夫拉比、П. К. 别尔曼、A. И. 考夫曼、Р. Л. 梅耶洛维奇、A. Г. 齐克曼等 32 人。另设监察委员会：主席 С. З. 金兹伯格，副主席 С. Е. 利别尔曼，秘书 A. Б. 金兹伯格等。

哈尔滨犹太社团救助水灾难民委员成立了总指挥部和很多小分队，参加站岗护堤，救灾抢险，救助老弱妇孺，为灾民募集捐款、解决临时住宿、发放衣物和食品，并帮助灾民修复住房、生产自救，做了大量的工作。

◎ 哈尔滨犹太社团救助水灾难民委员会

哈尔滨犹太社团举办庆祝耶路撒冷希伯来大学成立音乐会 1925年3月，在哈尔滨的锡安主义组织远东局获悉将在耶路撒冷创办希伯来大学的消息，随即 A.И. 考夫曼也收到了希伯来大学校委会和世界锡安主义组织寄来的参加希伯来大学开幕庆典的邀请函。为此，哈尔滨犹太社团成立了庆祝希伯来大学开幕专门筹备委员会。1925年4月1日是希伯来大学开幕庆典之日，哈尔滨《犹太生活》杂志发行了庆祝专号；犹太社团在商务俱乐部隆重举办了庆祝耶路撒冷希伯来大学成立音乐会，会场内座无虚席。会议由 A.И. 考夫曼主持，基谢廖夫拉比、A.B. 维特金、С.И. 拉维科维奇和 И.Х. 索斯金为名誉主席团成员，中国地方当局代表，英国、德国、日本等国领事也出席了庆典并讲话。东省特别区市政管理局局长马忠骏在讲话中对在耶路撒冷建立犹太民族中心和创办希伯来大学表示祝贺，强调"中国人民支持贝尔福宣言，犹太人在中国享有自由和平等，在这里没有民族和政治的迫害"。音乐会演出了著名犹太作曲家的曲目。由阿普捷卡列娃、希费尔布拉特、特拉赫金贝尔格、肯尼格合作的哈尔滨著名的弦乐四重奏组也登台献艺，音乐会在《哈蒂克瓦》乐曲中结束。耶路撒冷希伯来大学的成立是犹太人历史上的盛事，哈尔滨犹太社团举办庆祝耶路撒冷希伯来大学成立音乐会也成为哈尔滨犹太历史上的重要篇章。

哈尔滨犹太社团抗议希特勒德国迫害犹太人集会 1933年初，随着希特勒登上德国政治舞台，一场以犹太民族为主要迫害对象的历史大屠杀便拉开了序幕。1933年1月30日希特勒成为德国总理，3月5日纳粹在国会选举中获胜。随后通过决议，旨在把犹太人从社会生活中清除出去，迫使他们离开德国。3月9日，柏林发生了一系列反犹事件。4月初，纳粹开始在经济上抵制犹太人，解除犹太人公职，禁止医院聘用犹太医生，掀起了排犹风潮。消息传来，哈尔滨犹太人无限愤慨。4月23日，哈尔滨锡安主义组织在犹太总会堂举行了声势浩大的抗议集会，有2500多犹太人出席。会堂内座无虚席，走廊也挤满了人，很多人站在了街上。С.И. 拉比诺维奇

和 **A. И.** 考夫曼在会上慷慨发言。会议一致通过决议书，强烈抗议希特勒德国迫害犹太人。随即将抗议书送交各国驻哈领事馆、国联、伦敦世界锡安主义组织总部和各新闻媒体。哈尔滨犹太宗教公会也召开会议，抗议纳粹德国的暴行。哈尔滨犹太社团抗议希特勒德国迫害犹太人的集会是哈尔滨犹太社团政治社会生活中的一件大事。

哈尔滨犹太社团欧战犹太难民救济所 见"哈尔滨犹太社团救助欧战犹太难民委员会"。

哈尔滨犹太图书馆 位于犹太新会堂二楼，新会堂是著名的犹太建筑设计师约瑟夫·尤里耶维奇·列维金设计的。该图书馆成立于 1912 年，当时称哈尔滨犹太人移居巴勒斯坦促进协会（简称巴勒斯坦协会）图书馆，俄国十月革命后改称锡安主义组织图书馆。20 世纪 30 年代迁至塔木德—托拉学校二楼。图书馆收藏有会员捐助的珍稀书籍、锡安主义文学和世界文学名著以及文学、意第绪语、音乐及戏剧课程教材等。1933 年 12 月 10 日，哈尔滨锡安主义组织图书馆与原哈尔滨犹太音乐—文学—戏剧协会（"伊玛尔达戈"）图书馆合并，成立了哈尔滨犹太公共图书馆。该图书馆藏书 1.5 万卷，远至拉比文学、犹太圣诗，近有当代高雅文学、儿童读物，一年借阅图书为 2000 册，能满足各层次读者

◎ 哈尔滨犹太公共图书馆

的需要，是当时东亚地区最古老、规模最大的犹太图书馆。该图书馆不仅是哈尔滨犹太人读书的场所，而且还举办各种文化活动，如音乐会、图书馆纪念会、发布新书出版及其他重要消息、介绍犹太知名作家、举办诗歌朗诵会等。可以说，犹太民族图书馆是哈尔滨犹太人的文化中心之一。

哈尔滨犹太文学研究小组
1948 年，在特迪·考夫曼和 **Б.** 米尔金的倡议下成立，特迪·考夫曼任组长。由于 1945 年哈尔滨所有锡安主义组织均已被取缔，所以该小组当时在加强犹太民族凝聚力方面发挥了重要作用。然而，该小组只存在了一年半就被取缔。这与"二战"后初期苏联政府掀起的反犹排犹运动息息相关。"二战"结束后，随着美苏冷战的爆发，为苏联卫国战争胜利作出重要贡献的犹太人反法西斯委员会（以下称"犹委会"）在国内不断受到打压。1948 年 11 月，联共（布）中央政治局以"犹委会"进行

反苏宣传、向国外情报机构提供反苏情报为由，决定将其解散。1948 年底，犹委会被解散，其机关报《团结报》被停刊。随后，犹委会的领导人和主要成员相继被捕入狱。意第绪语杂志被停办，莫斯科意第绪语剧院的主要成员被逮捕。苏联作家协会的犹太部被取消。1948 年冬至 1949 年，大部分主要的苏联犹太作家和知识分子被逮捕。此外，开始严格限制意第绪语教育和书籍。意第绪语学校被关闭，书店中的意第绪语书籍被清除掉。1949 年苏联掀起了反对"世界主义"的运动，这在很大程度上是针对苏联犹太人的，反犹风潮进一步升级。在这样的形势下，特迪·考夫曼领导的犹太文学研究小组被取缔是必然的。

哈尔滨犹太消费合作社　1919 年，世界由战争趋于和平，苏俄爆发了国内战争，中国反帝反封建的资产阶级民主革命也进入了一个新的阶段。此时的哈尔滨钱币毛荒，物价飞涨，民不聊生。鉴于此，哈尔滨犹太社团决定成立消费合作社。1920 年，哈尔滨犹太消费合作社在炮队街（现通江街）犹太社团楼内开办。在短短的一两周内，便有 271 人入股达 589 股。入股人可以享受底价买进生活必需品的待遇，而且可分期付款。Г. Б. 德里金、Я. Д. 弗里泽尔、Г. А. 贝霍夫斯基、А. Е. 卡奇克、Ш. Л. 热列兹尼亚科夫和 М. И. 托洛茨基是犹太消费合作社的发起人和骨干。犹太消费合作社存在了两年。它的成立有力地解决了当时市场批零差价过大问题，在一定范围平抑了物价，缓解了犹太人面对通货膨胀的压力。这是在远东地区犹太经济生活中的首创。

哈尔滨犹太小学　1907 年 4 月，随着哈尔滨犹太社区的逐渐形成，哈尔滨犹太社团创办了犹太小学，亦称哈尔滨市私立犹太优级学校。当年有 26 名犹太儿童入学成为第一批学生。到第二年，入学人数猛增至 70 人，到 1909 年，已经有 100 多名学生进入犹太小学就读。1910 年，犹太小学新校舍在炮队街（现通江街）落成，当时仅为一层建筑。

哈尔滨犹太新会堂　位于埠头区斜纹街（现道里区经纬街）162 号，与经纬五道街交角处，曾为哈尔滨市公安局俱乐部，现为哈尔滨犹太历史文化展览馆。该会堂希伯来语称"别依斯—加麦尔德罗什"，是犹太教哈西德教派会堂。它之所以被称为新会堂是相对于 1909 年建成的位于炮队街（现通江街）的哈尔滨犹太总会堂而言的。1916 年哈尔滨犹太宗教公会议定修建新会堂。1917 年，原居哈尔滨犹太人法因兰德和霍赫洛夫金将经纬街地号出让给哈尔滨犹太宗教公会，新会堂终于选定了地址。1918 年 4 月 4 日，哈尔滨犹太宗教公会选出"别依斯—加麦尔德罗什"建设委员会。同年 9 月 21 日，举行了隆重的开工典礼。1921 年 9 月 25 日，哈尔滨犹太新会堂竣工，举行落成典礼。设计师是著名的犹太建筑设计师约瑟夫·尤里耶维奇·列维金。哈尔滨犹太新会堂拥有房产 1233.60 平方米，地产 1296.75 平方米，为中国东北地区最大的犹太会堂，可容纳 800 人同时做礼拜。新会堂主入口处为三开门，突出部分的 4 个廊柱擎起尖券高门；正殿呈正方形，屋顶耸起一巨大的半圆形穹窿，造型别致，气势雄伟。哈尔滨犹太新会堂落成后，哈尔滨锡安主义组织图书馆便迁至其二楼。该图书馆成立于 1912 年，当时称哈尔滨犹太人移居巴勒斯坦促进协会（简称巴勒斯坦协会）图书馆，俄国十月革命后改称锡安主义组织图书馆。1933 年 12 月 10 日，哈尔滨锡安主义组织图书馆与原哈尔滨犹太音乐—文学—戏剧协会（"伊玛尔达戈"）图书馆合并，成立了哈尔滨犹太公共图书馆。因此，也可以说犹太新会堂遗址还是哈尔滨犹太公共图书馆旧址。

哈尔滨犹太养老院　哈尔滨犹太宗教公会所属慈善机构，位于埠头区炮队街（现道里区通江街 5 号）。1918 年，为给衣食无靠和孤寡年迈的难民提供固定场所，С. М. 拉比诺维奇和 И. А. 拉比诺维奇夫妇慷慨解囊，在炮队街（现通江街）原犹太祈祷所址修建了一栋二层摩尔式小楼，建筑入口

◎ 1921 年 9 月 25 日建成的
哈尔滨犹太新会堂

处有尖拱式柱廊，屋顶两侧有两个圆形穹顶。1920 年 11 月 22 日楼房落成，1921 年 1 月哈尔滨犹太养老院在二楼开办。养老院起初可赡养孤寡贫病老人 25 人，至 30 年代赡养 18～20 人。养老院的全部费用来自于哈尔滨犹太人的捐助。为此，哈尔滨犹太社区还成立了养老院照管委员会。И. А. 拉比诺维奇被推举为名誉会长，Ю. А. 鲍罗沃伊、И. Х. 索斯金、Г. Б. 德里金、А. И. 考夫曼、Я. Д. 弗里泽尔和 А. Л. 巴赫为委员，А. И. 考夫曼医生的父亲 И. С. 考夫曼担任院长。20 世纪 30 年代中期，养老院照管委员会成员如下：И. А. 古列维奇、М. М. 科茨、А. И. 考夫曼、Ю. А. 鲍罗沃伊、В. Я. 冯施捷因、А. М. 基谢廖夫拉比、Ф. И. 基谢廖娃、С. О. 瓦因古尔特、П. Г. 楚克尔曼、С. М. 拉比诺维

奇、Н. И. 托洛茨卡娅、Е. С. 纳芙塔琳娜一约菲、Р. А. 古列维奇、阿德列尔、С. О. 奥西诺夫斯基、Б. М. 弗列伊施曼、П. М. 卡恩、М. А. 爱斯金、О. Х. 阿德列尔。哈尔滨犹太养老院的最后一任（第四任）院长 Г. М. 布尔苏克，石印厂厂主，是 1949 年经犹太宗教公会会员大会推举产生的。

◎ **1921 年开办的哈尔滨犹太养老院为衣食无靠和孤寡年迈的难民提供的养老场所**

哈尔滨犹太医院　位于道里区西五道街 36 号（现市眼科医院址）。哈尔滨贫病救济会所属医院，当年是哈尔滨的一流医院（见"哈尔滨犹太贫病救济会"）。1933 年 11 月 5 日，犹太医院门诊部开业。1934 年扩建为二层楼房，10 月 29 日犹太医院（含住院部）全部启用。1936 年始建三层，但因经费不足，只建一半。1939 年建完三层楼房，并开办药房。1941 年增设 X 光透视室。医院门诊的全部设备是由已故中央大药房老板 А. А. 科夫曼的夫人和继承人捐献的，牙科设备是 А. А. 巴辛出资购置的，而医院的正门是 А. А. 奥昆捐献

1800 美元装修的。犹太医院接待的患者不仅是犹太人，还有其他民族。医院遵守安息日和犹太假期，供应符合犹太教规则的洁净食物。医院共有 23 个房间，可同时接待 28 个患者，治疗有收费的，也有免费的。据统计，1935 年全年犹太医院门诊接待患者达 2.6 万人，按一年 271 个工作日计算，平均日接待患者达 96.6 人。四名主要医师相继担任犹太医院院长。维赫捷尔医生是第一任院长，А. И. 考夫曼担任第二任院长，其后是别施科夫斯基和鲁宾逊医生。医院的理事会主席由谢苗·利别尔曼担任，在其卸任后则由约瑟夫·贝尔科维奇担任。医院中的大部分医生是犹太人，只有少数是俄国人。其历任主任医师是：А. А. 别杜申斯卡娅（1935 年前）、А. С. 科甘（1935 年出任半年）、А. И. 考夫曼（1935～1945 年）、Т. Н. 别施科夫斯基（1945～1948 年）、戈里德哈尔姆麦尔（1948～1949 年）、鲁宾逊（1949～1950 年 6 月）、Г. И. 恰普里克（1950 年 6～1953 年）。

◎ **1930 年代的哈尔滨犹太医院**

哈尔滨犹太语言爱好者协会

1917 年 1 月由哈尔滨犹太人成立。协会章程规定,该协会为彼得格勒犹太语言爱好者协会的分会。阿布拉姆考夫曼当选为协会会长,主持协会工作。协会会员除经常交流学习希伯来语外,还开办了希伯来语幼儿园,举办了希伯来语夜校培训班。协会为推广民族语言,增进民族意识和团结,建立自己的民族家园做了大量的工作。

哈尔滨犹太中学

1916 年,哈尔滨犹太社团决定将原小学校舍扩建为二层楼,创办犹太中学。1917 年 10 月 1 日奠基,建筑委员会主席是 Г. Б. 德里金,校务理事会主席是 А. И. 考夫曼,设计师是 Г. И. 列维金。1918 年 12 月,犹太中学落成并开学。这是远东地区第一所犹太中学。其二楼尖券型窗、嵌有大卫之盾六角圣星的窗棂,圆拱形门廊,女儿墙上的塔柱、屋顶的圆状穹隆等都美仑美奂。

◎ 1918 年 12 月哈尔滨
犹太中学落成并开学

哈尔滨犹太宗教公会

犹太宗教公会是经选举产生的犹太社区的管理组织机构。早在 1903 年前,哈尔滨犹太人就创办了犹太协会,后改称犹太宗教公会。其职能是:创办犹太会堂及祈祷所;办理哈尔滨犹太人生死、结婚及离婚登记,并进行宗教仪式;按犹太教规屠宰牛羊牲畜;创办犹太墓地,按犹太教规埋葬公会会员;支付酬金给犹太会堂拉比以及按犹太教规屠宰牲畜者;逾越节烙制果品,分发犹太教民;监督哈尔滨市所有犹太文化、教育、医疗、慈善等机构的一切工作。

◎ 经选举产生的犹太社区管理组织
机构哈尔滨犹太宗教公会

理事会是会员大会闭会期间哈尔滨犹太宗教公会的最高领导机构,负责处理日常事务工作。理事会由每两年一次的会员大会选举产生,理事会理事不得少于 11 人;在此 11 人中选举理事会主席 1 人,副主席 1 人,秘书及会计各 1 人。会员大会还选举候补理事 5 人;选出监察委员会监委 3 人及候补监委 2 人,监察理事会工作及财务情况。哈尔滨犹太宗教公会所办事业及所属团体有各犹太会堂、犹太养老院、犹太免费食堂、犹太丧葬互助会、犹太妇女慈善会、犹太图书馆、各犹太学校、犹太贫病救济会及犹太医院等。哈尔滨犹太宗教公会成立以来，历任理事会主席有萨姆索诺维奇、多比索夫、拉维科维奇、考夫曼、基谢廖夫、扎伊格拉耶夫、卡涅尔等。犹太宗教公会最后一届理事会和监事会是1949年5月29日经会员大会选举产生的。至1953年5月，哈尔滨犹太宗教公会理事会和监察会构成情况如下：理事会主席 C. H. 卡涅尔，主席团成员 K. И. 库什涅尔、P. M. 布尔苏克，司库 Г. M. 布尔苏克，理事 Д. C. 列姆别尔格、C. И. 马勒依、M. У. 爱利亚什松、З. Л. 阿格拉诺夫斯基，监察会主席 Г. И. 普拉特，委员 Л. И. 列伊曼施捷因、M. C. 福纳廖夫。1963年哈尔滨犹太人绝大部分离华移居以色列、欧美等国，哈尔滨犹太宗教公会解体。

哈尔滨犹太宗教公会会员大会

哈尔滨犹太宗教公会会员大会是宗教公会的最高权力机构，按照组织章程之规定，凡侨居哈尔滨之犹太人民，满20周岁者均得为本公会会员。本公会会员每年需缴纳当地大洋二元作会费，无力缴纳者可视其请求书中的情由酌予减免。宗教公会会员大会两年召开一次，选举理事会主持工作。见"哈尔滨犹太宗教公会"。

哈尔滨犹太宗教公会监事会

哈尔滨犹太宗教公会监事会（监察委员会）是由每两年召开一次的犹太宗教公会会员大会选举产生的。监事会设监察委员3人及候补监察委员2人，随时监察理事会办事成绩及会计之情形。见"哈尔滨犹太宗教公会"。

哈尔滨犹太宗教公会理事会

见"哈尔滨犹太宗教公会"。

◎ 哈尔滨犹太宗教公会理事会成员合影

哈尔滨犹太宗教公会组织章程

哈尔滨犹太宗教公会规定的、经市政当局核准的关于本组织内部事务需共同遵守的文件。哈尔滨犹太宗教公会自1903年成立至1963年解体，历经60年，其间由于地方政权的更迭或公会的改组，曾几经修订。1927年5月31日经东省特别区警察总管理处核准备案的《哈尔滨犹太宗教公会组织章程》共有12条：

第一条：本公会以履行下列各项事务为宗旨。

甲 辅助哈尔滨特别区犹太侨民

宗教之需要，即如管理教堂及其经费、教师（神父）之经费，管理牲畜宰杀之祈祷，管理犹太墓地及同乡死亡殡葬之祈祷；

乙　管理本埠犹太侨民之降生、死亡、结婚、离婚等事之登记；

丙　呈请中国官厅之准许，遵照中国法令，建设侨民学校及其经费之管理或其他犹太侨民文化教育之组织；

丁　呈请中国官厅之准许，办理各种慈善事业，以救助贫苦之侨民。

第二条：本公会得在哈尔滨特别区界内，按中国法律，有权买卖、抵押、租赁及出租地段与建筑物，在银行及其他贷款机关贷用款项，并履行其他所有财团法人之法律行为。

第三条：凡在本埠侨居之犹太人民，满20岁者均得为本公会会员。

第四条：本公会之会员每年需缴纳当地大洋二元之会费，无力缴纳者得按其请求书而完全豁免或核减之。

第五条：本公会得刊有中国及犹太文字之图章一颗，文曰"哈尔滨犹太宗教公会"。

第六条：本公会之财产以会内所有动产及不动产构成之，并由本章程所规定之财产收入及其他进款，如会员之会费、各私人及团体之慈善捐，及其他屠宰牲畜禽鸟祈祷之所得均属之。

第七条：本公会事务由理事会执行之。理事会由会员每两年通常大会选举之，其选举人数不得少于11人。此11人中得互选主席1人，副主席1人，秘书及会计各1人。

第八条：于每两年期会员通常大会同时选举候补理事5人，以便顶补理事之缺席者；同时更选监察委员会监察员3人及候补者2人，随时监察理事会办事成绩及会计之情形。

第九条：为履行本章程第一条所规定之事务，理事会需随时组织调查委员会，其服务须听理事会之指挥，理事会并与同负责任。

第十条：理事会7名以上出席视为法定人数。如遇特种情形虽加入候补理事而仍不足法定人数7人时，则主席应即召集会员非常大会补选之。

第十一条：理事会议之议决案，以出席理事会最多数同意表决之，但出卖抵押不动产时，须由理事会四分之三之同意解决之。

第十二条：日常事务须由主席和秘书2人之签字；所有各种执照之关于钱款事项须由主席、会计及秘书3人签字；其关于死亡、诞生之证明书及本章程第一条所规定事务，除主席或副主席及秘书之签字外，更须拉比或拉比之替代人之签字为有效。

哈尔滨犹太总会堂　犹太会堂是犹太教民进行宗教活动、学习犹太律法、进行集会的场所。哈尔滨历史上共有4座犹太会堂：犹太总会堂、犹太新会堂、犹太公墓会堂和马家沟祈祷所。哈尔滨犹太总会堂位于埠头区炮队街（现道里区通江街 82 号），1921 年经纬街犹太新会堂落成后，这里又称老会堂。哈尔滨的第一个犹太教"明鞅"成立于 1899 年，第一个犹太教祈祷所成立于 1903 年。日俄战争期间，该祈祷所为俄军中的犹太士兵所用，又称为士兵会堂。1905 年由 Ш. 列文拉比发起筹建犹太会堂，哈尔滨犹太社团成立了建设犹太会堂捐款委员会。当地犹太人积极捐款约 24000 卢布，还有波兰华沙、罗兹，俄罗斯彼得堡、基辅等地的犹太人也寄来善款捐助。中东铁路地亩处划拨炮队街（现通江街）与马街（现东风街）交角处地段以建会堂。1906 年 Ш. 列文拉比离开哈尔滨。哈尔滨犹太宗教公会从俄罗斯邀请扎尔曼·列依鲍维奇·加什凯尔拉比来哈尔滨。同年，哈尔滨犹太社团成立建设犹太会堂委员会，主席为 М. Л. 萨姆索诺维奇，司库为拉依赫尔，成员有 Е. И. 多比索夫、А. Л. 萨姆索诺维奇等；又成立监察委员会，А. Л. 巴赫等为委员。1907 年 5 月 3 日犹太总会堂奠基，1909 年 1 月 15 日落成并启用。总会堂的设计师是 Н. А. 卡兹—吉列工程师。总会堂为二层砖石结构建筑，呈拉丁十字形，门窗饰以圆拱和尖拱，屋顶有大小错落的两个穹顶，擎起大卫之盾六角圣星，建筑十分精美。1931 年 6 月，一场大火将该会堂焚烧殆尽。会堂宗教活动临时在塔木德—托拉学校举行。随即，犹太宗教公会成立了以 А. М. 莫尔多霍维奇和 С. Г. 亚布罗夫为首的修复总会堂委员会，着手修复总会堂，并决定对其进行扩建。扩建后的总会堂面积达 2000 余平方米。哈尔滨犹太宗教公会、哈尔滨锡安主义组织、犹太丧葬互助会和《犹太生活》编辑部迁入其二楼和三楼办公。20 世纪 30 年代，哈尔滨犹太总会堂理事会由 7 人组成，他们是：М. А. 扎依格拉耶夫、Б. М. 别尔科维奇、Д. А. 施维利、Г. А. 奥尔洛夫斯基、И. А. 古列维奇、Б. М. 弗列伊施曼、А. Ф. 莫希茨基。1963 年犹太总会堂关闭后，这里曾做过哈尔滨车辆厂招待所，2004 年哈尔滨市政府出资将其重新修缮。

◎ **1909 年 1 月建成并启用的哈尔滨犹太总会堂**

哈尔滨与世界犹太人经贸合作国际论坛 2007 年 6 月 15～17 日，在哈尔滨成功举办了"哈尔滨与世界犹太人经贸合作国际论坛"。该论坛由黑龙江省人民政府主办，黑龙江省社会科学院承办，是第18届中国哈尔滨国际经济贸易洽谈会的重要组成部分。出席会议的有来自以色列、美国、俄罗斯、日本、匈牙利等国及中国香港、北京、上海、哈尔滨等政界、实业界和学术界的代表共70余人。哈尔滨市市长张效廉到会致辞并做主旨演讲，以色列驻华大使海逸达、中国驻以色列前大使陈永龙、美国驻沈阳领事馆文化领事何儒澈、以色列吉夫阿塔伊姆市对外联络部主席约瑟夫·扎泽维斯基分别致辞；以色列总理埃胡德·奥尔默特、以色列—中国友好协会会长特迪·考夫曼、中国人权研究会也发来了贺信。时任黑龙江省委书记钱运录，省长张左己，省委常委、哈尔滨市市委书记杜宇新，副省长刘学良、王利民，哈尔滨市市长张效廉分别会见了出席论坛的主要代表。与会学者、官员和犹太企业家就发展经贸合作发表了很好的意见，表达了经贸合作的良好愿望，并就投资、木材加工、汽车配件、橡胶回收等经贸、旅游项目及学术交流、学者互访等签订了合作意向。会议期间，还举办了原居中国犹太人、以色列艺术家协会主席、著名艺术家鲁思·仙妮女士"带着爱回到中国"的画展。

哈尔滨远东锡安主义者代表大会 1919年3月25～29日，由锡安主义组织远东局发起，在哈尔滨召开了远东锡安主义者代表大会。会议规模很大。来自哈尔滨、满洲里、海参崴、上海及其他城市的19名锡安主义者代表出席了会议。锡安青年党、格霍卢茨、精神中心党和"塔尔布特"协会等组织也派代表出席了会议。大会不仅通过了关于地区组织、犹太民族基金、文化工作等一系列重要决议，而且通过了反对反犹排犹浪潮、反对在波兰、加利齐亚、乌克兰等地迫害犹太人的抗议书，选举 А. И. 考夫曼、А. Б. 卡奇科、А. С. 伊兹古尔、Б. Г. 埃林森（来自满洲里）、Б. Л. 拉多梅舍利斯基（来自符拉迪沃斯托克）以及锡安青年党、精神中心党的各一名代表领导远东局的工作。这标志着哈尔滨已成为中国乃至远东地区锡安主义运动的中心。

哈尔滨远东银行 系十月革命后，苏联在哈尔滨市设立的一家银行，其上层有许多人是犹太人。银行于1923年6月29日开业，资本金为哈大洋50万元。总行虽然设在哈尔滨埠头区王爷街（现道里区地段街），但实际上该银行为苏联国立银行的一个支行。哈尔滨远东银行名义上系股份有限公司，并组建了董事会，董事长为沙皮洛。哈尔滨远东银行办理存款、放款、汇款及一般的银行业务，其业务规模是逐步发展起来的。初期只局限在以哈尔滨为中心的北满和内蒙古一带，以后扩展到中国内地及日本和欧美。与哈尔滨远东银行业务活动相适应，在国内一些大中城市也设立了分行。远东银行的各项业务活动在 1923～1928 年呈上升的趋势。1929 年由于中东路事件，银行曾一度停业。待中东路事件平息后，远东银行恢复了业务活动。然而，此后该行业绩却一蹶不振。1936 年 1 月，远东银行被日伪当局封闭，业务再次停顿。1945 年 8 月，苏联红军进驻哈尔滨并接管了远东银行，被日伪当局关闭 9 年之久的远东银行重新开业，主要为苏联红军办理一些业务收支。1946 年苏联红军撤出哈尔滨市，远东银行仍继续存在。直至 1951 年，远东银行才结束了在哈尔滨的历史。

◎ **1920 年代的哈尔滨远东银行**

哈宁，廖瓦 原名列奥，原居哈尔滨立陶宛籍犹太人。1913 年 11 月 20 日生于立陶宛共和国首都维尔纽斯的一个犹太家庭。1916 年，和家人离开维尔纽斯，来到哈尔滨。先后毕业于哈尔滨塔木德—托拉学校和哈尔滨第一社会商务中学（1930 年）。在哈尔滨和日后在上海，廖瓦都是当地"贝塔"组织的活跃人物。1931 年，他父亲为了让他避开日本占领满洲后动荡的时局，并考虑到英语对于国际贸易的重要性，遂安排他去上海一所英国学校学习。在此期间，他参加了上海万国商团所属的犹太义勇队，并成为上海"贝塔"组织领导人之一。学校毕业后，廖瓦应聘到了上海的一家纺织公司工作，1936 年，被公司派驻日本神户工作。

廖瓦到神户不久，就成了当地犹太社区的知名人物，被选聘为该社区收取月薪的秘书。在神户生活期间，他为"二战"爆发前从欧洲流落到日本的犹太难民做了大量工作。1940 年 8 月至 1941 年 11 月，在日本驻考那斯（立陶宛中南部城市）领馆副领事杉原千亩（Chiune Sugihara）的帮助下，两千名波兰和立陶宛的犹太难民逃离欧洲，流落到神户。神户犹太社区为他们提供了家居住所、捐赠了医疗用品和衣物，并促成波兰驻日大使塔德乌什·罗默（Tadeusz Romer）为这些难民办领了签证，从而使他们得以留居日本。

1942 年，哈宁离开神户，回到上海工作。1948 年移居以色列。1972 年移居美国，在洛杉矶定居。在美国生活期间，他一直是洛杉矶远东协会理事会理事，总是在犹太社区的公共事务中发挥积极的作用。他的儿子伊斯拉埃尔·哈宁在美国的一所大学当教授。2008年9月，廖瓦·哈宁在洛杉矶逝世，享年95岁。

哈宁娜，纽西娅　原居哈尔滨犹太人，1913年6月14日生于哈尔滨。父母是亚历山大·马多尔斯基和他的夫人娜杰日达（Nadiezda）。她曾以优异成绩毕业于哈尔滨商学院（HarbinP's College of Commerce）并在不久后赴意大利留学，在博洛尼亚大学学习化学和药理学。1938年从该校毕业后，纽西娅去了中国天津，在天津与大卫·哈宁成婚并先后生下了女儿纳迪亚（Nadia）和儿子萨沙（Sasha）。1950年，纽西娅和家人移居以色列，在以色列从事药剂师职业至退休。2010年，纽西娅蒙受了双重打击：丈夫大卫·哈宁和女儿纳迪亚相继去世。伴随失去亲人的痛苦，纽西娅依然很坚强地面对生活。她坚持读书看报，参与身边的事物，偶尔还打打麻将（她在中国时学的一种游戏）。2011年，纽西娅在纳哈里亚市去世，享年98岁。

哈努卡节　从基斯流月（9月）25日开始，延续8天。节日最主要的仪式是点燃9枝灯台，第一天点燃一盏，以后每天增加一盏，一直到第8天结束。故也有人称之为"灯节"。

8天的节期与两个传说有关：一是玛喀比士兵因战斗而无法庆祝为期8天的住棚节，故以此作为补偿；二是收复圣殿后，人们只找到了一小罐专门用于圣殿的灯油，而无论是制作还是去外地取来这种灯油，均需8天时间。但由于上帝对犹太人的恩赐和垂注，奇迹发生了，原本只能燃用1天的灯油竟一直燃烧了8天。为了表达对这种"奇迹"的喜悦，哈努卡节的第1天晚餐通常是正式而盛大的，常有亲朋应邀参加。晚餐前，先点上烛台，互相祝贺。传统必食用的特定食品是油炸土豆丝饼。食用油炸食品是为了使人想起上帝所行的奇迹。晚餐结束后，人们，特别是儿童，还要玩一种旋转陀螺的游戏。以色列建国后，为弘扬玛喀比起义包含的"民族团结，共御外敌"的精神，行政当局总要组织各种体育活动，其中最主要的是火炬长跑。原居哈尔滨犹太人当年也举行活动纪念哈努卡节。

哈塞，阿拉　原居哈尔滨及上海犹太人。在哈尔滨和上海生活期间，是当地"贝塔"组织的活跃成员。她父亲列夫·托姆钦斯基是哈尔滨、上海锡安主义组织及"贝塔"组织著名领导人。阿拉和丈夫埃里克·哈塞（Eric Hasser）移居美国纽约以后，积极参与纽约远东协会的活动。在纽约，埃里克任以色列原居中国犹太人协会纽约分会副会长，阿拉则是该协会理事会多年的理事。2003 年 2 月 3 日，年届 78 岁的阿拉在新泽西去世，身后留下了丈夫埃里克、女儿薇姬（Vicki）、弟弟乔治（George）和妹妹埃玛（Emma）。

哈伊莫维奇，多拉　原居哈尔滨犹太人。毕业于哈尔滨牙医学校。毕业后从医 40 余载。1938 年，她离开哈尔滨去了列宁格勒，在那里与大卫·考夫曼结婚。他和大卫有两个孩子：鲍里斯和亚历山大。1978 年，多拉投奔她弟弟去了美国，久居加州奥克兰市。2006 年，多拉在旧金山去世，享年 92 岁。

海菲茨，雅科夫　举世闻名的犹太小提琴家，世界著名犹太音乐教育家利奥波德·奥尔大师的高徒，与侨居哈尔滨的著名小提琴家 H. A. 希费尔布拉特、B. Д. 特拉赫金贝尔格有同窗之谊。20 世纪 20 年代，Я. 海菲茨曾来哈尔滨巡回演出，载誉而归，为哈尔滨音乐之城增添了光彩。

海曼，莱昂弗里德　原居哈尔滨犹太人。又名弗里德尔。1928 年生于哈尔滨。其叔叔是哈尔滨犹太宗教公会理事和犹太国民银行行长 M. I. 海曼。1950 年，莱昂弗里德刚从哈尔滨工业大学毕业，就移民去了以色列。到以色列后，先在军队服役，退役后定居在海法，从事铁路工程师的工作一直到退休。他的妻子吉塔·拉波波特（Gita

◎ **20 世纪 20 年代 Я. 海菲茨
来哈尔滨巡回演出**

Rapoport）也是原居哈尔滨犹太人。他们的女儿奥斯娜特（Osnat）是海法瑞本医院（Rambam Hospital）的医生。在回到以色列之后的岁月里，莱昂弗里德一直是以色列原居中国犹太人协会的活跃人物，曾任该协会海法分会会长数年。

河豚鱼计划　日本的一些"犹太问题专家"和关东军中的"满洲派"，以及日本企业界钢铁大王 1934 年抛出的、企图利用犹太人发展伪满洲国的异想天开的计划。参与"河豚鱼计划"的策划者有日本"犹太事务专家"安江仙弘、犬冢惟重、南满铁路株式会社总裁松冈洋右、陆军参谋长板垣征四郎、石原莞尔大佐、哈尔滨日本特务机关长通口季一郎、日本钢铁大王鲇川义介。1933 年希特勒在德国上台，纳粹德国排犹开始，犹太人在欧洲的处境日益窘迫。1934 年，鲇川义介在外交刊物上发表了《一项邀请 5 万德国犹太人来满洲国的计划》。该计划的主要内容是把欧洲的犹太人吸引到"满洲"来，建立犹太移民点，让犹太人提供创造性的能量、工业技术和科学文化，并吸引在世界金融界中占有重要地位的英、美犹太人在"满洲"投资，进而取得美国对日本的好感，停止对日本侵略行为的攻击，使日本摆脱抵制日货的危机。日本人认为，"河豚鱼计划"潜力无限，但同时危险极大。正如犬冢惟重所说："这一计划极像河豚鱼。如果我们确实精于烹制这顿美餐的话，如果我们对犹太人的狡猾本质时刻保持警惕的话，如果我们坚持不懈地注意这一事业以防犹太人用其固有的聪明手法改变局面而利用我们为他们的目的服务的话，总之，如果我们完成了我们任务的话，我们将为自己的国家和敬爱的天皇创造一顿最美味、最富营养的、难以想象的美餐。然而，如果我们犯了最细小的错误，他将使我们毁灭在最可怕的状态中。""河豚鱼计划"在实施的过程中，受到了美国犹太社区领袖的抵制。1940 年 9 月德、意、日签订了军事同盟协议，不久该计划就破产了。

荷花艺术学校　由犹太画家 M.A. 基奇金等创办，位于梅耶洛维奇大楼。其招生的专业有：素描和色彩画、声乐、话剧、芭蕾、钢琴、小提琴和乐理。不同时期还开设过雕塑、朗诵、哑剧和艺术史等专业。在这所学校任教的教师大多是从事艺术教育多年并颇有影响的犹太艺术家，十月革命一场风暴将他们刮到了哈尔滨。米哈伊尔·基奇金是毕业于斯特罗加诺夫美术学校和莫斯科绘画雕塑建筑艺术学校的高才生，才华横溢的肖像画家，在此教授素描和色彩画；雕塑课教师阿·卡缅斯基是米·基奇金在莫斯科绘画雕塑建筑艺术学校的校友，后来又到法国巴黎从师于著名雕塑家罗丹的天才雕塑家；音乐专业的各门课程主要由卡·拉扎列娃及其丈夫勃·拉扎列夫负责。卡·拉扎列娃是闻名于世的莫斯科特列季亚科夫艺术博物馆的创始人巴·米·特列季亚科夫的外孙女、俄罗斯著名钢琴家和指挥家齐洛季的女儿。艺术史教师是阿·阿·别尔纳达齐和瓦·米·阿纳斯塔耶夫；话剧课教师是演员吉·伊·卡扎科娃，造型艺术和雕塑课教师是著名教育家阿·霍洛季洛夫。荷花艺术学校曾是哈尔滨艺术家，特别是美术家的摇篮，它培养的大批人才

◎ 曾是哈尔滨艺术家特别是美术家
摇篮的荷花艺术学校

（包括中国学生）活跃于世界各地。

赫杰尔 犹太小学校。犹太人十分尊师重教，早在 1903 年，哈尔滨犹太人就办起了"赫杰尔"，即犹太小学校。赫杰尔采取一种类似中国私塾的教学方式，几名学生到教师家里上课，接受简单教育。

赫什科维奇，菲拉 原居哈尔滨犹太人。又名埃丝特，父姓帕特金。生于哈尔滨，毕业于哈尔滨第一社会商务中学。曾是哈尔滨"贝塔"组织的活跃分子。后来嫁给了舒拉（Shura）·赫什科维奇。1950 年和家族成员一道移居以色列。菲拉的希伯来语很娴熟，退休前在海法的农业采购合作社（Hamashbir Hamerkazi）工作了很多年。菲拉非常孝敬长辈，在生身父母和婆母长期患病期间，她在医院和在家里给予了他们无微不至的照料，后来又照料她身患重病的丈夫多年。菲拉是一位出色的社区工作者、志愿者、组织者和领导者。她不仅是个漂亮的女性，也是个善良的热心人。从 1990 年代前苏联上百万犹太人准备移民以色列那时开始，她真诚和义务地关照和帮助了其中的许多人。在临终以前的几年间，菲拉一直病得很重，直至 2009 年在海法去世，享年 86 岁。

《喉舌》 又译《鲁波尔》，20 世纪 20 年代哈尔滨的主要报纸之一。其主编和出版者是来自俄罗斯阿穆尔的记者、犹太人 E.C. 考夫曼。报社曾举办"劳动小姐"选美比赛，为哈尔滨人的生活增添了色彩。

◎《喉舌》报编辑部同仁

花旗银行 该行是美国的大型商业银行。1812 年，由犹太人斯提尔曼家族在美国纽约创立，当时称为纽约城市银行，1855 年改称纽约第一花旗银行，总资本为 1.1 亿美元，是当时世界性的大银行之一。1919 年，美国花旗银行以 50 万美元的资本在哈尔滨埠头区中国十二道街（今道里区西十二道街 48 号）设立花旗银行哈尔滨分行，代理人为 E.D. 玛温。该行设票据贴现及货款部、商品部、活期储蓄及存款部、小额活期存款部、贷款部、秘书处、簿记处、金库及买办。另外，还配备了守卫、司机、更夫等。美国花旗银行还在中国的上海、天津、北京、广州、青岛、香港等地设有分行，其活动除办理存款、放款、汇兑和兑换外国货币外，兼营不动产、有价证券、信托投资等。此外，在中国境内还发行有"银元券"和"银两券"两种钞票。花旗银行哈尔滨分行建立后，美国在北满主要是哈尔滨设立的企业达 38 家（1931 年末统计数）。经营的商品，大的有火车头、汽车、发动机、纺织机等，小的有毛皮和日用杂货。此外还设有电气、冶金工厂、制粉厂、制糖厂、金矿、煤矿等等。这些企业大多都与花旗银行有经济往来。当时，花旗银行哈尔滨分行在哈尔滨的金融界中表现相当活跃，很快发展成为北满金融界之魁首。1924～1927 年间，是花旗银行哈尔滨分行的全盛时期，存款曾达 1400 万美元，放款达到 1000 万美元。1930 年前后，由于美国发生经济危机，在哈尔滨的工商企业营业状况不佳，以及信济银行、麦加利银行已占有的经济份额，特别是伪满洲国建立以后，花旗银行哈尔滨分行失去了治外法权的特殊地位，经营范围和业务量逐渐缩小，营业额日渐下降，亏损逐年增多，终于 1941 年关闭。花旗银行哈尔滨分行最早的主顾就是在

◎ 1919 年，美国花旗银行在哈尔滨埠头区设立的花旗银行哈尔滨分行

哈尔滨埠头区（现道里区）经营小规模皮草买卖的犹太商人修利洛兄弟。后来，该银行以低利率和广泛吸收存款为原则开展业务活动，使得在哈尔滨的各商家请求融通巨额资本者逐渐增加，特别是在哈尔滨的多数犹太商人开始利用该银行进行存贷业务。

华美银行 初定名为国家和国际混合银行，后改称华美银行。总行设在中国上海，资本金为 1200 万美元。1919 年，在哈尔滨埠头区中国大街（现道里区中央大街）设立华美银行哈尔滨分行。该行从 1920 年开始连续四五年出现汇兑亏损，发生了多笔以俄国人、华人为对象的不良贷款，至 1926 年倒闭。华美银行哈尔滨分行亦属美国犹太系资本，原居哈尔滨犹太商人与华美银行发展了大量存贷业务。

华英东方贸易公司 1909 年，犹太企业家 P. M. 卡巴尔金在哈尔滨设立华英东方贸易公司，地址在埠头区马街（现道里区东风街）。该公司主要从事出口业务，向西伯利亚出口豆类、豆油、豆饼和各类种子，向欧洲出口粮食。

华英油坊 1914 年，哈尔滨英籍犹太商人 P. M. 卡巴尔金在哈尔滨香坊区创办的油坊。该油坊位于香坊区油坊街 15 号，隶属英国华英东方贸易公司。华英油坊 1915 年正式投产，当时拥有二层楼房 1 栋，制油车间、锅炉房、仓库、简易宿舍及食堂各 1 栋

◎ 1914 年 P. M. 卡巴尔金在
哈尔滨创办的华英油坊

（为平房），深井 1 眼，鬃绳传动蒸汽压机 1 台，水压榨油机 35 台。油坊主要产品有豆油、豆饼和脱色清豆油。所产精制豆油除销往市内，还销往日本、美国以及欧洲市场。1923 年，在满洲文物研究会的博览会上，华英油坊生产的精制豆油获得金奖。1937 年，由于受原料限制，工厂处在停产或半停产状态。1938 年，在日本高压政策下，P. M. 卡巴尔金无力继续经营该油坊，遂将华英油坊作价兑给日方，改厂名为"满洲油脂株式会社"。满洲油脂株式会社经营最好时职工近 300 人，日产豆油 3800 普特、豆饼 6866 片，所有产品基本运往日本。1945 年 9 月该厂停产。1946 年 5 月哈尔滨航运学校租用此厂，1948 年更名为东建油脂厂。新中国成立后，该厂先后改称油脂化学厂、化工实验厂、化工三厂。1957 年之前一直以生产豆油、豆饼、清油为主，1958 年改为生产化工产品，1963 年改生产肥皂等产品，1985 年改为哈尔滨轻工化学总厂，现已改制并停产。目前，华英油坊旧址已被列入

拟定的哈尔滨市第四批保护建筑。

欢庆圣法节 又称"转经节"或"西姆哈斯《律法书》节"，犹太教庆祝《律法书》的节日。时间为住棚节的最后一天，是周期为一年的诵经活动的起止日。为了保证一年内能将犹太教经典《律法书》学完一遍，整部《律法书》根据犹太教历书上的星期数分成相应的若干季节。西姆哈斯《律法书》节这一天，正好是宣传《律法书》最后一部分。为了表达犹太民族对《律法书》的学习热忱，要在读完《律法书》最后一部分的同时，立即开始《律法书》第一部分的诵读。因此，这一天即是上一年《律法书》学习的结束，又是下一年《律法书》学习的开始，首尾相连，象征犹太人对《律法书》的学习从不间断。西姆哈斯《律法书》节是欢乐而喜庆的一天，届时男女老少都要到犹太会堂参加庆祝仪式。仪式的高潮部分是所有的人排成一队，将《律法书》经卷从约柜中取出，扛在肩上行进，边走边唱边舞，通常还要向儿童分发上面印有"欢庆、欢庆西姆哈斯《律法书》节"字样的小旗，以便使他们边走边挥舞。在以色列，这一庆祝仪式已不限于犹太会堂。许多城市都在城市广场举行，人们常常要手捧经卷狂舞数小时以示庆祝。原居哈尔滨犹太人也主要在新老犹太会堂举行相应的欢庆圣法节活动。

回归法 关于犹太人身份界定的重要法律，1950 年，刚刚建国的以色列根据以色列存在的核心思想——"犹太流亡者的聚集"，制定了犹太《回归法》，规定：在任何地方的任何犹太人都有权利返回以色列定居，入境时自动取得以色列公民身份资格。该项法令的颁布掀起了犹太人回归以色列的浪潮，此时多数尚在哈尔滨的犹太人都是这个时候回到了以色列。然而，《回归法》对如何界定犹太人的身份并没有作出明确规定，这使得在日后的执法中，如何确定犹太人的身份成为难题。1954 年，以色列议会把实施法案权赋予了内政部长。1970 年，以色列议会通过《回归法》修正案，规定："犹太人是指母亲为犹太人，或者虽非犹太人，但是已经皈依犹太教，同时不属于其他宗教的人，就被认定为犹太人。"修正案通过后，以色列的犹太教正统派进一步提出了"谁是犹太人"修正案，提出只有通过犹太教正统派拉比主持的皈依犹太教者才算是犹太人，并可以取得以色列公民资格。这一提案不仅使得世俗犹太人不安，更引起美国改革派和保守派犹太人的强烈不满，为此，1997 年，耶路撒冷法院裁定，由改革派和保守派拉比主持的皈依仪式均有效。

霍尔珀林，米拉 原居哈尔滨犹太人。1915 生于哈尔滨早期犹太望族扎维利斯基家族，是位有文化、为人友善的女性，接触过她的人都对她很欣赏。1940 年代移居以色列后，她和丈夫兹维·赫尔曼·霍尔珀林及女儿雷娜塔一直住在拉玛特甘市。2007 年 1 月 20 日，92 岁的米拉在拉玛特甘市终老辞世，次日被葬在霍隆墓地。

霍罗什，尤里·利沃维奇 原居哈尔滨犹太人，著名导演。1923 年 9 月 29 日出生在彼得堡的一个职员家庭，3 岁时随父母迁居哈尔滨（其父是中东铁路员工），在哈尔滨长大并接受教育。由于喜欢外语和人文科学，中学毕业后选择了哈尔滨基督教青年会学校继续学习，并获得了文学和商业两个专业的毕业证。在该校不仅学习了专业知识，而且开阔了眼界，培养了创作能力，其艺术天才得以展现。上学期间，学生们上演了不少戏剧，举办了许多晚会，每次他都是必不可少的人物。在 20 世纪 30 年代的哈尔滨，犹太戏剧艺术繁荣发展，时常上演歌剧、芭蕾舞剧、轻歌剧、话剧，演出经常在

尤里·利沃维奇·霍罗什

"马迭尔"和商务俱乐部进行。Ю. Л. 霍罗什对戏剧艺术极其热爱，他是哈尔滨商务俱乐部附属青年话剧小组和哈尔滨"马卡比"话剧小组的创始人，曾在 E. 科尔纳科娃—布里涅尔戏剧学校学习表演的基础知识。1943 年，戏剧学校毕业后，开始在剧团里做演员，在实践中提高自身的表演技能，特别是在哈尔滨托姆斯基剧团的表演，使其有了向著名演员学习的机会，因为当时哈尔滨的演员精英都汇聚在此。1946 年，Ю. Л. 霍罗什成为舞台艺术团的艺术指导，任职 9 年，直至该艺术团关闭。20 世纪 50 年代中期回到苏联，先在米努辛斯克市话剧院，后在摩尔曼斯克州剧院工作，1958 年曾任摩尔曼斯克电视台一级导演，1959 年迁居彼得罗扎沃茨克，积极参加卡累利阿电视台的建设，做自己喜爱的导演工作。其间他上演了 30 余部戏剧，做过许多重要的节目和采访，还卓有成效地与卡累利阿的作家合作，把许多文学作品改编成了戏剧。Ю. Л. 霍罗什具有极高的专业品位，堪称真正的艺术大师，是许多年轻一代导演的导师，是全俄戏剧协会的积极会员。1983 年 9 月 26 日，作为卡累利阿苏维埃社会主义自治共和国广播电视委员会的导演，Ю. Л. 霍罗什被卡累利阿苏维埃社会主义自治共和国最高苏维埃主席团授予卡累利阿苏维埃社会主义自治共和国功勋文化工作者称号。

J

基大利斋日 犹太教次要节日。纪念基大利被杀事件，日期是提斯利月初三。巴比伦王尼布甲尼撒在灭亡犹大国，摧毁圣殿后任命犹太人基大利为省长，负责管理已遭毁坏的原犹大国国土和未被掳走的人民。基大利虽顺从巴比伦国统治，但支持先知耶利米的政治主张。基大利担任省长实际上使犹太人在国家灭亡后获得了一种自我管理的自主地位。但基大利就任不久，便为王室贵胄以实玛利所刺杀。"基大利被杀事件"不仅导致原犹大国地区由撒玛利亚人直接管辖，犹太人自主地位丧失，而且也使当时尚留在犹大境内的犹太人大批逃往埃及，而这批进入埃及的犹太人后来又下落不明，成为历史悬案。基大利斋日是犹太人流亡后的第一个禁食日。时至今日，正统犹太教徒仍要在这一日到来时禁食一天。原居哈尔滨犹太人中的正统派也纪念基大利斋日，在斋日禁食一天。

基奇金，米哈伊尔·亚历山德罗维奇 原居哈尔滨著名犹太画家，出生于俄罗斯乌拉尔，毕业于俄罗斯特罗加诺夫美术学校和莫斯科绘画雕塑建筑艺术学校，后曾执教于叶卡捷琳堡和赤塔艺术学校，是个才华横溢的肖像画家。他于 1920 年移居哈尔

滨，是荷花艺术学校（20世纪20年代
创办）的创始人之一。1929年与夫人
维拉·叶梅利亚诺夫娜·库兹涅佐娃
离开哈尔滨移居上海，1947年返回苏
联。他们在中国生活了27年，作品传
遍各地，可谓桃李满天下。1989年，
库兹涅佐娃在俄罗斯雅罗斯拉夫尔艺
术博物馆举办了一个别具特色的东方
题材的画展，集中反映了中国名山大
川之逶迤、小桥流水之恬静、庭院园
林之隽秀、农民车夫之质朴，令人流
连忘返，回味无穷。这些绘画精品的
作者几乎都是当年哈尔滨荷花艺术学
校的师生。

◎ 基奇金（中）和他的学生们在
荷花艺术学校

**基谢廖夫，阿伦—摩西·施穆
伊洛维奇**　哈尔滨犹太社区领袖之
一，远东地区犹太教总拉比。1863年
出生在乌克兰切尔尼戈夫区的一个小
村庄——苏尔杰尼茨。毕业于沃洛兹
经学院。毕业后被派往白俄罗斯的波
里索夫工作。1913年哈尔滨犹太总会

◎ 阿伦—摩西·施穆伊洛维奇·基谢廖夫

堂在众多拉比的招募中，基谢廖夫拉
比以优异的成绩当选。他在这个岗位
上工作了36年。1937年12月，他被
选为远东犹太社区的总拉比。1938年
和1939年远东地区召开两次大会都是
他在哈尔滨主持。1944年日本占领当
局传令基谢廖夫拉比，打算将日本神
道最重要的女神——天照大神像置于
犹太会堂前。基谢廖夫拉比明确地告
诉他们："死都不可以，我会躺在会堂
门槛上，绝不允许把神像放在那里。
这种做法完全违背宗教信仰的基本守
则。"日本人只好让步。他通晓犹太经
文和律法，精通各种语言：希伯来语、
意第绪语、俄语、法语，熟知当代哲
学和俄国文学。用希伯来语撰写过
《大海的波涛》、《一位作家的见解》，
用俄文撰写了《民族主义和犹太人》。
1949年9月在哈尔滨逝世，安葬在犹

太公墓。2004 年 9 月基谢廖夫拉比的 4 个子女及后代 17 人回到哈尔滨祭祖。

吉姆，科拉夫季娅 原居哈尔滨犹太人。1925 年 1 月 30 日出生，4 岁时，父亲去世，和母亲迁居哈尔滨。1942 年，毕业于哈尔滨第一俄侨语言学校。毕业后，为了生活，她无法继续接受教育。不久，科拉夫季娅·吉姆前往大连，在那里从事家庭教师工作。在此期间，完善了自己的英语和日语。1946 年她来到长春，开始从事翻译工作。1946 年回到苏联，为苏军作战俘翻译工作。在那里，遇到了同样毕业于哈尔滨第一俄侨语言学校的维克多·吉姆，不久他们结为夫妻。在翻译工作结束后，他们迁移到哈巴罗夫斯克。科拉夫季娅·吉姆在哈巴罗夫斯克铁路学院外语系工作。此后，她与丈夫移居莫斯科。2001 年 1 月去世，享年 76 岁。

◎ 科拉夫季娅·吉姆

汲水节 犹太民族的古老节日。从住棚节第二天早上开始，一直持续到住棚节结束。庆祝活动在圣殿中举行，主要庆祝住棚节每天晨祭后的水祭仪式。汲水节的名称来源于《以赛亚书》第 12 章第 3 节："你们必从救恩的泉源欢然取水。"然而，水祭仪式却在法利赛派和撒都该派之间引起一场争辩。法利赛派认为，它属于口传习俗，起源于西奈山摩西代表犹太人与上帝立约之时；而撒都该派则认为，这纯属无稽之谈。属于撒都该派的犹大王曾故意把水倒在脚下，以示对该习俗的蔑视。也许正是撒都该派的反对，法利赛才愈加重视庆祝活动中的水祭场面，使其成为庆祝活动中最欢乐的时刻。西缅·本·加姆利尔拉比曾在汲水节上耍 8 只点着的火把，其景象犹如火舌飞舞。为了增加节日气氛，耶路撒冷城中燃起一堆堆篝火，把整个城市照得通亮。该节日在第二圣殿被毁后逐渐为人们所遗忘。目前，在以色列的一些基布兹中，人们有意重新恢复这一节日，并试图赋予其时代含义。一些原居哈尔滨犹太人回到以色列基布兹后，参与了庆祝汲水节的活动。

济曼，亚伯拉罕 原居哈尔滨犹太人，在中国出生。曾当选大连犹太社区委员会秘书。1951 年，他带着大连犹太会堂里的托拉经卷回到了以色列。作为忠诚的锡安主义者，他非常爱国，称移居以色列的新移民为"当代的马卡比"，但对族人的错误和疏漏一向高度警觉，在原则问题上从不让步。在以色列生活多年后，亚伯拉罕·济曼于2005年上半年在以去世。

祭司　犹太教的神职人员，亦称为"科亨"。该职位的历史可上溯到公元前10世纪，所罗门王初建耶路撒冷圣殿时的撒督为祭司。再早还可以追溯到摩西所任命的第一代祭司——他的哥哥亚伦。《希伯来圣经》中记载没有经过受膏油礼的士师或君王，如基甸、大卫、所罗门也曾按上帝指示献祭。但从《希伯来圣经》时代至现代，祭司为世袭制，只传给利未支派亚伦的后裔。祭司最高者为大祭司，是一切神职人员之首。犹太人被掳归回复建第二圣殿时期，犹太教祭司的权势达到空前的高度。到了公元前586年，耶路撒冷圣殿被毁，祭司的职司减少，特权也丧失殆尽。现代拉比在传授教义和解释律法方面代行祭司的职务，但没有祭司的身份。祭司的身份乃属于亚伦的后裔，犹太人中以科亨、科温、卡茨为姓的，就是这一部分人，他们优先享受在后堂宣读《律法书》之权，并在节日为会众祝福。但犹太教改革派不承认有关祭司和祭司特权的规定。

加布里埃尔，E. 哈里　又名加布鲁勒，埃里克。原居哈尔滨及上海犹太人，1914年生于上海，5岁时随父母迁居哈尔滨，曾在哈尔滨的塔木德—托拉学校和哈尔滨商业学校读书，

爱好乐器演奏和各种体育活动。由于常去父亲的工作单位哈尔滨马迭尔宾馆，小哈里在那里和宾馆老板卡斯普的一个儿子学会了弹奏小提琴和钢琴二重奏。1929～1930年，哈里又随家人迁回上海，1931年赴香港就读于国王乔治五世大学，1934年毕业，毕业当年即在朋友马拉·莫尔古列夫的帮助下，返沪自行创业，同时还加盟了上海的"贝塔"及犹太人士办的上海志愿者集团公司。得益于在哈尔滨养成的文体爱好，哈里一生都很健康而且经常演奏小提琴，还时常参加专业演出，20世纪50年代曾当过香港交响乐团的首席小提琴演奏师。1957年，经过多种职业和企业的历练，哈里进入了艾森伯格集团，在集团管理层任职。1971年，他辞去集团工作，成立了自己的"巴洛尔公司"；1984年退休去了美国，在加州的圣迭戈市和夫人列娃安享余年。

加尔佩林，埃列奥诺拉　原居哈尔滨犹太人。1940年12月，埃列奥诺拉·加尔佩林毕业于哈尔滨著名的第一社会商务中学，是该校的第18届毕业生。在哈尔滨居住期间，积极参与社会活动，是哈尔滨锡安主义组织"马卡比"的成员。不仅如此，她还表现出极高的艺术才华，曾在"马卡比"俱乐部和苏联俱乐部（原商务俱乐部）多次演出。1950年，和女儿卡尔梅拉移居澳大利亚。不幸的是，在苏联红

军在哈尔滨驻扎期间（1945 年 8 月～1946 年 4 月），埃列奥诺拉的丈夫被苏联红军押送至苏联。2011 年 6 月，埃列奥诺拉·加尔佩林在澳大利亚悉尼去世。

加尔佩林，伊斯拉埃尔·什穆伊洛维奇 原居哈尔滨早期俄籍犹太宗教人士。生前积极从事宗教事务，是犹太社区委员会、犹太宗教公会理事会和犹太丧葬互助会理事会成员。1925 年 1 月 7 日在哈尔滨去世，葬于哈尔滨犹太公墓。

《加捷凯尔》双周刊 "加捷凯尔"意为"旗帜"，是由哈尔滨犹太青年组织"贝塔"于 1932 年创办的俄文杂志。最后一任主编为 С. А. 克莱因（克磊）。杂志于 1942 年 6 月被日本当局停刊，共办刊 10 年。

◎ 1930 年代的《加捷凯尔》
双周刊编辑部

加兰季亚针织工厂 原居哈尔滨苏联籍犹太商人 П. С. 古拉斯曼于1930 年创办，位于埠头区马街（现道里区东风街 59 号），主要生产经营纺织品。

◎ 加兰季亚针织工厂的广告

"加绍麦尔·加察伊尔" 1927年夏，在法尼娅·拉斯科娃和达维德·拉斯科夫的倡议下，在哈尔滨建立了"加绍麦尔·加察伊尔"（Гашомер Гацаир）锡安主义青少年组织，其思想和纲领与世界锡安主义修正派青年组织"贝塔"相似，主要致力于文化体育活动和童子军训练。格拉·莫尔杜霍维奇当选为领导。快到冬季的时候，在 А. И. 考夫曼的支持下，该组织得到了在免费食堂集会和上课的权利。后来该组织成立了由教练员组成的总部，Г. 莫尔杜霍维奇为总部首领，其他教练有：Л. 科托维奇、Л. 拉维科维奇、М. 奥尔默特、

P. 列维娜等,他们多数是大学生。A. И. 考夫曼和其他犹太社区的代表参加了该组织的考试委员会,经常出席该组织的会议和重要集会。1929 年 4 月,"加绍麦尔·加察伊尔"的成员已超过 100 人。在与世界"贝塔"组织中央取得联系后,1929 年 5 月 18 日该组织召开了全体大会,决定加入"贝塔",选举列夫·约瑟福维奇·皮亚斯图诺维奇为哈尔滨"贝塔"总部首领,其他总部成员有:M. 奥尔默特、H. 利夫希茨、Π. 平斯基、P. 列维娜、A. 因弗良德、Л. 科托维奇和 Г. 莫尔杜霍维奇。哈尔滨"贝塔"执行弗拉基米尔·雅博廷斯基的路线和政策,即主张以暴力手段强行推动向巴勒斯坦的移民,最终在约旦河两岸建立一个犹太国。在 Л. И. 皮亚斯图诺维奇的领导下,哈尔滨"贝塔"得到了迅速发展,人数达到了 150 人,其工作得到了世界"贝塔"领袖 B. 雅博廷斯基的高度评价。

洁净礼 犹太人的礼仪之一。此礼在《希伯来圣经》的律法书中可分为四类,一是用于患麻风病者。受此礼者要在指定之日到营门见祭司,祭司若见此人的大麻风病已痊愈,便可叫人拿来两只干净的活鸟、香柏木、朱红色线及牛膝草,并亲自杀死其中一只活鸟,使其血流入盛有活水的瓦器之中,同时用牛膝草和朱红色线扎成一个以香柏木作柄的洒水器具。然后,把洒水器具和那只活鸟浸入血水中,并把血水在那个长大麻风求洁净的人身上洒七次。另一只活鸟放回田野。求洁净的人洗澡、洗衣、剃去头发就算洁净,被允许进营,但必须在自己的帐篷外居住 7 天,再次洗澡、洗衣、剃尽全身毛发。次日即第 8 天求洁净的人要带上两只没有残疾的公羊羔和一只一岁的母羊羔,及调油的伊法十分之一细面、一罗革油到会幕门口,祭司取一只公羊羔作赎罪祭,并和那一罗革油一同作摇祭,公羊宰于圣地,祭司将该赎愆祭牲的血抹在求洁净者的右耳里、右手的大拇指和右脚的大拇趾上,然后祭司再从那一罗革油中取出一些倒在自己的左手掌里,用右手的手指蘸后,弹 7 次,再将剩下的油抹在求洁净者的右耳垂、右手的大拇指和右脚的大拇趾上,其后将剩下的油抹在求洁净者的头上。最后献上羊羔,一为燔祭,一为赎罪祭,若财力不足,则可用一只羊羔和两只斑鸠(或两只鸽子)代替。二是用于患漏症等疾而污秽者。患者痊愈后第 7 天要洗衣、洗澡,第 8 天,带两只斑鸠或两只雏鸟到会幕门口,将鸟交给祭司,祭司将一只献为赎罪祭,另一只为燔祭。三是用于生产的妇女。妇女若生男婴,其不洁之日为 7 天,需在家居住 33 天。若生女婴不洁之日为 14 天,要在家居住 66 天。妇女在不洁期未满的时候,不可摸圣物、进入圣所。洁净的日子满了，她需带一岁的羊羔和一只雏鸽或一只斑鸠到会幕门口，祭司为她将羊羔献为燔祭、雏鸽或斑鸠献为赎罪祭。若财力不足，则可用一只斑鸠或两只雏鸽来代替羊羔。四是用于因摸尸体而不洁者。方法是将一只没有残疾、曾负轭的纯红母牛宰杀于营外，对着圣所洒其血，之后将尸体与香柏木、牛膝草一同焚烧，烧后的骨灰放在营外。洁净的人分别在此后的第 3 日和第 7 日将骨灰和上活水，用牛膝草蘸而洒在求洁者的身上。此后不洁者洗衣、洗澡，便可得到礼仪上的洁净。原居哈尔滨犹太人也遵循这一礼仪，主要在犹太新老会堂举行相应的"洁净礼"活动。

结庐节 见"住棚节"。

诫律 犹太教的全部诫命、律例、律法和典章。在犹太教中，诫律的地位仅次于《律法书》，犹太教徒必须遵守。《塔木德》共列诫律 613 条，其中训诫 248 条、禁诫 365 条。诫律的种类繁多：有劝人行善的，也有劝人规箴，有涉及人和上帝关系的，也有涉及人与人之间关系的。违反诫律即为罪愆。但所有诫律并非同等重要，如割礼是上帝所定，必须执行；而在公共场合戴圆顶帽的规定，则显得不那么重要。尽管诫律是必须遵守的，但犹太教认为不应把遵守诫律看做一种负担，而应看做一种欢乐，因为遵守诫律的人与上帝更接近了。广义上

讲，犹太人认为行善就是在执行诫律。原居哈尔滨犹太人也履行主要的犹太诫律，行割礼、遵守佩戴圆顶帽等相应的犹太诫律。

金斯伯格，弗鲁玛·米哈伊洛芙娜 原居哈尔滨俄籍犹太人。生前曾任哈尔滨犹太妇女慈善会（the Ladies Jewish Welfare Organization）的司库。在患病卧床四年之后，于 1931 年 8 月去世，葬于哈尔滨犹太公墓。

金斯伯格，H. 又译金兹堡原居哈尔滨犹太音乐家，曾是 20 世纪 30 年代成立的哈尔滨交响乐团的骨干。

金斯伯格，C. 3. 又译金兹堡原居哈尔滨犹太企业家。曾任美国国际保险公司经理，该公司于 1925 年成立，位于中国大街与透笼街（现中央大街与西十四道街）交角处。

金兹堡保险公司 1907 年，俄籍犹太商人 C. 3. 金兹堡在哈尔滨充任俄国保险公司人寿保险的代理人。1908 年，C. 3. 金兹堡受该公司的指派开展满洲（今中国东北）、滨海和阿穆尔省的保险业务。随着保险业务的发展，他被任命为远东地区、伊尔库茨克和符拉迪沃斯托克分公司的主任，同时兼任哈尔滨办事处主任，在这些岗位上供职至 1915 年。C. 3. 金兹堡在此 12 年间，足迹遍布整个远东地区，取得的人寿保险金额多达 15 亿卢布。

这些业绩的取得一方面由他自己的努力，另一方面由他建立的广泛而活跃的中介机构来完成。这其中的大部分保险业务工作是在哈尔滨市、符拉迪沃斯托克、哈巴罗夫斯克、布拉戈维申斯克和赤塔取得的。俄国十月革命后的 1920 年，当在哈尔滨的这家保险公司像其他俄国保险公司一样停办时，C. 3. 金兹堡先生又被聘请作为英国远东保险公司火灾、交通、海路保险的代表。随后，他又被"标准"保险公司聘用，在哈尔滨代表"标准"公司开展保险业务，并取得了可喜的成绩。1926 年初，鉴于 C. 3. 金兹堡先生在保险业务方面所取得的成绩及名望，他被委任为美国大型保险公司"国际保险公司"北满（今黑龙江省）和哈尔滨的总代表。这家公司代表美国保险集团公司的利益，拥有资本 6000 万美元。其机构遍布世界各地，如在纽约的"古宗保险公司"（纽约赫德森保险公司）、宾夕法尼亚州保险公司、亚洲人寿保险公司、美国商人和船主保险公司、不列颠美洲保险公司、国际人寿保险公司等，从事火险，交通、海、河、陆路险，人寿、资本、收入险等各种保险业务。C. 3. 金兹堡开展自己的保险组织活动，编辑了内容极其丰富的关于保险各部门的文稿，并代办各领域的保险证书，还定期发布各种保险业务的信息。C. 3. 金兹堡先生作为金融世家和保险业务的专家，所从事的保险活动在哈尔滨及远东地区占有重要地位。

津巴利斯特，叶甫列姆 举世闻名的小提琴家。世界著名犹太音乐教育家利奥波德·奥尔大师的优秀弟子，与侨居哈尔滨的著名小提琴家 H. A. 希费尔布拉特、B. Д. 特拉赫金贝尔格是同窗。1930 年 11 月，E. 津巴利斯特来到哈尔滨演出，深受欢迎。

◎ 小提琴家叶甫列姆·津巴利斯特

津格尔缝纫机商店 原居哈尔滨犹太商人津格尔于 1926 年创办，位于石头道街，后迁至现中央大街与端街交角处。

津格尔，维里莫施 20 世纪 30 年代奥地利维也纳著名的犹太钢琴家、指挥家。1938 年 10 月，偕乐队及家属等 19 名奥地利犹太难民经上海辗转来到哈尔滨，曾在"甘布里努斯"西餐厅演出。

◎ 维里莫施·津格尔和他的
爵士乐队在演奏

禁食日 犹太习俗中为了某种目的暂时停止进食的日子。犹太历书上的禁食日是在长期历史过程中逐步形成的。由于来源不同、目的不同，具体做法亦有不同。一般来说，禁食日只禁食品和饮料，如酒之类，但有的场合下也禁洗涤（指以欢快为目的的洗浴）、禁穿鞋（指以舒适为目的的）、禁涂油（指以宗教为目的的）、禁办喜事、禁同房等。禁食的目的包括：纪念某一不幸事件；忏悔反省；实现自我净化；抑制人对物质的欲望和弘扬精神力量。尽管《希伯来圣经》时代就已出现了一些禁食日，但当时唯一需要禁食的是赎罪日。现在犹太历书上注明的禁食日大多产生于以后的时代。这些禁食日按类型可分有三类：（1）与圣殿被毁有关的禁食日。主要有阿布初九赎罪日，搭模斯月17日纪念耶路撒冷被罗马人攻破导致圣殿被毁日，从搭模斯月17日到阿布月初九的三周为禁食日。（2）与其他犹太历史事件有关的禁食日。主要是提斯利月初三的基大利斋日，亚达月初七的摩西诞辰和逝世纪念日，亚达月13日的以斯帖禁食日和纪念一系列欧洲犹太人社团被捣毁、消灭事件的西弯月20日。（3）与忏悔有关的禁食日。主要有每个新月节前夕，统称为小赎罪日，忏悔十日开始的前一天，介于哈努卡节和普珥节之间的一些日子，如每逢星期二的日子。正统犹太教徒在这些禁食日中往往要禁食、禁酒，有的还禁浴、禁办婚事等。同时，根据不同禁食日会在家或去犹太会堂诵读有关《希伯来圣经》章节和祈祷词。此外，禁食日还分为个人禁食日和团体禁食日，个人禁食日如新郎、新娘在婚礼当天的禁食日，团体禁食日如整个犹太社团为某位犹太圣贤的逝世进行集体禁食的日子。原居哈尔滨犹太人多数通常遵循禁食日的相关要求。

经文护符匣 根据犹太教规定，除了安息日和节日外，13岁以上的犹太男子在晨祷时必须佩带经文护符匣（Phylacteries，希腊文，原意为"护身符"；希伯来语称为"塔夫林"，Tafflint，意为"祈祷"），以表示对上帝的敬意和对戒律的遵守。经文护符匣一个戴在前额上，一个系在左臂上方。头部所佩带的经文护符匣中装有4段用希伯来文、以特殊书写方式抄录在羊皮纸上的重要经文。犹太教认为佩带经此匣，可以不受魔鬼之害。经文内容源自《出埃及记》第13～21节和《申命记》第6章第8节。

佩带经文护符匣的程序有相当严格的规定：佩带时必须站立；那只不分格的方盒置于左臂肘内侧，盒面朝向心脏方向，方盒由与之相连的皮带固定；皮带先要在左小臂上绕七圈，然后在手掌上绕三圈，组成一个代表上帝的希伯来文字母，最后绕在中指上。另一只方盒置于前额中央，一般在发线之上，由与之相连的皮带在头的后部打结固定，皮带的剩余部分经两肩放置胸前。这一佩带程序是为了使教徒在祝福前排除杂念、专心祈祷。生活在穆斯林地区的犹太人将经文护符匣的带子顺时针缠绕，生活在基督教国家的犹太人将经文护符匣的带子逆时针缠绕。现在大多数犹太人已不再佩带经匣，只有正统派犹太教徒还遵守这古老传统。

精神中心党 由正统派犹太教徒组成的以色列宗教锡安主义政党。精神中心党所代表的宗教锡安主义，主要从犹太教教义出发支持锡安主义，认为锡安主义植根于犹太教中。精神中心党主张：流散中的犹太人易受非犹太文化的影响，只有居住在圣地，他们才能摆脱这种影响，完全理解犹太教。锡安主义为犹太人重返应允之地，实现世界末日时的拯救提供了条件。巴勒斯坦应最大限度地向犹太人

开放，为此，巴勒斯坦应最大限度地开放农业，以吸收世界各地的犹太人。在犹太国的政治、经济、文化和社会生活等一切领域都应当严格实行犹太教教义和律法。1893年，拉比塞缪尔·摩哈利弗发起成立了名为"精神中心"的团体。该团体致力于宣传犹太教与锡安主义的互补性联系，许多成员后来都参加了世界锡安主义组织。1902年，拉比伊茨哈克·雅可夫·雷恩斯将"精神中心"改组为世界锡安主义组织内的一个正式的政治组织。改组后的"精神中心"在欧美许多国家和巴勒斯坦都有分支。1918年，精神中心党正式成为政党。1922年，该党巴勒斯坦分支的部分成员退党，成立了精神中心工人党。1949年，以色列精神中心党参加了以色列第一届议会选举。1951年，精神中心党在第二届议会选举中获得2个议席，在1955年的第三届议会选举中，精神中心党和精神中心工人党组成"全国宗教阵线"联合竞选，共拥有11个议席。1956年，精神中心党和精神中心工人党合并为全国宗教党。精神中心党的成员及拥护者多是城镇的中产阶级。该党出版有希伯来语日报和期刊，有自己的金融机构、定居组织和合作性的企业。1955年，精神中心党在特拉维夫创办了巴伊兰大学。精神中心党还迫使议会和政府通过和实施了一系列有关在公共事务中实行犹太教律法的法律。精神中心党在与宗

教有关的问题上曾数次挑起政府危机。1951 年 2 月，精神中心党要求对移民安置营中的来自也门的全部儿童进行宗教教育，政府没有完全满足这一要求，该党便退出政府，致使以色列第一届政府垮台。哈尔滨的锡安主义组织与精神中心党在复国主张上目标一致，因此有信息上的交流。部分原居哈尔滨犹太人返回巴勒斯坦和以色列后，曾参加了精神中心党的活动。

精神中心工人党 由巴勒斯坦和以色列的正统派犹太教徒组成的宗教锡安主义政党。1922 年，精神中心党巴勒斯坦支部的多数成员退出精神中心党，成立了精神中心工人党。该党同其母党精神中心党一样，对锡安主义作了符合正统派教义的解释，要求用正统教派的信条改造以色列国。它同其母党的主要区别在于，它的成员和支持者多是犹太工人中的正统派教徒。它的宗旨是：根据《摩西五经》和劳工利益建设犹太国，发展和加强犹太工人的宗教感情，维护他们的权益。在政治、经济领域，该党基本上追随工党。精神中心工人党拥有新闻、出版工具和教育、银行机构，建立了维护本党成员和支持者利益的精神中心犹太工人总会。在多次犹太民族议会的选举和历届以色列议会选举中，它都和精神中心党联合竞选，并参加了 1948～1955 年的历届政府。以色列建国后它的力量超过了其母党，成为

最大的宗教政党。1956 年，它和精神中心党合并为全国宗教党。精神中心工人党争取了大批正统派犹太工人参加锡安主义运动，为以色列国的诞生作出了积极贡献。哈尔滨的锡安主义组织同精神中心工人党政治立场一致，有过人员互访与信息交流，有的返回巴勒斯坦和以色列。原居哈尔滨犹太人曾参加该党的活动。

净殿节 见"光明节"。

净身池 犹太教徒依照宗教礼仪沐浴净身的场所。《密西拿》对净身池水质和水量有详细规定，如必须使用天然清水，池水必须流动等。任何一个犹太社团都必须拥有一处净身池以供全社团人使用。净身池大多设在犹太会堂内。犹太教规定妇女在婚前、产后和行经之后，皈依犹太教的人在入教前以及犹太男子在安息日和主要节日到来之前要在净身池净身。现在，除正统犹太教徒继续行这一规定外，绝大多数犹太人已不再实行净身礼，净身池的数量也日渐稀少。原居哈尔滨犹太人曾有小部分使用净身池净身，后来基本改为在家中净身。

救助欧战难民委员会 见"犹太免费食堂"。

K

卡巴 即犹太无沿圆帽（Kippah），是犹太人特有的宗教装饰物。外观上，

卡巴是一个针织或钩编的小圆片，有蓝、白、黑、花等颜色。犹太男子用它遮住头顶的一部分，以示对上帝的敬畏。正统派犹太教徒整日戴着卡巴，作为崇敬上帝的标志，而大部分犹太人普遍只在礼拜时或其他重大宗教仪式活动中佩戴。它不但是保持犹太教信仰的标志，还成为犹太男子喜爱的装饰。

卡巴尔金，P. M. 原居哈尔滨著名犹太企业家，中国东北大豆出口贸易的先行者。1852 年，P. M. 卡巴尔金出生在俄罗斯波洛茨克，父亲是位成功的粮商。受家庭环境的影响，P. M. 卡巴尔金很早就开始涉足商界，经营与粮食相关的各种贸易。由于业务的关系，梁赞—乌拉尔铁路局聘请他为顾问，长达 14 年之久。他的工作得到了中东铁路商务处长 К. П. 拉扎列夫的好评，并邀请他帮助发展西伯

◎ P. M. 卡巴尔金

利亚和满洲之间的货运贸易，而 P. M. 卡巴尔金也计划在中国东北建立大型榨油工厂，把中国东北的粮食商品销往欧洲，出于这个目的，他在哈尔滨创建了"P. M. 卡巴尔金父子公司"。由于日俄战争的爆发，这些计划并不顺利。不久卡巴尔金离开哈尔滨，转而经营西伯利亚大豆油以及牛奶的外销业务。当时主要的消费市场在俄罗斯军队以及为军队服务的人员之中。1906 年，P. M. 卡巴尔金又回到哈尔滨。1908 年 2 月，P. M. 卡巴尔金以彼得堡大出口商纳坦松公司的名义将大豆销往伦敦，成为中国东北乃至全中国大豆大量出口欧洲的先行者之一。1909 年，P. M. 卡巴尔金在哈创办"华英东方贸易公司"，同时在中国东北的其他地方、日本、美国等地设有分支机构，公司继续经营由海参崴向欧洲出口东北大豆的业务。为了向欧洲市场出口以及与欧洲产品竞争，同时将东北大豆就地进行加工。1914 年，P. M. 卡巴尔金开始着手建立榨油厂，即"华英东方贸易公司榨油厂"，俗称华英油坊。与此同时，他还与铁路局达成了优惠运输协议，而以前只有面粉企业才能享受该项特殊政策。P. M. 卡巴尔金所建的榨油厂按规模和设计来讲都是哈尔滨当时一流的工厂，在第一次世界大战期间获得了巨额利润。但是，十月革命后的俄国内战给 P. M. 卡巴尔金带来了巨大的损失，1921 年

在外国资本家的帮助下，他改组了自己的企业，并重新崛起。P. M. 卡巴尔金于 1922 年退休后，在巴勒斯坦度过了自己的晚年。1933 年去世，享年 81 岁。P. M. 卡巴尔金是哈尔滨历史上杰出的犹太商人，他创办的新式榨油厂从根本上扭转了东北榨油工业生产方法落后的局面。从这个意义上讲，P. M. 卡巴尔金为哈尔滨的经济发展作出了卓越的贡献。

卡巴尔金，Я. Р. 原居哈尔滨著名的犹太企业家，年轻时即帮助父亲 P. M. 卡巴尔金创建了"卡巴尔金父子公司"。Я. Р. 卡巴尔金曾在欧洲学习商业，毕业后回到哈尔滨，并把在欧洲学到的先进管理经验带回来在实践中运用发挥，带领兄弟们继承父亲所开创的事业。由于 Я. Р. 卡巴尔金在哈尔滨商界享有很高的地位，他曾被选为哈尔滨市公议会议员、交易会会长。

◎ Я. Р. 卡巴尔金

卡尔冬斯基，伊赛 原居哈尔滨及上海的俄籍犹太人。1922 年从俄罗斯迁居哈尔滨。后来又迁居上海，在上海的英美烟草公司工作了 29 年。1933 年，与西玛·格特尔曼（Syma Gettelman）结婚，夫妻先后生有两个女儿。1951 年，他们举家移民澳大利亚，在悉尼市定居。伊赛生前非常热爱生活，工作积极勤奋。他总是关心自己的同胞，对原居中国犹太人非常热情、坦诚和慷慨。尽管妻子于 1974 年过早去世，他还是在两个女儿的关照下度过了充实的晚年，直到年届 93 岁时，他才病体不支，于 1996 年 11 月 1 日在悉尼去世。

卡尔利克-拜因，尤迪特 原居哈尔滨犹太人，1940 年 3 月 5 日出生于哈尔滨，同父母米哈伊尔·卡尔利克与索菲娅·韦尔茨曼住在马街（现东风街）22 号。尤迪特童年时就被父母送入斯基德尔斯基塔木德—托拉学校学习。以色列建国后，哈尔滨犹太人大都迫切希望回到自己的民族国家，开始新生活。卡尔利克全家也于 1950 年 4 月 20 日离开哈尔滨。他们先乘火车抵达天津，后乘瑞典的"安娜萨连"号轮船，途经巴拿马运河，航行了漫长的 78 天后才到达意大利。接下来，他们又在意大利换乘以色列轮船"梅特瓦"号，航行 5 天后到达以色列的海法。

移居以色列后，尤迪特曾就读于

以色列师范大学，毕业后在中学任数学教师27年。1990年，她以世界犹太代办处代表的身份到了苏联，在那里为那些希望移民以色列的犹太人教授希伯来语。当时，她去过苏联的许多地方，西乌克兰、爱沙尼亚、明斯克、敖德萨等地。2004年，尤迪特曾与儿子一起探访故乡哈尔滨；2006年再赴哈尔滨，参加哈尔滨犹太历史文化国际论坛，在大会上作了题为《我的童年》的精彩发言。

◎ 尤迪特·卡尔利克-拜因
童年时在哈尔滨

卡尔利克，米哈伊尔·雅科夫列维奇 原居哈尔滨犹太人。尤迪特·卡尔利克-拜因的父亲。1904年出生于乌克兰的巴尔塔市，毕业于俄国中学，学过经济。1917年十月革命前，迁居海参崴，在那里一直经营毛皮生意。其母名为萨拉·马图索夫娜·卡尔利克（Сара Матусовна Карлик），其

父名为雅科夫（Яков）。1930年，米哈伊尔率先与其兄格奥尔吉（Георгий）从海参崴移居哈尔滨，并在哈尔滨大坑街（现大安街）开办了一家销售毛皮和布匹的商店。1934年，米哈伊尔·卡尔利克与索菲娅·韦尔茨曼在哈尔滨结婚。米哈伊尔·卡尔利克于1945年12月被苏联红军逮捕。与考夫曼医生一起被苏军弄到了哈萨克斯坦的集中营关押。1953年斯大林逝世后，米哈伊尔·卡尔利克才重获自由。1962年，在特迪·考夫曼的帮助下，米哈伊尔才回到以色列与家人团聚。回到以色列后在一家工厂工作，1970年罹患肺癌，经抢救无效去世。

◎ 米哈伊尔·卡尔利克

卡尔林斯基，西蒙 原居哈尔滨犹太人，以色列著名文学评论家。西蒙于1924年9月22日在哈尔滨出生，先后就读于塔木德-托拉学校和俄罗斯中学"社会商务学校"。14岁时，西蒙

移民去了美国，在洛杉矶读完了中学，又在洛杉矶学院读了三个研修班。1943～1946 年，西蒙应征在美国驻欧洲军队里服役；此后受聘于美政府，在美国驻欧洲的若干个分支机构当公务员。在欧洲工作之余，西蒙参与教育工作并和哈尔滨同乡阿瑟·洪内格和鲍里斯·布拉赫尔共同研究音乐制作。1957 年，西蒙返回美国，开始在加州大学伯克利分校学习俄国文学，1964 年取得博士学位，尔后留校从事教学工作直至 1991 年退休。截至 1992 年，他出版的书籍、论文和文学评论已达 260 部/篇。

卡干，А.И. 原居哈尔滨著名的犹太企业家。1908 年，А.И. 卡干由俄国来到哈尔滨，主要从事大豆及其他产品的出口。俄国"十月革命"后，由于种种政治上的原因，А.И. 卡干在企业经营中处于不利地位，为了寻求庇护，А.И. 卡干加入法国国籍。1921 年，А.И. 卡干收购了位于哈尔滨警察街（现道里区友谊路）的松花江面粉厂。1922 年，他与哈尔滨著名的斯基德尔斯基家族等犹太巨商在哈尔滨埠头区市场街（现道里区西十一道街）组建了远东犹太商业银行，对哈尔滨犹太企业的资本融通，活跃哈尔滨的投资市场起到了积极的推动作用。1926 年，А.И. 卡干经营的面粉厂企业、金融等在行业中取得了长足的进展后，又收购了东北特有的甜菜制糖企业——阿什河糖厂，并成立阿什河美国工业公司，总部设在哈尔滨。但是，由于企业在经营管理中出现了大量的债权问题，А.И. 卡干被迫于 1928 年和 1931 年分别将自己经营的阿什河糖厂和松花江面粉厂转让给美国花旗银行。А.И. 卡干在哈尔滨生活、工作了 20 余年，曾广泛地参与哈尔滨的金融投资、面粉加工、制糖工业、进出口贸易等，在商界享有极高的信誉，客观上对以哈尔滨为中心的东北经济发展起到过重要的促进作用。他所经营的哈尔滨面粉加工有限公司是著名的面粉企业，在哈尔滨近代工业中产生过重要的影响，他参与经营的阿什河糖厂是中国第一家甜菜制糖企业，在中国制糖业历史上占有重要地位。

◎ А.И. 卡干在哈尔滨

卡干钟表珠宝店 原居哈尔滨犹太商人 Д. 卡干的产业。1917 年在哈尔滨埠头区（现道里区地段街 45 号）开业，主要经营金银饰品和钟表。

◎ Д. 卡干钟表珠宝店

◎ 诺利亚·卡涅尔

卡林，费奥多尔·雅科夫列维奇 原居哈尔滨犹太人。1896 年出生于比萨拉比亚省苏斯洛夫的雇员家庭。俄国二月革命后，费奥多尔·雅科夫列维奇从罗马尼亚回到俄国，在军队服役。1918 年加入红军，1919 年加入俄共，并进入情报部门工作。费奥多尔·雅科夫列维奇先后在香港、奥地利、保加利亚、罗马尼亚等地从事秘密工作。1924 年，他前往哈尔滨以领事馆人员身份为掩护从事情报工作。1927 年离开哈尔滨前往欧洲、美国和日本等地工作。1937 年 5 月 16 日被苏联内务部逮捕，随即最高军事法院判处其死刑，1956 年，费奥多尔·雅科夫列维奇名誉获得恢复。

卡涅尔，诺利亚 原居哈尔滨犹太人。1921 年出生于哈尔滨著名的 C.H. 卡涅尔家族。早年就读于哈尔滨第一社会商务中学，1936 年，诺利亚以优异成绩毕业于该校，获得优秀毕业证书。在哈尔滨第一社会商务中学毕业后，进入哈尔滨基督教青年会学校继续学习，并再次获得最高毕业生荣誉——"Summa cum Laude"。在哈尔滨生活期间，诺利亚·卡涅尔积极参与犹太社团的各种活动，先后成为哈尔滨犹太青年组织"贝塔"和"马卡比"的积极分子。

为了获得继续教育的机会，在哈尔滨基督教青年会学校毕业后，诺利亚先后前往上海和香港进修学习。第二次世界大战爆发前，回到哈尔滨。战争结束后，进入哈尔滨工业大学，在哈尔滨生活工作直至 1962 年。移居以色列后，诺利亚·卡涅尔定居在耶路撒冷，在科技翻译机构工作，从事翻译苏联科技文章工作，并与丽塔结为夫妻，后移居特拉维夫。1991 年 9 月病逝，享年 70 岁。

卡普兰，亚历克斯 原居中国东北犹太人，美国的"二战"老兵。1923 年 12 月出生于海拉尔。父亲是俄籍犹太商人列昂尼德（Leonid）·卡普兰；母亲是来自天津犹太家族达申斯基（Dashinsky）家族的伊达（Ida）。1931年日军占领东北后，卡普兰家族便迁居天津。亚历克斯在天津天主教教会办的圣路易斯学校学习到毕业。1938年，留学去了美国，就读于加州大学伯克利分校。珍珠港事件发生后，亚历克斯报名参加了美国空军。他先是被送到一所飞行员学校培训了一年，然后被派到美国空军驻扎在英国的第八军，在第508中队第351轰炸组服役。他参加过许多次对纳粹德国的空袭行动，有过几次遇险生还的经历。"二战"结束后，他回到了美国并被编入美军预备役部队。1948年，亚历克斯回到天津和他的犹太女友杰恩·图尼克（Jayne Tunic）完婚。那时，亚历克斯的父母已经移民去了加拿大。很快，亚历克斯就带着新婚妻子回到了美国，定居在帕萨迪纳。作为"战争老兵"荣衔的获得者，亚历克斯退役后，曾赴墨西哥工作多年。后来，他在一家经营电子锁具的"挪威温卡德公司"（Vingcard Norway Firm）担任了多年总经理，直至退休。2006年，亚历克斯·卡普兰在帕萨迪纳去世，享年83岁。

卡恰诺夫斯基，阿布拉姆 原居哈尔滨早期俄籍犹太侨民。他和妻子塔季阿娜（Tatyana）在哈尔滨生养了儿子鲍里亚（Borya）、廖瓦

◎ 阿布拉姆·卡恰诺夫斯基和妻子塔季阿娜

（Leva）、米沙（Misha）和女儿索菲娅（Sofia）、阿霞（Asya）和内莉（Nelly）等子女。其中，女儿阿霞日后与原居哈尔滨的犹太企业大亨迈克尔·科甘结为伉俪。迈克尔去世后，阿霞常年从事慈善事业，以纪念已故丈夫、父母和兄弟姐姐（健在的妹妹内莉除外）的名义，资助以色列贫病的犹太人和以色列原居中国犹太人协会。

卡恰诺夫斯基，Л. 原居哈尔滨犹太人，1914年出生在俄国南部的明斯克，1919年随父母迁移至哈尔滨。他曾先后在天津以及上海逗留，并担任过法国公司"维多利亚"天津分公司的负责人。"二战"结束后移居日本，长期从事与金银买卖相关的业务。1972年他成功收购了原工作过的公司，开始自主经营金银买卖。1978年12月12日在日本东京去世，享年71岁。

卡斯普事件 1932年底，约瑟夫·卡斯普的小儿子谢苗·卡斯普（又译西蒙·卡斯普）毕业于巴黎音乐学院，不久回到哈尔滨。1933年8月24日午夜，在哈尔滨发生了震惊中外

的"卡斯普事件"（又称"马迭尔绑架案"）。谢苗·卡斯普24岁，法国籍犹太公民，从法国留学回到哈尔滨的天才钢琴家。其父约瑟夫·卡斯普是远东著名的珠宝商人，兼营哈尔滨最豪华的马迭尔宾馆。日军占领哈尔滨后，马迭尔老板约瑟夫·卡斯普为防止日本占领者侵夺马迭尔宾馆财产，将宾馆及影院的所有权转移至加入法国籍的两个儿子名下，挂起了法国旗。1933年8月24日午夜音乐会结束，谢苗·卡斯普送女友莉季娅·夏皮罗回家，被一群匪徒绑架，这些人实际是俄国法西斯党成员。他们向谢苗·卡斯普的父亲索要赎金30万日元。倔强的约瑟夫·卡斯普在法国领事馆的支持下，坚决拒绝支付这笔巨款。一个月后，匪徒把谢苗·卡斯普的半只耳朵切下来送给了他的父亲约瑟夫·卡斯普。在被绑架三个月后的1933年11月24日，受尽苦刑虐待的谢苗·卡斯普在小岭（今哈尔滨市阿城区）被绑匪杀害。惨案震惊了整个世界，谢苗·卡斯普之死激起了哈尔滨犹太社团及哈尔滨人民的极大愤慨，12月5日，哈尔滨各界人士约3万人为谢苗·卡斯普送葬。送葬者中既有犹太人，也有中国人、俄罗斯人。哈尔滨犹太社区领袖 А. И. 考夫曼医生在致悼词时强烈谴责凶手和幕后指使人，要求暴徒偿还血债。隆重的葬礼成了抗议集会。在法国领事馆的直接干预

下，在哈尔滨民众的强烈要求下，参与绑架事件的匪徒陆续被捕归案。1934年11月29日，哈尔滨警察局向首席检察官呈递了长约800页的报告，得出的结论是：绑架谢苗·卡斯普的人是"俄国爱国者"。1936年6月，哈尔滨法庭对绑架者和谢苗·卡斯普谋杀者进行了判决，4人被判处死刑，2人被判处终身劳役，这6人都被剥夺了公民权。哈尔滨法院宣称此判决没有上诉权，只有最高法院能批准裁决，24小时内执行。然而，在1936年7月，被日本控制的伪满洲国长春最高法庭拒绝批准哈尔滨特别法庭通过的判决，决定重新审理此案。根据当时出台的赦免法，被告人于1937年1月全部被释放，使绑匪逍遥法外。所有犹太人、俄国人、中国人都对卡斯普事件反应强烈，多数人无法宽恕这种惨无人道的行径，也无法理解法院赦免罪犯的决定。根据最新披露的研究成果和历史档案记载，卡斯普案件不是所谓"俄国爱国者"所为，而是日本当局精心策划并唆使俄国法西斯分子在中国犯下的迫害犹太人的恶劣罪行。

卡斯普，谢苗（又译西蒙）·约瑟福维奇 原居哈尔滨犹太人，天才的犹太青年钢琴家，是拥有"马迭尔"等数家企业的哈尔滨著名犹太企业家约瑟夫·亚历山德罗维奇·卡斯普之子。1909年出生于哈尔滨，1926年去巴黎音乐学院深造，1929年与兄弟瓦

洛佳加入法国籍后，父亲将马迭尔宾馆转让到儿子名下。1932年谢苗·卡斯普作为青年钢琴家返回故乡哈尔滨，多次演出，深受欢迎。1933年8月24日深夜，在参加了一个熟人组织的晚会之后，谢苗·卡斯普送女友莉季娅·夏皮罗回家，当车拐到面包街109号附近时，被日本宪兵队指使的白俄反犹分子绑架，绑匪向其父亲敲诈30万日元，因没能和马迭尔董事会达成一致，1933年11月24日，谢苗被绑匪之一基里钦科枪杀。1933年12月5日，哈尔滨各界数万人参加了谢苗·卡斯普的葬礼，并将其埋葬在哈尔滨犹太公墓。12月6日，《霞光》报报道了谢苗·卡斯普的葬礼。哈尔滨犹太宗教公会会长 А. И. 考夫曼致悼词，称赞死者是一位非常高尚的人，强烈谴责俄国法西斯分子的恐怖行为，并强烈呼吁当局"采取措施保护当地犹太人的生命和财产"。

◎ 谢苗·约瑟福维奇·卡斯普

卡斯普，约瑟夫·亚历山德罗维奇 原居哈尔滨犹太企业家。日俄战争期间当过俄军骑兵。1906年前后，随大批退役犹太官兵留在哈尔滨就业，开始经营钟表修理店，后来转为经营珠宝店和银楼，由于经营业绩好，成为远东地区著名的珠宝商，最后成为远东地区最时尚豪华的马迭尔饭店的创始人、股东和老板。日本入侵东北时，约瑟夫·亚历山德罗维奇·卡斯普拥有珠宝店、马迭尔饭店以及戏院、公司等数家企业。他的格言是："干就干成一流，否则宁可不做。"1933年8月，他的小儿子谢苗·卡斯普遭到日本宪兵指使的俄国法西斯分子绑架，经过法国领事馆的干涉，没能救出儿子。11月24日谢苗·卡斯普被杀害后，他悲痛欲绝，1935年离开哈尔滨去法国，后抑郁成疾，1938年与世长辞，年仅59岁。

◎ 约瑟夫·亚历山德罗维奇·卡斯普

凯达尔，季娜 原居哈尔滨犹太人，以色列原居中国犹太人协会和以色列—中国友好协会的积极活动家，是原居哈尔滨犹太人鲍里斯·瑙莫维奇·特里古博夫和玛丽亚·弗拉基米罗夫娜·特里古博娃之女。1940年7月20日在哈尔滨出生。她的家庭生活富裕，父母视其为掌上明珠，经常给她购买许多有趣的玩具和漂亮衣服。许多老照片记录了当年季娜在哈尔滨度过的美好童年，在她的脸上始终洋溢着灿烂的笑容。她曾在哈尔滨犹太民族宗教学校斯基德尔斯基塔木德—托拉就学两年半。1950年随父母回到以色列，在以色列上了小学、中学，后来又在中小学教师进修班继续学习。她在"阿米卡姆"莫沙夫的学校里从事教师工作13年。当时学校有6个年级，一个年级一个班，每班约有15名学生。季娜教小学一、二年级的所有科目，因为当时在低年级没有专门的各科教师。季娜于1960年与亚伯拉罕·凯达尔（Авраам Кейдар）先生结婚。在学校工作期间，季娜的孩子们陆续出生，家庭负担日益繁重，所以她辞掉了学校的工作，与丈夫一起从事农业生产。1992年，她的丈夫去世后，为了减轻寂寞，已过退休年龄的季娜在阿米卡姆一所学校的图书馆工作。作为以色列原居中国犹太人协会的积极活动家，多年来她不但一直坚持向协会捐款，而且经常专门乘车从阿米卡姆（Амикам）到位于特拉维夫的协会总部拜访，与协会工作人员交谈，向他们提供力所能及的帮助。季娜养

育两个儿子和两个女儿。他们都定居在阿米卡姆，过着幸福的生活，有各自的生活来源。现在，季娜已经有了10个孙子和一个孙女，尽享天伦之乐。她见证了阿米卡姆从一无所有到应有尽有的整个发展历程。她经常给晚辈讲述关于哈尔滨的故事。离开哈尔滨之后，季娜曾两次回到中国。第一次是在十多年前，她与原居中国犹太人同行。第二次是在2008年6月，她带着4个子女再次来到中国，并专程来到哈尔滨观光、旅游。在哈尔滨，他们下榻在季娜的父母举行结婚典礼的马迭尔宾馆，找到了季娜出生的故居，还参观了由黑龙江省社会科学院犹太研究中心举办的哈尔滨犹太历史文化展览以及哈尔滨新、老犹太会堂，犹太墓地等哈尔滨犹太遗址遗迹。

◎ 季娜·凯达尔童年时在哈尔滨

凯达尔，罗尼 原居哈尔滨犹太人后裔，以色列原居中国犹太人协会和以色列—中国友好协会的积极活动家季娜·凯达尔女士的长子。出生于1960年11月3日，中学毕业。在阿米

卡姆从事农业生产，拥有自己的农场。目前，他除了种植蔬菜、水果外，还开办一个公司，从事农机贸易。通过多年的辛勤劳动，其生活条件有了明显改善。几年前，他自建了一座宽敞明亮的复式小楼。曾经和母亲、兄弟姐妹一起于 2008 年 6 月来哈尔滨寻根。

凯斯勒，雅科夫（雅纳） 原居哈尔滨犹太人，哈尔滨早期"哈鲁茨"组织成员。1910 年出生于俄罗斯的克拉斯诺亚尔斯克，16 岁时随父母移居中国哈尔滨，就读于斯基德尔斯基塔木德—托拉学校。他曾积极参与哈尔滨的锡安主义运动，自哈尔滨锡安主义机构"贝塔"成立之日起，就是该组织的积极分子。1935 年，他与妻子作为"贝塔"组织的成员回到巴勒斯坦，定居在格尔茨林。1997 年病逝，享年 87 岁。

坎波尔，乔治 原居哈尔滨及天津犹太人。生于哈尔滨。出生不久便随父母去了天津。40 年代末回到以色列后，和犹太姑娘珀尔（Pearl）结婚，并生养了他们的女儿琳达。在以色列，坎波尔夫妇积极支持以色列原居中国犹太人协会的工作，曾为该协会的社会援助基金捐款。

康季莲娜乐器行 康季莲娜（意为优美的旋律）乐器店是原居哈尔滨犹太音乐家 Г. Н. 特拉赫金贝尔格于 1924 年在哈尔滨埠头区中国大街（现道里区中央大街）创办的，出售各种

◎ 1920 年代的康季莲娜乐器行

精美西洋乐器，深受哈尔滨音乐爱好者的欢迎。

考夫曼，阿布拉姆（又译亚伯拉罕）·约瑟福维奇 原居哈尔滨犹太人，医生，社会活动家，哈尔滨犹太社区领袖。1885 年 11 月 28 日出生于俄国契尔尼戈夫省姆戈林市的一个犹太家庭，1903 年毕业于彼尔姆中学，1904～1908 年在瑞士伯尔尼大学医学系就读，当选为伯尔尼大学犹太大学生联合会主席，参加了锡安主义运动。回到俄国后，到伏尔加河流域和乌拉尔地区工作，宣传锡安主义思想。作为地区代表，他曾出席过第三届世界锡安主义代表大会。1912 年考夫曼移居哈尔滨，积极从事社会活动和锡安主义运动，先后担任了哈尔滨犹太人移居巴勒斯坦促进协会主席、哈尔滨犹太社团援助欧战难民委员会主席、哈尔滨锡安主义组织领导人、俄国远东地区锡安主义组织领导人和哈尔滨犹太宗教公会会长等职务，还担任过犹太民族基金会在华代表、世界锡安

主义组织西伯利亚和远东地区移居巴勒斯坦事务的驻哈尔滨办事处全权代表，在组织远东地区犹太人返回巴勒斯坦，救助第一次世界大战、俄国国内战争、第二次世界大战期间的犹太难民方面做了大量工作。为救助来哈的犹太难民，他发起成立了哈尔滨犹太免费食堂和养老院；为救助欧洲犹太难民儿童，他组织哈尔滨地区犹太人捐款、捐物，向苏俄伊丽莎白格勒等地发送了几列车粮食和衣物。他还为维护民族的团结、弘扬犹太历史文化做了很多工作，1921～1943 年曾担任《犹太生活》刊物的主编，犹太医院的主治医师。东北沦陷后，他虽然为民族的生存担任了远东犹太民族委员会主席，还被授予日本帝国勋章，但他也为维护犹太人的权益进行过抗争。为此俄国法西斯党曾叫嚣把他"从满洲国驱逐出去"。1945 年 8 月，苏联红军进入哈尔滨后，考夫曼被捕，押解回苏联。他被指控为从事间谍活动和锡安主义活动而被判处 25 年徒刑。在被监禁 11 年后，于 1956 年无罪获释，在哈萨克斯坦卡拉干达暂住，执业医生。1961 年移居以色列，与亲人团聚。1971 年 3 月 21 日因心脏病去世，享年 86 岁。

考夫曼，埃斯菲利·达维多芙娜 原居哈尔滨犹太人，哈尔滨犹太社区领袖 A. И. 考夫曼医生的第二任妻子。1902 年 1 月 12 日出生在比萨拉比亚的奥尔格耶夫市，其娘家姓为特

◎ 阿布拉姆·约瑟福维奇·考夫曼

拉赫金贝尔格。在托木斯克中学毕业后，她继续在托木斯克大学医学系学习，但没有毕业就离开了俄国。在德国和美国生活 5 年多，1927 年来到哈尔滨。1933 年，她带着自己与前夫的儿子大卫嫁给 A. И. 考夫曼医生（A. И. 考夫曼医生的原配夫人在 1925 年因产后感染而不幸去世）。她对考夫曼医生和他的两个儿子给予了无微不至的关心和照顾，使考夫曼医生能够全身心地投入到工作中去。1945 年考夫曼医生被苏联红军逮捕至苏联。1950 年 1 月 25 日她与儿子特迪回到以色列，并开始着手营救丈夫。1961 年，A. И. 考夫曼医生终于从苏联回到了以色列，与家人团聚，埃斯菲利·达维多夫娜与丈夫 A. И. 考夫曼在以色列过了 10 年的幸福生活。1971 年其丈夫去世。她也于 1984 年 7 月 21 日在拉马特甘逝世，享年 82 岁。

考夫曼-塞格尔曼，拉莎　以色列—中国友好协会、以色列原居中国犹太人协会会长特迪·考夫曼先生的夫人。拉莎为上海生人，其家族来自俄国西伯利亚。毕业于上海的一所英国中学，1949 年与家人一起迁居以色列，服役两年，退役后参加工作，始终在一个大的检查监督机构工作，任秘书长。一直以来，特别是退休后，积极参加以色列原居中国犹太人协会和以中友好协会的工作，首先是协会妇女委员会的工作。她对特迪·考夫曼的工作给予了大力支持，在很大程度上促进了他在各方面工作的开展。

◎ 拉莎·考夫曼-塞格尔曼

考夫曼，索菲娅·鲍里索芙娜　原居哈尔滨犹太人，哈尔滨犹太社区政治领袖阿布拉姆·约瑟福维奇·考夫曼医生的母亲。出身于著名的犹太家庭什内尔松（Шнеерсон）。她的祖父西纽尔-扎尔曼（Шнеур‐Залман）是继多夫·贝尔之后哈西德派一位主要的思想家，其思想在白俄罗斯和立陶宛犹太人中间广为传播。后来，他成为俄罗斯北部地区哈西德派的领袖，还是哈西德派分支——"哈巴德"的创始人。索菲娅和丈夫约瑟夫·扎尔玛诺维奇·考夫曼为有这样的祖辈而感到骄傲。他们夫妇也积极参加了"哈巴德"运动并虔诚地遵守着哈西德派的传统。早在彼而姆的时候，她就与丈夫一道从事大量的锡安主义活动。十月革命后来到哈尔滨，一直协助丈夫照料养老院的老人，1940 年故去，葬在哈尔滨皇山犹太公墓。

◎ 索菲娅·鲍里索夫娜·考夫曼

考夫曼，特迪　原以色列—中国友好协会、以色列原居中国犹太人协会会长，哈尔滨犹太社区政治领袖亚伯拉罕·约瑟福维奇·考夫曼医生的次子。他于 1924 年 9 月 2 日在哈尔滨出生。1940 年 12 月毕业于哈尔滨第一社会商务中学，并获得了金奖。当年，他是哈尔滨犹太青年中的活跃分子，于 1939 年加入了哈尔滨犹太青年组织"马卡比"，是该组织的积极成员之一。早在上中学的时候，他就多次做过以犹太文化和文学为主题的报告，并在其父主编的《犹太生活》周刊上刊登"马卡比"专页。1939～1944 年参加工作，曾担任"马卡比"的秘书，并成为"马卡比"文化委员会成员。1941～1943 年在《犹太生活》杂志编辑部担任秘书。1941～1945 年任哈尔滨锡安主义组织秘书。1945～1949 年任 A.M. 基谢廖夫拉比的秘书，兼任哈尔滨犹太宗教公会的秘书。1948 年主办了地下刊物《时事通讯》。同年秋，举办了希伯来语培训班。也是在 1948 年，在他和 Б. 米尔金的倡议下，成立了哈尔滨犹太文学研究小组，他任组长。当时，该小组在加强犹太民族凝聚力方面发挥了重要作用。该小组在存在一年半后被取缔。他还是 1949 年成立的哈尔滨犹太人秘密移民委员会的秘书（1949 年 4～11 月）。特迪·考夫曼于 1950 年 1 月 25 日回到以色列。1950 年 2 月 15 日，他到犹太民族基金会工作。同年 4 月被调到特拉维夫市政府工作。1966 年当选特拉维夫市政

府工作人员退休金储蓄会主席。1966 年 7 月～1986 年在特拉维夫市政当局做工人，兼任"节俭基金会"主任；1970～1985 年连任四届特拉维夫市政府工会主席。1985 年当选特拉维夫工会工人委员会秘书长，直到 1990 年 1 月退休。由于工作出色，他获得嘉奖，并受到了以色列第四任总理伊扎克·拉宾和第五任总统伊扎克·纳冯和的亲切接见。特迪·考夫曼还积极参加了以色列全国总工会领导机构的工作：任其执行委员会成员 20 年，秘书处成员 10 年，1986 年当选特拉维夫分会秘书长。此外，他还为以色列工党做了许多工作：自 20 世纪 60 年代末至 80 年代末，在特拉维夫和以色列工党秘书处工作；1972～1990 年一直是以色列工党中央委员会及行政委员会成员。如果说，在 1990 年退休前，特迪·考夫曼的主要工作是在特拉维夫市政府

◎ 特迪·考夫曼

和工会，那么退休后，他则把主要精力投入到了以色列原居中国犹太人协会和以色列—中国友好协会的工作中。实际上，他是原居中国犹太人协会的创立者之一，也是协会会刊的创办人之一并担任编辑多年。从 1972 年 1 月 1 日起，他当选以色列原居中国犹太人协会会长，开始全面领导协会的工作。1992 年 3 月以色列—中国友好协会建立后，他任会长，在促进中以友好方面发挥了重要作用。他还撰写了《我心中的哈尔滨犹太人》一书，向广大读者展示了一幅组织完善、自强不息、富有人文精神的哈尔滨犹太社区的真实景象。这部著作的问世对研究哈尔滨犹太人历史文化，乃至研究世界犹太人大流散的历史都具有重要的学术价值和现实意义。特迪·考夫曼先生对哈尔滨有着浓浓的故乡情结，曾于 1994 年偕夫人拉莎回哈尔滨祭扫亲人的墓，还曾于 2004 年和 2006 年偕夫人参加了两届哈尔滨犹太历史文化国际论坛，在大会上致辞并做了精彩的学术报告。特迪·考夫曼于 2012 年 7 月逝世，享年 87 岁。

考夫曼，叶夫根尼　原居哈尔滨俄籍犹太报业人士。1889 年生于彼得堡，幼年时随家人迁居伊尔库茨克。1908 年，从伊尔库茨克中学毕业后不久，因加入俄国社会革命党而被沙皇政府流放。1913 年获释后至 1918 年，曾为多家报纸撰稿，其中包括结雅的

◎ 叶夫根尼·考夫曼

《原始森林报》、海兰泡的《阿穆尔回声报》、托木斯克的《西伯利亚生活报》和伊尔库茨克的《西伯利亚报》。

1918 年，叶夫根尼·考夫曼从海参崴来中国东北活动，1919 年回国。1921 年，再次来到中国并在哈尔滨侨居。同年，在哈尔滨与人合作创办了俄文晚报《鲁波尔报》。1922 年 5 月 1 日，出任该报的出版人兼报社经理；1925 年 1 月 26 日起，又兼任该报主编，担任这些职务直至 1938 年《鲁波尔报》被日伪当局勒令停刊之时止。在叶夫根尼·考夫曼主持《鲁波尔报》报社工作期间，该报一度成为哈埠最受欢迎的晚报之一。

在经营《鲁波尔报》之余，精力充沛的叶夫根尼·考夫曼于 1926 年 8 月 22 日，与好友列姆比奇和希普科夫共同创办了文学杂志《边界》，杂志社总部设在中国大街 5 号的一幢大楼内（即今道里区西十四道街与中央大街交

口处一家药业公司所在的大楼）。1928
年，考夫曼组建了边界股份公司，自
任公司经理，从第7期《边界》刊发
时起（1929年），出任该杂志主编。在
叶夫根尼·考夫曼的出色领导和经营
之下，从1929年第102期开始，《边
界》由原来不定期发行的杂志变成了
定期发行的周刊，且从未间断发行；
不仅行销国内，还远销海外，就连桑
给巴尔都有《边界》的读者。1930年
代初，其最多一期发行量达7000余
册。在日伪统治时期，《边界》几成哈
埠仅存的一本俄文文学杂志。1934年
以后，其发行量明显下降，一度降至
3500册。1945年8月10日，苏军进驻
哈埠后，《边界》遭封杀停刊，累计发
行862期。

1931年，叶夫根尼·考夫曼买下
了濒临倒闭的哈埠俄侨儿童刊物《燕
子》双周刊，把《鲁波尔报》儿童版
的记者瓦西里耶娃调到《燕子》编辑
部，并对这位刚出道不久的记者给予
充分的信任，让她自由发挥想象力，
编辑和写作适合儿童特点的作品。后
来，瓦西里耶娃成为《燕子》杂志主
编，《燕子》杂志也逐步办成了哈埠最
受俄侨欢迎的儿童刊物，许多俄侨子
女都是伴随着《燕子》长大的。其订
户不仅遍布中国的各个俄侨社区，亦
不乏日本、法国、德国土耳其等国的
订户。

1945年8月，叶夫根尼·考夫曼

被苏联红军逮捕并被押解回苏联。在
苏联受审并获释后，他一直在斯维尔
德洛夫斯克州生活。20世纪70年代
初，在当地去世。

考夫曼，伊赛（Исай） 原居
哈尔滨犹太人，哈尔滨犹太社区政治
领袖拉布拉姆·约瑟福维奇·考夫曼
医生的长子。1919年在哈尔滨出生。
在哈尔滨俄侨第一社会商务中学毕业
后，他曾想去巴勒斯坦，但是当时英
国当局把移民巴勒斯坦的许可只发给
德国和奥地利的犹太难民。于是父亲
为他办理了移民美国的手续，1939年
移居美国。为了尽快获得美国国籍，
自愿参军，曾在德国战斗过，到达了
柏林。作为一名老兵，他获得机会上
了大学，毕业后成为一名海军工程师。
现任美国旧金山远东协会会长。

◎ 伊赛·考夫曼在哈尔滨

考夫曼，约瑟夫·扎尔玛诺维奇　原居哈尔滨犹太人，哈尔滨犹太社区政治领袖拉布拉姆·约瑟福维奇·考夫曼医生的父亲。他是一位思想先进的人物。为了让子女在普通学校接受世俗教育，1891年，从其家乡——犹太人居住区俄国切尔尼戈夫省的姆格林市举家迁到了彼尔姆省的省会城市——彼尔姆（Пермь）。在彼尔姆，约瑟夫·考夫曼开了一个规模很大的布匹批发部。其经营状况良好，家境殷实。他不仅是一位成功的商人，而且通晓犹太文学，青年时代就用希伯来文写过诗歌。他熟知犹太教"第二经典"《塔木德》，但从未想像虔诚的哈西德教徒那样从事拉比工作。他参加了敖德萨犹太医生列奥·平斯克领导的巴勒斯坦运动，自少年起便加入了列奥·平斯克担任主席的"锡安山热爱者"协会，投入了"热爱锡安山运动"，是列奥·平斯克在乌克兰的代表，参加了1897年在瑞士巴塞尔召开的第一届世界锡安主义者代表大会。后来，他参加了赫茨尔锡安主义小组的工作并成为其领导者，经常做关于历史问题的报告。在敖德萨，他积极地参加了锡安主义组织前身——犹太人移居巴勒斯坦促进委员会的工作，是一个坚定的锡安主义者。家迁至彼尔姆后，约瑟夫·考夫曼曾任彼尔姆犹太社区主席和彼尔姆锡安主义组织主席，继续积极地从事锡安主义活动。

他的家庭熏陶对 A. И. 考夫曼锡安主义思想的形成具有重要影响。俄国十月革命后，约瑟夫·考夫曼从彼尔姆来到哈尔滨。自来到哈尔滨之日起，他便担任哈尔滨犹太养老院院长，住在养老院的二楼，兢兢业业，忠于职守，直至1934逝世，默默无闻地为哈尔滨孤寡贫病的犹太老人奉献了自己的晚年。他长眠在哈尔滨皇山犹太公墓。

◎ 约瑟夫·考夫曼

科茨，М. М.　原居哈尔滨犹太人。1907年从俄国来到哈尔滨，曾任哈尔滨犹太宗教公会总会堂、丧葬互助会和犹太养老院的司库，是哈尔滨犹太总会堂和犹太养老院领导人之一。1919年在中国大街（中央大街）开办"日内瓦"钟表珠宝店。他的儿子 Б. М. 科茨曾任哈尔滨"马卡比"主席，还是哈尔滨犹太民族学校和图书馆的领导人之一，也是哈尔滨锡安主义组织理事会成员。1952 年 Б. М. 科茨和夫人 Г. С. 科茨移居以色列。1953～1971 曾任以色列原居中国犹太人协会第二任会长。2005 年 11 月，М. М. 科茨的孙子 А. Л. 科茨来到哈尔滨祭扫外祖父的墓地。

◎ **M. M. 科茨**

科茨，萨穆伊尔　原居哈尔滨犹太人，著名学者。1919 年其家族从俄罗斯乌拉尔山地区的乌法（Ufa）镇逃到哈尔滨。他的祖父在哈尔滨经营一家大型的手表和银饰商店，手表是从瑞士进口的，且在长春拥有分店，并成为伪满洲国皇室的供应商。1925 年其父亲在比利时的列日（Liege）获得了工程学学位，同时也遇到了他的母亲——一位来自华沙的德高望重的拉比的女儿，她在同一所大学学习化学。他们在 1928 年结婚，不久返回哈尔滨。他的祖父和父亲都是哈尔滨犹太社区的领袖。祖父曾多年担任社区的财务主管和犹太老会堂的主管。他的父亲积极从事犹太学校和青年组织的活动。他的母亲从事药剂师的工作，而且积极参加慈善和妇女组织的活动。1930 年 8 月 28 日萨穆伊尔在哈尔滨出生。12 岁之前他在犹太学校就读，此后在一所俄罗斯学校继续学习，1946 年以优异成绩毕业，接着他又花一年时间在一所讲英语的高等院校学习，1947 年进入哈尔滨工业大学，在该校学习两年。1949 年，萨穆伊尔·科茨移居以色列，服役两年后在耶路撒冷希伯来大学继续接受教育，并于 1956 年毕业，获得数学硕士学位。在此后的两年中，他在以色列的气象部门服务。随后进入美国康奈尔大学深造，1960 年毕业，获得数学博士学位。1964 年，他成为多伦多大学的副教授。1967 年后先后前往坦普尔大学、马里兰大学任教。1997 年成为乔治·华盛顿大学教授。

萨穆伊尔·科茨在数学统计、概率论领域有很高的造诣，取得了重大科研成果。他是统计百科全书（13 卷）的编辑者之一。在他的科研生涯中，出版了 30 多部专著和 280 余篇论文。鉴于萨穆伊尔·科茨的学术贡献，他曾先后被世界多所大学授予名誉博士学位。其中包括哈尔滨工业大学（中国，1988 年）、雅典大学（希腊，1995

年）和鲍灵格林州立大学（美国俄亥俄州，1997 年）。1998 年成为华盛顿科学院的成员。此外，他还是英国皇家统计学会会员和美国统计协会成员。萨穆伊尔·科茨精通俄语、波兰语、希伯来语、英语、日语、汉语、德语、法语等多门外语。2010 年 3 月因病去世，享年 79 岁。

◎ **1905 年刚来哈尔滨的伊萨克·科夫通**

◎ 萨穆伊尔·科茨

科夫通，伊萨克 原居哈尔滨早期犹太侨民，1905 年从乌克兰的波尔塔瓦迁来哈尔滨，系原居哈尔滨犹太人萨拉·奥辛娜的父亲（另见词条"奥辛娜，萨拉"）。

科甘，阿巴 原居哈尔滨犹太人，哈尔滨俄籍犹太企业家迈克尔·科甘之子。生于哈尔滨，1950 年随家人离开中国，移民日本东京。在父亲于 1984 年去世后，他接管了父亲的企业"塔依托"公司。2005 年，"塔

依托"公司被史克威尔艾尼克斯公司收购。后来，他迁居摩纳哥。

◎ 阿巴·科甘

科甘，阿霞 原居哈尔滨犹太人，著名犹太慈善家，原居哈尔滨俄籍犹太杰出企业家迈克尔·科甘的遗孀，父姓卡恰诺夫斯基。生于哈尔滨，十几岁时就加入了哈尔滨的"贝塔"组织。后来，嫁给了日后成为大企业家的哈尔滨犹太青年迈克尔·科甘，和科甘生养了儿子阿巴和女儿丽塔。1946 年，随丈夫迁居天津；1950 年，科甘家族举家移民日本东京；1953 年，她丈夫成立了"塔伊托"公司（Taito

Corp.）。迈克尔·科甘在一次去洛杉矶出差时，因心脏病发作医治无效，于1984年2月5日逝世。

在丈夫去世后的几十年里，阿霞一直从事慈善事业。为了纪念米沙（迈克尔的小名），她在以色列原居中国犹太人协会设立了两个基金："米沙·科甘社会援助基金"和"米沙·科甘奖学金基金"。社会援助基金每年资助20个家庭；奖学金基金每年资助50名学生。她还不断为该协会提供其他赞助。该协会原会长特迪·考夫曼曾评价说："我们可以肯定地说，要是没有她（阿霞）的慷慨赞助，本协会的活动就难以持续开展"。

为了改善居住在以色列阿萨夫地区的医疗条件，她出资建起了阿萨夫—哈罗菲医疗中心所属的阿霞·科甘医院，还启动了全面改造阿霞·科甘医院的工程并于2005年完工。该工程完成后，阿萨夫—哈罗菲中心的专业能力和整体面貌都发生了改变，使该医疗中心跻身以色列一流医院的行列。此后，在阿霞的支持下，该中心医院建立了一所儿童医院、一幢妇产科大楼和一个实验室与研究所结合的园区、心脏病研究所以及几个新设的外科及康复大厅。这些新设机构均配有最先进的仪器设备。在他的提议和赞助下，该中心医院还为当地贫民和残疾人开设了一家名为"阿霞之梦"的免费食堂，从而实现了她在哈尔滨时的夙愿：为贫民开设免费食堂。

◎ 阿霞·科甘同"阿霞之梦"免费食堂的就餐者在一起

科甘，迈克尔 （又译为"米哈伊尔"）原居哈尔滨犹太人，著名犹太企业家。1920年1月1日生于俄国敖德萨的一个富裕犹太家庭，在其父母六个子女中排行最后。他出生不久便随家人移居哈尔滨，在哈尔滨逐年长大。1937年毕业于哈尔滨第一社会商务中学。曾加入哈尔滨"贝塔"组织并成为其中的活跃分子。1939年赴日本留学，在东京的早稻田大学读经济专业。1944年回到中国后，他选择去了上海，在那里从对外贸易做起，开始打造其商业帝国。1946年，迁居天津，在那里经营羊毛、毛毯和灌装牛奶等贸易。那时，他已和阿霞成家并有了儿子阿巴和女儿丽塔。

1950年，迈克尔将天津的生意清盘，偕家眷移民日本，在东京定居，但他那时的身份是以色列国公民。1953年，在继续从事国际贸易的同时，他成立了"塔伊托"公司（Taito

Corp.），主要从事游戏机的研发、生产和销售。1978 年，"塔伊托"公司制作的街机游戏"太空侵略者"（Space Invaders）引起了日本社会的巨大轰动，震惊了游戏界。该款游戏也于同年在美国发行。凭借科甘个人的努力，"塔伊托"渐成日本工商业巨头，公司在日本设有 100 个分部，在北美，巴西、澳大利亚等地设有 9 个分部，拥有 2000 名员工。

在盗版游戏猖獗、国际市场受仿制者侵害的时期，科甘毅然为版权保护而战，坚持要让塔伊托公司冲在这场斗争的前列。1982 年 12 月 6 日，东京地区法院通过了一项重大决议，向"太空侵略者"游戏提供版权保护。此后，塔伊托公司对侵权企业的诉讼屡屡胜诉，在国际上为日后的盗版侵权案树立了司法先例，因而从整体上改变了游戏软件行业的面貌。在去世以前，科甘一直是国际版权委员会会员。

1983 年 12 月 5 日，迈克尔·科甘这位从哈尔滨走向世界的成功犹太企业家，在一次去洛杉矶出差时，因心脏病发作医治无效，于 1984 年 2 月 5 日逝世，享年 64 岁。他的儿子阿巴·科甘在悼念过早辞世的父亲时说："关键不在于他活了多久，而在于他是怎样活的"。2005 年，塔伊托公司被史克威尔艾尼克斯公司收购。

在迈克尔·科甘去世后的几十年里，他的夫人阿霞·科甘一直从事慈善事业。为了纪念已故丈夫米沙（迈克尔的小名），她在以色列原居中国犹太人协会设立了两个基金："米沙·科甘社会援助基金"和"米沙·科甘奖学金基金"，并不断为该协会提供赞助。为了改善居住在以色列阿萨夫地区的医疗条件，她还出资建起了阿萨夫—哈罗菲医疗中心所属的阿霞·科甘医院。

◎ 迈克尔·科甘

科特安，约瑟夫 原居哈尔滨犹太人。1925 年出生于波兰，童年时代随父母移居哈尔滨，后迁居到上海。在上海，他加入了犹太青年组织"贝塔"，并就读于"阿芙乐尔"大学法律系，1947 年赴美国继续深造。以色列建国后，就职于以色列外交部，曾参与以色列同阿拉伯国家停战协定的签署工作。1962～1965 年，曾任以色列驻联合国代表和莫斯科代表。1975 年离开外交部，就任本—古里安大学校长。1991 年在纽约病逝，享年 66 岁。

◎ 约瑟夫·科特安

科特金娜，加利娅 婚前姓基里林娜。原居哈尔滨犹太人伊赛·科特金的妻子，1905 年生于哈尔滨的一个俄侨家庭。多年后，她和小她 12 岁的哈尔滨犹太青年伊赛·科特金结成伉俪，生下他们的儿子丹尼。1945 年，他们一家迁居青岛；1949 年乘船从上海移民以色列。到以定居后，加莉雅先后在几家养老院从事医护工作，而她丈夫伊赛则多年担任加利利湖（Kake Kineret）的旅游船船长。1953年，加莉雅回了一趟中国并将她在哈尔滨的双亲带回了以色列。1999 年 6月 6 日，年届 94 岁的加莉雅在海法病重去世。

科特金，伊赛 原居哈尔滨犹太人。1917 年 11 月 8 日生于哈尔滨，毕业于哈尔滨第一语言学校，是哈尔滨犹太青年体育组织的重要成员。1950

年移居以色列后，在以色列基奈尔立特（Kinneret）湖区担任轮渡船长多年。

克拉斯诺夫，雅沙 原居哈尔滨犹太人。哈尔滨"贝塔"组织的坚强战士。他与同是"贝塔"组织成员的艾娅在哈尔滨相识并结为伉俪。1936 年，雅沙赴巴勒斯坦为哈鲁茨（Khalutz，即旨在巴勒斯坦境内原以色列地重建以色列国的锡安先遣队，隶属于"贝塔"组织）从事了三年地下工作，以反抗控制巴勒斯坦的英国当局，争取民族独立。1939 年回到哈尔滨。1952 年和艾娅移居以色列，在内坦亚定居。后来他先于妻儿，过早离世。（另见词条"克拉斯诺娃，艾娅"）

克拉斯诺娃，艾娅 原居哈尔滨犹太人。生于哈尔滨俄籍犹太家族弗莱施曼家族。曾是哈尔滨"贝塔"组织中的活跃分子。她与同是"贝塔"组织成员的雅沙·克拉斯诺夫在哈尔滨相识并结为伉俪。1952 年艾娅和丈夫移居以色列，在内坦亚定居。艾娅在内坦亚的一所学校从事英语教师工作 35 年，是该校的高级教师。她十分乐于助人，即使在退休之后，仍然志愿为学生上英语课，还经常去内坦亚的老年救助中心做义工。作为以色列原居中国犹太人协会的会员，很多年都积极参与该协会的活动。她很早就失去了丈夫雅沙，而且她儿子也于1981 年在美国去世（遗体运回以色列下葬）。1991 年，艾娅·克拉斯诺娃因患不治之症在内坦亚病逝，遗体葬于她儿子的坟旁。

克莱因，奥莉加 原居哈尔滨犹太钢琴师。出生于哈尔滨著名的克罗尔家族，成年后嫁给了担任哈尔滨"贝塔"组织领导人多年的谢苗·克莱因。全家于 1950 年迁居以色列。奥莉加·克莱因逝世于 1986 年 7 月，其夫谢苗·克莱因于 1974 年逝世。

克莱因，谢苗 原居哈尔滨犹太人。著名的哈尔滨锡安主义者，哈尔滨"贝塔"领导者，1913 年出生于俄国伊尔库茨克的犹太畜牧商人家庭。1931 年，在其兄雅科夫·克莱因的帮助下，他与父母辗转来到哈尔滨，在靠近中国大街附近的面包街（现红专街）安顿下来。依靠哈尔滨犹太社团和哥哥的帮助，谢苗很快找到了工作，在哈尔滨著名犹太皮革企业"宗多维奇父子公司"参与收购、加工和销售毛皮。

在兄长的影响与引导下，同雅科夫·克莱因一样，谢苗也开始积极参与哈尔滨锡安主义组织的活动，很快成为哈尔滨"贝塔"组织的活跃成员。1934 年，谢苗·克莱因与奥莉加·克罗尔——一名音乐学院毕业的钢琴女教师结为伉俪。奥莉加·克罗尔来自哈尔滨的首批犹太移民家族之一"克罗尔"家族。谢苗与奥莉加婚后搬到商市街（现红霞街）的公寓中居住，

同奥莉加的父母 Ш. И. 克罗尔和索菲娅生活在一起。1938 年 7 月，谢苗与奥莉加的儿子约西降临人世。同年，谢苗·克莱因当选为哈尔滨"贝塔"的第四任领导者。在成为哈尔滨"贝塔"新任领袖伊始，谢苗就着手扩大《加捷凯尔》杂志的影响力。1939 年，他开始担任报刊主编一职，时常为其撰写各种宣传稿件，为刊物扩大读者群及影响作出了重要贡献。

1950 年，谢苗·克莱因夫妇、约西、伊萨克以及他们的两位祖母萨拉和索菲娅移居到以色列的特拉维夫。在以色列特拉维夫，谢苗接受了驾驶技能培训，并在特拉维夫的大型建筑公司获得了一份工作。此外，作为哈尔滨锡安主义活动家，返回以色列后，谢苗·克莱因并没有完全放弃社会政治活动。1951 年，为了传承中国犹太社区的传统，为来自中国的犹太移民积极寻求财政援助，加强原居中国犹太人之间的联系，以色列原居中国犹太人协会成立。虽然因工作繁忙，谢苗·克莱因参与社会活动的时间明显减少，但他还是当选为协会委员会委员。在 20 世纪 60 年代，他曾两次主持协会代表大会的召开，享有很高的威望。1969 年，由谢苗·克莱因倡议召集，数百名来自世界各地的原"贝塔"成员齐聚特拉维夫，隆重庆祝哈尔滨"贝塔"诞辰 40 周年。

除了参与原居中国犹太人协会的

工作，作为阿布拉姆·考夫曼书信遗产委员会主席，谢苗·克莱因为纪念这位哈尔滨犹太社区的政治领袖做了大量工作。1971年，在谢苗的协助下，阿布拉姆·考夫曼的传记《营地医生》由阿利亚图书馆出版发行。1974年，在上班途中，谢苗·克莱因因突发心脏病在特拉维夫去世，享年61岁。

谢苗·克莱因

克莱因，雅科夫 原居哈尔滨犹太人。著名的哈尔滨锡安主义者，哈尔滨"贝塔"成员，1910年出生于俄国伊尔库茨克的犹太畜牧商人家庭，从孩童时代起，雅科夫就在钢琴演奏方面显示出了自己的天赋。1930年，已读完中学的雅科夫偷越中苏边境来到哈尔滨，在哈尔滨犹太社团的帮助下，他在一家大型毛皮贸易公司获得了任职。工作之余，在伊尔库茨克时就曾接触过锡安主义运动的雅科夫开始频繁接触和参与哈尔滨锡安主义修正派青年组织"贝塔"的活动。凭借

着自身的组织能力，雅科夫很快在"贝塔"青年和犹太社区中获得了威望，被任命为哈尔滨"贝塔"体育委员会秘书，成为哈尔滨锡安主义修正派联盟委员会成员。

1940年的2月25日，雅科夫·克莱因在前往日本办理事务时猝死在日本神户。在雅科夫人生的最后几年间，他不仅担任哈尔滨锡安主义修正派联盟委员会成员、"杰尔哈伊"基金委员会成员，还负责哈尔滨"贝塔"政治刊物《加捷凯尔》的财务监管工作。特别是在《加捷凯尔》的财务工作方面，由于雅科夫的不懈努力，这个哈尔滨"贝塔"喉舌的财政状况迅速好转，资金捐助明显增加，为报刊发展奠定了基础。此外，雅科夫还积极参与哈尔滨犹太社区的其他各项社会活动，曾参与哈尔滨犹太贫病救济会工作，并在必要时给予物质援助；出任哈尔滨犹太免息贷款协会"格米鲁斯—赫谢特"的检察委员会成员，参与贷款审查工作。

克莱因，亚伯拉罕 原居哈尔滨犹太人。著名的哈尔滨克莱因家族长者，出生于俄国伊尔库茨克的犹太畜牧商人家庭，亚伯拉罕·克莱因子承父业，主要从中国东北等地收购毛皮及牲畜，向西伯利亚铁路部门提供肉类及奶制品。亚伯拉罕与妻子萨拉的两个儿子雅科夫与谢苗在1910年和1913年相继出生。1931年，在先期到

达哈尔滨的长子雅科夫的帮助下，亚伯拉罕全家从结冰的黑龙江江面越境，辗转来到哈尔滨，在靠近中国大街附近的面包街（现红专街）安顿下来。1946 年，亚伯拉罕·克莱因在哈尔滨去世，安葬在哈尔滨犹太墓地。

◎ 亚伯拉罕·克莱因

克莱因，尤里 原居哈尔滨犹太人。1918 年出生，由于尤里的父亲德米特里·拉扎列维与母亲安娜相继去世，年仅 12 岁的尤里被姨妈萨拉一家所收养。20 世纪 30 年代初，尤里随姨妈一家偷越中苏边境移居哈尔滨。在哈尔滨生活期间，受到表兄弟雅科夫和谢苗·克莱因的影响，尤里也积极参与了哈尔滨锡安主义组织的各项活动，很快成为哈尔滨"贝塔"组织的活跃成员，并成为出色的"贝塔"运动员，在哈尔滨 30 年代的犹太报刊杂志上，尤里·拉扎列维的名字时常被提及。正是通过参加哈尔滨"贝塔"

体育活动，尤里结识了薇拉·罗济娜，她也是哈尔滨"贝塔"组织的积极参与者，共同的志向与爱好使尤里和薇拉相识相爱，并很快结为伉俪。为了感谢姨父克莱因一家对自己的抚养，尤里在结婚时将姓氏改为克莱因。1945 年，尤里去世，年仅 27 岁，被安葬在哈尔滨犹太公墓。

克莱因，约西 犹太社团活动家，以中友好协会、以色列原居中国犹太人协会主要领导人之一。1938 年出生于哈尔滨，曾就读于塔木德—托拉学校。1950 年，他随父母移居以色列特拉维夫。1957 年约西·克莱因中学毕业，后曾一度服役于以色列军队。1961 年，他以电子技术人员的身份进入以色列一家大型出售、安装及维修仪器仪表的公司工作。同年，约西·克莱因和普妮娅·阿尔别克结为连理。由于工作勤奋，在进入公司 12 年后他

◎ 约西·克莱因

已成为服务维护部门的领导者，曾领导参与过首批进口自动验血系统在以色列的安装使用。2002 年，他以部门领导者的身份从公司退休。退休后约西·克莱因担任以中友好协会副会长兼司库，热心于犹太社团的各项工作，致力于以中友好活动。多次访问哈尔滨，为以中友好作出了重要的贡献。

克劳克，诺拉 原居哈尔滨犹太人，澳大利亚著名诗人。移居澳大利亚后，诺拉一直在悉尼定居。作为诗人，她非常成功，她的诗作在澳大利亚广为读者喜爱。1990 年澳大利亚出版的《澳洲著名诗人作品集》中收有她和其他澳洲最优秀诗人的诗作。诺拉的作品中不乏对中国的生活和事件的描述。她还是以色列原居中国犹太人协会会刊的忠实读者和撰稿人。

克劳克，叶菲姆 原居哈尔滨犹太人，杰出的社会活动家。他生前兴趣广博，才智超群，是位天才画家、舞台演员、国际象棋大师。他游历甚广，会讲多种语言，甚至会与家禽等动物进行语言交流。尽管他未曾受施过成人礼，但对自己的犹太身份极为认同并为之不胜自豪。而对其他文化和宗教，他也十分尊重并善于沟通不同文化，他以高尚的人格和沟通能力而获"世界公民"的赞誉。

叶菲姆 1914 年 1 月 6 日生于哈尔滨，曾就读于哈尔滨某苏联学校，后来去了山东烟台的教会学校学习，

1935 年毕业。一年后，他只身去了动荡不安的上海，当时他生计艰窘，一度靠弈棋勉为生计，后在艾森伯格和雅各布·什里罗公司任职。1939 年，与从哈尔滨初来上海的女诗人诺拉相识、相恋并结为伉俪。1941 年，日本人没收了克劳克所在的雅各布·什里罗公司名下的工厂，克劳克旋即冒险穿过日军层层关卡，抢救出了工厂的机器，将机器变卖，并将售卖所得分发给公司员工。1949 年新中国成立后，出于对共产党政权的成见，曾将公司资产偷运到美国，寄交给了已在美国的老板雅各布·什里罗。在上海生活期间，克劳克夫妇一直经营着自己的国际象棋俱乐部，培养了诸多国际象棋人才，在国际象棋和桥牌方面，他们有分有合，多次荣膺冠军，他们还是犹太社区的活跃分子和中心人物。1956 年，克劳克夫妇迁居以色列。嗣后不久，因香港有个不错的工作机会，全家又回迁到了香港。1975 年，为培养两个儿子，遂举家迁居澳大利亚。之后，叶菲姆·克劳克又回到艾森伯格公司，从事公司驻澳分公司的业务拓展。1980~1990 年代，为支持中国的经济建设，克劳克夫妇再度回到中国，在北京开展业务，直至 70 岁才离职退休。2008 年在悉尼去世，享年 94 岁。在澳大利亚悉尼大学教授安德鲁·雅库博维奇为历史纪录片项目建立的"方浜路大烛台"（The Menorah of Fang Bang Lu）网站上，登载了 7 个犹太家庭在中国的生活状况，叶菲姆·克劳克家族位列其中。

克里奥林，3. M. 原居哈尔滨犹太人，著名新闻记者，哈尔滨《生活新闻》报创办人之一。

◎ **3. M. 克里奥林**

克利马臣斯基，米娜 原居哈尔滨俄籍犹太人。在俄罗斯出生。3 岁时随父母来到哈尔滨。1925 年随家人迁居天津。毕业于天津犹太中学，是天津"贝塔"青年组织的活跃分子。在"贝塔"组织里，她认识了未来的丈夫穆尼亚（马克）·克利马臣斯基。穆尼亚的父亲是天津著名合唱指挥家雅科夫·伊兹莱列维奇（Izraelevich）·克利马臣斯基。米娜和穆尼亚婚后生养了两个儿子伊斯雷尔和边济昂（Benzion）。1950 年伊始，克利马臣斯

基一家就移民到了以色列。他们在以色列几经搬迁，最后定居在吉瓦特施穆埃尔市（Giv'at Shmuel）。受过全面培养和教育的米娜，长期从事教师职业。在她 80 岁高龄时，她还为当地儿童组织过一次陶瓷制作技术讲习班。在丈夫穆尼亚过世几年后，米娜也于 2007 年 10 月 22 日，在吉瓦特施穆埃尔市寿终辞世，享年 91 岁。

克利马臣斯基，穆尼亚 原居哈尔滨犹太人，1913 年出生，系哈尔滨犹太新会堂和天津犹太会堂唱诗班著名领唱人 Y. L. 克利马臣斯基之子。穆尼亚毕业于哈尔滨商业学校，曾加入哈尔滨"贝塔"青年组织，是该组织中著名的运动健将。他代表"贝塔"参加过多次体育比赛并在多个项目中取得优异成绩。30 年代初，克利马臣斯基全家移居天津。1935 年，穆尼亚和米娜这对儿同是身高貌美的青年结成夫妻。1949 年，他和家人移居以色列，在以色列，穆尼亚一直从事农技工作，任农业技术指导多年。退休后，精力充沛的穆尼亚积极参加社会活动和体育运动。1997 年 1 月 26 日，穆尼亚在参加射击考试后驾车回家的途中，突遭车祸遇难，时年 84 岁。

克利马臣斯基，雅科夫·伊兹莱列维奇 原居哈尔滨犹太人，曾任哈尔滨及天津著名犹太会堂唱诗班首席领唱。1913 年，他和妻子贝尔塔·鲍里索夫娜·克利马臣斯基在哈

◎ 雅科夫·伊兹莱列维奇·克利马臣斯基

尔滨生下了他们的儿子穆尼亚。30 年代初，克利马臣斯基一家移居天津；1949 年，移民以色列。夫妇二人在以色列度过了安逸的晚年，后来相继在以色列最北端海滨城市那哈日亚逝世。

克列巴诺夫，阿西娅 父姓斯科罗霍德。原居哈尔滨犹太人中的优秀女性。1907 年 8 月 10 日，阿西娅生于乌克兰城市叶夫帕托里亚（此时她父母已定居哈尔滨，母亲拉伊萨是专为生产而临时去的叶夫帕托里亚）。在哈尔滨接受初等教育后，阿西娅曾赴俄伊尔库茨克的一所医学院读书，但在临近毕业时被迫辍学，因为她和所有来自哈尔滨的学生均被勒令退学，理由是他们是资产阶级子女。30 年代初，她在哈尔滨司法学校就读，由于学校被日本人查封，使她再次辍学。1935 年，和纳胡姆·克列巴诺夫结婚，

婚后生下了两个孩子米哈伊尔和丽莉。

克列巴诺夫夫妇在中国犹太人的社会生活中发挥了积极作用，在他们移居上海后的战乱期间，阿西娅在虹口区的一个妇女委员会工作，负责为新到来的犹太难民安排伙食，纳胡姆则领导着一个资助犹太难民的委员会。1949 年，为了移民美国，阿西娅和家人离开了中国，在法国办理赴美移民文件并等待批准。

1951 年，阿西娅和家人顺利移民美国，在纽约定居。在纽约，克列巴诺夫夫妇成为远东犹太人协会的活跃分子。为了建造远东协会的犹太会堂和以色列境内的养老院以及成立女子奖学金委员会，他们夫妇曾并肩努力、筹措资金。在儿子和丈夫先后于 1957 年和 1967 年去世后，阿西娅仍继续从事女子奖学金委员会的工作。

阿西娅一生过得富足而充实。在她年幼时，由于父亲列夫·斯科罗霍德在哈尔滨开有一家乐器行，名为"丽拉乐器行"，所以她从小就对乐器和音乐感兴趣，进而逐渐养成了对音乐、美术和文学的终生偏爱。阿西娅平时对事件、人物和文学作品有过人的记忆力，能够栩栩如生地描述国际知名艺术家音乐会、室内音乐、松花江大洪水以及和众多亲友的过从往事。她晚年还珍存着父亲的小提琴、父亲的藏书和"丽拉乐器行"的商品目录。1996 年 2 月 14 日，阿西娅·克列巴诺

夫因病在纽约去世，享年89岁。

克列巴诺夫，丽莉　原居哈尔滨犹太人。美国克列巴诺夫国际公司总裁。列夫·克列巴诺夫的外孙女。丽莉·克列巴诺夫的父亲纳胡姆·克列巴诺夫曾是哈尔滨马迭尔宾馆的股东。1935年总经理约瑟夫·卡斯普离开哈尔滨后，他曾继任马迭尔宾馆经理，并开设了"丽拉乐器店"。后定居美国纽约。2004年9月，丽莉·克列巴诺夫曾来哈尔滨出席哈尔滨犹太历史文化国际研讨会，并到哈尔滨犹太墓地祭奠了她的外祖父。

◎ 丽莉·克列巴诺夫

克鲁格利亚科夫，雅科夫·格里戈里耶维奇　原居哈尔滨犹太人，化学博士。1907年出生于俄罗斯的托木斯克。早年留学意大利接受高等教育，被皇家佛罗伦萨大学授予化学博士学位。毕业后，他返回到西伯利亚，并于1933年经海参崴移居哈尔滨。在哈尔滨生活期间，雅科夫·格里戈里耶维奇在齐克曼的阿什河糖厂从事相关化学研究工作，同时，在哈尔滨工业大学担任化学教师。1950年举家移居以色列，在以色列农业部任职5年。1955年起任职于国家水资源管理机构，主要从事管道腐蚀研究，直至1975年退休。1984年，因病去世，享年77岁。

◎ 雅科夫·克鲁格利亚科夫

克鲁格利亚克，鲍里斯·格里戈里耶维奇　原居哈尔滨犹太人。1904年出生在白俄罗斯，童年时随父母迁居哈尔滨，后又南迁至天津，在天津生活多年。1949年回到以色列，在内坦亚附近的一个莫沙夫定居下来，一直在那里从事农业生产。1983年与世长辞，享年79岁。

克罗尔，Г.И.　原居哈尔滨著名犹太实业家。20世纪初由俄国移居哈尔滨，随后定居于哈尔滨南岗区的

◎ Г. И. 克罗尔

吉林街（其私宅是欧式风格的三层小楼，曾作为捷克斯洛伐克驻哈尔滨总领事馆，现仍保存完好）。Г. И. 克罗尔在哈尔滨创办多家工商企业，1905年，他与犹太人科夫曼合伙创办的哈尔滨联合啤酒饮料工厂（当时音译为"梭忌奴"啤酒厂），是哈尔滨最早的啤酒厂之一。此外，他所经营的制粉厂、饮料厂以及蜡烛厂也颇具声誉。

克罗尔，尼奥马 原居哈尔滨及中国犹太人中杰出的知识分子和代表人物，以色列经济学家。20 世纪初，尼奥马降生到哈尔滨犹太名门克罗尔家族，父亲 G. I. 克罗尔在哈尔滨曾拥有多家生产企业。1933 年，尼奥马从哈尔滨第一市立商业学校毕业后，便和弟弟亚历山大赴意大利留学；1938 年，他获得经济学博士文凭后，便离开意大利，移居当时位于巴勒斯坦境内的以色列地。以色列建国后，他一直在以色列航空公司任经济师，直至退休。他一向谦恭、低调、酷爱读书、学识渊博。除经济学外，在文学、哲学和历史方面也

涉猎颇深。他精通俄语、希伯来语、英语和意大利语，曾将雅博廷斯基著作第16 卷从俄语译成希伯来语。他参与了以色列原居中国犹太人协会的工作 20 年，用俄语、希伯来语和英语翻译了大量资料，曾任该协会会刊希伯来语增刊的编辑。在他生命终结的前一周，他还在病榻笔耕不辍。2000 年 5 月 26 日，这位来自哈尔滨的大学者在特拉维夫的伊什洛夫医院病逝。

克罗尔，亚历山大 原居哈尔滨犹太人，哈尔滨"贝塔"组织领导人之一，《加捷凯尔》杂志编辑委员会成员。他是哈尔滨"贝塔"组织培养出来的人。1933 年，在哈尔滨第一社会商务中学毕业后，前往意大利接受高等教育，但是父亲的突然逝世迫使他回到哈尔滨。1938 年，与母亲重返意大利。当时正值墨索里尼统治时期，犹太人开始遭到迫害，A. 克罗尔于1940 年举家迁往以色列，1982 年 12 月 25 日逝世。

克尼西，丹尼 原居哈尔滨犹太人，毕业于哈尔滨商业学校和哈尔滨工业大学。1950 年娶珍妮娅（Jenia）为妻，不久即移居以色列，并开始在以色列电力公司和 ELCO 财团工作。丹尼生前是以色列原居中国犹太人协会会员，多年一贯积极参加该协会海法分会的各种活动，还担任了几年海法分会会长。2006 年 12 月 16 日，他终因病重不治在海法去世，享年 86

岁，身后留有一子一女和多个孙辈及曾孙辈后人。

克尼西，И. Э. （1874～1932）哈尔滨犹太小提琴家、指挥家。就读于布拉格音乐学院小提琴专业，1918年侨居哈尔滨，是哈尔滨弦乐四重奏组合成员。1925年侨居日本，曾为日本东京放送局独奏家和指挥家。1929年定居哈尔滨，1932年病逝于哈尔滨。

◎ **И. Э. 克尼西**

库拉什 原居哈尔滨犹太人。1930年创办"普罗戈列斯"（进步）针织厂，位于斜纹街（现经纬街）。

库里盖尔，С. М. 原居哈尔滨犹太人，哈尔滨美国信济银行1927年的创办发起人之一。

库列绍夫 原居哈尔滨犹太人，哈尔滨赛马场的经营者。

库皮茨卡娅，萨拉·绍洛芙娜 原居哈尔滨俄籍犹太人。她的父亲曾任哈尔滨犹太总拉比兼塔木德—托拉学校校长、后来在天津出任犹太总拉比的著名人物 S. S. 列文。1927年11月26日，年仅26岁的萨拉在哈尔滨去世，被葬于哈尔滨犹太公墓。

库什涅尔，К. И. 原居哈尔滨犹太人。出生于俄国外贝加尔的省会城市赤塔。1922年，西伯利亚地区政治动荡，于是他家迁居哈尔滨，在哈尔滨生活了35年。1957年移居澳大利亚悉尼。他一生都是著名的社会活动家。在哈尔滨生活期间，是有名的犹太商人，他也为哈尔滨犹太社区做了许多有益的工作。他于1983年逝世。他的两个女儿现居住在以色列。

库什涅尔，沃瓦 原居哈尔滨犹太人。在哈尔滨长大，毕业于哈尔滨商务中学。曾是哈尔滨犹太青年组织"马卡比"的优秀运动员和活跃分子。20世纪30年代离开中国，迁居苏联索契。1999年9月14日，他随360名新移民到达以色列并定居于海法。

狂欢节 犹太节日，又称"普珥节"。为纪念以色列人由于以斯帖王后的勇敢和机智，挫败哈曼企图把波斯全境的犹太人斩尽杀绝的阴谋而设。时间为亚达月14日、15日两天。普珥节的故事出自《希伯来圣经·以斯帖记》：波斯宰相哈曼为人生性残暴，立意灭除全波斯犹太人，并用抽签方式确定屠杀日期为亚达月13日，但由于犹太女子以斯帖以其智勇说服国王，不仅及时粉碎了哈曼的阴谋，而且将哈曼及其同党、家人一举斩尽杀绝，从而解除了犹太人面临的灭顶之灾。为庆祝胜利，定亚达月14日、15日为普珥节（"普珥"在波斯语中意为"抽签"）。普珥节前一天，正统犹太教徒要禁食一天。在普珥节这一天，犹太会堂要举行特别仪式，宣读《以斯帖记》。每当哈曼的名字被提及，参加宗教仪式的孩子都要用竹条或棘轮发出"啪啪"声，以示对他的谴责。《希伯来圣经》规定："在这两日设宴欢乐。"为此，每逢普珥节来临，人们都要设宴，开怀畅饮。同时，家家还要点起灯火，举行各种各样的庆祝活动，其中，最常见的是篝火晚会，年轻人带上面具，围着篝火载歌载舞，尽情欢乐。故亦有人称之为犹太人的"狂欢节"。原居哈尔滨犹太人也纪念这一节日，通常每当普珥节到来之际，举行歌舞晚会来纪念。

◎ 哈尔滨犹太人举行歌舞晚会纪念普珥节

L

拉比 犹太称谓，分别指：(1) 接受过正规犹太教教育，系统学过《希伯来圣经》、《塔木德》等犹太教经典，担任犹太人社团或犹太教教会的精神领袖或在犹太教宗教学院传授犹太教教义的人。在犹太教内，拉比并不具有特殊宗教地位，他的任职不是由宗教权力机构任命，而是由犹太教教徒或犹太人社团的推选。犹太教没有统一的中央拉比学院。拉比身份的取得在历史上必须经另外一名拉比正式任命，在举行安立圣职仪式后正式成为拉比。现今的拉比则必须毕业于犹太教经学院或神学院。自19世纪以来，人们已经开始注意培养具有多方面知识的拉比，改革派、保守派以及越来越多的正统派要求成为拉比的人，在进入犹太经学院或神学院学习之前必须获得普通大学学士以上学位。历史上，拉比的职责主要是传授犹太教经典和阐述犹太教教义在日常生活中的实施。现今拉比的职责包括主持犹太教会堂的正常宗教活动、礼拜仪式、布道、解释犹太教具体信条的含义；负责犹太儿童宗教学校的教学和管理；参加并主持犹太人割礼、成年礼、婚礼、丧礼、葬礼；规劝和抚慰教徒；从事和参与社会工作和慈善事业；赞助会所倡导的其他工作和活动。在离婚案件上，拉比可以参加特别成立的犹太法裁判庭，处理离婚事宜。拉比同时还是犹太社团对外关系的代表。(2)犹太教哈西德派的精神领袖。哈西德拉比必须具有良好的犹太教知识，但不一定必须毕业于犹太教经学院或神学院。他的这一职位可以是从父亲那里继承下来的，也可能是因为他具有的良好个人素质而为哈西德教徒推选担任此职。一般说来，哈西德派拉比与信徒的关系十分紧密，而且是哈西德许多神秘思想的提出者。(3)对犹太人的一种称谓。用于古代和19世纪以前时期，一般用在有学问的犹太男子身上，属于一种尊称。原居哈尔滨犹太人中也有若干拉比，主持犹太总会堂和新会堂的宗教活动，其中最著名的拉比是1913年来自俄国的阿伦-摩西·基谢廖夫，1937年12月他被选为远东地区犹太社区的总拉比。

拉比诺维奇，И. А. 原居哈尔滨的犹太企业家，曾出资修建犹太免费食堂和犹太养老院。

拉比诺维奇，C. M. 原居哈尔滨的犹太企业家，曾出资修建犹太免费食堂和犹太养老院。

拉比犹太教 公元70年第二圣殿被毁后逐步形成的犹太教派制。自公元70年，罗马人摧毁犹太教耶路撒冷圣殿，至公元630年阿拉伯人兴起这段时期，称为拉比犹太教时期。耶路撒冷圣殿的被毁标志着犹太教第二

圣殿时期的结束。精通律法的法利赛派律法人士成为犹太人的精神领袖，他们主张加紧研习律法，深化律法的诠释。由于他们热心教导犹太民众学习犹太教律法，所以他们被尊称为"拉比"。犹太拉比在圣殿被毁的情况下，利用犹太教公会和犹太会堂等多种形式，使犹太教传统得以延续，史学家惯于把1世纪末以后的犹太教称为"拉比犹太教"。从拉比犹太教起，犹太教公会成为犹太社团最高的立法和司法机构。在罗马帝国时期，犹太教公会的首领由罗马授权的拉比担任，接受罗马当局的监督与管辖。

公元70～630年这五百多年的拉比犹太教时期，犹太教最重要的发展是《塔木德》的形成与产生。《塔木德》是犹太教口传律法集，其权威仅次于《希伯来圣经》，它由《革马拉》和《密西拿》两部分组成。对犹太教而言，《希伯来圣经》是永恒的经书，而《塔木德》则是犹太教徒生活实用的经书，旨在给犹太人提供宗教生活的准则与处世、处事、为人的道德伦理规范。拉比犹太教的特点是重视宗教律法的阐释，不注重教义的解释和对外族传教。在宗教律法与世俗律法的关系上，承认世俗律法在社会生活中的重要地位。拉比犹太教对《希伯来圣经》以外经典的过分强调，曾在犹太教内部造成自己的反对派——卡拉派。从8世纪起，只承认《希伯来圣

经》权威而拒绝《塔木德》经典合法性
的卡拉派发动了一场反对拉比犹太教的
运动。他们谴责《塔木德》信徒曲解犹
太教义，用无数混乱不堪的注释破坏
《律法书》固有的纯洁性，号召人们回
到《希伯来圣经》中去。这一争执持续
了 400 年之久。最后，以适应时代变化
的拉比犹太教获胜而告终。从此，拉比
犹太教所推崇的一整套准则为全世界犹
太人所遵守，直至今日。原居哈尔滨犹
太人也属于拉比犹太教派，最明显的标
志是他们遵循以适应时代变化为特点的
《塔木德》，在哈尔滨建立了斯基尔斯
基塔木德—托拉学校，传承《塔木德》
经文。

**拉布金，所罗门·莫伊谢耶维
奇** 原居哈尔滨犹太人。拉布金家族
在中国的海拉尔、沈阳和哈尔滨犹太
社区很有名气，是远东犹太社会和宗
教生活中不可分割的一部分。所罗门
曾任海拉尔犹太宗教公会的司库和秘
书。1937 年举家迁往沈阳，在规模不
大的沈阳犹太社区继续从事社会工作。
后来又从沈阳迁居哈尔滨，在哈尔滨犹
太社区积极工作。拉布金家族属于正统
的犹太家庭，在远离犹太宗教中心的哈
尔滨仍然能够严格遵守犹太教传统。拉
布金家族后来迁居以色列，所罗门于
1983 年 8 月 28 日在以色列逝世。

**拉尼尔（兰金），阿夫拉姆（阿
维）** 以色列空军中校。1940 年生于
以色列赫兹利亚市。父亲雅科夫·兰

◎ 阿夫拉姆·拉尼尔中校

金和叔叔埃利亚胡·兰金均系来自中
国哈尔滨著名锡安主义活动家和以色
列前军政要员。青少年时期，因其家
庭住址随父亲工作调动而多次变动，
故上过多所学校。1954 年，随父亲赴
华盛顿旅居。1957 年回国后，在以色
列空军技术学院学习。1959 年加入以
色列空军。1962 年 8 月，与米哈尔·
巴尔齐莱（Michal Barzilai）结婚，婚
后生有两个孩子：诺姆（Noam）和努
里特（Nurit）。

在 1959～1973 年的军旅生涯中，
阿夫拉姆曾接受战斗机飞行员培训并
成为一名战斗机飞行员。1965～1969
年，被安排在以色列理工学院学习电
子工程。毕业后，回原部任新型战斗
机试飞员。他多次参加实战并屡立战
功，遂被擢升中校。在赎罪日战争期
间的 1973 年 10 月 13 日，其执行任务
的座机被叙利亚敌军击落，本人被俘，
后被折磨致死，时年仅 33 岁。1974 年
6 月 6 日，叙利亚人将拉尼尔遗体归还
以色列。1976 年，以身殉国的阿夫拉

姆·拉尼尔中校被以色列国防军追授了"英勇勋章"。

拉尼尔（兰金），诺姆 以色列企业家，原居哈尔滨著名犹太人雅科夫·兰金的孙子。1967年2月18日在以色列海法市出生。父亲阿夫拉姆（阿维）·拉尼尔中校生前是以色列空军的一名战斗机飞行员，在参加1973年赎罪日战争期间，其座机被叙利亚敌军击中，本人被俘并在囚禁期间被折磨致死。1985年，诺姆曾在一所空军培训学校受训，之后在以色列空军服兵役。退役后，和塔莉·拉尼尔（Tali Lanir）成家，住在特拉维夫市附近的本内锡安山（Bnei Zion）地区。此后，他们生育了四个子女。

◎ 诺姆·拉尼尔

1991年，与雷尔·纳德尔合作开设了多家休闲娱乐场并取得了突出业绩。1998年，与阿尔农·卡茨创办了"帝国在线"公司，从事互联网上赌博网站的业务推广。2005年，"帝国在线"

的市值达14.4亿美元。后来诺姆将"帝国在线"公司的业务卖给了"派对游戏公司"（Party Gaming Co.）并将公司更名为"利弗莫尔投资集团"，自任集团的首席执行官。他还创办了"生命之树营销公司"，其主要业务是在海外为以色列医疗机构推销各项医疗服务。此外，他还是巴比伦公司（Babylon Ltd.，一家开发、经营词典软件和语言问题解决方案的公司）的最大股东。在从事企业经营活动之余，诺姆通过"以色列大屠杀幸存者福利基金会"等机构从事慈善活动，多年来为居住在以色列的大屠杀幸存者慷慨赞助，做了很多善事。

拉维科维奇，戴利娅 原居哈尔滨犹太人后裔，以色列的杰出女诗人，其父是莱利亚·拉维科维奇。祖父所罗门·伊赛罗维奇·拉维科维奇是中国早期锡安主义运动的领导人之一，20世纪30年代任哈尔滨犹太社区公议会主席。1998年，戴利娅荣获以色列诗歌奖。在她于1999年5月3日致时任耶路撒冷市市长埃胡德·奥尔默特（埃胡德·奥尔默特系原居哈尔滨犹太人，后任以色列副总理、总理）的一封公开信中，戴利娅写道："我们不仅年龄相仿，而且是哈尔滨同乡。"

拉兹诺希科娃，玛丽亚·弗拉基米罗芙娜 原居哈尔滨犹太人，1918年9月7日出生在哈尔滨。其父亲是从乌克兰移居哈尔滨的。父母使她接受了良好的教育。1934 年，她毕业于哈尔滨第一社会商务中学。毕业后，她又于 1934 年 9 月 1 日～1937 年 6 月 27 日在著名的哈尔滨基督教青年会学校学习并毕业。该校毕业后直至结婚前，她曾在哈尔滨"尤尼翁"银行工作，做打字员。1938 年 8 月 28 日，玛丽亚与鲍里斯·瑙莫维奇·特里古博夫结为夫妻。夫妻二人养育了一儿一女。玛丽亚也像哈尔滨许多犹太青年一样，于 1933 年加入"贝塔"组织。她与家人一起于 1950 年 3 月移居以色列。

莱纳，约瑟夫　原居中国东北犹太人。在大连长大。1945 年苏联红军进驻东北时，约瑟夫获罪被抓，并押解到苏联，在劳改营当了 10 年囚犯。获释后很快就移民到了以色列，并和米丽娅姆（Miriam）结为夫妻。约瑟夫有很高的文化水平，曾写过一本名为《别了，俄罗斯！》的自传，还时常向以色列原居中国犹太协会会刊投稿。2007 年 1 月 12 日，在霍隆去世，享年 80 岁。

莱斯克，叶利娅　原居哈尔滨犹太人，父姓季阿特洛维茨基。叶利娅的丈夫什洛莫·莱斯克曾是哈尔滨"贝塔"组织领导人。为了实现"贝塔"组织的建国理想，这对年轻夫妻于 1935 年移民以色列地。叶利娅属于为以色列独立而战的光荣一代，在"伊尔贡"（Irgun）地下组织中发挥了

积极作用。她和丈夫在以色列生下了两个子女：女儿卡梅拉（Carmela）和儿子焦拉（Giora）。叶利娅生前在以色列原居中国犹太人协会当了多年的会员；她丈夫什洛莫·莱斯克则担任过该协会的副会长。2004 年 4 月 6 日，在赖阿南纳（Ra'anana）去世，葬于特拉维夫凯亚特少尔公墓（Kiryat Shaul Cemetery）。

莱泽罗维奇，果尔达　原居哈尔滨俄籍犹太人，父姓叶斯金。1918 年生于哈尔滨，后移居洛杉矶。2008 年在其 90 寿辰之际，以色列原居中国犹太人协会曾在该协会会刊上刊登消息，为其祝寿。

兰金，阿夫拉姆　见词条"拉尼尔，阿夫拉姆"。

兰金，埃利亚胡　原居哈尔滨犹太人，与哥哥雅科夫·兰金一样，生前是著名的锡安主义运动活动家、以色列资深军政要员。1914 年 9 月 25 日生于乌克兰的戈梅利市郊区。3 岁时随家人移居中国的边陲小镇满洲里。父亲是满洲里和哈尔滨犹太社区的早期领导人摩西·兰金。在摩西的 5 个子女中，埃利亚胡排行第三。1930 年，随家人离开满洲里，迁居哈尔滨。毕业于哈尔滨的普希金中学。16 岁时加入哈尔滨"贝塔"青年组织，后成为中国"贝塔"组织领导人。曾任《加捷凯尔》期刊希伯来文版的编辑。1932 年哈尔滨洪水肆虐期间，组织并

率领"贝塔"救援队奋力施救，挽救了许多市民的生命。为此，哈尔滨地方政府向他颁发了金奖。1933年，为实践复国理想，毅然奔赴巴勒斯坦。

◎ 兰金夫妇（埃利亚湖和多丽丝）

到巴勒斯坦后，埃利亚胡即加入了当地的"贝塔"组织，在"贝塔"所属的公司工作。1934年，加入了"伊尔贡"民兵组织（1931～1948年活跃在巴勒斯坦的一个锡安主义民间军事组织），后成为"伊尔贡"领导人梅纳赫姆·贝京将军的司令部成员，曾任特拉维夫地区指挥官、耶路撒冷地区指挥官，归贝京直接领导。当时他化名为本雅明，参与策划了1944年7月14日袭击耶路撒冷地区英国情报部门的行动。1944年12月，被人告发而遭英国人逮捕并被流放到非洲的厄立特里亚国。在厄立特里亚首都阿斯马拉附近的一个战俘营被囚期间，他几经尝试，终在1945年11月10日成功出逃，成为该战俘营107名囚犯中唯一出逃成功者。1947年1月，他去了巴黎并被任命为"伊尔贡"欧洲司令部指挥官。

1948年，他以指挥官的身份，率领"伊尔贡"士兵和大屠杀的幸存者900人，携带大量军火，乘坐著名的"阿尔塔列娜"号轮船奔赴刚成立的以色列国。由于在船上军火分配问题上，"伊尔贡"和以色列国防军未能达成协议，于是在通牒无果的情况下，时任以总理的大卫·本-古里安下令对该船进行了炮击。在船上"伊尔贡"官兵投降登陆后，埃利亚胡即被政府军逮捕并和另外4位"伊尔贡"指挥官一起被拘禁了两个月。这一事件在以色列建国初期的历史上留下了深深的伤痕。作为事件的当事人，埃利亚胡·兰金在其1953年出版的《"阿尔塔列娜"号指挥官的往事》（该书英文版易名为《为了赢得应许之地》）一书中就这一事件进行了详述。事件发生两个月后，刚获释的埃利亚胡即加入了以色列国防军，在国防军的军校学习了军官课程。毕业后，当上了营长、中校。后代表"赫鲁特"（以色列右翼政党，亦称自由党），当选第一届以色列国会议员。

从军队退役后，埃利亚胡在希伯来大学攻读法律并于1954年获得了专业律师证书，成为一名执业律师和公证人，后来又出任耶路撒冷律师协会会长。1954年8月10日，与耶路撒冷邮报法律事务专栏编辑的多丽丝女士结婚，婚后生下了他们的独生女儿莉诺·兰金。

1981～1985年，埃利亚胡任以色列驻南非大使。1994年8月10日，在耶路撒冷逝世，享年 80 岁。2001 年 8 月 10 日，兰金夫人多丽丝去世。2000 年 5 月 27 日，耶路撒冷市政当局举行仪式，宣布以埃利亚胡·兰金的名字命名该市一条街道。时任耶路撒冷市市长的埃胡德·奥尔默特在仪式上发表讲话，对其生平业绩给予了高度评价。

兰金，多丽丝 原居哈尔滨著名锡安主义活动家埃利亚胡·兰金的妻子，一位为以色列建国作出过特殊贡献的杰出女性。父姓开普兰 1917 年，多丽丝生于南非的克龙斯塔德市，年轻时毕业于金山大学数学系，后在希伯来大学攻读法学。毕业后，她便开始为耶路撒冷邮报的两个专栏定期撰稿，展示了她向大众讲解最复杂法律问题的天赋，进而以耶路撒冷邮报的资深编辑而闻名。1954 年，与刚从希伯来大学法学系毕业的埃利亚胡·兰金先生结婚。1957 年 10 月 20 日，他们生下了独生女儿莉诺。

多丽丝·兰金生前对海外犹太人移民以色列和他们的安置工作投入了极大热情，尤其是在随丈夫赴南非之后（埃利亚胡·兰金于 1981～1985 年任以色列驻南非大使），她更加积极地促使大批南非犹太人移民以色列。她曾写道："犹太人无论住在哪里，无论是住在以色列还是散居世界各地，都可以在建设现代以色列方面发挥作用。"在丈夫埃利亚胡 1994 年去世后，

◎ 多丽丝和埃利亚胡在女儿莉诺（中）结婚之日（1983 年 5 月 20 日摄）

她才回到以色列，并以原居中国犹太人协会会员等诸多身份，继续积极地工作和生活。多丽丝身体一向很好，只是在经历了一次车祸后便健康恶化，终在车祸两个月后的 2001 年 8 月 10 日离开人世，享年 84 岁。

兰金，拉谢尔 见词条"米绍里，罗莎"。

兰金，莉诺 见词条"埃伦布鲁姆，莉诺"。

兰金，莫伊谢伊·阿布拉莫维奇 又名摩西，原居满洲里及哈尔滨早期俄籍犹太人。1886 年，出生于乌克兰东部城市戈梅利附近的一所村落，并在当地犹太宗教学校完成学业。1902 年迁居基辅。1906 年被征入帝俄军队服役。1909 年退役后与汉娜结婚。

1914 年，为寻觅更好的谋生机会，摩西只身来到了中国边陲小镇满洲里，从事皮货生意。第一次世界大战期间，

被征入帝俄军队充当预备役士兵。"一战"结束后，从克拉斯诺亚尔斯克返回满洲里。1917 年下半年，妻儿来满洲里与他团聚。在满洲里，他积极从事当地犹太社区建设和锡安主义活动，是当地犹太社区领导人之一，当过满洲里犹太会堂总管和犹太学校管理委员会理事，也是当地希伯来语学校的创始人。

1930 年，兰金家族迁居哈尔滨。在哈尔滨，摩西继续从事锡安主义活动，历任犹太总会堂管理委员会理事，哈尔滨锡安主义组织理事会理事，哈尔滨犹太社区管理委员会委员，犹太小学塔木德—托拉学校管理委员会理事，犹太体育组织"马卡比"理事会理事和哈尔滨犹太宗教公会荣誉会员。作为笃信犹太教的虔诚信徒，摩西深谙各种犹太习俗，常活跃在哈尔滨总会堂等宗教场所。远东犹太社区总拉比基谢廖夫凡事总愿与之商议。摩西的皮货生意做得很成功，曾将皮草出口到美国。其五个子女：儿子雅科夫（1911 年生）、埃利亚胡（1914 年生）和女儿索菲娅（1913 年生）、尼哈玛（1917 年生）、拉谢尔（1919 年生）均为哈尔滨锡安主义组织"贝塔"的成员，两个儿子雅科夫和埃利亚胡日后均成为以色列建国前后的著名军政要员。

1950 年，由于哈尔滨犹太社区人口不断外迁（仅剩千余人），机构陆续

◎ 莫伊谢伊·兰金

关闭，于是，摩西只得惜别哈尔滨，与在哈眷属一道移居以色列，在耶路撒冷市定居。1972 年，摩西·兰金去世，享年 86 岁。一年后，兰金夫人汉娜去世。

兰金，诺姆 见词条"拉尼尔（兰金），诺姆"。

兰金，雅科夫 原居哈尔滨著名锡安主义运动活动家，和他弟弟埃利亚胡一样，是以色列前军政要员，满洲里和哈尔滨犹太社区的早期领导人摩西·兰金的长子。雅科夫 1911 年出生于乌克兰的戈梅利市郊区，1917 年随父母移居中国的边陲小镇满洲里，曾就读于满洲里镇的希伯来小学和俄罗斯中学。1928 年中学毕业后，来到哈尔滨，在哈尔滨工业大学建筑系读工程专业。在哈学习期间，他积极参与锡安主义运动，是哈尔滨"贝塔"组织的早期骨干和领导者之一。

1931年，为实现锡安主义理想，率先奔赴巴勒斯坦。尔后，加入了当地最大的犹太人地下武装抵抗组织"哈加纳"和当地的"贝塔"组织，后成为当地"贝塔"组织领导人和劳动力组织者，同时在特拉维夫近郊赫泽尔利亚从事农业劳动。

1933年，雅科夫与在同一农业劳动小组工作时相识的马尔卡在海尔兹利亚市结婚。1940年生下儿子阿维（阿夫拉姆·拉尼尔），后生下女儿尼利。在以色列空军当中校飞行员的儿子阿维，在1973年赎罪日战争与叙利亚人作战期间，不幸被俘遇害。

"二战"期间，雅科夫加入了英国军队（1940年），曾在意大利和北美作战。1946年，雅科夫应征加入了以色列国防军，参加了以色列独立战争（1948～1949年），军衔升至上校，并成为以色列国防军军官培训学校培养出来的首任指挥官。

1953年从部队退役后，雅科夫成为高级公务员，出任以色列情报局前线组成员兼以色列第五任总理果尔达·梅厄夫人的军事顾问；1954～1957年任以色列驻华盛顿领事馆参赞；1966～1967年，任以色列驻苏联大使馆一秘；1968～1972年，任以色列驻巴黎领事馆参赞。1972年退休后，一直在保险行业任高层管理人员，直至1987年去世，享年76岁。

◎ 兰金夫妇（雅科夫和马尔卡）

老巴夺，伊利亚 原居哈尔滨卡拉伊姆人，哈尔滨著名企业家。长期以来有关卡拉伊姆人是否是犹太人的问题一直存在很大争议，有的学者认为卡拉伊姆人是犹太教的一个分支——卡拉派；还有人认为卡拉伊姆人不是犹太人；也有的人宣称要将卡拉伊姆人从犹太人中开除出去。伊利亚·老巴夺于1874年出生在立陶宛特罗基市的一个贫民家庭。老巴夺少年时期帮助父亲在果园里劳动，14岁时在店铺当学徒，不久移居莫斯科，在费里克烟草公司工作。他在这里很快走过了工作的各个阶段，完成了各层次的角色转变，从学徒到商店的管理者。1898年，24岁的老巴夺在莫斯科开办了自己的烟草商店。6年后，他迁居哈尔滨，开始了独霸北满、走向世界的烟草创业生涯。

1904年3月，老巴夺在哈尔滨埠头区（现道外区）买了一个小门市，先后购置了造纸嘴的俄式烟机各一台，雇用八名中国工人开始制造俄式大白杆烟。随后，老巴夺关闭了他在莫斯

◎ 伊利亚·老巴夺

科的商店，在哈尔滨埠头区中国十三道街 16 号创办了一所手工制造俄式纸嘴烟的小工厂，名曰"葛万那烟庄"。1909 年，老巴夺在哈尔滨创立了"老巴夺父子烟草公司"。经过几年的发展，"老巴夺父子烟草公司"已从手工业生产转入机器生产，从而保证了生产工艺的改进和生产质量的提高。在 1911～1912 年间，该公司在中国东北和远东地区已占据了显要的地位。

1912 年，俄罗斯政府批准了"老巴夺父子股份公司"章程，公司开始了股份制运作。鉴于公司的发展与市场的容量要求吸引大量资金的注入，董事会于 1913 年求助于"英美烟公司"财团，该财团也表达了合作经营的愿望。同年，双方合作组建了"英商老巴夺股份公司"，该公司步入了大型卷烟企业的行列。1919 年，公司决定易地兴建永久性厂房，选中哈尔滨新市街的山街（现为哈尔滨市南岗区一曼街 9 号）建新厂房。1920 年，新厂房开始动工，1922 年投入使用。新厂先后从关内与东北的大英烟草公司转来标准卷烟机 15 台，又增加了切烟机、糊盒机、包装机多台，配合上了最新的卷烟、香烟生产设备；同时增设了一系列的辅助部门，并拥有了大容量的电厂。其产品质量和数量迅速增长，1934 年产量达 28.8 亿支。至此，"英商老巴夺烟草公司"已发展成为先进的机械化的现代大型卷烟厂。1930 年 1 月成立专门从事销售的英美烟草公司和专门进行生产的"老巴夺父子烟草公司"。由于在苏联赤塔建立工业企业的失败，老巴夺的损失很大。且健康状况每况愈下。1930 年底，老巴夺留下其子继续在哈尔滨惨淡经营。在弟弟的陪同下，偕家眷到法国定居，于 1934 年与世长辞，终年 60 岁。

雷森，阿尔 原名卢夏·列兹尼科夫，原居哈尔滨犹太人。1919 年 6 月 26 日生于哈尔滨。毕业于哈尔滨第一社会商务中学。系哈尔滨"贝塔"组织的活跃分子和优秀的田径运动员。后移居加拿大，住在蒙特利尔市。到加拿大以后的几十年间，阿尔·雷森一直和加拿大、美国及以色列的原居中国犹太人保持接触，是以色列原居中国犹太人协会的亲密朋友，曾向该协会的社会援助基金慷慨捐款。

里赫利茨基，克拉拉 父姓阿布金。原居哈尔滨俄籍犹太人，1923

年生于俄罗斯克拉斯诺亚尔斯克市的一个知识分子家庭，少时随父母来到哈尔滨。1940年代克拉拉毕业于哈尔滨商业学校，在移居以色列前的几年里，她一直在哈尔滨工业大学给中国学生上俄语课。每当她回忆起在哈尔滨工业大学的教学工作时，她总是感到极大的满足。克拉拉是位文化修养很高、眼界开阔、为人厚道的女性。接触过她的人都对她有难忘的印象。2006年，年届83岁的克拉拉在以色列的海法市去世，葬于埃纳特基布兹农场墓地她丈夫的坟旁。

里斯金，米哈伊尔　著名音乐家。1908年出生，先后在哈尔滨、天津和上海生活工作。纵观他的一生，米哈伊尔·里斯金始终致力于音乐表演，是一个优秀的小提琴家。在中国，他长期在著名的上海交响乐团担任小提琴手。1949年，他随回归以色列的移民潮移居以色列，并接受国家乐团的邀请，在以色列爱乐乐团担任小提琴手，一直工作到退休。米哈伊尔与妻子拉雅婚后育有一儿一女，他们也是以色列原居中国犹太人协会的积极参与者。米哈伊尔于1995年11月病逝，享年86岁。

利别尔曼，吉赛亚　原居哈尔滨犹太人。谢苗·利别尔曼的妻子，生于俄国远东阿穆尔河边的尼古拉耶夫斯克，自幼家境富裕，其父亲普罗托克·祖博里夫斯基（Protok Zuborevsky）

◎ 米哈伊尔·里斯金

善于经商并开办一家鱼罐头厂。1919年为逃避迫害移居哈尔滨，居住在商市街（现红霞街）上的一座公寓里。

利别尔曼，吉霞·阿纳托利耶芙娜　原居哈尔滨犹太人。1902年生于俄国的尼古拉耶夫斯克市，1918年迁居哈尔滨。她是哈尔滨犹太社区组织中的积极人物，为哈尔滨犹太免费食堂委员会和哈尔滨犹太妇女慈善会委员会的积极活动家。1940年迁居上海，1949年回到以色列。因工作关系，她与丈夫曾在日本居住数年，其丈夫于1980年逝世，而她也于1983年与世长辞，享年81岁。

利别尔曼，谢苗　原居哈尔滨犹太人。1893年出生在克里米亚半岛的塞瓦斯托波尔。1916年，为躲避俄国境内的反犹浪潮移居哈尔滨，在中国大街（现中央大街）一家商铺里从事会计工作。1920年谢苗·利别尔曼与吉赛亚相识，1921年两人结婚。谢苗曾担任著名的卡巴尔金公司下属商贸公司的经理。卡巴尔金国际商贸公司是由哈尔滨著名犹太企业家 P. M. 卡巴尔金创办的。公司主要经营粮食出口贸易，公司将中国东北的粮食商品，特别是大豆销往欧洲，成为东北乃至全中国大豆大量出口欧洲的先行者之一。谢苗在俄国时就曾接触过锡安主义思想。移居哈尔滨后，加入了哈尔滨锡安主义修正派青年组织"贝塔"。还积极参与犹太社区的慈善活动，深受锡安组织成员的尊重与推崇。1932 年，在筹建哈尔滨犹太医院时，他带头捐献了建设和设备资金，被犹太社区成员选为犹太医院第一任理事会主席。1948 年移民古巴，并在当地与人合资开办了一家巧克力食品工厂。

◎ 谢苗·利别尔曼与妻子吉赛亚

利别尔曼，雅科夫 原居哈尔滨犹太人。1923 年出生。1928 年进入哈尔滨斯基德尔斯基塔木德—托拉学校

◎ 1948 年雅科夫·利别尔曼夫妇
在上海的结婚照

就读。1933 年 9 月至 1935 年，在其叔叔的安排下，进入上海托马斯·翰伯格公立中学学习。1936 年中学毕业后再次返回哈尔滨居住，并成为哈尔滨"贝塔"组织成员，多次参加了"贝塔"组织举办的体育赛事，曾获得百米赛跑冠军，并且打破了哈尔滨市和"贝塔"的记录，成绩是 11.1 秒。1938 年，雅科夫与尤里·霍罗什成立了哈尔滨犹太青年话剧小组，在哈尔滨商务俱乐部进行公演，得到了哈尔滨犹太社区的认可并受到了观众的普遍欢迎。1941 年，进入上海圣约翰大学学习，并成为上海"贝塔"组织的骨干成员，逐渐进入组织领导层。1948 年 1 月，当选为上海"贝塔"组织的领导人，与施穆埃尔·穆勒、阿里·马锐斯基、托尼·盖博曼、朱迪

一起组成了犹太地下武装组织"伊尔贡"中国分支委员会。1948 年 6 月 22 日，与妻子莉·金兹伯格在上海结婚。同年 12 月 24 日，带领中国移民乘坐"伍斯特胜利"号回归以色列，回归后居住在纳哈拉特·雅博廷斯基地区，并在以色列宾亚米纳地区的柑橘种植园工作。此后，雅科夫在拉马特甘投资开设了一家出租车公司，同时受邀以色列"贝塔"组织，从事青年运动培训。1950 年，进入以色列"贝塔"总部，被派往巴黎协助当地分支机构工作。作为一名优秀的"贝塔"组织领导人，他先后在芬兰、瑞典、比利时、意大利、法国、英国、澳大利亚、南非等地发表演讲。1956 年，雅科夫成为"贝塔"组织驻美国的密使，主要任务是鼓励美国犹太人移民以色列，并募集国家建设资金。1957 年，被选为以色列"贝塔"青年运动国家执行委员会委员，以及"赫鲁特"国家执行委员会委员。从 1972 年至 1975 年，一直从事进出口贸易，1975 年进入著名的犹太企业艾森伯格公司，担任台湾分公司总经理一职。1975 年雅科夫夫妇移居台湾。雅科夫被选为台北犹太社区主席，直到 1985 年卸任。雅科夫于 1986 年退休后，迁到了长子托维克所在的夏威夷居住，后又迁居美国加利福尼亚的圣地亚哥。晚年主要从事中国犹太社区与历史研究，退休后经常到以色列和中国进行讲座。他曾于 2006 年偕夫人参加了由黑龙江省社会科学院主办的哈尔滨与世界犹太人经贸合作国际论坛，并发表了题为"犹太人告别中国的先驱之旅"的报告。1998 年他出版了自传《我的中国》，书中深情地回顾了自己在中国生活、工作的细节，讲述了自己为追寻锡安主义理想而奋斗一生的经历，同时表达了对哈尔滨的眷恋之情。

利波夫斯基剧团 第一个来到哈尔滨的犹太剧团。1916 年，该剧团从俄罗斯来到哈尔滨并用意第绪语演出犹太剧。剧团导演利波夫斯基的妻子尼沃罗夫斯卡娅是该剧团著名的歌剧女主角。他们在哈尔滨市立公园的夏天剧场里演出轻歌剧和喜剧。夏季过后，去了美国，尼沃罗夫斯卡娅后来成为纽约犹太剧院最著名的演员。

利夫希茨，玛拉 原居哈尔滨犹太女性，哈尔滨著名犹太摄影家 Y. M. 利夫希茨的女儿，曾在哈尔滨的塔木德—托拉小学读书，毕业后就读于哈尔滨第一市立商业学校。玛拉在哈尔滨度过了充实而快乐的少女时代，冬季喜滑冰，夏季常和父母去大连附近的海滩度假村休闲。她的成人礼就是在那里举办的。从商校毕业后。玛拉加入了锡安主义青年组织"贝塔"，在那里结交了许多终身好友。在一批移民巴勒斯坦的"贝塔"成员离开哈尔滨之前，她父亲为他们拍摄了一张临别合影照。玛拉将此照片托人转给了希伯来大学，存入了《中国犹太人档案馆》。1931 年日本人占领哈尔滨后，哈尔滨犹太人的人身安全和经济状况日渐恶化。为勒索赎金而绑架有钱犹太人的案例也时有发生。

为了免遭厄运，玛拉便于 1934 年随父母迁居天津。二战结束时，玛拉的许多"贝塔"伙伴为了实践"贝塔"的锡安主义信念，移居以色列参加国家建设。玛拉对自己未能做到这一点常感惭愧和遗憾，她曾写道："我无法忘却自己在'贝塔'时所写下的豪言壮语，无法忘却老友莫尼亚·皮鲁廷斯基。"1967 年六日战争结束后不久，玛拉和莫尼亚在耶路撒冷见了面。玛拉对他当时说的话刻骨铭心："没错，我们海外兄弟和朋友的支持的确发挥了作用，但任何东西都比不上我们在战场上流下的鲜血。"

利夫希茨，斯特娜　原居哈尔滨俄籍犹太女性，哈尔滨著名犹太摄影家雅科夫·马特维耶维奇·利夫希茨的妻子，1914 年为了让两个年纪尚小的儿子免服兵役而和家人离开俄国，来到哈尔滨。在哈尔滨短暂停留期间，他们险被驻在哈尔滨的俄军警抓获，因而又辗转去了日本的神户。她丈夫利夫希茨到神户不久便去了美国，以求更为安全而殷实的生活。

由于第一次世界大战的影响，留在日本的斯特娜一直未能与丈夫团聚。丈夫在美期间，她的两个儿子因病死在了日本，一个死于白喉，另一个死于猩红热。于是在儿子死后，她又回到了俄国家乡。尽管丈夫于 1919 年从美国回到了中国，但是由于当时俄罗斯正发生十月革命，边境处于封闭状态，所以她还是无法和丈夫团聚。1920 年，斯特娜去了波兰华沙，在她妹妹家暂居，寻求到中国和丈夫团圆的机会。

1921 年，斯特娜很幸运地作为合法移民到达了哈尔滨。她被人称为"第一只夜莺"，因为当时东欧的普通犹太百姓大多只有通过偷渡等非正当途径才能到中国。利夫希茨夫妇被迫分离 7 年之后，终在哈尔滨团聚，开始了他们的新生活。作为摄影师的丈夫在哈尔滨开设了利夫希茨照相馆（又名"新城照相馆"）照相馆生意很红火，利夫希茨一家的生活也十分富足。夫妇二人经常参加音乐会、歌剧和戏剧演出。他们雇有中国仆人，经常举办酒席招待宾朋，家里总是洋溢着喜兴的气氛。每逢夏季，一家人常去大连附近的疗养所避暑度假，生活其乐融融。1931 年日本人占领哈尔滨后，哈尔滨没有了往日的繁荣，人身安全和经济状况日渐恶化。在 1933 年发生马迭尔绑架案等多起勒索迫害犹太富裕户家庭成员的事件之后，利夫希茨夫妇担心他们的女儿玛拉被绑票，遂经一番准备，举家迁居天津。到天津后，她丈夫在维多利亚大街上新开了一家照相馆，全家以此为生，又过上了多年优裕的生活。

◎ Я. М. 利夫希茨一家合影

利夫希茨，雅科夫·马特维耶维奇　原居哈尔滨著名俄籍犹太摄影师。曾于1903～1908年在沙俄军队服役。1914年，为了让他两个年纪尚小的儿子逃避第一次世界大战时沙俄政府的兵役，他和家人匆匆离开家乡，辗转来到哈尔滨。由于险被哈尔滨的沙俄军警抓获，于是在哈尔滨短暂停留后，一家人又辗转去了日本的神户。到达神户当年（1914年），雅科夫暂别妻儿，和表兄格里沙·比鲁林及侄儿列夫（利奥沙）·比鲁林以难民身份去了美国西雅图，以寻求更好的生存环境。在西雅图期间，雅科夫作为摄影师，境遇好于大多数难民，但生活并不轻松，亦备受思念亲人的困扰。所以在美工作几年后，他和侄儿列夫·比鲁林又于1919年回到了中国，而此时他的两个儿子已经死在了日本，一个死于白喉，另一个死于猩红热。

由于他的侄儿利奥沙娶了天津著名拉比巴隆斯基的女儿，在天津从事制药业，所以雅科夫在哈尔滨住了一段时间后便去了天津，一边从事摄影，一边继续等待妻子，1921年，在被迫与丈夫分离7年后，斯特娜很幸运地作为合法移民到了哈尔滨，于是，雅科夫也回到哈尔滨和妻子团聚并开始了新生活。20年代哈尔滨国际大都市的形象甚为明显，"那里曾住过不下25万人的白俄侨民，有一流的学校、歌剧人才培养基地、豪华商店、剧院和电影院"。头脑聪明、精力充沛的雅科夫，全力投身到了哈尔滨这个"东方巴黎"的都市生活。他在此开办了"利夫希茨照相馆"。照相馆生意兴隆，名气很大，留下了许多珍贵的历史照片，他用胶片记录了诸如马迭尔宾馆召开的国际会议，费奥多·夏里亚宾、雅沙·海菲茨等世界著名艺术家举办的音乐会等各个重要事件。他甚至还从序幕到谢幕后的鼓掌，全程拍摄了一部名为《生活》的歌剧的演出实况。到照相馆拍照的有将军、银行家、艺术家和中东铁路高官等社会名流，钢琴巨匠夏里亚宾和小提琴大师海菲茨在出访哈尔滨期间也光顾过利夫希茨照相馆。雅科夫在犹太历史、哲学、伦理方面有很高的造诣，他对哈尔滨犹太社区活动很热心，参与过哈尔滨犹太新会堂的规划和建造，曾任新会堂主管。

1931～1932 年日本人占领哈尔滨后，哈尔滨没有了往日的繁荣，哈尔滨犹太人的人身安全和经济状况日渐恶化。由于担心家人安全，加上照相馆经营环境恶化，于是在 1933 年发生了马迭尔绑架案等多起加害犹太人的事件后不久，利夫希茨一家便迁居天津，在天津的英租界安顿了下来。雅科夫走进了天津犹太人的社会生活，积极参与天津犹太新会堂的兴建，任该会堂主管多年。同时，他在维多利亚街上新开了一家照相馆。

◎ 哈尔滨的利夫希茨照相馆坐落在鲍格丹诺夫斯基大楼内

利夫希茨照相馆 又称"新城照相馆"。哈尔滨著名犹太摄影师雅科夫·马特维耶维奇·利夫希茨于 1921 年在哈尔滨埠头区的外国六道街（现道里区大安街）2 号创办，主要业务包括摄影和经营各种照相器材。1932 年，哈尔滨洪灾过后，利夫希茨照相馆便从措米利兹大楼迁至位于中央大街和

大安街拐角的鲍格丹诺夫斯基大楼的三楼，也是彼得罗夫商店的楼上。同楼还住着犹太墓地看守利伯曼，顶层住着泰斯梅尼茨基一家，在照相馆洗像室工作的有莫蒂亚·马克林、S. 卡尔利阔夫、S. 韦曼和阿哈隆等年轻助手，其中几位日后也成了摄影师。

利夫希茨照相馆一向生意兴隆，名气很大，留下了许多珍贵的历史照片。

利霍马诺夫，列夫·莫伊谢耶维奇 原居哈尔滨俄籍犹太人。1930 年，他和堂兄雅科夫·茹科夫（Jacov Zhukoff）穿越中俄边境，来到哈尔滨。为了与哈尔滨犹太社区取得联系，他们首先找到了犹太新会堂。在这里见到了犹太社区领导人之一雅科夫·利夫希茨，即列夫未来妻子的舅舅。通过这次见面，列夫给雅科夫留下了很好的印象。于是，雅科夫偶尔会邀请列夫去他家做客。在雅科夫家做客时，列夫认识了雅科夫的外甥女索菲娅·阿布拉莫夫娜·比鲁林（Sophia Abramovna Birulin）并与她相恋成婚。他们在犹太新会堂结婚的放大照片如今还在该会堂里展示。雅科夫·利夫希茨是利夫希茨照相馆的老板。在利夫希茨一家于 1933 年迁居天津之后，作为雅科夫外甥女婿的列夫，便接管了利夫希茨照相馆（又名新城照相馆），成为该照相馆的新老板。与此同时，列夫还继续在巴辛家族（the Basin

Family）的牙科材料供应公司当经理。在巴辛家族于 1938 年（或 1939 年）移居美国时，他们将公司留给了列夫来经营。利霍马诺夫家所住的短街（今端街）5 号 3 单元就是该公司的经营场所。1950 年春，利霍马诺夫一家离开哈尔滨，赴以色列定居。2006 年 6 月 30 日～7 月 3 日，利霍马诺夫夫妇的女儿金娜和儿子摩西曾回哈尔滨访问。期间，造访了他们的故居。

利霍马诺夫，摩西 原居哈尔滨犹太人。1940 年生于哈尔滨的俄—德医院（Russian - German hospital）。曾在塔木德—托拉学校就读。1950 年随父母移居以色列。他对哈尔滨有颇深的怀旧情结，曾于 2006 年 6 月与其定居美国的姐姐金娜（Dina）、金娜的丈夫及女儿在北京汇合，一同回哈探访。在哈尔滨犹太研究中心科研人员的陪伴下，他们游历了哈尔滨著名的犹太遗址遗迹和哈尔滨市区风景，也走访了他们家在短街（今端街）的故居原址。

利特温，本杰明 原居哈尔滨及天津犹太人，以色列建筑工程师。1915 年生于哈尔滨。其父亲是哈尔滨犹太社区著名的副总拉比萨阿迪亚·利特温（Saadiah Litvin），即 A. M. 基谢廖夫总拉比的副手；其外祖父是哈尔滨著名拉比兼希伯来语教师 Z. 斯卢茨克尔（Z. Slutsker）。本杰明以金牌成绩毕业于哈尔滨第一社会商务中

学。毕业后赴香港留学，在香港大学学习建筑。在此期间，他们家先后搬到了大连和天津。港大毕业后，本杰明也去了天津。他执教于天津的犹太子弟校并与原居哈尔滨犹太人拉娅·格来贝尔曼（Raya Gleiberman）结婚。他们生养了莉娜（Lina）和约瑟法（Josepha）两个女儿。

1949 年，本杰明和家人移居以色列特拉维夫。为了寄托他和妻子 60 年相濡以沫的感情，给当地青少年提供一个艺术教育场所，也为了展示他多年在建筑美学方面所达到的水准，本杰明亲自设计并斥资 400 多万谢克尔（以色列货币），于 2006 年 10 月份建起了一座"拉娅—利特温艺术中心"（the Raya Litvin Art Center）。他还以纪念亡妻的名义，向当地教育机构提供过两次大额捐款。本杰明生前与以色列原居中国犹太人协会联系密切，和该协会的许多会员保持了终生的友谊。2008 年 9 月 1 日，本杰明在特拉维夫去世，享年 94 岁。

利特温，丹尼尔 原居哈尔滨犹太人。后移居美国，在旧金山定居。他生前是旧金山远东协会会员。2004 年 9 月初，丹尼尔在旧金山去世；9 月 8 日，旧金山远东协会为他举行了追悼会。参加追悼会的有：旧金山远东协会会长伊赛·考夫曼和夫人奥莉加，以及在旧金山探亲访友的以色列原居中国犹太人协会会长特迪·考夫曼和

夫人拉莎以及其他许多丹尼尔的生前好友和他的亲属。

利特温，哈伊姆 原居哈尔滨犹太人，著名的毛皮商人，1920 年出生在海拉尔。在 16 岁时，他的叔叔给了他 3 000 卢布用于发展自己的事业，哈伊姆开始参与批发买卖畜牧产品，并且很快发展起来。30 年代初，由于战乱的影响，像其他所有的犹太畜牧商人一样，交易开始变得越来越困难，哈伊姆不得不停止贩运牛、骆驼，转而从事面粉、酒类和草料贸易。1963 年，哈伊姆一家经香港返回以色列。

利文森，罗曼·格里戈里耶维奇 原居哈尔滨犹太人，1919 年生于哈尔滨。他是父母所生的第二个孩子，他还有一个姐姐。他的父母于"一战"前来到哈尔滨。父亲来自法国，母亲来自拉脱维亚。后来，利文森一家去了天津。罗曼尚未成年时，父母便因故离世。1936 年，罗曼毕业于天津语言学校（the Tientsin Grammar School）。太平洋战争爆发前，他的姐姐去了美国。苏联红军进驻哈尔滨之后，在天津独居的罗曼经认真考虑后去了苏联。

初到苏联时，他是在斯维尔德洛夫斯克（今叶卡捷琳堡）的乌拉尔车辆制造厂（the Ural Wagon building factory）工作，然后突遭逮捕并被关押在卢比安卡监狱（the Lubianka jail）。很快被一个"三方"法庭判了 8 年监禁，虚构的罪名是为日本和美国从事间谍活动。几经转移监狱后，作为政治犯的罗曼最终被关押到了沃尔库塔劳改营。那个劳改营与第七煤矿和第十三煤矿建设管理局所属的一家煤炭装配公司是业务合作关系。沃尔库塔位于北极圈纵深地带，冬季气候异常寒冷。在囚犯换班或因其他原因进入营地之前，他们往往被迫坐在雪地里几个小时，这让他们痛苦不堪。一次，罗曼拍手取暖时，被一条阿尔萨斯恶犬突袭，隔着手套咬穿了他的左手并叼走了手套。出事后，罗曼左手严重冻伤，遂被送到了营地医务所。尽管他得到了一位德国外科医生的倾力救治，但从那时起，其左手丧失了功能。出于同情，这位心地善良的德国医生设法把罗曼安排到了营地医疗所当他的助手，从而解决了罗曼的工作问题。罗曼服刑期满后，由于没有自己的家，所以他就搬到了沃尔库塔市居住。他在当地的一家精神病医院找了一份工作并住进了一家青年旅社。因为他懂英语和俄语，所以罗曼有资格进入当地的师范学院。于是，他找到相关部门索要他的学历证书和文凭，但得到的回应是，相关文件丢失，无法找到。后来医院规定，该院从业人员必须要有文凭，罗曼遂被解雇。于是，他又换了个工作，在尤日纳亚（Yujnaya）煤矿所在地当地下信号员，为研究地下建筑的北方科学研究院下属的一个实验室工作，一直干到退休。那些年找工作很难，要想获得养老金，他只能咬牙坚持到退休。后来，罗曼和水文地质工程师埃玛·舍夫琴科（Emma Shevchenko）结为夫妻。他们住在一个工人定居点的一个破旧的公寓单间。他和埃玛的女儿就在此出生。罗曼每天不得不穿过苔原，步行约六公里走到他的工作地点。他们一直住在那个单间居室，直到1975年全家人才设法住上了一套正常的公寓住宅。1986年1月6日，罗曼猝然去世，享年73岁，被葬于沃尔库塔市北极镇墓地的永久冻土之中。罗曼去世后，他的遗孀和已婚的女儿迁居到了圣彼得堡。

利沃维奇，A. L. 原居哈尔滨早期俄籍犹太移民。1879年生于俄罗斯，曾是俄罗斯上乌金斯克（今乌兰乌德）家产殷实的地主。然而在第一次世界大战期间，他和其他众多俄籍犹太人一样，受到了排挤和迫害，于是便流亡到了哈尔滨。在哈尔滨居住的最初5年里，A. L. 利沃维奇在哈尔滨犹太社区当护卫员，月薪相当于25～30美元。1931年8月27日，年仅52岁的A. L. 利沃维奇在一个犹太人的公共大楼地下室孤独地死去，被安葬在哈尔滨犹太公墓。

利希蒂希，阿尼娅 原居哈尔滨犹太人，父姓恰普林斯基。毕业于哈尔滨第一语言学校，曾是哈尔滨"马卡比"组织中的活跃分子。1942年，她嫁给了尤济科·利希蒂希，生下了他们唯一的女儿齐拉（Zilla）。20世纪50年代初，他们一家迁至波兰，在弗罗茨瓦夫市（原布雷斯劳市）定居。阿尼娅和丈夫生活了66年后，于2008年9月22日在弗罗茨瓦夫市去世，享年88岁。

利希蒂希，尤济科 原居哈尔滨犹太人。毕业于哈尔滨第一社会商务中学，曾是哈尔滨"马卡比"组织中的活跃分子和天才的象棋选手。此外，他还是"马卡比"话剧小组（the dramatic circle of "Maccabi"）的演员。他为人友善、和蔼可亲，有很多中国和别国的朋友和熟人。1942年，他和哈尔滨"马卡比"成员阿尼娅·恰普林斯基结婚，婚后生下了他们唯一的女儿齐拉（Zilla）。20世纪50年代初，拥有波兰国籍的尤济科偕家眷迁居波兰，在弗罗茨瓦夫市（原布雷斯劳市）定居。尤济科和阿尼娅相濡以沫，共同生活了66年。在阿尼娅于2008年9月22日去世不久，尤济科也于同年10月4日在弗罗茨瓦夫市去世，享年90岁。身后留下的亲人只有住在德国的女儿齐拉和住在以色列的弟弟阿维（Avi）。

列尔曼，A. L. 哈尔滨早期俄籍犹太侨民。曾是哈尔滨犹太贫病救济会的理事会成员。他后来去了上海。1931年11月在上海去世，被安葬在上海犹太公墓。

列维京，罗莎 原居哈尔滨犹太人。她是根纳·列维京（Gena Levitin）的妻子。离开哈尔滨后，她先后迁居天津、上海和以色列的特拉维夫。罗莎在临终前的几年中一直照顾患病的丈夫，但她自己却先于丈夫，于1997年10月12日在特拉维夫病逝，身后留下了丈夫、两个女儿——阿娅（Aya）和莉萨（Lisa）及其他亲人。

列伊博维奇，利阿娜 原居哈尔滨犹太人，父姓达梅林。1922年12月14日在天津出生。之后不久便随家人迁居哈尔滨。在哈尔滨读书，1938年中学毕业。一年后，与童年时认识的男孩拿单（Nathan）邂逅相恋，并于1940年和他在上海完婚。她和拿单相濡以沫，共同生活了62年。1943年，他们的独生子特德（Ted）在上海出生。1948年，他们一家三口离开上海，迁居澳大利亚悉尼，先在悉尼北区的平布尔镇（Pymble）居住，后来搬到了悉尼北区的基拉拉镇（Killara）。利阿娜貌美出众，举止典雅，充满爱心，而且她做事爽快，从无怨言，因此生前结交了很多朋友，与许多原居中国的俄籍犹太友人的关系尤为密切。谈到她的朋友和家人，她总是那么动情。2005年，在特迪·考夫曼的安排下，她和儿子及孙女们回到了哈尔滨与亲友团聚，进一步加深了她与各地老朋友的友情。2009年3月31日，在悉尼病逝，享年87岁。

列伊博维奇，纳坦 原居哈尔滨及上海犹太人。在哈尔滨长大。毕业于哈尔滨第一社会商务中学。后迁居上海。1941年在上海和列娜·达梅林（Lena Damelin）结为夫妻。离开中国后，他移居澳大利亚悉尼，在那里一直和以色列原居中国犹太人协会保持联系。2003年5月29日，在他悉尼的家中睡觉时，平静地离开了人世。

林斯基，吉利耶尔 原居哈尔滨早期俄籍犹太宗教人士，具有非凡的精神素养和仁爱之心。曾任哈尔滨犹太老会堂的司铎（the Shamash），为哈尔滨犹太宗教公会忠心耿耿地工作了17年。1922年11月14日在哈去世，被葬于哈尔滨犹太墓地。

卢丁，阿舍 原居哈尔滨及天津犹太人，国际著名科学家。1929年在哈尔滨出生。父母是原居哈尔滨犹太人哈伊姆·卢丁和里芙卡·卢丁。卢丁一家后来搬到了天津。阿舍在天津读完了中学。毕业后赴北京就读于北京大学。北大尚未读完，便于1949年随家人离开中国，迁居以色列。为了继续求学，阿舍进入了耶路撒冷希伯来大学攻读农学。在校期间，曾在以色列国防军服役。役期届满后仍继续修习学业，直到1964年拿到博士学位才参加工作。他和妻子哈娜·芬克尔的结合是在1954年，他们婚后生下了女儿伊里特和儿子阿迪尔。

获得博士学位后，阿舍·卢丁被

聘任为雷霍沃特市的沃尔坎尼研究所的高级科学专员和营养技术部的研究室主任。1969年，他应邀赴委内瑞拉从事科研，后被聘为委内瑞拉中央大学教授兼营养技术系主任。1989年，被聘为佛罗里达州立大学教授。在其学术生涯中，阿舍曾作为访问学者，赴伯克利加州大学、马里兰州立大学、肯塔基州立大学和罗契斯特大学工作。他会讲一口流利的希伯来语、英语、俄语和西班牙语，发表过科学论文80余篇。在阿舍的整个职业生涯中，他一直和以色列的同事保持密切联系。他把自己在委内瑞拉的早期研究成果奉献给了贝尔谢巴的本—古里安大学和澳大利亚的研究机构。在委内瑞拉期间，他积极参与锡安主义组织和加拉加斯犹太社区的活动，并积极在以色列和委内瑞拉各所大学之间建立密切联系。

1993年5月8日，年仅64岁的卢丁教授结束了他辉煌的一生，在迈哈密去世。他生前所获得的无数学术奖项见证了他对营养学和食品科学的科研贡献。为了进一步认定他在食品技术领域的研究成果，加拉加斯的委内瑞拉中央大学，将1999年4月24～28日在加拉加斯市希尔顿宾馆举办的第二届国际食品技术科学大会的主题确定为纪念卢丁教授。与会代表不仅有来自委内瑞拉国内外科研机构的学者，也有来自联合国和委内瑞拉教育部等

部门的高级官员。这次大会既是对这位原居中国的犹太科学家的悼念，也是对他在以色列、委内瑞拉和美国科学及食品技术领域重大贡献的表彰。

卢里亚，E.Y. 原居哈尔滨俄籍犹太人。1848年在俄罗斯出生。来到哈尔滨以后，他很多年都积极从事对哈尔滨最穷困犹太人的帮扶事业。1920年1月20日，72岁的卢里亚在哈尔滨去世，被葬于哈尔滨犹太公墓。

鲁宾逊，德罗尔 捷耶夫·鲁宾逊夫妇之子。1961年在"米什马尔·阿-埃麦克"基布兹出生，毕业于耶路撒冷希伯来大学医学院，获博士学位。像他的祖父母一样，他也是一名出色的医生，领导"阿-沙龙"医院的整形科，并在特拉维夫大学任教。原来他也在特拉维夫居住，由于不喜欢大城市的喧嚣，后来在远离城市的地方（耶路撒冷和特拉维夫之间）自建了一座房子，周围有许多绿荫，环境幽静，空气清新。德罗尔（Дроp）已婚并养育一个儿子和三个女儿。

鲁宾逊，法尼娅·马丁诺夫娜 见"鲁宾逊，汉斯·埃米尔耶维奇"词条。

鲁宾逊，汉斯·埃米尔耶维奇 原居哈尔滨犹太人，德国犹太难民，著名医生。青年时代的汉斯·鲁宾逊曾参加了第一次世界大战，由于作战英勇而获得了铁十字勋章。他以能够获得铁十字勋章而感到无比的骄傲和

自豪。从"一战"前线回来后，他进入柏林大学学习医学。在大学学习期间，他结识了女大学生法尼娅·马丁诺夫娜·莱温松，两人相爱并结为连理。法尼娅出身于富裕的知识分子家庭，其家族世代从事受人尊敬且收入可观的医生职业。大学毕业后，汉斯·鲁宾逊在柏林市中心的一所犹太医院工作，同时在一所法国人开的医院里做咨询医生。他的专业是内科和病理解剖，尤其擅长消化内科，是这方面的专家。汉斯·鲁宾逊的医德令人称道，他常常对贫穷的患者给予无私的帮助。法尼娅在大学毕业后也成为了一名优秀的儿科专家。1932 年 1 月 22 日，汉斯·鲁宾逊夫妇的儿子捷耶夫在德国柏林出生。1933 年 1 月，极端的种族主义思想集大成者、纳粹头目希特勒当上了德国总理，他开始有计划地推行反犹主义政策，对犹太人进行有步骤、有组织的迫害活动。1938 年 11 月更是发生了"水晶之夜"事件，严重打击了犹太人的经济活动和社会生活。正当汉斯·鲁宾逊一家寻找逃离纳粹魔掌的机会的时候，以亚伯拉罕·考夫曼医生为首的哈尔滨犹太社区，给德国犹太人发出了正式邀请，邀请 150 名具有一定专业技术的高级人才来哈尔滨工作，其中就包括 15 名医生。而汉斯和法尼娅正好符合被邀请的条件。于是，鲁宾逊一家在危难之时获得了移居哈尔滨的宝贵

许可。他们于 1939 年 4 月经上海抵达哈尔滨。在哈尔滨生活期间，鲁宾逊一家住在商务街（现上游街）54 号。迁居哈尔滨之初，汉斯·鲁宾逊开办了一个规模很大的私人诊所。他不仅医术高超，而且医德极佳。不论患者是什么民族和怎样的经济状况，他都给以人道主义的关怀和精心的治疗，因此他逐渐打开了工作局面，赢得了很好的声誉，慕名前来就医者络绎不绝，他每天接诊的患者达 20～30 人。Г. Э. 鲁宾逊医生的妻子法尼娅来哈后先在穆罕拉韦尔医生那里工作了不长时间，后来在自己家的诊所工作。他们的诊所收入不错，其家庭生活条件有了明显改善。1945 年 8 月，哈尔滨犹太社区领袖和犹太医院院长亚伯拉罕·考夫曼医生被苏联红军逮捕后，哈尔滨犹太医院由托维·佩什科夫斯基医生领导，他是来自于西伯利亚伊尔库茨克的侨民。此时，Г. Э. 鲁宾逊医生开始在犹太医院工作。不幸的是，1948 年，当所有的犹太人都在欢庆以色列国建立的时候，托维·佩什科夫斯基医生意外地被捕了。在此情况下，Г. Э. 鲁宾逊医生被任命为犹太医院的主任医师，领导医院的工作。然而，刚刚建立不久、世界上唯一的犹太人国家——以色列在时刻召唤着他。于是，鲁宾逊一家开始着手办理移居以色列的手续。哈尔滨医药界的朋友对他的离去恋恋不舍。1950 年 6

月 29 日，在他即将离开哈尔滨的前夕，哈尔滨药房业主协会专门给他发了一封感谢信，对他的医德医术给予了高度评价，并对他所给予同行们的关心和帮助表示了深深的谢意。回到以色列后，Г. Э. 鲁宾逊医生一直在"米什马尔·阿-埃麦克"（Мишмар а Эмек）基布兹的门诊部当医生，兢兢业业地工作了数年，门诊部规模很大，给他配备了工作用车。除了基布兹统一发放的各种票以外，他还单独挣工资，可以买自己需要的东西。由于身体原因，Г. Э. 鲁宾逊医生的妻子法尼娅在基布兹不工作，夫妇俩一直在那里幸福地生活，直至逝世（法尼娅和汉斯分别于 1962 年和 1965 年逝世）。

◎ 汉斯·埃米尔耶维奇·鲁宾逊医生的医师证书

鲁宾逊，捷耶夫 原居哈尔滨犹太人，汉斯·埃米尔耶维奇·鲁宾逊和法尼娅·马丁诺夫娜·鲁宾逊夫妇之子。1932 年 1 月 22 日在德国柏林出生。1939 年 4 月随父母来到哈尔滨。出于对给予他们一家极大帮助的哈尔滨犹太社区的尊重，父母把他送到了斯基德尔斯基"塔木德—托拉"犹太民族宗教学校上学。可是，在世俗家庭中长大的捷耶夫以前从来没有接触过希伯来语，听不明白老师讲的课。因此，他在"塔木德—托拉"学校上学还不到 20 天，就被转到了英国人开办的学校。1941 年 12 月，太平洋战争爆发后的第二天，英国对日宣战，他所就读的学校被日本人关闭。无奈之下，其父亲给他聘请了多位家教。这些家教都是俄侨，他们用英语给捷耶夫授课，这使他从小就打下了良好的英语基础。在哈尔滨生活期间，还有一位中国女家教教授他两年汉语，当时他的汉语学得不错。捷耶夫·鲁宾逊是哈尔滨犹太青年体育组织"马卡比"的成员，他积极地参加了该组织举办的各种集会和文化活动。在离开哈尔滨之前，他曾于 1949 年 9 月至 1950 年 6 月在哈尔滨犹太医院药房工作，为在编实习生，他工作认真负责，完全能够胜任此项工作，得到了领导和同事们的一致好评。在这里他结识了未来的妻子娜佳。1950 年 11 月 13 日，捷耶夫与父母一起回到了以色列。起初，他在基布兹学习开拖拉机、康拜因等农业机械，后来去部队服役。复员后，他领导基布兹安全委员会的工作。他通过函授学习，获得了中学毕业证。后又考入耶路撒冷希伯来大学，攻读了本科和硕士（共 6 年），所学专业是古代史，1963 年获学士学位，

1965 年开始在海法大学任教，同时继续深造，于 1967 年获硕士学位。由于学习和今后工作的需要，捷耶夫·鲁宾逊夫妇于 1962 年离开了基布兹。1966 年起，捷耶夫·鲁宾逊在特拉维夫大学任教。1975 年，他在特拉维夫大学获得博士学位，1978 年晋升为教授职称。他的主要研究方向是古希腊罗马时期的社会经济关系和问题。在他众多的学术著作中最值得一提的有两部，一部是 1987 年在英国牛津用英文出版的《斯巴达克起义与苏联的历史编撰学》，一部是 1993 年在德国用德文出版的《希腊罗马统治下的奴隶大起义》。他还曾多次参加各个国家举行的国际学术会议，在许多国家的大学讲学。他所取得的巨大科研成就得益于他熟练地掌握了希伯来语、英语、德语、俄语、拉丁语、古希腊语等多种语言，此外，他还能阅读法文、意大利文和波兰文。捷耶夫·鲁宾逊教授于 1999 年退休，现居住在特拉维夫。捷耶夫·鲁宾逊夫妇曾于 2004 年 8 月返回哈尔滨，参加了黑龙江省社会科学院主办的哈尔滨犹太历史文化国际研讨会，捷耶夫·鲁宾逊教授满怀深情地在大会上做了题为《哈尔滨——动荡年代德国犹太难民的避难所》这一精彩的报告。

鲁宾逊，娜佳　原居哈尔滨犹太人，特拉维夫大学教授捷耶夫·鲁宾逊的妻子。1927 年 11 月 25 日在哈尔

◎ 捷耶夫·鲁宾逊

◎ 2004 年捷耶夫·鲁宾逊和
夫人在哈尔滨犹太公墓

滨出生。小时候名叫埃斯特尔—罗哈（Эстер—Роха），是父母的独生女。自幼家境贫寒，但没有经历什么波折。9 岁时，她加入了哈尔滨锡安主义修正派青年组织"贝塔"。她在哈尔滨的学习生涯非常充实。首先在小学读了 4 年，然后在俄侨第一高级小学读了 3 年（俄侨第一高级小学在原犹太中学的位置，位于炮队街，即现在道里区

通江街上的哈尔滨市朝鲜族第二中学），中学读了4年，于1943年12月22日毕业于哈尔滨俄侨第一语言学校。当时，日伪统治当局不允许学生学汉语，只允许学日语和德语，而犹太人是不想学德语的，所以她选修了日语。在她的班级里共有30名学生，其中有5名犹太学生。中学毕业后，从1944年开始，娜佳在俄国赤十字会妇人会护士培训班学习，1946年3月31日获得毕业证。1944年9月至1947年11月娜佳还在东北红十字协会医科专门学校助医系学习并顺利毕业。在此上学期间，她曾被派往中长铁路中央医院及东北红十字医院的妇产科、内科、小儿科、传染病科、皮肤花柳科、耳鼻咽喉科进行实习。1949年4月22日，娜佳获得了东北行政委员会卫生部颁发的副医证书。1944年至1950年，娜佳在哈尔滨犹太医院工作6年，前三年做护士工作，后三年担任助产士。由于捷耶夫的母亲身体不好，难于承担自家诊所繁重的工作，所以Г. Э. 鲁宾逊医生聘请了美丽善良、业务娴熟的娜佳做助手，她从此走进了这个德国犹太人家庭。1950年11月13日，娜佳与家人一起回到以色列。刚到以色列的时候，她在基布兹的洗衣店和公共食堂工作。半年后，她开始在基布兹的门诊部做护士，后来在保育院工作。她还曾在健康委员会工作。2004年8月她与丈夫一起返回哈尔滨，

参加了黑龙江省社会科学院主办的哈尔滨犹太历史文化国际研讨会。与会期间，娜佳还去哈尔滨皇山犹太公墓拜谒了其姑母玛丽亚·所罗门诺夫娜·基什贝尔德（Мария Соломоновна Кишберд）的陵墓。

◎ 娜佳·鲁宾逊

鲁特施泰因，阿纳托利 原居哈尔滨犹太人，是位名医和慈善家。1915年生于哈尔滨，系哈尔滨银行家大卫·鲁特施泰因之子。1931年，托利亚（阿纳托利的小名）毕业于哈尔滨第一社会商务中学。30年代中期，鲁特施泰因一家移居上海，而托利亚本人则赴香港学医。随着1941年太平洋战争的爆发，托利亚被征入反法西斯的英国部队，后被日军俘获，在日军战俘营被囚至1945年"二战"结束。此后他去了英国，在伦敦大学继续学习并获得了医学博士学位。1949

年，托利亚回到上海与家人团聚，在父亲和姐姐相继去世后，他和母亲便于 1959 年移居到了条件恶劣的以色列前线小城贝尔谢巴市，并在此行医 25 年，先当救护医生，后来又当了内盖夫地区医院的外科主任。退休后他一直担当志愿者，主要帮助新来以色列的俄籍犹太移民，无偿为他们治病。为了怀念他的父母和姐姐，托利亚医生曾为以中友好协会慷慨捐款，建立了两个慈善基金：社会救助基金和奖学金基金，为社会慈善事业作出了重大贡献。2003 年 8 月 24 日逝世，享年 88 岁。

鲁韦尔，阿布拉姆 原居哈尔滨犹太人，生于哈尔滨，在哈尔滨犹太人雅科夫·鲁韦尔和哈娜·鲁韦尔夫妇的八个子女中排行第七。长大后，曾在哈尔滨的一家印刷厂工作。1932 年随家人迁居天津；几年后，赴苏联伊尔库茨克定居。

鲁韦尔，哈娜 原居哈尔滨俄籍犹太人，哈尔滨俄籍犹太人雅科夫·鲁韦尔的妻子。她和丈夫生了四个女儿后，又生了四个儿子，共八个子女。1922 年丈夫去世后，哈娜靠自己打零工和犹太社区接济，艰难地供养着八个子女，直到女儿们长大，她的负担才得以缓解。1932 年，哈娜和她的孩子们去了天津。几年后，她的两个儿子格里沙（Grisha）和阿布拉姆（Abram）离开中国，移居到俄罗斯伊

尔库茨克。1937 年，她的小儿子哈伊姆（Hayim）也去了伊尔库茨克。次年，哈娜和女儿们也去了伊尔库茨克，只有长女柳芭（Liuba）与其丈夫去了加拿大。1938 年 8 月某日夜晚，哈娜最小的儿子哈伊姆被人诬告而遭苏联警方逮捕，被判 10 年监禁，后被发配到位于北极的苏联某劳改营服刑。1956 年 5 月 4 日，哈娜在伊尔库茨克去世。

◎ 哈伊姆·鲁韦尔（右）与加利娅·科茨在 2007 年光明节庆典中

鲁韦尔，哈伊姆 原居哈尔滨犹太人，1920 年 5 月 1 日生于哈尔滨，在原中东铁路职工雅科夫·鲁韦尔八个子女中年龄最小。父亲在哈去世时，哈伊姆年仅两岁。童年时，他曾因中毒而得到过哈尔滨犹太社区领导人阿布拉姆·考夫曼医生的救治。7 岁时，他就读于哈尔滨市立俄侨学校，但因拒学《新约》课程而被校方辞退，于是便转入中东铁路职工子弟预科学校续读，后在犹太教会学校"赫杰尔"（犹太小学）学习。1931 年日本人占领哈尔滨后，哈市生存环境日渐恶化，

加上 1932 年该市又遭遇洪灾，于是，鲁韦尔家族遂迁居天津。到天津后，哈伊姆就读于天津犹太中学。在该校，他除了学习会考课程外，还接受了锡安主义教育并加入了"贝塔"青年组织。12 岁时，他开始半工半读，白天上学，晚上去剧场或影院售卖报纸、杂志、水果和巧克力。13 岁时，他还在天津的犹太会堂当过唱诗班歌手。

1937～1938 年，鲁韦尔一家人相继迁居到了苏联的伊尔库茨克。1937 年，初到伊尔库茨克的哈伊姆一边读书，一边在一家茶叶加工厂打工，具体工作是在生产线上为成包成袋的茶叶称重。1938 年，他还凭借良好的英文基础，在当地一所学校当上了英语教师。然而就在同年 8 月某日夜里，18 岁的哈伊姆厄运不期而至，突然被 NKVD（苏联内务部内卫部队）逮捕，理由是他在中国时曾是锡安主义组织"贝塔"的成员（当时，锡安主义组织在苏联为非法组织）。更糟的是，有人告发说，哈伊姆迁居苏联后，不断为日本人提供苏联方情报。于是，1938 年冬季，哈伊姆被苏联当局判刑 10 年并被送往极地劳改营采挖金矿。在酷寒的天气和恶劣环境下，哈伊姆和其他犯人每天要做 12 小时的苦役，很多犯人因而被折磨致死。年轻体健的哈伊姆顽强地挨过了劳改营的艰苦岁月，于 1949 年 4 月刑满获释。此后，他被分配到 Verkhnii Debin 地区，在那里干

过面包房的伙计，当过司机。1953 年，他与来自斯维尔德洛夫的妇女列娜结婚，列娜也当过犯人并带有前夫留下的两个孩子。1954 年，他和列娜生下了他们的儿子雅科夫；1955 年，又生下了次子鲍里斯。1956 年，哈伊姆的冤案获得平反。1971 年，鲁韦尔一家迁居乌克兰的尼科波尔市。哈伊姆在该市的一个大工业区当司机，收入颇丰。在尼科波尔，哈伊姆加入了该市的"原政治犯纪念协会"并成为该协会的活跃分子，他时常在一些会议上作报告，讲述他在科雷马河地区劳改营的苦难经历。1989 年，列娜去世，她身后的四个孩子已成家立业、独立生活。哈伊姆鳏居不久后，与第二任妻子柳德米拉成婚。1991 年，苏联有关部门向哈伊姆发放了一笔可观的补偿金，补偿哈伊姆因冤案入罪所蒙受的多年苦难。由于他切身经历过并极为痛恨乌克兰地方政府里存在的官僚主义、沙文主义和反犹主义，所以他和妻子决定移居以色列。

2000 年 9 月 24 日，命途多舛、历经磨难的哈伊姆终于回到了以色列，定居在海法市。到以色列之后，他很快便加入了以色列原居中国犹太人协会并得到了该协会在道义和物质上给予的帮助。他表示，他在以色列感受到了一生中真正的自由与快乐。他和妻子柳德米拉积极融入当地社会生活，在海法市安享晚年。

鲁韦尔，雅科夫 原居哈尔滨俄籍犹太人。1905 年从俄罗斯的鄂木斯克到中国东北修建中东铁路。铁路建成后，他和妻子哈娜留在了哈尔滨。1922 年，在他最小的孩子哈伊姆年仅两岁时，雅科夫便在哈尔滨去世，身后留下了妻子哈娜和八个子女。

伦贝格，根纳季 原居哈尔滨的犹太话剧演员。1926 年出生在哈尔滨，1940 年 12 月毕业于哈尔滨第一社会商务中学，是该校第 18 届，也是最后一届毕业生。毕业后到哈尔滨基督教青年会学校继续学习并毕业。他是哈尔滨"马卡比"成员，性格开朗，从小酷爱舞台艺术，曾在哈尔滨商务俱乐部青年话剧小组、"马卡比"话剧小组以及后来的苏联侨民会附属艺术团做演员，随这些艺术团去上海进行巡回演出，并取得成功。1950 年回到以色列后到军队服役，退役后被海法的国民银行录用，在此工作多年。曾任海法国民银行交易部和有价证券部主任，被派往位于纽约的美国中央交易所学习和进修，后因健康原因退休。1990 年 2 月 7 日逝世于海法。

伦敦呢绒庄 伦敦呢绒庄（又称惠康呢绒庄）由拉脱维亚籍犹太商人 И. Р. 达里耶尔创办于 1921 年，位于中国大街与石头道街（现中央大街与西十二道街）交角处，主要经营呢绒布料等产品。

◎ 根纳季·伦贝格

◎ **1932 年的哈尔滨伦敦（惠康）呢绒庄**

罗尔班特，萨穆伊尔 原居哈尔滨犹太人，1918 年生于哈尔滨。其父亲阿布拉姆·罗尔班特几十年间在哈尔滨犹太宗教生活中占有重要地位。萨穆伊尔毕业于哈尔滨第一社会商务中学和哈尔滨基督教青年会学校。1936 年他获得签证回到巴勒斯坦，在耶路撒冷大学学习。1939 年在伦敦一所大学的经济系继续深造。第二次世界大战期间，他在英国军队服役，做教导员。1949 年回到以色列，50 年代做过记者，报道有关工会问题，一度主编工会的俄文报纸《我们的国家》。

他还曾在特拉维夫大学执教并赴国外进行巡回讲座。他用英文和希伯来文出版过 4 部书。此外，他还积极从事社会活动，曾任以色列期刊编辑协会主席和特拉维夫一家俱乐部的主席。他于 1984 年逝世，享年 66 岁。

罗森贝格，艾里雅古 见"罗丝，萨拉"。

罗森布拉特，穆尼亚 原居哈尔滨犹太人。以色列拉特甘（Raat Gan）钻石交易所从业多年的著名经纪人。1990 年初因病离职。因长期受疾病折磨，最终于 1997 年在耶路撒冷病逝，身后留下妻子萨亚（Aya）、两个儿子，一个女儿等亲人。包括许多原居中国犹太人在内的数百人参加了他的葬礼。

罗森菲尔德，安娜·玛尔科芙娜 原居哈尔滨犹太人。1905 年出生于乌克兰基辅。1910 年随母亲移居哈尔滨，投靠舅舅雅科夫。安娜·玛尔科夫娜成年后在埃斯金的公司担任售货员。在哈尔滨她与伊萨克·罗森菲尔德结婚。1951 年她和丈夫移居以色列，定居在拉马特伊沙伊，在那里，安娜·玛尔科夫娜和丈夫开了家售货亭。1996 年去世。

罗森施泰因，埃斯特尔 原居哈尔滨及上海犹太人，父姓列文。她是穆尼亚·罗森施泰因之妻。她和穆尼亚有两个儿子——阿里耶（Arie）和希蒙（Shimon）。埃斯特尔和家人移居

安娜·玛尔科夫娜·罗森菲尔德

以色列后，在内坦亚定居。一直是以色列原居中国犹太人协会内坦亚分会会员。她是个爱读书的知识分子和专职英语教员。在丈夫去世数年后，于 1998 年 6 月 16 日在内坦亚病逝，被葬于内坦亚公墓。

罗森施泰因，巴鲁赫 哈尔滨犹太人后裔，原居上海犹太人。生于上海，又名博里亚。父亲是哈尔滨及上海犹太人法迪亚·罗森施泰因。1948 年，他随家人移居以色列。在"六日战争"期间，他参加了夺取耶路撒冷老城的战役。

罗森施泰因，法迪亚 原居哈尔滨及上海犹太儒商。1908 年生于俄罗斯阿钦斯克市（Achinsk）一个传统而殷实的犹太家庭。他父亲雅科夫·罗森施泰因是锡安主义组织哈尔滨委员会成员，先后担任过阿钦斯克和上海犹太会堂的 Gabbai（犹太会堂

宗教生活和日常事务的负责人）。法迪亚也是哈尔滨锡安主义组织成员。他有一副好嗓子，经常在慈善舞会上演唱，还热衷于各种社会活动，往往成为活动的核心人物。他毕业于哈尔滨工业大学，本可当工程师，但却从未从事所学专业。

迁居上海后，法迪亚开始经商，常奔走于特拉维夫、蒙特利尔和香港开展业务。曾加入上海万国商团所属的犹太义勇队（the Jewish battalion of the Shanghai Volunteer Corps.）。法迪亚30岁时，与杰尼娅·伯恩斯·法因（Jenia Berns Fein）结为夫妻，日后在上海生下了他们的女儿伊萨（Isa）和儿子巴鲁赫（Barukh）。1948年以色列国刚一成立，法迪亚便随家族成员移居到了以色列，在以色列继续经商。他虽是商人，但酷爱读书看报，无论到哪里都手不释卷，而且还喜爱俄国文学和古典音乐。在以色列原居中国犹太人协会成立之初，他就加入了该协会，并担任该协会中央委员会委员很多年，是该协会总部的活跃人物。1996年8月1日，身患重病的法迪亚在特拉维夫的一家医院病逝。享年88岁。

罗森施泰因，穆尼亚　原居哈尔滨俄籍犹太人。1905年生于俄罗斯西伯利亚的一个犹太富商家庭。父亲是活跃在西伯利亚、哈尔滨和上海的著名公众人物，也是坚定的锡安主义

者，多年担任上海阿什肯纳兹犹太会堂的拉比。他们家族的每一代成员都继承了犹太民族和犹太教的优良传统。在和家人来哈尔滨生活了若干年后，穆尼亚去了上海，在那里经营父亲的生意。并与埃西娅（Esia）成婚，先后生育了两个儿子——阿里耶（Arye）和希蒙（Shimon）。他们全家回到以色列后，定居在内坦亚。穆尼亚在当地的一所学校旁开了一家杂货店，起早贪黑地经营了多年。随着时间的推移，他又扩大生意，建起了一个果园，过上了安逸的生活。以色列原居中国犹太人协会成立以后，他一直是该协会内坦亚分会的会员，积极参加协会的各项活动。1995年4月6日，在内坦亚病逝，享年90岁。

罗森施泰因，热尼娅　原居哈尔滨俄籍犹太人，父姓贝伦斯坦。她生于白俄罗斯明斯克。4岁时随父母经蒙古辗转来到哈尔滨。先后毕业于哈尔滨格涅罗佐娃中学（the Generosov High School）和哈尔滨范阿诺里德第一牙医学校（the Van Arnold First School of Dentistry）。1949年迁居上海当年，与法迪亚·罗森施泰因完婚并一同移居以色列，落户于拉马特甘（Ramat Gan）。自以色列国家卫生保健基金会（the National Health Fund）成立时起，热尼娅就一直在该基金会当牙医。她是以色列原居中国犹太人协会常务委员会多年的委员和以中友好

协会的会员，还是锡安主义妇女组织"维佐"（WIZO）特拉维夫支部的成员。2005年6月26日，这位曾经的优秀社区工作者在拉马特甘去世，享年90岁。

热尼娅·罗森施泰因

罗森施泰因，雅科夫·马尔科维奇 原居哈尔滨犹太人。罗森施泰因家族于1860年由波兰迁到西伯利亚。1870年，雅科夫出生在西伯利亚的库泽里巴市。20世纪初，他与妻子迁居阿钦斯克市，在那里从事商业活动和社会工作。他们在该市一直住到十月革命前。随着革命形势的发展，他们意识到应该离开西伯利亚，于是来到了哈尔滨。他们在哈尔滨滞留到1919年，1919年又回到了伊尔库茨克市，1921年最终迁居哈尔滨。雅科夫在哈尔滨重新创建了商业企业。同时积极参与犹太社区的社会活动，为犹太中学建设委员会成员，是犹太会堂、犹太社区和锡安主义组织积极的社会活动家。1927年迁居上海。在上海重新开始从事商务活动并积极参与犹太社区的工作。雅科夫有两子两女，都于以色列建国后回到了以色列。雅科夫于1945年在上海逝世，享年75岁。

罗森施泰因，伊萨 哈尔滨犹太人后裔，原居上海犹太钢琴师。生于上海，其父亲是哈尔滨及上海犹太人法迪亚·罗森施泰因。1948年，她随家人移居以色列。后来在以色列开办了一家音乐工作室，为当地少年儿童教授钢琴。她还经常在当地举办的许多音乐会中担任钢琴师。

罗森塔尔，弗里茨·古斯塔诺维奇 原居哈尔滨的德籍犹太人，医学博士，1924年毕业于柏林菲特烈·威廉大学医学系。1934年为逃避纳粹迫害，从德国来到哈尔滨，在道里面包街（现红专街）开设诊所。1936年在哈尔滨办理医师执照，先后在面包街（现红专街）、马家沟设立诊所。曾获得中国人赠予的"济世良医"等牌匾，医术广受赞誉。1942年8月，罗森塔尔与塔玛拉在哈尔滨结婚，后来回到德国。

罗尚斯基，莫蒂亚 原居哈尔滨犹太人。在哈尔滨生活期间，他是犹太体育组织"马卡比"的运动标兵。在迁居到上海生活了一段时间以后，他又去了加拿大，定居在蒙特利尔。在蒙特利尔，他一直和来自中国的犹太朋友保持亲密的友谊，自愿为以色列原居中国犹太人协会提供帮助。2004年，在蒙特利尔去世，身后留下

◎ 弗里茨·罗森塔尔

了妻子和两个女儿。

罗生特（雅各布·罗森菲尔德） 原居哈尔滨的犹太医生，奥地利籍医学博士，伟大的国际共产主义战士，是陈毅同志亲自介绍入党的中共特别党员，曾任新四军第一纵队卫生部长。1903 年 1 月 11 日生于奥地利加利奇恩的莱姆贝格，毕业于维也纳大学医学系，获博士学位。第二次世界大战前夕，因参加反对德国法西斯斗争被捕，被关押在德布赫瓦尔特集中营，备受摧残但仍毫不屈服，坚持秘密斗争。于 1938 年冬因缺乏证据被释放，1939 年远渡重洋来到上海开设了私人诊所。1941 年春，罗生特在新四军上海办事处的安排下，在新四军卫生处长沈其震同志的带领下通过日寇封锁线，到达苏北盐城新四军军部。

自此后他在新四军卫生部直属医院工作，经常不分昼夜，跋山涉水奔走于淮南、淮北新四军各部之间，被誉为"新四军里的白求恩"。1943 年经陈毅军长和钱俊瑞同志介绍，罗生特参加了中国共产党，是中国共产党特别党员。1945 年 6 月罗生特抵达新四军四师驻地，应彭雪枫师长要求，协助师卫生部对直属医疗所进行整顿，健全了医疗护理制度，规范了工作守则，并对医护人员进行培训，培养出一批卫生工作骨干。1945 年 9 月，山东军区司令员兼政委罗荣桓同志肾病复发血尿不止，军区急电陈毅同志请罗生特来，罗生特星夜赶赴山东军区对罗司令员进行及时有效的治疗。山东军区任命罗生特担任军区卫生部顾问，从此他积极参与该部及附属所的医疗

◎ 罗生特担任东北民主联军
卫生部总顾问

及卫生教学工作。他还亲自在铝南县壮岗镇为山东军区建造了上百间的战时医院，为受伤的八路军滨海军区副司令员万毅进行抢救治疗。1945年日寇投降，罗生特随罗荣桓北上，在哈尔滨被任命为东北民主联军卫生部总顾问。1946年下半年，罗生特担任野战军一纵队卫生部长。在哈尔滨配合野战军卫生部贺部长接收了哈尔滨医科大学，建立了我军战时医疗基地，他为新四军、八路军、东北野战军的卫生事业作出巨大贡献，为罗荣桓、林彪、彭真、陈云、黄克诚、萧劲光、伍修权、陶铸、万毅、李作鹏等老同志治病。与刘少奇、陈毅、罗荣桓等中国老一辈革命家及解放区军民结下深厚的战斗友谊，是一位伟大的国际共产主义战士。1948年东北解放，罗生特随四野入关返回北京。经协和医院确诊，他患有高血压、冠心病动脉硬化性心脏病并有陈旧性心肌梗塞。中央领导决定让他在天津疗养。1949年11月，罗生特回到久别的祖国奥地利。1952年赴以色列探亲，不幸因心脏病突发去世，时年49岁。现在，哈尔滨南岗区八路军军部还保留着罗生特的旧居（哈尔滨南岗区联发街1号，花园街幼儿园院内）。

罗丝，萨拉　原居哈尔滨的犹太摄影师，父姓纳夫塔诺维奇。她年轻时在哈尔滨当时的埠头区（现道里区）居住，在哈尔滨商业学校读书，回到以色

列后专门从事摄影，是以色列著名总统府摄影师。1967年，她的作品被收入以色列博物馆。其丈夫艾里雅古·罗森贝格也是著名的摄影师。艾里雅古·罗森贝格1915年出生于哈尔滨，曾就读于哈尔滨第一社会商务中学，1939年移居上海，后回到以色列。2012年5月4日，萨拉·罗丝在以色列去世，享年98岁。

◎ 萨拉·罗丝

罗伊斯别尔格，Л.　原居哈尔滨犹太人，著名的犹太体育健将。1914年11月27日出生于中国东北的海拉尔，1922年随家人移居到哈尔滨。从小喜欢体育运动，8岁起就开始学习滑冰，曾在1932年的伪满洲国冬季运动会上获得500米、1000米、1500米和3500米速滑4项冠军，并且是当时中国东北110米栏的纪录保持者。1935年，Л. 罗伊斯别尔格作为"哈鲁茨"运动成员返回巴勒斯坦，但他并没有放弃体育活动。在1936年的北巴勒斯坦"马卡比"田径运动会上获得

100 米、200 米、跳高和三级跳 4 项冠军；1989 年获世界老年奥林匹克运动会跳远第 3 名。1991 年，77 岁高龄的 Л. 罗伊斯别尔格在第 9 届世界老年田径锦标赛上夺得百米赛第 6 名。

洛扎尔，罗尼娅 以色列著名俄籍女军医，原居哈尔滨犹太人梅厄·洛扎尔的妻子，父姓祖德曼。作为从苏联移民以色列的医生，她到以色列后，很快便被安排到以色列国防军的军队医院工作。在那里工作 15 年后，又在库帕特霍利姆（Kupat Holim）工作了一年；此后又在阿拉尔德武装部队（the Arald Forces）动员中心工作并在一年后出任该中心医疗委员会主任。在以色列国防军工作期间，她作为第十军队医院的唯一一位女医生，除其他工作外，还积极参与抢救伤员的工作。在晋升少校后，她便在以色列国防军北方部队妇女护理分队当了一名军医。由于工作业绩突出，遂被晋升为中校并被任命为全国女子特种部队的首席医师。她的丈夫梅厄·洛扎尔工作业绩也很突出，事业蒸蒸日上，他先后曾任以色列运输及邮政部通信总工程师和以色列铁路公司通信及信号部门经理。洛扎尔夫妇比翼齐飞的杰出成就，是以色列原居中国犹太人的骄傲。（另见词条"洛扎尔，梅厄"）

洛扎尔，梅厄 又名马卡·勒塞尔，原居哈尔滨犹太人。哈尔滨著名犹太医药经销商约瑟夫·勒塞尔（Joseph Losser）之子，以色列前运输及邮政部（the Mindstry of Transportation and Postal Services）通信总工程师，前以色列铁路公司通信及信号部经理。他生于哈尔滨，在哈尔滨度过了青少年时期。22 岁时毕业于哈尔滨工业大学。1950 年 6 月移居以色列。到以色列仅一个月后，他就顺利通过了严格的应聘考核，被任命为以色列运输及邮政部通信总工程师，在此岗位工作到 1955 年卸任。1958 年，梅厄·洛扎尔被以色列铁路公司聘用为通信及信号部门经理，在此岗位工作到 1995 年退休，整整干了 37 年。在任职期间，他与以色列国防军中出类拔萃的苏联籍女军医罗尼娅·祖德曼（Ronia Sudman）相识并结为伉俪。夫妻二人比翼齐飞，为以色列国家发展和建设作出了杰出的贡献。（另见词条"洛扎尔，罗尼娅"）

M

马迭尔宾馆 建于 1913 年，由著名犹太商人 И. А. 卡斯普集资在哈尔滨中国大街（现中央大街 89 号）创办，是当时哈尔滨犹太人经常聚会的场所，犹太商人纳胡姆·科列巴诺夫曾为主要股东。马迭尔宾馆为三层的新艺术运动风格建筑，是哈尔滨最早的高级旅馆之一，美国著名记者埃德加·斯诺、中华人民共和国名誉主席宋庆龄等人都曾在此下榻。1949 年 8 月哈尔滨市政府接管马迭尔宾馆，改为哈尔滨市政府招待所。1953 年改名为哈尔滨旅社，"文化大革命"中改名为哈尔滨市革命委员会第二招待所。1982 年 12 月改称哈尔滨宾馆，1985 年 5 月归属哈尔滨市旅游局管理，1987 年 1 月恢复马迭尔宾馆名称，服务对象主要是国内外贵宾。现马迭尔宾馆为哈尔滨一类保护建筑，已经发展成为多种经营的大型企业集团——马迭尔集团。

◎ 1910 年代的哈尔滨马迭尔宾馆

马迭尔绑架案　见"卡斯普事件"。

马多尔斯基，哈伊姆·列伊博维奇　原居哈尔滨俄籍犹太宗教人士。1878 年生于俄罗斯，后来成为俄罗斯一所犹太神学院的毕业生。到哈尔滨以后，被犹太社区任用为洁净

屠宰师，也曾在犹太学校担任过希伯来语教师。此外，他还在哈尔滨犹太老教堂担任过唱诗班的领唱歌手和托拉经卷的朗诵者。1928 年 12 月 2 日在哈尔滨去世，被安葬在哈尔滨犹太公墓。

马多尔斯基，列奥·鲍里斯　原居哈尔滨犹太人，哈尔滨犹太人鲍里斯·马多尔斯基和叶娃·马多尔斯基之子。1930 年，列奥在哈尔滨读完中学后，远赴加拿大温哥华市的英属哥伦比亚大学就读。一年后，转学去了美国加州伯克利市的加利福尼亚大学续读，1936 年于该校毕业并获数学硕士学位。此后迁居旧金山市就业，当过会计、船坞工人（"二战"期间）和邮政职员。1941 年，列奥在旧金山与哈尔滨同乡埃斯菲尔（昵称菲拉）·莱文结婚并与菲拉生养了三个女儿。在美国邮政总局工作多年后于 1976 年退休。列奥的退休生活很充实，读书、园艺、旅游、集邮、看电影、听音乐会、美食等均为其生活内容。他和菲拉还向一些文化组织进行过捐助和支持，诸如美术馆、科学院、旧金山公共图书馆和远东协会（一世界范围的满洲俄侨协会）等。2004 年妻子菲拉离世，列奥遂住进了旧金山的一家名为"仲夏夜之梦"的退休人员公寓安度余年。2007 年 7 月 17 日寿终辞世，享年 96 岁。

马尔科维奇，安娜·亚历山德罗芙娜 见"马尔科维奇，米哈伊尔·所罗门诺维奇"词条。

马尔科维奇，格里戈里 原居哈尔滨犹太人。1942年毕业于哈尔滨第一俄侨语言学校。

马尔科维奇，米哈伊尔·所罗门诺维奇 原居哈尔滨犹太人，娜佳·鲁宾逊的父亲。1884年出生在俄国的托木斯克，只有小学四年级文化。他是七兄妹中善于闯荡的一个，擅长养马。1909年与安娜·亚历山德罗夫娜·加列尔（Анна Александровна Галер）结为伉俪。安娜生于1890年，是托木斯克"一等商人"的女儿，毕业于托木斯克玛利亚女子中学，她还曾在大学读过医学专业，但是没有毕业，因为思想守旧的父亲反对她学医。1919年，米哈伊尔·马尔科维奇夫妇迁居海参崴。米哈伊尔在一个木材商那里工作。在新经济政策时期他获得了经"满洲"去蒙古买马的签证，可是他没再回苏联，新经济政策结束后留在了哈尔滨，继续贩马，但利润很小，所以生活非常拮据。1927年初，他的妻子安娜非法穿越中苏边境，也来到了哈尔滨，因为苏联政府没收了她的一切，包括房子。在哈尔滨，夫妇二人租住在水洼子街（现安丰街）78号。

"马尔斯"巧克力糖果点心厂 1925年，犹太商人 Б. Л. 楚基尔曼购买了特卡琴科的"糖果巧克力和蛋奶饼"工厂，更名为"马尔斯"，并以此注册了商标。"马尔斯"巧克力糖果点心厂坐落在哈尔滨马家沟的比利时大街111号（现南岗区比乐街），该厂拥有大型砖砌厂房和职工宿舍，是当时哈尔滨最大的巧克力糖果点心生产厂家。楚基尔曼依靠自己的办事机构在国外进口几乎全部生产原料（包括可可豆、可可油和甜酒），不仅保障了供应渠道，还降低了产品价格。"马尔斯"巧克力糖果点心厂在哈尔滨开设了4家连锁茶食店，分别是中央大街、新商业街、松花江街以及果戈里大街分店；还在中东铁路沿线、沈阳、青岛以及大连等地拥有大量的批发业务。其中，设在道里区的"马尔斯"西餐茶食店，原址在道里区西八道街，主要经营俄式西餐茶食小吃。1926～

◎ "马尔斯"巧克力糖果点心厂的广告

1956年该店几易其主，他们当中有俄国人、德国人、波兰人、捷克人和中国人。1957年公私合营，迁址到中央大街112号，改名为华梅西餐厅。目前华梅西餐厅为哈尔滨保护建筑，以经营俄式大菜为主，兼营法式、意式菜系。一楼突出现代派欧洲园林式酒吧风格，二楼突出莫斯科"克里姆林宫"风格，三楼体现俄罗斯现代风格。

马吉德，丽贝卡 原居哈尔滨犹太人，1920年出生于哈尔滨。她和丈夫伊萨多·马吉德在哈尔滨相识，1937年与之成婚；1941年二人离开哈尔滨，先后迁居青岛和天津，后在上海侨居；1948年，与丈夫移民澳大利亚，在墨尔本定居；2002年7月26日逝于墨尔本，享年82岁。丽贝卡·马吉德一生积极从事犹太社区的各项活动，曾是"维佐"组织（为犹太社区各种福利需求进行募捐的犹太人组织）的重要成员，积极参与犹太社区建设。她为自己是犹太人而自豪，但不容许因此而有碍她所坚持奉行的人道主义主张，对接济犹太与穆斯林妇女的团体给予赞助。她积极参加反战和平运动，曾公开号召人们反对越南战争并参加反战游行。几十年间她频繁前往以色列，为以色列实现和平而积极努力，提出以色列和平的实现宜早不宜迟；支持、赞助过许多工会领导人和工党政治家。她对身为犹太社区领导人和慈善家的丈夫伊萨多·马吉德所

从事的正义事业给予一贯支持，是他的助手和贤妻。

马吉德，罗伯特 原居中国犹太人，澳大利亚知名地产开发商。其父亲是原居哈尔滨著名犹太企业家伊萨多·马吉德，母亲是原居哈尔滨犹太女慈善家丽贝卡·马吉德。罗伯特在中国出生；在澳大利亚（墨尔本）长大；在以色列生活过7年并在以服过兵役；在菲律宾马尼拉的亚洲开发银行工作过4年。1978年回到澳大利亚后，定居悉尼并创办了自己的TMG开发公司，在雪梨地区从事房地产开发业务。作为该公司董事长，2012年他的资产为3.93亿元，在该年度澳大利亚富豪榜上排名第101位。

马吉德，伊萨多 原居哈尔滨犹太人。1913年生于哈尔滨，其父母于1906年来哈。父亲是位商人、犹太社区领导人和慈善家。伊萨多曾在哈尔滨的一所俄侨学校就读，该校1/3的学生是犹太人，毕业后，又前往华中美国教会学院学习。然而，30年代的全球经济大萧条对他在哈尔滨的家造成了严重影响，他被迫辍学。1937年，伊萨多与丽贝卡在哈尔滨成婚。1941年，日本占领下的中国东北出现了来自德国对犹太人构成威胁的迹象，于是，在听人忠告后，年轻的伊萨多与丽贝卡迅即离开哈尔滨，先后迁居青岛和天津，后在上海侨居。35岁时，伊萨多当选中国犹太社区执委会主席；

1949～1951 年，荣任以色列驻上海领事馆领事，此后便离开上海移居澳大利亚，开始经商，成立了自己的"跨大陆公司"，主营房地产和航运业务。伊萨多毕生致力于社会公正事业，献身于以色列和锡安主义。每一任以色列驻堪培拉大使都是他的好友。他担任了 21 年澳洲的以色列请愿联合会主席，曾任澳大利亚锡安主义联盟执委，犹太民族基金会名誉副主席和澳以商会会员。在国际上，伊萨多曾任国际移民及融入侨居国组织犹太总机构主席。他曾与人合办过《澳以观察》杂志，是澳大利亚"果尔达·梅厄研究计划"的创办者，他多次为以色列一些院校捐资建校。为感谢伊萨多·马吉德的慷慨捐赠和对犹太民族及以色列国的贡献，以色列有关部门向他授予过各种荣誉奖项，有多所学院和研究机构以他的名字命名。

马家沟祈祷堂　建于 1918 年，位于小戎街 8 号，占地 851.27 平方米，建筑面积 172.01 平方米。该祈祷堂的现址在南岗区光芒街 8 号，早已被拆除。

马特林，雅科夫　原居哈尔滨犹太企业家，系早年从西伯利亚的托木斯克迁居哈尔滨的萨洛蒙·马特林夫妇的儿子（马特林夫妇共有三子三女）。雅科夫毕业于哈尔滨商务中学和哈尔滨牙科医学院，婚后他和妻子伊弗吉尼娅·马特林一直住在松花江港务局附近。他女儿布洛尼娅与莱昂·

纳胡姆森成婚。雅科夫在哈尔滨拥有一家饲养场，在此饲养牛羊、赛马并生产奶制品。此外，他还通过贩牛、出租房屋赚钱。雅科夫热爱体育事业，曾创立哈尔滨体育协会。受其影响，他的女儿布洛尼娅（"马卡比"成员）和女婿莱昂·纳胡姆森（"贝塔"成员）从事过多种体育项目。雅科夫会讲一口地道的哈尔滨华语方言，并与伪满政要过从甚密。

◎ 雅科夫的父亲萨洛蒙·马特林在哈尔滨

◎ 哈尔滨犹太公墓中雅科夫·马特林的墓碑

梅德济尼，莫舍 著名新闻记者。1897 年出生于俄国伊尔库茨克著名的锡安主义者家庭。在哈尔滨读书期间，受家庭影响，莫舍·梅德济尼积极参与了锡安主义活动。在"一战"期间，服役于俄国军队。1918 年，赴圣彼得堡参加世界锡安主义者代表大会。1919 年，经过长时间跋涉，莫舍·梅德济尼途径苏联远东地区、中国、日本和埃及远赴巴勒斯坦地区。1921 年，莫舍开始在《国土报》从事新闻工作，20 年代中期，任国土报伦敦分部新闻记者。1951 年，赴朝鲜担任战地记者，1959 年返回以色列。1983 年去世。

梅捷尔，Э.Л. 又译梅特勒，哈尔滨犹太音乐家、指挥家。1878 年生于乌克兰南部的哈尔森，1897 年入哈尔科夫帝国大学医学部就读，后转入法学部学习；1906 年入圣彼得堡音乐学院，在俄国著名作曲家格拉祖诺夫指导下学习作曲，并在著名作曲家利亚多夫门下学习音乐理论。曾在圣彼得堡、巴库、基夫里斯、哈尔科夫、喀山等地的帝国歌剧院、交响乐团担任指挥。1918 年侨居哈尔滨，接任哈尔滨铁路俱乐部交响乐队指挥，1925 年应邀率哈尔滨交响乐队出访日本。1926 年离哈去日本，任大阪放送局乐团指挥，同时兼任大阪交响乐团指挥、京都帝国大学学友会音乐部交响乐团指挥；1934 年担任日本 NHK 交响乐团指挥。

◎ Э.Л. 梅捷尔

梅金，米龙·格里戈里耶维奇 见"梅金兄弟"。

◎ 梅金兄弟——米龙和约瑟夫

梅金兄弟 原居哈尔滨的著名犹太商人。米龙·格里戈里耶维奇·梅金，1882 年生于白俄罗斯；约瑟夫·

格里戈里耶维奇·梅金，1884 年生于
白俄罗斯。早年他们在俄国军队服役，
日俄战争期间随俄军来到中国东北。
日俄战争结束后，梅金兄弟留在哈尔
滨开办商会，从事商业活动。1910 年，
他们在埠头区大坑街（现道里区大安
街）开办面包坊，当时是哈尔滨较大
的面包坊。1922 年，梅金兄弟面包坊
在埠头区炮队街（现道里区通江街）
开办分店。梅金兄弟面包坊不仅生产
面包，还制作糖果点心。为了提高产
品质量，1931 年梅金兄弟派面包坊的
管理人员 A. Л. 利亚佐夫去德国学习、
购置设备，成立了首家使用机器制作
的面包坊。机制面包的出现不仅标志
着技术和卫生的进步，而且也成为哈
尔滨食品加工业历史不可分割的一部
分。1932 年，在梅金兄弟机制面包坊
建立后的第二年，哈尔滨发生了历史
罕见的特大洪水。除梅金兄弟面包坊
以外几乎所有的哈尔滨面包坊都被大
水淹泡，梅金兄弟面包坊在此期间继
续生产面包，并以小船向外运输。梅
金兄弟经营的面包坊的主要客户包括
张作霖的军队、中东铁路各个部门、
哈尔滨的各家旅馆和商店，可以按顾
客的要求制作各种面包、点心和糖果。
梅金兄弟的面包生意一直持续到 1945
年，他们的客户包括原中东铁路的职
工和苏联军队，同时还有哈尔滨的各
阶层。1954 年 10 月 24 日，米龙·格
里戈里耶维奇·梅金在哈尔滨去世。

1955 年，在中国的外国企业开始被收
归国有，梅金兄弟面包坊变为“哈尔
滨第一合作面包厂”。不久，约瑟夫·
格里戈里耶维奇·梅金离开哈尔滨去
了澳大利亚，1963 年 11 月 7 日在澳大
利亚悉尼去世。

梅金兄弟面包房　见“梅金兄
弟”。

**梅金，约瑟夫·格里戈里耶维
奇**　见“梅金兄弟”。

梅罗维奇，尤金　原居哈尔滨
俄籍犹太知识分子，加拿大著名科学
家。1919 年 7 月 11 日出生于海参崴。
幼年随父母来到哈尔滨，在此完成了
早期教育。1947 年毕业于上海的圣约
翰大学。毕业后，在上海一所美国人
办的学校执教生物学一年。1949 年迁
居以色列后，在希伯来大学医学院任
助理研究员四年，研究药物在细菌中
的阻力。1953 年，尤金迁居加拿大，
在蒙特利尔的麦吉尔大学寄生生物学
研究所任助理研究员。1955～1971 年，
他先后获得了一系列学衔和职衔：硕
士、博士、讲师、博士后、副研究员、
副教授、正教授。1978～1984 年，任
麦吉尔大学寄生生物学研究所所长。
1981 年，任美国寄生生物学学会组织
委员会主任，直到 1988 年退休。尤
金·梅罗维奇教授生平发表过 100 余
篇科学论文，在研究机体抵御寄生生
物方面享有极高的国际声望。他掌握
多种语言：英语、法语、俄语和希伯

来语，退休之前和之后都经常翻译科学论文。1994 年 10 月 7 日，尤金·梅罗维奇教授在 75 岁时去世，身后留下了妻子卡洛塔（Carlota）和两个女儿等遗属。

美祖扎赫 犹太人挂在门柱上的经文楣铭，是犹太人家的标志，提醒人们履行对上帝的宗教义务之物。犹太人进出大门时，都要吻或摸"美祖扎赫"（意为"祝福"），以表示不忘对上帝的信仰和对戒律遵守。美祖扎赫是一个由金属或木头、玻璃做的小牌，里面有《圣经·申命记》第 6 章第 4 - 9 节、第 11 章第 13 - 21 节两段经文。两段经文必须采用希伯来文以特殊的书写方法抄录。在抄录过程中不能有错，不能涂改。抄录好的羊皮纸卷经过祝福，夹在小牌中，然后将它斜挂在门框右侧离地约 1.75 米之处，牌头斜对着房间。虔诚的犹太人会每隔七年检查两次，以便确定美祖扎赫是否完好。

米尔金，鲍里斯 原居哈尔滨犹太社团杰出的知识分子、锡安主义活动家和恪守犹太教传统教规的犹太人。鲍里斯·米尔金出生于哈尔滨的一个犹太宗教家庭，父亲曾任哈尔滨犹太养老院祈祷所的司事主管。1939 年在哈尔滨读完中学后，鲍里斯便加入了"贝塔"青年组织并开始积极从事锡安主义活动。1945 年，哈尔滨的犹太青年组织"贝塔"和"马卡比"被苏联在哈驻军取缔。于是，鲍里斯和特迪·考夫曼等人挂靠苏联俱乐部，成立了犹太文学研究小组，开展犹太文化活动。后因该小组被指从事"民族沙文主义"活动而受到取缔。

1950 年移居以色列后，鲍里斯参与了"贝塔"组织农业定居点阿米卡姆的创建工作，在莫沙夫农业合作社任秘书多年。作为锡安主义运动资深活动家，他当选第 26 届和第 27 届锡安主义大会的代表。1979 年离开阿米卡姆后，鲍里斯便开始在以色列原居中国犹太人协会工作，他是协会中唯一的全职会员。鲍里斯·米尔金是一位天赋很高的新闻工作者，对协会会刊的成功发展贡献很大，曾任以色列原居中国犹太人协会秘书兼会刊的助理编辑、编辑（1988 年主编克利亚瓦去世以后），负责编辑会刊的英文增刊。他还是以中友好协会的秘书（1992 年）。他对自己承担的工作总是全力以赴。在他身患重疾、不能握笔的弥留日子里，他还心系会刊，通过自己口授别人代笔，为会刊撰写社论。1998 年 5 月 27 日，鲍里斯·米尔金病重不治去世。

米勒，舒里 又名沙乌尔，以色列军人、民族英雄。母亲哈娜（Chana，父姓利特温）·米勒是原居哈尔滨犹太人；父亲施穆埃尔（Shmuel）·米勒是原居天津犹太人。舒里生前系以军上尉。在 1973 年赎罪日战争中作战勇猛，以身殉国，时年29岁。后葬于特拉维夫基亚特沙乌尔（Kiyat Shaul）军人墓地。此后几十年间，米勒夫妇常去该墓地为儿子祭扫。

"米尼阿久尔"咖啡茶食店

1926年，犹太商人 Э. C. 卡茨在埠头区中国大街68号（现道里区中央大街）开办"米尼阿久尔"咖啡茶食店（"米尼阿久尔"意为"精美艺术品"），并在江北太阳岛设立船形建筑的分店。茶食店主要经营莫斯科风味点食，食品配料独特，所制作的鸡排骨、糖花颇有名气。1939年，"米尼阿久尔"咖啡茶食店与义顺分店的中国商人合营点食，改称"维多利亚"咖啡茶食店。

◎ "米尼阿久尔"咖啡茶食店

米尼阿久尔西餐厅

哈尔滨"米尼阿久尔咖啡茶食店"的分店，"太阳岛餐厅"的前身。20世纪20年代后期，由原居哈尔滨犹太人 E. S. 卡茨出资，建于松花江畔的太阳岛。该西餐厅是一座全木、二层结构的俄式建筑，建筑面积800平方米，可容纳200人同时进餐。米尼阿久尔西餐厅不仅设计得精美典雅，而且通风纳凉，便于观江瞭望，是当年哈埠外侨（尤其是达官贵族）在太阳岛避暑度假时必去之处，曾被列为太阳岛的三大建筑景观之一。

◎ 米尼阿久尔西餐厅

随着哈埠历史的变迁，原以西餐为主的该餐厅后来变成了以烹制江鱼为主的中餐厅。为了防洪建堤之需，曾向地势较高处整体搬动过三次。1997年，在一场大火中被烧毁。

米奇尼克，费多西娅·莫伊谢耶芙娜 原居哈尔滨犹太人。生于俄罗斯的伊尔库茨克，1930 年迁居哈尔滨。1941 年开始参加哈尔滨犹太社区的工作，曾领导慢性病老人养老院和"莫沙夫·兹凯尼姆"犹太养老院。她十分热爱自己的事业，工作兢兢业业，有条不紊，非常出色地履行自己的职责。1950 年与女儿一家一起回到以色列，定居在"阿米卡姆"莫沙夫，与孩子们一起建设新生活。晚年患上重病，瘫痪并失去了语言能力。1984 年逝世，葬在内坦亚墓地。

◎ 费多西娅·莫伊谢耶芙娜·米奇尼克

米绍里，罗莎 又名拉谢尔，原居满洲里、哈尔滨及天津犹太人。1919 年生于中国的满洲里，父亲是满洲里及哈尔滨犹太社区早期领导人摩西·兰金。在摩西的五个子女中年龄最小，两个哥哥雅科夫和埃利亚胡日后都成为了以色列著名的军政要员。1930 年，她随家人从满洲里迁居哈尔滨。和兄弟姐妹一样，是哈尔滨"贝塔"青年组织成员。曾于 1949 年在天津工作期间任天津犹太组织"中国犹太人移民以色列委员会"的秘书。

◎ **1950 年，罗莎（拉谢尔）在新婚之日和娘家人合影（左起：尼哈玛、埃利亚胡、汉娜、摩西、雅科夫；前中：罗莎）**

1950 年，罗莎和兰金家族在哈成员离开中国，移居以色列，在耶路撒冷定居。同年，嫁给了一位"伊尔贡"（犹太民间军事组织）老兵梅纳赫姆·米绍里，婚后一直和丈夫住在吉夫阿塔伊姆市。他们唯一的女儿马勒卡是一名中学教师。在以色列，罗莎长期活跃在以色列原居中国犹太人协会，曾任该协会中央委员会成员兼特拉维夫委员会司库。她相夫教子，热爱生活，日子一向过得充实快乐，直至 1999 年身患重病。卧病在床两年后，终因病重不治，于 2001 年 9 月 11 日盍然离世，享年 82 岁。

米斯科尔，雅科夫·格里戈里耶维奇 1891 年出生于乌克兰基辅的一个犹太裁缝家庭。童年时期雅科夫极富艺术天赋。1903 年，考入基辅艺术学院。1911 年，加入社会革命党，由于积极从事社会活动，1912 年，雅科夫被沙皇俄国政府逮捕，并流放到伊尔库茨克地区，直至俄国二月革命前，他在流放地积极从事社会活动。1917 年，被推选为伊尔库茨克地区的工人士兵代表，同年 4 月，返回基辅，在社会革命党所开办的出版部门工作。1917 年 11 月，雅科夫再次回到伊尔库次克，加入工人和士兵代表委员会，是西伯利亚地区第二届苏维埃代表大会的代表。西伯利亚苏维埃政权失败后，雅科夫转入地下工作，当选为海参崴地下革命委员会委员。1919 年，他被高尔察克反情报部门逮捕关入海参崴监狱。1920 年出狱后，进入苏共远东局中央委员会工作，被派往哈尔滨主持工作。同年 8 月，他被任命为北满军事委员会的阿穆尔专员，组织当时北满地区的代理情报网络。此后，雅科夫·格里戈里耶维奇先后在上海、土耳其的苏联使领馆工作。1929 年被召回莫斯科，在对外情报办公室工作。1933 年，担任反间谍机构远东地区部门负责人。1934 年在莫斯科去世。

米夏埃利，摩西 又名莫夏·米哈伊洛夫斯基，原居哈尔滨犹太人。毕业于哈尔滨第一社会商务中学，是"贝塔"组织的骨干成员。1933 年，他作为哈尔滨锡安先遣队成员去了巴勒斯坦，后成为以色列国首批专业旅游向导中的一员。他熟谙以色列史地，俄文版的《希伯来百科全书》中就收有他的文章《以色列地理》。摩西谦逊、友善，为其朋友们所普遍喜爱和尊敬。2003 年 11 月 10 日，在吉夫阿塔伊姆市其寓所逝世，享年 87 岁。

"米兹拉赫·加一拉霍克"股份公司 创建于 1918 年，又称巴勒斯坦工业殖民股份公司，是由哈尔滨锡安主义者和犹太工商业者在哈尔滨建立的工商业合作企业。公司主要进行犹太资本在巴勒斯坦的投资运作，经营范围主要包括组建榨油厂、面粉厂，购买土地和经营种植园，等等。犹太商人 А.И. 卡甘是公司组建的提议者，Я.Д. 弗里泽尔、М.М. 萨姆索诺维奇、А.И. 考夫曼等人均参与了公司的组建。"米兹拉赫·加一拉霍克"股份公司最初总资本 500 万卢布，分为 500 股，每股价值 1 万卢布。1918 年 9 月，公司管理委员会成立，А.И. 卡甘担任主席，Р.М. 卡巴尔金、Я.Д. 弗里泽尔、Г.Б. 德里金、А.И. 考夫曼当选为管理委员会成员。

明鞍 犹太人小型家庭祈祷所。

犹太教是犹太人的信仰和精神支柱。依惯例，某地只要有 10 个人，就要组成一个"明鞅"进行犹太宗教活动。哈尔滨的第一个犹太教"明鞅"成立于 1899 年，设在 Г. K. 科诺瓦洛夫家里。1900 年，又在商铺街（现花圃街）И. Л. 巴赫家办起了第二个"明鞅"。

莫尔古列夫，马拉 原居哈尔滨犹太人，生于高加索，童年时与母亲、兄弟一起来到哈尔滨，曾就读于哈尔滨犹太中学，后移居上海，成为上海"贝塔"和在沪外侨的自卫团体——万国商团犹太分队的领导人，婚后不久即奔赴了犹太人的故土——以色列地（巴勒斯坦）。

莫尔古列娃，萨拉 原居哈尔滨犹太人。1915 年 5 月出生于俄罗斯西伯利亚地区的阿钦斯克（Aчинск），父亲是当地的商人和社会活动家，在哈尔滨生活期间曾任锡安主义组织委员会成员。萨拉早年随父亲移居哈尔滨，后与家人前往上海，并在上海犹太学校任教。1935 年她移居巴勒斯坦地区，定居耶路撒冷。在巴勒斯坦，萨拉·莫尔古列娃与丈夫积极从事锡安主义活动，不久因英国殖民当局的通缉被迫返回上海。在上海，她的女儿舒拉米特出生。

1948 年，萨拉再次与家人返回巴勒斯坦地区。以色列原居中国犹太人协会成立后，她致力于协会会刊的英语和俄语编目工作。2004 年 10 月，萨拉·莫尔古列娃去世，享年 89 岁。

莫什科维奇，V. 原居哈尔滨犹太人。生于哈尔滨，从哈尔滨商业学校毕业后曾就读于哈尔滨工业大学，学习工程技术，一年后因自觉专业不适合自己而辍学；随后受聘在宗多维奇的公司工作。与此同时，他加入了哈尔滨的"贝塔"组织并成其骨干成员。1941 年，尽管他有苏联护照，哈尔滨的日本统治当局也要强征他加入正由伪满洲国筹建中的白俄军队。于是他离开哈尔滨，假道东京去了上海。在上海，他继续从事"贝塔"组织活动并很快升任上海"贝塔"领导人米利亚·约尼斯的助手。

1953 年，继家人之后，他移民去了澳大利亚悉尼并成为原居远东犹太人协会悉尼分会的骨干。在悉尼分会会长鲍勃·德里辛去世后，V. 莫什科维奇继任其职，当了几年分会长。20 世纪末年，由于会员不断故去，人数所剩无几，远东协会悉尼分会遂告停办。不过时至 21 世纪初，V. 莫什科维奇和另外几位老会员仍在坚持为原居中国犹太人协会工作。

莫斯科大药房 哈尔滨著名的西药药房之一，1916 年由犹太商人洛戈维奇在埠头区中国大街（现道里区中央大街）与十四道街交角处创办。药房主要经营各种进口西药和化妆品。

◎ 莫斯科大药房广告

莫伊谢耶夫，莫西亚 原居满洲里及哈尔滨的俄籍犹太人。1905年生于俄罗斯。之后不久，随父母迁居中国满洲里，在那里读完了中学。1925年，娶名门之后埃西娅为妻，埃西娅来自远东地区赫赫有名的波涅韦斯基（Ponevejsky）家族。他们婚后不久便双双去了比利时，就读于比利时烈日大学。毕业后，莫西亚拿到了两个博士学位：经济学博士和哲学博士。"二战"爆发前夕，莫西亚设法将妻子和两个孩子送回了中国，而他自己由于持比利时护照，只得经西班牙和美国，绕道返回了哈尔滨。在哈尔滨收拾好了行囊，莫伊谢耶夫夫妇又和波涅韦斯基家族的部分成员移民去了日本的神户。"二战"期间，

莫西亚因持有比利时护照而遭到日本人的关押，直到"二战"结束才重获自由。很快，他就举家移民去了美国。莫西亚到美后，庞弗家族在旧金山开的一家公司为他安排了一份工作。1985年是莫伊谢耶夫夫妇结婚60周年。为了和家族成员共同纪念这件大事（他们的亲戚大多都在以色列），他们举家回到以色列，举行了钻石婚庆典。1991年6月，莫西亚在旧金山去世，享年86岁。

穆兰茨，米拉 原居哈尔滨犹太人。后移居美国洛杉矶。曾多年担任以色列原居中国犹太人协会驻洛杉矶荣誉代表和洛杉矶远东协会领导人。

穆棱煤矿公司 创建于1923年，是著名的犹太富商所罗门·斯基德尔斯基和谢苗·斯基德尔斯基与吉林官股合办的企业，总公司设在哈尔滨市阿什河街39号（现为黑龙江省委幼儿园所在地，哈尔滨三类保护建筑），在吉林省长春市设有分公司。1924年1月2日，吉林省实业厅厅长马德恩代表吉林省与所罗门·斯基德尔斯基正式签订《中俄官商合办下梨树沟小碱场矿沟煤矿合同》，合同条款共23条，勘定矿区面积约为28平方公里。合同规划年产煤炭35万吨，契约合同期为30年，届时有一方不同意即行解散，矿权由政府接手。公司在权力分配、用人行政方面

双方完全平等。中方委任吉林省实业厅厅长马德恩为全权代表，刘文田任理事，定名为穆棱煤矿。俄商方面所罗门·斯基德尔斯基和谢苗·斯基德尔斯基先后任董事。穆棱煤矿公司由双方各投资一半。1924年11月14日，中俄合办的穆棱煤矿公司开始兴建由矿场运煤至哈尔滨的自筑专用铁路。穆棱煤矿公司建矿后，生产日趋正规，公司的最大客户是中东铁路，所需煤炭占该公司矿产六成，其次为油坊和制粉厂。1933年，伪满洲国接管了穆棱煤矿，1935年把原中国的管理职员全部裁减，改称穆棱煤矿株式会社。1946年，东北民主联军对当时隶属于中长铁路的穆棱煤矿实行了军管。1953年穆棱煤矿划归今天的鸡西矿务局。

◎ 1920年代的穆棱煤矿公司矿井

穆斯塔芬，玛拉 原居哈尔滨的犹太人，作家、历史学家和澳大利亚前外交官。1954年生于哈尔滨，父亲阿列克·穆斯塔芬是俄罗斯人（有鞑靼人血统），母亲因娜·穆斯塔芬是犹太人。父母均系哈尔滨工业大学东方研究院的毕业生。1959年，

◎ 玛拉·穆斯塔芬儿时在哈尔滨松花江岸边留影

◎ 玛拉的曾祖母切斯娜·奥尼库尔（前右）从苏联回哈尔滨时与家人合影，其中有吉塔（前左）、莫蒂亚（后左）、阿列克（后右）、因娜（后中）和玛拉（前中）

玛拉随家人及外公外婆移民到澳大利亚。悉尼大学毕业后，在堪培拉国立大学攻读硕士，专攻国际关系和俄语。毕业后在澳大利亚外交部工作12年，当过外交官、情报分析员和记者，曾任外交部长顾问、亚洲的高级业务主管和全国大赦国际澳洲董事。离开外交部后做过新闻工作，从事外交事务报道，还在国家报社机构从事国际问题研究，后来回到外交

◎ 玛拉、特迪·考夫曼和曲伟摄于 2004 年哈尔滨犹太历史文化国际研讨会

◎ 2005 年玛拉和丈夫安德鲁在造访哈尔滨犹太研究中心期间与曲伟先生合影

部，作为被派往驻泰国大使政务、商务参赞，参加过解决柬埔寨问题的谈判。1990 年为了会见西哈努克亲王第一次来到北京；参加澳大利亚电视通讯公司海外部工作，负责柬埔寨事务，后来由于工作出色提升为东南亚发展工作的负责人。在越南、老挝工作过 2 年。2000 年 5 月随父母重返哈尔滨寻根，2002 年出版专著《秘密与间谍：哈尔滨卷》。并于 2004 年、2005 年先后与悉尼犹太博物馆

◎ 玛拉的母亲因娜

馆长阿兰·雅格布斯、悉尼科技大学社会学教授安德鲁·雅科波维茨（波兰犹太人，玛拉的丈夫）到黑龙江省社会科学院犹太研究中心进行学术交流。2008 年出版自传体回忆录《哈尔滨档案》并回哈尔滨举行首发式。

N

纳德尔，列夫·伊萨科维奇

原居哈尔滨犹太人。1884 年出生于拉脱维亚，曾在立陶宛维尔纽斯的经学院就读，在那里接受过正规和系统的犹太宗教文化教育。1905 年革命过后，Л. И. 纳德尔几经考虑后移居到遥远的上乌金斯克。虽然在这个外后

贝加尔地区的城镇聚集着不少于 300 户的犹太家庭，但 Л. И. 纳德尔却是这里唯一教授希伯来语以及犹太传统文化的教师。Л. И. 纳德尔还在当地组织了锡安主义小组，并多次主办意第绪语戏剧演出。20 世纪 20 年代初，Л. И. 纳德尔来到哈尔滨后，受 Ш. 列文拉比的邀请在塔木德—托拉小学担任希伯来语教师。他参与制定新教学大纲后，该校的教学工作确定了新方向。

在哈尔滨期间，Л. И. 纳德尔编写过许多希伯来语儿童歌曲，也有一些意第绪语喜剧和轻歌剧，在哈尔滨侨民文艺界有着不小的知名度。他时常创作音乐、诗歌来指导哈尔滨犹太青年组织"马卡比"和"贝塔"成员的文艺表演。在他参与创建并担任导演的"马卡比"戏剧爱好者小组中，由其指导、用俄语编写出版了三部戏剧《背叛》、《最后的拉比》和《西蒙·卡夫坦》，这些戏剧的演出为远东的犹太侨民留下了深刻印象，并且得到哈尔滨犹太社区舆论界的高度评价。

1950 年，Л. И. 纳德尔实现了自己长久以来的夙愿，在学生们陪伴下，与妻子拉希莉娅·伊萨科夫娜踏上了以色列的土地。1963 年，Л. И. 纳德尔平静地离开了人世，享年 79 岁。

纳德尔，伊茨哈克　又名伊茨哈克·奥伦，奥伦为其写作笔名的姓氏，1918 年出生于乌德河口处的上乌金斯克（今俄罗斯的乌兰乌德）。从童年起伊茨哈克就接受了正规的犹太传统文化教育。20 世纪 20 年代随父母移居哈尔滨，先是在塔木德—托拉学校学习，毕业后就读于位于商务街（今上游街）的第一社会商务中学。凭借着优异的成绩，在商务中学毕业时获得金奖。在学生时代，加入了哈尔滨锡安主义青年组织"贝塔"。1936 年，他在父亲 Л. И. 纳德尔的鼓励支持下前往巴勒斯坦地区。

1937 年伊茨哈克成为"伊尔贡"成员。当"伊尔贡"主张通过更为残酷的途径打击包括英国在内的一切阻碍锡安主义的力量时，他逐渐对其越来越激进的主张颇有微词。为此 1941 年后，伊茨哈克离开"伊尔贡"去寻找符合自己理想的锡安主义运动。

参加巴勒斯坦地区的民族主义运动并不是伊茨哈克生活的全部。早在移居巴勒斯坦地区伊始，他就攻读于耶路撒冷的希伯来大学，主要研究犹太文学、历史和哲学。他与在大学图书馆工作的伊莎贝拉相识相爱，并结为伉俪。40 年代末期，伊茨哈克曾一度在英文报刊《舍加—玛根》从事编辑工作，这段经历为其以后工作打下了基础。以色列建国后，曾长时间在"以色列之声"国家电台从事俄语编辑工作，是最早的以色列电台俄语编辑人员之一。

文学创作是伊茨哈克·奥伦生活

中最为主要的部分。其第一篇短篇小说出版于 40 年代，刊登在以色列报纸的文学副刊上，并首次使用了伊茨哈克·奥伦这个笔名。随着文笔犀利、观点鲜明的作品相继问世，伊茨哈克声名鹊起，名字频频出现在以色列各大杂志《莫拉德》、《莫兹纳伊姆》、《克舍特》以及《哈—乌玛》上。他的故事集《虚数》曾在美国以英文出版，短篇小说集《我的采石场》也被翻译成俄语。在进行文学创作的同时，伊茨哈克·奥伦进行了大量的文学翻译工作，将一些经典俄罗斯文学，包括冈察洛夫的经典小说《奥勃洛莫夫》译成希伯来语，并将希伯来新文学大师 Ш. И. 阿格农的作品《伊多和埃纳姆》和阿尔特玛娜的《灾难之歌》译成俄语，介绍给尚居住在苏联境内的广大犹太读者。伊茨哈克·奥伦一生的文学作品成果极为丰硕。此外，在伊茨哈克·奥伦的主持下，以色列出版了俄罗斯犹太简明百科全书（伊茨哈克担任 1～9 卷的主编），伊茨哈克为此整整花费了二十余年的心血。该书内容涵盖了俄罗斯的犹太民族文化、历史编年、社会经济、犹太节日、犹太律法经卷等专业词条，对俄罗斯各个时期重要犹太人物、事件进行了翔实叙述，其学术性和权威性为世人所公认。1982 年被特拉维夫大学授予荣誉院士称号。伊茨哈克·奥伦还曾获得国家元首奖、雅博廷斯基奖、以

色列总统奖以及巴伊兰大学颁发的别尔塔·纽曼奖等诸多荣誉。2007 年，伊茨哈克·奥伦走完了人生之旅，在以色列耶路撒冷去世，享年 89 岁，葬于玛阿拉·哈·玛米什沙公墓。

◎　伊茨哈克·纳德尔（奥伦）

纳德尔，伊兹亚　又名伊兹亚·奥伦。原居哈尔滨杰出犹太知识分子，1919 年生于哈尔滨的一个锡安主义家庭。父亲是一流的锡安主义活动家和希伯来语教师。十多岁时（30 年代），为实现锡安主义理想，移民去了英国管制下的巴勒斯坦。他曾在英国军队服役并积极参加犹太人地下组织"伊尔贡"的活动。以色列建国初期，他参加过耶路撒冷城排水系统的修建，而且在以色列一直沿袭锡安主义拓荒者的传统，过着朴素的生活。他曾作为希伯来大学的首位"中国学员"在该校学习文学。多年之后，他将自己的文学知识用在了俄籍犹太人争取民族权益的事业中，于 1947 年创办了地下俄语电台"以色列之声"。他

还是《希伯来百科全书》的主编。伊兹亚是个特别和蔼可亲、诙谐幽默而又心地慈悲的人。他经常在以色列原居中国犹太人协会主办的纪念中国犹太人历史讲座中作演讲报告。他的演讲内容丰富多彩，极具感染力。2007年2月11日，这位来自哈尔滨的资深犹太作家、诗人和记者，逝于耶路撒冷，享年88岁。

纳夫塔林，M. A. 原居哈尔滨早期俄籍犹太人，1853年生于俄罗斯。从俄罗斯迁居哈尔滨后，积极参与犹太社区建设，是创办哈尔滨塔木德—托拉小学的发起人之一。1927年在哈去世，享年74岁，葬于哈尔滨犹太墓地。

纳夫塔林娜—约菲，E. C. 原居哈尔滨犹太女慈善家，哈尔滨犹太医院的地号捐赠者，哈尔滨犹太人贫病救济会理事会理事。1921年5月，哈尔滨犹太贫病救济会开办施诊所后，就设立了犹太医院建设基金，计划创办一所犹太医院，并为此开展了募捐活动。但由于没有地号和资金紧缺，这一愿望迟迟未能实现。1932年7月30日，E. C. 纳夫塔林娜—约菲在犹太宗教公会理事会上提出，愿将其在埠头区东商市街（现道里区西五道街）的地号捐予贫病救济会，修建犹太医院；1932年9月4日，办理了捐赠手续。1933年6月4日，犹太医院破土动工。同年11月5日，医院一楼落成，门诊部开业。1934年扩建二层楼房，10月29日犹太医院（含住院部）全部启用。E. C. 纳夫塔林娜—约菲为救济来哈尔滨的贫病犹太人和创办犹太医院作出了自己的贡献。

纳夫塔诺维奇，阿纳尼亚·阿布拉莫维奇 早期哈尔滨俄籍犹太侨民。在哈尔滨生活期间，曾是犹太工会组织（Histadrut Hazionit）理事会成员。1923年，因病去欧洲治疗了一年，效果不佳。结果在1924回哈尔滨途中，病逝于苏联赤塔市，年仅44岁。

纳夫塔诺维奇，伊赛·阿布拉莫维奇 生于俄国伊尔库茨克犹太畜牧商人家庭，曾长期服役于俄国军队，结交了不少负责军队后勤业务的朋友，并且受益匪浅。凭借着这些关系以及自身精明的贸易手段，伊赛·阿布拉莫维奇承接过数量不菲的军需贸易订单，包括向军队提供运输炮队和物资的马匹以及其他畜力。1915年，女儿萨拉（后成为著名的以色列总统府专职摄影师）出生。为逃避俄国国内动荡所带来的伤害，1916年，伊赛·纳夫塔诺维奇与妻子希玛·阿纳尼耶芙娜离开俄国。全家移居到中国东北地区，继续从事牛马等牲畜贸易。由于商业贸易需要与各地供应商与客户接触，因此伊赛全家曾先后在宽城子（今长春）、奉天（今沈阳）、哈尔滨等地居住，最终在东清铁路的宽城子车站附近定居下来。当时的东北，赛马场用马、畜力运输、食用畜牧产品有着很大的需求，伊赛·纳夫塔诺维奇很快成为当地上流交际场所的常客，其客户服务范围甚至扩大到为当时东北军阀张作霖的军队提供马匹。在纳夫塔诺维奇家族中，除从事畜牧贸易外，还经营面粉等粮食生意。

◎ 布洛尼娅（右）和母亲叶夫杰尼娅·马特林在哈尔滨

◎ 1940 年的布洛尼娅（中）

纳胡姆森，布洛尼娅 原居哈尔滨犹太人。哈尔滨犹太企业家雅科夫·马特林的女儿，出生在哈尔滨并在哈尔滨长大，毕业于哈尔滨商务中学。1946 年，与莱昂·纳胡姆森在哈成婚，一年后生下儿子亚历克斯。布洛尼娅和父亲及丈夫一样热爱体育事业，是哈尔滨犹太体育组织"马卡比"的活跃成员。1950 年，和丈夫及儿子离哈，经大连、香港、印度移居到了以色列。她对哈尔滨和中国充满了感情，在以色列时常和丈夫忆及哈尔滨的流光岁月并赞美中国人接纳犹太难民的博爱情怀。

纳胡姆森，大卫 原居哈尔滨犹太人。19 世纪末从拉脱维亚举家迁至哈尔滨，曾在中东铁路工作，并在哈生活至终老。他在哈尔滨的家族成员延续至曾孙辈后人亚历克斯·纳胡姆森。

纳胡姆森，麦克斯 原居哈尔滨犹太人，哈尔滨犹太企业家。19 世纪末随父母从拉脱维亚迁至哈尔滨，在哈尔滨读完了中学，后毕业于哈尔滨德国犹太人理工学院（后称"以色列理工学院"），毕业后在哈尔滨的一家药店当药剂师。其子莱昂·纳胡姆森系哈尔滨生人。

纳胡姆森，亚历克斯 原居哈尔滨犹太人，哈尔滨犹太人大卫·纳胡姆森的曾孙，莱昂和布洛尼娅的儿子。1947 年 7 月 3 日生于哈尔滨的一所德国医院，1948 年以色列建国后，全家人遂准备移居。1950 年，亚历克斯随父母离哈，移居以色列。在以色列，亚历克斯常听父母赞赏中国和中国人民。2008 年 5 月，亚历克斯有幸在以色列见到了在哈尔滨友好城市吉夫阿塔伊姆市访问的哈尔滨市委书记杜宇新先生，向他介绍了自己家族的哈尔滨渊源。及至 2009 年，亚历克斯已有四个子女和两个孙辈后人。

◎ 2008 年 5 月，亚历克斯和哈尔滨访以代表团在一起（左起：杜宇新（哈尔滨市委书记）、鲁文·班夏哈（吉夫阿塔伊姆市市长）、亚历克斯、亚历克斯的妹妹伊拉娜

◎ 哈尔滨地方政府颁发的亚历克斯·纳胡姆森的出生证明

纳克姆松，D. A. 原居哈尔滨早期俄籍犹太人。1856 年在俄国出生。到哈尔滨后一直活跃于犹太人的社会生活。1931 年 11 月 17 日在哈去世，葬于哈尔滨犹太墓地。

南森护照 又称难民护照。是国际间为解决难民的出入境、居留和就业问题而制订的一种身份证件。由于这种护照的设计和策划者是国际联盟难民事务高级专员弗里德托夫·南森（Fridtof Wedel－Jarlsberg Nansen），故称南森护照。1922 至 1942 年间，52 个国家承认南森护照，共签发 45 万本，帮助了包括原居中国无国籍犹太人在内的数十万无国籍人士。后来南森护照逐渐在国际上淡出，而代之以身份证、外侨护照和难民旅行文件等同类证件。

◎ 一本盖有图章的南森护照

内哈姆金，希尔什 原居哈尔滨及天津犹太人。生长在哈尔滨的一个笃信犹太教的宗教之家，十几岁就加

入了哈尔滨"贝塔"青年组织并成为其骨干分子。曾在哈尔滨犹太国民银行从事会计工作。1940 年代初，希尔什迁居天津。在天津，他继续为"贝塔"组织和犹太社区工作，认识了利亚莉雅·尼伦贝格（Lialia Nirenberg）并娶其为妻，然后生下了他们的儿子什洛莫（Shlomo）。以色列国成立后，身为锡安主义者和"贝塔"组织成员，回归以色列是希尔什的不二选择。1950 年，他如愿回到了以色列，定居于内坦亚。在就业当会计的同时，希尔什还在以色列原居中国犹太人协会中积极工作：他参与组建了内坦亚分会，历任内坦亚分会副会长、会长、总会秘书等职。他对该协会的工作热情之高、奉献之大，使他在同仁眼里被看作是该协会不可或缺的人物。1984 年 5 月 11 日，希尔什·内哈姆金终于停下了奋斗的脚步，离开了人世。

内哈姆金，约瑟夫 原居哈尔滨俄籍犹太宗教人士。他恪守犹太教斯多葛派传统，是一位"智者的徒弟"（talmid haham）。他曾担任哈尔滨犹太社区的"索海特"（犹太人专用的屠宰师）。他的儿子希尔什·内哈姆金在他的培养下，日后成为了以色列原居中国犹太人中最优秀的一位社会工作者。

尼森鲍姆，弗丽达 父姓加布里埃尔，原居哈尔滨及上海犹太人。在哈尔滨度过了童年和少年，后随家人迁居上海，在上海与同是来自哈尔滨的格里什·尼森鲍姆结婚。弗丽达是"贝塔"组织的活跃成员，是位出色的女运动员。她为人友善、样貌秀美、笑容常驻、活力充溢，身边总有众多朋友和敬慕者。移居以色列后，弗丽达积极参与以色列原居中国犹太人协会的组建和发展，多年担任该组织的中央委员会委员。这位原居中国犹太人中的优秀女性 85 岁时在以色列逝世。

挪威洋行 系挪威水火保险公司代理行。1920 年，在哈尔滨埠头区中国十一道街 10 号（现道里区西十一道街）创办，租用门市房三间。经理为犹太人聂维里，另用店员 3 人，2 人为俄籍，1 人为华人。挪威洋行除代理保险业务外，还经营挪威商品批发，资本金为 1.5 万元，年付税洋 150 元。1930 年其保险费收入为 2.15 万元，经营商品的营业额为 3.2 万元，全年开支 0.45 万元，共计约获纯利 3 000 元左右。

P

帕图申斯基，亚伯拉罕·所罗门诺维奇 原居哈尔滨俄籍犹太富商。生前积极从事商业和社会活动，曾任哈尔滨犹太公议会（the Jewish Council）会员和哈尔滨犹太丧葬互助会的司库。1915 年，他对进入哈尔滨的欧战难民给予了积极救助。后因患癌症在东京去世。

佩尔索夫，伊赛　原居哈尔滨犹太人，1918 年 2 月 3 日出生在哈尔滨，曾就读于塔木德—托拉小学和市立中学。他先后在哈尔滨、上海和天津生活工作过。1949 年，伊赛在"阿里亚"运动的影响下返回以色列，并参与开发前远东犹太移民所建立的莫沙夫"苏赫玛达"。1989 年，他在以色列去世，享年 71 岁。

佩利，奥尼亚　原居哈尔滨俄籍犹太人。1924 年 12 月 31 日出生于列宁格勒。自幼就和家人频繁出入与他家近在咫尺的犹太会堂，受犹太教影响很深。6 岁时，由于政治原因，父亲从俄罗斯逃到了中国东北。随后，他就和母亲及姐姐踏上漫长而枯燥的旅程，前去与父亲团聚。1930 年，他们一家来到了哈尔滨。奥尼亚在哈尔滨上了俄罗斯小学，并在一所日语培训学校初步学习了日语。同时，他还接受私塾教育，学习犹太知识。后来，他们家迁居到了上海。为了学会英语以适应新的生活环境，父母把他送到了日本。他在日本的一所美国人办的学校学习了两年英语。回到上海以后，上了一所英国中学。中学毕业后，就读于上海的圣约翰大学，学习远东问题研究和经济学直至毕业。1947 年，去了美国，就读于加州大学伯克利分校，并获得了远东问题研究专业的毕业文凭。毕业后，他加入美国国籍。

七年后，为了应聘一份开展日本大阪和神户地区的业务的工作，他去了日本。在神户，奥尼亚和他的小笔友犹太姑娘诺米（Nomi）完婚。和奥尼亚一样，诺米也有很强的犹太民族认同感。他们在神户先后生养了三个孩子。后来，因工作需要，佩利一家又去瑞典生活了六年。尔后又去了香港。在香港退休后，奥尼亚和他的儿子霍华德一起从事贸易活动。

佩谢利尼克，索尼娅　原居哈尔滨犹太人，后迁居以色列。2006 年 1 月 4 日，在距其百岁生日（1906 年 4 月）仅三个月时，在以色列霍隆去世，享年 99 岁，被葬于霍隆公墓。

皮亚斯图诺维奇，Л. И.　原居哈尔滨犹太人，哈尔滨锡安主义修正派青年组织"贝塔"总部的第一任首领。

◎ Л. И. 皮亚斯图诺维奇

平斯基，巴维尔　原居哈尔滨的犹太人，哈尔滨"贝塔"组织的积极分子。1912 年出生于哈尔滨，毕业于哈尔滨第一社会商务中学。1929 年前往美国，就读于名校伯克利大学。在美国积极参与社会活动，是加利福尼亚"工程师、设计师以及化学工作者联合会"的发起者之一；积极参与加利福尼亚州的工人运动，是当地退休基金和保健条例的创建者之一。1990 年，巴维尔·平斯基病逝于旧金山，享年 88 岁。

平斯基，G. 保罗 原居哈尔滨犹太人。1912 年 11 月 29 日在哈出生。青年时期，是哈尔滨"贝塔"青年组织的活跃人物，当过"贝塔"的秘书和中层小组（intermediate group）的组长。从哈尔滨商务中学毕业后，保罗便远赴加拿大留学，就读于温哥华的英属哥伦比亚大学。1931 年赴美国加州留学，就读于加州大学伯克利分校农学院。1935 毕业后，曾在几个工会组织工作过一些年。1951 年，他成立了一家保险计划咨询公司。若干年后，该公司发展出了在保险行业中领先的多个公司。迁居旧金山以后，保罗加入了旧金山远东协会。

普珥节 见"狂欢节"。

普加奇，米哈伊尔 原居哈尔滨犹太人，哈尔滨"贝塔"组织成员。早年毕业于哈尔滨第一社会商务中学，曾是哈尔滨犹太社区的优秀运动健将，在田径、排球以及跳高等项目上获得过较好的成绩。1939 年随父母（罗曼·瑙莫维奇·普加奇和薇拉·莫伊谢夫娜）移居美国，就读于伯克利的加利福尼亚大学。1941 年服役于美军，参加了太平洋战争以及对德国作战。1945 年后他与希尔丽结婚，并重新回到加利福尼亚大学经济系完成了自己的学业。米哈伊尔·普加奇致力于犹太社团活动，1996 年 11 月 14 日，在随同美国犹太社团代表团访问波兰时，病逝于克拉科夫，享年 73 岁。

普拉特，埃曼努埃尔 又名莫尼亚·皮鲁廷斯基，原居哈尔滨俄籍犹太知识分子。20 年代初从海参崴来到哈尔滨。若干年后又相继迁居天津及上海。普拉特先生在中国生活了几十年，非常喜爱中国文化，对汉语有较深的造诣，也精通希伯来语。1948 年回到以色列后，他一直从事新闻工作，经常向以色列原居中国犹太人协会会刊投稿。为满足以中文化交流的迫切需要和加深两国人民友好情感，普拉特先生经多年笔耕，终于在 1995 年他已年过 70 岁时，在特拉维夫出版了一部《汉希字典》，并于当年回到了阔别近半个世纪的中国故乡进行探访。

普鲁扎诺夫，Ф. П. 原居哈尔滨犹太人，具有较高知名度的犹太演员。他不是随剧团来到哈尔滨的，而是单独来到哈尔滨的犹太演员。不仅在俄罗斯舞台上演出，而且积极参加犹太社区组织的各项工作，在所有犹太人居住的城市和聚居区，他的名字

《汉希字典》的编撰者普拉特

家喻户晓。他在舞台上扮演的"小人物"形象吸引了许多哈尔滨观众。普鲁扎诺夫夫妇离开哈尔滨去美国之前表演了三幕轻歌剧。1922年为庆祝自己从事戏剧表演15周年（1907～1922年），普鲁扎诺夫进行了精彩演出。

普罗戈列斯针织厂　位于哈尔滨埠头区斜纹街（现道里区经纬街）50号，是犹太商人库拉斯于1930年创办的生产企业，主要生产和经营纺织品。"普罗戈列斯"俄文为"进步"之意。

普洛特金，吉尼娅　原居哈尔滨犹太人。生于中国满洲里犹太名门莫伊谢耶夫家族。她上半生历尽坎坷，搬迁过许多地方，先后迁居哈尔滨、大连、上海、古巴、洛杉矶、旧金山和以色列。在丈夫塞尼亚（Senia）·普洛特金去世后，寡居多年，但身体一直很好。在她儿子莫利亚（Molia）和众多亲友为她98岁大寿举办的庆典聚会上，她那活力四射的言谈给当时的来宾留下了深刻印象。2011年1月初，在刚过完99岁寿辰几天之后，吉尼娅便在家中睡觉时安详离世。1月

12日，她的子女和亲友为她举行了送葬仪式。特迪·考夫曼代表以色列原居中国犹太人协会向吉尼娅献了花圈并致了悼词。

普洛特诺夫斯基　原居哈尔滨波兰籍犹太商人。1912～1913年从波兰罗兹迁居哈尔滨，家住哈尔滨商务街（今上游街）。来哈之前，他作为罗兹当地的一家毛毯生产企业的销售员，有机会来到哈尔滨，考察了这座城市。认为那里不存在波兰栅栏区对犹太人的各种限制，而且有着良好的商机。他的妻子是俄罗斯莫吉廖夫犹太社区拉比利夫希茨五个女儿中的第四个女儿。利夫希茨拉比的长女嫁给了德国莱比锡的一位百万富翁埃廷贡（Etingon）。埃廷贡先生在美国与人合办了"埃廷贡—希尔德毛皮贸易公司"（Etingon & Schild Fur Trading Firm）。该公司在哈尔滨设有分公司。由于亲属关系，普洛特诺夫斯基被任用为该公司驻哈尔滨分公司的经理。他的这份工作收入不菲，使自己和家人在哈尔滨过得很富足。1914年普洛特诺夫斯基夫妇在哈尔滨生下了他们的次子伊柳沙（又名伊斯雷尔），他们的长子1908年生于波兰。普洛特诺夫斯基是一位坚定的锡安主义者，1920年代中期，他可以申请苏联护照，但他宁可保持无国籍身份也不愿做苏联公民。后来他领到了一本南森身份证（Nansen Certificate of Identity）。1920

年代中期，因所在公司倒闭，遂失去了工作。为开辟自己的事业，他撇下妻儿只身去了欧洲，后来便与家人断了联系，不知所踪。

普希金大药房 开办于 1920 年，业主是犹太人别尔斯坦因。药房位于新买卖街（后称义州街，现为果戈里大街）与东大直街交角处，是哈尔滨早期知名的药房。

Q

七七节 又称"收割节"、"五旬节"，犹太教三大朝觐节之一。据《希伯来圣经》记载，从逾越节算起，七个星期之后希伯来人要庆祝七七节。两节相隔 49 天，再加上一个安息日恰好 50 天，故亦有人称之为五旬节。希伯来人在这个节日中喜庆初熟小麦的收获，因此又称"收割节"。这是犹太民历一年中最后一个大节。七七节献祭的方法是：用刚收获的新小麦面做成的发酵饼两只，加一头一岁的羔羊献给上帝，以表示小麦收割的结束。另外，许多犹太家庭还烤一只有四个角的长面包，做一种三角形的团子，里面放有苹果、奶酪等。同时，为孩子做一种称为"小西奈山"的馅饼，以鼓励他们牢记自己的宗教并努力学好犹太教的经典《律法书》。在七七节的宗教仪式上，人们要诵读《希伯来圣经·出埃及记》中有关摩西在西奈山上朝见上帝和传达上帝的十条诫命和各种教规法典的章节。在七七节这一天，凡年满 13 周岁的犹太少年都要在犹太会堂举行隆重的成人礼仪式，表明他们与父辈先人一样，已与上帝缔约，决心承担宗教义务。到拉比时代，人们把该节日与摩西在西奈山向以色列人传受《十诫》联系起来，从而赋予七七节以新的含义。对于犹太人来说，逾越节象征犹太民族的诞生，七七节象征着犹太教的诞生。原居哈尔滨犹太人通常在犹太新老会堂纪念七七节，并同时为年满 13 周岁的犹太少年举行隆重的成人礼仪式。

七枝烛台 又称多枝灯台，犹太教宗教圣物，分为七枝和九枝两种，相传为古犹太教会幕和圣殿所用灯台。七枝灯台原用灯油，18 世纪开始使用蜡烛。据《希伯来圣经》记载，第一座七枝灯台由以色列工匠艺人比撒列用黄金锤打而成。他有七枝灯盏，中央的一枝略高于两边的六枝。据认为，七枝灯盏代表一周七天，其中六枝象征上帝创造天地的六天，中央一枝象征安息日。该灯台原为圣幕所作，后成为耶路撒冷圣殿中的神器。公元前 64 年，罗马统帅梯特占领耶路撒冷时，灯台下落不明。七枝灯台被视为犹太教的象征。以色列国建立后，七枝灯台又成为以色列国家的徽号。在耶路撒冷以色列议会大厦前耸立着一座 3 米多高的铜制七枝灯台。该灯台为英国议会所赠。九枝灯台主要是为了庆祝哈努卡节，其中一枝较高，供点燃其他八枝灯盏使用。每逢哈努卡节来临时，沿途人家和犹太会堂都要点燃九枝灯台，除了较高一枝外，每天增加一枝，第八天时全部点燃。原居哈尔滨犹太人也以七枝烛台作为犹太教的象征，通常在犹太会堂摆放七枝灯台，并在《犹太生活》等杂志上刊登。

齐克曼，波林娜·莫伊谢耶芙娜 原居哈尔滨犹太人。著名哈尔滨犹太企业家和社会活动家 Л. Г. 齐克曼的妻子。1897 年出生于乌克兰的旧康斯坦丁诺夫，1922 年随家人移居哈尔滨。1927 年，与 Л. Г. 齐克曼结为夫妻。波林娜·莫伊谢耶芙娜曾是哈尔滨犹太文化活动的赞助者，为犹太艺术工作者提供过许多支持。1940 年，与 Л. Г. 齐克曼全家前往东京作暂短访问，但由于远东地区战争的扩大，他们在东京和横滨逗留至 1946 年，直至战争结束才移居美国旧金山。20 世纪 70 年代曾多次前往以色列，与以色列原居中国犹太人协会保持着密切关系。1981 年 5 月去世，享年 84 岁。

齐克曼，Л. Г. 原居哈尔滨的著名犹太企业家和社会活动家。1916 年来哈，1927 年与波丽娜·格罗斯曼在哈尔滨结婚，一家住在经纬街和经纬三道街交角处。在哈尔滨期间，长期担任阿什河糖厂的技术师长。1931 年花旗银行将该厂租给 Л. Г. 齐克曼，

◎ Л. Г. 齐克曼

租期为 3 年。1934 年 3 月 6 日，阿什河糖厂被日本砂糖贸易会社收购，Л. Г. 齐克曼担任北满制糖株式会社（阿什河糖厂）副理事长兼总经理。20 世纪 40 年代初，Л. Г. 齐克曼离开哈尔滨去日本。1941 年 12 月 1 日，准备乘"龙马丸"号动身前往美国，因珍珠港事件爆发，返回日本横滨。1945 年后移居美国，定居旧金山，1973 年去世。

齐克曼关于将 200 名欧洲犹太皮革工人移居伪满洲国的设想 1939 年 3 月，时任哈尔滨北满制糖株式会社副理事长兼总经理的列夫·齐克曼出于对被迫害的欧洲犹太难民的关心，在"河豚鱼计划"制定者的授意和支持下，提出了将 200 名欧洲犹太皮革工人及其家属总共 600 人移居伪满洲国某小镇的设想。齐克曼本人

愿意提供一些所需款项，另拟通过美国犹太人大会从美国犹太人那里获取20万美元的捐款。齐克曼的建议成为了日本人实施"河豚鱼计划"求之不得的借口。但是犬冢还嫌齐克曼的想法太保守，建议"3000人更好些"，齐克曼坚持认为一开始以少量的移民为宜。然而，此时齐克曼想些什么已经不重要了。后来由于美国犹太社团反对实行"河豚鱼计划"，德、意、日三国结盟，齐克曼的设想也化为泡影。

齐特林，瓦尔特　原居哈尔滨犹太人，社会活动家，1913年出生在基辅，并在这里度过了他的童年。1917年二月革命后，他随父母移居远东地区。1932年，在苏维埃掌握了远东政权后，瓦尔特随父母迁居到中国哈尔滨，并毕业于哈尔滨第一社会商务中学。1936年，他毕业于香港大学，作为一名工程师在香港工作。1940年，他和妻子朱基获得了英国公民的身份。太平洋战争爆发后，由于他们英国公民的身份，被日本人关入集中营，直到1945年才获释。在获得自由后，他在上海继续从事商业活动，并积极参与上海犹太社团的各项活动，是上海犹太学校和上海犹太俱乐部的领导者之一。1953年，齐特林一家移居日本，在日本他继续积极参与犹太社团的活动，长期担任东京犹太社团主席一职。1999年瓦尔特在日本去世，享年86岁。

祈祷书　犹太人进行宗教仪式的用书，它由日常用祝词和祷词组成。祈祷书出现得相对较晚。自公元6世纪以来，书面的祈祷词开始出现。最早在巴比伦出现的是在赎罪日和禁食日使用的祈祷词。随后，祈祷书日趋完善，到了公元8世纪，包括供全年祈祷用的所有祝词和祷词的祈祷书终于出现。祈祷书往往因地而异。15世纪出现活字印刷后，祈祷书开始逐步规范化。目前祈祷书的种类有：（1）供全年所有节日使用的；（2）供某类或某个节日使用的；（3）供人们进行日祷和安息日使用的；（4）特别简明版本。此外，来自不同地区犹太人使用的祈祷书也不尽相同，正统派与改革派、保守派使用的也不相同。原居哈尔滨犹太人使用"祈祷书"主要是在犹太会堂、犹太墓地等公共集聚场所，"祈祷书"主要掌握在犹太拉比手中。

切尔恩，列利亚　原居哈尔滨犹太人。1921年出生在波兰华沙的著名犹太商人家庭，家族拥有数家大型纺织工厂，分布在世界各地，包括伦敦和巴黎。由于列利亚·切尔恩的父亲决定在中国投资纺织厂，于是，1930年列利亚随家人移居哈尔滨。在哈尔滨，列利亚中学毕业后，进入哈尔滨基督教青年会学校继续深造，并于1940年1月毕业。在这之后列利亚移居美国。在洛杉矶，她遇见了原居

中国犹太人格里沙·切尔恩，并很快
与他结为夫妻。格里沙·切尔恩从事
钟表匠工作，列利亚与丈夫在洛杉矶
市中心工作生活了半个世纪之久。列
利亚·切尔恩积极参与犹太社团活动，
在美国加入了原居中国犹太人组织，
曾在犹太机构中教授难民俄语。2000
年12月27日，在洛杉矶病逝，享年
79岁。

切尔尼亚夫斯基，阿布拉姆
见"切尔尼亚夫斯卡娅，莉季娅"。

切尔尼亚夫斯基，A. C.　原居
哈尔滨犹太人，全称为亚历山大·萨
莫伊洛维奇·切尔尼亚夫斯基。曾为
哈尔滨职工联合会创办的《前进报》
主编，是《生活新闻》报主编 C. P. 切
尔尼亚夫斯基的儿子，年轻的革命者，
1920年6月27日被俄国法西斯分子残
酷杀害。见"切尔尼亚夫斯基遇害事
件"。

切尔尼亚夫斯基，C. P.　原居
哈尔滨犹太人，全称萨穆伊尔·罗曼
诺维奇·切尔尼亚夫斯基。1877年出
生于乌克兰敖德萨，1895年毕业于敖
德萨第三中学，同年考入喀山大学医
学系，1901年毕业。1902年开始在叶
卡捷琳堡行医。不久成为《乌拉尔生
活》报专栏作者。1907年1月来到哈
尔滨，1907年2月创办《东方新闻》
报。《东方新闻》后与《九级浪》合
并，成为《生活新闻》报。

切尔尼亚夫斯基遇害事件　亚

◎ 亚历山大·萨莫伊洛维奇·
切尔尼亚夫斯基

历山大·萨莫伊洛维奇·切尔尼亚夫
斯基是哈尔滨职工联合会创办的《前
进报》的主编，《生活新闻》报主编
C. P. 切尔尼亚夫斯基的儿子，年轻的
革命者，1920年6月27日被俄国法西
斯分子残酷杀害。《前进报》1920年2
月17日创刊。亚历山大·切尔尼亚夫
斯基经常在《前进报》上撰文宣传职
工联合会的主张，主张驱逐中东铁路
管理局长霍尔瓦特，抨击俄国法西斯
分子和外国干涉军，成为反动势力和
反犹主义者的眼中钉、肉中刺。6月
27日星期日，很多俄国白卫军官兵集
聚在新市街（现南岗区）尼古拉大教
堂广场，举行阵亡将士追悼会。上午
11时，有人匿名打电话约亚历山大·
切尔尼亚夫斯基到广场，说有要事相

告。无畏的亚历山大·切尔尼亚夫斯基应约来到广场，当即遭到谩骂、围攻和殴打。后来一个白卫军上校开枪杀害了他。7月4日，哈尔滨上万人为亚历山大·切尔尼亚夫斯基举行了隆重的葬礼，激愤的人们谴责俄国法西斯分子的暴行，葬礼变成了声讨会。亚历山大·切尔尼亚夫斯基现仍安息在哈尔滨皇山犹太公墓。

切尔尼亚夫斯卡娅，埃斯特
见"切尔尼亚夫斯卡娅，莉季娅"。

◎ 哈尔滨上万人为 A.C.
切尔尼亚夫斯基举行隆重的葬礼

切尔尼亚夫斯卡娅，赖莎 见
"切尔尼亚夫斯卡娅，莉季娅"。

切尔尼亚夫斯卡娅，莉季娅
原居哈尔滨的著名犹太钢琴家和音乐教师。1905年为躲避歧视和迫害，其父亲阿布拉姆·切尔尼亚夫斯基和母亲埃斯特·切尔尼亚夫斯卡娅带着只有4个月大的莉季娅从俄国的敖德萨来到哈尔滨。起初父亲为中东铁路公司工作，后来自己创立了一家建筑公司，位于现在哈尔滨市道里区工厂街33号。莉季娅还有两个妹妹——玛露

◎ 莉季娅·切尔尼亚夫斯卡娅

霞和赖莎，她们都出生在哈尔滨。切尔尼亚夫斯基一家居住在哈尔滨马家沟附近。其母埃斯特·切尔尼亚夫斯卡娅于1921年就过早地离开了人世。莉季娅于1922年毕业于哈尔滨格涅洛佐娃女子学校，随后去了柏林音乐学院继续学习音乐。在那里，她与俄籍犹太人康斯坦丁·夏皮罗相识相爱，并结为夫妻。1926年，他们去了巴勒斯坦，两个双胞胎儿子约瑟夫和阿里埃尔就是在那里出生的。1928年，夫妇俩带着两个儿子重返哈尔滨，当时康斯坦丁·夏皮罗在哈尔滨的格拉祖诺夫高等音乐学校教大提琴。1928～1930年，夏皮罗夫妇一直在哈尔滨生活并从事音乐教育工作。1928年8月，莉季娅生下她的第三个儿子雅科夫。1930年，他们去了日本，1931年1月莉季娅又生下第四个儿子伊萨克。

1932 年，莉季娅带着她的四个儿子一起回到哈尔滨，并与她的父亲在哈尔滨一起生活了 4 年。莉季娅就是 1933 年 8 月发生在哈尔滨的谢苗·卡斯普绑架案中的女当事人。绑架案发生的当天她与谢苗·卡斯普一起外出被劫持。卡斯普说服绑匪释放了莉季娅，而才华横溢的钢琴家卡斯普最终被绑匪杀害。1936 年 6 月，莉季娅一家再次来到日本，继续从事音乐教育工作。1946 年 7 月全家移居美国。1936 年夏皮罗一家离开哈尔滨之后，莉季娅的父亲继续在哈尔滨生活，直到 1945 年 2 月去世。莉季娅的两个儿子约瑟夫和阿里埃尔于 1944 年离开日本后与外祖父一起在哈尔滨生活过一年。1945 年日本投降后，约瑟夫移居苏联，于 2002 年去世。而阿里埃尔于 1950 年移居以色列，1960 年来到加利福尼亚与父母团聚。莉季娅的四儿子伊萨克·夏皮罗毕业于哥伦比亚大学法律系，成为全美最大的律师事务所之一——美国世达律师事务所的著名律师。伊萨克·夏皮罗先生学识渊博，可以流利地用英语、俄语、日语与人交谈。2004 年 5 月他偕夫人回到故乡哈尔滨，访问了黑龙江省社会科学院，参观了《犹太人在哈尔滨》大型展览、哈尔滨皇山犹太墓地和其他哈尔滨犹太人遗址遗迹。由于母亲的缘故，伊萨克·夏皮罗先生对所有关于卡斯普的事情都很关注。经过努力，他在近

600 座墓碑里找到了谢苗·卡斯普的墓。在马迭尔宾馆，他与夫人在大堂约瑟夫·卡斯普的画像前特意留影作为纪念。1983 年 11 月 28 日莉季娅·切尔尼亚夫斯卡娅因心脏病发作逝世于洛杉矶。

切尔尼亚夫斯卡娅，玛露霞
见"切尔尼亚夫斯卡娅，莉季娅"。

R

日本政府五大臣会议 日本内阁召开的关于如何对待犹太人问题的机密会议。1938 年 12 月 5 日，应陆军大臣板垣征四郎的要求，日本内阁召开秘密会议。首相近卫文麿、外务大臣有田八郎、陆军大臣板垣征四郎、海军大臣米内大将、大藏大臣兼通商产业大臣池田成彬出席会议。会上一派主张与世界犹太人建立良好关系，利用他们为日本的利益服务；另一派则倾向于接受纳粹方案，不与犹太人打交道。双方意见针锋相对，争论激烈，但最后还是达成了必要的一致性结论："我国与德国、意大利的外交关系要求我们避免公开欢迎犹太人，因为他们被我们的盟友排斥"，"但我们不应像我们的盟友那样排斥犹太人。这点非常正确，因为我们需要外国资金，不能疏远美国"。日本政府五大臣会议决议事实上是对"河豚鱼计划"的认可。

日祷 犹太教徒每天进行的祈祷仪式。犹太教日祷总共有五种：晚祷、晨祷、附祷、午祷和关门祷。其中，附祷只是在安息日、节日和禁食日进行，关门祷只能在赎罪日使用，所以犹太教每日必须的日祷仅剩下晚祷、晨祷和午祷。日祷的习俗是逐步演变而成的。在圣殿时代，人们对上帝的敬意主要通过在圣殿进行各种献祭活动表达。实际情况是，人们不可能全部去献祭，也不可能每天去那里，当时的制度是主要由利未人轮流代表全体以色列人在圣殿献祭。那些去不了或不能去的人只好在居住地集合，诵读创世的故事，为孩子、孕妇、水手、旅行的人祈祷，出现日祷的雏形。圣殿被毁后，人们失去了献祭的场所，只能以口头祈祷代替过去的献祭，日祷也就正式成为固定仪式。日祷的主要内容是通过祈祷和诵读祷词及祝祷来表示犹太人对上帝的赞美、感激和坚信，同时也表示犹太人对美好前途的希望。哈尔滨犹太人也进行日祷活动，通常在犹太新老会堂举行。

日俄战争 1904～1905 年，日本与沙皇俄国为了侵占中国东北和朝鲜进而争夺亚洲及整个太平洋地区的霸权，在中国东北土地上进行的一场帝国主义战争。中日甲午战争之后，日本军国主义疯狂推行其侵略中国、吞并朝鲜的"大陆政策"。这样，就同沙皇俄国推行的侵略中国、吞并朝鲜、独占亚洲、称霸太平洋的"远东政策"发生了尖锐矛盾。《马关条约》规定割让中国的辽东半岛给日本，引起了沙俄的不满。沙俄为获得不冻港旅顺，控制中国东北地区，联合法、德对日施压，最后中国给日本白银3000 万两作为"赎辽费"赎回辽东半岛，史称"三国干涉还辽"。对此，日本怀恨在心，伺机报复。逼日还辽不久，沙皇俄国便以支持中国"还辽有功"为借口，攫取了在中国东北修筑中东铁路及其支线等特权。后来，又强行向中国政府租借旅顺和大连。而日本经过 10 年备战，实力大增，决心在中国东北地区卷土重来，建立霸权，取代俄国在东北的地位。1904年 2 月 8 日，日军舰队向旅顺俄国舰队发动突然袭击。10 日，日俄正式宣战。经过一系列的恶战，沙俄军队向北败退。此时俄国因国内爆发革命，无心再战；日本也急欲结束战争。美国担心日本过分强大，也从中调停。1905 年 9 月 5 日，日俄两国在美国签订了《朴次茅斯和约》，背着中国，擅自在中国东北划分"势力范围"。根据条约，俄国将过去所霸占中国的库页岛南半部（北纬 50 度以南）及其附近一切岛屿割让给日本，将旅顺、大连及附近领土领海的租借权让给日本，俄国还承认朝鲜为日本的"保护国"。条约签订后，日、俄两国立刻逼迫清朝政府给予承认。1905年12月，在日本的压力下，清朝政府与日本签订了《中日会议东三省事宜条约》，除了接受日、俄《朴次茅斯和约》中的所有规定外，还额外给日本以某些权益。日俄战争是一场帝国主义之间的不义之战，是交战双方站在对立的立场同时侵略中国、重新划分势力范围、争权夺利的战争。日俄战争爆发后，日本居然要求中国清朝政府在东北三省以外地区严守中立，让出东北地区作战场，坐视日俄两国在中国境内为争夺在中国的势力范围而厮杀。腐败至极的清政府竟同意宣布"局外中立"。这场战争不仅是对中国领土和主权的粗暴践踏，而且使中国东北人民在战争中遭受了巨大的损失和人身伤亡。日俄战争后，俄军中数以万计的犹太士兵因当时沙俄在国内大肆迫害犹太人，而中东铁路建成后出台优惠政策吸引俄国犹太移民到哈尔滨，因此有数以万计的俄军犹太士兵转业滞留在哈尔滨，有的由此作中转站前往美国、澳大利亚，有约3000人定居哈尔滨。

日内瓦钟表珠宝店 犹太商人 **M. M.** 科茨于1919年在哈尔滨市埠头区的中国大街106号（现道里区中央大街）开设"日内瓦"钟表珠宝店。

瑞典洋行 位于哈尔滨市埠头区的中国大街142号（现哈尔滨市道里

◎ **B. M.** 科茨（右一）在父亲开的日内瓦钟表珠宝店门前

区中央大街），创立于1930年，是瑞典籍犹太人斯皮罗和立陶宛籍犹太人丹金等人的合资企业。该洋行主要经营金银饰品。

若罗夫，谢苗 见"若罗娃，列亚·谢苗诺芙娜"词条。

若罗娃，列亚·谢苗诺芙娜 原居哈尔滨犹太人，现任以色列—中国友好协会和以色列原居中国犹太人协会中央委员会主席团成员和耶路撒冷分会会长叶夫谢伊·波多利斯基的母亲。1935年，她与叶菲姆·彼得罗维奇·波多利斯基结为伉俪。列亚出生在俄国西伯利亚的托木斯克市。1916年，她3岁的时候随父亲谢苗·若罗夫和母亲玛丽亚·若罗娃迁居哈尔滨，后来成为一名钢琴教师，在家里教孩子们音乐。她的父母均在哈尔滨逝世，葬于哈尔滨犹太墓地。

若罗娃，玛丽亚 见"若罗娃，列亚·谢苗诺芙娜"词条。

S

萨尔诺，希莉亚 原居哈尔滨犹太人。原名拉谢尔（Lachel），父姓纳夫塔诺维奇。1921 年生于大连。在中国生活期间，先后随父母搬迁到长春、海拉尔、哈尔滨、天津（1938 年）和上海。她在长春上过一所修女学校，在哈尔滨上过基督教青年会学校，并师从知名音乐家 V. 特拉赫金贝尔格，学习小提琴。在上海曾为上海犹太俱乐部工作，并与来自青岛的犹太青年伊赛·萨尔诺相恋成婚。

1949 年，希莉亚和丈夫离开中国，移居以色列。1969 年，她丈夫伊赛在美国旅居期间，不幸发生车祸丧生。于是，希莉亚在亲朋好友的关爱中，度过了她余下几十年的人生。退休前，她一直在特拉维夫的希尔顿酒店担任人事部经理。她以和蔼可亲的性格和过硬的工作能力赢得了老板和同事的喜爱和赞赏。自以色列原居中国犹太人协会成立以来，她一直是其会员。她对协会的贝特—庞弗总部有很深的感情，在那里经常从事诸如发行彩票、接待酒会、举办讲座等活动。她常说："我有三个家：自己家、希尔顿酒店和贝特—庞弗"。2003 年 7 月初，希莉亚·萨尔诺在年届 82 岁时，撒手人寰，离开了她所爱的人们。

萨姆索诺维奇，格里戈里 原居哈尔滨的俄籍犹太企业家，20 世纪初从西伯利亚来到哈尔滨，成为中东铁路木材供应商。

◎ 格里戈里·萨姆索诺维奇

萨姆索诺维奇，穆霞 原居哈尔滨犹太人。哈尔滨第一社会商务中学毕业后移居上海，嫁给了帕纳·萨穆索诺维奇。二人共同生活了 61 年。不论是在哈尔滨，还是在上海，穆霞都是"贝塔"组织的积极成员，在上海生活期间，夫妇二人生育了一双儿女，1949 年一家四口迁居以色列，穆霞逝世于 2004 年 2 月 17 日。

萨姆索诺维奇兄弟商会 由著名的犹太企业家萨姆索诺维奇兄弟创建，主要经营服饰用品和纺织用品，是最早在哈尔滨开办的此类商店之一。萨姆索诺维奇兄弟商会早期位于现中央大街和西十二道街交角处，日俄战

◎ 萨姆索诺维奇兄弟商会

争后（约 1909 年）迁至现中央大街和西六道街交角处的三层楼房内。20 世纪初，该商会已具有相当的规模，除在哈尔滨设有总店外，还在德国柏林，俄罗斯的莫斯科、哈巴罗夫斯克、赤塔等地开设了分店。第一次世界大战爆发后，俄国对中国东北北部的政治、经济影响削弱，萨姆索诺维奇兄弟商会的经营活动也随即陷入困境，继而破产。1916 年，萨姆索诺维奇兄弟商会的房产被秋林公司收买。

三大朝圣节 犹太人的三大节日——逾越节、七七节、住棚节的总称。它们的共同点是：第一，圣殿被毁之前，要朝觐献祭。所有犹太男子都必须在逾越节、七七节和住棚节三次携带祭品来到上帝面前，前往耶路撒冷的圣殿里献祭，以示对上帝的虔诚。第二，三大朝圣节都具有农业性质，逾越节庆祝大麦开始收割，七七节庆祝小麦收割结束，住棚节则庆祝一年的收获结束。人们在感谢上帝恩赐之余，总要欢快地庆祝一番，所以也称作"三大快乐节"。第三，这三大朝圣节都与犹太历史和宗教相联系，逾越节与犹太人摆脱奴役获得自由相联系；七七节与犹太民族集体与上帝立约相联系；住棚节与摩西遵从上帝旨意率领以色列人出埃及的传说相联系。这三大朝圣节成为犹太民众重温本民族教义、反思自己历史命运的文化教育活动。原居哈尔滨犹太人也纪念三大朝圣节，他们通常在犹太会堂、犹太学校举办相关活动，在犹太报刊刊登纪念文章。

桑德尔—克莱因，尤迪特 原居哈尔滨犹太人。1940 年出生于哈尔滨，7 岁时被送入哈尔滨塔木德—托拉学校接受启蒙教育，在这里她学习了两年，并且取得了优异的成绩。1950 年初，随母亲薇拉移居以色列，他们从香港乘飞机辗转经加尔各答、卡拉奇以及沙特阿拉伯的外国军用机场，于 1950 年 3 月 7 日到达以色列。尤迪特在完成 8 年级学业后，从巴特亚姆转到特拉维夫—雅法的卫星城拉马特甘继续深造。之所以到此深造，是因为此前薇拉与拉马特甘会计师梅里相识，并与之结为夫妇。在学习的同时，尤迪特还在音乐学院学习钢琴演奏，这使得她延缓了服兵役的期限，并顺利地完成了 12 年的学业。毕业后，尤迪特与伊斯拉埃尔·桑德尔结为夫妇。

1965 年，尤迪特与伊斯拉埃尔·桑德尔的儿子出生，为了纪念尤迪特早逝的父亲，夫妇二人为儿子取名乌里。70 年代末，为了能够继续参与文化教育事业，尤迪特开始学习图书管理方面的专业知识，为此她在拉马特甘学习了相关的全部课程。获得图书管理专业文凭后，尤迪特进入教育机构"埃法利研究班"的图书馆工作，经过在海法大学和特拉维夫大学学习和购置数据库，尤迪特很快建起了一套自动化查询系统，任何查阅者都可以按照所需资料的类别与名称进行查询调阅。1987 年，图书馆的电脑化管理，档案和文献的快速查询已成功地实现。2006 年，尤迪特正式从图书馆退休。

尤迪特的社会生活不只限于图书馆工作，多年来，她积极参与以中友好协会和以色列原居中国犹太人协会的活动，现已成为上述组织的委员会成员。为了推动以中民间交往以及拜祭亲人，尤迪特从 1994 年起，先后三次回到哈尔滨祭祖和参加哈尔滨犹太历史文化研讨。与此同时，为了怀念那段特殊的岁月，尤迪特根据自己的回忆和大量的原始档案资料撰写了回忆录《哈尔滨童年》一书。该书不仅是尤迪特这代哈尔滨犹太人的情感精神寄托，而且也是研究哈尔滨犹太人生活状况的重要资料。

桑福德，韦纳 原居哈尔滨犹太人。1910 年，他的父母为逃避沙俄迫害从俄罗斯来到了哈尔滨并于 1925 年在哈尔滨生下了他。父亲去世后，他和母亲迁居到了天津；1940 年从天津迁至上海。1947 年，韦纳留学去了美国并在美定居。2009 年 5 月，他在塔玛拉克图书馆（Tamarac Branch Library）举办了名为"马可波罗时代以来犹太人在中国的生活"小型展览会，展期一年。韦纳曾评价哈尔滨说，该市具有欧洲风格，在中国东北文化基础最雄厚。据他统计，从 1890 年至 1952 年，哈尔滨的犹太居民约为五万人。

◎ 韦纳·桑福德

桑托斯，吉娜 原居哈尔滨犹太人，后移居美国加州。是 20 世纪初哈尔滨传奇性的创业先驱 I. H. 索斯金的女儿，是诺尔曼·桑托斯的妻子。她为人友善，温良恭谨，教养有素，对俄国文学和艺术尤为偏爱。2004 年 9 月，在加州圣莫尼卡市逝世，享年 92 岁。

沙弗兰，边济奥 原居哈尔滨及上海犹太人。昵称鲍里亚。在哈尔滨长大。曾就读于哈尔滨塔木德—托拉学校，成年后在哈尔滨犹太老会堂唱诗班当歌手。他是哈尔滨和上海"贝塔"组织的活跃分子。迁居上海以后，认识了年轻的德籍犹太难民伊芙（Eve）并与之结为夫妻。1950年，他们移民去了以色列，在佩塔提克瓦（Petach Tiqwa）定居。鲍里亚生前是以色列原居中国犹太人协会多年的老会员，以一贯的谦逊和友好个性赢得了人们对他的尊敬和赏识。后来在佩塔提克瓦病逝，享年83岁，身后留下了妻子伊芙和两个女儿。

沙列尔，米沙 原居哈尔滨犹太人。生于哈尔滨和大连的名门望族 A. M. 沙列尔德弗洛朗斯（A. M. Sharell-de-Florance）家族。后来移民去了澳大利亚。在澳洲生活多年后，于2003年1月在悉尼去世。

《生活新闻》 哈尔滨俄文报纸中出版时间最长、社会影响较大的综合性日报。1907年9月26日创刊，由《东方新闻》和《九级浪》报合并创办而成，原名《新生活》，1914年7月更名为《生活新闻》。其主办者是3位犹太人，即 Z. M. 克里奥林、K. R. 切尔尼亚夫斯基和 G. O. 列文齐格勒，日常工作人员也几乎都是犹太人。一些犹太工商企业对该报给予了物质上的资助。哈尔滨犹太社区著名领导人 A. И. 考夫曼医生曾充分利用该报作为宣传阵地。从1912年5月开始，他每周两次在该报上发表有关犹太问题的文章，阐述犹太人的生活和复国问题。

◎《生活新闻》报编辑部同仁合影

圣殿 古以色列人崇拜上帝的中心场所，也是犹太民族的象征。希伯来民族史上前后有两座圣殿。大卫王之子所罗门王在位时期建造了第一座圣殿，这一工程历时7年，于公元前957年竣工。据载，此殿建在耶路撒冷的摩利亚山上，又称耶路撒冷圣殿。公元前604年和公元前597年，巴比伦王尼布甲尼撒二世再次劫掠圣殿中的财物，并于公元前586年犹太历阿布月初九将圣殿彻底摧毁。波斯王第一代皇帝居鲁士二世灭亡巴比伦后，于公元前538年允许被掠到巴比伦的犹太人返回耶路撒冷重建圣殿，并将尼布甲尼撒二世从圣殿中掠走的5000余件圣殿器物还给了犹太人。公元前516年，第二圣殿终于修建完成。第二圣殿仿第一圣殿的形式，但较为简陋，其详细情况已无从考证。公元前168年希腊塞琉古王朝安条克四世在圣殿祭坛上向宙斯献祭，激起马卡比起义。起义胜利后，领袖犹大·马卡比重新洁净圣殿。后来犹太人每年的修殿节就是纪念此事。公元前63年，罗马帝国将军庞培闯入圣殿，但没有损毁圣殿。公元前54年罗马进军克拉苏掠夺圣殿宝物。公元前37年至公元前4年，犹太王希律重建第二圣殿。经大希律重修后的圣殿极为富丽堂皇，可与罗马的大庙宇媲美。圣殿是按照传统的格式建造的，但更加高大，还加了一条门廊并装饰得琳琅满目。公元66年反抗罗马的犹太人起义爆发，起义军即以圣殿为指挥中心。公元70年，犹太历阿布月初九，圣殿再次被罗马人摧毁。至今仅存第二圣殿院落西墙的一段。这段墙曾于公元691年并入伊斯兰教的大石岩顶和阿克萨清真寺的围墙，1967年重归犹太教控制。耶路撒冷圣殿虽然现今只有遗址，但作为体现犹太民族精神、宗教信仰的象征，一直是世界犹太人的精神中心。锡安主义者和原居哈尔滨犹太人多数选择返回以色列的重要原因之一就是返回圣殿，寻找心灵的家园。

圣会节　犹太教节日，是住棚节期间的第八天。犹太拉比往往把这一天看成一个独立的节日。因为经书上说：在住棚节的第八天，你们要举行庄重集会，在这一日不可做低下的工作。犹太会堂要在这一天举行纪念仪式，并为求得降雨做特别祈祷。圣会节的第二天就是犹太人的西姆哈斯《律法书》节。西姆哈斯《律法书》节

这一名称在《塔木德》时期尚未出现。《塔木德》在提及时只是用了圣会节第二天这一说法。原居哈尔滨犹太人也比较重视圣会节。

圣幕　见"圣所"。

圣日前夕祝祷　又称"安息日晚餐祝祷"，指犹太人在安息日和犹太教圣日前夕晚餐前举行的一种祝祷礼仪，表示对上帝的感恩。礼仪通常由家翁主持，右手握着盛有葡萄酒的酒杯，首先诵读《希伯来圣经》中有关安息日的章节，然后再颂两段祝词：一是赞扬上帝创造了美酒；二是对上帝创造了安息日和引导犹太人出埃及一事表示感恩。祝祷完毕后，所有在场的人饮酒庆祝圣日的开始。根据部分德国犹太人传统，桌上备有两块面包，用布覆盖，象征当年犹太人在旷野迁徙期间，上帝在安息日降下双份吗哪（谓指精神食粮）一事。如无酒可用，亦可用面包代替。原居哈尔滨犹太人也进行"圣日前夕祝祷"活动。

圣所　又称圣幕，是希伯来人离开埃及前往迦南途中为保存约柜而立的一种帐篷，实际上是古代犹太人的移动式圣殿。据《希伯来圣经》记载，希伯来人在摩西率领下逃离埃及，在抵达迦南前曾在旷野游荡40年。当他们来到西奈山时，摩西得到上帝召见，并从上帝处得到了写有十诫的法版和其他法典。为了保存"约"和"法"，希伯来人制造出了圣所，作为上帝的

行营。据说上帝会在其中显现并宣布旨意。公元前 953 年，耶路撒冷圣殿建成后，约柜移置圣殿安置，圣殿中最神圣的地方称圣所或圣幕。

圣约之子会（B'nai B'rith） 世界上历史最悠久，规模最大的犹太人服务组织，在世界上绝大多数国家设有分支机构。该组织在 1843 年成立于纽约市，其活动包括保卫人权、增进国际文化关系、满足犹太大学生的宗教和文化要求、主办犹太成人和青年教育、支援医疗慈善机关、提供职业辅导、在以色列国内兴办福利事业、赈济灾民以及在各地广泛开展社区服务和福利工作。圣约之子会与各国政府首脑协商人权、移民、极权国家对自由的侵犯、以色列国的地位以及有关全世界犹太人的其他问题。

该会于 1913 年成立反诽谤联盟（Anti - Defamation League）。联合国犹太人组织协调局内有圣约之子会代表。

施利费尔，基蒂亚 又名卡尔曼，原居哈尔滨犹太人。1927 年 6 月 24 日生于哈尔滨。在中国生活多年后移居以色列。在他 75 岁生日时，以色列原居中国犹太人协会曾在其会刊上向他祝寿。

施奈德，索尼娅 原居哈尔滨犹太人，父姓奥格尼斯托娃。1924 年生于哈尔滨。1950 初移居以色列。在以色列嫁给了约尔·施奈德（Yoel

Shneider）。他们的儿子施拉加（Shraga）是独生子。在以色列生活期间，索尼娅一直是以色列原居中国犹太人协会的会员。2009 年 6 月 11 日，在海法病逝，身后留下了丈夫和儿子等亲人。

施皮尔曼，И. 原居哈尔滨的犹太大提琴家，20 世纪 20 年代后期哈尔滨格拉祖诺夫高等音乐学校弦乐四重奏组的主要成员。

施泰纳，纳胡姆 原居哈尔滨犹太人。毕业于哈尔滨塔木德—托拉学校和哈尔滨第一社会商务中学。青少年时期一直活跃于哈尔滨"贝塔"青年组织，是该组织里出类拔萃的优秀运动员。父亲去世后，纳胡姆便成了一家之长，既要照顾妹妹布卢玛（Bluma）和弟弟阿哈龙（Aharon），又要在化妆品商店打工并兼职当数学教师来挣钱养家。在 1949 年新中国成立后不久，施泰纳夫妇去了澳洲的悉尼。纳胡姆在悉尼的一家工厂当经理，一直干到退休。2003 年 8 月 31 日，在悉尼去世，享年 88 岁。

施泰因曼，鲍里斯（鲍勃）·拉扎鲁斯 原居哈尔滨犹太人，澳大利亚新南威尔士州"贝塔"青年组织领导人。1929 年 7 月生于哈尔滨，是拉扎尔·施泰因曼（Lazar Shteinman）家中的独生子。6 岁时随父母去了天津，后在天津加入了"贝塔"青年组织。通过参加"贝塔"青年运动，对锡安主义和犹太历史有了颇多了解和深深的热爱，成为天津"贝塔"组织的骨干成员。

1947年，鲍里斯先于父母移居澳大利亚。在悉尼定居不久，考入悉尼大学化学专业。在悉尼"贝塔"组织的组建者汉斯·德雷尔（Hans Dreyer）的支持下，成为新南威尔士州"贝塔"组织的首任领导人。由于在中国已深谙"贝塔"运动的知识和工作模式，所以到任后工作开展得得心应手并以其特有的个人魅力深受当地"贝塔"青年拥戴。其魅力源自他个人特有的优良品质：相貌英俊，头脑机敏，言语诙谐，干练自信，坚定务实，敢于冒险，勇于实践，看问题深刻，求知欲极强，具有浓郁的民族自豪感和锡安主义热情。他的这些个人特点对于许多逃离欧洲、失去亲人的犹太人和大屠杀的遗孤，是莫大的安慰和鼓舞。"在他的领导下，我们所有在"贝塔"组织中成长起来的人，无不为他个人的魅力、热情和温暖所感染、所影响"（他的一位崇拜者丹尼·罗星（Danny Rosing）如是评说）。

父亲拉扎尔（Lazar）在悉尼开有一家军队用品处理商店。在帮助父亲打理店中业务的同时，鲍勃练就了一流的营销技能。从悉尼大学毕业后，作为谋生职业，鲍勃开过纸板箱生产作坊，承揽过房地产工程——先承建公寓楼，后承建并经营养老院。此外，

还与人合办了一所学校（马萨达学院）。1956年，结识了墨尔本女孩黛安（Diane）并娶之为妻。为了不依赖父母，他们婚后在位于澳洲北部沿海的卡索克拉格地区（Castlecrag）盖起了自己的住房并在那里独立生活，这时，长子大卫已经出世。大卫之后，又添了乔纳森（Jonathan）和露丝（Ruth）。1965年，鲍勃和几位早期移居北部沿海地区的犹太家族建起了当地的犹太走读学校，鲍勃为该校取名为"马萨达学院"（Masada College）。马萨达学院建校以来，在学术上取得了骄人的成绩，2009年，在校学员有500多名。在从事办学活动的同时，鲍勃以锡安主义修正派联盟组织的秘书兼司库的身份继续从事锡安主义活动。黛安的社会角色也很多：出任过澳大利亚犹太社区执行委员会主席（President of the Executive Council of Australian Jewry）；"苏联犹太运动（the Soviet Jewry Campaign）"组织领导人；国际锡安主义妇女组织和犹太社区请愿团（the Jewish Communal Appeal）成员；马萨达学院的管理者。对于黛安的事业，鲍勃均给予了有力支持和鼓励。

1976年，鲍勃罹患了多发性硬化症。此后，为了寻求医疗建议和接受治疗，他远赴纽约著名的梅奥诊所（Mayo Clinic）；常去希腊的克里特岛，每次都要住上三个月进行避暑疗养；

还去过罗马尼亚的疗养胜地。在家人的悉心照料下，鲍勃生命的最后几年过得很充实：与疾病抗争的同时，继续经营他的养老院，还进行滑雪、旅游等活动。2009 年过完 80 岁生日不久，便病重不治，告别了人世。

施泰因曼，拉扎尔 原居哈尔滨俄籍犹太人，生于敖德萨，早年与车里雅宾斯克女子季娜伊达（季娜）·胡托兰斯基（Zinaida Hootoransky）结为夫妻。1917 年十月革命爆发后，偕妻子从俄罗斯迁居中国哈尔滨。1929 年，在哈尔滨生下了他们的独生儿子、日后的澳大利亚新南威尔士州"贝塔"青年组织首领鲍里斯（鲍勃）。1935 年，举家迁往天津，在天津开了一家干货店，生意经营得很红火。在儿子鲍勃于 1947 年赴澳洲之后，亦和妻子季娜前往澳洲，在悉尼定居。拉扎尔在悉尼开设了一家军队用品处理商店，以廉价的特色商品（以前悉尼不曾有同类店铺）吸引了很多顾客。每当来自中国的俄籍犹太移民前来购物时，拉扎尔一家便会尽力相帮：为他们介绍工作，帮他们开店铺，教他们做生意等等。他做事大度，注重诚信，常教诲儿子凡事要顾及自己的名声。1956 年，独生儿子鲍勃迎取黛安为妻，在卡索克拉格地区独立生活，婚后相继生下了三个子女。

施特恩费尔德，索尼娅 原居哈尔滨犹太人，父姓施泰因贝格。1919 年 2 月 25 日生于中国沈阳，后随父母迁居哈尔滨。她父亲瑙姆·鲍里索维奇（Naum Borisovich）曾任哈尔滨犹太宗教公会秘书 10 余年。1950 年 1 月 25 日，索尼娅随 57 人的首批犹太移民团移居以色列，一直住在海法市并在此结婚。她生前是以色列原居中国犹太人协会海法分会的活跃分子，每个周日都去协会总部参加会员聚会。2003 年 2 月 22 日，在海法去世，享年 84 岁。

施瓦尔茨—考夫曼劳动学校 见"哈尔滨犹太妇女慈善会"。

施瓦尔茨—考夫曼，贝尔塔·伊萨耶芙娜 原居哈尔滨犹太医生，著名的社会活动家。1911 年 8 月在俄国伏尔加河沿岸城市彼尔姆与 А.И. 考夫曼结婚，9 月即随其姐姐罗扎先行来到哈尔滨。1912 年 А.И. 考夫曼来到哈尔滨后，与丈夫共同参加哈尔滨犹太社区的社会和政治活动，担任过哈尔滨犹太妇女慈善会会长、哈尔滨"维佐"主席。在她的任期内，哈尔滨犹太妇女慈善会、哈尔滨"维佐"组织在救援欧战犹太难民、促进移民巴勒斯坦方面做了大量工作。1921 年在她的倡议下，哈尔滨犹太妇女慈善会创办劳动学校。1925 年 5 月 4 日施瓦尔茨—考夫曼逝世。哈尔滨犹太劳动学校为纪念她，将校名改为"施瓦尔茨—考夫曼劳动学校"。她的墓穴和墓碑在哈尔滨皇山犹太公墓得到很好的保护和修缮。

◎ 贝尔塔·伊萨耶芙娜·
施瓦尔茨—考夫曼

施瓦尔茨，莫佳 原居哈尔滨犹太人，1898年生于俄罗斯的伊尔库茨克，童年及青少年时代曾在哈尔滨度过，并学习过珠宝首饰加工手艺，后回到俄罗斯在军队服役。俄国国内战争结束后，迁居哈尔滨。1935年与哈娜·济姆列尔（Хана Зимлер）结为伉俪，后来迁居天津，1936年他们唯一的女儿出生。1951年全家回到了以色列，定居在纳塔尼亚，多年从事珠宝首饰加工业，逝世于1990年，享年92岁。

施因菲尔德，O. A. 原居哈尔滨犹太人。1906年从乌克兰的敖德萨来到哈尔滨，是著名编辑，曾为哈尔滨《生活新闻》报编辑部负责人。

什克洛夫，拿单 原居哈尔滨犹太人。1911年生于哈尔滨，1940年代移居加拿大，1950年代赴夏威夷定居。拿单的父亲摩西参加过日俄战争，战后和妻子布鲁玛定居哈尔滨并先后在中国东北境内的几个地方开办了木材加工厂。拿单和夫人在夏威夷故去，他们居住在夏威夷的儿子马克·什克洛夫曾于2005年向以色列原居中国犹太人协会了解其家族的资讯。

《时事通讯》地下刊物 为了让哈尔滨犹太人能够及时了解关于以色列国和世界犹太人的情况，特迪·考夫曼于1948年主办了地下刊物《时事通讯》。该刊物定期发行，但它也曾一度险些被停办。这是因为，一些关心他，担心他出危险的人不想让他继续办这个刊物了，并试图让基谢廖夫拉比说服他。但是，基谢廖夫拉比在与特迪·考夫曼的交谈中，只是让他多加小心，并没有劝说他不办，更没有下命令停办。因为拉比清楚地知道，在那个时期，这是锡安主义运动所必需要做的工作。可是，1949年的一天晚上，特迪·考夫曼被请到了位于面包街（现红专街）上的雅科夫·伊兹赖列维奇·加利佩林的住所，参加原哈尔滨锡安主义组织委员会的秘密会议，出席会议的有雅科夫·武尔福维奇·济斯金德、所罗门·伊萨科维奇·斯皮瓦克、莫伊谢伊·阿布拉莫维奇·兰金和雅科夫·伊兹赖列维奇·加利佩林。出于对特迪·考夫曼的关心，他们劝说他停止印刷和散发

《时事通讯》。但特迪·考夫曼坚定地表示：他要把这个地下刊物继续办下去，保证不会因此牵连到哈尔滨犹太宗教公会，任何人、任何时候也不会在哈尔滨犹太宗教公会、犹太会堂以及任何一个犹太社会公益组织收到《时事通讯》。于是，《时事通讯》得以继续定期发行。1949年9月22日发行了最后一期，刊登了中国犹太人回归巴勒斯坦的消息。

世界锡安主义组织西伯利亚和远东地区移居巴勒斯坦事务驻哈尔滨全权代表办事处 1917年11月《贝尔福宣言》发表后，英国就进占了巴勒斯坦，对其施行统治。1919年巴黎和会原则上同意委任英国托管巴勒斯坦。1920年4月24日，圣雷莫会议决定，将整个巴勒斯坦交给作为委任统治国的英国进行管理。为解决西伯利亚和远东地区犹太人移居巴勒斯坦的问题，同月英国政府正式任命 A. И. 考夫曼为驻哈尔滨全权代表，负责世界锡安主义组织西伯利亚和远东地区移居巴勒斯坦事务。世界锡安主义组织西伯利亚和远东地区移居巴勒斯坦事务全权代表驻哈尔滨办事处就设在马街（现东风街）。

收割节 又称"七七节"。见"七七节"。

受戒礼 （即"成年礼"、"成人礼"），是犹太人的礼俗之一。成年礼通常在犹太男孩满13周岁时举行，典礼之后，该男孩便被当做成人看待，可以加入成年教徒行列。成年礼并非古老习俗，大约到14世纪才开始逐渐形成。古代犹太法学书籍曾经说过，犹太男子年满13周岁后就必须谨守犹太教的613条圣诫。据此，亦有人将其称为受戒礼。成年礼的庆祝仪式一般安排在受礼人满13周岁后的某个安息日在犹太会堂内举行。受礼人要在庆典前相当长的时间内为此作各项准备，包括对《希伯来圣经》的研读和准备讲演。在庆祝仪式上，拉比要为受礼人进行一次特别布道：着重阐明受礼人今后应当承担的责任，尤其是对他的家庭及对犹太人社会的责任；要求受礼人终身遵守《律法书》的诫律，把他的律法知识向子孙传授。受礼人要在庆典上登上诵经坛，用希伯来语诵读《希伯来圣经》中的有关章节，随后发表成年礼讲演，誓言自己将终身遵照犹太教教义生活，献身《律法书》，并对父母的养育之恩表示感谢。成年礼象征受礼人已经成年，并当众表明他作为这个犹太人团体的一名正式成员的新身份。成年礼是犹太家庭生活中的一件大事，庆祝仪式像婚礼一样受到重视。事先要向所有亲友发出正式邀请，庆祝仪式后还要设宴款待亲友，所有客人都会在这时向受礼人赠送礼物，以示最美好的祝愿。根据传统，受礼人的父亲要在这一日赠送犹太祈祷披巾一条。改革派曾自 1810 年起一度废除个人的成年礼，而改为男女青年集体举行成年礼，日子多定在七七节。20 世纪以来又恢复了成年礼，但将年龄推迟到 15 或 16 周岁。目前，随着男女平等思想的普及和深入，除正统派外，其他犹太教派的会堂都开始为年满 13 周岁的犹太女子举行成年仪式，使成年礼成为所有犹太男女跨入成年行列的一种习俗。原居哈尔滨犹太人也举行庆祝成人礼的活动，通常在犹太新老会堂举办，这是犹太人区别于其他民族的重要标志之一。

赎罪日　犹太民族最重要的节日之一，时间为每年 10 月的第 10 日。这一天是犹太人一年中最庄严、最神圣的日子。对于虔诚的犹太教徒而言，还是个"禁食日"，在这一天，完全不吃、不喝、不工作，在犹太会堂祈祷，赎回他们可能在过去一年中所犯的罪过。全世界的犹太人，包括不很虔诚的犹太人也会在这一天去犹太会堂祈祷，参加特别祈祷仪式。这一节日来源于《希伯来圣经》。古老的赎罪仪式为：挑选两头阉过的公山羊，由大祭司当着公众的面在祭坛将其中一头宰杀，作为全体以色列人对上帝的献祭；然后，大祭司用双手按在另一头活着的山羊头上，承认以色列人可能犯下的种种罪孽，把这些罪统统归到羊身上，然后派人把这头羊送到旷野去，让它承担以色列人的一切罪孽。现在，

这一古老的赎罪仪式已被废除，只有少数正统的犹太教徒还每年举行祭坛式赎罪仪式，不过宰杀的不再是羊，而是鸡。大多数犹太教徒则通过祈祷和忏悔表达赎罪愿望。犹太会堂在赎罪日全天举行宗教仪式，有晚间仪式、上午仪式、下午仪式，接着是纪念仪式和结束仪式。在晚间仪式上，拉比手捧《律法书》，全体会众面对开启的约柜肃立，诵读《柯尔·尼德拉》祷词。在纪念仪式上，人们回忆已故亲友，诵读怀念他们的《卡迪什》。在结束仪式上，要表达对以色列上帝的希冀和信仰。最后，象征赎罪日结束的羊角号吹响，号声示意上帝已赦免犹太人的罪过，生活已经翻开了新的一页。拉比和赞礼员在主持仪式上要穿上特别的白袍，以象征纯洁、悔悟、死亡。人们通常用第一人称"我们"而不用"我"表达对自己罪过的忏悔，因为犹太人认为集体应承担个人犯罪的责任。赎罪日要告诉人们的第一件事是承认自己犯有罪过，并对此表示忏悔。第二件是要求人们通过忏悔、赎罪活动，不再重犯以前做过的错事和用实际行动改正自己犯下的罪过。在以色列，这一天全国上下几乎一切活动都停顿下来，不出版报纸，不播放任何电视和广播节目，没有公共交通运输。所有学校、商店、餐馆、娱乐场所和机关企事业单位都 24 小时关闭，整个国家沉浸在一片肃穆之中。

鉴于 1973 年 10 月埃及与叙利亚利用以色列赎罪日不工作、不吃喝的习俗向以色列发动大规模进攻，使以色列遭受重创的历史教训，如今的以色列每逢赎罪日到来之时，军队仍然保持高度戒备。原居哈尔滨犹太人在赎罪日这一天，通常到犹太新老会堂举行忏悔、赎罪纪念活动。

斯基德尔斯基，根丽埃塔·阿尔诺多芙娜 原居哈尔滨犹太人。1881 年出生，社会工作者，著名的哈尔滨斯基德尔斯基家族成员。在哈尔滨生活期间积极从事慈善活动，是哈尔滨希伯来语学校塔木德—托拉的首批教师之一。后移居美国纽约，晚年赴以色列与女儿 A. 佩尔西茨与侄子 M. 斯基德尔斯基相聚，1964 年 8 月于以色列特拉维夫病逝，享年 84 岁。

◎ 根丽埃塔·阿尔诺多芙娜·
斯基德尔斯基

斯基德尔斯基家族 哈尔滨著名的犹太企业家族，主要成员有 Л.Ш. 斯基德尔斯基、所罗门·斯基德尔斯基和谢苗·斯基德尔斯基等人。1903 年，伴随中东铁路的全面通车，Л.Ш. 斯基德尔斯基将自己公司的业务扩展到了中国东北，并从当时的中国政府那里获得了五处森林的采伐权，成为中东铁路公司最主要的木材、燃料供应商。斯基德尔斯基家族的企业涉及林业、矿业、面粉加工业，参与股票交易和银行经营管理，创办进出口公司，并在俄罗斯、英国等国家设立分公司，输出中国原木、胶合板和豆油等产品。此外，斯基德尔斯基家族还积极参与哈尔滨的金融投资和证券交易活动。1922 年，哈尔滨远东犹太商业银行成立，所罗门·斯基德尔斯基是该银行的创办者之一。1924 年，哈尔滨证券交易所成立，所罗门·斯基德尔斯基是交易所的委员之一。在工业方面，斯基德尔斯基家族与中东铁路公司合作，承包经营扎赉诺尔煤矿；与吉林省官股合办穆棱煤矿公司，经营穆棱煤矿。斯基德尔斯基家族的工商业活动对中国东北地区的工业发展客观上起到了促进作用。在哈尔滨犹太社区建设方面，斯基德尔斯基家族也曾作出过很大贡献。1921 年，斯基德尔斯基家族捐资创办了哈尔滨犹太民族宗教学校，为哈尔滨的犹太人子女接受犹太教育提供了机会。1945年苏联对日宣战,苏联红军进驻哈尔滨后,将包括所罗门·斯基德尔斯基在内的一批俄籍犹太商人押解到了苏联集中营。至此,斯基德尔斯基家族在哈尔滨的经济活动完全结束。

斯基德尔斯基,罗伯特 原居哈尔滨犹太人。1939年出生于哈尔滨,是 Л. Ш. 斯基德尔斯基的曾孙,现为英国上议院议员。代表作有《凯恩斯传》,被英国女王授予勋爵称号。2007年、2008年两次重返哈尔滨,踏访哈尔滨新老犹太会堂、原斯基德尔斯基私宅、穆棱煤矿公司办公楼等犹太遗址遗迹,并到哈尔滨犹太墓地祭拜家族先人。

◎ 罗伯特·斯基德尔斯基

斯基德尔斯基,Л. Ш. 原居哈尔滨的著名犹太巨商,哈尔滨斯基德尔斯基家族(旧译为谢杰斯)的开拓者。Л. Ш. 斯基德尔斯基早年出生于波兰,1891年应乌苏里铁路建设者之邀,创办斯基德尔斯基家族公司,开始了其在远东地区的创业生涯。1903年,伴随中东铁路的全面通车,Л. Ш. 斯基德尔斯基将自己公司的业务扩展到了中国东北,并从中国政府获得了五处森林的采伐权,成为中东铁路公司的主要木材供应商。1904年日俄战争爆发,哈尔滨成为俄军后方物资供应总站,Л. Ш. 斯基德尔斯基抓住这一时机发展事业,1904年在哈尔滨建立了"谢杰斯面粉厂",1905年在哈尔滨的新市街(现南岗区大直街)组建了斯基德尔斯基家族公司,主要经营各种木材。1909年以后,他将投资重点转向了煤矿,主要投资扎赉诺尔煤矿和穆棱煤矿,其中扎赉诺尔煤矿是中东铁路最早的煤矿。作为著名的犹太巨商,他在哈尔滨期间积累了巨额财富。1916年,Л. Ш. 斯基德尔斯基去世,留给其继承人(所罗门·斯基德尔斯基等人)的财产除林场外,还有1000万卢布资金。

◎ 建于1914年的 Л. Ш. 斯基德尔斯基私宅
(摄于2010年)

斯基德尔斯基，所罗门·列昂季耶维奇 原居哈尔滨的著名犹太企业家，出生于 1878 年，是 Л. Ш. 斯基德尔斯基之子，1906 年来到中国东北。在哈尔滨犹太社区建设方面作出了很大贡献。1921 年与家族其他成员捐资创办了哈尔滨犹太民族宗教学校——斯基德尔斯基塔木德—托拉经文学校，为哈尔滨的犹太人子女接受犹太教育提供了机会。此外，他还积极参与哈尔滨的金融投资和证券交易活动。1922 年，哈尔滨远东犹太商业银行成立，所罗门·斯基德尔斯基是该银行的创办者之一。1924 年，哈尔滨证券交易所成立，他是该交易所的委员之一。在哈尔滨，以吸收社会政治、文化以及商业精英，秘密互助为宗旨的共济会名单上，所罗门·斯基德尔斯基的名字赫然列于其主要成员之中。不仅如此，1921 年初，葡萄牙驻哈尔滨领事馆成立后，时为葡萄牙裔的所罗门·斯基德尔斯基出任第一任领事。1945 年 9 月，遭苏军内务部队逮捕，1950 年 7 月 15 日，被苏联军事法庭根据苏联刑法第 58 款判处 25 年监禁，1952 年 3 月 24 日死于狱中。1991 年，白俄罗斯最高法院为所罗门·斯基德尔斯基恢复了名誉。

斯基德尔斯基塔木德—托拉学校 即塔木德—托拉小学，1920 年成立，位于道里区东风街（原东风小学校址）。该校系由哈尔滨犹太富商斯基

◎ 所罗门·列昂季耶维奇·
斯基德尔斯基

德尔斯基家族捐建，并以斯基德尔斯基的姓氏命名。学校位于马街（现东风街）22 号，是一座两层的犹太建筑。塔木德—托拉小学是犹太民族宗教学校。学校共有 7 个班级，开设包括犹太传统宗教课《塔木德》和《律法书》及数学、历史、地理、俄语等基础学科。学校归"阿古达特—以色列"宗教协会管辖，并教授"阿古达特—以色列"宗教教义，主要开设与犹太教有关的课程，如希伯来语、《律法书》诵读、《希伯来圣经》选读、拉比犹太教等，同时也教授一些世俗课程。《塔木德》是阐述犹太法典的巨著，同时几乎又是论及各个学科的百科全书，在犹太教的传统地位中仅次于《律法书》；《律法书》则专指犹太教的摩西五经，也包含全部犹太律法、习俗和

◎ 斯基德尔斯基塔木德—托拉学校

礼仪。随着 20 世纪 30 年代大批锡安主义者来到哈尔滨，开始把学校建成一个现代的锡安主义学校。赫尔曼·古德布拉特被任命为校长，他毕业于莫斯科大学，是一名律师。在他的领导下，学校的宗教色彩开始淡化，开始带有锡安主义风格。学生的活动更加自由，除在宗教课堂之外，学生被允许可以不配戴无沿帽，暑假还举办夏令营。此外，两名犹太教师纳德尔和斯卢茨克尔对学校的锡安主义化起了重要的作用。后来，学校更名为犹太国民小学并成为当时哈尔滨当局认可的教育机构。日伪统治时期，学校改称哈尔滨犹太教会私立第一初级小学。20 世纪 50 年代，随着大批犹太人回到以色列，学校的人数开始锐减，平均每个班级只有 5～6 名学生，不久即告停办，原校舍现已无存。

斯基德尔斯基，谢苗·列昂季耶维奇　原居哈尔滨著名犹太企业家，生于 1885 年，是 Л. Ш. 斯基德尔斯基之子，1921 年来到中国东北。在哈尔滨生活期间，他主要参与了斯基德尔斯基家族的商业管理活动，1921 年与家族其他成员捐资创办了哈尔滨犹太民族宗教学校——斯基德尔斯基塔木德—托拉经文学校。除此以外，斯基德尔斯基家族还热衷于资助哈尔滨犹太社区的文体活动。作为音乐爱好者，谢苗与家族其他成员组建了斯基德尔斯基五重奏乐队（用以纪念老斯基德尔斯基）。斯基德尔斯基五重奏乐队在哈尔滨举办过多次演出，乐队的音乐造诣为人所津津乐道，对哈尔滨音乐生活有着重要影响。20 年代后期，在谢苗兄弟的大力资助下，格拉祖诺夫高等音乐学校组建了弦乐四重奏乐队，除此之外，谢苗与兄弟所罗门也

◎ 谢苗·列昂季耶维奇·斯基德尔斯基

给予哈尔滨犹太青年组织"贝塔"和
"马卡比"极大的帮助，除提供必要的
资金和服装费用外，还向"马卡比"
捐献了一艘帆船"Frosia"号，哈尔滨
的犹太青年时常乘它在松花江进行游
览。凭借着雄厚的财力和在犹太社区
中乐善好施的名望，谢苗在哈尔滨犹
太社区乃至俄侨中都享有很高的威望。
1945 年 9 月，遭苏军内务部队逮捕，
于 1948 年 4 月 6 日在监禁地的医院病
逝。1996 年，俄罗斯有关部门为其恢
复了名誉。

斯基德尔斯基，雅科夫　原居
哈尔滨犹太人。工程师，企业家。
1874 年出生于俄罗斯的哥罗德诺，是
哈尔滨著名斯基德尔斯基家族创建者
列昂季·沙耶维奇·斯基德尔斯基的
长子。雅科夫精力充沛、聪明好学，
1898 年毕业于矿业学院后随即来到中
国东北，成为大兴安岭隧道施工负责
人 H. H. 博恰洛夫的助手。在施工结
束后，由于其精湛的专业技术，被中
东铁路部门委派主持满洲里扎赉诺尔
煤矿（Джадайская каменноугольная
копия）的勘探工作。1907 年，进入其
家族企业管理层，被老斯基德尔斯基
授权主持管理家族企业的所有商业活
动，很快海参崴"一等商人行会"将其
吸收为行会成员。1916 年底，由于长
期劳累导致雅科夫的心脏病情加重，
1917 年 4 月，因患心脏病在基斯洛沃
茨克（俄罗斯北高加索的著名旅游疗

养区）去世。

斯卢茨克尔，策利希　原居哈
尔滨犹太拉比兼教师。早年移居哈尔
滨后，一直在塔木德—托拉学校任教，
培养了几代犹太少年儿童。他曾任
"米兹拉希"主席、哈尔滨犹太社区委
员会成员。他和夫人在哈尔滨生养了
一个儿子卡尔曼（Kalman）和两个女
儿——米丽娅姆（Miriam）和汉娜
（Hannah）。

斯莫良斯基，诺伯特　原居哈
尔滨犹太人，后迁居澳大利亚。与弗
列达·希特曼（Frieda Hitman）结为
夫妻。2006 年，在澳大利亚去世。

**斯穆什克维奇，列昂京娜（蒂
娜）**　原居哈尔滨犹太女画家，系哈
尔滨著名粮食出口商所罗门·格莱维
齐和其夫人伊娃·格莱维齐之女。蒂
娜的绘画才能有其遗传因素——她的
姨妈是位舞台艺术画画家。蒂娜 13 岁
时师从俄罗斯绘画大师列宾的一位弟
子阿列克谢·尼古拉耶维奇·克列缅
季夫，在其私人美术工作室学画。这
位俄国画师发掘了蒂娜的绘画天赋并
养成了她对俄罗斯艺术的热爱。经这
位老师力荐，哈尔滨有名的商务俱乐
部举办了蒂娜的首次个人画展。蒂娜
在哈尔滨就读的学校是哈尔滨基督教
青年会培训学校和哈尔滨高等音乐学
校钢琴班，而毕业于两校的时间均为
1949 年。蒂娜的油画融入了俄国、中
国和欧洲诸画派的绘画技法，"看上去

令人赏心悦目，陶醉不已"。蒂娜对中国美术素怀钟爱，认为中国美术家首先尽是些有着传统书法底蕴的画师。她家中从中国带来的工艺品琳琅满目：象牙雕刻品、小铃铛、青铜器皿和乌木雕刻品。在她的画作中也不难看出浓郁的中国风格——那种对主题形象表以平面布景的格调。概括起来，蒂娜的油画有这样的特点：直观、自然、静谧、和谐，与其说是返璞归真，不如说是孩提视角之回归。

1951年，蒂娜和工程师格里戈里·马尔科维奇·斯穆什克维奇在哈尔滨完婚，这对新人新婚燕尔便实施了阿利亚行动（从宗教意义上对犹太人回迁以色列行为的敬重表述）。然而由于职业性质的关系，二人并未马上在以色列定居，而是不断赴香港、西贡和罗马等地旅居。客居罗马的4年中，蒂娜常去当地声名显赫的佛曼提美术工作室（Fomanti Studio），还两次参加过当地举办的画展。夫妻二人后于1972年回到以色列，在拉马特甘市安顿下来。蒂娜在拉马特甘市音乐学院作画并从事钢琴教学。她在特拉维夫和拉马特甘频频举办画展，吸引了国内外许多绘画鉴赏人士，很多国家的博物馆和私人宅邸都挂有她的画作；她的名字可见诸多部百科全书；2006年年初，中国的《北京青年报》还登载过全面论述蒂娜美术作品的专文。我国著名翻译家、画家高莽是蒂娜在哈尔滨克列缅季夫美术工作室学画时的同窗好友。

斯特恩，赫尔穆特 原居哈尔滨的犹太人，著名小提琴家、作家。1928年5月21日生于德国柏林，父亲生于布莱斯劳，当过军官、音乐老师。母亲伊尔泽·施特恩出生在一个音乐世家。赫尔穆特·施特恩5岁时跟随母亲学习钢琴。1937年，也就是9岁上学时，他幸运地得到一把赞助的小提琴。这把琴是有人指定给有音乐天赋的孩子，为此选中了施特恩。他的启蒙老师是盖尔达·毕绍夫。从小他就显露出音乐天赋，并拍摄过儿童广告片。1938年为逃避纳粹迫害，跟随父母从柏林途经意大利、孟买、斯里兰卡、新加坡、马尼拉逃往中国上海。后来在哈尔滨定居11年。斯特

◎ 赫尔穆特·斯特恩

恩在斯基德尔斯基塔木德—托拉经文
学校读书，弗拉基米尔·达维多维
奇·特拉赫金贝尔格是他在哈尔滨的
小提琴老师。经过艰苦的流亡生活，
1942年赫尔穆特·斯特恩14岁时在
哈尔滨举行了第一次小提琴音乐会。
50年后的1992年，他又以德国爱乐
乐团首席小提琴师的身份访问故乡哈
尔滨，在这里演奏了室内乐三重奏。
这期间他捐赠给哈尔滨一台大平台式
钢琴和大量乐谱。晚年著有自传体回
忆录——《弦裂》，该书在德国出版
后，成为畅销书，受到诺贝尔文学奖
作家卡耐蒂的高度赞扬，是20世纪
历史参考书。2002年《弦裂》中译本
在中国出版。

斯特劳斯，琳　1949年出生于
哈尔滨铁路医院（现为哈尔滨医科大
学第四医院），保罗和埃斯特尔·阿格
兰夫妇之女。出生一年后随父母去了
澳大利亚。1955年来到美国，先是在
纽约，后定居芝加哥。其祖父和父母
亲都在哈尔滨生活过，有着浓厚的哈
尔滨情结，视哈尔滨为第二故乡。
2008年9月3日，父母亲从美国回到
哈尔滨，在马迭尔宾馆举行了钻石婚
庆典。2009年5月19日，琳带着丈夫
和女儿一家三口来哈尔滨寻根。她深
情地说：“哈尔滨给了像我的父母这样
的犹太人一个安全的生活环境，我们
会铭记这段历史，更要回报哈尔滨人
的这份恩情。”

斯托夫曼，薇拉　原居哈尔滨
犹太人，父姓罗津。1916年生于哈尔
滨。十几岁时加入哈尔滨“贝塔”组
织，后成为该组织的骨干分子。那时
她虽然身材娇小，但却擅长运动，多
次在体育比赛中获奖。她爱好广泛，
会写诗作画，并且会多种语言。以色
列原居中国犹太人协会会刊就发表过
她用俄语和英语写的一些诗作。薇拉
是个坚定的锡安主义者。20世纪40年
代，苏联驻哈当局取缔了包括“贝塔”
和“马卡比”在内的锡安主义组织，
禁止犹太人进行锡安主义活动。在此
情况下，哈尔滨原锡安主义组织联手
非法成立了“犹太人移居巴勒斯坦促
进委员会”。作为该委员会的成员，薇
拉积极参与委员会的活动。她能使该
委员会委员秘密集会，当时在罗津
（Rozin）公司上班的薇拉主动向委员会
提供办公室。在哈尔滨生活期间，薇
拉嫁给了“贝塔”青年尤里·克莱因
并和尤里生下了他们唯一的孩子，女
儿尤迪特（Judith）。后来，尤里不幸
过早去世，于是，照顾父母和抚养女
儿的重担便由薇拉一人承担。

随哈尔滨的首批移民迁返以色列
后，薇拉的生活又开始了新的一页。
她很快就学会了希伯来语；在以色列
总工会（Histadrut）找到了工作；嫁
给了第二任丈夫雅科夫·斯托夫曼；
生下了他们的孩子阿里拉（Ariela）。
薇拉生前为以色列原居中国的犹太人

协会做过许多工作，自协会成立伊始，她一直担任协会的指导委员会委员和管理委员会主任。在丈夫雅科夫去世后的几年里，薇拉身患重病，以致最后与外界脱离了联系。2003年9月25日，在病痛中离开了人世，享年87岁。

松花江大药房 创办于1918年，位于中国大街（现中央大街），店主是犹太人拉比诺维奇，主要经营各种进口西药和化妆品。

◎ **1920年代的松花江大药房**

松花江制粉厂 1902年，中东铁路公司为吸引俄国商人投资制粉业，投资80万卢布在哈尔滨市埠头区警察街（现道里区友谊路）56号建成松花江制粉厂，全部设备均由俄国引进，所生产的面粉为"军人"牌小麦面粉。同年该厂改为私人经营。历史上的松花江制粉厂曾多次易主和改名，其管理者也随之不断改变，犹太人 Ц. 克里格尔曾担任松花江制粉厂经理。1921年，法籍犹太商人 А. И. 卡干的法国永胜公司收购了松花江制粉厂，将其更名为松花江面粉有限公司。该厂主要生产面粉、小米、玉米、荞麦等产品，产品的3/4供应外地市场，公司在中东铁路沿线均设有仓库。该厂曾是当时哈尔滨最大的制粉厂，拥有三所面粉工厂，年生产能力可达600万普特（约10万吨），工厂职工近600人，其中80余名俄国人，500余名中国人。但由于机器设备陈旧、管理不善等原因，工厂一直经营状况不佳。1931年由美国花旗银行收买继续经营。1937年又由日本人买下，仍沿用原名，日伪后期停办。

◎ **1900年代的哈尔滨松花江制粉厂**

诵经坛 犹太会堂中设置的供诵读经文的讲台。早在公元前5世纪，诵经坛就开始出现。《密西那》中有犹太人在第二圣殿时期使用这一讲台的记录。《塔木德》也提到了在亚历山大城犹太会堂中央设置有一木制高台的情况。诵经坛通常是一木制高台，上置供放《律法书》用的诵经案一张，主要供拉比诵读《律法书》、祈祷、布道、主持宗教仪式使用，是犹太会堂举行各项活动的中心场所。犹太新年时，羊角号也在诵经坛上吹响。犹太教对诵经坛的形状和风格无统一规定，不同犹太社团往往会在犹太会堂中设置风格和样式迥异的诵经坛。由于诵经坛的作用十分重要，其风格和样式往往是设计者所重点考虑的一个方面。从中世纪起，阿什肯纳兹犹太会堂的诵经坛大都设在会堂的中央，以确保诵经人的声音能被所有人听到。然而，在西班牙和意大利，诵经坛则设在会堂的西侧，与约柜遥相呼应，借以保持会堂艺术上的平衡。19世纪以来，越来越多的会堂将诵经坛置于存放《律法书》的约柜前面，使会众的注意力集中于一处。原居哈尔滨犹太人在犹太新老会堂也都备有诵经坛，供拉比诵读《律法书》、祈祷、布道、主持宗教仪式使用。

素祭 古犹太教献祭形式之一。祭物为农产品，如当年成熟的禾穗和面粉等。据《希伯来圣经》记载，献素祭时要用细面浇上油，加上乳香，带到祭司那里；祭司"要从细面中取出一把来，并取些油和所有的乳香，然后要把所取的这些作为纪念，烧在坛上"。祭物必须是无酵的，还不可抹蜜。献祭后所剩的要归给亚伦及其子孙。但亚伦子孙奉献的素祭要"全烧给耶赫维"，自己不可吃。

梭忌奴啤酒厂 见"哈尔滨联合啤酒饮料厂"。

索洛韦奇科，哈伊姆 哈尔滨早期俄籍犹太侨民。1870年在俄罗斯赤塔出生，1914年迁居海参崴，1924年移居哈尔滨，曾在哈尔滨塔木德—托拉学校任教。1927年，索洛韦奇科移居纽约。1929年，在纽约去世，享年59岁。

索斯金，И. Х. 原居哈尔滨的著名犹太企业家，社会活动家。1916年来到哈尔滨，曾担任哈尔滨远东犹太商业银行第一任董事长，也是哈尔滨犹太国民银行的主要发起人，哈尔滨公议会议财经委员会委员。1926年入选哈尔滨参事会参事，是19名参事之一。1928年当选为哈尔滨交易会副主席。还曾担任哈尔滨犹太宗教公会会长。

◎ И. Х. 索斯金

索斯金，С. Х. 原居哈尔滨犹太人，著名犹太商人，索斯金股份公司和索斯金航运公司的创办者。1880

◎ C. X. 索斯金

年出生于俄罗斯克里米亚半岛的一个犹太富商家庭，精通有关经营粮食的业务。在中东铁路通车、大批俄罗斯人移民中国东北之际，他抓住这一有利机会，于1902年来哈尔滨开始了自己的创业之路。起初索斯金选择做木材生意，但效益不佳。不久，日俄战争爆发，战争使其意识到俄罗斯军队将需要大批的小麦和大豆，遂于1904年在哈尔滨开办了索斯金股份公司，成为俄罗斯军队的粮食供应商。1905年日俄战争后，索斯金已经成为哈尔滨小有名气的粮食贸易商。由于战后俄国无力顾及航运，大量粮食、木材、煤炭等物资运输困难，堆积在松花江岸边不能及时外运。在这种情况下，C. X. 索斯金创办了索斯金航运公司。经过几年的发展，该公司成为哈尔滨

航运的一支重要力量。除此之外，1922年，索斯金还在哈尔滨八区开办了两个工厂，即索斯金面粉厂和索斯金榨油厂。C. X. 索斯金作为索斯金家族的代表者，凭借犹太人特有的经商才能，在当时的哈尔滨经济界成为举足轻重的人物。

索斯金股份公司 著名的哈尔滨犹太企业，前身为1904年俄籍犹太商人 C. X. 索斯金创办的索斯金公司。在1911年和1916年，C. X. 索斯金的兄弟 H. X. 索斯金、И. X. 索斯金先后来到哈尔滨。为了扩大公司业务，他们兄弟三人联合成立了索斯金股份公司。该公司为索斯金兄弟的合资公司，总部设在哈尔滨，投资100万美元，分公司分别设在温哥华、伦敦、大连和海参崴。此外，在中国东北铁路沿线和松花江沿岸的主要码头都设有办事处。公司的一切工作由董事会领导，董事长为 C. X. 索斯金，执行经理为 И. X. 索斯金。公司的主要业务是向欧洲出口大豆和动物油，向日本出口大豆、大麻和荞麦等。除出口业务外，索斯金股份公司在哈尔滨还拥有两个企业，即索斯金制粉厂和蒸汽机油坊。

索斯金家族 哈尔滨历史上著名的犹太企业家族。俄籍犹太人 C. X. 索斯金于1902年来到哈尔滨，1904年在哈尔滨创建索斯金商会，主要出口小麦和大豆。1911年，应 C. X. 索斯金的要求，其弟 H. X. 索斯金来到哈尔

滨，为事业的发展增添了力量。1916年，И. Х. 索斯金也来到哈尔滨，兄弟三人共同开展粮食进口以及航运等方面的业务。索斯金兄弟的到来，特别是作为银行家的 И. Х. 索斯金的到来，使索斯金公司得以渡过难关，并且使索斯金公司以及索斯金航运公司的业务得到了巨大的发展。1922 年 Н. Х. 索斯金和 И. Х. 索斯金参与发起创办了哈尔滨犹太国民银行。索斯金家族的 С. Х. 索斯金、И. Х. 索斯金、Н. Х. 索斯金在哈尔滨生活、工作了近 30 年，广泛地参与了哈尔滨的商业进出口贸易、面粉和大豆加工业、金融业、航运业以及哈尔滨的市政建设，是哈尔滨最具影响力的犹太家族之一。在粮食贸易方面，索斯金家族在哈尔滨位居行业的首位。索斯金航运公司在中国东北航运史上也曾产生过重要影响。可以说，索斯金家族的商业活动客观上为哈尔滨犹太社区的发展、壮大起到了积极的促进作用。

◎ 索斯金全家合影

索斯金面粉厂　前身为创建于 1913 年的卡萨特金面粉厂，位于哈尔滨八区（现哈尔滨市道外区），占地面积 2460 平方米，日产面粉 56.6 吨。1922 年，俄籍犹太巨商 С. Х. 索斯金收购卡萨特金面粉厂，更名为索斯金面粉厂。该制粉厂设备优良，有滚轴式磨碾机 9 对，能生产各种高级面粉，昼夜加工量可达 66 吨。此外，索斯金面粉厂还拥有碾米厂，日加工荞麦达 0.12 万普特；黍米磨房，日加工特黍米 0.1 万普特；谷物烘干室，日烘干量达 0.8 万普特。索斯金面粉厂所需小麦均由当地市场购入，产品销往本地及外贝加尔等地。1928 年，索斯金面粉厂被东北官银号购买，改为东兴火磨三厂。

◎ 索斯金面粉厂

索斯金油坊　前身为俄商 1906 年创办的缶沙特金油坊，位于哈尔滨八区（现哈尔滨市道外区），当时有螺旋式榨油机 60 架，日产豆油 4.26 吨、豆饼 41.4 吨。1922 年，犹太商人 С. Х. 索斯金购买该油坊，改名为索斯金油坊，拥有 45 台榨油机，每昼夜可生产 1500 枚豆饼、豆油 4 吨。产品除在哈尔滨本地销售外，还向欧洲出口豆油，向日本出口豆饼。1930 年 3 月，索斯金油坊转手卖给华商吴玉文，更名为庆泰祥油坊。

◎ 哈伊姆·塔德莫尔（左）在耶路撒冷接待中国朋友

Ｔ

塔德莫尔，哈伊姆　原居哈尔滨犹太人，以色列著名的亚述学家和古代近东历史学家之一。1923 年出生于哈尔滨。其父亲来自俄罗斯克里米亚，母亲来自乌克兰，都是犹太人。他们住在犹太总会堂附近的马街（现东风街），小时候哈伊姆·塔德莫尔在斯基德尔斯基塔木德—托拉经文学校学习，1935 年全家迁居到以色列地。哈伊姆·塔德莫尔曾在耶路撒冷的犹太大学学习，就读于以色列最具盛名的希伯来大学，1954 年被授予博士学位（论文是关于古代近东的编年史问题）。后赴美国芝加哥大学东方学学院实习后，1958 年开始在犹太大学教学，是“研究公元前 1000 年历史的主要专家之一，对编年史、历史编纂学和古代近东，包括以色列地的社会制度的研究作出了很大贡献。他利用比较方法全面阐述了在近东文化背景下生成，但后来又称为他的对立面的圣经的产生”（特迪·考夫曼语）。在哈伊姆·塔德莫尔最重要的几部著作中有对亚述和巴比伦皇帝题词的铭文，以及对“皇帝的第二本书的注释”的研究。哈伊姆·塔德莫尔研究了历史文化中的古老文字，特别阐述了古老文字的风格特点。哈伊姆·塔德莫尔是集体著作 1983 年出版的《历史、历史编辑学及阐释：圣经和楔形文字文献的研究》、5 卷本描写波斯时期的《世界犹太史》、《犹太民族史》的合著者之一，这两部书用俄语和希伯来语出版。1971～1982 年哈伊姆·塔德莫尔任《圣经百科全书》的主编。从 1972 年起哈伊姆·塔德莫尔成为科学顾问，1976 年成为俄文版简明犹太百科全书编辑委员会的成员。哈伊姆·塔德莫尔还被选为以色列人文科学院副院长。哈伊姆·塔德莫尔 2004 年 9 月偕夫人玛莉娅和儿子达维德·塔德莫尔来哈尔滨参加黑龙江省社会科学院举办的哈尔滨犹太历史文化国际研讨会，并在会上作了题为《从哈尔滨的犹太民族宗教学校到耶路撒冷的以色列人文科学院》的大会发言。2005 年 12 月 11

日与世长辞，葬于耶路撒冷。

"塔尔布特"协会 世俗的犹太文化教育组织。在彼得格勒召开的第七次全俄锡安主义者代表大会上，决定各地锡安主义组织的所有文化工作都由"塔尔布特"（Тарбут）协会的分支机构进行。哈尔滨的"塔尔布特"协会于1917年成立，目的在于传播希伯来语，促进广大犹太民众通过各种形式参加各个领域的犹太文化建设和创造。

塔利特 祈祷披巾。"塔利特"为白色亚麻布长方形披巾，长150厘米、宽115厘米，两边留有流苏，四角各有一个小孔，带结的绳穗穿孔而过，两端还横贯有若干蓝色或黑色条纹。流苏、绳穗和绳上的结代表犹太教的613条戒律（其中流苏代表600，四条绳穗代表8，绳上的结代表5），蓝色或黑色条纹象征犹太人对耶路撒冷圣殿被毁一事的哀悼，以色列国国旗由此演变而来。"塔利特"一度曾做成长袍或斗篷穿在身上。在大流散期间，为避免遭受异教迫害，犹太拉比决定犹太人只在犹太教会堂和家中举行宗教仪式时使用即可，不必整日披戴。一般犹太人在祝福时只将披巾披在肩上，而正统派犹太教徒则把它顶在头上，用它同时覆盖头部、颈部和双肩。一般犹太人只是在举行宗教仪式时使用，正统派犹太教徒则整日披戴。祈祷披巾作为犹太教的重要礼仪

用品，不仅是父亲在儿子举行成年礼时必送给儿子的礼物，也是新娘在结婚时必需送给新郎的结婚礼物，而且是犹太人死后入殓的随葬品，与死者一同入土下葬。

塔木德经卷 犹太教认为地位仅次于《塔纳赫》的宗教文献。源于公元前2世纪至公元5世纪间，记录了犹太教的律法、条例和传统。其内容主要由三部分组成，分别是密西拿（Mishnah）口传律法、革马拉（Gemara）口传律法注释、米德拉什（Midrash）圣经注释。《塔木德》的内容一共分二十卷，约一万两千多页，两百五十多万字。自公元2世纪中期以来，由犹太人分别以口头或文书记录下来的行为及道德规范等，被全数收入犹太法律总集"密西拿"中，后来经过犹太学者对其中问题的讨论以及经过时代的演变，又有犹太学者编著成了"革马拉"，其后，又进一步补充而成了"米德拉什"。《塔木德》的内容包含了人生各个阶段的行为规范，以及人们对人生价值观的养成，是犹太人对自己民族和国家的历史、文化以及智慧的探索而淬炼出的结晶。《塔木德》是哈尔滨斯基德尔斯基塔木德-托拉学校的主要教学用书。

坦杰特，阿里 原居哈尔滨犹太人，1945年出生于哈尔滨犹太医院，1950年2月返回以色列。其祖父1906年从敖德萨来到哈尔滨。其父1917年

出生于哈尔滨，现年91岁，曾在哈尔滨一家服装店卖服装，与其母亲1940～1941年在青岛相识并结婚。其姐1943年出生在哈尔滨，2004年曾来哈尔滨参加由黑龙江省社会科学院主办的哈尔滨犹太历史文化国际研讨会。阿里·坦杰特现居以色列中部的"阿米卡姆"莫沙夫，从事养蜂业。2008年9月曾偕夫人访问哈尔滨，与黑龙江省社会科学院犹太研究中心达成合作编写其家族历史的意向。

坦杰特，萨穆伊尔 原居哈尔滨犹太人。1917年出生于哈尔滨，毕业于哈尔滨第一社会商务中学，后移居青岛，在丹麦领事馆工作。在青岛，与青岛犹太社团主席的女儿列娅·戈里特施密特结为夫妻。婚后，与妻子回到哈尔滨，在这里，他们的女儿和儿子相继出生。在哈尔滨与青岛居住期间，积极参与"贝塔"组织的各项活动，是哈尔滨"贝塔"的积极参与者。1950年，萨穆伊尔·坦杰特全家回到以色列。在拉玛特甘（Рамат‐Ган）成为哈尔滨"贝塔"农业定居点的开拓者之一。2009年去世，享年92岁。

特拉赫金贝尔格，弗拉基米尔·达维多维奇 原居哈尔滨犹太人，著名的哈尔滨音乐家，匈牙利犹太人利奥波德·奥尔的学生。曾在哈尔滨第一音乐学校任教，担任过学校艺术委员会主席。1935年哈尔滨交响乐团重组后，曾任乐团首席提琴师和指挥。1947年出任哈尔滨苏联高等音乐学校校长。弟子有托利亚·卡缅斯基、加里·布罗温斯基、赫尔穆特·斯特恩、彼得·伯尔顿及许多中国学生。

◎ 弗拉基米尔·特拉赫金贝尔格

特里古博夫，鲍里斯·瑙莫维奇 原居哈尔滨犹太人，1914年5月15日出生在哈尔滨。其父母于1903年从乌克兰迁居哈尔滨。父亲从事毛皮生意，生活富足。1930年，鲍里斯以优异的成绩毕业于哈尔滨俄侨德利足里私立中学。中学毕业后，他与父亲一起从事毛皮生意。1938年8月28日，鲍里斯与玛丽亚·弗拉基米罗夫娜·拉兹诺希科娃结为伉俪。1940年7月20日，他们的女儿季娜出生。1944年6月6日，他们的儿子莫伊谢伊出生。鲍里斯于1936年9月加入哈尔滨"贝塔"组织，为总部成员。全家于1950年3月移居以色列。

特里古博夫，哈里·奥斯卡

澳大利亚亿万富豪，原居哈尔滨俄籍犹太企业家摩西·特里古博夫之子。1933年3月3日出生于中国大连，尚在幼年时便和父母迁居天津。1947年，哈里赴澳洲留学，在悉尼的斯考特学院就读。毕业后，回到以色列，来到父亲厂里工作。后来，开了一家分厂，而且办得很成功。尽管如此，哈里觉得自己知识欠缺，于是在父亲的支持下又去了英国的利兹大学留学，并获得了纺织工程专业的学士学位。毕业后，他相继在以色列、南非和澳大利亚的纺织企业工作，但都没有成功。哈里这时开始认真考虑自己能做什么，哪一行有发展潜力。

总结经验后，哈里决定利用父亲提供的一笔资金，转行尝试在澳大利亚经营房地产。他先在悉尼北区罗斯维尔买了一块地并请了一位建筑师做施工监理，为自己家盖一栋住房。看到这个监理经常喝酒而敷衍工作，哈里就把他辞掉，自己亲自监督施工、解决难题，结果盖好了房子。有了初次的开发经验，1963年哈里成立了梅里顿公寓控股有限公司（Meriton Apartments Pty Ltd），并与人合伙建造一个容纳八个单位的楼群。他又一次淘金成功。

此后半个世纪里，哈里的梅里顿公寓控股有限公司一步步发展成为澳大利亚最大和最成功的房地产开发公司之一。据2012年的福布斯杂志评定，哈里的净资产为40亿美元，位居澳大利亚富豪排名第六。作为主要的住房供应商，他曾向一些政党捐出过巨资并利用自己的影响力寻求改变房贷政策。哈里和他的第二任妻子隆达（Ronda）设立了各种慈善基金，每年要支出约900万美元，用于澳大利亚和以色列的各种慈善事业。

◎ 哈里·奥斯卡·特里古博夫

◎ 哈里·奥斯卡·特里古博夫和
女儿们在天津

特里古博夫，摩西

原居哈尔滨俄籍犹太企业家。生于基辅附近的一个小地方。20世纪初，由于了解到修建中东铁路的哥哥在哈尔滨生活得很好，年轻的摩西也希望能去哈尔滨找到更好的收入来源，于是就启程向哈尔滨行进。在长途旅行途中，他遇到了西伯利亚姑娘弗里达并和她相爱。然后，他们双双来到哈尔滨，投奔到他哥哥那里。

在哈尔滨，由于摩西没有受过多少教育，又没有一技之长，所以日子过得很艰难。于是，他就和弗里达去了大连，投奔他嫂子在大连的众多亲属。他们在大连生下了自己的长子——日后的澳大利亚亿万富豪哈里·特里古博夫。不久以后，摩西一家又迁至天津。摩西在那里开了一家制棉企业，而且经营得非常成功。

1947 年，特里古博夫夫妇移居以色列，而他们的两个儿子则留学去了澳大利亚。摩西在以色列开了一家制棉厂。起初工厂由他一人管理。两个儿子留学毕业后，也从澳大利亚回到以色列，来到厂里和摩西一起经营该厂。后来，大儿子哈里开了一家分厂，而且办得很成功。尽管如此，哈里觉得自己知识欠缺，于是在父亲的支持下又去了英国的利兹大学留学，并获得了纺织工程专业的学士学位。毕业后，哈里在以色列、南非和澳大利亚相继从事经营纺织企业的工作，但都没有成功。总结经验后，他利用父亲提供的一笔资金，转行在澳大利亚经营房地产。结果他的房地产企业由小而大，最后成为澳大利亚名列第 6 位

的亿万富豪。哈里的成功自然离不开他父亲摩西的培养和支持。

特里古博夫，纳乌姆·约瑟福维奇 原居哈尔滨犹太人，以色列原居中国犹太人协会和以色列—中国友好协会的积极活动家季娜·凯达尔女士的祖父。他与妻子吉塔-列亚·莫伊谢耶芙娜·特里古博娃均于 1880 年出生在乌克兰切尔尼戈夫省的斯塔罗杜布县，他们在当地相识相爱并结为伉俪。自 1903 年起，在俄罗斯大地掀起了新一轮的反犹浪潮，这给俄国犹太人造成了生存困境，也使他们产生了极大的恐惧心理，被迫逃往异邦。1903 年，正当 Н. И. 特里古博夫夫妇渴望寻找安身之所的时候，沙皇俄国为实施"黄俄罗斯"计划，出台了向中东铁路地带移民的优惠政策。Н. И. 特里古博夫夫妇果断地抓住了这次重生的机遇。同年，中东铁路竣工通车，为俄人迁居哈尔滨提供了便利条件。于是，Н. И. 特里古博夫夫妇千里迢迢，从乌克兰迁到了社会环境较为宽松的哈尔滨，曾住在面包街（现道里区红专街）25 号。Н. И. 特里古博夫在哈尔滨从事利润颇丰的毛皮生意。他们生活富足，吉塔-列亚·莫伊谢耶芙娜不需要工作，全心全意做家庭主妇。他们曾养育两个儿子，长子莫伊谢伊（Мойсей）于 1909 年 10 月 21 日出生，不幸幼年夭折，所以只剩下一个

儿子鲍里斯（Борис）。1945 年苏联红军进驻哈尔滨之后，特里古博夫一家加入了苏联国籍。以色列建国后，具有锡安主义思想的特里古博夫家族开始着手办理移居以色列的手续。1949 年 12 月 6 日，特里古博夫一家获得了位于上海的以色列移民部驻中国代表处发放的移民许可。1950 年 2 月 22 日，他们获得了天津市人民政府公安局颁发的外侨出境证，1950 年 3 月 1 日成功移居以色列。与其同行的还有玛丽亚的父母亲。他们先乘坐火车到达天津，然后乘船到达香港，再从香港乘飞机抵达以色列的特拉维夫。他们首先被安排在离海法不远的阿特利特（Атлит），在那里暂住一个月，然后被安置在刚刚成立的农业定居点——"阿米卡姆"莫沙夫。

特里古博娃，吉塔-列亚·莫伊谢耶芙娜 见"特里古博夫，纳乌姆·约瑟福维奇"词条。

特鲁姆佩尔道，约瑟夫 以色列民族英雄，1905 年在日俄战争中负伤被俘，期间在旅顺日本监狱中坚持斗争，创办了《犹太生活报》。获释归国途中曾在哈尔滨滞留，并在此建立了"巴勒斯坦农业合作社"。1906 年返回巴勒斯坦，牵头创办以色列最早的农业"基布兹"，并为保卫"基布兹"进行了英勇的战斗，被以色列人民称为民族英雄。现在以色列海法北部靠近戈兰高地的边陲小镇，在他当

◎ 约瑟夫·特鲁姆佩尔道

年最早建立的农业"基布兹"原址和作为抗击外来侵略的要塞上，设有约瑟夫·特鲁姆佩尔道纪念馆。有一首《阿达月的第十一个夜晚》就是歌颂约瑟夫·特鲁姆佩尔道的。歌词大意是："阿达月的第十一个夜晚，一个与众不同、令人痛苦的夜晚；一个男人的激烈打斗，他喊道：死亡是我的愿望，他的声音在回荡，如刀刺入心扉，没有任何恐惧，任何力量都无法让他退却；在年轻人心中，有个声音在回荡，不要恐惧，在那个充满泪水的夜晚"。

通克尔，米哈伊尔 原居哈尔滨知名牙医。在哈尔滨生活和行医多年后，于 1950 年偕夫人和女儿移居以色列。在 40 岁时，就读耶路撒冷希伯来大学口腔医学系，读到硕士毕业。1985 年移居瑞典首都斯德哥尔摩。

2003 年 3 月，米哈伊尔在斯德哥尔摩逝世，享年 89 岁。几天后，他的遗体被运回以色列并葬于特拉维夫市的基里亚特沙乌尔（Kiryat Shaul）公墓。

托佩尔，玛利亚 L. 原居哈尔滨俄籍犹太人，从俄罗斯来到哈尔滨后，加入了哈尔滨犹太贫病救济会（Mishmeret Holim）等犹太福利组织，并成为其中的活跃分子。1929 年 1 月 1 日，在哈去世，被葬于哈尔滨犹太墓地。

W

晚祷 犹太教礼仪之一。犹太教徒每天晚上进行祈祷的仪式。习俗认为，晚祷是为了纪念犹太人祖先雅各在晚上睡梦中得到上帝赐福一事。晚祷在天黑后进行，以诵读《诗篇》有关章节开始，随后是两段对上帝的赞颂，其中一段感谢上帝把《律法书》晓谕给以色列人，感谢上帝帮助以色列人摆脱沦为埃及奴隶一事，最后是为和平和圣城的祈祷。有的教徒在这之后还要默诵《阿米达》和《卡迪什》。原居哈尔滨犹太人也基本遵守晚祷这一犹太教礼仪。

万国救济苏俄饥民协济会 哈尔滨中外社会各界救助苏俄饥民的群众组织。1921 年，经历了四年帝国主义战争和三年国内战争的苏俄已元气大伤、贫困不堪，又逢灾年，粮食减产，人民处于饥饿之中。消息传来，哈尔滨各界、中外各个民族 47 个群众组织发起成立了万国救济苏俄饥民协济会，并在中东铁路沿线各站成立分会，积极开展对苏俄饥荒中人民的救助活动。哈尔滨犹太社区积极参与了协济会的活动，犹太社区领袖 А. И. 考夫曼还担任协济会主席，在万国救济苏俄饥民协济会组织报告、发表演讲、发行慈善券、举办捐款周和义演，还出版了《饥荒》日报，广泛散发，呼吁捐款，并在各商店实行用慈善券找零；铁路职工联合会成员捐出月收入的 5％，影剧院、杂技团也将演出收入的 10％捐献赈灾。仅 1921 年 10 月初，万国救济苏俄饥民协济会就为苏俄灾区乌克兰等地发送了 15 车皮小麦，10 车皮精粉，1 车皮可可，4 车皮糖茶、衣物和药品。对逃难来哈的苏俄灾民、儿童，协济会也精心地安排了救助。1921～1924 年，哈尔滨万国救济苏俄饥民协济会共向苏俄运送粮食、衣物和药品 14 列火车，为苏俄救助灾民、恢复生产发挥了重要作用。

韦尔茨曼，格里戈里 原居哈尔滨俄籍犹太人。中东铁路开通不久，便从俄罗斯迁居哈尔滨。1917 年加入俄国社会民主党。同年，离开哈尔滨，赴哈巴罗夫斯克与"白匪"作战；回到哈尔滨后不久便赴美留学，在芝加哥学习航空工程。大学毕业后，娶了一个美国太太。然而，格里戈里于

1933 年偕夫人去了莫斯科之后，就像许多"西方回归人士"一样，寂然消失，杳无音讯。

韦尔茨曼，索菲娅 原居哈尔滨犹太人。尤迪特·卡尔利克-拜因的母亲，1908 年出生在乌克兰，自幼在哈尔滨长大，1923 年毕业于哈尔滨格涅罗佐娃女子学校。中学毕业后，索菲娅又在一家会计培训班接受系统培训，后来在位于中国大街（现中央大街）的松花江大药房当会计。1950 年回归以色列后，她在一个学校食堂工作，直至退休。

维恩斯坦，约翰 原居哈尔滨犹太人，后移居加拿大，任约克大学教授。

维格多尔奇克-韦尔茨曼，叶娃-伊利尼什娜 原居哈尔滨犹太人。尤迪特·卡尔利克-拜因的外祖母，乌克兰籍犹太人，日俄战争后为逃避迫害从乌克兰南部城市赫尔松迁居哈尔滨。她有三位兄长，即长兄莫伊谢伊·维格多尔奇克、次兄达维德·维格多尔奇克、三兄列夫·维格多尔奇克。1906 年，三兄弟率先从南乌克兰移居哈尔滨。1910 年，叶娃-伊利尼什娜偕女儿索菲娅·韦尔茨曼（Софья Верцман，2 岁，尤迪特的母亲）及长子格里戈里·韦尔茨曼（Григорий Верцман，9 岁）、次子列昂尼德·韦尔茨曼（Леонид Верцман，5 岁）来到哈尔滨投奔兄弟。

◎ 2004 年约翰·维恩斯坦（右）参加哈尔滨犹太历史文化国际研讨会

维格多尔奇克，伊利亚 原居哈尔滨犹太人。1932 年生于哈尔滨。后随家人移民前苏联，在敖德萨居住。2006 年 12 月 1 日，伊利亚·维格多尔奇克在敖德萨去世，享年 74 岁。他身后留下了妻子穆夏和儿子米哈伊尔等家人。

维特林，A. V. 原居哈尔滨俄籍犹太人（1845～1930）。1845 年生于俄罗斯的一个恪守犹太传统的犹太宗教家庭。他结婚很早，婚后定居在叶卡捷琳诺斯拉夫省，在当地从事摄影和印刷工作，拥有一家较大的印刷企业。A. V. 维特林在社会和商业活动方面都很活跃。在他的指导下，当地成立了互助信贷银行（the Mutual Credit Bank）和一所宗教学校。鉴于19 世纪 80 年代当地发生了多起屠犹事件，维特林一家遂离开叶卡捷琳诺斯拉夫，搬迁到了乌苏里斯克。1918 年他的妻子在乌苏里斯克去世，1919 年维特林移居哈尔滨，并在那里度过了余生。他在哲学、文学和经济学方面都有很深的造诣，会讲多种语言。在哈尔滨生活期间，他积极参与犹太人的社会生活，曾在哈尔滨塔木德-托拉学校任教，还经常向《我们的生活》日报社投稿。1930 年去世后，被安葬在哈尔滨犹太公墓。

魏列尔，舒拉　原居哈尔滨及天津犹太人，父姓戈尔德施泰因。1950 年和家人一起回到以色列。生前曾是以色列原居中国犹太人协会海法分会的活跃分子。她的主要职业是在海法的拉姆巴姆医院（the "Rambam" hospital）肿瘤科病房当义工。2008 年 12 月 21 日，舒拉在海法去世。

魏涅尔曼，阿尔伯特　原居上海俄籍犹太企业家，以色列原居中国犹太人协会海法分会前会长。其父亲是原居哈尔滨的俄籍犹太企业家雅科夫·魏涅尔曼，儿子是以中友好协会和以色列原居中国犹太人协会副会长罗尼·魏涅尔曼。1910 年代后期，阿尔伯特父亲的渔业企业受战乱影响，无法在黑龙江流域继续经营渔业捕捞而破产。于是，魏涅尔曼家族举家移居中国，以寻找新的事业出路。他的父母和三个弟弟先是去了哈尔滨，不久又去了天津，在天津落户并开了一家意大利面食厂、一家伏特加酒酿造厂和一家皮革加工厂。与此同时，20 岁的阿尔伯特去了上海，在那里定居

并开了一家意大利面食厂。

1930 年代末，阿尔伯特·魏涅尔曼已经成为一名非常富有的进出口商。他当时结识了上海市中心的一家著名大药房的老板本杰明·什穆列夫斯基和海伦·什穆列夫斯基夫妇，并与他们年轻貌美的女儿埃丝特相恋。1939 年，阿尔伯特和埃丝特成婚。1940 年和埃斯特生下了他们的儿子罗尼。虽然家境富裕，但埃丝特还是去了英籍犹太人沙逊家族的一个公司从事秘书工作。

1948 年，魏涅尔曼一家移居以色列，在海法市定居。刚到以色列时，阿尔伯特打算沿袭家族传统，经营捕鱼和面食加工产业，但当时这两个行业的竞争非常激烈，他感到重操旧业很难成功。尽管他家资丰厚，生活无忧，但他还是在一家炼油厂找了一份簿记员的工作，同时还义务地兼任以色列原居中国犹太人协会海法分会会长。他的夫人埃丝特也在一家石油公司找到了一份秘书工作。找到工作之后，魏涅尔曼夫妇便将他们的儿子送到了一个集体农庄，让他在那里生活、学习和成长。多年之后，他们的儿子罗尼·魏涅尔曼当上了以中友好协会和以色列原居中国犹太人协会副会长，负责协会的组织编制和旅游事务。

魏涅尔曼，埃丝特　又名埃西娅，父姓什穆列夫斯基，原居上海犹太人。父亲本杰明·什穆列夫斯基是上

海一家著名大药房的老板。1930 年代末，年轻貌美的埃丝特与上海犹太进出口商阿尔伯特·魏涅尔曼相识、相恋并嫁给了阿尔伯特。1940 年，他们生下了儿子罗尼。虽然家境富裕，但埃丝特还是去了当时上海最大的、英籍犹太人沙逊家族的公司，从事秘书工作。

1948 年，埃斯特一家回归刚成立不久的以色列国。由于那时条件艰苦，市场竞争严酷，其丈夫没有再经营企业，而是在一家炼油厂从事簿记员的工作，同时义务地兼任以色列原居中国犹太人协会海法分会会长。埃丝特也在一家石油公司找了一份秘书工作。多年后，他们的儿子罗尼承袭了父亲的志向，义务地担任了以中友好协会和以色列原居中国犹太人协会的副会长。

魏涅尔曼，罗尼 以中友好协会及以色列原居中国犹太人协会副会长，原居哈尔滨及天津俄籍犹太企业家雅科夫·魏涅尔曼的孙子。1940 年，罗尼生于上海，父亲阿尔伯特·魏涅尔曼是上海犹太富商，母亲埃丝特是上海一家知名大药房的老板本杰明·什穆列夫斯基的女儿。

罗尼读书所在的犹太学校用英语教学，他和父母平日也讲英语，只是在祖父母来探亲时，全家人才用俄语交流。魏涅尔曼家族不是宗教之家，只有在节假日才去犹太会堂做礼拜，

节假日期间的饮食也由俄式风味换成了犹太风味，偶尔也做中式菜肴。他们家中的"犹太生活"主要是参加上海犹太俱乐部的活动。

1948 年以色列国成立后，魏涅尔曼随父母和祖父母移居以色列，在海法市定居。当时罗尼被父母送到了一个基布兹。

离开基布兹后，罗尼修完了中学课程和以色列理工学院（Technion）工程系的两门课程。毕业后到以色列军队服役并成为空投师上尉级预备役军官。1964 年，他和一位希伯来语学校的教师哈达莎（Hadassa）结婚。1970 年，他来到伊朗，在一家新成立的法国—以色列合资的建筑公司"塞德里克公司"（"Cedrick Co."）工作，担任施工现场的副总工程师，一直工作到伊朗发生伊斯兰革命。

◎（右起）罗尼、罗尼母亲埃西娅、曾外祖母列娜和外祖母卡佳四代人合影

1978 年返回以色列后，罗尼·魏涅尔曼在一家经营建筑和住宅项目的大型工程公司工作。1995 年以后，他一直为国际标准研究所工作并义务地

◎ 罗尼·魏涅尔曼和中国驻
以色列大使馆参赞张小安

兼任以中友好协会和以色列原居中国
犹太人协会的副会长，负责协会的组
织编制和旅游事务。

魏涅尔曼，雅科夫 原居哈尔
滨及天津的俄籍犹太人，以中友好协
会和以色列原居中国犹太人协会副会
长罗尼·魏涅尔曼的祖父，来华前是
俄罗斯阿穆尔河（黑龙江）港市尼古
拉耶夫斯克（即庙街）的一位富裕的
渔业商人，拥有渔船作业范围远达日
本近海的大面积渔场，还有自己的水产
加工厂。十月革命和其后的俄国国内
战争爆发后，魏涅尔曼家族的渔业王
国意外地走向了终结。和成千上万的
其他俄籍犹太人一样，雅科夫决定到
邻近的中国寻找出路。当时，20 岁的
长子阿尔伯特去了上海，在那里忙于
筹建魏涅尔曼家族的新企业；雅科夫
和妻子安娜（Anna）还有其余 3 个儿
子则去了哈尔滨。通过在哈尔滨的短
期居住考察，雅科夫及家人认为，当
时哈尔滨的俄国难民过多，不如国际
港市天津更安全、更利于自己事业的

发展。于是，他们又去了天津，在天
津的英租界落户，并先后开办了一家
意大利面食厂、一家伏特加酒酿造厂
和一家皮革加工厂。阿尔伯特在上海
也经营了一家意大利面食厂，后来还
经营进出口贸易，娶了美貌的妻子埃
丝特，生养了魏涅尔曼家族的骄子罗
尼。魏涅尔曼家族非宗教之家，只有
在节假日才去犹太会堂做礼拜，节假
日期间的饮食也由俄式风味换成了犹
太风味，偶尔也做中式菜肴。通过在
中国近 30 年的生活和奋斗，魏涅尔曼
家族在生活和事业上都取得了极大的
收获。1948 年，他们举家移居以色
列。

◎ 雅科夫·魏涅尔曼和妻子安娜

魏斯宾，纳乌姆 见"布罗温斯
基，伊萨克·埃马努伊洛维奇"词条。

温考，金娜 原居哈尔滨犹太
人。1934 年生于哈尔滨。父母是利霍
马诺夫夫妇。她毕业于塔木德-托拉学
校，曾在位于东商务街（道里西二道
街）的平克学校（the Pink School）就
读。1950 年春，随家人离开哈尔滨，
移居以色列。在以色列嫁给了格

申·温考（Gershon Vincow）先生并与其生下了女儿米歇尔（Michelle）。后来，他们去了美国，在纽约州雪城居住。2006年6月30日，她和丈夫及女儿从美国、她弟弟摩西和弟媳普宁娜（Pnina）从以色列，飞赴北京汇合，然后他们在北京乘同一班机飞抵哈尔滨。在对哈尔滨三天的访问期间，他们参观了犹太遗址遗迹，游览了一些景点和市区，走访了他们在短街（今端街）5号的故居和当年的生活场所。故地重游令金娜兴奋不已。

沃尔芬，马克 原居哈尔滨犹太人，哈尔滨"贝塔"成员，1921年出生在中国的天津。他的童年和少年时光大部分都是在哈尔滨度过的，在哈尔滨曾就读于英式中学。马克后随父母移居到天津，在天津他与奥尔加·卡普兰结为夫妇，并相继抚育了三个孩子。1949年12月，他们一家乘坐"维多利亚"号轮船移居以色列，定居在海法地区。他致力于资助犹太人的各项慈善事业，是原居中国犹太人协会重要的资助者之一。2000年10月，马克在以色列海法去世，享年79岁。

沃甫琪克眼镜公司 原居哈尔滨犹太商人巴尔特和哈明斯于1929年创办，坐落于哈尔滨市埠头区中国大街（现道里区中央大街）89号。

沃利斯基，鲍里斯 见"沃利斯卡娅，贝拉·所罗门诺芙娜"。

◎ 沃甫琪克眼镜公司

沃利斯卡娅，贝拉·所罗门诺芙娜 原居哈尔滨犹太人，出生在俄罗斯南部城市梅利托波尔，父姓为亚布罗娃。父母在青年时代参加了锡安主义运动。1906年，1岁的贝拉·沃利斯卡娅随父母和哥哥伊利亚迁居哈尔滨。其父所罗门·格里戈里耶维奇·亚布罗夫是锡安主义组织的积极成员，曾担任过哈尔滨犹太宗教公会主席。其母尤季菲·伊里尼奇娜和原以色列—中国友好协会会长特迪·考夫曼先生的母亲 Б. И. 施瓦尔茨-考夫曼医生都是哈尔滨犹太妇女慈善会的创始人。贝拉·沃利斯卡娅是"格哈韦尔"和"马卡比"组织的积极分子。中学毕业后，于1924年去了巴黎，在音乐学院学习钢琴演奏。随后其父也去了欧洲。正是在这个时候，"马卡比"哈尔滨分部停止存在。贝拉·沃利斯卡娅的哥哥伊利亚于20世纪30年代初迁居巴勒斯坦。1932年，其母尤季菲·伊里尼奇娜不幸逝世。贝拉·沃利斯卡娅在音乐学院毕业后，成为一名音乐教师，后嫁给鲍里斯·沃利斯基。1936 年，C. Г. 亚布罗夫和女儿、女婿及外孙女季娜迁居上海。1939 年 C. Г. 亚布罗夫逝世于上海，生前他在上海锡安主义运动中具有重要地位。沃利斯基一家于 1949 年迁居以色列。几年后，贝拉·沃利斯卡娅遭受了人生中一次又一次的打击。先是年仅 35 岁、已经成为 3 个孩子的母亲的女儿季娜因患癌症去世，紧接着女婿也撒手人寰。于是贝拉·沃利斯卡娅承担起抚养 3 个外孙的重任。新的不幸又降临到她的头上，大外孙子也因患癌症去世。多年来，贝拉·沃利斯卡娅一直教授音乐课。1980 年，75 岁的贝拉成为原居中国犹太人协会特拉维夫和拉马特甘委员会主席以及原居中国犹太人协会中央委员会主席团成员，享有很高的威望。

沃洛布林斯基，莫伊谢伊　见"沃洛布林斯卡娅-卡茨，加利娅"。

沃洛布林斯卡娅-卡茨，加利娅　原居哈尔滨犹太人，诗人、翻译。1928 年，年幼的加利娅·沃洛布林斯卡娅随父母和姐姐伊琳娜一起来到哈尔滨。其父亲莫伊谢伊·沃洛布林斯基是一位医学博士，在中东铁路中心医院工作多年，1932 年他曾为防治传染性疾病忘我地工作。加利娅的母亲玛丽亚也曾在中东铁路中心医院工作，是一名牙科医生。加利娅在哈尔滨生活了 25 年。其父母极其重视对姐妹俩

◎ 加利娅·沃洛布林斯卡娅

的教育，加利娅先在德国人、后在英国人开办的学校就学。1938 年，由于所就读的学校被日本人关闭，她不得不到商务学校读七年级，就在毕业前一个月，苏联人开办的学校也被关闭。1939～1945 年，加利娅和姐姐只能在家里学习。一位中国教师、原驻符拉迪沃斯托克的领事每周三次到她家授课，教授汉语、历史和哲学。1945 年 8 月 9 日，加利娅的父亲被日本人抓进监狱。随着日本战败投降，他被从日本监狱释放出来。加利娅和姐姐也终于获得了学习和工作的机会。1945 年 10 月 2 日，加利娅考入中长铁路局供职，做秘书和中文翻译工作，负责联系苏联和中国行政部门的事务，衔接双方工作人员的工作。1945 年 12 月 2 日她考入哈尔滨工业大学机械系夜校部（每天 15：00～21：00 上课），1950 年毕业。从 1949 年起，她开始在中长铁路局担任经济师，主要从事统计商品周转量、价格、月价格变动指

数、铁路经营的折旧费等项工作。她还按要求，每周三次提前一小时上班，用中文向中国同事传授铁路知识（机车车头、煤炭装卸和经济知识）。后来她在管理局的中枢——经济计划处工作，主要任务是根据货流量计算车头、车皮和工人数量，这些是铁路运行的基础资料。她的姐姐伊琳娜·莫伊谢耶芙娜·沃洛布林斯卡娅从1945年起任哈尔滨工业大学干部处长和教员。由于父亲在日本人监狱期间身体受到很大影响，所以出狱后身体一直不好，于1948年去世。1952年，加利娅与母亲和姐姐一起回到以色列。1956年嫁给卡茨先生。1956年，她应聘到特拉维夫产品学院技术部工作，在此岗位上工作多年，后来又在国家研究与发展科学委员会的科学信息中心任工程师顾问。收集世界各国不同语言的信息和资料，并最先向国家提供某些领域使用的原材料、工艺方法、设备和工作程序等技术信息。目前，她为以色列—中国友好协会和以色列原居中国犹太人协会理事会理事，继续为中以友好作着贡献。2004年，80岁高龄的加利娅·卡茨应黑龙江省社会科学院的邀请参加了在哈尔滨举行的"哈尔滨犹太历史文化国际研讨会"并在大会上作了精彩的报告。字里行间体现了她对第二故乡——哈尔滨的无限热爱。

沃洛布林斯卡娅，玛丽亚　见"沃洛布林斯卡娅-卡茨，加利娅"。

沃洛布林斯卡娅，伊琳娜　见"沃洛布林斯卡娅-卡茨，加利娅"。

◎ 伊琳娜·沃洛布林斯卡娅

沃伊汉斯卡娅，玛利亚　1915年2月出生于中国东北的一个犹太畜牧商人家庭，是家中七个孩子中最小的一个。在乌克兰大屠杀期间，其父母从敖德萨前往远东，定居在乌兰巴托经营畜牧贸易，不久后移居中国哈尔滨。13岁时，父亲因车祸去世，因此，玛利亚17岁时就开始外出工作，用以帮助家庭。在哈尔滨期间，玛利亚嫁给涅马·别尔什泰因，并育有一个女儿，不幸的是，第一次婚姻并不成功，不久，玛利亚搬到天津生活，并再次结婚。1949年11月，玛利亚随家人乘"维多利亚"号移居以色列，同年年底，轮船停靠到海法。在以色列，玛利亚先后迁居耶路撒冷及海法，期间玛利亚从事中国艺术品的销售贸易。1960 年，玛利亚全家移居特拉维夫。2000 年 11 月 30 日，因病去世，享年 85 岁。

乌里施捷因，И. М. 见"哈尔滨弦乐四重奏组合"。

"乌尼昂"服装店 又称"统一"服装店，犹太商人斯钦于 1931 年创办，位于埠头区石头道街（现道里区地段街）41 号，主要经营男女上装、毛皮制品、英国纺织品等，同时接受服装订做业务。

◎"乌尼昂"服装店

午祷 犹太教礼仪之一，日祷的组成部分。犹太教徒每天下午进行的祈祷仪式，是一日三祷中最简短的一次祈祷。午祷是为了纪念犹太人先祖以撒，因为《希伯来圣经》曾提到"天将晚，以撒出来在田间默想"。和晨祷一样，到了拉比时代，午祷被解释为用来纪念圣殿傍晚举行的以羊献祭习俗。习惯上，午祷在犹太会堂举行，而且时间尽可能在傍晚进行。午祷的主要内容是诵读祷词《阿西

雷》、《阿米达》等。原居哈尔滨犹太人也基本遵守午祷这一犹太教礼仪，但午祷往往要需占用工作时间，因此参加的人数不及晚祷多。

舞台艺术团 由俄罗斯侨民组成的哈尔滨艺术团体，成立于 1946 年。年轻的犹太导演尤里·利沃维奇·霍罗什为该艺术团的艺术指导，团里汇集了许多具有表演天才的年轻犹太演员。舞台艺术团于 1946 年 10 月 1 日开始活动，9 年间共举办 115 场首演，上演 325 场剧，基本上是现代剧，也演出过一些国外的经典剧目。1951 年，舞台艺术团与专业的托姆斯基剧团和 А. 比比科夫指挥的乐队合并。1955 年 5 月 28 日，举办最后一场晚会。后来，该艺术团成员几乎都回到了苏联。

X

《西伯利亚—巴勒斯坦》周刊 该刊为哈尔滨历史上最重要的犹太刊物《犹太生活》的前身。1920 年，锡安主义运动领袖亚历山大·叶夫泽罗夫在从俄国西伯利亚经中国去巴勒斯坦的途中，首先来到了满洲里。满洲里的犹太学校为他举办了欢迎宴会，犹太社区的许多人都参加了宴会。在宴会上，А. 叶夫泽罗夫指出在远东创办犹太刊物的必要性，并号召满洲里犹太社区支持他的这一主张。М. Я. 莫伊谢耶夫当时任满洲里犹太公会委

◎《西伯利亚—巴勒斯坦》周刊

员会主席，同时兼任宗教分委会主席。为了帮助 A. 叶夫泽罗夫实现愿望，М. Я. 莫伊谢耶夫专程陪他来到哈尔滨，哈尔滨犹太公会为此专门召开了全体大会。这一具有历史意义的大会是在 И. Х. 索斯金主持下进行的。会议决定立即创办犹太杂志，由 A. 叶夫泽罗夫担任杂志的出版者和主编，杂志命名为《西伯利亚—巴勒斯坦》。在哈尔滨做短暂停留之后，A. 叶夫泽罗夫去了上海。1920 年 10 月 1 日，他与另一位锡安主义运动领袖莫伊谢伊·诺沃梅伊斯基在上海创办了锡安主义杂志——《西伯利亚—巴勒斯坦》周刊。1920 年 12 月 3 日随着上海的巴勒斯坦远东情报局迁至哈尔滨，该杂志开始在哈尔滨出版，后来成为远东犹太社团联盟巴勒斯坦联合会的机关刊物。1921 年 3 月，远东犹太社团联盟巴勒斯坦联合会解散后，该杂志归重新组建的战斗协会管理，协会的主席为 П. К. 别尔曼。1924 年 1 月 17 日，该杂志由锡安主义远东局的机关刊物转变为社会文化周刊，报道远东地区的社会文化生活。从 1925 年 1 月

起杂志更名为《犹太生活》，但在括号里注明《西伯利亚—巴勒斯坦》字样。最初的 20 期杂志由 A. 叶夫泽罗夫主编，直至 1943 年 6 月德国驻东京大使迫使日本政府关闭该杂志之前，一直由阿布拉姆·考夫曼医生担任杂志主编。

西伯利亚犹太文化未来联盟图书馆　创办于 1918 年，1922 年与中东铁路联合会图书馆合并。

西特林，瓦尔特　原居哈尔滨俄籍犹太人，上海及东京犹太社区原领导人。1913 年生于乌克兰基辅市；1917 年随家人迁居海参崴；1923 年随家人迁居哈尔滨；1929 年毕业于哈尔滨第一社会商务中学；同年，赴加拿大温哥华留学，在英属哥伦比亚大学攻读文学。1931 年，鉴于日本人占领中国东北后西特林家族在哈尔滨的企业日渐衰落，瓦尔特遂于 1932 年辍学返哈。回哈不久他又考入香港大学，改读更有实用价值的土木工程专业并于 1936 年毕业。1938 年，瓦尔特与香港大学医学专业的在读校友朱迪·齐林斯基结为夫妻。婚后朱迪继续读书，瓦尔特则继续在某企业当土木工程师。1939~1940 年，他们获得了英国国籍。1940 年，二人移居上海。因拥有英国国籍，所以在珍珠港事件之后，他们便成了日本人的"敌国公民"，并于 1943 年被日本人关押到了一所平民拘留营。1945 年获释后，西特林夫妇仍

留居上海，同时继续打理其家族企业。这期间，瓦尔特深入参加了上海犹太社区的事务，相继担任上海犹太学校校务委员会主席、上海犹太人俱乐部经理和上海犹太人移居以色列代表处（PALAMT）主任等职。对于许多无国籍的犹太人和欧战难民来说，这一时期相当艰难，因为他们无法选择自己的出路。瓦尔特领导的上海犹太人移居以色列代表处使这些犹太人摆脱了困境，帮助数千犹太居民成功移民到了以色列。上海解放后，西特林夫妇便迁居香港。在香港，瓦尔特代表以色列政府设立了移民办事处，继续为犹太人迁离中国，回归以色列奔忙。

1953年，西特林夫妇移居日本，在日本一直生活到1995年。在战后日本犹太社区的发展方面，瓦尔特发挥了关键作用。1966～1981年，担任东京犹太中心主任（President of the Tokyo Jewish Community Center），使该中心成为东京犹太人从事社会、文化和宗教活动的家园。1981～1994年，瓦尔特一直担任东京犹太社区主席之职；1995年退休后，荣膺社区名誉主席之终生荣誉头衔。1996年，瓦尔特和妻子朱迪迁居美国。1999年8月5日，瓦尔特在美国加州奥克兰市病逝，享年86岁。他的遗属有妻子朱迪、儿子杰克、大卫、丹尼尔，以及逝者的其他后辈亲人。

希伯来大学 以色列最著名的高等学府，全称耶路撒冷希伯来大学，1918年筹建，1925年4月1日落成开学。该大学创办于锡安主义运动兴起之初，目的是弘扬犹太文化。学校设人文、社会科学、自然科学、法学、医学、牙科学和农业科学六个部，下属12个学院和60多个多学科协调的研究中心。该大学不仅是以色列的教学中心，也是科学研究中心。它在农业灌溉、医学等领域的研究水平处于世界领先地位。原居哈尔滨犹太人曾集会庆祝希伯来大学组建，还有若干原居哈尔滨犹太人回到以色列后在希伯来大学就学或任教。

希伯来圣经 犹太教的正式经典。除个别段落用阿拉米文写成外，绝大部分用古希伯来文写成。作为希伯来正典，其分为三大部分，即：（1）律法书（或称"摩西五经"）。主要记载古希伯来传说中世界与人类的起源和以色列民族的形成与发展的历史。犹太教认为，律法书是上帝所晓谕的律法诫条，阐明了上帝与以色列人的特殊关系，必须谨守遵行。（2）先知书。分为前先知书与后先知书。前先知书又称"历史书"，记载希伯来重要历史人物的事迹，集中反映了以色列民族的兴衰历程；后先知书记述诸先知的实迹和言论。（3）圣录，亦称"圣文集"，包括诗歌、智慧书与戏剧故事等。希伯来正典卷数总计为24卷，故又称《二十四书》。原居哈尔滨犹太人同世界犹太人一样，视《希伯来圣经》为犹太教的经典。

希伯来语培训班　以色列建国后，哈尔滨犹太人开始为迁居以色列做准备。特迪·考夫曼也在此时贡献了自己的力量。1948 年秋，他在位于第三□子街（现经纬三道街）的家中举办了希伯来语培训班。在他的恩师、锡安主义者 Л. И. 纳德尔的指导下，特迪·考夫曼给约 20 人上课，每周上课两次。该培训班一直办到 1949 年 10 月。

希费尔布拉特，H. A.　原居哈尔滨的犹太著名小提琴家。早年曾任格鲁吉亚国立歌剧院首席小提琴手，后进入彼得堡音乐学院深造，是奥尔大师的高徒。毕业后成为举世闻名的德国梅克伦堡弦乐四重奏组成员。1920 年来到哈尔滨，曾在格拉祖诺夫高等音乐学校任教，是当时哈尔滨弦乐四重奏组的第一小提琴手。1925 年东渡日本，受聘担任东京音乐学院教授。20 世纪三四十年代在哈尔滨和上海较有名气的隆斯特列姆爵士乐队的指挥奥列格·列奥尼多维奇·隆斯特列姆和其弟伊戈尔曾师从于 H. A. 希费尔布拉特。

希克曼，伊萨克　原居哈尔滨犹太商人，1909 年生于哈尔滨，家住哈尔滨埠头区炮队街 15 号的一幢土坯房。曾就读于哈尔滨的一所俄罗斯学校。10 岁时被送到天津的一所法国寄

◎ H. A. 希费尔布拉特

宿学校读书。毕业后又上了天津的一所英国学校。毕业后，在一家犹太人办的皮草公司就业，常去东北和山东半岛各地出差，收购毛皮。后来，他在天津和北京开办了自己的毛皮商店。1943 年，伊萨克和自己店铺中的一个中国女会计相识、相恋。1945 年日本投降后，伊萨克和那位中国姑娘不顾双方父母反对，毅然完婚并定居北京。在北京不大的犹太人社区中，伊萨克当选为社区领导人。20 世纪 50 年代，在华犹太侨民大多离开中国，移民去了以色列、美国和澳大利亚，而伊萨克一家直至 1967 年中国的"文化大革命"运动风头正劲时，才离开中国，移居以色列。此后，伊萨克一家一直在内坦亚市定居。伊萨克的那位华裔夫人在耶路撒冷的希伯来语大学教了

20 年汉语。伊萨克的女儿茨维·鲍曼（Zvia Bowman）博士是北京生人，现在伦敦大学的东方及非洲研究院和国王学院任教，讲授汉语。1999 年夏，她曾回哈尔滨和北京探访故里，尔后写了"中国还乡记"一文。21 世纪初，她还写了一部关于哈尔滨犹太社区史的专著。

锡安工人党　近代最早的社会主义锡安主义政党。该党自认为是无产阶级锡安主义者，主张只有在犹太工人阶级领导下，在巴勒斯坦建立社会主义犹太国，锡安主义才能取得成功。文化锡安主义、务实派锡安主义、领土主义等不同倾向在该党内部都有追随者。一些成员自认为是马克思主义者，另一部分成员则拒绝接受马克思主义。最具影响和代表性的思潮有三种：一是塞尔金主义，主张锡安主义一开始就应当是建立在生产资料公有制基础上的社会主义垦殖，资本主义道路在巴勒斯坦应当避免，社会主义者在从事垦殖事业的同时就应当为社会主义奠定经济、社会基础。二是包罗霍夫主义，认为巴勒斯坦犹太社团必须首先发展资本主义，然后向社会主义过渡，锡安工人党的任务不是参加锡安主义，而应是建立犹太无产阶级的阶级组织，开展阶级斗争，为巴勒斯坦的社会主义革命创造阶级基础。三是以大卫·戈登为代表的倾向，它对上述两种思潮都持拒绝态度，而只

强调犹太移民通过艰苦的、自食其力的农业劳动，把自己改造为扎根于巴勒斯坦土地上的劳动者阶级。锡安工人党并不是一个有着统一组织的政党，第一个定名为锡安工人党的组织于 1897 年出现在俄国的明斯克，同类性质的组织随后几年陆续在俄国各地和波兰、德国、奥匈帝国、英国、美国及巴勒斯坦出现。俄国锡安工人党组织是各组织中规模和影响最大的组织，1905 年党员达到 5.6 万人。锡安工人党代表参加了历届世界锡安主义者代表大会。美国锡安工人党领导人纳赫曼·塞尔金和俄国波尔塔瓦锡安工人党领导人包罗霍夫是锡安工人党最有影响的思想家。锡安工人党的成员在移居巴勒斯坦后，成立了各种组织，成为巴勒斯坦社会主义犹太复国主义的先驱。20 世纪 20 年代，各国各地区的锡安工人党逐渐瓦解。哈尔滨犹太人中也有锡安工人党成员，他们曾一度领导过犹太音乐—文学—戏剧协会"伊玛尔达戈"。

锡安主义　既指犹太民族还乡复国的思想，也指犹太人以还乡复国为宗旨的运动。目标是号召散居在世界各地的犹太人重返古代故乡巴勒斯坦，在那里重新建立一个以犹太人为主权民族的国家，复兴整个犹太民族。锡安主义是失国流亡的犹太人在异国他乡产生的一种回乡观。当这种回乡观与犹太人的宇宙观与在救世主降临时

得到解放的思想融合在一起时，便成
了犹太人所特有的一种人生观——希
望有朝一日会重新回到"上帝应许之
地"，在那里自由自在地生活。犹太历
史上一再出现的假"弥赛亚"，就是犹
太民族希望得到解放并回到祖先土地
上的思想的产物。17 世纪以后，犹太
人更是不断发表号召重建犹太人国家
的文章和著作。但在 19 世纪中叶以
前，并没有发展成系统理论，因而对
犹太人的影响不大。1897 年 8 月 29～
31 日，第一届世界锡安主义者代表大
会在瑞士巴塞尔召开，标志着现代锡
安主义运动在世界上的正式开端。锡
安主义曾是哈尔滨犹太人的重要政治
主张，也曾经是哈尔滨锡安主义者为
之努力的基本奋斗目标。

锡安主义党 1930 年，锡安主
义党在巴勒斯坦成立。因它代表中产
阶级的锡安主义者，所以受到资本家、
工商企业家、商人和农场主的支持。
1961 年锡安主义党与进步党合并，成
立了以色列自由党。1965 年自由党与
自由运动联合组成加哈尔集团，以后
发展为著名的利库德集团。除了在以
色列，锡安主义党在国外也有一些分
支机构。以色列第一任总统哈伊
姆·魏兹曼、世界锡安主义组织主席
纳胡姆·戈尔德曼、前美国最高法院
首席大法官路易斯·布兰代斯等著名
人士都属于这个组织的成员。因此在
某种意义上，它在以色列国外的影响

远大于在以色列国内。1963 年锡安主
义党世界联盟分裂为两个部分。原居
哈尔滨犹太人移居美国和以色列以后，
分别有一部分参加了所在国家的锡安
主义党。

夏皮罗，阿里埃尔 原居哈尔
滨犹太人。莉季娅与康斯坦丁·夏皮
罗的次子，1926 年 12 月 1 日出生于巴
勒斯坦，与约瑟夫·夏皮罗是双胞胎
兄弟。1928 年随父母来到哈尔滨。
1950 年由哈尔滨移居以色列，进入以
色列空军部队服役。1961 年移民美国
与父母团聚，曾开办过旅行社，2008
年 1 月去世，享年 81 岁。

夏皮罗，康斯坦丁 见"切尔
尼亚夫斯卡娅，莉季娅"。

夏皮罗，迈克尔 原居哈尔滨
犹太人后裔。莉季娅与康斯坦丁·夏
皮罗的五子，毕业于哈佛大学，曾任
美国布朗大学斯拉夫语言学教授，退
休后定居洛杉矶，其后裔在日本工作。

夏皮罗，雅科夫 原居哈尔滨
犹太人。莉季娅与康斯坦丁·夏皮罗
的三子，1928 年 8 月 26 日出生于哈尔
滨。在日本定居多年，主要从事进出
口贸易，1956 年移民美国，起初为哥
伦比亚电影公司服务，后来供职于二
十世纪福克斯电影公司，曾在电影公
司担任首席执行官长达 30 年。1976
年，与一位日本妇女结婚，育有三个
女儿，退休后定居洛杉矶。

夏皮罗，伊萨克 原居哈尔滨

犹太人。1931年伊萨克·夏皮罗在日本出生，1932～1936年在哈尔滨度过他的童年。他的外祖父亚伯拉罕·切尔尼亚夫斯基和外祖母埃斯特·切尔尼亚夫斯卡娅于1905年从沙俄排犹的中心城市敖德萨举家来到哈尔滨，母亲莉季娅·切尔尼亚夫斯卡娅1922年毕业于哈尔滨格涅罗佐娃女子学校，后赴德国柏林音乐学院学习钢琴，在柏林与康斯坦丁·夏皮罗结婚。1926年父母去了巴勒斯坦，两年后带着夏皮罗的双胞胎哥哥回到哈尔滨。1930年音乐家康斯坦丁·夏皮罗夫妇去日本，1932年他母亲带着三个儿子回到音乐家云集的哈尔滨，直到1933年11月谢苗·卡斯普被绑架迫害致死后，伊萨克·夏皮罗一家离开哈尔滨，辗转到美国。伊萨克·夏皮罗毕业于美国著名的哥伦比亚大学法律系，1957

◎ 伊萨克·夏皮罗

年开始从事商业法律工作，是美国世达律师事务所（系全美最大的律师事务所，约有专职员工1700名，分布在全世界21个国家和地区）的著名律师。担任过美国著名运动员辛普森涉嫌杀妻案的辩护律师，以无罪释放辛普森而更加出名。伊萨克·夏皮罗精通英语、俄语、日语。

夏皮罗，约瑟夫 原居哈尔滨犹太人。莉季娅与康斯坦丁·夏皮罗的长子，伊萨克·夏皮罗的哥哥。1926年12月1日出生于巴勒斯坦，1928年随父母来到哈尔滨。在苏联出兵东北后，移民苏联并服过2年兵役，随后进入苏联内务人民委员会担任口译官，育有两女。2002年12月，在海参崴逝世，享年76岁。

谢杰斯制粉厂 1904年，俄籍犹太巨商斯基德尔斯基家族（旧译谢杰斯、谢结斯）在哈尔滨的傅家甸（现哈尔滨市道外区）开办了谢杰斯制粉厂，占地面积1400平方丈，分动力、净麦和制粉三部分，主要产品为面粉。该厂有工人40名，每日工作时间为12小时，日制粉量达19吨。制粉厂由经理全权负责，下面具体分设采购、保管和推销等几个部门。1913年，斯基德尔斯基家族将谢杰斯制粉厂转卖给华商李祖盛，改名为成泰益制粉厂。

辛格，埃玛 原居哈尔滨及上海犹太人，父姓戈卢比茨卡娅。在哈尔滨出生长大。中学毕业后不久便去了上海，在上海认识了塞缪尔（Samuel）·辛格并嫁给了他。1952年，他们去了加拿大，在蒙特利尔定居。先后生下了鲍比（Bobby）和黛安娜（Diana）两个子女。在丈夫塞缪尔于1990年去世后，埃玛把自己的生活重心放在了对子女的关爱上，直至2009年在蒙特利尔去世。

辛格尔，贝芭 原居哈尔滨犹太人。毕业于哈尔滨商务学校。后随家人迁居上海，在上海圣约翰大学就读化学专业至毕业。后来，贝芭去了美国，在旧金山定居，当了多年旧金山远东协会会员。2005年5月4日，在旧金山去世，享年87岁。

欣策，迈克尔 原居哈尔滨犹太人，澳大利亚及英国的企业家、慈善家和政治赞助人。他身为贵族的祖父母在俄国十月革命前后逃离俄罗斯，迁居哈尔滨。迈克尔本人出生于哈尔滨，1950年随父母移民澳大利亚悉尼。在悉尼，迈克尔先是毕业于一所基督教兄弟学校；尔后又在悉尼大学物理工程系学至毕业。他还取得了新南威尔士大学声学专业的理学硕士、哈佛商业学院的工商管理硕士以及新南威尔士大学商业荣誉博士等学位。

大学毕业后，他在澳大利亚军队服役三年并升任上尉官职。在赴纽约进行金融培训之后，迈克尔便就职于所罗门兄弟公司（Salomon Brothers

◎ 迈克尔·欣策

Inc）和瑞士信贷第一波士顿银行。在调赴伦敦工作若干年之后，他又到了高盛公司，出任股票交易部经理。1999年，迈克尔创办了自己的CQS对冲基金公司。该公司所属的CQS资产管理公司所管理的资产就高达110亿美元。由于个人资产迅速膨胀，所以他当时被当地媒体评价为伦敦最有钱的大亨之一。他和美籍妻子多萝西（Dorothy）相识于哈佛大学，二人婚后生养了4个子女。一家人住在伦敦西南的巴勒姆（Balham）地区。

在事业发达之后，欣策和妻子多萝西设立了"欣策家族慈善基金会"（the Hintze Family Charitable Foundation）。截至2011年，该基金会已对150多项不同的社会事业给予了慈善资助，其资助范围主要集中在卫生、教育、宗教和艺术等领域。他在悉尼大学出资设立了国际安全教授的职位，梵蒂冈的使徒圣保罗教堂内米开朗基罗的壁画得以修复；在维多利亚和阿尔伯特博物馆赞助开设了两个美术馆。他也向英国的旺兹沃思博物馆提供过 2 百万英镑的救助资金。欣策家族慈善基金会还被列为英国国家大剧院终身捐助者名单。在政治方面，欣策一贯支持英国保守党。截至 2011 年 10 月，按照已公布的数额统计，他一直以来为保守党提供的政治献金共有 400 万英镑。

新哈尔滨大药房　创办于 1917 年，坐落在邮政街和义州街角（现南岗区果戈里大街）。店主是犹太商人马其耶夫斯基，主要经营各种进口西药和化妆品。

◎　新哈尔滨大药房

新月节　犹太教次要节日。按犹太教规定犹太历每月之首为新月节。新月的出现，表示又一个新时期的开始，因而具有强烈的象征意义。对以色列人来说，它象征新生活的开始、改过自新后的开始和雨水冲洗辉煌的开始。它既是个庄严的日子，更是个喜庆的日子，故在这一日不得禁食或哀悼。现代礼仪主要是在此日之前的

安息日诵读祝词，歌唱或诵读颂赞诗篇中有关新月节的部分。原居哈尔滨犹太人曾在新老犹太会堂纪念新月节。

学经堂　犹太教徒学习宗教经典的场所。学经堂主要供犹太教徒学习《塔木德》经典和评注犹太教文献之用，同时也是那些在里面学习的人进行祈祷的场所。鉴于犹太教把对犹太经典的学习看成头等重要的事，学经堂往往被认为比犹太会堂还要神圣。犹太传说认为，犹太人的第一座学经堂是挪亚的儿子闪和闪的儿子埃伯所设立。中世纪以来，学经堂成为每个有犹太人聚居城镇必不可少的学习犹太教经典的场所，所需费用由当地犹太社区承担。青年人可整天在那里学习《塔木德》经典，需劳动谋生的人则可在工作之余去那里学习数小时。许多学经堂就设在犹太会堂中，或成为犹太会堂的一个组成部分。今天属于犹太社区的学经堂已不复存在，只有少数犹太会堂保持自己的学经场所，定时向公众开放。然而，每个犹太学经院都还保存自己的学经堂，或供其学员学经之用，或向当地犹太社区开放，举办各种经典研讨会。原居哈尔滨犹太人也非常重视学习《塔木德》经典，当时斯基德尔斯基家族捐资兴办的塔木德—托拉学校实质上就是学经堂。

血祭诽谤　对犹太人的一项无端指责，诬告犹太人为了获得进行逾越

节和其他犹太礼仪所必需的血水，秘密谋杀非犹太人，特别是基督徒。中世纪，基督教教会制定出的种种歧视犹太人政策，使犹太人逐渐为整个基督教社会所敌视，指控犹太人犯有莫须有罪行的事开始出现。血祭诽谤可以说是在这类指控中最卑鄙的一项。中世纪出现的第一桩有案可查的血祭诽谤发生在1144年的英国。当时英国诺里奇城发现了一具名叫威廉的基督男童尸体，人们立即怀疑男童是犹太人杀死的。当局随即逮捕了被控的犹太人，并用严刑拷打的方式迫害被控犹太人，直到他们承认杀人祭神为止，然后"名正言顺"地把被捕的犹太人统统处决。在那以后，类似的指控便不断在欧洲各地出现，如1171年在法国的布卢瓦、1142年在西班牙的撒萨拉戈萨、1255年在英国林肯郡、1490～1491年发生在西班牙大规模驱逐犹太人前夕的拉架迪圣童案等，而指控总是千篇一律。17世纪以来，血祭诽谤案在西欧开始沉寂，然而在东欧，特别是在波兰和立陶宛地区，却不断出现，大有愈演愈烈之势。1636年，波兰的鲁布林发生了一起血祭诽谤案。17世纪末，当人们把血祭诽谤和巫术联系起来的同时，对犹太人利用基督徒的血水做无酵饼的指责也开始出现。随着波兰经济形势的恶化，血祭诽谤案也在成倍增加。19世纪以来，俄国成了出现血祭诽谤最多的国

家。在德国，纳粹分子一上台，便无耻地在反犹宣传中大肆利用血祭诽谤大做文章，19世纪，血祭诽谤是反犹主义的一个重要组成部分，许多国家的反犹分子都曾利用血祭诽谤作为反对犹太人的武器，以达到不可告人的政治目的。难以计数的犹太人在这一指控下遭毒打、被杀害。即使幸免一死，其下场也往往是财产被没收和被逐出居住地。另外，这种无端的指控从反面增强了犹太人的自信心。来自俄国、波兰等欧洲国家的原居哈尔滨犹太人，有些就是因遭受"血祭诽谤"案的迫害，而不远万里迁居哈尔滨。

Y

亚布罗夫，所罗门·格里戈里耶维奇　见"沃利斯卡娅，贝拉·所罗门诺芙娜"。

亚布罗夫，伊利亚·所罗门诺维奇　见"沃利斯卡娅，贝拉·所罗门诺芙娜"。

亚布罗娃，尤季菲·伊里尼奇娜　见"沃利斯卡娅，贝拉·所罗门诺芙娜"。

亚尔霍，阿哈伦　原居哈尔滨犹太人，以色列知名教育家。在从中国移居以色列后，他一直在克法尔—塔沃尔（Kfar Tavor）莫沙夫从事教育工作。在克法尔—塔沃尔学校任教导

主任多年，后来还在南加利利地区任教。1991 年 7 月，他有幸应时任以色列国元首的哈伊姆·赫尔佐克（Chaim Herzog）之邀，赴元首官邸聚谈。

亚尔霍，伊萨　原居哈尔滨犹太人，著名的哈尔滨"贝塔"成员，哈尔滨犹太体育健将。1925 年出生于哈尔滨，曾就读于哈尔滨第一社会商务中学，在哈尔滨生活期间，她积极参与哈尔滨"贝塔"组织的各项活动，尤其在体育方面有着不凡的表现，曾获得哈尔滨"贝塔"60 米、100 米冠军以及乒乓球冠军。1950 年她随丈夫一家乘坐轮船"安娜"号移居以色列，定居在克法尔—塔沃尔，并在克法尔—塔沃尔的学校担任体育老师直至退休。2007 年 12 月伊萨在克法尔—塔沃尔去世，享年 82 岁。

亚历克西斯，纳迪娅　原居哈尔滨犹太人，生长于哈尔滨的一个格鲁吉亚籍犹太侨民家庭，父姓贾帕里泽。后来移民到了澳大利亚。作为老哈尔滨人，对哈尔滨有着很深的故乡情结，非常爱读以色列原居中国犹太人协会会刊，曾向该会刊编辑部写道："非常感谢你们寄来的会刊，杂志编写得很出色，也很有趣。我从头至尾读完该杂志后，那些久已忘怀的熟悉的名字和熟人的面孔，又栩栩如生地浮现在了我的脑海，你们办了一件大好事，愿上帝赐予你们帮助！"她还说："我已将杂志交给这里所有的哈尔滨人

传阅，他们一边读一边在心中涌起极大的怀旧情感，仿佛回到了从前。再次谢谢你们！"

耶路撒冷节　庆祝全耶路撒冷统一的节日。日期为犹太历以珥月 28 日（公历 4～5 月）。这是 1967 年战争后新确定的节日，因而是犹太历上最晚出现的一个节日。以色列拉比学院称这一天为感恩节，在这一天要逐句宣读"红海之歌"，颂扬上帝击败以色列的敌人。耶路撒冷城内通常要举行盛大庆祝活动，主要庆祝仪式于日落时在西墙前进行。作为序幕，人们要首先点燃 18 支火炬，以纪念在夺取耶路撒冷战争中牺牲的战士，随后是感恩仪式，第二天下午还要进行大型群众欢庆，整个活动庄严而欢快。以色列国内的其他犹太人通常以在家中举行欢庆宴席方式度过。尽管节日是在半志哀期期间，然而有关半志哀期的所有禁令都在这一天暂停执行，以示庆祝。原居哈尔滨犹太人回到以色列后，也不同程度地参与了耶路撒冷节这一庆祝全耶路撒冷统一的节日。

伊夫兰，西玛　原居哈尔滨犹太人。1949 年西玛和丈夫阿布拉沙、儿子莫里克移居以色列。以色列原居中国犹太人协会成立后，她一直是该协会的活跃会员。她交际甚广，朋友多为原居哈尔滨犹太人。晚年，西玛身染多种普通病患，在老年医院住院多年。2002 年 4 月 17 日，终因病情恶化

不治离开了人世，享年 93 岁。

《1902 年侨居哈尔滨犹太人协议》 1902 年哈尔滨犹太人已达 300 人，犹太人店铺已有 10 余家。由于犹太人宗教和生活习俗需要，12 月 24 日，Б. Л. 别尔科维奇、别尔采里、梅耶洛维奇、阿勃拉莫夫、巴赫兄弟、德里金、M. 别尔科维奇、萨姆索诺维奇兄弟、莫尔多霍维奇兄弟、别尔古特、维涅尔曼、E. 多比索夫、别尔斯曼、波别尔让斯基、戈鲁姆勃、拉什兄弟、Ш. 因弗良特和梅耶洛夫等 32 位犹太人在格因德列家里集会，决定以年薪金 900 卢布聘亚伯拉罕·莫伊谢耶维奇·纳依耶尔为"索海特"（Shochet）——犹太人的专职屠宰师，集体签订《侨居哈尔滨犹太人协议》。该协议是哈尔滨犹太人形成的第一份书面文件。从此文件判断，Б. Л. 别尔科维奇当时被公认为哈尔滨犹太人领袖。

伊兹古尔，阿巴·萨摩伊洛维奇 原居哈尔滨犹太社团著名的社会活动家、教育家、记者。1893 年出生于俄罗斯的明斯克，就读于传统的犹太宗教学校，年轻时在各地教课，曾在伊尔库茨克教授现代希伯来语，后应征入伍。1918 年脱离军队来到哈尔滨。他熟练掌握希伯来语，精通文史，是忠实的锡安主义者。来到哈尔滨后，积极参与锡安主义组织和社团活动，长期担任犹太社团秘书，是哈尔滨犹太教师协会创始人和主席，曾担任过犹太中学校长。1934 年离开哈尔滨去天津，1952 年移居美国洛杉矶，1955 年去世。

以色列纪念中国犹太社区会堂和文化中心 1954 年，上海市政府卖掉了阿什肯那兹犹太会堂，所得资金由中国政府通过中国和以色列在瑞士伯尔尼的使馆转给以色列，用于新建纪念中国犹太社区会堂和文化中心。当时特拉维夫市政府捐赠了在哥兰街的一块地皮。在彭韦家族和其他犹太社区的爱心捐赠下，一座用以纪念中国犹太社区的犹太会堂于 1962 年落成，该会堂是以色列原居中国犹太人协会的财产。协会负责对会堂和文化中心的维护。以色列政府之所以支持建立这座会堂和文化中心，目的就是要让以色列人不忘这段犹太人大流散时期的历史。在会堂里摆放的纪念板上可以看到几百个中国"老乡"的名字。

◎ 以色列纪念中国犹太社区会堂和文化中心

以色列建国 以色列国根据 1947 年 11 月 29 日联合国大会特别会议的

决定，于 1948 年 5 月 14 日宣告成立。它是世界上唯一犹太民族占人口绝大多数的国家。截至 2008 年底，以色列国人口约 740 万，其中约 75.5％是犹太人、20.2％为阿拉伯人，德鲁兹人及其他人种占 4.3％。以色列国的《独立宣言》和《回归法》确认，世界犹太人均有在以色列定居的权利。自成立以来，已接纳来自世界各地的犹太人 400 多万。1952 年制定的《国籍法》规定，无论是本地出生、本地居民，还是回归者，不分种族、性别、宗教或政治信仰，均享有以色列公民权，每个公民可按其愿望持双重国籍。以色列建国前后，有大约 7000 名原居哈尔滨犹太人回归以色列，他们有的为以色列建国作出贡献，有的参与了以色列国家建设。不少原居哈尔滨犹太人的后代也开始登上以色列政治、经济舞台，发挥着不可替代的重要作用。

以色列原居中国犹太人协会

由以色列一些来自中国不同地区的犹太领导人发起建立的组织，成立于 1951 年 6 月，当时称中国犹太移民协会。当移民浪潮衰退的时候，该组织更名为原居中国犹太人协会。这是一个自行管理的非营利性组织，其经费来源于在以色列和其他犹太人散居地（美国、澳大利亚、加拿大等国）的原居中国犹太人的资助。建立协会的目的是：继承中国犹太社区的光荣传统，积极向海外寻求帮助，为来自中国的犹太移民提供援助，包括经济援助和小额贷款。因为中国犹太人开始大规模向以色列移民时正值中国解放战争的最后阶段，中国经济陷入困境，大多数打算离开的犹太人手中仅有非常微薄的资金，而且他们的平均年龄已超过四十岁，所以到达以色列后，他们很难找到合适的工作，而当时以色列正处于非常困难的时期，政府对移民的资助是有限的。因此，原居中国犹太人协会的建立是非常及时和必要的。

协会总部位于特拉维夫，其历任会长都是原居哈尔滨犹太人，第一任会长为 Л. 皮亚斯图诺维奇，第二任会长为 Б. 科茨，第三任会长为特迪·考夫曼，现任会长为约西·克磊。协会从建立之初就注重帮助原居中国犹太人解决实际问题。除了帮助个别移民寻找工作、住房外，还努力解决一些共性的问题。譬如，当时移民都住在移民营地，食物短缺，协会为原居中国犹太人组织了从美国纽约"老乡"那里获得食物援助的行动。目前，协会下设理事会和监察委员会。在耶路撒冷、特拉维夫、海法等城市设有分会。在美国纽约、旧金山、洛杉矶，澳大利亚的悉尼和加拿大的蒙特利尔等地都有协会的名誉代表。

协会的主要工作之一是开展社会援助，设有两个基金，即社会援助基金和助学基金。社会援助基金由 12 支具体的基金组成，其基金总额超过 90

万谢克尔。社会援助基金主要向贫穷、疾病缠身的孤寡老人提供补助。助学基金由包括中国驻以色列大使馆基金在内的21支具体的基金组成，基金总额超过20万谢克尔。用以资助在大学读书的原居中国犹太人后代和在以色列高等院校就读的中国留学生。

协会的另一项主要工作是出版会刊。会刊创办于1954年5月6日。它是以色列首批定期出版的俄文出版物，在传播和沟通信息方面发挥了重要作用。办刊目的为：保持与世界各地原居中国犹太人的联系，促进他们与以色列的紧密结合；培养年轻一代研究其父辈、祖辈历史的兴趣，希望他们介入到协会的活动中来；收集犹太移民在中国生活的信息，揭示犹太人在中国生活的完整历史以及他们为中国所作的贡献；寄托对那些逝去的原居中国犹太人的哀思。《会刊》不仅发给在以色列的原居中国犹太人协会成员和其他机构，而且寄给国外的原居中国犹太人、有关机构和各国学者。目前，《会刊》为季刊，以俄、英和希伯来文出版。自1992年起，《会刊》开始出版英文附刊《以中友谊之声》，这是以中友协的机关刊物。另外，协会还负责维护位于特拉维夫的纪念中国犹太社区会堂和文化中心。在位于特拉维夫的协会总部藏有世界上独一无二的关于中国犹太社区的历史档案资料。

◎ 以色列原居中国犹太人协会会刊

以色列原居中国犹太人协会会刊　以色列原居中国犹太人协会的正式出版物。1954年5月，以色列原居中国犹太人协会中央委员会决定创立会刊。它的第一批编辑是来自上海的Д. 拉比诺维奇、来自天津的 B. 兹洛特尼科夫和来自哈尔滨的特迪·考夫曼。最初几年杂志为10～12页，采用胶印方式，主要刊登关于以色列的信息资料和协会的活动，每年出版10期，印数300份。从1955年6月（第11期）起，杂志开始在印刷厂印刷，起初杂志只以俄文出版，1972年2月（第182期）增加了英文附刊，1979年10月（第239期）起增加了希伯来文附刊。在很长一段时间里，杂志为24～26页。由最初每年出版10期到后来每年出版8期、5期，近几年每年以

3 种文字出版 4 期，每期 240 页，其中俄文 120 页、英文 80 页、希伯来文 40 页。从 1992 年起开始发行附刊《以中友谊之声》，这是用英文出版的以中友好协会的刊物，每期平均 16 页。多年来，许多原居中国的社会活动家在编辑出版会刊中起了决定性作用，他们是达维德·拉比诺维奇、弗拉基米尔·兹拉特尼科夫、米哈伊尔·克利亚维尔、鲍里斯·米尔金、鲍里斯·布列斯勒等。最近 10 几年，特迪·考夫曼任主编，杂志印数为 1200 份，其中以色列留存 500 份，发往国外 700 份，包括中国 100 份，发行地点涵盖世界各国 200 个城市和居民点。该杂志成为今天居住在世界不同国家（以色列、美国、加拿大、澳大利亚、俄罗斯、欧洲）的原居中国犹太人联系的桥梁，它同纽约、旧金山和洛杉矶的原居中国犹太人协会保持联系，促进了以中友好关系的加强。杂志以大量篇幅关注恢复中国犹太社区的历史，刊登历史资料、回忆录、照片等。杂志登载了 А. И. 考夫曼医生关于 1912～1935 年在哈尔滨的回忆录，哈尔滨犹太宗教公会最后一任秘书扎尔曼·阿格拉诺夫斯基 1950～1963 年的回忆录。杂志还刊登了几百封老乡的信件，凭借这些信件，亲人和友人在世界的各个角落都能够相互找到。杂志刊登庆祝所有发生在原居中国犹太人中的喜事：生日、成年、婚礼、纪念日等。杂志也刊登关于逝世的不幸消息——悼词或讣告。在原居中国犹太人协会登记有 2000 个姓氏。近几年，杂志的插图丰富了，这对于科研工作者，特别是对于从事远东、俄罗斯移民研究的以色列、中国、俄罗斯、美国、德国、英国、澳大利亚、法国、日本、加拿大等国的历史学家，是弥足珍贵的。该杂志在美国、中国、欧洲国家多次再版，它延续了中国犹太人的光荣历史。

以色列—中国友好协会 成立于 1992 年 3 月 29 日，由时任以色列原居中国犹太人协会会长特迪·考夫曼等人倡议，倡议小组共 15 人，其中 11 人为原居哈尔滨犹太人。早在以色列外交部长戴维·利维 1992 年 1 月访问中国之前，在以色列原居中国犹太人协会主席团成员的一次会议上，就产生了建立以色列—中国友好协会的倡议。1992 年 1 月 24 日，以色列外交部长戴维·利维在北京同中国外交部长钱其琛签署了两国建交公报，宣布中以建立大使级外交关系，揭开了中犹两个民族和中以两个国家关系的新篇章。中以建交令原居中国犹太人兴奋不已，这加速了以色列—中国友好协会创建的进程。

创建以色列—中国友好协会的目的为：加强以中两国社会组织间的友好往来，发展双方在经贸、科技、文化等领域的合作，以造福两国人民。

该协会为公益性组织,以色列原居中国犹太人协会的工作人员兼任以色列—中国友好协会的工作人员。因此,特迪·考夫曼先生当选为以色列—中国友好协会首任会长。

以色列—中国友好协会为加强以中两国的友好往来做了大量工作。它不仅参与各种各样的社会活动,还经常接待中国代表团,包括许多中国研究机构的学术代表团、中国人民对外友好协会等组织的代表团以及中国的一些法官、记者、学生代表团。特迪·考夫曼先生胸怀广阔,热心诚恳,对来自故乡的中国朋友肝胆相照,照顾入微,赢得了人们的普遍尊重。1992年夏,黑龙江省中以友好协会代表团访问了以色列,与特迪·考夫曼会长等人亲切会见。黑龙江省社会科学院代表团也多次访问以色列。

受中国政府和相关机构的邀请,以色列—中国友好协会的代表也于1992~2010年间8次访问中国(包括哈尔滨)。以中友协与中国组织和个人的接触越来越多。虽然,以中友好协会是一个纯粹的民间团体,但是却与以色列政府部门、各界知名人士有着不同寻常的密切关系,发挥着某些政府组织没有发挥的作用。特别是与以色列外交部、以色列驻中国大使馆、中国驻以色列大使馆关系密切。在特迪·考夫曼先生于2012年7月不幸逝世后,协会会长由原副会长兼司库约

西·克磊先生担任。

意第绪语 犹太人在流散期间创造的一种语言,出现于10世纪,至18世纪成为犹太生活的语言、大众的语言,主要为中欧、东欧以及后来美国犹太人所使用,在19世纪出现了意第绪文学的繁荣景象。意第绪语属于混合语言,采用希伯来字母拼写,基本句法由日耳曼语演变而来,词汇有70%~75%来源于德语、波兰语、俄语、罗马尼亚语、乌克兰语以及其他斯拉夫语,15%~20%来源于希伯来语,5%来源于法语、拉丁语等其他语言,19世纪开始出现来自英语的词汇。当年原居哈尔滨犹太人也曾使用过意第绪语。

因季科夫,格里戈里·本·摩西 原居哈尔滨俄籍犹太人,1911年生于俄国赤塔地区的一个以务农为生的犹太家庭,父亲摩西·本·雷博·因季科夫虔信犹太教,曾分别在齐齐哈尔和海拉尔任当地犹太会堂委员会主席。1917年8月,格里戈里随父母从俄罗斯搬迁到了中国东北的齐齐哈尔市,投奔1916年在齐齐哈尔落户的哥哥所罗门。1927年,他的父母迁居海拉尔市。那时,摩西还在齐齐哈尔的一所俄罗斯学校就读,尚未毕业。他不舍得离开该校的优秀老师,于是便住进舅舅纳胡姆·纳法坦诺维奇的家,以完成学业。毕业后他也去了海拉尔。

1928年8月中旬，摩西来到了哈尔滨的格拉祖诺夫音乐学校。经考核后，被阿里埃尔·戈尔德施泰因教授收为弟子。由于学习勤奋，他颇得老师赏识。戈尔德施泰因教授曾预言说，摩西日后会以音乐为生。然而，中苏之间因中东路路权之争频发冲突，摩西的父亲在海拉尔的生计凸现艰困，无力为他续支学费，所以1929年9月，摩西被迫辍学，离开了格拉祖诺夫音乐学校。

同年，摩西只身去了海参崴，后在当地娶妻生子。1938年，他岳父被苏联内务委员会部队（N. K. V. D.）逮捕。为了保障家人安全，他很快便偕妻子、岳母及两个女儿逃离了海参崴，辗转来到了高加索地区的格拉兹尼市并留在那里生活。摩西一度参加苏联红军去了外地，1946年退役后又回到了格罗兹尼。1991年，车臣人成立伊斯兰共和国之后，与苏联当局严重对峙，当地安全局势日渐恶化。于是，因季科夫夫妇在两个车臣好友的帮助下，于1992年设法通过了多个道卡，平安来到了列宁格勒，在小女儿和女婿家小住。一个月后，即1992年11月13日，格里戈里·本·摩西·因季科夫和家人终于乘飞机抵达以色列。此后，他陆续见到了与自己离散多年的大部分亲人，并在以色列安享晚年。

因季科夫，汉尼娅　父姓纳夫坦诺维奇，原居中国东北俄籍犹太人。丈夫摩西·本·雷博·因季科夫曾任齐齐哈尔和海拉尔犹太会堂理事会理事长。他们在俄罗斯生育了七个子女（两女五男）。1917年，他们全家人从俄罗斯的赤塔地区移居到了中国东北的齐齐哈尔市。她和丈夫在那里建起了自家的小型农场，还饲养了一些牲畜和家禽，以种植和养殖收入来供养全家，尤其是用于子女教育。1927年，她和丈夫迁居海拉尔市，在海拉尔生活到1935年后，外迁他乡。

因季科夫，摩西·本·雷博
原居中国东北俄籍犹太人，原齐齐哈尔及海拉尔犹太社区宗教领导人。他和妻子汉尼娅（法尼娅）在俄罗斯赤塔地区以农耕为生，供养了他们的七个子女：女儿萨拉（Sarah）、叶莉娅（Elya）和儿子所罗门（Solomon）、纳坦（Natan）、列夫（Lev）、梅厄（Meir）、兹维·哈伊姆（Zvi Chaim，又名格里戈里）。1916年，长子所罗门因病从沙俄军队退役后，留居齐齐哈尔市；1917年8月，雷博和汉尼娅及其余子女从赤塔迁居到齐齐哈尔，与所罗门团聚。雷博是一位虔诚的犹太教信徒，一向积极参与犹太社区生活。到齐市不久，当地犹太社区就委托他筹建犹太会堂。他在自家住所附近选定了一处楼房并将其买断，同时还购置了家具、托拉经卷卷柜等祈祷必备的一应用品。辟建会堂的工作顺利完成后，遂被推选为齐齐哈尔犹太会堂理事会理事长并在此岗位供职到 1927年。在齐齐哈尔，他和妻子汉尼娅经营了一个小型农场，还饲养了一些牲畜和家禽。1927年，因季科夫夫妇迁居到了海拉尔。到那里不久，他就被海拉尔犹太社区选为犹太会堂理事会理事长，并供职至 1935年。

英吉利—亚细亚电报通讯社

简称英亚社，1929年2月9日创立，它是共产国际在哈尔滨设立的秘密新闻机构之一。社长是英籍犹太人哈同·弗利特。当时，苏联塔斯社在中国东北不能公开发电报稿，为此，苏联通过共产国际调进一些英、美等国人士到中国东北地区设立通讯社，为共产国际和苏联服务。当时中共北满特委公开发行的《哈尔滨新闻》，绝大多数国内外新闻都用"英亚社"的电讯稿。1936年，中东铁路被日伪收买时，"英亚社"结束了在哈尔滨的业务。

尤多维奇，达维德

原居哈尔滨犹太人。1920年9月10日出生于海参崴，1931年随家人越过边境，辗转来到哈尔滨。在哈尔滨，成为"贝塔"组织成员。由于家境贫寒，哈尔滨犹太社区给予他很大资助，这使得他能够以优异的成绩中学毕业。1948年，与施特拉结为夫妻，并很快有了女儿吉娜。1951年，与家人移居澳大利亚悉尼。在澳大利亚，他进入"British Paints"公司从事喷漆工作，由于工作环境恶劣，他患上了铅中毒，为此花了很长时间来恢复健康。在澳大利亚，达维德·尤多维奇的学历不被承认，为此，他再次进入学校学习电气工程专业，随后在帕拉马塔开设了自己的店铺。2004年，达维德·尤多维奇全家回到哈尔滨故地重游。2010年1月6日，因病去世，享年89岁。

犹太标志

标明犹太人身份的记号，起源于穆斯林统治时期。一般认为，首先做出这一规定的是哈里发欧麦尔（又译"奥马尔"）二世。公元717年，在他当政期间，发布了所有非穆斯林信徒都必须佩戴特殊的布制识别志的命令。犹太人由于不同的宗教信仰，开始被迫佩戴特别标志。这一做法后来为基督教社会所继承，成为标明犹太人身份的一种方式。在历史上，规定犹太人必须佩戴特殊标志的主要目的是为了在犹太人和非犹太人之间竖起一道壁垒，限制他们的交往。然而，德国法西斯在颁布这一规定时，除了希望限制犹太人和非犹太人特别是日耳曼民族的交往外，更主要的是为了实现彻底消灭犹太民族这一罪恶目的。因此，推行犹太人必须佩戴犹太标志的命令便成了德国法西斯迫害、驱逐、屠杀、灭绝犹太人的一种行之有效的手段。数百万无辜犹太人在这一规定下死于非命。来自德国等其他欧洲国家的原居哈尔滨犹太人，许多人经历了被强迫佩戴犹太标志和受到种种歧视迫害的难忘经历。

犹太会堂 犹太人进行集体宗教活动和研读经书的场所。现存资料表明，犹太会堂制度在圣殿重建后一直得到保留，并与圣殿共存共荣。公元70年，罗马帝国用武力攻占圣城并捣毁圣殿，犹太人的献祭活动和祭司制度也随之中止。在这之后，犹太会堂的作用和意义开始上升，终于成为犹太人进行宗教生活的中心场所。犹太会堂便成了犹太人存在的一种标志，凡是有犹太人生活的地方，都会有犹太会堂。犹太会堂的语义，重点是指"人"，而不是"场所"，表明犹太民族是以人群结合在一起的形式，一种非地域共同体的形式来代替固定地域，以一种非地域性人民心中的"圣殿"来补偿丧失了的圣殿。按照犹太教有关规定，只要有10名行过成年礼的犹太男子就可以自行组成一个会众，设立自己的会堂，进行集体祈祷或其他宗教活动。依照犹太人的传统，在犹太会堂中举行宗教仪式时必须使用希伯来语。尽管目前有些犹太会堂开始部分使用所在国语言，但就总体而言，这一传统在长达两千年的散居生活中一直受到犹太人的尊重和实行。20世纪以前，大多数犹太会堂都实行男女分座制，男子部通常在会堂中央，而女子部不是在边处，就是在楼上。目前正统犹太人会堂仍实行这一制度。

犹太会堂内部陈设简单，不设任何偶像。一般不安装任何乐器，举行宗教活动时也不使用乐器，存放的宗教物品主要有保存《律法书》的约柜，约柜前点燃的长明灯，刻有《摩西十诫》的约碑、多枝灯台、大卫盾和诵经坛。诵经坛的方向往往与圣城耶路撒冷方向一致，以保证会众在祈祷时面向圣城方向。古老的犹太会堂还设有净身池，供教徒洁身之用。犹太会堂的出现、普及和发展，在维系犹太民族共同信仰、共同文化、共有特征和沟通感情方面发挥了极为重要的作用。它不仅是犹太人在散居期间的精神生活中心，而且是犹太人之间沟通的纽带。此外，犹太会堂的出现还是宗教领域的一件大事，用语言的祈祷代替物质的献祭，无疑是一种进步，是宗教领域的一项重大改革。原居哈尔滨犹太人同散居世界各地的犹太人一样，在达到一定人数之后，就把建设犹太会堂作为维系犹太民族共同信仰、共同文化、共有特征和沟通感情的重要平台，先后建设了四座犹太会堂，其中规模较大、保留至今的有1909年建成使用的哈尔滨犹太总会堂和1921年建成使用的哈尔滨犹太新会堂，还有2007年恢复重建的犹太墓地会堂。

犹太教 犹太民族的宗教，是人类最古老的一神教。犹太教的信仰对象称雅赫维，教徒敬奉为宇宙独一无二的真神。对犹太人而言，犹太教不

◎ 犹太会堂内部陈设简单，不设任何偶像

仅是宗教信仰，也是民族文化的表现形式，既表现为宗教文献和宗教观点，也表现为习俗、社会体制和独特的文化。犹太教自产生迄今已有3000多年的历史，经历了古代犹太教、拉比犹太教、中世纪犹太教与近代犹太教四个发展阶段。犹太教的教义依据的是《希伯来圣经》，包括《律法书》5卷、《先知书》8卷与《圣文集》11卷这三大部分，三者共计24卷，因此也被称为《二十四书》。此外，进入拉比犹太教时期，还有2～6世纪编撰的口传律法集，称《塔木德》，是仅次于《希伯来圣经》（即基督教继承并称作《旧约》的部分）的第二经典。犹太教的基本教义包括：信仰宇宙独一真神雅赫维，他创造并主宰宇宙万物；犹太人是从先祖亚伯拉罕与雅赫维立约的选民；犹太人必须恪遵雅赫维通过摩西所传的十条诫命和其他法律；世界末期将有弥赛亚（即救世主）来临拯救犹太人，新的大卫王将重建以色列

国于耶路撒冷，用正义、公正和真理实行统治，建立神圣的国度。犹太教的礼仪和教规规定，男孩出生后第八日必须行割礼，男孩和女孩满13岁时要到犹太会堂行成年礼；星期六为安息日（从星期五下午太阳落山起到星期六太阳落山止），不做俗事，要守安息日所定的礼节。犹太人的食物，按律法《利未记》中的规定，分为洁净与不洁净的食物品种，凡不洁净的食物不得食用或接触；产妇或患有麻风病的人被视为不洁净；严禁偶像崇拜；犹太教徒不得与未受割礼的外族人通婚；外族人皈依犹太教必须接受割礼等；犹太教的节日主要有逾越节、七七节、住棚节、普珥节、犹太新年、赎罪日等。犹太宗教作为世界宗教体系中的一种宗教，总体上属于有神宗教的一种，是随着犹太人的散居和社区的建立而得到继承传播的一种宗教。原居哈尔滨犹太人也是信仰犹太教并遵循犹太教规的一个特殊群体。

犹太教父训言　犹太《伪经》中的一卷。希伯来文名称为"皮耳科阿爸提"，意为"教父的篇章"。它包括公元前300～公元200年的拉比训言。犹太律法书约在公元前400年成为正式经典，从文士以斯拉之后，对律法书的学习和解释长期形成了一部口传的律法，并在公元200年左右正式成书，名为《密西拿》（《密西拿》和它的阿拉米文注释《革马拉》等，以后

编成了犹太口传律法总集《塔木德》）。《密西拿》的编集人是圣者拉比犹大（死于公元 219 年），全书共 63 卷，《犹太教父训言》是其中的一卷。尽管该卷只 6 章，但提到 65 位拉比的言辞（即 65 位教父训言），他们都立足于法力赛人的观点来解释律法，阐述伦理教训。较有代表性的有，拉比约西说："让你的家门敞开，使贫穷人作你的常客，不要与有夫之妇闲谈不休。"拉比沙灵说："世界的根基有三：公正、真理、和平。"拉比希列说："不要说等我空闲时我就读书，也许你将永远没有空闲。"又说："无教养的人不怕犯罪，粗俗的人不教虑，害羞的学不成业，急躁的教不好书，纠缠事务的不聪明。在无人之处应谨慎为人。"拉比便亚宰说："不藐视凡人，勿糟蹋天物，因人各有所长，物各有其用。"拉比以利亚撒说："嫉妒、贪欲和野心，驱人于死地。"犹太教父训言总体上体现了犹太教的特殊性特点，也体现了犹太人的智慧。哈尔滨犹太人在不同程度上继承了犹太教父训言，以此作为自己安身立业的思想基础。

犹太墓地 单独划出、专供埋葬犹太人的地块。在《希伯来圣经》时代，坟墓就被犹太人认为是不洁净的，因此，第一圣殿时期葬地通常是洞穴，或者是在山岩上凿出的单独坟墓，或者是地下墓矿，后者既位于家庭的地块中，又位于划归"民子"墓地的地块中。密西拿时期制定了修建墓地的规则，墓地应该距离最近的住宅至少 50 肘（约 25 米），划归墓地的地块应该围起来。《塔木德》和较晚近的拉比著作严格禁止任何对死者不恭的行为（在墓地饮食、睡眠、大声说话、放牧等），禁止为了抄近路而横穿墓地。在许多犹太墓地中，男女不同排安葬。叛教者、被驱逐出社区者和自杀者被葬在墓地僻远的角落或者墓地围墙外。对于自杀者这条规则后来被大部分哈拉卡权威所软化。敌对者不能葬在一起，就如同不能把破坏教规者同遵守教规者葬在一起一样。19 世纪在欧洲许多城市中形成了联合墓地，其中不同的宗教信仰者有单独的地段。主要的拉比权威要求犹太地段由犹太社区固定管理，并围起来，距离其他地段至少有 4 肘远。第二次世界大战和纳粹屠犹期间，中欧和东欧古老的犹太墓地大部分被毁。在苏联领土上，在克里米亚和高加索发现了最古老的犹太墓碑。哈尔滨现存保护修缮完好的著名皇山犹太墓地，是在以色列国之外世界上曾经居住过犹太人的国家与城市受到最好保护和修缮的墓地之一。

《犹太生活》 历史上最重要、出版时间最长的反映哈尔滨犹太社区生活的俄文杂志。该杂志为周刊，原名《西伯利亚—巴勒斯坦》，1925 年 1 月起更名为《犹太生活》，一直存在到 1943 年 6 月日本政府在德国驻东京大

◎ 1925 年 1 月起出版的《犹太生活》
周刊刊头

使的压力下关闭了该杂志。1937 年，远东犹太民族委员会成立后，该杂志开始发行英文附刊，1939 年起开始发行青年附刊《马卡比专页》。1931 年哈尔滨犹太总会堂焚后重建，《犹太生活》杂志社迁入该楼办公。在 20 世纪 20 年代的俄罗斯，锡安主义报刊被禁止发行，因此该杂志是人们获取有关巴勒斯坦、锡安主义运动以及整个犹太世界信息的唯一途径。在当时每一期杂志上都能看到反映海参崴、哈巴罗夫斯克、伊尔库茨克、鄂木斯克、布拉戈维申斯克、上乌金斯克、赤塔以及西伯利亚、滨海地区犹太人生活和锡安主义活动的报告。杂志更反映了满洲里、海拉尔、齐齐哈尔、横道河子、沈阳、大连、天津、上海、汉口、青岛等地中国犹太社区的生活。它是研究哈尔滨、中国东北以及中国其他地区犹太人历史的重要文献资料，特别是那些具有纪念意义的刊号，堪称是中国和日本所有犹太社区的历史年鉴。在杂志发行的 23 年中，刊登了犹太人移居巴勒斯坦的情况报告，包括移民姓名、日期、船舶名称等详细内容。当时，巴勒斯坦的许多记者和政论家，如科特列尔、艾格尔、济曼和锡安主义运动领袖乌瑟什金、格利克松等人经常与杂志合作。该杂志为保护犹太文化、反对同化进行了坚持不懈的斗争，它主张锡安主义，还同反犹主义和法西斯主义作斗争，特别是在日本占领时期（在"谢苗·卡斯普事件"中，杂志表达了鲜明的立场）。杂志还刊登有关中国的文章，如以色列第二任总统伊扎克·本—茨维研究开封犹太人历史的成果；中国记者和政论家撰写的关于锡安主义、访问巴勒斯坦以及孙中山先生对锡安主义态度的文章等。该杂志的发行量不大，为 1200～1500 份，其中 20％发往国外，每期约有百份杂志发往巴勒斯坦。此外还发往世界各国重要的图书馆和档案馆：1939 年前发往梵蒂冈图书馆；1941 年 12 月太平洋战争爆发前，发往耶路撒冷的希伯来大学图书馆和美国国会图书馆。杂志其余 80％发给哈尔滨和中国其他城市的订户。但是，目前只有在特拉维夫的以色列原居中国犹太人协会档案馆里藏有全套杂志。《犹太生活》杂志社的工作人员——主编、编辑、记者、翻译都是无偿工作，只有 3 名技术人员拿薪水，他们的薪水从企业的广告费和杂志的销售额中支付。杂志上广告数量不多，因为办刊不以营利为目的。在杂志上刊登广告的是一些著名的公司，如哈尔滨著名犹太商人斯基德尔斯基、索斯金、克罗尔、卡斯普、科甘等开办的公司；俄罗斯和其他国籍民族的人士，如秋林、安季帕斯、老巴夺等开办的公司；还有中国人开办的同发隆、双合盛等大公司。国外的公司，如巴勒斯坦葡萄酒酿造公司"卡尔梅利"、"米兹拉赫"、油业公司"舍门"、英国—巴勒斯坦银行、饮料公司"阿西斯"等也在杂志上刊登广告。《犹太生活》杂志的主编和出版者 А. И. 考夫曼医生为杂志的出版发行作出了重要贡献。他不仅无偿担任主编、撰稿人、翻译工作，每期自己完成 80% 版面的工作量，而且杂志出版所发生的一切费用都由他本人承担。1941 年，А. И. 考夫曼医生的儿子、原以色列—中国友好协会和以色列原居中国犹太人协会会长特迪·考夫曼先生任《犹太生活》杂志社秘书。此外，А. С. 伊兹古尔、А. 金日赫什维利、С. И. 斯皮瓦克、Я. В. 济斯金德、М. 拉基塔等人也与《犹太生活》周刊有过合作，为杂志的出版发行作出了应有的贡献。

犹太圣地 与犹太教历史和著名人物有关的地方。在犹太教经典中，圣地的概念几乎是不存在的。《密西拿》中曾把"圣"分为 10 个等级，认为故土以色列比世界上其他任何地方都要神圣；在以色列，耶路撒冷城又比其他城市显得神圣；在耶路撒冷，圣殿又升了一级；在圣殿中至圣之所则更加神圣，只有大祭司在赎罪日那天才能进入。因此，犹太教中所谓圣地是以教规和诫律来衡量，而不是根据那里曾经发生过什么或谁在那里停留过来划分的。不过，随着时间的推移，也可能在其他文化（特别是穆斯林文化）的影响下，犹太人开始把一些地方看成犹太人的圣地，或在那里朝圣，或在那里举行不同于其他地方的祈祷活动。在一系列犹太圣地当中，犹太圣地的遗物——西墙（即哭墙）历来被认为是最神圣的地方，是犹太教朝觐者向往的地方，也是旅游者前往参观的地点。每天从日出到日落都有人在那里默祷、反省，或举行祈祷仪式。犹太圣地是散居世界犹太人向往的神圣之地，原居哈尔滨犹太人为在犹太人的圣地巴勒斯坦建设犹太国家——以色列，进行了长期不懈的努力，他们在远东地区组成了规模最大的犹太复国主义组织，组织了大批犹太复国主义者返回巴勒斯坦——犹太圣地，为实现以色列建国作出了卓越的贡献。

犹太新年 犹太人庆祝新的一年开始的节日。节期为犹太历提斯利月初一。第二圣殿时期，民历的普遍采用使这一天成了新年的第一天，逐渐成为庆祝新的一年周而复始的特殊节日。犹太新年是包括赎罪日在内，为期十天敬畏日的第一天，人们在这一天要回顾自己在过去一年的言行，反省自己可能犯下的罪孽；犹太教徒也把这一天称作"审判日"。庆祝新年的方式之一是去会堂参加犹太新年宗教仪式，人们要进行三次祈祷，三次吹响羊角号，号声既表示对上帝的敬畏，也表示对上帝的信仰。虔诚的犹太教徒还要在午后到海边、河边或有流水的地方，举行赎罪仪式，诵读《希伯来圣经·弥迦书》中一节"将我们的一切罪投于深海"，三次摇动衣服的边，表示抛弃了罪孽而变得纯洁，有人还把反省到的过去一年的罪过写在纸片上，投入火中，表示洗清了自己的罪。犹太新年不仅是敬畏的日子，同时也是喜庆的日子。全家人通常在这一天团聚，人们在新年晚宴上要食用苹果蜜饯和蘸有蜂蜜的面包，以象征今后一年的日子将会甜蜜幸福。人们还互送贺年卡和新年礼物，不少人还外出旅游，以示欢乐。正统和保守派犹太教徒通常庆祝两天，改革派犹太人则只庆祝一天。原居哈尔滨犹太人也沿用犹太新年的方式，通常在哈尔滨新老犹太会堂举行相应的纪念活动。

《犹太言论》 全俄锡安主义组织远东地区委员会于1918年1月1日在哈尔滨创办的机关刊物，以俄文出版。

犹太音乐—文学—戏剧协会"伊玛尔达戈" 以传播发展犹太民族文化为宗旨的哈尔滨犹太人团体。

◎ 1918年出版的《犹太言论》刊头

随着中东铁路的修建和日俄战争的爆发，越来越多的犹太人，特别是俄罗斯犹太人接连不断地涌入哈尔滨。为了满足哈尔滨犹太人的文化需求，1908年开办了"伊玛尔达戈"俱乐部。"伊玛尔达戈"是用俄语字母拼写的意第绪语"Идише музикальиш-литералиш-драматише-гезельшафт"开头字母的音译，意为犹太音乐—文学—戏剧协会。俱乐部坐落在商铺街（现花圃街）上一座很大的二层楼里，一楼有可容纳350人的大厅、图书馆和阅览室。该图书馆是哈尔滨第一座也是当时唯一的一座犹太图书馆，但在开办之初只有少数人利用这个拥有丰富藏书的图书馆，光顾阅览室的人也不多。虽然"伊玛尔达戈"俱乐部的名字很响亮，但是在创立的最初三四年时间里，除购买了一些希伯来语和俄语书籍外，没有从事任何有意义的文化工作。虽然表面上有一个文化委员会和图书馆委员会，但实际上经营的是当时在哈尔滨盛行的赌博，"伊玛尔达戈"也和其他俄国人俱乐部一样，成为赌博场所，俱乐部里一半的赌徒是协会会员。1912 年，**А. И.** 考夫曼医生来到哈尔滨后，开始领导哈尔滨犹太社团和远东锡安主义运动，他的组织天才得到了充分体现。应"伊玛尔达戈"管理委员会主席 **П. М.** 康恩之邀，**А. И.** 考夫曼时常在俱乐部做一些关于犹太文学等犹太主题的讲座，他不仅是一位医术精湛的医生，而且是一位在历史、哲学和文学领域具有渊博知识的犹太知识分子。他为俱乐部开展文化活动奠定了基础。**А. И.** 考夫曼等锡安主义者和无党派社会活动家决定在"伊玛尔达戈"工作，使其沿着正确的方向前进，按照它的宗旨和章程开展工作。经过努力，**А. И.** 考夫曼等 22 人被吸收为协会会员，在接下来的全体大会上，选举产生了由 9 人组成的新的管理委员会，**А. И.** 考夫曼当选为管理委员会主席，大部分委员都是锡安主义者。新的管理委员会马上着手整顿"伊玛尔达戈"的工作，使其成为名副其实的哈尔滨犹太文化中心。他们采取了如下措施：（1）吸收新会员；（2）演出戏剧、开办音乐会要收费；（3）减少赌博项目和时间；（4）控制进入俱乐部的人员。**А. И.** 考夫曼等人在整顿"伊玛尔达戈"的同时，着手开展文化活动：第一，每周三在俱乐部大厅举行文学座谈会。作报告的主要是 **А. И.** 考夫曼和犹太学校校长 **Л. Г.** 科尔图诺夫。座谈会吸引了许多犹太知识分子和青年，非协会

会员只要付 10 戈比就可以进入。第二，每周日举行关于犹太主题的报告会。大部分时间由 **А. И.** 考夫曼作报告，他有时讲俄语，有时讲意第绪语。第三，演出戏剧，举办音乐会和庆祝犹太节日、历史事件的晚会。虽然这些活动均收费，但门票相当低廉，只需付 30～75 戈比。从 1915 年起，一些"崩得"分子开始追随 **А. И.** 考夫曼等人（他们以意第绪派出现）积极参加"伊玛尔达戈"的文化工作。在 1915 年的协会全体大会上，**А. И.** 考夫曼再次当选为管理委员会主席，委员们都是锡安主义分子。此后，"伊玛尔达戈"的文化活动开展得更加活跃，充实了图书馆，读者大量增加。**А. И.** 考夫曼领导"伊玛尔达戈"约 3 年，第一次世界大战爆发后，出现了救助难民等一系列艰巨而复杂的问题，**А. И.** 考夫曼担任哈尔滨救助欧战犹太难民委员会会长，因而不得不离开"伊玛尔达戈"的工作。他走后，俱乐部的领导权转到了锡安工人党手里，后来"伊玛尔达戈"成为锡安工人党和"崩得"斗争的场所。1917 年，"崩得"又使"伊玛尔达戈"成为同锡安工人党和锡安主义进行斗争的堡垒。1925 年，俱乐部的活动被中国地方政府禁止。

犹太总会堂"藏匿德国间谍"案件 1915 年，哈尔滨犹太社区发生了一起意外的事件，基谢廖夫拉比和总会堂职员基列里·林斯基被以"藏

匿德国间谍罪"逮捕，在犹太人中引起了极大恐慌。第一次世界大战期间，为救助欧战难民，哈尔滨成立了救助欧战难民委员会。很多欧洲犹太难民经西伯利亚逃难来到哈尔滨，在犹太总会堂登记，得到资助和救济。一日，一个身无分文的年轻难民来到犹太总会堂申请帮助，基谢廖夫拉比和会堂职员基列里·林斯基热情周到地接待了他。基列里·林斯基还把他送到了难民救济所。四天后，俄国边境地方检察院以"藏匿德国间谍罪"，逮捕了基谢廖夫拉比和总会堂职员基列里·林斯基。原来这个年轻的难民第三天便离开了救济所，是溜掉了还是被捕了谁也说不清。与基谢廖夫拉比和总会堂职员基列里·林斯基同时被捕的还有当时在哈尔滨颇有声望的医生冯·布德别尔格。该医生是波罗的海沿海地区俄国籍日耳曼人，男爵，原尤里耶夫大学副教授。据称，这个所谓的"德国间谍"曾在冯·布德别尔格男爵的私人汽船上藏匿了一夜。社团的精神领袖基谢廖夫拉比被捕的消息在哈尔滨犹太社区引起了极大恐慌。在俄国国内排犹风声日紧之时，这无疑是一个不祥之兆。社团的主要领导人 Е.С. 多比索夫、А.И. 考夫曼等多次到检察院说明情况，出面作证，希望能保释基谢廖夫等人。两周以后，基谢廖夫拉比、基列里·林斯基和冯·布德别尔格男爵终因证据不足获

释。犹太总会堂"藏匿德国间谍"案提醒哈尔滨犹太社区，即使在民族关系较为平和的地区，反犹主义思潮也无处不在。

逾越节 犹太教三大朝圣节期之一。尽管一些学者认为该节日可以一直追溯到希伯来人的游牧时代，很可能还是闪族牧民共有的节日，但它今天所具有的特别宗教意义却是来源于《希伯来圣经·出埃及记》。据《希伯来圣经》记载，因饥荒逃到埃及的以色列人在经过一段时间的休养生息后人口增长很快，势力也随之扩大，引起埃及统治者法老的恐慌，遂下令杀尽埃及境内的所有以色列男婴以免其繁衍后代，同时对以色列成人进行强制性奴役。上帝得知他的选民处境悲惨，遂命令摩西率领以色列人举族离开埃及，回到"应许之地"迦南定居生活。而埃及法老有意刁难，不让以色列人离去。在上帝的授意下，摩西和亚伦先用魔杖威力变蛇、变水为血和蛙灾，后用虱子、苍蝇、兽疫、烂疮、雹子、蝗虫和黑暗等灾难威胁法老。尽管灾难降临时法老同意让以色列人离开，但灾难一消除，法老又出尔反尔，上帝大怒，决定用第十灾，即杀死埃及地所有长子和一切头生牲畜的办法迫使法老屈服。为了防止错杀以色列人，上帝命令摩西吩咐以色列人事先在自家的门楣和门框上涂抹上羊血，上帝见有羊血的人家就"逾

越"过去。果然上帝在尼散月（公历 4 月前后）14 日晓击杀埃及境内头生人畜时，以色列人全都安然无恙。法老摄于上帝的威力，同意以色列人离开埃及。以色列人为感恩上帝对以色列人的拯救，把每年尼散月 14 日起的七天定为逾越节。今天逾越节是整个犹太民族不忘历史、缅怀祖先、倾诉苦难、庆祝在上帝恩眷下摆脱苦难、获得自由的日子。节日最隆重的活动是举行逾越节家宴，席间食用有象征意义的食品，并通过诵读《哈加达》讲述和回顾以色列人出埃及的历史。逾越节不仅是犹太人最古老的节日，也是最重要的节日之一。在以色列国内和改革派犹太人中间为期七天，其他地区犹太人则庆祝八天。在节日期间，人们不吃面包，只吃无酵饼。有的人还穿上白色亚麻布衣服，表示喜庆、神圣、宽容。以色列人还利用这一节日去耶路撒冷圣殿山西墙朝圣。原居哈尔滨犹太人也重视逾越节这一重要而古老的节日，进行隆重庆祝，节日期间只吃犹太人特制的无酵饼。

远东地区犹太人社区代表大会

20 世纪 30 年代末，在哈尔滨召开的远东地区犹太人代表会议。会议是由日本占领当局建议、在哈尔滨犹太社团领袖 A. И. 考夫曼的主持下召开的。远东地区犹太人社区代表大会共举行三次，第一次会议于 1937 年 12 月在哈尔滨马迭尔宾馆召开，与会者有来自哈尔滨、奉天、天津、海拉尔、青岛以及日本神户的代表及观察员 700 多人，日本的"犹太问题专家"安江仙弘、哈尔滨日本特务机关长樋口等出席会议。会议宗旨是希望从哈尔滨白俄那里获得更多的独立；免受白俄及其他势力的迫害；与日本当局建立良好的和直接的关系，使当地的锡安主义运动得到日本的认可；加强散居在中国各地的犹太人的团结。会上成立了远东犹太人民族自治委员会，A. И. 考夫曼当选为主席。第二次远东地区犹太人社区代表大会于 1938 年 12 月在哈尔滨举行。第三次会议于 1939 年 12 月在哈尔滨举行。会议主要讨论了德国及中欧地区来华难民一体化的问题。第四次代表会议原定于 1940 年 12 月在大连召开，但由于日本与德国、意大利签订军事同盟，会议被禁止举行。远东地区犹太人社区代表大会是在日本实施"河豚鱼计划"的情况下召开的，无疑是哈尔滨犹太社区与日本人和伪满洲国合作的污点，但它在维护犹太社区的生存、加强在华犹太人的团结、保障犹太人的权益方面还是作出了应有的贡献。1940 年，远东犹太人民族自治委员会经过不懈的努力，使日本当局取消了在北平发放的犹太人护照上加盖侮辱性的"J"字母标记的做法。

远东犹太商业银行 1922 年 1 月，由哈尔滨的犹太巨头投资 40 万日元在哈尔滨埠头区（今道里区）创办。该行至1927年1月的资本金是40万日元，备用金为2.33万日元，储备金为10.06万日元，共计52.39万日元。该银行的董事会由三人组成，董事会主席为哈尔滨犹太商人 И. Х. 索斯金，自银行建立起任职5年。董事为 Б. М. 萨皮罗，任职5年，董事 С. Л. 斯基德尔斯基自1926年末参加董事会。哈尔滨犹太商人 А. И. 卡甘曾任银行董事会第一任主席，1927年在 С. Л. 斯基德尔斯基离开哈尔滨期间 С. И. 伊茨哈金任董事会副主席。远东犹太商业银行共计18人，银行代理人为 А. Б. 金兹堡，秘书为 Р. Б. 古尔芬克。该行设立的目的是同日资背景的哈尔滨银行抗衡。该行作为贴现银行一直持续经营，后来受欧战后余波的影响，于1925年倒闭。

◎ 远东犹太商业银行广告

远东地区犹太社区三十年史编撰委员会 1930年，随着哈尔滨犹太社区的壮大和远东地区犹太活动中心地位的确立，哈尔滨犹太社团着手编撰哈尔滨犹太社团以及"满洲"和远东地区犹太社团的历史。为此，成立了远东犹太社区三十年史编撰委员会，拟编撰《远东地区犹太社区三十年史（1903～1933）》，并开始搜集资料，拟定提纲。在哈各犹太组织、团体都参与编委会的工作，А. И. 考夫曼担任编撰委员会主席。《远东地区犹太社区三十年史（1903～1933）》全书拟分为如下五章：第一章，犹太社区的建立与发展；第二章，1919年以来犹太社区的经济、文化教育、民族及维权状况；第三章，社区生活的社会法律地位；第四章，社区经济和社会生活发展各阶段的特点；第五章，哈尔滨以外的各犹太社区。后来由于哈尔滨沦陷，局势发生重大变化，该书未能出版。但相关内容曾在《犹太生活》杂志发表。

远东犹太中央情报局 远东犹太中央情报局是美国犹太移民中央委员会于1918年创办的，帮助俄国和东欧国家犹太人经远东移居美国的组织。该组织起初只是在道义和法律方面给予俄国犹太人以援助，后来随着世界局势的发展，才又赋予了新的职能。远东犹太中央情报局与世界各国的犹太中心保持密切联系，协助离散的犹太人寻找亲人。哈尔滨成了该组织由俄罗斯、西伯利亚移居美国的中间站和犹太人经日本和上海去美国的过境运送中心。1923年，由于美国驻符拉迪沃斯托克领事馆关闭，经远东去美国的签证须由美国驻哈尔滨总领事馆签发，很多犹太难民集中到了哈尔滨。远东犹太中央情报局在办理签证方面给这些移民提供了数万份咨询信息、建议，帮助成百上千人取得了美国亲人的证明，办理护照和签证，提供他们到日本横滨、神户和中国上海的车船票。仅 1923 年，远东犹太中央情报局就成功地运送了 771 名犹太难民去美国，110 人到其他国家。远东犹太中央情报局在哈尔滨做了大量有益的工作：在一年中，它帮助寻找和取得联系的失散的犹太人达 1612 人；进行查询共 2362 人次，其中哈尔滨当地犹太人 592 人次，美国 517 人次，欧洲其他国家 497 人次，苏联 756 人次；有查询结果并寄来答复的有 88 人，共寄来美元 1326 元；此外，还有 236 人得到离境和安置费 29255 美元；为 55 名妇女查证了有关失散丈夫的消息，并为其中的 11 人在各国办理了离婚手续，为 27 人查实丈夫已死亡和被害地的消息，为 17 人找到丈夫下落，恢复了联系，从而使之患难重逢；为 68 个流离失所的儿童找到了父母或亲人，并使其团聚；还为 22 个父母兄妹查到了亲人在美国军队中阵亡的确切消息，得到保险金和抚恤金。1925 年，哈尔滨远东犹太中央情报局和哈尔滨犹太社团的代表，为长期滞留在哈尔滨失散亲人的 800 余名犹太难民移居美国，

与美国驻哈尔滨总领事馆多次进行交涉。1927 年，哈尔滨远东犹太中央情报局为 764 名犹太人办理了移民手续，其中，哈尔滨犹太人 374 人，经哈尔滨过境的欧洲犹太人 390 人，男 446 人，女 318 人；为 4296 人提供了关于移民方面口头或书面的咨询；为 532 人办理了移民的申请和相关的文件；满足了 36 人的特殊请求和 227 人的各种愿望；并为移民事宜向法国、加拿大温哥华和维多利亚、乌拉圭蒙德维的亚、巴西里约热内卢、阿根廷布宜诺斯艾利斯、澳大利亚悉尼等地发出了 598 封信函。1927 年，哈尔滨远东犹太中央情报局还成功地帮助 87 人移居澳大利亚，751 人移居欧洲（主要是归国），40 人移居阿根廷、巴西、智利、乌拉圭和加拿大，28 人移居南非洲，42 人移居墨西哥、哥伦比亚、厄瓜多尔，279 人移居美国。在哈尔滨远东犹太中央情报局的帮助下，哈尔滨犹太人在波兰和其他国家的亲属 83 名移居哈尔滨。

约尼斯，米利亚 原居哈尔滨犹太人，著名犹太社会活动家，原上海"贝塔"组织领导人，国际贸易知名商人。米利亚在哈尔滨出生长大，青年时期加入了哈尔滨的"贝塔"组织并成为骨干成员，后成为锡安主义运动修正派倡导者和活动家，毕生忠实于雅博廷斯基的理念、原则和教诲并加以实践。30 年代迁居上海后，米

利亚积极参与上海"贝塔"组织的活动并于 1943～1947 年出任上海"贝塔"组织领导人,"为培养和教育锡安主义青年一整代人默默地做出了极大奉献"。在沪居住期间,他定期向《加杰凯尔》(Hadegel)杂志投稿,与人合创了锡安主义运动修正派杂志《塔加》(Tagar)并任该杂志编辑。1948 年,米利亚和妻子莉西亚偕子女移居以色列。然而不久,为了改善家境和资助同胞,他毅然举家迁往日本,自此踏上了经商之路并为之付出了后半生的精力;他在日本东京经营的阿梅尔莱克斯(Amerex)贸易公司取得了辉煌业绩并确立了良好的国际声望。在日本经商 15 年后,米利亚又偕眷迁居加拿大,几年后再度迁至美国纽约定居经商,直至 2005 年辞世。

约瑟夫,埃利亚胡·巴尔 又名莱利亚·罗伊斯伯格,原居哈尔滨、天津著名犹太运动员。在哈尔滨出生(1915 年),长大。莱利亚是哈尔滨"贝塔"青年组织的体育骨干,在哈尔滨和天津时一直从事体育活动,且成绩突出。他的运动项目主要是三级跳远、短跑、跨栏。有关他从事体育比赛方面的资料,在《以色列原居中国犹太人协会会刊》第 344、345、346 和 347 期上均有刊载。莱利亚不仅常年坚持训练和参赛,而且还收集、整理并保存了犹太人在中国从事体育活动的许多历史资料。1998 年在他 83 岁

高龄时,还代表以色列参加了当年在美国波士顿举办的"资深公民锦标赛",并夺得了 80～84 岁年龄组的跳远、三级跳远和 200 米跑三个项目的银牌。莱利亚·罗伊斯伯格的突出运动成就使他跻入了原居哈尔滨犹太精英人物的行列。

约瑟夫,拉谢尔·巴尔 原居哈尔滨犹太人。生前是埃利亚胡·巴尔·约瑟夫(罗伊斯伯格)的遗孀。她和埃利亚胡都是 1935 年哈尔滨赴巴勒斯坦的锡安先遣队(哈卢茨)成员。拉谢尔毕业于耶路撒冷希伯来大学护理学校。像其他锡安先遣队员一样,她和埃利亚胡在为以色列国独立而奋斗的岁月里,共同经历了艰苦的历程。埃利亚胡在以色列军队当过陆军上校,在非洲国家为以色列开展过工作。在他多方面生活经历的过程中,拉谢尔始终是埃利亚胡忠诚可靠的生活伴侣。在埃利亚胡领导以色列原居中国犹太人协会海法分会期间,拉谢尔充当了丈夫开展社会活动的得力助手。拉谢尔和埃利亚胡在贝尔谢巴附近奥马尔(Omer)镇的一个退休人员休养所住了很多年。她是一位特别和蔼可亲的人,认识她的人都对她十分尊敬。她抱病卧床很多年,但始终有爱和关照相伴,这种爱和关照起初来自埃利亚胡,埃利亚胡去世后则由她女儿卢卡(Luka)和卢卡的丈夫接替,他们每日每时亲切地照顾她。2008 年 11 月 16

日，在奥马尔镇去世，享年 92 岁。

约瑟列维奇，薇拉 原居哈尔滨犹太人。生于哈尔滨，父姓别洛卡缅。她丈夫是原居上海犹太人伊基（Iky）·约瑟列维奇。在离开中国回到以色列以后，他们夫妇相携走过了半个多世纪。在他们结婚 50 周年的 2003 年 9 月 20 日，他们的女儿埃斯蒂（Esti）和众多亲友曾为二老举办过金婚庆典。

Z

泽尔策，米娜·阿布拉莫芙娜 原居哈尔滨俄籍犹太人。生于海参崴，在哈尔滨长大，后迁居上海。二战期间，米娜为上海基督教青年会工作多年。在上海认识了她未来的丈夫约翰·维特林（John Vitlin）并在二战结束后不久与其成婚。他们婚后不久便移居美国，在旧金山与人合办了一家进出口公司，合伙人是米娜在哈尔滨语法学校（grammar school in Harbin）的校友马克·罗斯（Mark Ross）。

泽利科夫斯基，A．B． 原居哈尔滨俄籍犹太人（1867～1929）。在哈尔滨生活多年，曾任犹太社区核心委员会委员并积极参加该委员会以及社会救助等方面的活动。他还是逾越节等犹太节日活动策划委员会的成员。1929 年去世后被安葬在哈尔滨犹太公墓。

扎尔曼诺夫，约瑟夫 原居哈尔滨犹太人。哈尔滨犹太人塞缪尔·扎尔曼诺夫和安娜·扎尔曼诺娃夫妇之子，在哈尔滨出生、长大。移居以色列之前一直为联合国难民组织工作。

扎尔曼诺娃，安娜 原居哈尔滨犹太人，哈尔滨犹太女杰玛拉·穆斯塔芬的姑姥姥（外公的妹妹），和丈夫塞缪尔·扎尔曼诺夫在哈生活多年后在哈尔滨去世，夫妻二人的遗骨葬于哈尔滨皇山犹太公墓。

◎ 约瑟夫和母亲安娜

扎列茨基，阿布拉姆·莫尔杜霍维奇 原居哈尔滨犹太人，莫蒂亚·扎列茨基的父亲，哈尔滨犹太女杰玛拉·穆斯塔芬的曾外公（太姥爷），早年和妻子雷切尔·伊萨科夫娜·扎列茨基移居哈尔滨。夫妻在哈尔滨生活数年后，相继在哈尔滨去世，二人遗骨现埋于哈尔滨皇山犹太公墓。

◎ 安娜和丈夫塞缪尔·扎尔曼诺夫在哈尔滨犹太公墓的墓碑

扎列茨基，莫蒂亚 原居哈尔滨俄籍犹太企业家，哈尔滨犹太女杰玛拉·穆斯塔芬的外祖父。1912 年从白俄罗斯的科佩斯地区辗转来到哈尔滨，加入了其兄长鲁维姆（1907 年来哈）在哈尔滨市创建的肉类加工、销售和牲畜交易企业，二人经营的扎列茨基兄弟公司在哈尔滨市名气很大，有多处零售店铺，在道里区还开有一处洁净屠宰场（即符合犹太教规的屠宰场）。此外，莫蒂亚在海拉尔也做一些牲畜交易。1927 年，莫蒂亚迎娶了一位奥尼库尔家族的女子吉塔·奥尼库尔。奥尼库尔家族是 1909 年从白俄罗斯莫吉廖夫市迁至海拉尔的。1951～1959 年，莫蒂亚一直在哈尔滨犹太国民银行任经理并为尚在哈尔滨市生活的犹太居民担当犹太屠宰师。

◎ 阿布拉姆·扎列茨基

◎ 雷切尔·伊萨科夫娜·扎列茨基

扎列茨卡娅，吉塔 原居哈尔滨犹太人，哈尔滨犹太实业家莫蒂亚·扎列茨基的妻子。1909 年 12 月出生在白俄罗斯的米列霍沃。1910 年，随父母移居中国，定居海拉尔，后迁居哈尔滨；1927 年与莫蒂亚·扎列茨基成婚；20 世纪 30 年代，曾与父母返回过苏联。1959 年，吉塔一家从哈尔滨移居澳大利亚。1999 年 10 月，她在澳大利亚悉尼去世，享年 89 岁。

◎ 莫蒂亚与吉塔 1927 年的结婚照

◎ 1912 年从白俄罗斯来到
哈尔滨的莫蒂亚

扎伊格拉耶夫，维克多 原居哈尔滨犹太人，出生在哈尔滨，曾就读于哈尔滨基督教青年会附属中学。为了进一步深造，维克多在中学毕业后来到上海，就读于法国人创办的"阿芙罗尔"大学医学系，并获得医学博士学位。1953 年，维克多一家移居以色列，在"沙龙"医院开始自己的行医生涯，后工作于特拉维夫的私立医院"阿索塔"。2000 年，维克多病逝于特拉维夫。

栅栏区 历史上俄国政府规定允许犹太人在其中居住的地区。俄国的犹太栅栏区最早出现于 1792 年，其范围基本上是第一次瓜分波兰时俄国得到的领土，生活在其中的约有 120 万波兰犹太人。俄国当局出于对犹太人的歧视，不愿看到他们在俄国境内自由迁居，开始制定相关法令，限制犹太人活动和居住的范围。为了防止犹太人向俄国腹地移居，叶卡捷琳娜二世曾多次颁布法令，限制犹太人只能在黑海沿岸地区生活、工作、经商。后来，由于俄国领土疆域的变化，栅栏区有所扩大。1835 年，栅栏区的范围为立陶宛、沃吕尼亚、波多里亚、白俄罗斯（威帖布斯克和莫吉廖夫，不包括其农村地区）、乌克兰、新俄罗斯、基辅省（不包括省城），以及波罗的海沿岸各省，在其中生活的犹太人有 400 万。1881 年，亚历山大三世发布《临时法令》，重申禁止犹太人在栅栏区以外地区居住的规定，并准许乡村居民把"有罪的犹太人"赶出去。

这一法令给生活在栅栏区以外的犹太人带来了极大的灾难。在莫斯科约有2万犹太人因此而遭驱逐。在栅栏区以内，犹太人也常常受到种种限制，如规定犹太人必须缴纳双倍的税等。规定栅栏区的做法是沙俄当局对犹太民族的歧视和迫害的产物。它不仅剥夺了犹太人应有的权力，而且加剧了犹太人与非犹太人之间的隔阂和矛盾。1881年《五月法令》颁布以后，犹太人开始大规模外迁，到1900年约有200万犹太人离开栅栏区。1917年十月革命后，栅栏区被废除。原居哈尔滨犹太多数来自俄国的"栅栏区"，他们迁居哈尔滨的重要原因之一是为躲避在"栅栏区"遭受的歧视与迫害，追求在哈尔滨所能享受的宗教信仰自由、经济活动自由和社区生活自由。

◎ 2000年玛拉·穆斯塔芬在哈尔滨犹太公墓她曾外公、曾外婆墓碑前留影

政治锡安主义 指锡安主义中以赫茨尔为首的、主张通过外交途径复兴犹太国的政治派别。赫茨尔是现代锡安主义的奠基者。1897年8月在世界钟表珠宝最重要的聚集地——瑞士巴塞尔举行的第一届锡安主义者代表大会，确定了锡安主义的任务，即在巴勒斯坦为犹太人民创立避难所。1899年，在第三届锡安主义者代表大会上，赫茨尔宣称自己的主要目的是从土耳其那里获得准许，正式允许犹太人在巴勒斯坦大规模定居。为了达到这个目的，他同各国活动家进行外交谈判，拜会了一些欧洲君主，试图以犹太金融家提供帮助的前景来吸引土耳其当局，但赫茨尔未能得到大部分欧洲强国的支持。1903年4月在俄国的基什尼奥夫发生了大批犹太人在复活节早晨被屠杀的事件，使赫茨尔下定决心，必须采取紧急措施来改善俄国犹太人的状况。在这以后，他开始倾向于英国政府提出的"乌干达计划"。这导致锡安主义运动爆发危机——赫茨尔支持者和所谓的民主派之间发生冲突。赫茨尔的支持者认为获得"特许证"是向巴勒斯坦进行移民活动的必要条件。而所谓民主派则要求吸引广大犹太群众参加锡安主义组织的工作，在进行外交谈判的同时开展文化工作，加强向巴勒斯坦的移居活动。在1903年8月召开的第六届锡安主义者大会上，"乌干达计划"反

对者中途退出，并由 M. 乌瑟什金领导在乌克兰第二大城市哈尔科夫召开了"乌干达计划"反对者代表大会，要求赫茨尔拒绝向巴勒斯坦以外的任何领土移居犹太人的计划。这些反对者自称为锡安主义者。1904 年 7 月 3 日赫茨尔去世后，分歧更加尖锐化。政治锡安主义者 I. 赞格维尔等认为只要它能够接收犹太人的大规模移民，任何一块土地都可以。而 M. 乌瑟什金等人则建议培训犹太人移居巴勒斯坦，而置任何政治障碍于不顾。在 1905 年 7 月的第七届锡安主义者大会上，锡安主义者占大多数，少数派退出了锡安主义组织，建立了犹太领土主义协会。1907 年第八届锡安主义者代表大会决定成立巴勒斯坦土地安置协会和巴勒斯坦局。1913 年第十一届锡安主义者代表大会不仅讨论了移居巴勒斯坦的问题，而且讨论了对散居各地的犹太人进行教育的问题。在锡安主义运动范围内，赫茨尔的"政治"锡安主义和阿哈德·哈姆的"文化"锡安主义统一为一个派别。"政治"的锡安主义和"文化"的锡安主义，都是哈尔滨锡安主义者秉承的重要政治主张，原居哈尔滨犹太人积极参加了"政治"和"文化"锡安主义的活动。

中东路事件　1928 年 6 月，张作霖被炸死后，张学良继承父位，主持了东北三省政局，同年年底"易帜"，归附南京国民政府。张学良主政以后，采取了一系列治理东三省的有效措施，加强政治、经济建设。对日本帝国主义步步逼紧的侵略行为，张学良设法加以抵制。同时，他对苏联在中东铁路的特权也很反感，他主政后，就陆续收回中东铁路哈尔滨电话局，发布《禁止宣传赤化办法》。这使得刚刚开始第一个五年计划的苏联在 1929 年 1 月，其驻日大使就与日方谈判，欲将中东铁路苏方利益转归日本，以抵制中国之收回运动。同年 7 月 10 日，张学良强行接管中东铁路，解除苏方局长、副局长的职务。同时查封苏联商船贸易公司、国家贸易公司、火油公司、杂货公司等企业和其他机构，还将苏方一些人员逮捕并遣送回国。苏联政府对这种单方面宣布接收中东铁路的行动态度强硬。7 月 13 日，向中国政府提出强烈抗议，建议限期举行和谈。中国政府复照未予接受。17 日，苏联政府宣布与中国断交，双方互撤外交人员。与此同时，苏联一方面积极备战，一方面在莫斯科和远东地区逮捕和驱逐华人。7 月底，东北地方当局的代表与苏方代表开始谈判，8 月上旬谈判停顿。同时苏联政府决定在其远东地区的伯力（哈巴罗夫斯克）成立对付中国的远东特别军，组织集中兵力，做好战斗准备。苏军于 1929 年 11 月 1 日占领了富锦对岸的绥滨，解除了该地东北军的武装，摧毁了富锦的防御设施。17 日，苏军从密山、满洲里东西两线发动进攻。苏军当天击溃了东北军的步兵旅和骑兵师，并占领了密山。18 日，苏军沿穆棱河又扫荡了东北军残余部队，占领了扎赉诺尔、满洲里、海拉尔。东北军失败以后，张学良派蔡运升代表东北当局到双城子求和。1929 年 12 月 3 日，蔡运升与苏方代表签订了《奉天政府与苏联政府间议定书》。12 月 22 日，双方在伯力签订了《伯力会议议定书》即《伯力协定》。中东路事件引起的武装冲突，除了造成了双方数百万元的损失以外，没有产生任何结果。苏联在中东路的权益，一切都按照苏方的要求恢复了原样。"中东路事件"的发生，造成东北地区包括哈尔滨政治局势的动荡，导致了部分哈尔滨犹太人因担心时局动荡，而加快了移居天津、上海，包括移居美国、澳大利亚和巴勒斯坦的步伐。

中央大街　哈尔滨中央大街始建于 1898 年，始称"中国大街"，1925 年改称"中央大街"，后发展成为闻名全国的哈尔滨市最为繁华的商业街。它北起松花江防洪纪念塔，南至经纬街，全长 1450 延长米，宽 21.34 米，其中车行方石路为 10.8 米宽。全街汇集了文艺复兴、巴洛克、折衷主义及现代等多种风格的上百座保护建筑。中央大街曾是昔日哈尔滨犹太人的经济、文化活动中心，是犹太人在哈尔滨创造经济奇迹的福地。据不完全统计，中央大街的老建筑多为犹太人创

建或参与经营的，原犹太国民银行、萨姆索诺维奇兄弟商会、边特兄弟商会以及马迭尔宾馆等建筑物至今矗立在那里。这些建筑物一直受到了很好的保护，它们提醒着现在的哈尔滨市市民和每一位来访者，这个城市曾经存在过一个完备的犹太人社区以及他们所作出的贡献。1986 年哈尔滨市人民政府将中央大街确定为保护建筑街路。1996 年 8 月，市政府决定将其改造成步行街。中央大街在历时十个月的综合整治改造后，于 1997 年 6 月 1 日正式开通，目前是亚洲最长最大的步行街。中央大街是哈尔滨历史的、现代的、文明的交汇点，是哈尔滨人民的骄傲。一条街演绎了一座城市的文明史，一座城市因为一条街的繁荣而名扬中外。

◎ 中央大街曾是哈尔滨犹太人
经济和文化的中心

中央大药房　创办于 1915 年，位于埠头区水道街（现道里区兆麟街）与石头道街交角处。犹太老板 M. У. 科夫曼（又译为高福满）1932

年 3 月被日本宪兵队指使白俄暴徒绑票致死，其后店主为犹太人斯特钦斯基，主要经营各种进口西药和化妆品。

◎ 中央大药房

住棚节 又称结庐节。犹太教三大朝圣节日之一。该节日最初是农业性节日，是农人喜庆丰收的日子。住棚节开始于赎罪日后第 5 天，即提斯利 11 月 15 日，共持续 8 天。在这期间，除老弱病残者外，人人都要住在临时搭起的棚舍中。献祭作为住棚节三个内容之首，规定住棚节是上帝的节期，要将火祭、燔祭、素祭献给上帝。于是，古代犹太人要在这一日带上收获的谷物、水果，去耶路撒冷圣殿朝圣，并形成一种习俗。同逾越节和七七节一样，住棚节的庆祝活动也渐渐与犹太人的宗教和历史联系在一起。《希伯来圣经》中说："以色列家的人都要住在棚里，好叫你们世世代代知道，我领以色列人出埃及地的时候，曾使他们住在棚里。"这样，住棚节便与上帝引导以色列人逃出埃及，并为其建棚的传说联系了起来，成为犹太人庆祝这一活动的中心含义。原居哈尔滨犹太人重视住棚节这一犹太人的传统节日，通常举行一些集会活动进行庆祝。

附录
Appendices

附录一　哈尔滨犹太历史年表
（1898～2012）

Appendix Ⅰ　Chnonology of the Jewish Presence
in Harbin（1898－2012）

1898 年　中东铁路工程局由海参崴迁至哈尔滨，中东铁路开工修筑，为犹太人迁居哈尔滨提供了契机。

1899 年　随着中东铁路的建设，С. И. 别尔采里来到哈尔滨，在埠头区开办服饰用品店，成为第一个移居哈尔滨的犹太人。

雅科夫和伊利亚·巴赫兄弟来到哈尔滨，开办食品杂货店。

马克·米哈依洛维奇·别尔科维奇带领两个儿子列昂季和亚伯拉罕从雅卢托罗夫斯克来到哈尔滨经商。

Г. 卡干来哈，在老哈尔滨（香坊）开办肉铺。

Г. Б. 德里金从横道河子来到哈尔滨。

Н. П. 戈拉诺夫斯基、С. 亚伯拉罕、Г. К. 科诺瓦洛夫陆续来到哈尔滨。

哈尔滨 10 名犹太人在 Г. К. 科诺瓦洛夫家里组成家庭祈祷所"明鞅"，开展宗教活动。

1900 年　伊萨克·莫依谢维奇·别尔斯基来到哈尔滨。

在商铺街（现花圃街）伊利亚·巴赫家里组成家庭祈祷所。

М. М. 别尔科维奇去帽儿山车站（1902 年回到哈尔滨），他的两个儿子列昂季和亚伯拉罕留在老哈尔滨经营食品杂货店。

Л. М. 别尔科维奇第一个组织中

国东北大麻籽油出口。

是年 哈尔滨有犹太人 45 人。

1901 年 麦依泽洛夫（麦詹罗夫）和齐姆麦尔曼仿效别尔科维奇开始从事大麻籽油出口业务。

波兰籍犹太人比涅斯兄弟创办比涅斯兄弟商会，主要从事销售进口毛毯和毛织品生意。

1902 年 12 月 24 日 Б. Л. 别尔科维奇、别尔采里、梅耶洛维奇、阿布拉莫夫、巴赫兄弟、德里金、М. 别尔科维奇、萨姆索诺维奇兄弟、莫尔多霍维奇兄弟、别尔古特、魏涅尔曼、Е. 多比索夫、别尔斯曼、波别尔让斯基、戈卢姆布、拉什兄弟、Ш. 因弗良特和梅耶洛夫等 32 位犹太人在格因德列尔家里集会，决定以年薪金 900 卢布聘 А. М. 纳依耶尔为专职屠户，集体签订《侨居哈尔滨犹太人协议》。该协议是哈尔滨犹太人形成的第一份文件。Б. Л. 别尔科维奇当时被公认为犹太人领袖。

是年 萨姆索诺维奇兄弟从海拉尔来到哈尔滨，开办服饰用品和纺织品商店。

Б. Л. 别尔科维奇来到哈尔滨，开办食品店。

М. Л. 别尔科维奇从帽儿山回到哈尔滨，在他家里又组成一个家庭祈祷所。

哈尔滨商务俱乐部发起人会成立，

其中犹太人占 6/11。

年底，哈尔滨已有犹太人 300 人，犹太人店铺 10 余家。

是年 谢苗·索斯金来到哈尔滨创业。

是年 别尔古达印刷厂在哈尔滨开办。

是年 逾越节，哈尔滨犹太人向驻扎在窑门车站的 50～60 名犹太士兵送去了节日食用的无酵饼。

1903 年 2 月 16 日 犹太人在哈尔滨创立自己的民族社团组织——犹太宗教公会。公会理事会的选举获警察局批准。

是年 哈尔滨第一座正式的犹太宗教祈祷所在沙曼街（现霞曼街）设立。祈祷所第一届理事会由拉法依尔·马特维耶维奇·梅耶洛维奇、叶甫谢尼·伊萨耶维奇·多比索夫、К. Л. 古尔维奇、М. Л. 萨姆索诺维奇组成。

犹太教祈祷所由沙曼街迁至炮队街（现通江街）6 号（后在此建犹太养老院和犹太免费食堂，现哈尔滨地方税务局涉外分局址）。

犹太宗教公会由俄罗斯邀请舍维里·列文拉比来到哈尔滨主持教务。

犹太宗教祈祷所总歌手克列依尔来到哈尔滨。

哈尔滨犹太墓地设立，哈尔滨犹太人丧葬互助会成立，第一任会长为

И. 巴赫。

Л. Ш. 斯基德尔斯基取得在中东铁路沿线 5 处林场采伐权。

Г. Б. 德里金和巴杜申斯基在道里开办东方机器制粉厂（俗称德里金火磨，为双合盛火磨前身），总账房设在买卖街。

哈尔滨犹太人达到 500 人。

1904 年　日俄战争爆发。数以万计的俄国犹太士兵被派到中国东北（据戴维·沃尔夫博士考证，当时在中国东北的犹太士兵达 3.3 万人）。哈尔滨犹太社团全力救助伤残犹太士兵。

俄籍犹太商人斯基德尔斯基家族（旧译谢杰斯、谢结斯）在哈尔滨的傅家甸（现哈尔滨道外区）开办了斯基德尔斯基（谢杰斯）制粉厂。

1905 年　由列文拉比发起，哈尔滨犹太社团成立建设犹太会堂捐款委员会。中东铁路地亩处划拨炮队街地段以建会堂。

科夫曼、克罗尔等合伙创办哈尔滨联合啤酒工厂（当时音译"梭忌奴"啤酒厂），厂址在道外南马路。

日俄战争后，俄军中很多犹太士兵退役，留在哈尔滨就业。

在日俄战争中负伤断臂、被俘获释的犹太士兵约瑟夫·特鲁姆佩尔道尔归国途中到哈尔滨，创办了"巴勒斯坦农业生产合作社"。（约瑟夫·特鲁姆佩尔

道尔不久归国，1912 年去巴勒斯坦，后成为以色列民族英雄。"贝塔"青年组织就是以他的姓氏命名的。）

犹太人 Б. С. 马德尔斯基在哈尔滨中国十道街（现道里区西十道街）45 号创办了马德尔斯基商会，经营木材生意。

1906 年　列文拉比离开哈尔滨。哈尔滨犹太宗教公会从俄罗斯邀请扎尔曼·列依鲍维奇·加什凯尔拉比来到哈尔滨接任拉比。

哈尔滨犹太社团成立建设犹太会堂委员会，主席为 М. Л. 萨姆索诺维奇，司库为拉依赫尔，成员有 Е. И. 多比索夫、А. Л. 萨姆索诺维奇等；并成立监察委员会，А. Л. 巴赫等为委员。

哈尔滨犹太妇女小组成立，慰问和救助日俄战争中负伤的犹太士兵，组长为列文拉比的夫人。

日俄战后，许多退役的犹太官兵留在哈尔滨就业。骑兵约瑟夫·卡斯普留在哈尔滨从事珠宝生意。

施奈杰尔曼在东大直街开办"布利麻高等理发所"。

埠头区炮队街和药铺街（现通江街和中医街）交角处的马戏园改建为达尼洛夫剧场。

哈尔滨犹太人达 3000 人。

1907 年 3 月 4 日　哈尔滨犹太

人大会决定创办犹太小学。

4月 哈尔滨犹太小学开办，入学儿童26名（翌年70名，1909年100名）。

5月3日 哈尔滨犹太会堂在炮队街和马街（现通江街和东风街）交角处奠基，开始修建（后称总会堂，俗称老会堂）。建筑设计师卡兹—基列依。

8月 哈尔滨犹太总会堂举行宗教祝圣仪式。

12月 哈尔滨犹太妇女小组改称哈尔滨犹太妇女慈善小组，拟定章程，选举成立了第一届委员会。首任组长安娜·叶菲莫娃·阿凯尔曼。

是年 3. M. 克里奥林来到哈尔滨，创办《九级浪》俄文报。

С. Л. 切尔尼亚夫斯基来到哈尔滨，创办《东方新闻》俄文报。

爱斯金兄弟商会创办，坐落在邮政街与阿什河街交角处（后迁至中国大街与商市街交角处）。

1908年3月1日 哈尔滨自治公议会进行选举，选出议员40人，其中10人是犹太人。

3月11日 哈尔滨自治公议会选举董事会，E. 多比索夫、И. 弗利德等参加董事会。

是年 犹太教哈西德教派在哈尔滨地段街建"西尤姆—加多依罗"祈祷所，发起人 П. M. 康恩，选举第一届董事会，会长为 П. M. 康恩，副会长为别列佐夫斯基，司库为科夫曼，学者为弗洛格。

哈尔滨犹太音乐—文学—戏剧协会"伊玛尔达戈"成立，并创办协会图书馆。

波兰籍犹太人柴瓦德夫创办阿什河糖厂（其后历任的几位经营者卡干、齐克曼等都是犹太人）。

哈尔滨犹太人达6000人。

1909年1月15日 哈尔滨犹太总会堂竣工，通过特别委员会验收。

哈尔滨犹太总会堂第一届理事会成立。理事会由拉比 3. 加什凯尔、M. Л. 萨姆索诺维奇、A. M. 莫尔多霍维奇、E. И. 多比索夫、Ф. 里夫等组成。

4月9日 谢苗·约瑟福维奇·卡斯普生于哈尔滨（1918年始师从于格尔施戈琳娜学习钢琴）。

12月24日 中东铁路管理局局长令，核准《哈尔滨犹太宗教公会章程》。

是年 哈尔滨锡安主义小组成立，B. X. 索斯金任主席。

哈尔滨犹太企业家 P. M. 卡巴尔金在伦敦同英国资本家合作成立了"华英东方贸易公司"，并在哈尔滨设立分公司，地址在埠头区马街（现道里区东风街）。公司开始向欧洲出口粮食和豆油。

中东铁路将扎赉诺尔煤矿改为商

办，由斯基德尔斯基家族公司经营。

1910 年 10 月 17 日 哈尔滨犹太小学校新校舍在炮队街落成开学（现朝鲜族二中址，当时仅一层平房）。学校实行五年制教育，除普通教育外，还十分注重学习希伯来语言文学。校长科尔图诺夫。

是年 哈尔滨犹太宗教公会入会注册 452 人。

М. Г. 和 И. Г. 梅金兄弟在道里区大坑街（现大安街）开办面包坊（后又在炮队街开办分店）。

1911 年 哈尔滨犹太宗教公会入会注册 609 人（均为成年男人。如按每户 4 口人计算，当年哈尔滨犹太人约为 2400 人；又因军队士兵不入地方教会，实际人口还要多些）。

1912 年初 阿布拉姆·考夫曼移居中国哈尔滨，开始领导哈尔滨犹太社团和锡安主义运动。

6 月 10 日 哈尔滨犹太人移居巴勒斯坦促进协会（简称巴勒斯坦协会，为哈尔滨锡安主义组织之前身）成立，不久前由乌拉尔来到哈尔滨的 А. И. 考夫曼当选为主席。

6 月 24 日 哈尔滨犹太人移居巴勒斯坦促进协会和犹太宗教公会在犹太总会堂举行追悼会，悼念世界锡安

主义组织领导人西奥多·赫茨尔。

11 月 哈尔滨犹太人移居巴勒斯坦促进协会成立图书馆，馆长为 И. 斯特里热夫斯基（该图书馆为哈尔滨锡安主义组织图书馆之前身）。

12 月 30 日 Г. М. 梅金逝世于哈尔滨。

1913 年 6 月 哈尔滨犹太人移居巴勒斯坦促进协会举办纪念著名诗人福鲁格文学生涯 30 年晚会，А. И. 考夫曼作了题为《福鲁格的诗歌及其抒情诗的特点》的报告。

是年 侨居哈尔滨的犹太人达 5032 人，占当时哈尔滨俄侨总数的 11.5%。

年底，马迭尔宾馆在中国大街落成，老板为约瑟夫·卡斯普，设计师为维萨恩。

斯基德尔斯基家族将斯基德尔斯基（谢杰斯）制粉厂转卖给华商李祖盛，改名为成泰益制粉厂。

1914 年 3 月 15 日 哈尔滨自治公议会进行选举。俄籍犹太人阿凯尔曼、多比索夫、德里金等当选议员。

11 月 9 日 由 А. И. 考夫曼、Е. И. 多比索夫等发起，哈尔滨犹太人开会讨论救助欧战难民问题，选举组织委员会，开展捐款救助活动。

12 月 30 日 哈尔滨巴勒斯坦协

会在商务俱乐部举办音乐会，为欧战犹太难民募捐义演。

是年 哈尔滨犹太妇女慈善小组改组，成立哈尔滨犹太妇女慈善会（1916 年通过章程）。

卡巴尔金华英东方贸易公司在香坊创办华英油坊，生产豆油，出口欧洲市场。

Л. Ш. 斯基德尔斯基私邸在医院街（现颐园街）落成（后为哈尔滨日本特务机关所在地，现黑龙江省老干部活动中心址）。

1915 年 10 月 中旬，欧洲部分犹太难民来到哈尔滨。哈尔滨犹太社团成立救助欧战犹太难民委员会，在商务街（现上游街）开办难民救济所，后在药铺街（现中医街）和沙曼街（现霞曼街）等地也办了难民救济所。

11 月 11 日 哈尔滨救助欧战犹太难民委员会在难民救济所开办免费食堂。

是年 东方机器制粉厂（德里金火磨）转卖给张廷阁，更名为双合盛火磨。

爱斯金兄弟商会在中国大街开办。

科夫曼（又译高福满）在道里水道街（现兆麟街）与石头道街交角处创办中央大药房（1932 年 3 月科夫曼被日本宪兵队指使的俄匪绑票致死，其后店主为斯特拉辛斯基）。

1916 年 1 月 24 日 哈尔滨救助欧战犹太难民委员会开会，А. И. 考夫曼作工作报告，选举新的委员会。

2 月 2 日 哈尔滨犹太人免息贷款会"格米鲁斯—赫谢特"制定章程。

10 月 9 日 哈尔滨犹太人免息贷款会召开第一次发起人会议，筹集股本 4889 卢布。

是年 哈尔滨犹太人哈西德教派地段街祈祷所理事会决定筹建新会堂，成立筹备委员会。

Л. Ш. 斯基德尔斯基逝世（葬在哈尔滨犹太墓地），留给其继承人（所罗门、谢苗和莫伊谢伊）的财产除林场外，还有 1000 万卢布资金。

列夫·齐克曼商场在哈尔滨石头道街北市场内开办，经销砂糖和麻袋。

犹太人 М. Л. 特里古博夫在哈尔滨埠头区的新城大街（现道里区尚志大街）创办了特里古博夫商会，经营木材生意。

1917 年 2 月 彼得堡救助欧战犹太难民中央委员会主席金茨贝尔格致电 А. И. 考夫曼，请求紧急捐资，救助欧战难民。

4 月 4 日 哈尔滨犹太人社团会议宣布，废止原《哈尔滨犹太宗教公会章程》，委托新当选的宗教公会临时委员会制定新章程。

4 月 8 日 哈尔滨犹太人移居巴勒斯坦促进协会改称哈尔滨锡安主义

组织，召开第一次锡安主义者大会，А. И. 考夫曼任临时委员会主席，С. И. 拉维科维奇为副主席，Г. Б. 德里金为司库，И. В. 格舍林和里亚茨金为秘书（是时，哈尔滨加入锡安主义组织的有150人）。

5 月 30 日　哈尔滨锡安主义组织为巴勒斯坦、波兰、立陶宛的战争难民举行捐款救助活动，共募集捐款2.21万卢布。

7 月 3 日　由 А. И. 考夫曼和 Г. Б. 德里金发起，哈尔滨救助欧战犹太难民委员会开办免费食堂，成立免费食堂管理委员会，А. И. 考夫曼任主席。

10 月 1 日　哈尔滨犹太中学在炮队街（现朝鲜族二中址）奠基修建。建设委员会主席 Г. Б. 德里金，校务理事会主席 А. И. 考夫曼，设计师 И. Ю. 列维金。

10 月 10 日　哈尔滨救助欧战难民委员会和移居巴勒斯坦促进协会发表呼吁书，呼吁哈尔滨犹太人紧急捐资救济来哈的犹太难民（当年募捐达94498卢布）。

10 月　为参加彼得堡全俄锡安主义组织大会，俄滨海州和"满洲"选区在哈尔滨设立选举局，拟选出四名代表出席会议。哈尔滨选出 С. И. 拉维科维奇和 А. И. 考夫曼为候选人。

11 月 2 日　英国外交大臣贝尔福致信英籍犹太望族罗思柴尔德勋爵，宣称英国"赞成在巴勒斯坦建立一个犹太人民族之家"。此即《贝尔福宣言》。

是 年　哈尔滨犹太教哈西德教派祈祷所筹建新会堂委员会，获准在斜纹街（现经纬街）法因兰德和霍赫洛夫地段筹建新会堂。

А. 奥昆在中国大街修建奥昆大楼（现妇女儿童商店，东北虎皮草行址）。

Д. 卡干钟表珠宝店在地段街开办。

新哈尔滨大药房在新买卖街（现果戈里大街）与邮政街交角处开办，业主马恰耶夫斯基。

罗马尼亚雅西犹太剧院创始人菲施宗率剧团拟经哈转道赴美，因故滞留哈尔滨，在哈演出犹太戏剧。

1918 年 1 月 1 日　全俄锡安主义组织远东地区委员会在哈尔滨创办《犹太言论》杂志。

2 月 8 日　《犹太言论》第二期出版（本期遂为终刊）。

2 月 20 日　哈尔滨犹太社团决定，犹太免费食堂脱离救助欧战难民委员会，成立专门委员会，独立管理，暂定沙曼街10号为免费食堂（后迁至犹太中学，再迁至炮队街新址）。

3 月 18 日　哈尔滨锡安主义组织举办"巴勒斯坦周"，在商务俱乐部组织大型音乐会，募集巴勒斯坦政治基金。

4月4日　犹太教哈西德教派祈祷所理事会会议决定修建新会堂，选举建设委员会，主席 Ю. A. 鲍罗沃依，设计师 И. Ю. 列维金。

6月19日　哈尔滨犹太宗教公会会长、犹太社团创始人之一叶甫谢尼·伊萨耶维奇·多比索夫逝世。

8月25日　哈尔滨犹太宗教公会临时委员会召开会议，莫尔多霍维奇主持会议，通过了考夫曼提出的关于支持犹太巴勒斯坦军团的决议。

8月　哈尔滨犹太青年组织犹太军团，准备开赴巴勒斯坦为复国而战。

9月21日　哈尔滨犹太教哈西德教派新会堂在斜纹街（现经纬街）举行开工典礼。

11月26日　哈尔滨锡安主义组织在"马迭尔"举办盛大晚会，纪念《贝尔福宣言》发表一周年。"吉姆罗"歌舞团在会上演出了精彩的节目。

12月　哈尔滨锡安主义组织收到索科洛夫和魏茨曼代表中央委员会从伦敦发来的电报。电称，为将巴勒斯坦问题提交和平大会，要求哈尔滨锡安主义组织努力筹集组织基金。

哈尔滨犹太中学在炮队街落成，这是远东地区第一所犹太中学，1923年因故迁至高加索街，即现西三道街。

犹太免费食堂迁入新落成的犹太中学，对难民开放。

是年　哈尔滨犹太社会民主工党

"崩得"外围组织西伯利亚犹太文化未来联盟创办图书馆（1922年关闭，与哈尔滨职工联合会图书馆合并）。

哈尔滨犹太人"阿古达斯—以色列"协会在马街（现东风街）一旧房舍内创办哈尔滨犹太民族宗教学校（1920年建新校舍，定名"斯基德尔斯基塔木德—托拉学校"）。

C. M. 和 И. A. 拉比诺维奇捐资，在炮队街修建犹太养老院和犹太免费食堂（1920年落成，设计师 И. Ю. 列维金，现址为哈尔滨地税局涉外分局）。

莫斯科大药房在中国大街和东透笼街（现中央大街和西十四道街）交角处开办，业主罗戈维奇。

俄籍犹太人阿布拉莫维奇在哈尔滨马街（现道里区东风街）创办阿布拉莫维奇印刷厂。

1919年1月17日　《远东报》载，侨居哈尔滨犹太人7500人，其中20岁以上者4500人，20岁以下者3000人。

犹太人投资在中国五道街西首路南开办"戈罗布斯"大电影院（现"高邦"专卖店址）。

犹太教拉比 З. Л. 加什凯尔在哈尔滨逝世。

3月25~29日　远东地区锡安主义者代表大会在哈尔滨召开。哈尔滨、满洲里、上海、海参崴等地的19

名代表出席会议。会议通过了建立犹太民族基金、开展文化事业和抗议在波兰、苏俄加里奇、乌克兰等地发生的反犹浪潮的决议；选举 А. И. 考夫曼、亚兹古尔、叶林松、拉多梅舍夫斯基等为远东局领导成员。

4月29日 哈尔滨犹太宗教公会开会，选举临时委员会。临时委员会着手起草《哈尔滨犹太宗教公会组织章程》。

7月1日 犹太免费食堂划归宗教公会社会救济委员会管理。

是年 一战期间在俄罗斯被俘的奥地利随军犹太医生伯力士（1885～1968年）来到哈尔滨参加了伍连德领导的东三省防疫工作，后成为鼠疫和霍乱领域研究的世界级专家、世界卫生组织的顾问。

科茨在中国大街（现中央大街）创办"日内瓦钟表珠宝店"。

1920年2月10日 哈尔滨犹太宗教公会社会救济委员会成立劳动局，帮助难民介绍工作，发放救济金。

2月12日 哈尔滨犹太宗教公会临时委员会通过《哈尔滨犹太宗教公会组织章程》。

4月15日 《哈尔滨犹太宗教公会组织章程》正式登记备案。

10月1日 《西伯利亚—巴勒斯坦》周刊在上海创刊，主编 А. 叶夫泽罗夫。

11月22日 С. М. 拉比诺维奇和 И. А. 拉比诺维奇出资修建的犹太养老院和犹太免费食堂在炮队街竣工（一楼为免费食堂，二楼为养老院）。犹太养老院开办，照管委员会由 И. А. 拉比诺维奇名誉主席和考夫曼、索斯金、鲍罗沃依、弗里泽尔、巴赫等组成。

11月24日 由布尼莫维奇发起，哈尔滨犹太贫病救济会开会，制定章程。

12月3日 远东巴勒斯坦情报局由上海迁至哈尔滨，《西伯利亚—巴勒斯坦》周刊自第21期在哈尔滨出版。А. И. 考夫曼任主编（后改为远东社团联盟巴勒斯坦联合会机关刊）。

12月 由斯基德尔斯基出资在马街修建的犹太民族宗教学校校舍竣工，命名为"斯基德尔斯基塔木德—托拉学校"（《塔木德》是阐述犹太法典的巨著，《托拉》专指摩西五经，也含律法、习俗、礼仪）。校长由 Ш. 列文担任（1938年改制改名）。

是年 西伯利亚和乌拉尔锡安主义组织主席、西伯利亚及远东犹太民族联盟主席 М. А. 诺沃麦依斯基来到哈尔滨，后转赴上海。

哈尔滨犹太丧葬互助会决定在墓地修建祈祷会堂。该会堂为两层建筑物，设计师是 И. Ю. 列维金。

别尔斯坦因在新买卖街（后称义

州街，现果戈里大街）与东大直街交角处开办普希金大药房。

俄国十月革命后，特别是高尔察克鄂木斯克政府溃败后，大批俄籍犹太人来哈。侨居哈尔滨犹太人骤增至 2 万人。

苏联犹太人西夫里在哈尔滨埠头区的警察街 43 号（现道里区友谊路）创办远东木材公司，经营木材生意。

1921 年 1 月 8 日 哈尔滨犹太贫病救济会通过章程，选举第一届理事会。会长 М. И. 布尼莫维奇，副会长 Ю. Е. 爱利亚松，理事 А. И. 考夫曼、И. А. 拉比诺维奇等。

3 月 远东犹太社团联盟巴勒斯坦联合会解散，另组战斗协会，管理《西伯利亚—巴勒斯坦》周刊。该协会主席 П. К. 别尔曼。

4 月 20 日 在华锡安主义组织成员 47 人乘意大利"特里埃斯特"号轮船从上海出发，移居巴勒斯坦，其中 21 人来自哈尔滨（5 月、7 月又有两批 70 人由中国移居巴勒斯坦）。

5 月 8 日 哈尔滨犹太贫病救济会施诊所在犹太免费食堂和犹太养老院楼内开办，А. И. 考夫曼任所长。

5 月 哈尔滨第一音乐学校创办（初在商务学堂，1928 年迁奥克萨科夫斯卡雅中学，1940 年迁道里大同路），其艺术委员会中大部分是犹太音乐家，如 В. Д. 特拉赫金贝尔格、В. Л. 格尔

施戈琳娜等。

10 月 由 А. И. 考夫曼发起，召开哈尔滨犹太文化、慈善、政治组织会议，讨论救济欧洲大屠杀犹太遗孤问题。29 个组织的代表出席会议，选出了由考夫曼等人组成的远东犹太社团救助欧洲大屠杀遗孤公共委员会。

《喉舌》报（中文注册《鲁波尔》报）创刊，主编 Е. С. 考夫曼。

哈尔滨第一社会商务中学创办（该校很多师生是犹太人，著名的乌斯特利亚洛夫曾任该校校长）。

12 月 意第绪语周报《德尔-瓦伊杰尔—米兹拉赫》（远东报）在哈尔滨创刊。

是年 哈尔滨犹太新会堂竣工，命名为"别依斯—加麦德罗什"（后曾为市公安局俱乐部、东方娱乐城址，2004 年修复，哈尔滨犹太历史文化展览设在这里）。

哈尔滨犹太妇女慈善会创办劳动学校。

哈尔滨犹太音乐戏剧协会开办幼儿园。

哈尔滨犹太人体育组织"马卡比"创立。

法籍犹太商人 А. И. 卡甘的法国永胜公司收购了松花江制粉厂，并将其更名为松花江面粉有限公司。

达尼埃尔在中国大街和石头道街（现中央大街和西十二道街）交角处开办伦敦（惠康）呢绒庄。

1922 年 1 月 5 日 罗马尼亚雅西犹太剧院创始人菲施宗在哈尔滨去世，享年 84 岁。

2 月 5～12 日 哈尔滨犹太人救助欧洲大屠杀犹太遗孤公共委员会（即远东救助欧洲大屠杀犹太遗孤公共委员会）举办捐款周，捐款救助欧洲儿童。

2 月 27 日 远东救助欧洲大屠杀犹太遗孤公共委员会组织报告会，著名俄罗斯作家古谢夫—奥伦堡尔戈斯基在会上报告了乌克兰犹太人的悲惨遭遇。

2 月 远东救助欧洲大屠杀犹太遗孤公共委员会由哈尔滨发出两车皮粮食和衣物，救助苏俄伊丽莎白格勒挨饿儿童。

哈尔滨犹太国民银行发起人召开第一次会议，选举临时委员会，制定章程，筹办银行。

4 月 哈尔滨锡安主义妇女组织"维佐"成立，主席 Б. И. 施瓦尔茨—考夫曼，副主席 Л. И. 宗多维奇。

7 月 25 日 《西伯利亚—巴勒斯坦》周刊出版号外，报道国联委托英国统治巴勒斯坦的消息。

8 月 10 日 哈尔滨锡安主义组织在商务俱乐部集会，庆祝国联委托英国统治巴勒斯坦。

8 月 14 日 哈尔滨犹太国民银行发起人在交易所召开会议，研究成立银行的目的和意义，增补临时委员会委员。

10 月 哈尔滨意第绪语周报《德尔—瓦伊杰尔—米兹拉赫》（远东报）停刊。

是年 C. X. 索斯金购买八区卡萨特金油坊，创办索斯金油坊（该油坊当时有螺旋式榨油机 60 架，日产豆油 4.26 吨、豆饼 41.4 吨）。

俄籍犹太巨商 C. X. 索斯金收购卡萨特金面粉厂，更名为索斯金面粉厂。

梅金兄弟面包坊在道里炮队街开办分店。

边特兄弟商会在中国大街开业（现精品商厦址）。

侨居哈尔滨犹太人为 1.1 万人。

1923 年 3 月 著名锡安主义女活动家贝拉·别芙兹涅尔来到哈尔滨巡回讲演，为锡安主义活动募集资金。

5 月 12 日 哈尔滨犹太国民银行召开股东会议，选举董事会、管委会和监事会。

6 月 3 日 哈尔滨犹太国民银行开业，资本金 5 824 卢布，行址为中国大街与市场街（现中央大街与西十一道街）交角处。

所罗门和谢苗·斯基德尔斯基兄弟与吉林省官股合资创办穆棱煤矿公司，总公司设在哈尔滨阿什河街。

是年 A. M. 莫尔达霍维奇任哈

尔滨无息贷款互助会会长。

1924 年 1 月 11 日 哈尔滨犹太人发展教育协会成立。

1 月 17 日 《西伯利亚—巴勒斯坦》周刊由锡安主义远东局机关刊改为社会文化周刊，报道远东地区社会文化生活。

4 月 15 日 英籍犹太人哈同·弗利特在哈创办英文《哈尔滨先驱报》。

6 月 3 日 由皮鞋匠格尔施捷因发起，哈尔滨小额互助免息贷款会"艾兹罗"召开第一次会议，选出 O. A. 涅米克为会长。

8 月 哈尔滨小额互助免息贷款会制定章程。

12 月 犹太青年发起成立哈尔滨犹太民族大学，聘基谢廖夫拉比讲授宗教学、宗教史及哲学和古犹太文字学，维特林讲授《塔木德》及律法，伊兹古尔讲授犹太历史，考夫曼讲授犹太文学及民族运动，拉维科维奇讲授锡安主义（次年1月开学）。

是年 Г. Н. 特拉赫金贝尔格在中国大街开办"康季莲娜"乐器店。

哈尔滨犹太人达 5 848 人（男 2 885 人，女 2 963 人），其中在业者人口为 2 580 人，占总人口的 44.12%。

1925 年 1 月 18 日 哈尔滨犹太社会活动家 И. Ш. 加里别林逝世。

1 月 14 日 《西伯利亚—巴勒斯坦》周刊改为《犹太生活》，在哈出版。

2 月 8 日 А. Л. 萨姆索诺维奇在哈尔滨逝世。

2 月 苏联运输股份公司哈尔滨分公司开办，总经理斯列帕克、出纳员费斯克、货栈管理员梅特维基等均为犹太人。

4 月 24 日 哈同·弗利特创办的《哈尔滨先驱报》更名为《哈尔滨观察家报》（1933 年 5 月被伪警察厅查封）。

5 月 4 日 哈尔滨犹太妇女慈善会会长、锡安主义妇女组织"维佐"主席 Б. И. 施瓦尔茨—考夫曼逝世。哈尔滨犹太劳动学校为纪念她，将校名改为"施瓦尔茨—考夫曼劳动学校"。

7 月 1 日 著名犹太音乐家 У. М. 戈里德施京和夫人 В. И. 迪龙由莫斯科来哈，创办"格拉祖诺夫高等音乐学校"（校址在犹太中学）。

是年 哈尔滨锡安主义妇女组织"维佐"创办幼儿园。

楚基尔曼在比利时街（现比乐街）开办"马尔斯巧克力糖果点心厂"，并在中国大街等四处设分店（如现中央大街华梅西餐厅即原马尔斯分店）。

М. П. 索斯金继任哈尔滨犹太妇女慈善会会长。

Е. 斯卢茨基在中国大街创办"爱

格诺米亚（经济）商行"。

哈尔滨犹太人减至 1 400 人（除统计口径差别外，中苏共管中东铁路、大批无国籍的犹太人南迁是重要原因）。

1926 年 2 月　哈尔滨犹太丧葬互助会改选，Б. M. 弗列伊施曼任会长。

4 月 1 日　哈尔滨锡安主义组织在商务俱乐部集会，庆祝犹太大学在耶路撒冷成立。

4 月 15 日　А. И. 卡干买下阿什河糖厂和葡萄酒厂，成立阿什河美国工业公司，总公司设在哈尔滨。

7 月　谢苗·卡斯普离开哈尔滨去法国巴黎音乐协会和民族音乐学院深造（1930 年始在法国崭露头角）。

8 月 1 日　美国著名犹太戏剧作家别列茨·基尔施宾偕夫人周游世界 15 个月后，来哈尔滨考察。

8 月 11 日　东省特别区市政局以第 5637 号令，批准哈尔滨犹太养老院照管委员会章程。

8 月 22 日　俄文《边界》周刊创刊，其主要人员如主编 Е. С. 考夫曼等都是犹太人。

是年　津格尔缝纫机商店在石头道街创办，后迁至中国大街与短街（现端街）交角处。

Э. С. 卡茨在中国大街开办"米尼

阿久尔咖啡茶食店"，并在江北太阳岛设分店。

犹太人扎列茨基在哈尔滨埠头区的外国六道街（现道里区大安街）创办扎列茨基商会。

哈尔滨犹太人为 1 367 人，其中男 807 人，女 560 人（统计仅限道里、南岗、香坊）。

1927 年 3 月　根据东省特别区市政局要求，哈尔滨犹太宗教公会重新讨论制定《哈尔滨犹太宗教公会组织章程》。

5 月 31 日　东省特别区警察总管理处第 13400 号批示，经行政长官公署批准，准予《哈尔滨犹太宗教公会组织章程》备案，同时批准犹太宗教公会所属其他社会慈善卫生等团体的组织章程。

夏，拉斯科夫兄弟由苏联经哈尔滨去巴勒斯坦，在哈尔滨期间曾发起成立哈尔滨犹太青年组织"加绍麦尔—加察伊尔"（"贝塔"青年组织的前身）。

哈尔滨犹太人达 1 352 人（仅特别市统计）。

1928 年 1 月 1 日　И. Я. 格林斯潘任哈尔滨犹太人小额互助免息贷款会会长。

5 月 27 日　世界锡安主义组织代表格罗·克里切夫斯基来哈尔滨，为锡安主义组织募集基金，在犹太人中进行移居巴勒斯坦的精神动员，受到哈尔滨犹太社团的热烈欢迎。

6 月 13 日　东省特别区行政长官张焕相接见世界锡安主义组织代表格罗·克里切夫斯基，表达了对犹太人在巴勒斯坦建国事业的同情，强调中国人民一如既往地站在正义的一方。

6 月 14 日　世界锡安主义组织代表格罗·克里切夫斯基拜会哈尔滨特别市市长褚镇和东省特别区警察总管理处处长金荣贵。褚镇和金荣贵均表示对锡安主义者奋斗目标的同情和支持。

当晚，世界锡安主义组织代表格罗·克里切夫斯基在商务俱乐部作了《今日巴勒斯坦及发展前景》的报告，在哈尔滨犹太人中引起极大反响。

8 月 20 日　世界锡安主义组织代表格罗·克里切夫斯基离开哈尔滨。

秋，锡安主义修正派活动家 A. Я. 古尔维奇由巴勒斯坦来到哈尔滨，向哈尔滨犹太青年介绍锡安主义修正派的主张和奋斗目标。

索斯金面粉厂由东北官银号购买，改为东兴火磨三厂。

1929 年 2 月 9 日　哈同·弗利特受共产国际委托，在哈尔滨道里西九道街创办"英吉利—亚细亚电讯通信社"（简称"英亚社"）。

5 月 18 日　哈尔滨犹太青年组织"加绍麦尔—加察伊尔"与世界犹太青年组织"贝塔"取得联系后，开会决定加入"贝塔"，选举列夫·皮亚斯图诺维奇为哈尔滨总部首领。总部成员有 M. 奥尔默特、H. 利弗希茨、T. 平斯基、P. 列维娜、A. 伊弗良特、Л. 科多维奇和 И. 梅罗米。

5 月　哈尔滨锡安主义妇女组织"维佐"成立新的委员会。Л. И. 宗多维奇为主席（1934 年春，宗多维奇去巴勒斯坦）。

6 月 16 日　哈尔滨犹太青年"贝塔"组织 200 余名成员统一着装，沿主要街道举行游行示威。

是年　E. Д. 齐特林任哈尔滨犹太妇女慈善会会长。

巴尔特和哈明斯在中国大街开办"沃甫琪克"眼镜公司。

哈尔滨犹太青年组织"贝塔"创办第一个拳击队。

哈尔滨犹太人为 1 324 人。

1930 年 11 月 24 日　У. M. 戈里德施京和 В. Д. 迪龙举办从艺 15 周年奏鸣曲演奏会，演奏了舒曼、勃拉姆斯等人的名曲。

世界著名犹太裔小提琴家叶甫列姆·津巴利斯特来到哈尔滨巡回演出，轰动一时。

是年　古拉斯曼在马街（现东风街）开办"加兰季亚针织工厂"。

瑞典籍犹太人斯皮罗和立陶宛籍

犹太人丹金合伙在中国大街创办瑞典洋行。

1931 年 3 月 8 日　哈尔滨"贝塔"组织第一批成员 Я. 兰金、Р. 列维娜、Р. 利弗希茨、И. 索罗维依、Г. 莫尔多霍维奇五人获准移居巴勒斯坦。

3 月　《犹太生活》出版专号，纪念哈尔滨斯基德尔斯基塔木德—托拉学校创办 10 周年。

5 月 26 日　在哈尔滨的俄国法西斯主义者召开第一次代表大会，宣布成立俄国法西斯党，科斯明任主席，罗扎耶夫斯基任总书记。该党党纲中反犹主义是重要内容。

6 月　哈尔滨犹太总会堂发生火灾。总会堂宗教活动暂在塔木德—托拉学校进行。由 А. М. 莫尔达霍维奇、С. Г. 亚布罗夫等组成修复特别委员会。

是年　在 А. Я. 古尔维奇倡导发起下，哈尔滨锡安主义组织修正派联盟成立。

年底，哈尔滨犹太总会堂修复竣工。修复后的会堂增建至三层，并扩建了前厅和侧翼。哈尔滨犹太宗教公会、锡安主义组织、《犹太生活》杂志社迁入总会堂二、三楼办公。

美国电影院在道里西九道街开办，创办人 Г. И. 阿克利希坦因。

"马迭尔"剧场扩建，由 750 个座位增至 1200 个座位。改建由约瑟夫·卡斯普亲自设计，斯维利多夫主持施工。

梅金兄弟派利亚佐夫去德国学习、购置设备，成立第一机制面包房。

哈尔滨犹太人达 2 600 人。

1932 年 2 月 5 日　日军多门第二师团占领哈尔滨，犹太人生存环境恶化。

3 月 11 日　哈尔滨中央大药房犹太裔老板科夫曼被日本宪兵队操纵的俄匪暴徒绑票（后被折磨致死）。

6 月 15 日　哈尔滨锡安主义组织修正派联盟选举第一届委员会。

7 月 30 日　在哈尔滨犹太贫病救济会理事会上，纳夫塔林娜—约菲向贫病救济会捐赠东商市街（现西五道街）地号，以建犹太医院和施诊所。

8 月　哈尔滨发生特大水灾。哈尔滨犹太社团组织救护队，对遭受水灾者实施紧急救助。

9 月 4 日　纳夫塔林娜—约菲办理向贫病救济会捐赠东商市街地号书证手续。

9 月 27 日　哈尔滨犹太社团领导人所罗门·亚布罗夫的夫人（社会活动家）逝世。

是年　哈尔滨犹太青年组织"贝塔"出版《加捷凯尔》（意为"旗帜"）双周刊。

列夫·齐克曼收买哈尔滨阿什河糖厂。

1933 年 6 月 4 日 哈尔滨犹太医院在东商市街破土动工。

8 月 24 日 马迭尔宾馆老板约瑟夫·卡斯普的次子、青年犹太钢琴家谢苗·卡斯普（1932 年底回哈尔滨，曾到上海、日本巡回演出）在哈尔滨被日本宪兵队指使的俄匪绑架。匪徒向其父索要赎金 30 万日元。

11 月 5 日 哈尔滨犹太医院一楼竣工，门诊部开业。

11 月 24 日 下午 3 时 30 分，谢苗·卡斯普在小岭被俄匪徒杀害。

12 月 3 日 哈尔滨日本宪兵队发布公告：在小岭发现谢苗·卡斯普尸体；绑架他的俄匪除基里钦科外，或死亡，或被警察厅拘留。

12 月 10 日 哈尔滨锡安主义组织图书馆与原犹太音乐—文学—戏剧协会图书馆合并，成立哈尔滨犹太公共图书馆。

12 月 哈尔滨犹太社区数万人参加谢苗·卡斯普葬礼。А. И. 考夫曼在致悼词时，强烈谴责凶手和幕后指使人，要求暴徒偿还血债。

俄国法西斯党刊《我们的道路》撰文称，А. И. 考夫曼攻击当局，要求"将考夫曼从满洲国驱逐出去"。

是年 哈尔滨犹太青年组织"贝

塔"总部首领 Л. И. 皮亚斯图诺维奇离开哈尔滨去天津，А. Я. 古尔维奇任哈尔滨总部首领。

哈尔滨犹太人为 2 170 人。

1934 年 7 月 鲇川义介在日本外交刊物上发表文章《一项邀请 5 万德国犹太人来满洲国的计划》。

10 月 29 日 哈尔滨犹太医院二楼竣工，医院（含住院部）全部启用。

12 月 27 日 哈尔滨犹太国民银行改组，成立株式会社犹太国民银行。

春，哈尔滨锡安主义妇女组织"维佐"主席 Л. И. 宗多维奇去巴勒斯坦，Р. Г. 格罗斯曼任主席。

列夫·齐克曼被迫将阿什河糖厂50%以上的股份转让给日本人。阿什河糖厂更名为北满制糖株式会社。

1935 年 1 月 22 日 日苏就售受中东铁路问题达成协议。

2 月 哈尔滨锡安主义妇女组织"维佐"在道里商务俱乐部举办首届犹太民族展览会。

3 月 14 日 伪满接收北铁代表平田骥一郎和苏方管理局长鲁德义在哈签订接收北铁现地协定。

3 月 23 日 伪满和苏联在东京正式签订北满铁路让渡协定、最终议定书和其他文件。

8 月 21 日 北满铁路最后一批苏

籍员工离开哈尔滨归国。撤走员工 6
208 人，家属 14 607 人，共计 20 635
人。

12 月 20 日 著名犹太企业家
C. P. 卡巴尔金逝于哈尔滨。

是年 哈尔滨犹太新会堂理事会
会长为 П. М. 康恩，副会长为 Е. И.
斯米良斯基。

И. Я. 格林斯潘离开哈尔滨，
И. Л. 拉波波尔特任哈尔滨犹太人小
额互助免息贷款会会长。

年底，哈尔滨犹太人达 1 500 人。

1936 年 3 月 15 日 哈尔滨法政
学院由南岗铁路局官房迁至道里水道
街（现兆麟街）第一初级中学院内。
迁移竣事，开始上课。

3 月 16 日 世界著名男低音歌唱
家 Ф. И. 夏里亚宾来哈，下榻马迭尔
宾馆，在美国电影院进行首场演出
（19 日、20 日又演出两场），成为哈尔
滨音乐史上的盛事。

3 月 23 日 哈尔滨地区法院对
1933 年马迭尔绑架案绑匪进行第二次
审判。

6 月 14 日 哈尔滨地区法院判
决，马迭尔绑架案的绑匪中 4 人被判
死刑，2 人被判无期徒刑。

是年 列文拉比离开哈尔滨去天
津。

1937 年 10 月 Г. Я. 戈里德布
拉特（毕业于莫斯科大学）任哈尔滨
斯基德尔斯基塔木德—托拉学校校长。

12 月 第一次远东地区犹太人社
区代表大会在马迭尔宾馆举行，与会
者 700 多人。

是年 锡安主义修正派 3 名代表
被选入犹太宗教公会。他们是 П. К.
别尔曼、А. Я. 古尔维奇、Х. И. 纳德
尔；另有候选人 Г. С. 法因戈里德。

俄文版《犹太生活》杂志开始发
行英文附刊。

哈尔滨犹太人为 1 100 人。

1938 年 5 月 18 日 在哈尔滨锡
安主义妇女组织"维佐"主席 Э. Б. 叶
利金娜的倡导下，哈尔滨首次纪念
"母亲节"。

10 月 经柏林和维也纳犹太社团
介绍，奥地利维也纳著名钢琴家、指
挥家维里莫施·津格尔带其乐队及家
属一行 19 名犹太难民，由意大利的里
亚斯特港乘轮船，经上海辗转来哈，
与"卡姆勃利奴斯"西餐厅签约演出。

原哈尔滨马迭尔宾馆老板约瑟
夫·卡斯普逝于巴黎，终年 59 岁。

11 月 26 日 哈尔滨犹太新会堂
"别依斯—加麦德罗什"改选理事会，
选举 П. М. 康恩为会长，Я. Л. 克林
凯维奇为副会长。

12 月 5 日 日本政府召开五大臣

会议，首相近卫文磨、外务大臣有田八郎、陆军大臣板垣征四郎、海军大臣米内大将、大藏和通商产业大臣池田成彬参加会议。会议决定避免公开欢迎犹太人，但不应排斥犹太人的政策。

12月 第二次远东地区犹太人社区会议在哈尔滨召开。

德奥犹太难民10人来到哈尔滨。哈尔滨犹太宗教公会等社团组织为其做了妥善安置。

是年 美国犹太教改革派和锡安主义组织领袖斯蒂芬·魏斯复信哈尔滨的列夫·齐克曼，称要"全力以赴地反对"犹太人支持日本。

德国犹太人斯特恩一家避难来到哈尔滨。赫尔穆特·斯特恩在哈尔滨从师学习小提琴（1949年离开哈尔滨，后为著名小提琴家，德国柏林室内乐团创始人）。

夏，尤里·霍罗什与雅科夫·利别尔曼发起，组建青年话剧小组。

P. M. 卡巴尔金无力继续承办油坊，将华英油坊作价兑给日方代理人徐鹏志，改厂名为"满洲油脂株式会社"。

1939年1月21日 俄国法西斯主义者代表大会在哈尔滨召开（23日闭会）。会议通过决议，抗议伪满洲国当局帮助犹太难民经西伯利亚由欧洲来中国东北。

3月 哈尔滨犹太人列夫·齐克

曼向犬冢大佐提出将200名欧洲犹太皮革工人及其家属共600人移居伪满洲国的设想。

5月 在安江仙弘的安排下，A. И. 考夫曼访问日本东京，并被授予帝国勋章。

7月7日 犬冢、安江等日本"犹太问题专家"提出《关于引入犹太资金的研究与分析的报告》。

10月1日 犹太社会活动家、哈尔滨犹太宗教公会主席 M. Я. 叶利金在哈尔滨逝世。

12月23日 第三次远东地区犹太人社区会议在哈尔滨召开。

是年 哈尔滨道里中国大街"米尼阿久尔"咖啡茶食店改称"维多利亚"咖啡茶食店。

德国犹太难民约150人来到哈尔滨，寻求避难。

1940年9月 德、意、日三国签订军事同盟条约，对犹太人的迫害升级。

12月31日 日本外务大臣松冈洋右在东京会见来自哈尔滨的列夫·齐克曼，表示与德国签约，但仍将不反犹。

1941年5月14日 И. И. 奥尔默特（M. И. 奥尔默特的父亲，以色列前总理埃胡德·奥尔默特的祖父）

逝世并葬在哈尔滨犹太墓地。

12 月 1 日 哈尔滨犹太企业家列夫·齐克曼乘"龙马丸"号动身移居美国，因珍珠港事件爆发，返回日本横滨（战后移居美国，1973 年去世）。

是年 特迪·考夫曼任《犹太生活》杂志秘书。

1942 年 1 月 日本新外相东乡茂德表示，"有必要重新考虑犹太人问题。五大臣会议决议应暂缓实施"。

是年 据统计，来到哈尔滨避难的德国犹太人共 31 户，其中男 39 人，女 29 人，共 68 人。

1945 年 8 月 18 日 晚，苏军第一远东方面军空降兵占领哈尔滨机场。

8 月 19 日 苏联红军进驻哈尔滨。

8 月 21 日 А. И. 考夫曼等哈尔滨犹太社团领导人被捕，押往苏联。

9 月 哈尔滨犹太宗教公会选举临时理事会、监事会。

是年 中国人民的朋友罗生特（雅各布·罗森菲尔德）随山东部队来到哈尔滨，任东北民主联军第一旅卫生部部长，参加了中国人民解放战争（1947 年随军南下）。

1946 年 特迪·考夫曼任远东地区犹太教总拉比基谢廖夫的秘书。

1947 年 联合国大会通过关于巴勒斯坦问题的第 181 号决议。为以色列建国奠定基础。

1948 年 5 月 14 日 大卫·本—古里安宣布以色列独立宣言，宣告以色列建国，为哈尔滨犹太人回归以色列创造了条件。

哈尔滨犹太宗教公会散发传单，庆祝以色列建国。

1949 年 1 月 18 日 著名社会活动家、企业家 Г. Б. 德里金在哈尔滨逝世。

5 月 29 日 哈尔滨犹太宗教公会在总会堂召开会员大会，选举以 М. А. 扎伊格拉耶夫为首的新理事会理事 12 名，候补理事 6 名，以 Н. М. 别洛卡敏为首的监察委员会委员 3 名。

5 月 哈尔滨犹太人为 1 990～2 100 人。

哈尔滨犹太养老院养护 30 名孤寡老人。

6 月 哈尔滨犹太宗教公会理事会在基谢廖夫拉比主持下，召开第一次理事会，选举 М. А. 扎伊格拉耶夫为主席，И. 卡尔马诺维奇为第一副主席，С. 格里德哈梅尔为第二副主席，Я. В. 吉斯金特为秘书，М. М. 科茨为司库。同时选举 С. Н. 卡涅尔为总务委员会主席，选举 Х. М. 别尔施坦为监事会主席。

8月 侨居哈尔滨的德国、奥地利等国犹太难民获准移居以色列。

9月8日 远东地区犹太总拉比 A. Ш. 基谢廖夫在哈尔滨逝世。哈尔滨犹太社区商店闭店，学校停课，工厂停工，隆重悼念基谢廖夫。

9月 哈尔滨犹太宗教公会理事会第二副主席 C. 格里德哈梅尔移居以色列。

10月1日 中华人民共和国成立。

10月 哈尔滨地方政府决定，哈尔滨苏籍犹太人移居国外须经苏联驻哈尔滨领事馆核准。Д. 敏德林等首批获准移居以色列。

是年 哈尔滨犹太宗教公会会员大会选举 P. M. 布尔苏克（石印厂厂长）为哈尔滨犹太养老院院长。

1950年 A. Л. 巴列伊当选为哈尔滨犹太宗教公会宗教委员会主席。

哈尔滨犹太养老院成立援助老年人移居国外专门委员会。

哈尔滨塔木德—托拉学校关闭。犹太宗教公会理事会决定将校舍出租。

1951年5月 哈尔滨犹太人约为700人。

6月19日 著名企业家、社会活动家 Л. Ш. 斯基德尔斯基的儿子莫伊谢伊·斯基德尔斯基在哈尔滨逝世（另两个儿子所罗门和谢苗死于苏联集中营）。

11月20日 哈尔滨犹太丧葬互助会会长 Б. M. 弗列伊施曼逝世。

12月9日 哈尔滨犹太国民银行改组为犹太国民银行股份有限公司，总经理 M. C. 爱利亚什松，副总经理 A. H. 福连结力。

1952年10月25日 M. Г. 梅金逝于哈尔滨。

是年 哈尔滨犹太人为650人。

1953年11月19日 苏联驻哈尔滨领事馆对哈尔滨犹太医院进行改组，理事会完全由苏联籍犹太人组成。事实上变成了"苏联侨民会第二医院"。

据犹太宗教公会统计报告，1903～1952年在哈故去的犹太人共3 128人，其中男1 904人，女1 224人。

是年 哈尔滨犹太宗教公会会长为 C. H. 卡涅尔，副会长为 K. И. 库什涅尔、P. M. 布尔苏克，监察委员会会长为 Г. И. 普拉特。

侨居哈尔滨犹太人为454人，其中苏籍395人（占87%），无国籍29人，波兰籍19人，以色列籍3人，匈牙利籍1人，日本籍1人，国籍不明者6人。

1954 年 1 月 1 日 哈尔滨犹太宗教公会将犹太新会堂租给哈尔滨市公安局，用作公安俱乐部。原在新会堂内的犹太公共图书馆迁至犹太免费食堂内。

9 月 26 日 哈尔滨苏联侨民会第二医院（即犹太医院）将全部动产、器材、设备转卖给哈尔滨建设局；哈尔滨建设局租用犹太医院房产。原犹太医院改名为哈尔滨建筑职工医院。

是年 著名律师 Д. В. 戈兰茨基去世。

1955 年 6 月 1 日 侨居哈尔滨犹太人为 380 人。

11 月 11 日 哈尔滨犹太宗教公会秘书 Г. М. 格罗斯曼移居美国，离开哈尔滨。З. Л. 阿格拉诺夫斯基任哈尔滨犹太宗教公会秘书。

11 月 哈尔滨犹太宗教公会理事、司库，犹太免费食堂和犹太养老院院长 Р. М. 布尔苏克移居以色列。Ш. С. 施捷因加尔特继任犹太免费食堂和犹太养老院院长。

夏，哈尔滨市公安局俱乐部修缮，原犹太新会堂穹隆上的六角大卫圣星被拆除。

秋，哈尔滨市公安局与犹太宗教公会就改建原犹太新会堂，将大厅扩建二层问题达成协议：扩建二层的全部工料费用由市公安局承担，犹太宗教公会免收扩建面积的租金 6～7 年，此后属犹太宗教公会资产，续租期间须交纳租金。新会堂二层开始扩建。

1956 年 1 月 6 日 哈尔滨犹太宗教公会宗教委员会主席 А. Л. 巴列伊离开哈尔滨，Б. Х. 诺索维茨基当选哈尔滨犹太宗教公会宗教委员会主席。

是年 哈尔滨犹太宗教公会理事会组成如下：会长 С. Н. 卡涅尔，秘书 З. Л. 阿格拉诺夫斯基，司库 Ш. С. 施捷因加尔特，理事 Д. А. 列姆别尔格、Б. Х. 诺索维茨基。

1957 年 3 月 1 日 А. С. 沃西诺夫斯基出任哈尔滨犹太宗教公会司库。

5 月 18 日 哈尔滨犹太宗教公会理事会召开第一次扩大会议，讨论新形势下的公会工作。

9 月 哈尔滨犹太宗教公会理事会召开第二次扩大会议。

1958 年 1 月 19 日 哈尔滨犹太宗教公会理事会召开第三次扩大会议，补选新的理事会：Б. А. 阿博金、С. Я. 托巴斯为理事；В. А. 布伦施捷因、А. С. 沃西诺夫斯基、Л. Б. 齐加利尼茨基为候补理事；重建监事会，选举 Л. Г. 戈罗夫其涅尔、М. А. 扎列茨基、Г. Н. 富林克里为监事，И. Х. 特别尔为候补监事。М. А. 扎

433

列茨基任监事会会长。

2 月 26 日 哈尔滨犹太宗教公会理事会推选会长 С. Н. 卡涅尔、秘书 З. Л. 阿格拉诺夫斯基、司库 Ш. С. 施捷因加尔特组成主席团。

3 月 哈尔滨犹太宗教公会理事、宗教委员会主席 Б. Х. 诺索维茨基去世。В. А. 布伦施捷因递补为理事。

4 月 哈尔滨犹太宗教公会理事 Д. А. 列姆别尔格移居以色列。А. С. 沃西诺夫斯基递补为理事。

5 月 8 日 《哈尔滨日报》刊登哈尔滨市人民政府卫生局通告，要求市区内的中外墓地（包括犹太墓地）于 6 月 30 日前迁往皇山墓地（后推迟至 10 月 30 日）。

5 月 25～26 日 哈尔滨苏联侨民会召开扩大会议，讨论东正教墓地、犹太墓地迁移问题。开始对皇山墓地勘验。

8 月 4 日 犹太公墓开始迁移。

是年 哈尔滨犹太人为 294 人。

1959 年 4 月 哈尔滨犹太社区专职屠宰师扎列茨基离开哈尔滨。

10 月 16 日 哈尔滨犹太国民银行关闭。

是年 哈尔滨犹太人为 130 人。

1961 年 4 月 哈尔滨犹太宗教公会秘书 З. Л. 阿格拉诺夫斯基移居澳

大利亚，离开哈尔滨。

是年 哈尔滨犹太公墓迁移工作结束，854 个墓穴和墓碑迁至皇山犹太墓地。

1963 年 11 月 哈尔滨犹太总会堂关闭，哈尔滨犹太宗教公会解体。

1979 年 10 月 原居哈尔滨犹太人赫尔穆特·斯特恩访问故乡哈尔滨，作为德国室内交响乐团第一小提琴手，演出室内音乐三重奏，成为中国改革开放后原居哈尔滨犹太人重返哈尔滨第一人。

1980 年 7 月 原居哈尔滨德籍犹太人赫尔穆特·斯特恩再次访问故乡哈尔滨，向哈尔滨捐献了价值 3 万西德马克的钢琴等乐器。

1985 年 哈尔滨最后一位犹太人阿格列在哈尔滨辞世，葬于哈尔滨皇山犹太墓地。

1991 年 12 月 24 日 原居哈尔滨犹太人后裔、以色列前总理埃胡德·奥尔默特的弟弟——约西·奥尔默特任以色列新闻局长，支持中国新华通讯社耶路撒冷分社早于中以建交一个月正式设立，提早运作。

1994 年 8 月 原居哈尔滨犹太人、以色列原居中国犹太人协会会长、以中友好协会会长特迪·考夫曼访问第二故乡哈尔滨。

1996 年 4 月 22 日 世界最大的合资建设铝合金高精板带项目——中国有色金属工业总公司与哈尔滨东北轻合金加工厂，与原居哈尔滨犹太人萨尔·艾森伯格创办的以色列艾森伯格集团联合发展有限公司合资建设铝合金高材板带项目，在北京人民大会堂签字。时任国务院副总理吴邦国出席了签字仪式，并对该项目顺利签约表示祝贺。

1998 年 6 月 原居哈尔滨犹太人、美国南加州大学名誉教授皮特·伯尔顿访问第二故乡哈尔滨。

1999 年 1 月 以色列驻华大使南月明访问黑龙江省，与黑龙江省外事侨务办公室领导同志进行了友好交流。

6 月 原居哈尔滨犹太人、英国伦敦大学教授石慈美女士访问第二故乡哈尔滨。

7 月 黑龙江省新闻办公室主任徐世铭率团访问以色列，会见原居哈尔滨犹太人、以色列原居中国犹太人协会会长、以中友好协会会长特

迪·考夫曼。

2000 年 4 月 时任黑龙江省省长宋法棠对黑龙江省社会科学院科研人员张铁江提出加强哈尔滨犹太人研究的建议作出批示："请曲伟同志阅，望社科院对如何整理利用这些遗址遗迹何时了研究提出具体意见。"黑龙江省社会科学院据此设立哈尔滨犹太历史文化研究中心，曲伟院长兼任首任中心主任。

5 月 14～17 日 以市长埃菲·斯坦斯勒先生为团长的以色列吉夫阿塔伊姆市政府代表团一行 4 人对正式访问哈尔滨。

5 月 原居哈尔滨犹太人、以色列原居中国犹太人协会副会长约西·克磊率以中友好协会访问第二故乡哈尔滨。

8 月 J. 费林克尔率以色列期刊代表团访问哈尔滨，后于 2002 年 2 月移居哈尔滨的丹·本—卡南先生随团来访。

2001 年 1 月 16～19 日 以色列驻华大使馆公使衔参赞欧慕然先生来我市进行了公务访问。

5 月中旬 黑龙江省社会科学院院长曲伟率省市联合代表团出访以色列，会见原居哈尔滨犹太人后裔——时任耶路撒冷市市长的埃胡德·奥尔

默特，原居哈尔滨犹太人——以色列
—中国友好协会会长特迪·考夫曼，
以色列人文科学院副院长塔德莫尔。
并参观以色列散居世界犹太人博物馆，
收集到大量原居哈尔滨犹太人的图片
资料。

7月29日～8月1日 以色列
驻华大使沙雷夫先生率商务代表团一
行15人访问了哈尔滨市。7月31日哈
尔滨—以色列经贸合作洽谈会在哈尔
滨开幕。沙雷夫大使率由15名来自农
业、高科技等领域的成员组成的商务
代表团参加洽谈会，并拜访了黑龙江
省社会科学院。

7月31日 哈尔滨—以色列经贸
合作洽谈会在哈尔滨开幕。以色列驻
华特命全权大使沙雷夫率由15名来自
农业、高科技等领域的成员组成的商
务代表团参加洽谈会，并拜访了黑龙
江省社会科学院。

11月15日 原居哈尔滨犹太
人、澳大利亚前驻东南亚多国参赞玛
拉·穆斯塔芬及澳大利亚悉尼犹太博
物馆馆长阿兰·雅格布斯访问哈尔滨，
与黑龙江省社会科学院院长曲伟达成
合作意向。

2002年2月中旬 以籍犹太人
丹·本—卡南移居哈尔滨，后在黑龙
江大学任教，成为21世纪定居哈尔滨
的第一个犹太人。

8月 黑龙江省社会科学院院长
曲伟接受美国国务院邀请，以国际访
问者身份访问美国，重点考察了美国
纽约、洛杉矶、旧金山的犹太社区，
会见了一批美国原居哈尔滨犹太人，
收集到一批原居哈尔滨犹太人的图片。

2003年2月11～15日 曲伟院
长带队的黑龙江省社会科学院代表团，
应俄罗斯犹太自治州副州长瓦列
里·古列维奇的邀请赴比罗比詹市，
访问了俄罗斯科学院远东分院犹太自
治州科学中心和比罗比詹师范学院和
犹太宗教公会。

2月22～25日 俄罗斯犹太自
治州副州长瓦列里·古列维奇率团访
问黑龙江省社会科学院，考察了哈尔
滨犹太墓地、哈尔滨新老犹太会堂等
遗址遗迹，对黑龙江省开展哈尔滨犹
太历史文化研究和遗址遗迹的开发利
用给予了高度评价。

4月中旬 黑龙江省省长张左己
与黑龙江省社会科学院专家学者座谈，
并参观设在黑龙江省社会科学院的哈
尔滨犹太历史文化展览。

6月 原居哈尔滨犹太人、英国
勋爵罗伯特·斯基德尔斯基在英国出
版《凯恩斯传》（麦克米兰公司2003
年），在作者简历中明确标注，其家族
和本人在哈尔滨的生活经历。

8月中旬 黑龙江省社会科学院
曲伟、李述笑主编的大型画册《犹太
人在哈尔滨》由社会科学文献出版社

出版发行，受到社会各界广泛好评。

8 月 15～19 日 原居哈尔滨犹太人后裔、以色列驻华公使衔农业与科技参赞欧慕然先生偕夫人再次访问哈尔滨。参观了"犹太人在哈尔滨"展览；凭吊了哈尔滨犹太墓地中埋葬着的他祖父和其他 3 个亲属；会见了黑龙江省和哈尔滨市分管农业的有关领导。

9 月 15～18 日 由郝会龙副秘书长任团长的黑龙江农业代表团，赴以色列第二大城市（也是其商业中心）特拉维夫市参加了以色列第十五届国际农业展览会，并进行了项目招商、洽谈和考察活动。哈尔滨市南岗区政府与以色列美坦国际公司联合建立农业科技示范园区合作项目、黑龙江省农科院与以色列 V.G.I 公司、生物肥试验合作等 9 个合作项目在会上签约。

同月 黑龙江省社会科学院院长曲伟等人随黑龙江省农业代表团出访以色列，并授予埃胡德·奥尔默特为黑龙江省社会科学院名誉研究员，向以色列原居中国犹太人协会赠送了哈尔滨犹太会堂模型。

9 月 15～18 日 应以色列驻华使馆和以色列第十五届国际农业展览会的邀请，哈尔滨副市长方世昌为团长的 8 人政府代表团及 12 名企业家组成的参展团赴以参加了以色列第十五届国际农业展览会。

10 月 27 日～11 月 5 日 由黑龙江省社科院特邀研究员、以色列驻华使馆公使衔农业与科技参赞欧慕然安排的以色列农业专家阿德勒和罗德曼来到哈尔滨。与黑龙江省农委合作举办了为期 10 天的以色列农业专家黑龙江省有机食品培训班，培训黑龙江省农业专家 400 多人。

11 月 5 日 以色列驻华大使海逸达莅临黑龙江省社会科学院，对黑龙江省重视支持开展哈尔滨犹太人研究和黑龙江省社会科学院所做的大量工作表示感谢，表示要为哈尔滨犹太人研究提供必要的支持和力所能及的帮助。

11 月 7～10 日 由黑龙江省社会科学院、哈尔滨工业大学和以色列驻华大使馆联合举办的"举世闻名的犹太人及哈尔滨犹太历史文化展览"开幕式在哈尔滨工业大学阳光大厅举行。以色列驻华大使海逸达、参赞兼领事谢艾龙出席了开幕式。在为期三天的展览中，共展出来自以色列国家博物馆珍藏的包含马克思、波尔等近百幅珍贵图片和黑龙江省社会科学院的 200 多幅图片。

11 月 15 日 美国耶鲁大学毕业的法学博士、小布什总统校友，2001 年就任美国驻华大使的克拉克·兰特（Clark T. Randt Jr. 中文名雷德），访问黑龙江省社会科学院，参观"犹太人在哈尔滨"历史文化展览，并给予高度评价。

12 月 21～28 日 应以色列—中国友好协会邀请，由黑龙江省社会科学院曲伟院长带队的考察团访问以色列。拜会了以色列总统摩西·卡察夫和中国驻以色列大使馆临时代办张清洋，出席了以色列原居中国犹太人大会，访问了特拉维夫大学、散居世界各地的犹太人博物馆，采访了一批原居哈尔滨犹太人，收集了大量哈尔滨犹太人历史资料。卡察夫总统称赞曲伟院长赠送的《犹太人在哈尔滨》大型画册内容翔实，意义重大。

2004 年 4 月 10 日 哈尔滨市政府投资 2000 万元人民币，启动对哈尔滨犹太新、老会堂及其他遗址遗迹进行大规模的修复和修缮。

4 月 17～5 月 4 日 哈尔滨市农业考察团访问以色列，达成了引进以色列节水灌溉、奶牛养殖等技术的合作协议。

6 月 25～28 日 黑龙江省社会科学院配合黑龙江省人民政府，成功地接待了时任以色列副总理兼工业、贸易、劳动和通信部长埃胡德·奥尔默特访问哈尔滨。

6 月 25 日 中共黑龙江省委书记、省人大常委会主任宋法棠和省委副书记、省长张左己分别会见了以色列副总理兼工业、贸易、劳动和通信部长埃胡德·奥尔默特为团长的由 120 多位顶级企业家组成的以色列商务代表团。埃胡德·奥尔默特参观了保留在哈尔滨的犹太遗址遗迹及犹太公墓，对犹太人的传统、文化和遗迹在哈尔滨得到很好的保护和重视表示感谢。希望通过访问，了解、学习黑龙江的发展经验，推动以色列相关行业的发展。埃胡德·奥尔默特专程到葬有他的祖父母的哈尔滨犹太墓地祭扫并题词："我家的根实际在中国，中国是我父母的出生地，我对中国的感情是根植于我心中的"。

6 月 28 日 黑龙江—以色列经贸洽谈会在哈尔滨举行。以色列副总理兼工业、贸易、劳动和通信部长埃胡德·奥尔默特，以驻华大使海逸达，黑龙江省委副书记、省长张左己，副省长王利民出席开幕式。埃胡德·奥尔默特强调，黑龙江在电子、食品、科技等方面取得了显著成绩，以色列在农业、工业等方面积累了丰富经验，相信双方在农业创新、灌溉技术、食品加工等领域的合作会取得更加积极的成果。张左己表示，黑龙江非常珍视与以色列之间的深厚友谊和已取得的合作成果，希望今后加强在农业、畜牧、高新技术、旅游业等领域的合作，相信通过双方的共同努力，会不断拓宽合作领域，提升合作档次。

7 月 29 日 联合国教科文组织国际博物馆委员会理事、美国佛罗里达州萨拉索塔市亚洲艺术博物馆董事会董事阿方兹·伦杰尔博士来到黑龙江省社会科学院，就《犹太人在哈尔滨》在美国佛罗里达州萨拉索塔市亚洲艺术博物馆展出事宜与黑龙江省社会科学院院长曲伟签订了合作协议，协议商定 2006 年 3 至 5 月间赴美展出。

8 月 29 日　由黑龙江省社会科学院、以中友好协会和以色列原居中国犹太人协会共同主办的哈尔滨犹太历史文化研究国际研讨会在哈尔滨召开。海内外犹太研究学者和原居哈尔滨犹太人欢聚一堂，对哈尔滨犹太历史文化进行研讨，会议期间举办了"犹太人在哈尔滨"大型图片、实物展览。

9 月　曲伟、李述笑主编的《哈尔滨犹太人》文集由社会科学文献出版社出版。

11 月　加拿大 555 集团总裁吉美金先生在时任哈尔滨市市长石忠信的陪同下，在黑龙江省社会科学院参观了"犹太人在哈尔滨"大型图片、实物展览。

12 月　美国驻沈阳总领馆总领事康大为访问黑龙江省社会科学院，参观了"犹太人在哈尔滨"展览并对其给予了高度评价。

2005 年 1 月　美国前贸易总代表查琳·巴尔舍夫斯基访问哈尔滨，参观设在黑龙江省社会科学院的"犹太人在哈尔滨"大型图片、实物展览。

2 月　由潘春良、曲伟带队的哈尔滨犹太历史文化考察团出访加拿大和美国，在加拿大萨斯喀彻温大学，曲伟院长作了关于"哈尔滨犹太人"的演讲。在美国旧金山华语电视台曲伟、李述笑、傅明静接受了资深记者史东的现场直播采访，宣传了中国哈尔滨善待犹太人的世界人道主义记录。

5 月　黑龙江省社会科学院张铁江研究员撰的《揭开哈尔滨犹太人历史之谜》一书，由黑龙江人民出版社出版。

5 月 13 日　俄罗斯犹太自治州州长沃尔科夫率团访问黑龙江省哈尔滨市，在黑龙江省副省长王利民陪同下参观了设在黑龙江省社会科学院的"犹太人在哈尔滨"大型图片、实物展览。

8 月中旬　黑龙江省社会科学院与哈尔滨建筑艺术馆正式签订合同，双方合作举办哈尔滨犹太历史文化大型展览，前者负责布展，后者负责提供展览场地（即位于道里区经纬街 162 号的哈尔滨犹太新会堂旧址）和经营管理。

8 月下旬　黑龙江省社会科学院院长曲伟研究员与以色列—中国友好协会会长特迪·考夫曼主编的《哈尔滨犹太人的故乡情》由黑龙江人民出版社出版。

9 月　以色列驻华大使海逸达先生访问哈尔滨，参观哈尔滨犹太历史文化展览。

10 月 黑龙江省社会科学院院长曲伟率代表团访美，分别会见采访了美国犹太裔政要——前国务卿亨利·基辛格博士，前贸易总代表查琳·巴尔舍夫斯基，前国家安全事务助理杉迪·伯杰，采集了数名美籍原居哈尔滨犹太人口述历史资料。

11 月 黑龙江省社会科学院院长曲伟研究员率代表团访问以色列，拜会时任总理埃胡德·奥尔默特，以色列人文科学院副院长哈伊姆·塔德莫尔和以中友协会长特迪·考夫曼，采访录制了数十名以色列原居哈尔滨犹太人的口述历史影像资料。

同月 黑龙江省社会科学院院长曲伟研究员率代表团访问奥地利，探访原居哈尔滨犹太人、伟大的国际主义战士罗生特的母校和家乡，拜会奥地利议会常务副议长安娜·哈塞尔巴赫。

2006 年 1 月 6 日 由黑龙江省社会科学院举办的哈尔滨犹太历史文化展览在新近修复的哈尔滨犹太新会堂开展。中国人民对外友好协会会长陈昊苏和中共黑龙江省委常委、省委宣传部长李延芝出席开展仪式，并为伟大的国际主义战士罗生特铜像揭幕。

1 月 16～18 日 黑龙江省人大常委会主任宋法棠率由省招商局、畜牧局、农垦局、科技厅等部门的官员及企业界人士共 38 人组成的经济代表团，成功地访问了以色列。分别会见了以色列总理埃胡德·奥尔默特及工贸部总司长、以中友协会长。代表团农垦分团参观了以色列最大的种子出口公司海德拉及奈特菲姆滴灌技术公司，与以色列南安丹公司签署了合作协议，利用以色列技术和设备共同建设种植球形花卉的智能温室；畜牧分团则在前期充分准备的基础上，利用此行实地考察并订立合同，从以色列阿非金公司引进一套奶牛饲养管理软件；科技分团与以色列数家高科技公司就合作方向进行了深入交流。

3 月 16 日 黑龙江省社会科学院代表团出席美国萨拉索塔亚洲艺术中心举办的"犹太人在哈尔滨"国际学术研讨会，"犹太人在哈尔滨"图片展览也开始在萨拉索塔展出。在当地引起积极反响，扩大了哈尔滨的知名度。

3 月 19 日 成立于 1913 年、总部设在纽约、在全美有 30 个分支机构、会员和支持者超过 25 万人的美国反诽谤联盟领导人代表团一行 21 人访问了哈尔滨，参观了哈尔滨犹太历史文化展览和皇山犹太公墓。福克斯曼团长在谈到感受时说，历史上犹太人在很多国家受到歧视、偏见和迫害之苦，但是中国从来没有出现过排犹主义，相反，中国还为在欧洲受到迫害的犹太人提供逃难场所，犹太人对此将永远感激和铭记。

3 月 22 日 "难以忘怀的科学巨

人"——爱因斯坦图片展在哈尔滨举行，以色列驻华大使馆学术及新闻事务官员爱伟山出席开幕仪式。

3月28日　以色列大选结果揭晓，奥尔默特当选总理。哈尔滨市委书记杜宇新以个人名义向他发了贺信，5月15日，奥尔默特亲自回信表示感谢。

4月中旬　英籍原居哈尔滨犹太人、罗伯特·斯基德尔斯基教授所著《凯恩斯传》中文版由三联书店出版。因罗伯特·斯基德尔斯基深刻揭示了凯恩斯的经济理论及内心世界，被英国女皇授予勋爵称号。

5月8日　中共哈尔滨市委副书记、常务副市长史文清和副市长张桂华专程前往以色列驻华使馆会见海逸达大使并就哈尔滨市修缮改造犹太墓地事宜征求意见。海逸达大使特派北京犹太人中心主任西蒙于5月30日至31日来哈尔滨指导。

6月11日　波兰驻华大使克日什托夫·舒姆斯基参观了哈尔滨犹太历史文化展览，其随行记者对展览进行了采访，并在波兰的媒体进行宣传报道。

6月17日　黑龙江省社会科学院承办的哈尔滨犹太历史文化展览揭幕仪式在哈尔滨犹太新会堂旧址举行。黑龙江省委常委、宣传部长李延芝，以色列驻华大使海逸达，以中友好协会会长考夫曼出席揭幕仪式并分别致辞。副省长程幼东主持揭幕仪式。

同日　黑龙江省委常委、哈尔滨市委书记杜宇新会见以中友协会长、以色列原居中国犹太人协会会长考夫曼一行。杜宇新说，"哈尔滨和犹太民族有着一段特殊的历史渊源，犹太人与哈尔滨人民和睦相处，共同为这座城市的繁荣与发展作出了贡献，共同创造了哈尔滨的历史。哈尔滨是犹太人的福地。我们至今仍保存着一些犹太风格的建筑，并积极加以保护和修缮。这不仅出于对历史的尊重，更体现了哈尔滨人民对犹太民族的友好情谊，这一切已成为中犹两个民族友谊的历史见证。"考夫曼将以色列总理奥尔默特写给杜宇新的信转交给杜宇新。他深情地说："我出生在哈尔滨。在哈尔滨，我从未感觉自己是外乡人，而是这座城市的一部分。来访的以中友协会员都与哈尔滨有着难以割舍的情缘。哈尔滨人民以宽容和友善接纳了我们的父母、祖父母。"杜宇新祝愿哈尔滨人民与犹太民族共同书写哈尔滨更加美好的未来。

6月18日　时任以色列总统摩西·卡察夫致信黑龙江省社会科学院院长曲伟："对哈尔滨犹太历史文化国际论坛的召开表示衷心的祝贺。在20世纪早期，哈尔滨为犹太人生活和希伯来语、意地绪语和俄语文化的发展提供了一片绿洲，也成为许多犹太思潮的家园，城市里有犹太人的影院，报纸，年轻人社团，犹太教研究和其他丰富多彩的犹太生活的表现形式"。

6月19日 第二次"哈尔滨犹太历史文化国际论坛"在哈尔滨香格里拉大饭店举办。来自以色列、美国、法国、德国、俄罗斯、中国等10个国家的犹太问题专家、知名人士、原居哈尔滨犹太人、犹太企业家出席。黑龙江省委常委、宣传部长李延芝，以色列驻华大使海逸达，以色列前驻华大使南月明，以中友协和以色列原居中国犹太人协会会长考夫曼与会并发表讲话。

6月20日 哈尔滨市道里区与以色列阿米凯姆莫沙夫签订了建立友好交流与合作意向书。现在阿米凯姆莫沙夫居住的人大多为当年在哈尔滨居住的犹太人及后裔。

10月20日 黑龙江省社会科学院代表团由曲伟院长带队，访问了保加利亚国家科学院、波兰克拉科夫大学犹太研究中心，参观了奥斯威辛集中营，访问了俄罗斯。并出席了俄罗斯远东研究所举办的"中国文明与世界——历史、现实与未来"国际学术会议，在莫斯科参观了犹太社区中心，会见了俄罗斯犹太联盟总拉比拉扎尔。

11月 欧盟驻华大使塞日·安德烈·安博访问哈尔滨，参观了由黑龙江省社会科学院举办的哈尔滨犹太历史文化展览，高度评价哈尔滨犹太历史文化研究有利于中国人民与世界人民的友好往来。

2007年1月11日 中国国家主席胡锦涛在北京人民大会堂会见来访的原居哈尔滨犹太人后裔——以色列总理奥尔默特。胡锦涛表示，中方希望有关各方以和平共处为目标，以对话协商为手段，本着互谅互让精神，在联合国有关决议和土地换和平原则基础上，为早日解决中东问题继续做出努力。奥尔默特表示，以方赞赏中方在中东等地区问题上所持公正立场，希望中方为推动有关问题的解决继续做出积极努力。双方还就加强两国在经贸、科技、农业、文化等领域的合作达成共识。奥尔默特于9日开始为期三天的对华访问。这是他当选以色列总理后首次正式访问中国，也是自1998年5月内塔尼亚胡总理访华以来，以色列总理近九年来再次来华。

1月25～31日 应哈尔滨市政府邀请、黑龙江社科院接待了以色列电视台和以色列最大的三家报社的记者代表团。在哈尔滨进行专题采访，拍摄犹太遗址遗迹和哈尔滨市容市貌。记者代表团返回以色列后，在以色列电视台、广播电台、报纸上进行了广泛宣传。

6月16日 由黑龙江省社会科学院主办的"哈尔滨与世界犹太人经贸合作国际论坛"在哈尔滨举行。以色列总理埃胡德·奥尔默特、以中友协会长特迪·考夫曼为大会发来了贺信，出席论坛的有来自中国、以色列、美国、俄罗斯、匈牙利、日本等国家的学者以及知名企业代表百余人。

同日 原居哈尔滨犹太人、以色列原居中国犹太人协会会长特迪·考夫曼所著《我心中的哈尔滨犹太人》中文版由黑龙江人民出版社出版，并举行首发仪式。

6月17日 为纪念以中建交15周年，由以色列驻中国大使馆主办的以色列犹太艺术家鲁思·仙妮画展"带着爱回家"在哈尔滨犹太新会堂旧址举行，以色列驻华大使海逸达博士为画展剪彩。共展出了鲁思·仙妮的53幅丝绸画。鲁思·仙妮出生于德国柏林，1939年鲁思全家移居中国避难。她坚持用自己的独特风格创作——在中国学到的在丝绸上使用绚丽的色彩作画。她在中国、以色列、欧洲和美国举办过30多次个人画展。省委常委、哈尔滨市委书记杜宇新参观展览并给予高度评价。

6月15～19日 以副市长泼莫冉兹和对外联络主席扎尔泽夫斯基为首的以色列吉夫阿塔伊姆市政府代表团一行4人来哈尔滨参加"哈洽会"活动，并对哈尔滨市进行正式访问。这是自2000年以来，两个友好城市的又一次直接接触。双方一致表示要加强友城间的实质性交往。中共哈尔滨市委书记杜宇新和副市长王莉分别会见和宴请了客人。

8月15日 黑龙江省社会科学院犹太研究中心主任傅明静研究员主编的《哈尔滨与世界犹太人》一书由黑龙江人民出版社出版。

9月3～10日 应俄罗斯犹太自治州政府的邀请，黑龙江省社会科学院曲伟院长率代表团参加了在比罗比詹举办的第九届国际犹太文化艺术节。代表团在比罗比詹举办了"犹太人在哈尔滨"图片展览，出席了题为"民族文化相互作用和发展的经验"的国际会议。

9月18日 以色列新任驻华大使安泰毅先生访问哈尔滨，出席由中国人民对外友好协会、以色列驻华使馆、黑龙江省人民对外友好协会以及黑龙江省图书馆主办的《以色列与中国－古老的文明，今天的朋友，未来的伙伴－中以友好交流历史展》开幕式活动。并把哈尔滨作为离京出访的第一个城市。张效廉市长会见并宴请了客人。

11月5～12日 "犹太人在哈尔滨"图片展览在俄罗斯哈巴罗夫斯克市展出，展览引起了哈巴罗夫斯克人的广泛兴趣。

12月3～22日 黑龙江省社会科学院犹太研究中心韩天艳副研究员赴以色列参加以色列原居中国犹太人大会并就哈尔滨犹太人历史进行调研。在大会上代表黑龙江省社会科学院向中国留以学生赠送了特迪·考夫曼先生的著作《我心中的哈尔滨犹太人》中译本。

12月18～21日 以以色列地方政府联合会主席、卡米尔市市长阿迪·艾尔德为团长的以色列旅游交流考察团一行13人访问哈尔滨，张效廉市长会见并宴请了代表团。

2008年1月4～9日 以色列吉夫阿塔伊姆市对外联络委员会主席扎尔泽夫斯基为团长的经贸代表团一行9人应邀访问哈尔滨。同市农科院、市开发区、市畜牧局进行了座谈。参观了万达山乳业集团、九三油脂加工厂、海顺奶牛养殖场。杜宇新书记会见了代表团。

5月18～21日 中共黑龙江省委常委、哈尔滨市委书记杜宇新率领由政府和经贸人员组成的50人代表团应邀访问了以色列。访问期间，会见了以色列大批的企业家，专程拜访了时任以总理奥尔默特先生，访问了友好城市吉夫阿塔伊姆市，参加了以色列哈尔滨经济大会等项活动。参加了有400多位犹太企业家出席的以色列哈尔滨经济大会，举办了"犹太人在哈尔滨"大型图片展览，拜会了原居哈尔滨犹太人后裔—时任以色列总理埃胡德·奥尔默特，还会见了以中友协会长考夫曼先生、以色列前驻华大使南月明女士、以色列前驻华使馆公使衔参赞欧慕然先生、以色列地方政府联合会秘书长雅科夫·阿格蒙夫妇等哈尔滨的老朋友。我驻以色列大使赵军也专门陪同拜访奥尔默特总理和出席哈尔滨经济大会，发言推介哈尔滨。

5月27～28日 黑龙江省社会科学院犹太研究中心主任傅明静、研究员李述笑参加了省委宣传部主办的"黑龙江省历史文化资源保护挖掘与利用理论研讨暨工作推进会"，并就如何保护利用哈尔滨犹太历史文化做了大会发言。

6月12～19日 以色列吉夫阿塔伊姆市对外联络委员会主席扎尔泽夫斯基率由12名企业家组成的代表团参加了哈洽会。其间，杜宇新书记和张效廉市长分别会见了代表团。代表团成员还分别与有关单位进行了对接。

7月24日 香港特首曾荫权偕夫人曾鲍笑薇访问哈尔滨犹太会堂，参观黑龙江省社会科学院主办的哈尔滨犹太历史文化展览。

8月21～23日 以色列驻华使馆国际合作（马沙夫）、科技与农业参赞Ezra Shoshani（雪山）博士，应黑龙江省科学技术协会邀请在哈尔滨、大庆进行了为期三天的访问。

9月初 耶路撒冷大学历史系教授约姆·托维·阿辛斯为首的代表团访问黑龙江省社会科学院，并作了学术报告。

9月5日　从美国回到哈尔滨的犹太人保罗夫妇在马迭尔酒店举行了盛大的钻石婚庆典。86岁的保罗·阿格兰与妻子埃斯特尔回忆起在哈尔滨生活的浪漫岁月时，夫妇俩人激动万分，老泪纵横，用汉语说道："我们是中国人，哈尔滨是我们的故乡！"

10月8日　澳大利亚的玛拉·穆斯塔芬女士（原居哈尔滨犹太人）撰写的《哈尔滨档案》在中华书局正式出版。

12月18日至12月25日　吉夫阿塔伊姆市特别项目经理米奇·黑肯先生专程来我市帮助布置友城馆吉夫阿塔伊姆市展厅陈列。

2009年3月1～31日　应以色列—中国友好协会和以色列原居中国犹太人协会的邀请，黑龙江省社会科学院犹太研究中心副研究员韩天艳带队的青年学者代表团访问以色列。成功复制珍贵哈尔滨犹太人历史档案资料和收集哈尔滨犹太人口述历史资料。此次出访代表团共复制珍贵哈尔滨犹太人历史档案资料约6万页，约6000万字。同时，抢救性地收集一批哈尔滨犹太人口述历史资料，采访原居哈尔滨犹太人及其后裔近40人。

3月22日　黑龙江省哈尔滨市犹太历史文化展和哈尔滨市风光展开幕式在开普敦南非犹太博物馆举行。驻开普敦总领事郝光峰、南非民主联盟

党前领导人托尼·里昂等社会各界知名人士应邀出席。开幕式由博物馆馆长希亚·阿尔博塔女士主持。哈尔滨市委宣传部长朴逸希望此次展览成为南非人民了解哈尔滨的一个窗口，也欢迎更多的南非朋友到哈尔滨做客。托尼·里昂盛赞中国人民当年对犹太人的保护和善待，表示展览正是纪念那段感人历史的一座丰碑。强调中国改革开放取得了举世瞩目的成果，期待南中人民的友谊和合作不断发展。总领事郝光峰热烈祝贺展览成功举办，再现了中国人民与犹太人民在哈尔滨的和谐相处、共同发展。欢迎犹太裔南非人及其他族裔的朋友到中国切身感受中国的生机和活力，感受中国人民的热情和友谊。

5月15～16日　澳门特首何厚铧率队的澳门特别行政区东北三省考察团访问哈尔滨，专访了哈尔滨犹太会堂，参观了黑龙江省社会科学院主办的哈尔滨犹太历史文化展览。

5月27～28日　黑龙江省社会科学院犹太研究中心主任傅明静、研究员李述笑参加了省委宣传部主办的"黑龙江省历史文化资源保护挖掘与利用理论研讨暨工作推进会"，并就如何保护利用哈尔滨犹太历史文化做了大会发言。

6月14日　前以色列驻华公使、原居哈尔滨犹太人后裔欧慕然偕夫人，美国犹太企业家龙杰瑞、塞缪尔·西

尔斯·梅出席黑龙江省社会科学院承办的第二届东北亚区域合作国际论坛，并作大会发言。

6月18～22日 哈尔滨市副市长张少良率团访问以色列。同以色列出口促进协会讨论了在哈尔滨召开第二届以色列哈尔滨经济大会的事宜。并于22日与吉夫阿塔伊姆市市长鲁文等市政府成员共进了工作午餐。

8月15日 中共黑龙江省委书记吉炳轩，会见并宴请了以色列前总理埃胡德·奥尔默特及随行的以色列BSG公司总裁本雅明·斯坦米兹夫妇和首席执行官阿舍尔·阿维丹等以色列代表团一行。

同日 黑龙江省委常委、哈尔滨市委书记杜宇新会见了以色列前总理埃胡德·奥尔默特率领的以色列代表团一行。哈尔滨市委副书记、市长张效廉会见时在座。杜宇新对奥尔默特一行来哈访问表示欢迎，强调哈尔滨与犹太民族有着特殊的历史渊源，双方合作前景十分广阔。哈尔滨欢迎以色列的企业家到哈投资创业，希望奥尔默特先生继续关心和支持哈尔滨与以色列的友好交往与合作。

同日 黑龙江省社会科学院院长曲伟参加会见并陪同埃胡德·奥尔默特参观了哈尔滨犹太历史文化展览，并前往哈尔滨犹太公墓再次拜谒了其祖父的墓地。

8月 2002年移居哈尔滨的以色列犹太人丹·本—卡南所著《卡斯普事件》一书，由黑龙江人民出版社出版。

8月21～23日 以色列驻华使馆国际合作（马沙夫），科技与农业参赞 Ezra Shoshani（雪山）博士，应黑龙江省科学技术协会邀请在哈尔滨、大庆进行了为期三天的访问。

9月初 耶路撒冷大学历史系教授约姆·托维·阿辛斯为首的代表团访问黑龙江省社会科学院，并做了学术报告。

9月5日 从美国回到哈尔滨的犹太人保罗夫妇在马迭尔酒店举行了盛大的钻石婚庆典。86岁的保罗·艾格伦与妻子埃斯特尔回忆起在哈尔滨生活的浪漫岁月时，夫妇两人激动万分，老泪纵横，用汉语说道："我们是中国人，哈尔滨是我们的故乡！"

10月8日 ［澳］玛拉·穆斯塔芬（原居哈尔滨犹太人）撰写的《哈尔滨档案》在中华书局正式出版。

2010年1月5日 以色列摄影家艾瑞斯·埃尔汉娜尼在哈尔滨犹太新会堂旧址举办"走进以色列——以色列当代摄影作品展"，以色列驻华大使安泰毅出席展览。中共黑龙江省委常委、哈尔滨市委书记盖如垠会见以色列大使安泰毅。

1月6日 黑龙江省政府省长栗

战书会见以色列驻华大使安泰毅。

同日 以色列英飞尼迪股权基金管理集团与哈尔滨创投公司合作的投融资运作平台——管理规模在 5 亿元人民币的哈以创投管理公司暨哈尔滨以色列股权投资企业（LP）在哈尔滨宣告成立，哈尔滨创投管理公司和以色列英飞尼迪股权基金管理公司在哈尔滨香格里拉大饭店隆重举行签约仪式，实现哈尔滨引进以色列先进投资技术和拓展国际投融资渠道战略构想的历史性突破。以色列驻华大使安泰毅、中共黑龙江省委常委、哈尔滨市委书记盖如垠、市长张效廉出席。

1 月 7 日 以色列巴伊兰大学青年代表团访问黑龙江省社会科学院，并与犹太研究中心专家学者进行座谈。

1 月 8 日 美籍犹太人、美国驻沈阳总领事馆文化领事安然参观哈尔滨犹太历史文化展览，并给予高度评价。

1 月 10 日 中共黑龙江省委书记、省人大常委会主任吉炳轩考察参观哈尔滨犹太人图片展览，对展览展示的中华民族善待犹太人的世界人道主义光彩记录做出高度评价，并要求黑龙江省社会科学院对犹太民族精神对我省更好更快发展的启示进行研究。省委常委、秘书长刘国中，省委宣传部长衣俊卿陪同参观。

1 月 19 日 以色列大使安泰毅陪同以色列特舒瓦集团总裁伊扎克等来

哈访问，省长栗战书会见了客人一行，盖如垠书记陪同会见。

4 月 6 日 以色列英飞尼迪股权基金管理集团与哈尔滨合作的投融资运作平台——哈以创投管理公司在哈尔滨成立，黑龙江省委常委、哈尔滨市委书记盖如垠，市长张效廉出席签约仪式，以色列驻华大使安泰毅担任签约仪式嘉宾。

5 月 10～11 日 以色列 IDB 集团副总裁阿维·费舍尔等 8 人访问哈尔滨。盖如垠书记和张效廉市长分别会见了客人。

5 月 25 日 "犹太人在哈尔滨"图片展在位于休斯敦基督君王信义教堂（Christ the King Lutheran Church）展开为期一周的展示会举行开幕酒会。中国驻休斯敦总领馆文化参赞蔡炼、美中人民友好协会休斯敦分会主席李娟、前会长李兆瓊；休斯敦大屠杀博物馆馆长苏珊·梅尔斯（Susan Myers）、美国亚洲协会得州分会主席查尔斯·福斯特等 100 多位嘉宾出席开幕活动。中共哈尔滨市委宣传部副部长宋国强，哈尔滨市政府新闻办公室李兵，以及刘红岩、傅明静、刘瑞强等人出席。傅明静在开幕式上演唱犹太歌曲"沙龙"当场获得在场犹太人的共鸣，同声唱和。

6 月 14～17 日 以色列 LR 集团合伙人海逸姆·泰伯先生在"老扎"陪同下专程携农业专家访问哈尔滨，

重点考察哈尔滨奶牛养殖等农业项目。盖如垠书记会见了代表团。其间，代表团考察了完达山乳业集团，双城市等地，与哈尔滨市农委、省农垦总局分别举行了会谈。

8月18日至21日 王莉副市长率10人代表团访问了以色列，签署了《哈尔滨市与以色列亚洲商会关于开展经济商务合作备忘录》，举办了哈尔滨城市发展新战略推介会，确立了"第2届以色列哈尔滨合作大会"的主办和承办单位，商定了一些合作项目等。

8月30日 中共黑龙江省委常委、哈尔滨市委书记盖如垠，哈尔滨市委副书记、市长林铎共同会见了中国驻以色列前任大使赵军一行。

9月 应以色列伊迈克和弗尔区的邀请，黑龙江省委常委、常务副省长杜家毫率省政府代表团于9月11日至15日对以色列进行了友好访问。会见了以色列农业部部长沙洛姆·辛宏、外交部副部长丹尼尔·阿亚龙。

11月 韩天艳、程红泽、肖洪所著《哈尔滨犹太家族史》由黑龙江人民出版社出版。

11月1～5日 盖如垠书记访问以色列，会见了总理内塔尼亚胡和前总理奥尔默特。与以色列商会联合会签署了建立联系平台的备忘录。此外还签署了6个合同或协议。

11月3日 哈尔滨市在以色列友好城市吉夫阿塔伊姆市举办了"犹太人在哈尔滨"图片展。正在以色列访问的黑龙江省委常委、中共哈尔滨市委书记盖如垠出席了图片展揭幕式。

2011年1月16～20日 哈尔滨市人民政府、中国驻以色列大使馆、以色列驻中国大使馆、以色列商会联合会和以色列哈尔滨商会等5家单位共同在哈尔滨举办了以"传承友谊、促进合作"为主题的"第二届中国·哈尔滨—以色列合作大会"。中国驻以色列大使赵军、以色列驻华大使安泰逸、以色列总理顾问丹尼·凯特、以色列商会联合会副会长阿里尔·吉夫、以色列哈尔滨商会会长约瑟夫·扎尔泽夫斯基以及来自以色列工业、农业、信息技术、电子、生物、金融和旅游等行业的38家企业的代表共计81人前来哈尔滨参加了为期4天的会议。黑龙江省委常委、哈尔滨市委书记盖如垠，代市长林铎等主要领导、各委办局领导以及哈市186家企业的代表出席了会议。

1月17日 "耶路撒冷的光影与犹太人在哈尔滨的遗迹"图片开始在哈尔滨展出，以光影艺术为手段，生动再现了从19世纪末到20世纪中叶，犹太人在哈尔滨的生活印记，"犹太人在哈尔滨的遗迹"分为5个部分，分别为"美丽松花江之滨"、"难忘岁月遗存"、"天涯游子梦，明月故乡情"、

"此心安处是吾乡"、"传播西方文明的使者"等展区，通过 117 张图片再现早期犹太人在哈尔滨的生活状态。图片展还向哈尔滨市民展示了反映耶路撒冷自然风光的 40 幅摄影作品。

1 月 18 日 第二届中国·哈尔滨—以色列合作大会开幕式暨欢迎宴会在哈尔滨市举行。中国驻以色列大使赵军、以色列驻华大使安泰逸在开幕式上致词。黑龙江省委常委、哈尔滨市委书记盖如垠，哈尔滨市委副书记、代市长林铎出席开幕式并分别致词。省、市领导孙尧、邹新生、姜明、丛国章、王铁强、张少良、焦远超出席开幕式。副市长王莉主持开幕式暨欢迎宴会。此次签约哈尔滨市与以色列签订了总金额超过 1 亿美元的经贸合作项目。

同日 以色列商会联合会副总裁阿里·齐夫在哈尔滨参加第二届中国·哈尔滨—以色列合作大会合作项目签约仪式暨推介会时表示，中以两国各自具有独特的优势，使中以之间商业合作潜力无限："中国有着广阔的市场。在过去的几年里，中国已成为世界最强的经济体之一，其他国家都对中国产生了浓厚的兴趣，都愿意和中国有贸易往来"。"而以色列是技术创新国家，以高科技闻名世界。非常愿意和中国的公司分享这些经验，我们对与中国的经贸合作很感兴趣。"

1 月 20 日 哈尔滨市成功举办第二届中国·哈尔滨—以色列合作大会。在本次合作大会第二次项目签约仪式上，有 39 家以色列企业和 186 家哈尔滨企业参加了合作项目对接洽谈，12 个项目正式签约，总协议金额约合人民币 16.18 亿元，有力地助推了哈尔滨发展新战略加快实施。

5 月 23 日 以色列伊麦克和弗尔区议会主席拉尼·伊丹先生率由政府官员和企业家组成的代表团一行 11 人访问黑龙江省社会科学院。双方探讨了进一步开展在相关领域的学术交流与合作。代表团随后参观了"哈尔滨犹太历史文化"展览、皇山犹太公墓等遗址遗迹。

7 月 12 日 南京大学徐新教授引领美国犹太人代表团一行十五人到访黑龙江省社会科学院。双方就原居哈尔滨犹太人的历史、经济、文化等方面展开了探讨。

9 月 4～8 日 原居哈尔滨犹太人后裔尤迪特·桑德尔及丈夫、子女一行四人抵达哈尔滨，参观"哈尔滨犹太历史文化"展览、皇山犹太公墓等遗址遗迹。

9 月 15 日 中共哈尔滨市委副书记、市长林铎在大连会见了以色列英飞尼迪投资集团创始管理合伙人阿米尔先生。林铎对阿米尔多年来为促进哈尔滨与以色列经济合作作出的努力表示感谢。他说，哈尔滨与以色列有着特殊的历史渊源，双方交往合作既有坚实的基础，也有良好的前景。特别是今年在哈召开的哈以合作大会签订了很多合作项目，哈尔滨市政府正在积极推动这些项目的落实。希望阿米尔先生与哈尔滨一道推动这些合作项目早日落地，早日创造经济效益，也欢迎介绍更多的以色列企业到哈尔滨发展。

9月23日 以色列驻华大使安泰毅先生、国际合作农业与科技参赞雪山博士一行二人访问黑龙江，与黑龙江省签署"黑龙江—以色列政府农业领域奶牛畜牧业合作"谅解备忘录。省长王宪魁会见了安泰毅大使，并出席了谅解备忘录签字仪式。

同日 以色列驻华大使安泰毅在省科技厅常务副厅长杨廷双陪同下，莅临哈尔滨科技创新城参观。哈高新区管委会主任刘臣、副主任王凯甲陪同。

10月11日 中共哈尔滨市委副书记、市长林铎率哈尔滨代表团在以色列访问期间，拜会了以色列总理内塔尼亚胡，会见了以色列前总理埃胡德·奥尔默特，与以色列企业签订了9个合作项目协议，其中包括哈以基金协议，双方各出资5000万美元，主要用于农业开发；另有同为电气最终股东协议、植牙框架协议、水处理框架协议、精油缓释框架协议等8个项目合作协议，总额近2000万美元。

10月12日 正在以色列访问的中共哈尔滨市委副书记、市长林铎拜会了以色列副总理兼内阁部长本杰明·贝京、前总理奥尔默特、中国驻以色列大使高燕萍。

10月24日 黑龙江省人民政府省长王宪魁访问俄罗斯犹太自治州，会见州长维尼科夫，就加快黑龙江省连接犹太自治州铁路大桥建设达成共识，双方签署了黑龙江省人民政府与犹太自治州会谈纪要。

11月5日 "以色列之夜"钢琴音乐会登陆哈尔滨。"以色列之夜"国际钢琴大师比沙拉·哈洛尼2011中国巡演在哈尔滨国际会展体育中心环球剧场精彩上演。比沙拉·哈洛尼还与另一位以色列青年钢琴家亚龙·科尔伯格合作双钢琴表演。他们现场演奏了以色列及世界经典曲目，内容涵盖古典与现代音乐作品。

12月 欧慕然〔以色列〕、唐建文〔中国〕合著的《从耶路撒冷到北京：一个杰出犹太家族的中国情缘》一书，在中国世界知识出版社出版。

2012年1月18日 以色列中央统计局1月18日发布的2011年外贸统计数据显示。2011年，以色列对外贸易总额为1408亿美元，同比增长20%。其中，中国与以色列双边贸易总额达81.6亿美元，比1992年建交时的5000万美元增长了163倍，同比

2010 年增长 20％，仅次于美国、欧盟，成为以色列第 3 大贸易伙伴。黑龙江省对以色列贸易总额也由 2000 年的 286 万美元增加到 2010 年的 5527 万美元，预计 2011 年突破 6000 万美元，10 年增长 30 多倍。

2 月 13 日 黑龙江日报 2 月 23 日报道，来自国内外的 13 家投资机构负责人聚集哈尔滨共商合作，见证哈尔滨和以色列英飞尼迪股权投资集团创投合作的成果。

2 月 18 日 哈尔滨市委书记林铎会见了以色列英飞尼迪股权基金管理集团创始合伙人高哲铭一行。林铎代表市委、市政府对客人的来访表示欢迎。他说，哈尔滨与以色列及国内发达地区合作空间广阔。哈尔滨现有 4 个国家级开发区，但其机制与体制仍需不断完善，特别是创业投资和风险投资等领域是哈尔滨的"短板"，需要借助英飞尼迪股权基金管理集团在中国成功投资的经验，促进哈尔滨的经济发展。希望高哲铭一行对哈尔滨企业作进一步考察，在现有合作项目基础上，不断扩大合作领域。哈尔滨市委、市政府将提供全方位服务，促进共同发展。

3 月 9 日 中共哈尔滨市委副书记、哈尔滨市长宋希斌在北京拜会了以色列驻华大使安泰毅。宋希斌强调哈尔滨与以色列有着特殊的历史渊源。上世纪初，大批犹太人在哈尔滨定居，为哈尔滨的城市建设和发展作出了重要贡献。希望双方进一步加强各领域交流与合作，在落实好上一届哈以合作大会已签约项目的基础上，以强化双方科技领域合作为主题共同举办第三届哈以合作大会，不断扩大合作领域，在教育等领域开展深入合作。

5 月 29 日 哈尔滨市长宋希斌会见了哈尔滨市荣誉市民、市政府名誉经济顾问、以色列哈尔滨商会会长约瑟夫·扎泽维斯基先生。秘书长黄玉生陪同会见。扎泽维斯基向宋市长介绍了已有的合作项目和未来的打算。宋市长希望扎泽维斯基先生在哈尔滨市大建设、大发展时期继续发挥桥梁和纽带作用，帮助哈尔滨市引进更多以色列好的科学技术项目，并对哈以合资双城奶牛场项目给予了肯定，对以方提出的以色列航空工业公司和哈飞在哈合作生产公务喷气飞机的设想表示支持。宋希斌市长还表示对哈以合作基金在以后的项目选择上将给予关注和帮助，欢迎更多以色列企业家在哈洽会期间来哈尔滨寻求合作机会。

7 月 15 日 以中友好协会和以色列原居中国犹太人协会会长特迪·考夫曼逝世，葬礼于两日后，即 7 月 17 日以色列当地时间 18 点在特拉维夫的基里亚特沙乌尔墓地举行。黑龙江省社会科学院院长曲伟研究员在第一时间向以中友好协会和以色列原居中国犹太人协会和以色列原居中国犹太人协会发出唁电，表示深切的悼念。

8月24日 中国驻以色列大使高燕萍在黑龙江省社会科学院院长曲伟研究员陪同下，参观了哈尔滨犹太会堂，在听取曲伟院长介绍相关情况后，对展览给予高度评价。她说："这个展览很好地体现了中华民族善待犹太人的光彩历史，你们做了很好的工作。犹太民族是一个伟大的民族、创造奇迹的民族。以色列现已成为世界排名靠前的科技强国、文化强国、教育强国、农业强国和军工强国。世界爆发经济危机，发达国家遭受重创，但是以色列一枝独秀，经济始终保持3％以上的增幅。黑龙江省发展与以色列合作大有作为，哈尔滨作为与以色列有特殊机缘的城市应该走在全国前列。我祝愿黑龙江省和哈尔滨市明天更加美好，希望在以色列见到你们"。

8月24日 由中国国际广播电台联同中国驻以色列大使馆和以色列驻中国大使馆共同主办的"犹太人中国寻亲"代表团24日来哈尔滨参观访问。代表团由3名来自以色列的犹太友人组成，60岁的阿维瓦·欧恩及其儿子包瑞思，担任中国桥公司的副总裁邱昌隆。该团在哈期间重点访问了哈尔滨犹太新会堂，哈尔滨国际友好城市展览馆、皇山犹太公墓人，还游览了市容。

8月25日 "犹太人中国寻亲"代表团一行来到了哈尔滨皇山犹太公墓。欧恩与儿子鲍里斯按照犹太民族特有的风俗，分别在先祖的墓碑前摆上了一枚表示祭奠的鹅卵石，并为先祖默默地祈祷。随后，欧恩翻阅记载着600余位犹太人的名录，让她喜极而泣的是，欧恩找到了包括她的曾祖父、曾祖母，以及两家表亲在内的共计9位亲人。在这一刻，欧恩终于明白，为什么家人常说"我们的根在中国"。

9月12日 "犹太人中国寻亲"友人见面会在以色列特拉维夫市举行。中国驻以色列大使高燕萍说，"在那段特殊的历史时期，在华生活的犹太人与中国人民相互同情，相互支持，相互帮助，结下了深厚的友谊。如今，中以人民间的友谊仍在延续、传承和发展。"以色列前总理奥尔默特在为活动录制的视频中说，"我的第二故乡在中国哈尔滨，那里的犹太纪念馆记录了包括我父母在内的犹太人在中国成长的历史，我的祖父至今还埋在那里"。

11月11日 来自俄罗斯莫斯科、圣彼得堡等10个城市的全俄犹太人联合公会代表团一行20多人访问哈尔滨。傍晚，代表团来到黑龙江省社会科学院，会见院长曲伟研究员。代表团团长——全俄犹太人联合公会总书记米哈伊尔·齐莱诺夫说，他们不久前访问了以色列、美国，来到中国的第一站选择了哈尔滨，主要考虑数以万计的犹太人曾经长期在哈尔滨生活、工作，参观哈尔滨犹太会堂、犹太中学、犹太医院、犹太墓地等遗址遗迹后，我们非常感谢哈尔滨保留了丰富的犹太人历史文化。

附录二 辞书人名要览
（中俄英对照）
Appendix Ⅱ Names of the Persons from
the Dictionary
(in Chinese, Russian and English)

Index	中文人名	Имена Русские	Names in English
a	阿布拉麦斯科,茹列塔	Абрамеске,Жюлета	Abrameske, Julietta
a	阿布拉莫夫,阿霞	Абрамов,Ася	Abramov,Asia
a	阿德列尔,И. Х.	Адлер, И. Х.	Adler, I. H.
a	阿德列尔,О. Х.	Адлер, О. Х.	Adler, O. H.
a	阿尔库斯,奥莉加	Аркус, Ольга	Arkus, Olga
a	阿格拉诺夫斯基,济诺维·利沃维奇	Аграновский, Зиновий Львович	Agranovsky, Zinovy Lvovich
a	阿格兰,保罗	Агран, Паул	Agran, Paul
a	阿格兰,扎尔曼(又名阿格拉诺夫斯基,贾马)	Агран, Залман (Аграновский, Зяма)	Agran, Zalman(Agranovsky, Zyama)
a	阿凯尔曼,安娜·叶菲莫芙娜	Аккерман, Анна Ефимовна	Akkerman, Anna Efimovna
a	阿姆拉米,巴鲁赫	Амрами,Барухер	Amrami, Baruch
a	阿姆拉米,费妮娅	Амрами,Феня	Amrami, Fenia
a	阿普捷克曼,Л. Г.	Аптекман, Л. Г.	Aptekman, L. G.
a	阿普捷卡列娃,Л.	Аптекарева, Л.	Aptekareva, L.
a	阿舍乌洛娃,别尔塔	Ашеулова,Берта	Asheulova,Berta
a	阿什克纳济(旧译阿许根那齐),梅厄	Ашкенази,Мейр	Ashkenazi, Meir
a	阿什克纳济(旧译阿许根那齐),托伊芭	Ашкенази,Тойба	Ashkenazi, Toiba
ai	埃德隆德,丽塔	Эдлунд,Рита	Edlund,Rita
ai	埃尔鲍姆,莉娅·阿布拉莫芙娜	Эльбаум, Лия Абрамовна	Elbaum,Lia Abramovna

续表

Index	中文人名	Имена Русские	Names in English
ai	埃尔贝格，米丽娅姆	Эльберг，Мириам	Elberg，Miriam
ai	埃尔兰，阿巴（阿维）	Эльран，Абба（Ави）	Elran，Abba（Avi）
ai	埃尔兰，吉尔	Эльран，Гил	Elran，Gil
ai	埃尔兰，达尼	Эльран，Дани	Elran，Dani
ai	埃尔兰，摩西亚	Эльран，Мося	Elran，Mosia
ai	埃尔兰，尼哈玛	Эльран，Нехама	Elran，Nehama
ai	埃尔兰，伊斯拉埃尔	Эльран，Израэль	Elran，Israel
ai	埃里曼，米哈伊尔	Эльман，Михаил	Elman Mikhail
ai	埃列尔，法尼娅	Элиел，Фаня	Eliel，Fania
ai	埃伦布鲁姆，莉诺	Эленблум，Ленор	Elenblum，Lenore
ai	埃廷贡，纳乌姆·伊萨科维奇	Эйтингон，Наум Исаакович	Eitingon，Naum Icaakovich
ai	艾森伯格，拉斐尔	Айзенберг，Рафаэл	Eisenberg，Refael
ai	艾森伯格，沙乌尔	Айзенберг，Шаул	Eisenberg，Shaul
ai	爱利亚什松，门捷尔·乌里扬舍夫	Эльяшсон，Мендель Ульяшев	Elyashson，Mendel Ulyashev
ai	爱利亚松，Ю. E.	Эльясон，Ю. Е.	Elyason，Y. E.
ai	爱泼斯坦，Г. Э.	Эпштейн，Г. Э.	Epstein，G. E.
ai	爱泼斯坦，M. A.	Эпштейн，М. А.	Epstein，M. A.
ai	爱泼斯坦，伊斯雷尔	Эпштейн，Израиль	Epstein，Israel
ai	爱斯金，大卫	Эскин，Давид	Eskin，David
ai	爱斯金，M. A.	Эскин，М. А.	Eskin，M. A.
ao	奥尔洛夫斯基，阿纳托利·格里戈里耶维奇	Орловский，Анатолий Григорьевич	Orlovsky，Anatoly Grigorevich
ao	奥尔默特，阿姆拉姆-阿里	Ольмерт，Амрам - Али	Olmert，Amram - Ali
ao	奥尔默特，埃胡德	Ольмерт，Эхуд	Olmert，Ehud
ao	奥尔默特，贝拉	Ольмерт，Белла	Olmert，Bella
ao	奥尔默特，莫尔杰哈伊·约瑟福维奇	Ольмерт，Мордехай Иосифович	Olmert，Mordehai Josephovich
ao	奥尔默特，伊尔米	Ольмерт，Ирми	Olmert，Irmi
ao	奥尔默特，约瑟夫·约瑟福维奇	Ольмерт，Иосиф，Иосифович	Olmert，Yosef Yosefovich
ao	奥尔默特，约西	Ольмерт，Иоси	Olmert，Yossi
ao	奥昆，A. A.	Окунь，А. А.	Okun，A. A.
ao	奥伦（又姓纳德尔），伊茨哈克	Орен（Надель），Ицхак	Oren（Nadel），Itzhak
ao	奥西波夫，M. У.	Осипов，М. У.	Osipov，M. U.
ao	奥西诺夫斯基，阿纳托利·谢瓦斯季扬诺维奇	Осиновский，Анатолий Севастьянович	Osinovsky，Anatoli Sevastyanovich

Index	中文人名	Имена Русские	Names in English
ao	奥西诺夫斯基,塞巴斯蒂安	Осиновский, Себастьян	Ossinovsky, Sebastian
ao	奥西诺夫斯基,С. О.	Осиновский, С. О.	Osinovsky, S. O.
ao	奥西诺夫斯卡娅,娜杰日达·鲍里索芙娜	Осиновская, Надежда Борисовна	Osinovskaya, Nadezda Borisovna
ao	奥辛(原姓奥西诺夫斯基),约瑟夫	Осин (Осиновский), Иосиф	Ossin (Ossinovsky), Joseph
ao	奥辛娜,萨拉	Осина, Сара	Ossina, Sarah
ao	奥泽兰斯基,伊塔	Озеранский, Ита	Ozeransky, Ita
ba	巴杜申斯基,А. С.	Патушинский, А. С.	Patushinsky, A. S.
ba	巴杜申斯卡娅,А. А.	Патушенская, А. А.	Patushenskaya, A. A.
ba	巴克利,娜丁	Бакли, Надин	Buckley, Nadine
ba	巴赫,А. Л.	Бах, А. Л.	Bach, A. L.
ba	巴赫,И. Л.	Бах, И. Л.	Bach, I. L.
ba	巴拉霍维奇,拉赫莉	Барахович, Рахель	Barahovich, Rahel
ba	巴拉诺夫斯基-加茨-什卢格尔,哈娜	Барановский - Гац - Шлугер, Хана	Baranovsky - Gatz - Shluger, Hana
ba	巴拉诺夫斯基,什洛莫	Барановский, Шломо	Baranovsky, Shlomo
ba	巴辛,А. А.	Басин, А. А.	Basin, A. A.
ba	巴辛,莉瓦	Басина, Рива	Basin, Riva
ba	巴辛,西马	Басин, Сима	Basin, Sima
bao	鲍格丹诺夫斯基,巴维尔	Богдановский, Павел	Bogdanovsky, Pavel
bao	鲍格丹诺夫斯卡娅,Л.	Богдановская, Л.	Bogdanovskaya, L.
bao	鲍里索夫娜,法因贝格·巴西娅	Борисовна, Файнберг Басья	Borisovna, Fainberg Basia
bao	鲍罗瓦娅,Ф. Г.	Боровая, Ф. Г.	Borovaya, F. G.
bao	鲍罗沃伊,Ю. А.	Боровой, Ю. А.	Borovoy, Y. A.
bao	鲍曼,茨维	Бауман, Цви	Bauman, Tsvy
bao	鲍斯特列姆,Н. Г.	Бострем, Н. Г.	Bostrem, N. G.
bei	贝尔格曼,Г. А.	Бергман, Г. А.	Bergman, G. A.
bei	贝尔克,亨利(又名奥克森贝格,叶尼亚)	Берк, Генри(Оксенберг, Женя)	Berk, Henry(Oxenberg, Zhenya)
bei	贝霍夫斯基,Г. А.	Быховский, Г. А.	Byhovsky, G. A.
bei	贝奇科夫,埃里克	Бычков, Эрик	Bychkov, Erik
bei	贝森,迈克尔	Бэссон, Майкл	Besson, Michael
bi	比比科夫,А.	Бибиков, А.	Bibikov, A.
bi	比涅斯	Бинес	Pines
bian	边特,А.	Бент, А.	Bent, A.

续表

Index	中文人名	Имена Русские	Names in English
bian	边特,马克	Бент，Марк	Bent，Mark
bian	边特,Я.	Бент，Я.	Bent，Y.
bie	别尔采里,萨姆依尔·伊列维奇	Перцель，Самуил Илевич	Pertzel，Samuil Ilevich
bie	别尔金,米哈伊尔·伊里奇	Беркин，Михаил. Ильич	Berkin，Mihail Ilich
bie	别尔科维奇,Б. Л.	Беркович，Б. Л.	Berkovich，B. L.
bie	别尔科维奇,丹尼	Беркович，Данни	Berkovich，Danny
bie	别尔科维奇,列昂季	Беркович Леонтий	Berkovich，Leonti
bie	别尔科维奇,马丁	Беркович，Мартин	Berkovich，Martin
bie	别尔科维奇,马克·米哈依洛维奇	Беркович，Марк，Михайлович	Berkovich，Mark Michailovich
bie	别尔科维奇,穆夏	Беркович，Муся	Berkovich，Musia
bie	别尔科维奇,亚伯拉罕	Беркович，Авраам	Berkovich，Abraham
bie	别尔科维奇,约瑟夫·马特维耶维奇	Беркович，Иосиф Матвеевич	Berkovich，Iosif，Matveevich
bie	别尔曼,Е. Б.	Берман，Е. Б.	Berman，E. B.
bie	别尔曼,П. К.	Берман，П. К.	Berman，P. K.
bie	别尔斯基	Перский	Persky
bie	别尔斯曼	Персман	Persman
bie	别林施捷因,Р.	Бернштейн，Р.	Bernshteyn，R.
bie	别尔斯坦因（又译:贝尔斯坦因）	Берштейн	Berstein
bie	别列佐夫斯基	Березовский	Berezovsky
bie	别洛采尔科夫斯基,津卡	Белоцерковский，Зика	Belotzerkovsky，Zika
bin	宾克维奇,Ф.	Бинкевич，Ф.	Binkevich，F.
bo	波别尔让斯基	Побержанский	Poberzhansky
bo	波多利斯基,阿列克斯	Подольский，Алекс	Podolsky，Alex
bo	波多利斯基,叶菲姆·彼得罗维奇	Подольский，Ефим Петрович	Podolsky，Efim Petrovich
bo	波多利斯基,叶夫谢伊	Подольский，Евсей	Podolsky，Evsei
bo	波多利斯卡娅,埃斯菲里	Подольская，Эсфирь	Podolskaya，Esfir
bo	波多利斯卡娅,加利娅	Подольская，Галя	Podolskaya，Galia
bo	波利策（旧译伯力士）,罗伯特	Полицер，Роберт	Politzer，Robert
bo	波利亚科夫,Б. С.	Поляков，Б. С.	Polyakov，B. S.
bo	波利亚科夫,贝·萨莫伊洛维奇	Поляков，Б. Самойлович	Poliakov，Ber Samoilovich
bo	波洛茨基,叶夫谢伊	Полоцкий，Евсей	Polotsky，Evsei
bo	波塔克,А. М.	Потак，А. М.	Potak，A. M.
bo	伯尔顿,皮特	Болтон，Петер	Bolton，Peter

457

续表

Index	中文人名	Имена Русские	Names in English
bo	勃利涅尔,尤里	Бриннер, Юл	Brinner, Yul
bo	博克瑟,诺尔曼	Боксер, Норман	Boxer, Norman
bo	博克瑟,约瑟夫	Боксер, Иосиф	Boxer, Joseph
bo	博伊德曼,B. N.	Бойдман, Б. Н.	Boidman, B. N.
bu	布尔施泰因	Бурштейн	Burshtein
bu	布尔苏克,格里戈里·莫伊谢耶维奇	Бурсук, Григорий Мойсеевич	Bursuk, Grigori Moiseevich
bu	布尔苏克,利季娅·利沃芙娜	Бурсук, Лидия Львовна	Bursuk, Lidiya Lvovna
bu	布尔苏克,Л. Л.	Бурсук, Л. Л.	Bursuk, L. L.
bu	布尔苏克,罗曼·莫伊谢耶维奇	Бурсук, Роман Мойсеевич	Bursuk, Roman Moiseevich
bu	布尔苏克,萨拉	Бурсук , Сарра	Bursuk, Sarra
bu	布雷斯勒,鲍里斯(鲍里斯拉夫)	Бреслер, Борис (Борислав)	Bresler, Boris (Borislav)
bu	布里塔尼斯基,列夫·格里戈里耶维奇	Британиский, Лев Григорьевич	Britanisky, Lev Grigorievich
bu	布列斯列尔,М. И.	Бреслер, М. И.	Bresler, M. I.
bu	布林德尔,A. C.	Блиндер, А. С.	Blinder, A. S.
bu	布伦纳,利奥瓦	Бруннер, Лева	Brunner, Liova
bu	布伦纳,莉莉娅	Бруннер, Лилия	Brunner, Liliya
bu	布伦纳,卢巴(父姓坎达科夫)	Бруннер, Луба (Кандаков)	Brunner, Luba(nee Kandakov)
bu	布伦纳,伊贾	Бруннер, Изя	Brunner, Izya
bu	布罗茨基,拉扎尔	Бродский Лазарь	Brodsky, Lazar
bu	布罗茨卡娅,玛拉	Бродская, Мара	Brodskaya, Mara
bu	布罗温斯基,加里	Бровинский, Гарий	Brovinsky, Gari
bu	布罗温斯基,伊萨克·埃马努伊洛维奇	Бровинский, Исаак Эммануилович	Brovinsky, Isaak Emmannuilovich
bu	布罗温斯卡娅,比娜·格里戈里耶芙娜	Бравинская, Бина Григорьевна	Bravinskaya, Bina Grigorevna
bu	布尼莫维奇,М. И.	Бунимович, М. И.	Bunimovich, M. I.
bu	布托姆,Л.	Бутом, Л.	Butom, L.
bu	布谢尔,伏赫霞	Бусел, Фуксия	Busel, Fuchsia
chu	楚克尔曼,П. Г.	Цуккерман, П. Г.	Tsukerman, P. G.
chu	楚克尔曼,П. Л.	Цуккерман, П. Л.	Tsukerman, P. L.
da	达吉拉伊斯基,米哈伊尔·罗曼诺维奇	Дагилайский, Михаил Романович	Dagilaisky, Mikhail Romanovich
da	达吉拉伊斯基,伊赛·米哈伊洛维奇	Дагилайский, Исай Михаилович	Dagilaisky, Isai Mihailovich

Index	中文人名	Имена Русские	Names in English
da	达吉拉伊斯卡娅,索菲娅·莫伊谢耶芙娜	Дагилайская, Софья Мойсеевна	Dagilaiskaya, Sophia Moiceevna
da	达里耶尔,И. Р.	Дариел, И. Р.	Dariel, I. R.
da	达列尔,贝尔纳德	Дарел, Бернард	Darel, Bernard
da	达申斯基,沃尔夫	Дашинский, Вольф	Dashinsky, Wolf
da	达申斯基,伊扎克	Дашинский, Изак	Dashinsky, Izak
da	达维德,哈里斯	Давид, Харрис	David, Harris
da	达维多夫,鲍里斯	Давидов, Борис	Davidov, Boris
da	达维多维奇,伊达	Давидович, Ида	Davidovich, Ida
dan	丹涅曼,奥莉加	Даннеман, Ольга	Danneman, Olga
de	德拉贡,纽玛	Драгун, Нюма	Dragun, Niuma
de	德里金,Г. Б.	Дризин, Г. Б.	Drizin, G. B.
de	德里金,大卫·叶夫列莫维奇	Дризин, Давид Ефремович	Drizin, David Efremovich
de	德里金,И. Е.	Дризин, И. Е.	Drizin, I. E.
de	德里森,鲍勃	Дрисин, Боб	Drisin, Bob
de	德鲁里,尼莉(父姓兰金)	Дрори, Нили(Ланкин)	Drori, Nili (nee Lankin)
de	德施科夫,列夫	Дэшков, Лев	Deshkov, Lev
de	德沃尔任茨卡娅,阿拉·尼古拉耶芙娜	Дворжицкая, Алла Николаевна	Dvorzhitskaya, Alla Nikolaevna
di	迪龙,V. I.	Дилон, В. И	Dilon, B. I.
di	蒂希曼,露丝	Тичман, Рухи	Tichman, Ruth
du	杜利金,卡马	Дулькин, Кама	Dulkin, Kama
duo	多比索夫,叶甫谢尼·伊萨耶维奇	Добисов, Евсений Исаевич	Dobisov, Evseny Isaevich
duo	多夫,微拉	Доф, Вера	Doff, Vera
duo	多夫里,伊斯拉埃尔(又名普洛特诺夫斯基,伊柳沙)	Доври, Израиль (Протновский, Илюша)	Dovri, Israel (Plotnovsky, Ilyusha)
fa	法克托洛维奇,М. П.	Факторович, М. П.	Faktorovich, M. P.
fa	法伊布绍维奇,塔玛拉	Файбусович, Тамара	Faibusovich, Tamara
fa	法伊曼,奥德蕾	Файман, Одри	Faiman, Audrey
fa	法因贝格,波莉娅	Фейнберг, Поля	Feinberg, Polia
fa	法因戈尔德,法尼娅·阿布拉莫芙娜	Файнгольд, Фания Абрамовна	Faingolde, Fania Abramovna
fa	法因格尔什,Б. Х.	Файнгерш, Б. Х.	Faingersh, B. K.
fa	法因格尔什,弗拉基米尔	Файнгерш, Владимир	Fayngersh, Vladimir

Index	中文人名	Имена Русские	Names in English
fei	菲施宗,阿布拉姆	Фишзон, Абрам	Fishzon, Abram
fei	费尔德曼,П.	Фельдман, П.	Feldman, P.
fei	费尔德曼,亚历克斯	Фельдман, Алекс	Feldman, Alex
fei	费尔德施泰因,尤利·瑙莫维奇	Фельдштейн, Юлий Наумович	Feldstein, Yuli Naumovich
fei	费格尔博伊姆,阿尼亚	Фейгельбойм, Аня	Feigelboim, Ania
fen	冯-布德别尔格	Фон – Будберг	Fon – Budberg
fen	冯施泰因,И. Я.	Фонштейн, И. Я.	Fonshteyn, I. Y.
fu	弗莱施曼,莫伊谢伊·鲍里索维奇	Флейшман, Моисей Борисович	Fleishman, Moicei Brisovich
fu	弗莱施曼,伊拉	Флейшман, Ира	Fleishman, Ira
fu	弗朗西斯,西加尔(父姓埃尔兰)	Франциска, Сигал(Эльран)	Francis, Sigal(nee Elran)
fu	弗里德曼,大卫	Фридман, Давид	Fridman, David
fu	弗里德曼,尼桑·门捷列维奇	Фридман, Нисан Менделевич	Fridman, Nisan Mendelevich
fu	弗里德,伊萨克·所罗门诺维奇	Фрид, Иссаак Соломонович	Fride, Issaak Solomonovich
fu	弗里泽尔,Д.	Фризер, Д.	Frizer, D.
fu	弗里泽尔,Н. Ф.	Фризер, Н. Ф.	Frizer, N. F.
fu	弗里泽尔,Я. Д.	Фризер, Я. Д.	Frizer, Y. D.
fu	弗莱施曼,Б. М.	Флейшман, Б. М.	Fleishman, B. M.
fu	弗鲁姆森,大卫	Фрумсон, Дэвид	Frumson, David
fu	弗鲁姆森,萨拉	Фрумсон, Сара	Frumson, Sara
fu	弗伦克尔,格雷戈里	Френкель, Грегори	Frenkel, Gregory
fu	弗伦克尔,约瑟夫	Френкель, Иосиф	Frenkel, Joseph
fu	福纳廖夫,米哈伊尔·所罗门诺维奇	Фоналев, Михаил Соломонович	Fonalev, Mikhail
gai	盖津别尔格,Н. И.	Гайзенберг, Н. И.	Gayzenberg, N. I.
gai	盖森贝格,莉达	Гайзенберг, Лида	Gaizenberg, Lida
ge	戈别尔尼克,雅科夫·格里戈里耶维奇	Гоберник, Яков Григорьевич	Gobernik, Yaakov Grigorevich
ge	戈德伯格,马拉	Голдберг, Мара	Goldberg, Mara
ge	戈德金,杰克	Годкин, Джек	Godkin, Jack
ge	戈德金,夏洛特	Годкин, Шарлотте	Godkin, Charlotte
ge	戈尔德法坚,阿布拉姆	Гольдфаден, Абрам	Goldfaden, Abram
ge	戈尔金,雅科夫	Гордин, Яков	Gordin, Yakov
ge	戈兰斯卡娅,Д. М.	Голанская, Д. М.	Golanskaya, D. M.
ge	戈兰斯卡娅,Е. М.	Голанская, Е. М.	Golanskaya, E. M.
ge	戈里德哈尔姆麦尔	Гольдхарммер	Goldharmmer

Index	中文人名	Имена Русские	Names in English
ge	戈里德施京,伊莉娅诺	Гольдштейн, Елянор	Elianor Goldstein
ge	戈里德施京,U. M.	Гольдштейн, У. М.	Goldshtein, U. M.
ge	戈列诺波利斯基,坦克雷德	Голенопольский, Танкред	Golenopolsky, Tankred
ge	戈卢姆布（又译:戈鲁姆勒）	Голумб	Golumb
ge	格尔伯特,伊斯雷尔	Голбирт, Израиль	Golburt, Israel
ge	格尔曼特,拿单(尼卡)	Гермаит, Натан (Ника)	Germant, Nathan (Nika)
ge	格尔施戈琳娜,B. Л.	Гершгорина, В. Л.	Gershgorina, V. L.
ge	格尔施泰因,所罗门·阿布拉莫维奇	Герштейн, Соломон Абрамович	Gershitein, Solomon Abramovich
ge	格尔施泰因,谢苗·所罗门诺维奇	Герштейн, Семен. Соломонович	Gershitein, Semyon Solomonovich
ge	格拉弗曼,B.	Графман, В.	Grafman, V
ge	格拉兹曼,达尼埃尔	Глазман, Даниэль	Glazman, Daniel
ge	格莱辛格,保罗	Глессингер, Пол	Glessinger, Paul
ge	格列别尔曼,约瑟夫	Глеберман, Иосиф	Gleberman, Joseph
ge	格林贝格,阿布拉沙	Гринберг, Абраша	Grinberg, Abrasha
ge	格鲁布纳,阿尼娅	Грубина, Аня	Grubiner, Anya
ge	格罗斯曼,А. Я.	Гроссман, А. Я.	Grossman, A. Y.
ge	格罗斯曼,К. Д.	Гроссман, К. Д.	Grossman, K. D.
ge	格罗斯曼,赖莎	Гроссман, Раиса	Grossman, Raisa
ge	格罗斯曼,玛拉	Гроссман, Мара	Grossman, Mara
ge	格罗斯曼,摩西	Гроссман, Моше	Grossman, Moshe
ge	格因德列尔（又译:亨德勒）	Гендлер	Gendler
gen	根德林娜,薇拉	Гендлина, Вера	Gendlina, Vera
gu	古尔维奇,罗扎	Гурвич, Роза	Gurvich, Roza
gu	古尔维奇,萨穆伊尔	Гурвич, Самуил	Gurvich, Samuil
gu	古尔维奇,К. Л.	Гурвич, К. Л.	Gurvich, K. L.
gu	古芬克尔,弗拉基米尔·鲍里索维奇	Гурфинкель, Владимир Борисович	Gurfinkel, Vladimir Borisovich
gu	古芬克尔,З. Б.	Гурфинкель, З. Б.	Gurfinkel, Z. B.
gu	古拉斯曼,П. С.	Гурасман, П. С.	Gurasman, P. S.
gu	古列维奇,亚伯拉罕	Гуревич, Авраам	Gurevich, Abraham
gu	古列维奇,Р. А.	Гуревич, Р. А.	Gurevich, R. A.
gu	古列维奇,И. А.	Гуревич, И. А.	Gurevich, I. A.
gu	古特曼,大卫	Гутман, Давид	Gutman, David
ha	哈尔佩林,米拉	Халперин, Мира	Halperin, Mira

Index	中文人名	Имена Русские	Names in English
ha	哈宁,廖瓦(原名列奥)	Ханин, Леова(Лео)	Hanin, Lyova(Leo)
ha	哈宁娜,安娜	Ханина, Анна	Hanina, Anna
ha	哈宁娜,纽西娅	Ханина, Нюссия	Hanina, Niussia
ha	哈塞,阿拉	Хассер, Алла	Hasser, Alla
ha	哈伊莫维奇,多拉	Хаймович, Дора	Haimovich, Dora
hai	海菲茨,雅科夫	Хейфец, Яков	Heifetz, Yaakov
hai	海曼,莱昂弗里德(又名弗里德尔)	Хейман, Леонфриэд (Фриэдл)	Heiman, Leonfried (Friedl)
he	赫什科维奇,菲拉(又名埃丝特)	Хершкович, Фира (Эстер)	Hershkovich, Fira (Esther)
hen	亨德勒(又译:格因德列尔)	Гендлер	Gendler
huo	霍罗什,尤里·利沃维奇	Хорош, Юрий Львович	Horosh, Yury Livovich
ji	基奇金,米哈伊尔·亚历山德罗维奇	Гичкин, Михаил Александрович	Gichkin, Mikhail Alexanderovich
ji	基什贝尔德,玛丽亚·所罗门诺芙娜	Кишберд, Мария Соломоновна	Kushberd, Mariya Solomonovna
ji	基谢廖夫,阿伦-摩西·施穆伊洛维奇	Киселев, Арон - Моше Шмуилович	Kiselev, Aron - Moshe Shmuilovich
ji	基谢廖娃,Ф. И.	Киселева, Ф. И.	Kiseleva, F. I.
ji	吉姆,科拉夫季娅	Зим, Клавдия	Zim, Klavdiya
ji	济曼,亚伯拉罕	Зинман, Авраам	Zinman, Abraham
ji	济明,М. Т.	Зимин, М. Т.	Zimin, M. T.
ji	济斯金德,Я. В.	Зыскинд, Я. В.	Zyskind, Y. V.
jia	加布里埃尔,Е. 哈里	Габриэль, Е. Гарри	Gabriel, E. Harry
jia	加尔佩林,埃列奥诺拉	Гальперин, Элеонора	Galperin, Eleonora
jia	加尔佩林,И.	Гальпелин, И.	Galpelin, I.
jia	加尔佩林,С. И.	Гальперин, С. И.	Galperin, S. I.
jia	加尔佩林,雅科夫·伊兹赖列维奇	Гальперин, Яков Израилевич	Galperin, Yaakov Izrailevich
jia	加尔佩林,伊斯拉埃尔·什穆依洛维奇	Гальперин, Израиль Шмуйлович	Galperin, Israel Shmuilovich
jia	加什凯尔,扎尔曼·列依鲍维奇	Гашкель, Залман Леибович	Gashkel, Zalman Leibovich
Jie	捷科阿(图卡钦斯基),约瑟夫	Текоа (Тукачинский), Иосиф	Tekoa (Tukachinsky), Iosif
jin	金日赫什维利,А.	Джинжихшвили, А.	Dzhizhikhshvili, A.
jin	金斯伯格,弗鲁玛·米哈伊洛芙娜	Гинзбург, Фрума Михайловна	Ginzburg, Fruma Mihailovna
jin	金斯伯格(金兹堡),Н.	Гинзбург, Н.	Ginzburg, N.

Index	中文人名	Имена Русские	Names in English
jin	金斯伯格(金兹堡),С. З.	Гинзбург, С. З.	Ginzburg, S. Z.
jin	津巴利斯特,叶甫列姆	Цимбалист, Ефрем	Zimbalist, Efrem
jin	津格尔,维里莫施	Сингер, Вилмос	Singer, Vilmos
ka	卡巴尔金,罗曼·莫伊谢耶维奇	Кабалкин, Роман Мойсеевич	Kabalkin, Roman Moyseevich
ka	卡巴尔金,雅科夫·罗曼诺维奇	Кабалкин, Яков Романович.	Kabalkin, Yaakov Romanovich
ka	卡茨,Э. А.	Кац, Э. А.	Kats, E. A.
ka	卡茨,Э. С.	Кац, Э. С.	Kats, E. S.
ka	卡恩,П. М.	Канн, П. М.	Kann, P. M.
ka	卡尔冬斯基,伊赛	Кардонский, Исай	Kardonsky, Isai
ka	卡尔利克-拜因,尤迪特	Карлик – Байн, Юдит	Karlik – Bain, Yudit
ka	卡尔利克,米哈伊尔·雅科夫列维奇	Карлик, Михаил Яковлевич	Karlik, Mihail Yakovlevich
ka	卡尔林斯基,西蒙	Карлинский, Симон	Karlinsky, Simon
ka	卡干,阿龙·约瑟福维奇	Каган, Аарон Иосифович	Kagan, Aaron Iosifovich
ka	卡干,Д.	Каган, Д.	Kagan, D.
ka	卡林,费奥多尔·雅科夫列维奇	Калин, Фёдор Яковлевич	Kalin, Fyodor Yakoflevich
ka	卡涅尔,诺利亚	Канель, Нолья	Kanel, Nolia
ka	卡涅尔,所罗门·纳塔诺维奇	Канель, Соломон Натанович	Kanel, Solomon Natanovich
ka	卡普兰,亚历克斯	Каплан, Алекс	Kaplan, Alex
ka	卡奇克,А. Е.	Качко, А. Е.	Kachko, A. E.
ka	卡恰诺夫斯基,阿布拉姆	Качановский, Аврам	Kachanovsky, Abram
ka	卡恰诺夫斯基,Л.	Качановский, Л.	Kachanovsky, L.
ka	卡斯普,谢苗(又译西蒙)·约瑟福维奇	Каспэ, Семён Иосифович	Kaspe, Simon Josephovich
ka	卡斯普,约瑟夫·亚历山德罗维奇	Каспэ, Иосиф Александрович	Kaspe, Joseph Alexandrovich
kai	凯达尔,季娜	Кейдар, Дина	Keidar, Dina
kai	凯达尔,罗尼	Кейдар, Рони	Keidar, Roni
kai	凯达尔,阿夫拉姆	Кейдар, Авраам	Keidar, Avraam
kai	凯斯勒,雅科夫(雅纳)	Кесслер, Яков (Яна)	Kessler, Yaakov (Yana)
kan	坎波尔,乔治	Канполь, Джордж	Kanpol, George
kang	康恩,П. М.	Кан, П. М.	Kan, P. M.
kang	康斯坦丁,阿尔西曼德里特	Константин, Архимандрит	Konstantin, Arhimandrit
kao	考夫曼,埃斯菲利·达维多芙娜	Кауфман, Эсфирь Давидовна	Kaufman, Esfili Davidovna
kao	考夫曼-塞格尔曼,拉莎	Кауфман – Зегерман, Раша	Kaufman – Zegerman, Rasha
kao	考夫曼,索菲娅·鲍里索芙娜	Кауфман, Софья Борисовна	Kaufman, Sophia Borisovna

Index	中文人名	Имена Русские	Names in English
kao	考夫曼,特迪·阿布拉莫维奇	Кауфман, Тедди Абрамович	Kaufman, Teddy Abramovich
kao	考夫曼,亚伯拉罕·约瑟福维奇	Кауфман, Абрахам Иосифович	Kaufman, Abraham Yosifovich
kao	考夫曼,叶夫根尼	Кауфман, Евгений	Kaufman, Evgeny
kao	考夫曼,Е. С.	Кауфман, Е. С.	Kaufman, E. S.
kao	考夫曼,И. С.	Кауфман, И. С.	Kayfman, I. S.
kao	考夫曼,伊赛·阿布拉莫维奇	Кауфман, Исай Абрамович	Kaufman, Isai Abramovich
kao	考夫曼,约瑟夫·扎尔玛诺维奇	Кауфман, Иосиф Залманович	Kaufman, Iosif Zalmanovich
ke	科茨,М. М.	Коц, М. М.	Kots, M. M.
ke	科茨,萨穆伊尔	Коц, Самуиль	Kots, Samuil
ke	科尔纳科娃-布里涅尔,Е.	Корнакова - Бринер, Е.	Kornakova - Briner, E.
ke	科尔图诺夫,列夫·格里戈里耶维奇	Колтунов, Лев Григорьевич	Koltunov, Lev Grigorevich
ke	科夫曼,А. А.	Кофман, А. А.	Kofman, A. A.
ke	科夫通,伊萨克	Ковтун, Исаак	Kovtun, Isaac
ke	科甘,А. С.	Коган, А. С.	Kogan, A. C.
ke	科甘,阿巴	Коган, Абба	Kogan, Abba
ke	科甘,阿霞	Коган, Ася	Kogan, Asya
ke	科甘,迈克尔(又译米哈伊尔)	Коган, Михаил	Kogan, Mikhail
ke	科特安,约瑟夫	Котиан, Иосиф	Kotian, Yosif
ke	科特金,伊赛	Коткчн, Исай	Kotkin, Isai
ke	科特金娜,加利娅	Коткина, Галя	Kotkina, Galia
ke	科托维奇,Л.	Котович, Л.	Kotovich, L.
ke	克拉斯拉夫斯卡娅,С. Д.	Краславская, С. Д.	Kraslavskaya, S. D.
ke	克拉斯诺夫,雅沙	Краснов, Яша	Krasnov, Yasha
ke	克拉斯诺娃,艾娅	Краснова, Эйя	
ke	克莱因,阿布拉姆·列昂季耶维奇	Клейн, Абрам Леонтьевич.	Klein, Abram Leontevich
ke	克莱因,奥莉加	Клейн, Ольга	Klein, Oliga
ke	克莱因,谢苗·阿布拉莫维奇	Клейн, Семён Абрамович	Klein, Semyon Abramovich
ke	克莱因,雅沙·阿布拉莫维奇	Клейн, Яша Абрамович	Klein, Yasha Abramovich
ke	克莱因,雅科夫	Клейн, Яков	Klein, Yaako
ke	克莱因,亚伯拉罕	Клейн, Авраам	Klein, Avraham
ke	克莱因,尤里	Клейн, Юрий	Klein, Yuri
ke	克莱因,约西	Клейн, Иоси	Klein, Yosi
ke	克劳克,诺拉	Краук, Нора	Krouk, Nora
ke	克劳克,叶菲姆	Краук, Ефим	Krauk, Efim

续表

Index	中文人名	Имена Русские	Names in English
ke	克里奥林, З. М.	Клиорин, З. М.	Kliorin, Z. M.
ke	克利马臣斯基, 米娜	Кримчанский, Мина	Krimchansky, Mina
ke	克利马臣斯基, 穆尼亚	Кримчанский, Моня	Krimchansky, Monia
ke	克利马臣斯基, 雅科夫·伊兹莱列维奇	Критчанский, Яков Израилевич	Krimchansky, Yaakov Izralevich
ke	克利亚维尔, 米哈伊尔	Клявер, Михайл	Klyaver, Mikhail
ke	克列巴诺夫, 阿西娅	Клебанов, Асия	Klebanov, Assia
ke	克列巴诺夫, 丽莉	Клебанов, Лили	Klebanov, Lily
ke	克列巴诺夫, 纳胡姆	Клебанов, Нахум	Klebanov, Nahum
ke	克鲁格利亚科夫, 雅科夫·格里戈里耶维奇	Кругляков, Яков Григорьевич	Krugliakov, Yaakov Grigorevich
ke	克鲁格利亚克, 鲍里斯·格里戈里耶维奇	Кругляк, Борис Григорьевич	Krugliak, Boris Grigorevich
ke	克罗尔, 奥莉加	Крол, Ольга	Krol, Olga
ke	克罗尔, Г. И.	Крол, Г. И.	Krol, G. I.
ke	克罗尔, 尼奥玛	Крол, Ниота	Krol, Nioma
ke	克罗尔, 亚历山大	Крол, Александр	Krol, Aleksander
ke	克尼西, 丹尼	Кениг Данни	Kenig, Danny
ken	克尼西, И. Э.	Кениг, И. Э.	Kenig, I. E.
kon	孔达科娃, И.	Кондакова, И.	Kondakova, I.
ku	库拉什	Кураш	Kurash
ku	库里盖尔, С. М.	Кульгер, С. М.	Kulger, S. M.
ku	库列绍夫	Кулешов	Kuleshov
ku	库皮茨卡娅, 萨拉·绍洛芙娜	Купицкая, Сарра Сауловна	Kupitskaya, Sara Saulovna
ku	库什涅尔, 卡尔曼·伊萨耶维奇	Кушнер, Калман Исаевич	Kushner, Kalman Isaevich
ku	库什涅尔, 沃瓦	Кушнер, Вова	Kushner, Vova
ku	库欣斯卡娅	Кущинская	Kushinskaya
ku	库兹涅佐娃, 维拉	Кузнецова, Вера	Kuznetsova, Vera
la	拉比诺维奇, 大卫	Рабинович, Давид	Rabinovich, David
la	拉比诺维奇, И. А.	Рабинович, И. А.	Rabinovich, I. A.
la	拉比诺维奇, С. М.	Рабинович, С. М.	Rabinovich, S. M.
la	拉波波尔特, И. Л.	Раппопорт, И. Л.	Rappoport, I. L.
la	拉布金, 所罗门·莫伊谢耶维奇	Рабкин, Соломон Мойсеевич	Rabkin, Solomon Moyseevich
la	拉基塔, М.	Ракита, М.	Rakita, M.

465

Index	中文人名	Имена Русские	Names in English
la	拉尼尔，阿夫拉姆（又名兰金，阿维）	Ланир，Авраам（Ланкин，Ави）	Lanir, Avraham（Lankin, Avi）
la	拉尼尔（兰金），诺姆	Ланир（Ланкин），Ноам	Lanir(Lankin), Noam
la	拉维科维奇，戴利娅	Равикович，Далия	Ravikovich, Dalia
la	拉维科维奇，Л.	Равикович，Л.	Ravikovich, L.
la	拉兹诺希科娃，玛丽亚·弗拉基米罗芙娜	Разнощикова，Мария Владимировна	Raznoshchikova, Maria Vladimirovna
lai	莱纳，约瑟夫	Лернер，Иосиф	Lerner, Joseph
lai	莱斯克，叶利娅	Лэкс，Элия	Lesk, Elia
lai	莱泽罗维奇，果尔达	Лейзерович，Голда	Leizerovich, Golda
lan	兰金，阿夫拉姆（又名拉尼尔，阿维）	Ланкин，Авраам（Ланир，Ави）	Lankin, Avraam（Lanir, Avi）
lan	兰金，埃利亚胡	Ланкин，Элияху	Lankin, Eliyahu
lan	兰金-埃伦布鲁姆，莉诺	Ланкин－Эленблум，Ленор	Lankin－Elenblum, Lenore
lan	兰金，多丽丝	Ланкин，Дорис	Lankin, Doris
lan	兰金，拉谢尔（又名米绍里，罗莎）	Ланкин，Рачел（Мишори，Роща）	Lankin, Rachel（Mishori, Rosha）
lan	兰金，莫伊谢伊·阿布拉莫维奇（摩西）	Ланкин，Моисей Абрамович（Моше）	Lankin, Moisei Abramovich（Moshe）
lan	兰金，诺姆（又名拉尼尔，诺姆）	Ланкин，Ноам（Ланир，Ноам）	Lankin, Noam（Lanir, Noam）
lan	兰金，雅科夫（小名雅沙）	Ланкин，Яков(Яша)	Lankin, Yaakov(Yasha）
lao	老巴夺，伊利亚（又译：洛帕托，Е. А.）	Лопато，Е. А.	Lopato, E. A.
lei	雷森，阿尔（原名列兹尼科夫，卢夏）	Рейсон，Аль（Резников，Люся）	Rayson, Al（Reznikoff, Lusia）
li	里赫利茨基，克拉拉（父姓阿布金）	Рихлицкий，Клара（Абукин）	Rikhlitzky, Clara（nee Abukin）
li	里斯金，米哈伊尔	Рискин，Михаил	Riskin, Mihail
li	利别尔曼，吉赛亚	Либерман，Гися	Liberman, Gisia
li	利别尔曼，吉霞·阿纳托利耶芙娜	Либерман，Гися Анатольевна	Liberman, Gisya Anatolevna
li	利别尔曼，С. Е.	Либерман，С. Е.	Liberman, S. E.
li	利别尔曼，谢苗	Либерман，Семён	Liberman, Semyon
li	利别尔曼，雅科夫	Либерман，Яков	Liberman, Yaakov
li	利波夫斯基	Липовский	Lipovsky
li	利夫希茨，玛拉	Лифшиц，Мара	Lifshits, Mara

续表

Index	中文人名	Имена Русские	Names in English
li	利夫希茨,斯特娜	Лифшиц, Стерна	Lifshits, Sterna
li	利夫希茨,雅科夫·马特维耶维奇	Лифшиц, Яков Матвеевич	Lifshits, Yaakov Matveevich
li	利赫季格,Б. А.	Лихтиг, Б. А.	Likhtig, B. A.
li	利赫季格,Ю.	Лихтиг, Ю.	Likhtig, Y.
li	利霍马诺夫,列夫·莫伊谢耶维奇	Лихоманов, Лев Моисеевич	Likhomanov, Lev Moiseevich
li	利霍马诺夫,摩西	Лихоманов, Моше	Likhomanov, Moshe
li	利斯邦,С. С.	Лисбон, С. С.	Lisbon, S. S.
li	利特温,本杰明	Литвин, Бенджамин	Litvin, Benjamin
li	利特温,丹尼尔	Литвин, Даннил	Litvin, Daniel
li	利特温,哈伊姆	Литвин, Хаим	Litvin, Chaim
li	利文森,罗曼·格里格里耶维奇	Ливенсон, Роман Григорьевич	Livenson, Roman Grigorievich
li	利沃维奇,А. L.	Львович, А. Л.	Lvovich, A. L.
li	利希蒂希,阿尼娅	Лихтис, Аня	Lichtig, Anya
li	利希蒂希,尤济科	Лихтис, Юзик	Lichtig, Yuzik
li	利亚佐夫,А. Л.	Лияцов, А. Л.	Liatsov, A. L.
lie	列别杰夫,阿龙	Лебедев, Аарон	Lebedev, Aaron
lie	列尔曼,А. L.	Лерман, А. Л.	Lerman, A. L.
lie	列尔曼,Э.	Лерман, Э.	Lerman, E.
lie	列姆别尔格,大卫·先杰罗维奇	Лемберг, Давид Сендерович	Lemberg, David Senderovich
lie	列姆别尔格,根纳季	Лемберг, Геннадий	Lemberg, Gennadi
lie	列维京	Левитин	Levitin.
lie	列维京,罗莎	Левитин, Роса	Levitin, Rosa
lie	列维娜,Р.	Левина, Р.	Levina, R.
lie	列文斯卡娅,Ф. М.	Левинская, Ф. М	Levinskaya, F. M.
lie	列伊博维奇,利阿娜	Лейбович, Лиана	Leibovitch, Leanna
lie	列伊博维奇,纳坦	Лейбович, Натан	Leibovich, Natan
lie	列伊曼施泰因,列夫·约阿科维奇	Лейманштейн, Лев Иоакович	Leymanshteyn, Lev Ioakovich
lin	林斯基,基列里	Линский, Гилель	Linsky, Gilel
lin	林斯基,吉利耶尔	Линский, Гилиелъ	Linsky, Giliel
lu	卢丁,阿舍	Лутин, Ашер	Ludin, Asher
lu	卢里亚,Е. Y.	Лурье, Екатерина Я.	Luria, E. Y.

Index	中文人名	Имена Русские	Names in English
lu	鲁宾逊,德罗尔	Робинсон, Дрор	Robinson, Dror
lu	鲁宾逊,法尼娅·马丁诺夫娜	Робинсон, Фаня Мартиховна	Robinson, Fania Martihovna
lu	鲁宾逊,汉斯·埃米尔耶维奇	Робинсон, Ганс Эмильевич	Robinson, Gans Emilevich
lu	鲁宾逊,捷耶夫	Рубинсон, Зеев	Rubinson Zeev
lu	鲁宾逊,娜佳	Робинсон, Надя	Robinson, Nadia
lu	鲁特施泰因,阿纳托利(小名"托利亚")	Рутштейн, Анатолий(Толя)	Rutstein, Anatoly(Tolia)
lu	鲁韦尔,阿布拉姆	Рувель, Абрам	Ruvel, Abram
lu	鲁韦尔,哈娜	Рувель, Ханна	Ruvel, Hannah
lu	鲁韦尔,哈伊姆	Рувель, Хаим	Ruvel, Hayim
lu	鲁韦尔,列娜	Рувель, Лена	Ruvel, Lena
lu	鲁韦尔,雅科夫	Рувель, Яков	Ruvel, Yakov
lun	伦贝格,根纳季	Лемберг, Геннадий	Lemberg, Gennady
luo	罗尔班特,萨穆伊尔	Рольбант, Самуил	Rolbant, Samuil
luo	罗森贝格,艾里雅古	Розенберг, Элирягу	Rozenberg, Ailiagu
luo	罗森布拉特,穆尼亚	Розенблат, Моня	Rosenblat, Monia
luo	罗森菲尔德,安娜·玛尔科芙娜	Розенфельд, Анна Марковна	Rozenfeld, Anna Markovna
luo	罗森施泰因,埃斯特尔	Розенштейн, Естер（Левин）	Rozenstein, Ester
luo	罗森施泰因,巴鲁赫（又名博里亚）	Розенштейн, Барух（Бория）	Rozenstein, Barukh（Boria）
luo	罗森施泰因,法迪亚	Розенштейн, Фадия	Rozenstein, Fadia
luo	罗森施泰因,穆尼亚	Розенштейн, Моня	Rosenstein, Monia
luo	罗森施泰因,热尼娅	Розенштейна, Женя	Rosenstein, Jenia
luo	罗森施泰因,雅科夫·马尔科维奇	Розенштейн, Яков Маркович	Rozenshtein, Yaakov Markovich
luo	罗森施泰因,伊萨（又名舒拉）	Розенштейн, Иса(Шура)	Rosenstein, Isa（Shula）
luo	罗森塔尔,弗里茨·古斯塔诺维奇	Розенталь, Фриц Густанович	Rozental, Fritz Gustanovich
luo	罗尚斯基,莫蒂亚	Рожанский, Мотя	Rozhansky, Motia
luo	罗生特(雅各布·罗森菲尔德)	Розенфельд, Якоб	Rosenfeld, Jakob
luo	罗丝,萨拉	Росс, Сараа	Ross, Sarah
luo	罗滕贝格,Я.	Ротенберг, Я.	Rotenberg, Y.
luo	罗伊斯别尔格,Л.	Ройзберг	Roizberg, L.
luo	洛戈维奇	Логович	Logovich

续表

Index	中文人名	Имена Русские	Names in English
luo	洛米科夫斯卡娅，奥莉加·弗拉基米罗芙娜	Ломиковская, Ольга Владимировна	Lomikovskaya Olga Vladimirovna
luo	洛扎尔，罗尼娅（父姓祖德曼）	Лозар, Роня（Зудман）	Lozar, Ronia(nee Sudman)
luo	洛扎尔，梅厄（又名勒塞尔，马卡）	Лозар, Меир（Лоссер, Мака）	Lozar, Meir(Losser, Maka)
ma	马德尔斯基，Б. С.	Маделский, Б. С.	Madelsky, B. S.
ma	马多尔斯基，哈伊姆·列伊博维奇	Мадорский, Хаим Лейбович	Madorsky, Haim Leibovich
ma	马多尔斯基，列奥·鲍里斯	Мадорский, Лео Борис	Madorsky, Leo Boris
ma	马尔科维奇，安娜·亚历山德罗芙娜	Маркович, Анна Александровна	Markovich, Anna Aleksandrovna
ma	马尔科维奇，格里戈里	Маркович, Григорий	Markovich, Grigori
ma	马尔科维奇，米哈伊尔·所罗门诺维奇	Маркович, Михаил Соломонович	Markovich, Mihail Solomonovich
ma	马尔科维奇，娜加	Маркович, Надя	Markovich, Nadia
ma	马吉德，丽贝卡	Магид, Ребекка	Magid, Rebecca
ma	马吉德，罗伯特	Магид, Роберт	Magid, Robert
ma	马吉德，伊萨多	Магид, Исадор	Magid, Isador
ma	马勒依，西姆哈·约瑟福维奇	Малый, Симха Иосифович	Maly, Simkha Yosifovich
ma	马特林，萨洛蒙·扎尔曼·什内尔	Матлин, Саломон Залман Шнеер	Matelin, Salomon Zalman Shneer
ma	马特林，雅科夫	Матлин, Яков	Matelin, Yaakov
ma	马特林，叶夫杰尼娅	Матлин, Евдения	Matelin, Evgenia
mei	梅德济尼，莫舍	Медзини, Мойше	Medzini, Moishe
mei	梅捷尔，Е. Л.	Медер, Е. Л.	Meder, E. L.
mei	梅金，亚历山大·米罗诺维奇	Мейзин, Александр Миронович	Meizin, Alexander Mironovich
mei	梅金，米龙·格里戈耶维奇	Мейзин, Мирон Григорьевич	Meizin, Miron Grigorevich
mei	梅金，亚历山大·米罗诺维奇	Мейзин, Александр Миронович	Meizin, Alexander Mironovich
mei	梅金，约瑟夫·格里戈里耶维奇	Мейзин, Иосиф Григорьевич	Meizin, Joseph Grigorevich
mei	梅罗维奇	Меерович	Meerovich
mei	梅罗维奇，尤金	Меерович, Югин	Meerovich, Eugene
mei	梅施科夫斯基，Н.	Мышковский, Н.	Myshkovsky, N.
mi	米德林，Д.	Мидлин, Д.	Midlin, D.
mi	米尔金，鲍里斯	Миркин, Борис	Mirkin, Boris
mi	米勒，舒里（又名沙乌尔）	Миллер, Шули（Шауль）	Miller, Shuli(Shaul)

续表

Index	中文人名	Имена Русские	Names in English
mi	米利希克尔,Я. M.	Милихикер,Я. M.	Milihiker,Y. M.
mi	米奇尼科,费多西娅·莫伊谢耶芙娜	Мичник,Федосья Мойсеевна	Michnik,Fedosia Moseevna
mi	米绍里,罗莎(又名兰金,拉谢尔)	Мишори,Роща(Ланкин,Рачел)	Mishori,Rocha(Lankin,Rachel)
mi	米斯科尔,雅科夫·格里戈里耶维奇	Мискер,Яков Григорьевич	Misker,Yaakov Grigorievich
mi	米夏埃利,摩西(又名米哈伊洛夫斯基,莫夏)	Михаэли Моше(Михайловский,Мося)	Michaeli,Moshe(Mikhailovsky,Mosia)
mo	莫尔多霍维奇,A. M.	Мордохович,A. M.	Mordokhovich,A. M.
mo	莫尔多霍维奇,A. И.	Мордохович,A. И.	Mordokhovich,A . I.
mo	莫尔杜霍维奇,格拉	Мордухович,Гера	Morduhovich,Gera
mo	莫尔古列夫,玛拉	Моргулев,Мара	Morgulev,Mara
mo	莫尔古列娃,萨拉	Моргулева,Сарра	Morguleva,Sarra
mo	莫什科维奇,V.	Мошкович B.	Moshkovich,V.
mo	莫希茨基,A. Ф.	Мошицкий,A. Ф.	Moshitsky,A. F.
mo	莫伊谢耶夫,莫西亚	Моисеев,Мосья	Moiseev,Mosia
mo	莫伊谢耶芙娜,薇拉	Моисеевна,Вера	Moiseevna,Vera
mu	穆兰茨,米拉	Мранц,Мира	Mrantz,Mira
mu	穆斯塔芬,玛拉	Мустафин,Мара	Moustafine,Mara
na	纳德尔,列夫·伊萨科维奇	Надель,Лев Исакович	Nadel,Lev Isakovich
na	纳德尔,伊茨哈克	Надель,Ицхак	Nadel,Itzhak
na	纳德尔,伊兹亚(又名奥伦,伊兹亚)	Надель,Изя(Орен,Изя)	Nadel,Izya(Oren,Izya)
na	纳德尔,Х. И.	Надель,Х. И.	Hadel,K. I.
na	纳夫塔林,M. A.	Нафталин,M. A.	Naphtalin,M. A.
na	纳夫塔林,M. И.	Нафталин,M. И.	Naftalin,M. I.
na	纳夫塔林娜-约菲,E. C.	Нафталина－Иоффе,E. C.	Naftalina－Yoffe,E. S.
na	纳夫塔诺维奇,阿纳尼亚·阿布拉莫维奇	Нафтанович,Анания Абрамович	Naftanovich,Anania Abramovich
na	纳夫塔诺维奇,伊赛·阿布拉莫维奇	Нафтанович,Исай Абрамович	Naftanovich,Isai Abramovich
na	纳胡姆森,布洛尼娅	Нахумсон,Брония	Nahumson,Bronia
na	纳胡姆森,大卫	Нахумсон,Давид	Nahumson,David

Index	中文人名	Имена Русские	Names in English
na	纳胡姆森,麦克斯	Нахумсон，Макс	Nahumson，Max
na	纳胡姆森,亚历克斯	Нахумсон，Алекс	Nahumson，Alex
na	纳克姆松,D. A.	Нахемсон，Д. А.	Nachemson，D. A.
na	纳依耶尔,阿布拉姆·莫伊谢耶维奇	Найер，Абрам Моисеевич	Nayer，Abram Moiseevich
nei	内哈姆金,希尔什	Нехамкин，Хирш	Nehamkin，Hirsh
nei	内哈姆金,约瑟夫	Нехамкин，Иосиф	Nehamkin，Yoseph
ni	尼森鲍姆,弗丽达	Ниссенбаум，Фрида	Nissenbaum，Frieda
ni	尼沃罗夫斯卡娅	Ниворовская	Nivorovskaya
nie	涅米罗夫斯基,Н.	Немировский，Н.	Nemirovsky，N.
nuo	诺沃梅伊斯基,莫伊谢伊	Новомейский，Моисей	Novomeyski，Moisey
pa	帕诺娃,В.	Панова，В.	Panova，V.
pa	帕图申斯基,亚伯拉罕·所罗门诺维奇	Патушинский，Абрам Соломонович	Patushinsky，Abraham Solomonovich
pei	佩尔索夫,伊赛	Персов，Исай	Persov，Isai
pei	佩利,奥尼亚	Палей，Оня	Paley，Onia
pei	佩什科夫斯基,托维	Пешковский，Товий	Peshkovsky，Tovy
pei	佩谢利尼克,索尼娅	Песельник，Соня	Peselnik，Sonia
pi	皮亚斯图诺维奇,Л. И.	Пястунович，Л. И.	Piastunovich，L. I.
pin	平斯基,巴维尔	Пинский，Павел	Pinsky，Pavel
pin	平斯基,G. 保罗	Пинский，Г. Поль	Pinsky，G. Paul
pu	普加奇,罗曼·瑙莫维奇	Пугач，Роман Наумович	Pugach，Roman Naumovich
pu	普加奇,米哈伊尔	Пугач，Михаил	Pugach，Mikhail
pu	普拉特,埃曼努埃尔(又名皮鲁廷斯基,莫尼亚)	Пратт，Эммануэль（Пирутинский，Моня）	Pratt，Emmanuel（Pirutinsky，Monya）
pu	普拉特,格里什·约瑟夫	Плат，Гриш Иосиф	Platt，Grish Joseph
pu	普鲁扎诺夫,Ф. П.	Пружанов，Ф. П.	Pruzhanov，F. P.
pu	普洛特金,吉尼娅	Плоткин，Геня	Plotkin，Genia
pu	普洛特诺夫斯基	Протновский	Plotnovsky
qi	齐克曼,波林娜·莫伊谢耶芙娜	Цыкман，Полина Моисеевна	Zikman，Polina Moisevna
qi	齐克曼,Л. Г.	Цыкман，Л. Г.	Zikman，L. G.
qi	齐特林,瓦尔特	Цитрин，Вальтер	Tsitrin，Valter

续表

Index	中文人名	Имена Русские	Names in English
qi	齐特林,Е. Д.	Цитрин, Е. Д.	Tstrin, E. D.
qia	恰普里克,Г. И.	Чаплик, Г. И.	Chaplik, G. I.
qia	恰普林斯卡娅,А.	Чаплинская, А.	Chaplinskaya, A.
qie	切尔恩,列利亚	Черен, Леля	Tseren, Lelia
qie	切尔尼亚夫斯基,萨穆伊尔·罗曼诺维奇	Чернявский, Самуил Романович	Cherniavsky, Samuil Romanovich
qie	切尔尼亚夫斯基,阿布拉姆	Чернявский, Абрам	Cherniavsky, Abram
qie	切尔尼亚夫斯基,亚历山大·萨莫伊洛维奇	Чернявский, Александр Самойлович	Cherniavsky, Alexander Samoylovich
qie	切尔尼亚夫斯基,К. Р.	Чернявский, К. Р.	Cherniavsky, K. R.
qie	切尔尼亚夫斯卡娅,埃斯特	Чернявская, Эстер	Cherniavskaya, Ester
qie	切尔尼亚夫斯卡娅,赖莎	Чернявская, Раиса	Cherniavskaya, Raisa
qie	切尔尼亚夫斯卡娅,莉季娅	Чернявская, Лидия	Cherniavskaya, Lidiya
qie	切尔尼亚夫斯卡娅,玛露霞	Чернявская, Маруся	Chernyiavskaya, Marusia
re	热列兹尼亚科夫,Ш. Л.	Железняков, Ш. Л.	Zheleznyakov, S. L.
ruo	若罗夫,谢苗	Жоров, Семён	Zhorov, Semyon
ruo	若罗娃,列亚·谢苗诺芙娜	Жорова, Лея Семёновна	Zhorova, Semyonovna
ruo	若罗娃,玛丽亚	Жорова, Мария	Zhorova, Mariya
sa	萨尔诺,希莉亚	Сарно, Хиля	Sarno, Hilia
sa	萨姆索诺维奇,А. Л.	Самсонович, А. Л.	Samsonovich, A. L.
sa	萨姆索诺维奇,格里戈里	Самсонович, Григорий	Samsonovich, Grigory
sa	萨姆索诺维奇,穆霞	Самсонович, Муся	Samsohobich, Musia
sa	萨姆索诺维奇,М. Л.	Самсонович, М. Л.	Samsonovich, M. L.
sang	桑德尔—克莱因,尤迪特	Сандель – Клейн, Юдит	Sandel – Klein, Yudit
sang	桑福德,韦纳	Санфорд, ваинер	Sanford, Wainer
sang	桑托斯,吉娜	Сантос, Джина	Santos, Gina
sha	沙弗兰,边济奥(昵称鲍里亚)	Шафран, Бенцион (Боря)	Shafran, Benzion (Boria)
sha	沙列尔,米沙	Шарелл, Миша	Sharell, Misha
sha	沙耶维奇,М. М.	Шаевич, М. М.	Shaevich, M. M.
shi	施利费尔,基蒂亚(又名卡尔曼)	Шлифер, Китья(Кальман)	Shlifer, Kitya (Kalman)
shi	施奈德,索尼娅	Шнейдер, Соня	Shneider, Sonia
shi	施皮尔曼,И.	Шпильман, И.	Shpilman, I.
shi	施泰纳,纳胡姆	Штейнер Нахум	Steiner Nahum
shi	施泰因加德,Ш. С.	Штейнгард, Ш. С.	Shteingard, S. S.
shi	施泰因加特,С. С.	Штейнгарт, С. С.	Shteyngrt, S. S.

Index	中文人名	Имена Русские	Names in English
shi	施泰因曼,鲍里斯(鲍勃)·拉扎鲁斯	Штейнман, Борис (Боб) Лазарус	Shteinman, Boris (Bob) Lazarus
shi	施泰因曼,拉扎尔	Штейнман, Лазар	Shteinman, Lazar
shi	施特恩费尔德,索尼娅	Штернфельд, Сония	Sternfeld, Sonia
shi	施托夫曼,薇拉	Штофман, Вера	Shtofman, Vera
shi	施瓦尔茨-考夫曼,贝尔塔·伊萨耶芙娜	Шварц – Кауфман, Берта Исаевна	Shvarts – Kaufman, Berta Isaevna
shi	施瓦尔茨,莫佳	Шварц, Мотя	Shvarts, Motia
shi	施因菲尔德,О. А.	Шейнфельд, О. А.	Sheinfeld, O. A.
shi	什克洛夫,拿单	Шклов, Натхан	Shiklov, Nathan
shu	舒姆斯基	Шумский	Shumsky
si	斯基德尔斯基,根丽埃塔·阿尔诺多芙娜	Скидельский, Г. А.	Skidelsky, G. A.
si	斯基德尔斯基,Л. Ш.	Скидельский, Л. Ш.	Skidelsky, L. S.
si	斯基德尔斯基,罗伯特	Скидельский, Роберт	Skidelsky, Robert
si	斯基德尔斯基,所罗门·列昂季耶维奇	Скидельский, Соломон Леонтьевич	Skidelsky, Solomon Leontevich
si	斯基德尔斯基,谢苗·列昂季耶维奇	Скидельский, Семён Леонтьевич	Skidelsky, Semyon Leontevich
si	斯基德尔斯基,雅科夫	Скидельский, Яков	Skidelsky, Yaakov
si	斯科维尔斯基,В. Л.	Сквирский, В. Л.	Skvirsky, V. L
si	斯卢茨克尔,策利希	Слуцкер, Зелиг	Slutzker, Zelig
si	斯莫良斯基,诺伯特	Смолянский, Норберт	Smoliansky, Norbert
si	斯穆什克维奇,列昂京娜(蒂娜)	Смушкович, Леонтина (Тина)	Smushkevich, Leontina(Tina)
si	斯皮瓦克,С. И.	Спивак, С. И.	Spivak, S. I.
si	斯特恩,赫尔穆特	Штерн, Хельмут	Stern, Helmut
shi	斯特劳斯,琳	Штраус, Лин	Shtraus, Lin
si	斯托夫曼,薇拉	Стофман, Вера	Stofman, Vera
suo	索洛韦奇科,哈伊姆·阿布拉莫维奇	Соловейчик, Хаим Абрамович	Solovechick, Haim Abramovich
suo	索罗维奇克,М. И.	Соловичик, М. И.	Solovichik, M. I.
suo	索斯金,С. Х.	Соскин, С. Х.	Soskin, S. H.
suo	索斯金,М. П.	Соскин, М. П.	Soskin, M. P.
suo	索斯金,И. Х.	Соскин, И. Х.	Soskin, I. H.
ta	塔德莫尔,哈伊姆	Тадмор, Хаим	Tadmor, Hayim

续表

Index	中文人名	Имена Русские	Names in English
tan	坦杰特,阿里	Тандет, Али	Tandet, Ali
tan	坦杰特,萨穆伊尔	Тандет, Самуиль	Tandet, Samuil
te	特拉赫金贝尔格,弗拉基米尔·达维多维奇	Трахтенберг, Владимир Давидович	Trachtenberg, Vladimir Davidovich
te	特里古博夫,鲍里斯·瑙莫维奇	Тригубов, Борис Наумович	Trigubov, Boris Naumovich
te	特里古博夫,哈里·奥斯卡	Тригубов, Харри Оскар	Triguboff, Harry Oscar
te	特里古博夫,摩西	Тригубов, Моше	Triguboff, Moshe
te	特里古博夫,纳乌姆·约瑟福维奇	Тригубов, Наум Иосифович	Trigubov, Naum Iosifovich
te	特里古博娃,吉塔-列亚·莫伊谢耶芙娜	Тригубова, Гита - Лея Мойсеевна	Trigubova, Gita - Leya Moiseevna
te	特里古博娃,玛丽亚·弗拉基米罗芙娜	Тригубова, Мария Владимировна	Trigubov, Maria Vladimirovna
te	特罗伊茨卡娅,Е.	Троицкая, Э.	Troitskaya, E.
te	特施科夫,列夫	Тышков, Лев	Tyshkov, Lev
tong	通克尔,米哈伊尔	Тункел, Михаил	Tunkel, Mihail
tuo	托洛茨基,М. И.	Троцкий, М. И.	Trotsky, M. I.
tuo	托洛茨卡娅,М. И.	Троцкая, М. И.	Trotskaya, M. I.
tuo	托洛茨卡娅,Н. И.	Троцкая, Н. И.	Trotskaya, N. I.
tuo	托姆斯基,В. И.	Томский, В. И.	Tomsky, V. I.
tuo	托佩尔,玛利亚·拉泽列芙娜	Топер, Мария Лазеревна	Topper, Maria Lazerefna
wa	瓦因古尔特,С. О.	Вайнгурт, С. О.	Vayngurt, S. O.
wa	瓦因古尔特,С. И.	Вайнгурт, С. И.	Vayngurt, S. I.
wei	韦尔茨曼,格里戈里	Верцман, Григорий	Vertzman, Grigori
wei	韦尔茨曼,索菲娅	Верцман, Софья	Vertsman, Sophia
wei	维恩斯坦,约翰	Вайнстейн, Джон	Vainstein, John
wei	维格多尔奇克-韦尔茨曼,叶娃-伊利尼什娜	Вигдорчик - Верцман, Ева - Илинишна	Vigdorchik - Vertsman, Eva - Ilinishna
wei	维格多尔奇克,伊利亚	Вигдорчик, Илья	Vigdorchik, Ilya
wei	维赫捷尔,С. М.	Вехтер, С. М.	Vekhter, S. M.
wei	维特林,А. V.	Витлин, А. В.	Vitlin, A. V.
wei	魏列尔,舒拉	Вайлер, Шура	Vailer, Shura
wei	魏涅尔曼,阿尔伯特	Вейнерман, Алборт	Veinerman, Albert
wei	魏涅尔曼,埃丝特(又名埃西娅)	Вейнерман, Эстер (Эссия)	Veinerman, Esther (Essia)

Index	中文人名	Имена Русские	Names in English
wei	魏涅尔曼，Б.	Вейнерман，Б.	Weinerman，B.
wei	魏涅尔曼，罗尼（又名拉恩）	Вейнерман，Ронни（Лан）	Veinerman，Ronny（Ran）
wei	魏涅尔曼，雅科夫	Вейнерман，Яков	Veinerman，Yaakov
wei	魏斯贝尔格尔，Л.	Вайсбергер，Л.	Vaysberger，L.
wei	魏斯宾，纳乌姆	Вайсбин，Наум	Vaisbin，Naum
wen	温考，金娜	Винков，Дина	Vincow，Dina
wo	沃利芬，马克	Вольфен，Марк	Volfen，Mark
wo	沃利斯基，鲍里斯	Вольский，Борис	Volsky，Boris
wo	沃利斯卡娅，贝拉·所罗门诺芙娜	Вольская，Белла Соломоновна	Volskaya，Bella Solomonovna
wo	沃洛布林斯基，莫伊谢伊	Волобринский，Моисей	Volobrinsky，Moisey
wo	沃洛布林斯基，萨穆伊尔	Волобринский，Самуил	Volobrinsky，Samuil
wo	沃洛布林斯卡娅－卡茨，加利娅	Волобринская－Кац，Галия	Volobrinskaya－Kats，Galiya
wo	沃洛布林斯卡娅，玛丽亚	Волобринская，Мария	Volobrinskaya，Maria
wo	沃洛布林斯卡娅，伊琳娜	Волобринская，Ирина	Volobrinskaya，Irina
wo	沃伊汉斯卡娅，玛利亚	Войханская，Марья	Voihanskaya，Maria
wu	弗拉基米罗维奇，Я. В.	Владимирович，Я. В.	Vladimirovich，Y. V.
wu	乌里施捷因，И. М.	Ульштейн，И. М.	Ulishtein，I. M.
wu	乌格曼－奥尔默特，贝拉	Вугман－Ольмерт，Белла	Vugman－Olmert，Bella
xi	西特林，瓦尔特	Ситрин，Вальтер	Citrin，Walter
xi	希费尔布拉特，尼古拉·亚历山德罗维奇	Шиффербрат，Николай Александрович	Shifferbrat，Nikolay Aleksandrovich
xi	希克曼，伊萨克	Шикман，Исаак	Shickman，Isaac
xia	夏皮罗，阿里埃尔	Шапиро，Ариэль	Shapiro，Ariel
xia	夏皮罗，康斯坦丁	Шапиро，Константин	Shapiro，Konstantin
xia	夏皮罗，迈克尔	Шапиро，Михаил	Shapiro，Michael
xia	夏皮罗，雅科夫	Шапиро，Яков	Shapiro，Yaakov
xia	夏皮罗，伊萨克	Шапиро，Исаак	Shapiro，Isaak
xia	夏皮罗，约瑟夫	Шапиро，Иосиф	Shapiro，Joseph
xin	辛格，埃玛	Сингх，Эмма	Singer，Emma
sin	辛格尔，贝芭	Зингер，Беба	Zinger，Beba
xin	欣策，迈克尔	Хинтце，михаил	Hintze，Michael
ya	亚布罗夫，所罗门·格里戈里耶维奇	Ябров，Соломон Григорьевич	Yabrov，Solomon Grigorevich

Index	中文人名	Имена Русские	Names in English
ya	亚布罗夫,伊利亚·所罗门诺维奇	Ябров, Илья Соломонович	Yabrov, Ilya Solomonovich
ya	亚布罗娃-沃利斯卡娅,贝拉·所罗门诺芙娜	Яброва – Вольская, Белла Соломоновна	Yabrova – Volskaya, BelaSolomonovna
ya	亚布罗娃,尤季菲·伊里尼奇娜	Яброва, Юдифь Ильинична	Yabrova, Yudif Ilinichna
ya	亚尔霍,阿哈伦	Ярхо, Ахарон	Yarkho, Aharon
ya	亚尔霍,伊萨	Ярхо, Исса	Yarho, Issa
ya	亚历克西斯,纳迪娅(父姓贾帕里泽)	Алексис, Надя (Джапаридзе)	Alexis, Nadia(nee Dzhaparidze)
ya	亚斯希尔,阿夫拉姆	Ясхил , Аврам	Yacehil, Avram
ya	雅科波维茨,安德鲁	Якобовиц, Эндрю	Yakobovits, Andrew
ya	雅科夫,阿兰	Яков, Алан	Yaakov, Alan
ye	叶夫泽罗夫,亚历山大	Евзеров, Александр	Yevzerov, Aleksandr
yi	伊夫兰(父姓特里古博夫),西玛	Ивланд (Тригубов) , Сима	Ifland (nee Trigubov),Sima
yi	伊里斯	Ирис	Iris
yi	伊兹古尔,阿巴·萨摩伊洛维奇	Изгур, Аба Самойлович	Izgur, Aba Samoylovich
yi	伊兹古尔,阿巴·萨姆索诺维奇	Изгур, Аба Самсонович	Izgur, Aba Samsonovich
yin	因弗良特,M.(又译:伊夫兰,M.)	Ифланд, М.	Ifland, M.
yin	因季科夫,格里戈里·本·摩西	Индиков, Григорь Бен Моше	Indikov, Grigory Ben Moshe
yin	因季科夫,汉尼娅	Индиков, Хения	Indikov, Henya
yin	因季科夫,摩西·本·雷博	Индиков, Моше Бен Лейбо	Indikov, Moshe Ben Leib
you	尤多维奇,达维德	Юдович, Давид	Yudovich, David
yu	约尼斯,米利亚	Ионис, Миля	Ionis, Milia
yue	约瑟夫,埃利亚胡·巴尔(又名罗伊斯伯格,莱利亚)	Йосеф, Элиягу Бар (Роусбрг, Леля)	Yosef, Eliahu Bar (Roisberg, Lelia)
yue	约瑟夫,拉谢尔·巴尔	Йосеф, Рачел Бар	Yosef, Rachel Bar
yue	约瑟列维奇,薇拉	Иоселевич, Вера	Ioselevich, Vera
ze	泽尔策,米娜·阿布拉莫芙娜	Зельцер, Мина Абрамовна	Zeltzer, Mina Abramovna
ze	泽利科夫斯基,A. B.	Зеликовский, А. Б.	Zelikovsky, A. B.
zha	扎尔曼诺夫,约瑟夫	Залманов, Иосиф	Zalmanov, Joseph

续表

Index	中文人名	Имена Русские	Names in English
zha	扎尔曼诺娃，安娜	Залманова，Анна	Zalmanova，Anna
zha	扎戈尔斯卡娅	Загорская	Zagorskaya
zha	扎列茨基，阿布拉姆·莫尔杜霍维奇	Зарецкий，Абрам Мордухович	Zaretsky，Abram Morduhovich
zha	扎列茨基，雷切尔·伊萨科芙娜	Зарецкий，Рачер Исаковна	Zaretsky，Rachel Isakovna
zha	扎列茨基，莫蒂亚	Зарецкий，Мотия	Zaretsky，Motya
zha	扎列茨卡娅，吉塔	Зарецкая，Гита	Zaretskaya，Gita
zha	扎伊格拉耶夫，维克多	Заиграев，Виктор	Zaigraev，Viktor
zha	扎伊格拉耶夫，M. A.	Заиграев，M. A.	Zaigraev，M. A.
zong	宗多维奇，Б. Г.	Зондович，Б. Г.	Zondovich，B. G.
zong	宗多维奇，Р.	Зондович，Р.	Zondovich，R.

477

附录三 哈尔滨市主要街道新旧街名对照表(中俄英对照)

Appendix Ⅲ The Former and Current Names of Harbin's Main Streets (in Chinese，Russian and English)

道里区（Daoli District）			
中文现街名 Existing Names in Chinese	中文旧街名 Former Names in Chinese	俄文旧街名 Former Names in Russian	英译旧街名 Former Names in English
友谊路	警察街	Полицейская	Politseiskaya
花圃街	商铺街	Магазинная	Magazinnaya
西头道街	监狱街	Тюремная	Tyuremnaya
西二道街	东商务街	Коммерческая	Kommercheskaya
西三道街	高加索街	Кавказская	Kavkazskaya
西四道街	八杂市街	Базарная	Bazarnaya
西五道街	东商市街	Биржевая	Birzhivaya
西六道街	日本街	Японская	Yaponskaya
西七道街	蒙古街	Монгольская	Mongolskaya
西八道街	高丽街	Корейская	Koreiskaya
西九道街	保险街	Страховая	Strakhovaya
西十道街	俄国街	Русская	Russkaya
西十一道街	市场街	Рыночная	Rynochnaya
西十二道街	石头道街	Мостовая	Mostovaya
西十三道街	宽街	Широкая	Shirkaya
西十四道街	东透笼街	Сквозная	Skvoznaya
西十五道街	学堂街	Школьная	Shkolnaya
端　街	短街	Короткая	Korotkaya
霞曼街	沙曼街	Саманная	Samannaya

续表

道里区（Daoli District）			
中文现街名 Existing Names in Chinese	中文旧街名 Former Names in Chinese	俄文旧街名 Former Names in Russian	英译旧街名 Former Names in English
大安街	大坑街	Ямская	Yamskaya
东风街	马街	Конная	Konnaya
红专街	面包街	Пекарная	Pekarnaya
红霞街	商市街	Биржевая	Birzhevaya
中医街	药街	Аптекарная	Aptekarnaya
上游街	商务街	Коммерческая	Kommercheskaya
中央大街	中国大街	Китайская	Kitaiskaya
通江街	炮队街	Артиллерийская	Artilleryskaya
高谊街	哥萨克街	Казачья	Kazachiya
尚志大街	新城大街	Новогородная	Novogorodnaya
兆麟大街	水道街	Водопроводная	Vodoprovodnaya
地段街	地段街（希尔科夫王爵街、王爷街）	Участковая（Князья и Хилкова）	Uchastkovaya（Kniazia and Hilkova）
买卖街	买卖街	Торговая	Torgovaya
石头道街	石头道街	Мостовая	Mostovaya
透笼街	透笼街	Сквозная	Skvoznaya
田地街	田地街	Полевая	Polevaya
工厂街	工厂街	Заводская	Zavodskaya
森林街	树街	Лесная	Lesnaya
井街	井街	Колодезный переулок	Kolodeznyi Lane
地文街	第二地段街	2—Участковая	2nd Uchastkovaya St.
巡船胡同	巡船胡同	Товарная станция	Tovarnaya-stantsiya
霓虹街	军官街	Офицерская	Ofitserskaya
经纬街	斜纹街	Диагональная	Diagonalnaya
经纬头道街	第一躔子街	1—Линия	1st Liniya St.
经纬二道街	第二躔子街	2—Линия	2nd Liniya St.
经纬三道街	第三躔子街	3—Линия	3rd Liniya St.
经纬四道街	第四躔子街	4—Линия	4th Liniya St.
经纬五道街	第五躔子街	5—Линия	5th Liniya St.
经纬六道街	第六躔子街	6—Линия	6th Liniya St.
经纬七道街	第七躔子街	7—Линия	7th Liniya St.
经纬八道街	第八躔子街	8—Линия	8th Liniya St.
经纬九道街	第九躔子街	9—Линия	9th Liniya St.
河润街	湖街	Озерная	Ozernaya
哈药路	关达基街（河图街）	Гондатьевская	Gondatevskaya

续表

道里区（Daoli District）

中文现街名 Existing Names in Chinese	中文旧街名 Former Names in Chinese	俄文旧街名 Former Names in Russian	英译旧街名 Former Names in English
河清街	涅克拉索夫街	Некрасовская	Nekrasovskaya
河曲街	罗蒙诺索夫街	Ломоносовская	Lomonosovskaya
河鼓街	舍甫琴科街	Шевченко	Shevchenko
河源街	新大棚街	Новый переулок	Novy-pereilok
河干街	江沿	Набережная	Naberezhnaya
安隆街	板障街	Заборная	Zabornaya
安正街	耶戈尔街	Егерская	Egerskaya
安康街	作林街	Зоринская	Zorinskaya
安定街	米哈伊洛夫街	Михайловская	Mikhailovskaya
安国街	弗拉基米尔街	Владимирская	Vladimirskaya
安良街	日托米尔街	Житомирская	Zhitomirskaya
新阳路	安吉街（阔月利街）	Ковельская	Kovelskaya
安固街	安民街（科洛列夫街）	Королевская	Korolevskaya
安平街	华沙街	Варшавская	Varshavskaya
安化街	特维尔街	Тверская	Tverskaya
安心街	谢瓦尔斯托波里街	Севастопольская	Sevastopolskaya
安和街	吉别斯街（西藏街）	Тибетская	Tibetskaya
安发街	安乐街,阿尔巴津街	Албазинская	Albazinskaya
安祥街	巴斯捷罗夫街	Пастеровская	Pasterovskaya
安广街	谢尔吉耶夫街	Сергиевская	Sergievskaya
安宁街	兵长街	Зейско - Атамановская	Zeisko - Atamanovskaya
安升街	安阜街,电气街	Электрическая	Elektricheskaya
安达街	布里亚特街	Бурятская	Buriatskaya
安丰街	水洼子街	Болотная	Bolotnaya
安顺街	普斯科夫街	Псковская	Pskovskaya
新民街	兵马街,莫斯科兵营头道街	Москов. каз. 1-ая	1st Moskov-kaz St.
民和街	兵部街,莫斯科兵营二道街	Москов. каз. 2-ая	2nd Moskov-kaz St.
民康街	兵学街,莫斯科兵营三道街	Москов. каз. 3-ая	rd Moskov-kaz St.
民兴街	兵士街,莫斯科兵营四道街	Москов. каз. 4-ая	4th Moskov-kaz St.
抚顺街	地包头道街	1-ая Деповская	1st Depovskaya St.
地节街	地包二道街	2-ая Деповская	2nd Depovskaya St.

续表

南岗区（Nangang District）			
中文现街名 Existing Names in Chinese	中文旧街名 Former Names in Chinese	俄文旧街名 Former Names in Russian	英译旧街名 Former Names in English
颐园街	病院街（医院街）	Больничная	Bolnichnaya
红军街	车站街（霍尔瓦特大街）	Вокзальный просп. （Хорватовкий просп）.	Vokzalny Ave. （Khorvatovky Ave.）
海城街	建造街	Техническая	Tehnicheskaya
上方街	账房街	Конторская	Kontorskaya
耀景街	要紧街	Главная	Glavnaya
利群街	思想街（慈善街）	Думская	Dumskaya
教化街	教堂街（北教堂街）	Соборная	Sobornaya
瓦街	旅部街	Бригадная	Brigadnaya
护军街	卫戍军街	Гарнизонная	Garnizonnaya
中山路	霍尔瓦特大街	Хорватовский просп.	Khorvatovsky Ave.
	哈尔滨大街	Харбинский просп.	Kharbinsky Ave.
	通道街	Старохарбинское шоссе	Starokharbinskoe Highway
马家街	马家沟街	Мадягоусская	Madiagousskaya
花园街	花园街	Садовая	Sadovaya
大直街	大直街	Большой просп.	Bolshoi Ave.
南市街	新巴杂市街	Базар уЧурина	Bazap-u–Churina
邮政街	邮政街	Почтовая	Pochtovaya
银行街	银行街＋建筑街	Банковская＋Строительная	Bankovkaya plus Stroitelnaya
民益街	长官公署街＋夹树街	Цзан-гон-ку-су-цзе＋ Бульварный просп.	Zhangguan'gongshu St. plus Bulvarvy Ave.
松花江街	松花江街	Сунгарский просп.	Sungarsky Ave.
满洲里街	满洲里街	Маньчжурский просп.	Manchzhursky Ave.
国民街	米沙子街	Мещанская	Meschanskaya
建设街	箭射街	Стрелковая	Strelkovaya
健民街	尼古拉耶夫斯克街（庙街）	Николаевский просп.	Nikolaevsky Ave.
春申街	军官街＋司令官胡同	Комендантский просп.	Komendantsky Ave.
一曼街	石山街（山街）	Нагорный просп.	Nagorny Ave.
果戈里街	新买卖街＋果戈里街（义州 街＋国课街，奋斗路）	Новоторговая＋ Гоголевская	Novotorgovaya plus Gogolevskaya
龙江街	齐齐哈尔街	Цицикарская	Tsitsikarskaya
鞍山街	奉天街	Мукденская	Mukdenskaya
大成街	海拉尔街	Хайларская	Khlarskaya
辽源街	辽远街	Ляо-юань-цзе	Liao-yua-tsze

续表

南岗区（Nangang District）

中文现街名 Existing Names in Chinese	中文旧街名 Former Names in Chinese	俄文旧街名 Former Names in Russian	英译旧街名 Former Names in English
沟沿街	腰马家沟	Яо – Модягоу	Yao – Modiagou
木介街	木拌街	Дровяная	Drovianaya
凤翥街	聋子街	Глухая	Gpuhaya
曲线街	歪斜街	Кривая	Krivaya
松明街	沙曼屯头道街	Саманный гор. 1 ул.	1st. Samanny-gor St.
元和街	沙曼屯二道街	Саманный гор. 2 ул.	2nd Samanny-gor St.
元士街	沙曼屯三道街	Саманный гор. 3 ул.	3rd Samanny-gor St.
通达街	铁工厂街	Механическая	Mekhanitsheskaya
木兰街	懒汉屯街	Корпусной город.	Korpusno-gorod
一匡街	懒汉屯头道街	Корпуснойгор. 1-я улица	1st Korpusno-gor. St.
二西街	懒汉屯二道街	Корпуснойгор. 2-я улица	2nd Korpusno-gor. St.
三益街	懒汉屯三道街	Корпуснойгор. 3-я улица	3rd Korpusno-gor. St.
四明街	懒汉屯四道街	Корпуснойгор. 4-я улица	4th Korpusno-gor. St.
五端街	懒汉屯五道街	Корпуснойгор. 5-я улица	5th Korpusno-gor. St.
六合街	懒汉屯六道街	Корпуснойгор. 6-я улица	6th Korpusno-gor. St.
七政街	懒汉屯七道街	Корпуснойгор. 7-я улица	7th Korpusno-gor. St.
八元街	懒汉屯八道街	Корпуснойгор. 8-я улица	8th Korpusnoi-gor. St.
人和街	歇伏（避暑）街,协和街	Дачная	Dachnaya
中和街	布鲁西洛街	Брусиловская	Brusilovskaya
比乐街	比利时街	Бельгийская	Belgiskaya
巴陵街	波罗金街	Бородинская	Borodinskaya
革新街	教堂街	Церковая	Tserkovaya
巴山街	巴尔干街	Балканская	Balkanskaya
国庆街	国境街	Пограничная	Pogranichnvya
卢家街	罗马尼亚街	Румынская	Rumynskaya
士课街	司科别列夫街	Скобелевская	Skobelevskaya
光芒街	塞尔维亚街（小戎街）	Сербская	Serbskaya
雨阳街	育养街（雨旸街）	Приютская	Priyutskaya
营部街	营部	Баталионная	Batalionnaya
联部街	连街	Ротная	Rotnaya
文明街	第二无线电台街	2-аяРодиальная	2nd Rodialnaya St.
文昌街	第六方圆里街	6-аяКруговая	6th Krugovaya St.
文景街	绳子工厂街	Канатная	Kanatnaya

482

南岗区（Nangang District）

中文现街名 Existing Names in Chinese	中文旧街名 Former Names in Chinese	俄文旧街名 Former Names in Russian	英译旧街名 Former Names in English
文化街	希腊教街（斯拉夫街）	Славянская	Slavianskaya
文艺街	无线电街	Искровыйбульв	Iskrovy boulevard
文林街	电报局街	Телеграфная	Telegrafnaya
文政街	军官医院街（文治街）	Госпитальная	Gospitalnaya
王兆屯	军官医院村	Госпитальный городок	Gospitalny-gorodok
宣化街	马克西莫夫街	Максимовская	Maksimovskaya
宣德街	达吉娅娜街	Татьянинская	Tatianinskaya
十字街	十字纪念街（十字架节街）	Крестовоздвиженская	Krestovozdvizhenskaya
理治街	吏治街	Администрат Бульв	Administrat Blvd.
宣威街	纳杰什金斯克街	Надеждинская	Nadezhdinskaya
宣文街	格列博夫斯基街	Глебовский пер.	Glebovsky Lane
宣武街	伊杰列斯克街	Итеревский пер.	Iterevsky Lane
平安街	里沃夫街	Львовская	Livovskaya
平准街	依里任斯基街	Ильинская	Ilinskaya

香坊区（Xiangfang District）

中文现街名 Existing Names in Chinese	中文旧街名 Former Names in Chinese	俄文旧街名 Former Names in Russian	英译旧街名 Former Names in English
香政街	军官街（军政街）	Офицерская	Ofitserskaya
司徒街	司令部街	Штабная	Shtabnaya
菜艺街	菜园子街（菜香街）	Огороды	Ogordy
油坊街	油坊街	Маслобойный завод	Maslobony-zavod
三辅街	三竖街	3-ая Продольная	3rd Prodolnaya St.
四史街	四竖街	4-ая Продольная	4th Prodolnaya St.
五叙街	五竖街	5-ая Продольная	5th Prodolnaya St.
六顺街	六竖街	6-ая Продольная	6th Prodolnaya St.

道外区（Daowai District）

中文现街名 Existing Names in Chinese	中文旧街名 Former Names in Chinese	俄文旧街名 Former Names in Russian	英译旧街名 Former Names in English
靖宇大街	正阳街＋新市街	Дженьянцзе＋синьшицзе	Dzhenianjie plus Sinshijie
头道街	安福街	Аньфуцзе	Anfujie
二道街	高力街	Гаолицзе	Gaolijie

续表

道外区（Daowai District）

中文现街名 Existing Names in Chinese	中文旧街名 Former Names in Chinese	俄文旧街名 Former Names in Russian	英译旧街名 Former Names in English
三道街	居仁街	Джиженьцзе	Jurenjie
四道街	育英街	Юйиньцзе	Yuingjie
五道街	天保街＋定兴街	Дяньбаоцзе＋Диньсиньцзе	Tianbaojie plus Dingxingjie
六道街	南昌街	Наньчанцзе	Nanchangjie
小六道街	景运街	Диньюйньцзе	Dingyunjie
七道街	大同街＋吴兴街	Дадуньцзе＋Усиньцзе	Datongjie plus Wuxingjie
八道街	富德街	Фудецзе	Fudejie
九道街	太和街	Тайхэцзе	Taihejie
十道街	凤和街	Феньхэцзе	Fenhejie
十一道街	华封街	Хуафуньцзе	Huafengjie
十二道街	成平街＋大兴街	Жченыпинцзе＋Дасиньцзе	Chengpingjie plus Daxingjie
十三道街	吉祥街	Джисянцзе	Jixiangjie
十四道街	东平街＋保兴街	Дунпиньцзе＋Баосиньцзе	Dongpingjie plus Baosingjie
十五道街	东安街	Дунаньцзе	Dong'anjie
十六道街	东新街	Дунсиньцзе	Dongxinjie
十七道街	东丰街	Дунфеньцзе	Dongfengjie
十八道街	中成街	Дженьчженьцзе	Zhongchengjie
十九道街	宁化街	Ниньхуацзе	Ninghuajie
二十道街	公园街	Гоньюаньцзе	Gongyuanjie
振江街	东江堤（沿堤街）	Дунцзянди	Dongjiangdi（Yandijie）
大新街	老江堤	Лаоцзянди	Laojiangdi
保障街	太阳街	Тайианцзе	Taiyangjie
水晶街	水晶街（黎明街）	Лиминцзе	Shuijingjie（Limingjie）
草市街	草市街＋琅环街	Саошицзе＋Ланхуаньцзе	Caoshijie plus Langhuanjie
保定街	泰山街	Тайшаньцзе	Taishanjie
桃花巷	桃花巷（桃源街）	Таохуасянь	Taohuaxiang（Taoyuan）
承德街	承德街	Чэньдэцзе	Chengdejie
景阳街	景阳街＋新马街（许公路）	Цзинянцзе ＋ проспект Сюя	Jingyangjie plus Xinmajie（Xu Avenue）
南和街	南马路头道街＋五柳路	Центральныйпер＋Улю	1st Tsentralny Lane plus Wuliu Road
南平街	南马路二道街	2-ойЦентральныйпер.	2nd Tsentralny Lane
南安街	南马路三道街	3-ойЦентральныйпер.	3rd Tsentralny Lane
南康街	南马路四道街	4-ойЦентральныйпер.	4th Tsentralny Lane

附录四 哈尔滨皇山犹太公墓墓葬分布表

Appendix IV Distribution Table of the Tombs at the Huangshan Jewish Cemetery in Harbin

中文列表

列＼排	44	43	42	41
27				齐帕·利伯曼
26	萨拉·科甘 23.05.1922	莫尔杜海·布尔孔 22.04.1955	鲍里斯·雷夫金 20.11.1951	济诺维·利伯曼 25.04.1924
25	姆努赫·科甘 11.04.1937	米哈伊尔·赖赫利 19.04.1920	梅尔·利夫希茨 14.11.1927	莫什科·施奈德 03.02.1940
24	约瑟夫·马雷 06.05.1923	列维卡·索罗韦伊奇克 22.07.1937	泽丽达·别兹坚什斯卡娅 21.11.1938	杨克利·施奈德 03.05.1940
23	海姆·马雷 04.02.1932	列昂季·利布松 14.05.1945	伊茨霍克·别兹坚什斯基 21.11.1935	列伊泽尔·拉夫维 28.10.1945
22	莫伊谢伊·施密德曼 30.10.1923	叶马努伊尔·托明斯基 04.11.1937	列夫·阿布拉莫维奇 08.01.1948	海姆·利伯曼 21.12.1930
21	约瑟夫·别列霍维奇 25.09.1946	贝克·希特曼 23.08.1932	阿基姆·法利克 24.12.1930	莫伊谢伊·叶泽尔斯基 22.02.1938
20		梅伊尔·格尔什科维奇 30.09.1913	格里戈里·布尔格尔 03.06.1927	萨尔菲·法因戈尔德 24.12.1920
19		阿伦·梅罗维奇 06.01.1951	伊兹赖尔·梅罗维奇 16.03.1914	乌里埃尔·克莱因 23.09.1945
18	亚历山大·切尔尼亚夫斯基 27.06.1920	雅科夫·梅罗维奇 24.11.1919	阿伦·维克托罗维奇 13.12.1925	雅科夫·克莱因 29.02.1940

续表

排列	44	43	42	41
17	谢苗·卡斯普 24.11.1933	赖莎·梅罗维奇 24.11.1919	玛利亚·维克托罗维奇 28.01.1927	阿布拉姆·克莱因 30.10.1946
16	列夫·阿尔特 22.11.1945		索菲亚·鲁巴诺维奇 21.12.1944	伊兹赖尔·克罗尔 12.11.1928
15	乌韦尔·谢加尔 31.07.1924	海克尔·帕斯 11.03.1935	所罗门·鲁巴诺维奇 13.02.1941	吉塔·克罗尔 04.09.1927
14	约瑟夫·伊夫良德 05.07.1913	列昂尼德·叶斯特林 04.04.1928	巴夏·施里罗 28.02.1928	格里戈里·克罗尔 30.08.1935
13	多巴·伊夫良德 19.09.1928	因娜·瓦尔沙夫斯卡娅 23.07.1922	吉列尔·施里罗 06.12.1936	施罗马·克罗尔 07.07.1945
12				
11			佩萨赫·皮斯图诺维奇 25.03.1912	
10	列夫·维连斯基 14.07.1927	阿伦·利伯曼 03.07.1941	Гл. 皮斯图诺维奇 30.09.1950	格列姆·连斯基 14.11.1922
9	阿布拉姆·杜布拉夫斯基 24.12.1925	列维卡·利伯曼 17.01.1940	雅科夫·皮斯图诺维奇 08.01.1955	
8	阿尼西姆·比斯特里茨基 27.12.1931		叶尼亚·瓦伊什坚 04.11.1948	阿伦·霍罗什 03.02.1947
7	纳胡姆·法尔斯 10.08.1933		阿布拉姆·卡恰诺夫斯基 05.05.1935	法尼亚·霍罗什 02.03.1942
6	什穆利·武尔福维奇 13.12.1922		列伊巴·瓦伊什坚 11.08.1928	
5			塔季杨娜·卡恰诺夫斯卡娅 03.02.1945	
4				
3				
2				
1				
排列	40	39	38	37
28			伊赛·拉特克维奇 03.12.1924	
27	姆拉坚·克莱因	列夫·戈洛夫奇涅尔 15.03.1942	伊丽莎白·拉特克维奇 28.08.1944	

续表

列 \ 排	40	39	38	37
26	阿夫鲁姆·布拉格尔 24.05.1943	吉特利亚·戈洛夫奇涅尔 13.02.1960	列阿·别尔科维奇 10.07.1952	纳坦·弗赖贝尔格尔 31.12.1940
25	瑞姆·萨拉任斯基 24.05.1943	帕维尔·鲁边施泰因 23.08.1918	米哈伊尔·别尔科维奇 02.08.1937	哈亚·奥克萨姆贝尔格 06.02.1946
24	马卡尔·施奈德 09.07.1945	拉希尔·别尔科维奇 11.12.1942	叶里梅伊·瓦姆布尔格 23.11.1915	塔夏·博尔格 07.04.1916
23	列别诺克·施奈德	梅尔·卡连奇克 12.10.1922	约瑟夫·瓦姆布尔格 29.04.1946	玛利亚·格罗斯曼 13.01.1953
22	马里亚姆·祖博列娃 16.02.1932	阿布拉姆·特罗伊钦 14.07.1942	米哈伊尔·连杰恩戈利茨 25.12.1957	阿伦·古列维奇 28.07.1938
21	纳夫塔林·祖博列夫 09.11.1925	哈纳·特罗伊钦娜 14.07.1954	莫伊谢伊·列维京 18.07.1956	叶夫谢伊·费伯尔格 18.07.1919
20	埃尔卡·叶泽尔斯卡亚 30.01.1939	齐拉亚·利赫季斯 07.04.1942	格尔申·巴辛 27.07.1950	费加·利特瓦克 20.01.1924
19	阿布拉姆·叶泽尔斯基 02.01.1931	雅科夫·阿梅尔 28.08.1939	列韦卡·巴辛娜 26.04.1951	伊萨克·利特瓦克 05.06.1924
18	拉希尔·亚诺维奇 23.12.1923	诺纳·通克尔 18.02.1937	哈纳·穆拉夫奇克 07.07.1940	别尼阿明·加斯曼 01.07.1944
17	莫伊舍·亚诺维奇 06.02.1921	伊赛·弗里什曼 29.08.1919	莫伊舍·穆拉夫奇克 28.02.1930	巴夏·加米涅娃 15.01.1947
16	吉尔什·莱温 16.02.1959	济纳·齐列利松 29.08.1928	索菲亚·沃尔夫松 09.10.1920	赖萨·佩什科夫斯卡娅 16.04.1940
15	雅科夫·库恩 06.04.1938	所罗门·穆拉夫奇克 08.03.1934	伊利亚·沃尔夫松 14.02.1933	列夫·阿格拉诺夫斯基 28.05.1928
14	努希姆·斯托利亚尔 11.10.1945	格尔什克·西尔博曼斯杰尔 24.04.1929		姆努哈·巴辛 31.08.1933
13	里夫卡·斯托利亚尔 10.12.1950	列亚·库什涅尔 15.02.1952		艾济克·巴辛 10.11.1931
12			索伊贝尔·莱贝格 25.02.1955	
11	霍诺恩·罗森布吕姆 11.05.1922		哈亚·瓦伊施泰因 13.01.1932	玛利亚·约尔金 13.12.1944
10	波林娜·罗森布吕姆 14.02.1954	海纳赫·瓦伊施泰因 17.11.1923	沙亚·热列兹尼亚科夫 31.08.1949	所罗门·约尔金 11.11.1935

排列	40	39	38	37
9		萨拉·魏涅尔 14.10.1924	拉沙·热列兹尼亚科娃 23.04.1944	米涅伊·约尔金 01.10.1939
8	弗拉基米尔·古芬克尔 20.10.1918	赖萨·热列兹尼亚科娃 04.05.1923		里夫卡·阿尔库诺维奇 10.10.1939
7	米哈伊尔·古芬克尔 13.07.1919	列伊泽尔·热列兹尼亚科夫 16.06.1927		莫尔杜海·阿尔库诺维奇 16.03.1941
6			列奥季·戈尔什戈林 11.12.1917	阿布拉姆·菲施宗 15.01.1922
5			米哈伊尔·戈尔什戈林 09.05.1920	莫里斯·博尔什泰因 22.03.1930
4			雅科夫·马多尔斯基 09.01.1959	米哈伊尔·克拉斯拉夫斯基 14.11.1913
3			伊萨克·马多尔斯基 04.03.1953	格沃什·法伊兰德 06.03.1917
2			里扎·马多尔斯卡娅 06.09.1941	莫别尔·斯卢茨基 14.01.1918
1			伊萨克·马多尔斯基 22.06.1922	费加·斯卢茨卡娅 08.09.1922

排列	36	35	34	33
28		布卢马·比利克 17.03.1930		
27		阿布拉姆·阿尔特舒列尔 02.03.1938		
26	拉赫米尔·埃斯特金 25.01.1920	格亚·阿尔特舒列尔 08.08.1928	哈尔比通·比亚利克 20.01.1950	尤季夫·福纳廖娃 04.02.1944
25	费加·埃斯特金 10.01.1920	金娜·古列维奇 22.07.1923	达维德·蒙切尔 23.01.1957	列瓦·马赫利娜
24	吉特利亚·博尔格 23.04.1953	博鲁赫·古列维奇 08.06.1955		萨穆伊尔·扎尔马诺夫 29.07.1942
23	鲍里斯·博尔格 20.03.1922	伊茨哈克·阿尔特舒列尔 22.02.1940	海姆·托普佩尔 01.05.1955	哈纳·扎尔马诺夫 21.08.1958
22	吉尔什·古列维奇 03.08.1944	鲁维姆·阿尔特舒列尔 1930	所罗门·兹拉特金 24.11.1953	哈娃·扎列茨卡娅 14.06.1942

续表

排\列	36	35	34	33
21	罗扎·古列维奇 14.06.1936	济诺温·拉比诺维奇 27.02.1943	明娜·兹拉特金 08.10.1948	鲁维姆·扎列茨基 08.05.1946
20	别尔塔·利特瓦赫 14.09.1936	伊塔·基尔申-博以姆 11.05.1944	法尼亚·弗伦克尔 01.03.1952	拉希尔·扎列茨卡娅 12.04.1936
19	里玛·埃斯金娜 29.03.1920	阿道夫·弗伦克尔 06.06.1953	海姆·弗伦克尔 19.04.1945	阿布拉姆·扎列茨基 12.12.1937
18	阿伦·埃斯金 20.10.1939	哈纳·特斯勒 26.05.1932	德沃伊拉·戈别尔尼克 15.07.1933	
17	P. 米利希克尔 08.07.1945	利达·特斯勒 03.01.1920	格里戈里·戈别尔尼克 21.08.1919	洛巴里·连德涅尔 24.07.1958
16	A. 米利希克尔 24.05.1939	约瑟夫·布兰德格 20.09.1935	埃夫罗伊姆·杜布尚 29.10.1945	弗鲁姆·法伊布舍夫斯卡娅 19.03.1946
15	雅科夫·米利希克尔 01.11.1955	尤达·米尔维斯 22.10.1933	沙希斯·施泰纳 27.07.1931	舍伊娜·科茨 19.03.1957
14	埃斯捷尔·泽利科夫斯卡娅 21.04.1916	哈茨科尔·格普施泰因 08.09.1945	什米尔·列别任 12.07.1942	萨拉·列斯梅尼茨卡娅 23.12.1962
13	阿贝尔·泽利科夫斯卡娅 24.10.1920	阿布拉姆·托帕兹 02.08.1939	鲍里斯·诺索温斯基 04.03.1953	
12		雅科夫·托帕兹 03.06.1936		
11	约瑟夫·伊兹别舍夫斯基 17.04.1920	佩夏·托帕兹 02.04.1925		
10	巴夏·伊兹别舍夫斯卡娅 04.07.1923	哈茨赫尔·戈尔布列夫 02.07.1923	海姆·施泰因加尔德 19.03.1932	莫伊谢伊·斯基德尔斯基 19.06.1951
9	奥夫谢伊·卡涅尔 20.10.1949	阿伦·皮涅斯 29.06.1951	萨姆松·施泰因加尔德 02.07.1939	
8	海姆·阿克尔曼 19.01.1941	伊萨克·皮涅斯 05.04.1948	莫尔杜赫·皮涅斯 09.08.1956	卡利曼·柳利娅 20.05.1915
7	格尔达·阿克尔曼 29.10.1949	什梅拉·阿普捷尔曼 04.10.1932	扎尔曼·罗津 03.01.1934	季莫费·日沃托夫斯基 27.08.1936
6	雅科夫·马拉梅德 22.06.1930	米赫尔·克列巴诺夫 16.01.1913	什洛莫·多罗舍夫 22.11.1942	所罗门·卡季什 18.05.1928

列\排	36	35	34	33
5	阿布拉姆·斯列贝尔格 12.12.1923	马卡尔·布柳姆 26.04.1932	姆努哈·多罗舍夫 11.01.1935	海姆·马多尔斯基 03.12.1928
4	纳希姆·洛布科夫斯基 13.04.1951	雅科夫·波利雅科夫 03.02.1938	达维德·纳霍姆松 15.11.1931	阿列克桑多尔·马多尔斯基 31.01.1925
3	莫尔杜赫·马泽尔 06.05.1927	阿伦·爱泼斯坦 02.12.1927	弗鲁马·纳霍姆松 29.04.1930	萨拉·斯米良斯卡娅 05.01.1926
2	什穆尔·科甘 19.07.1934	阿布拉姆·布洛赫 20.03.1939	吉列尔·埃林松 01.11.1932	
1	阿布拉姆·哈宁 04.02.1936	列亚·布洛赫 15.04.1933	泽利克·梅斯 10.07.1941	

列\排	32	31	30	29
28	阿龙·察普利克 23.02.1932			
27	加林娜·塔年布卢克 16.05.1924			卢夫特·梅尔 11.08.1952
26	格鲁尼亚·扎尔马诺夫 11.02.1930	利亚·克莱曼 07.07.1940	波利亚·波德利亚修克 21.05.1926	列维卡·拉季斯 09.11.1922
25	扎尔曼·扎尔马诺夫 25.02.1946	格里戈里·克莱曼 08.10.1947	伊利亚·埃配伊布卢姆 26.03.1923	舍伊娜·卢夫特 09.11.1922
24	格达尔·胡利娜 09.11.1939	阿龙·罗伊特曼 26.03.1929	梅尔·乌兰诺夫斯基 21.06.1938	薇拉·图夫 29.10.1940
23	哈亚·普列然斯卡娅 11.02.1938	武尔夫·叶鲁希莫维奇 20.12.1924	达维德·布拉温 13.04.1940	马克·图夫 29.10.1949
22	海姆·格尔申科尔 03.12.1913	舍瓦·凯斯勒 31.08.1929	纳夫塔利·盖曼 16.01.1941	弗拉基米尔·楚克尔曼 22.03.1924
21	埃斯捷尔·格尔申科尔 03.12.1913	列维卡·季纳布尔格 20.11.1926	阿格涅萨·盖曼 12.01.1950	雅科夫·魏因古尔特 22.03.1922
20	格纳赫·亨申孔 27.03.19	瓦舍·季纳布尔格 04.03.1941	叶夫根尼亚·格赫施塔恩特 25.01.1945	约瑟夫·米哈列夫斯基 20.10.1943
19	法伊娜·费格尔博姆 19.03.1953	缅捷利·季纳布尔格 30.12.1945	齐列尔·波利诺夫斯卡娅 12.12.1926	达维德·米哈列夫斯基 21.12.1944
18	埃瓦利德·施米德尔 09.08.1954	哈纳·列维京 06.09.1944	吉塔·纳赫季加洛娃 21.10.1943	叶夫根尼亚·奥尔希耶利克 22.10.1925

排 列	32	31	30	29
17	韦尔塔·乌曼斯卡娅 31.12.1940	萨拉·先金 25.07.1933	玛丽亚·勃兰特 29.01.1946	萨拉·奥利耶利克 06.04.1915
16	罗扎利娅·帕斯特纳克 31.10.1947	哈纳·埃利亚什松 15.05.1938	梅利·佩夫茨纳 16.12.1934	
15	格尼亚·古先斯卡娅 30.08.1950	罗尼娅·博洛吉娜 04.02.1951	玛丽娅·托佩尔 03.01.1929	萨拉·莫尔多霍维奇 14.10.1945
14	罗赫利亚·古尔维奇 24.03.1926	费尼娅·伊茨科维奇 08.11.1945	埃斯菲里·莫希斯基 16.12.1956	塔季杨娜·莫尔多霍 维奇 12.09.1918
13	卡尔马·古列维奇 24.12.1918	达维德·戈鲁比茨基 27.01.1946	亚历山大·莫希斯基 31.07.1944	阿龙·莫尔多霍维奇 02.02.1948
12				
11		伊茨赖尔·加利佩林 08.01.1925		
10	雅科夫·基辛 21.10.1948	埃斯捷尔·加利佩林 22.11.1915		
9		约伊尔·加利佩林 30.06.1919		
8		格里罗尔·苏茨达里 尼茨基 04.10.1948	梅克诺·克赖因尼 28.09.1912	
7	亚历山大·佩萨霍夫 23.03.1933	尤里·博洛沃伊 12.01.1952	约瑟夫·克莱宁 29.05.1912	
6	什马里·克鲁格利雅 科夫 31.08.1943	吉尔什·格鲁格利雅 科夫	所罗门·波阿托法克 16.10.1918	
5	叶夫根·克鲁格利雅 科娃 25.06.1947	约瑟夫·多夫里什曼 21.03.1937		
4		阿纳尼·明达列维奇		
3		阿龙·梅克勒 02.02.1932		
2	玛利亚·瓦赫捷尔 23.08.1921			
1	萨拉·瓦赫捷尔 30.12.1932			

列＼排	28	27	26	25
28				
27				
26	艾加·卢夫特 25.07.1924			
25	达维德·卢夫特 16.02.1928	莱巴·卢夫特 06.08.1947		
24	海姆·涅姆切诺克 02.02.1950	伊茨哈克·涅姆切诺克 29.03.1954		
23	哈夏·涅姆切诺克 26.03.1924	萨拉·涅姆切诺克 10.02.1928		
22	列夫·乌里扬 18.08.1929	伊茨赖尔·涅姆切诺克 12.03.1935		
21	金达·乌里扬 11.05.1938	阿里斯·斯波科伊内 01.07.1916		
20	埃夫罗伊姆·法因 06.01.1938	埃斯捷尔·格尔舍维奇 19.01.1912		
19	凯赫瓦·法因 15.01.1907	保利纳·克林斯卡娅 12.07.1913		
18	所罗门·金兹贝格 20.07.1939	索菲亚·列伊泽尔曼 11.09.1909		
17	弗鲁马·金兹贝格 09.10.1931	费加·泽尔马诺维奇 28.11.1920		
16	叶菲姆·金兹贝格 09.12.1912	列维卡·戈尔丰格 20.11.1927		
15	赖莎·坎 02.12.1931	安娜·巴德尔 29.11.1948		
14	玛丽安·坎 20.07.1947	约费·纳夫塔林 01.03.1954	米哈伊尔·克雷默尔 03.06.1941	德沃萨·斯托利亚尔 09.04.1927
13	普林胡斯·坎 25.08.1941	梅杰利·纳夫塔林 28.06.1928	海姆·克雷默尔 29.06.1947	哈亚·斯托利亚尔 10.11.1927
12			玛丽亚·季斯金娜 21.05.1926	叶娃·季斯金娜 24.12.1921
11		阿龙·科甘 01.04.1931	齐帕·罗伊津 04.11.1923	莫伊谢伊·季斯金 09.05.1933
10	鲁赫利·卡甘 15.02.1920	拉卡·科甘 10.03.1944	吉塔·克拉维尔 09.08.1953	拉希尔·克拉列尔 31.01.1934

排\列	28	27	26	25
9	所罗门·卡甘 22.07.1919	索菲亚·科甘 18.07.1951	列亚·洛谢尔 06.07.1922	列维卡·克拉列尔 24.08.1948
8	萨穆伊尔·卡甘 24.07.1920	叶莲娜·通科诺戈夫 01.06.1925	玛利亚·齐汉斯卡娅 06.08.1918	列维卡·杜布罗夫金 25.09.1931
7		格里戈里·通科诺戈夫 12.06.1920	雅科夫·古博特尼克 19.06.1918	武尔夫·杜布罗夫金 15.01.1931
6				约谢利·库皮茨基 06.07.1921
5				萨拉·库皮茨卡娅 26.11.1927
4				
3				
2			柳博芙·特里古博娃 31.10.1932	
1			萨穆伊尔·特里古博夫 16.10.1949	所罗门·托帕斯 23.06.1963

排\列	24	23	22
31		莫伊谢伊·加利列维奇 01.09.1920	
30	Я. 格连施泰因 02.01.1906	约瑟夫·格夫塔因 24.04.1906	
29	列夫·拉伊 08.12.1924	弗莱达·尤季茨卡娅 25.04.1927	
28	约瑟夫·利沃夫 16.12.1931	拉希尔·莱纳 29.05.1908	谢苗·阿夫卢茨基 30.12.1929
27	达维德·武尔夫 13.10.1916	阿布拉姆·亚尔霍 07.12.1956	列亚·博罗达夫吉娜 26.01.1931
26	扎哈尔·察茨金 10.05.1917	雅科夫·亚尔霍 13.02.1911	安切尔·杜列茨基
25	希姆·谢梅尔尼茨基 26.07.1948	埃斯菲里·亚尔霍 26.06.1942	伊利亚·克莱纳 21.12.1930
24	列夫·亚尔霍 12.07.1920	阿列克谢·亚尔霍 23.06.1945	莱布·利特瓦克 22.05.1929
23	多拉·谢梅尔尼茨卡娅 29.10.1950	拉扎尔·莱纳 11.11.1957	本齐安·斯皮瓦克 12.12.1920
22	玛丽娜·布利茨 27.11.1954	格里戈里·莱纳 09.10.1946	布柳玛·切尔尼科娃 03.10.1924

续表

列\排	24	23	22
21	列昂·布利茨 10.09.1944	叶娃·罗夫	列亚·基亚奇科 29.03.1944
20			
19	哈纳-列亚·列文 30.03.1925	雅科夫·莫纳什金 20.01.1940	莫尔杜赫·亚历山大罗夫 14.01.1935
18	别尼亚明·奥尔霍夫	米娜·莫纳什金娜 20.02.1946	萨拉·亚历山大罗娃 26.08.1925
17	卡茨·姆拉杰涅茨	埃斯菲里·阿德列尔 15.02.1954	哈亚·达列夫斯卡娅 07.04.1941
16	米哈伊尔·卡茨 30.08.1931	弗莱达·奥尼库尔 15.02.1954	格尔什·达列夫斯基 07.09.1933
15	埃利奥吉姆·卡茨 02.11.1933	伊萨克·阿德利尔 10.02.1948	米拉·莱温斯卡娅 11.08.1952
14	梅尔·梅津 25.10.1952	阿伦·苏尔杜托维奇 12.04.1943	弗拉基米尔·布龙施泰因 23.02.1953
13	吉尔什·梅津 30.12.1912	阿布拉姆·佩尔拉 20.04.1947	萨拉·梅季娜 15.01.1953
12	梅尔·特里古博夫 25.04.1946	弗鲁玛·科米萨洛娃 21.02.1932	卢杰尔·莱温斯基 03.01.1961
11	约瑟夫·特里古博夫 14.03.1921	阿布拉姆·科米萨罗夫 17.10.1945	
10	尤杰尔·沃尔斯基 14.09.1932	尤季夫·亚布罗娃 23.02.1932	萨拉·舍列尔 27.11.1938
9	拉扎尔·施瓦尔茨贝尔格 02.11.1912	谢苗·卡巴尔金 20.12.1935	阿贝尔·舍列尔 14.06.1956
8	萨拉·布劳德 17.12.1925	布莱玛·波多罗伊斯卡娅 28.04.1933	达维德·加兰茨基 08.03.1954
7	伊茨赖尔·布劳德 20.10.1932	阿尔特·波多罗伊斯基 26.06.1931	达维德·德里津 31.01.1922
6	沙亚·隆东 21.08.1911	阿龙·萨姆索诺维奇 25.02.1925	安娜·德里津 09.01.1933
5	弗奥多希亚·隆东 13.12.1948	拉扎里·齐加尔尼茨基 12.01.1963	格里戈里·德里津 18.01.1949
4	扎哈里·博戈罗德 25.04.1908	列亚·里夫 29.07.1924	鲁达·弗莱施曼 26.09.1946
3		莫伊谢伊·里夫-菲舍利 26.11.1906	博鲁赫·弗莱施曼 19.11.1951

排 列	24	23	22
2		叶夫谢伊·多比索夫 19.06.1918	伊萨克·弗里杰 06.12.1923
1	所罗门·采特林 30.10.1925	阿伦·基谢廖夫 08.09.1949	扎尔曼·加什凯尔 18.03.1919

排 列	21	20	19	18
28				
27				
26				
25				
24				
23				
22				
21	玛丽亚·涅乌菲尔德 19.11.1950			
20	克拉拉·巴比奇 26.09.1924			
19	叶夫根尼·富科曼 04.03.1924			
18	拉赫利·本吉赛梅斯 15.06.1915			
17	阿布拉姆·本吉赛梅斯 02.03.1953			
16	拉娅·克拉索维茨卡娅 25.10.1919			
15	费加·克拉索维茨卡娅 20.11.1919			吉列尔·克拉索夫斯基 16.04.1945
14	明娜·梅季娜 10.07.1938	莫夫沙·什蓬特 24.08.1924	雅科夫·拉斯金 14.05.1925	阿布拉姆·舍尔格夫 24.10.1926
13	吉尔什·梅京 26.04.1935	莫伊谢伊·涅米罗夫 斯基 22.04.1951	门德尔·拉斯金 11.07.1935	列夫·舍尔戈夫 21.11.1940
12		莫尔杜·爱泼斯坦 24.07.1938	哈娃·爱泼斯坦 19.09.1925	莫伊谢伊·卡普兰 13.12.1935
11		莫伊谢伊·索罗韦伊 奇克 01.01.1934	扎尔曼·爱泼斯坦 03.11.1941	赖萨·卡普兰 14.12.1932
10		里瓦·科甘 19.03.1929	萨拉·斯洛博茨卡娅 28.01.1934	伊赛·若罗夫 13.01.1934

续表

列＼排	21	20	19	18
9	拉希尔·乌里娜 16.08.1932	弗利达·索罗韦伊奇克 06.07.1923	柳巴·莫什科维奇 23.04.1931	西蒙·若罗夫 25.06.1920
8	列维季·卡米纳 30.11.1928			玛利亚·若罗娃 07.10.1959
7	巴亚·卡米纳 18.04.1944			
6	费加·德里金娜 24.06.1931			
5	叶夫拉伊姆·德里金 14.12.1923	埃斯捷尔·格罗茨卡娅 30.11.1940		
4	帕沙·季纳贝尔格 17.10.1943	T. A.·拉比诺维奇 28.05.1930		雅科夫·施瓦尔茨 29.12.1906
3		阿布拉姆 . И. 拉比诺维奇 21.07.1930		利扎·施瓦尔茨 20.04.1919
2				季娜·考夫曼 17.01.1923
1		E. M. 拉比诺维奇 03.04.1933	平胡斯·扎戈尔斯基 08.03.1927	贝尔塔·考夫曼-施瓦尔茨 04.05.1925

列＼排	17	16	15	14
28				
27				Г. 拉多夫斯基 12.06.1942
26				P. 拉多夫斯基 1942
25				别尔塔·埃林森 07.01.1941
24				利亚·马吉德·格里涅茨 24.12.1922
23				柳博芙·罗尔施泰因 14.03.1934
22				
21				赖萨·法米利阿特 24.08.1931
20				哈夏·格尔德贝格 08.06.1948

续表

列＼排	17	16	15	14
19				费加·柳金 08.10.1929
18				玛利亚·施泰因 25.07.1933
17				埃斯捷尔·别洛卡梅尼 07.01.1937
16				哈纳·哈萨尔 12.09.1911
15				
14	贝尔卡·格尔博维切尔 29.08.1950	海姆·斯米良斯基 03.05.1943	莫伊舍伊·克拉斯诺夫 23.05.1932	
13	马卡尔·格尔博维切尔 06.07.1948	济纳·斯米良斯卡娅 20.09.1933	格尔达·克拉斯诺娃 10.12.1932	
12	阿伦·法耶尔施泰因 25.10.1935	达维德·因格曼 23.04.1942	雅科夫·因格曼 15.11.1946	
11	西马·法耶尔施泰因 22.03.1926	哈加·因格曼	列昂·莱温 26.12.1923	
10	鲁维姆·列维京 20.07.1943	娜杰日达·别利斯卡娅 22.11.1953	拉希·古列维奇 15.09.1935	伊西多尔·格尔德贝格 26.12.1928
9	鲁维姆·沙伊奇科 16.05.1946	莫伊谢伊·别利斯基 14.08.1955	别尼阿明·古列维奇 09.02.1935	格奥尔吉·格尔德贝格 31.05.1915
8		武尔亚·卡加诺夫 17.10.1919	亚历山大·古奇马尔 09.02.1921	伊萨克·格利达林 21.09.1930
7		德沃伊拉·梅里曼 05.02.1924	玛利亚·古奇马尔 18.10.1918	伊赛·希克曼 18.02.1924
6				达维德·莱温-列万 21.11.1917
5				
4	尤里·明德林 31.05.1929			
3	波林娜·明德林 19.11.1931	舍普谢尔·奥西诺夫斯卡娅 20.02.1940		
2	约瑟夫·扎尔马诺维奇·考夫曼 11.03.1934	埃斯捷尔·奥西诺夫斯卡娅 10.02.1922	列夫·奥西诺夫斯基 02.12.1956	
1	索尼娅·考夫曼 30.10.1940			

列 \ 排	13	12	11	10
45				
44				武尔夫·约费 01.11.1955
43				
42				
41			马卡尔·法因施泰因 28.02.1933	阿伦·格鲁别茨 21.03.1948
40				
39				
38			安娜·谢列布罗 04.10.1943	海纳赫·卡尔利科夫 29.05.1932
37				
36		米哈伊尔·帕尔金 11.03.1913	哈亚·魏特曼 06.08.1924	
35			梅纳舍·魏特曼 07.07.1930	卡尔曼·谢尔曼 05.09.1953
34	博鲁赫·格罗佐夫斯基 15.12.1922	莫伊舍·贝科夫 18.03.1924	伊萨克·布克申 10.08.1948	E·谢尔曼 10.08.1918
33			达维德·格拉奇 05.02.1936	
32	罗哈·格罗斯曼 15.01.1943	舒利姆·巴拉克 18.01.1946	哈亚·格拉奇 03.05.1949	安娜·古列尔曼 25.03.1927
31	平胡斯·格罗斯曼 11.02.1923	埃玛·巴拉克 16.01.1929	伊塔·泰茨 23.12.1928	安娜·尤多维奇 04.05.1935
30		阿伦·金兹贝格 07.02.1947	伊塔·泰茨 05.05.1956	
29	莫伊谢伊·邦涅尔 03.09.1955		梅尔·泰茨 20.01.1949	泽丽达·科甘 04.12.1919
28	阿纳斯塔西娅·邦涅尔 09.08.1938	格里戈里·乌拉诺夫斯基 05.03.1922	阿布拉姆·鲁宾 15.12.1914	列伊扎·波利沃德 03.12.1949
27	伊萨克·邦涅尔 09.12.1939	普里胡斯·温谢利施泰因 03.07.1925	伊萨克·鲁宾 11.07.1936	莫特尔·德鲁日尼娜 15.08.1941
26	马尼亚·克里格尔 04.03.1924	阿伦·捷斯梅尼茨基 18.11.1913	阿伦·卡罗尔托 30.06.1953	达维德·宾捷尔 28.04.1949

续表

排列	13	12	11	10
25	赖扎·古列维奇 11.08.1945	Ф.捷斯梅尼茨卡娅 14.11.1922	法尼亚·卡罗尔托 25.10.1925	帕拉斯科维娅·宾捷尔
24	扎尔曼·布伦施泰因 11.10.1922	布鲁玛·哈斯吉娜 13.12.1945	列维卡·维连斯卡娅 25.06.1923	奥利加·格尔施泰因 03.06.1943
23	柳巴·布伦施泰因 1929	叶斯捷尔·尤多维奇	玛利亚·帕涅维利斯卡娅 01.03.1941	萨拉·梅罗娃 11.09.1942
22	穆西·奈马克 04.02.1932	格尼亚·鲁宾施泰因 09.02.1946	吉尔什·罗森茨维格 20.03.1943	海姆·乌舍罗维奇 25.03.1946
21	埃斯菲里·奈马克 16.03.1940	拉希尔·帕利泽尔 16.06.1950	阿伦·茨洛尼克 23.03.1932	门德尔·莫伊谢耶夫 02.10.1932
20	安娜·柳利吉娜 01.03.1941	叶莲娜·克里涅维奇 12.03.1930	索菲亚·普莱斯曼 02.12.1944	麦卡·普莱斯曼 08.09.1946
19	佩夏·布龙施泰因 31.08.1919	埃斯捷尔·维霍夫斯卡娅 03.09.1919	萨穆伊尔·普莱斯曼 25.08.1940	费加·卡梅涅茨卡娅 15.10.1936
18	阿伦·别洛卡梅尼 25.01.1925	里夏·格利杰贝尔格 21.08.1939	雅科夫·马特林 03.09.1947	格里戈里·马特林 02.09.1948
17	阿布拉姆·别洛卡梅尼 20.12.1942	罗扎·拉波波特 03.03.1923	所罗门·马特林 04.05.1948	哈纳·马特林 09.03.1926
16	哈瓦·罗涅斯 02.06.1919	叶卡捷琳娜·恰普里克 23.01.1946	萨穆伊尔·别谢诺维奇 07.10.1948	伊利亚·盖津贝尔格 14.02.1943
15	萨拉·波穆斯 28.03.1935	约纳·恰普里克 27.12.1935	罗伯特·戈尔德施泰因 09.05.1953	海姆·列霍米 06.02.1913
14		伊萨克·波隆斯基 26.04.1916	泰巴·斯卢茨卡娅 09.02.1946	扎尔曼·维什涅夫斯基 16.10.1939
13		鲍里斯·斯托利亚尔 01.07.1938	И.斯卢茨基 21.09.1936	达尼尔·阿尔特舒列尔 09.01.1949
12		Ш.斯卢茨克尔 11.10.1924		
11				
10	佩夏·列尔曼 25.08.1931	克拉拉·卢卡舍夫克尔 29.07.1929	埃斯菲里·布尔苏克 18.08.1948	叶莲娜·郎曼 24.03.1946
9	约瑟夫·列尔曼 28.01.1952	达维德·卢卡舍夫克尔 08.03.1938	佩萨赫·布尔苏克 27.09.1937	纳哈玛·哈宾斯卡娅 30.04.1946
8	索菲亚·法伊德曼 14.03.1927	帕维尔·戈尔什科维奇 21.07.1943	什洛姆·费格尔什 13.09.1920	柳夏·费格尔什 14.07.1940

续表

排列	13	12	11	10
7		伊谢伊·赫拉姆琴科 12.10.1947	伊萨克·费格尔什 24.03.1942	拉扎尔·索斯金 12.04.1926
6	德沃伊拉·皮斯图诺维奇 20.06.1930	所罗门·米哈伊洛夫斯基 15.01.1922	萨穆尔·萨克尔 05.12.1935	伊萨克·克雷默尔 26.05.1949
5	瓦夏·古列维奇 21.01.1953	伊萨克·维尔特曼 28.10.1929	米哈伊尔·萨克尔 14.03.1925	列维卡·克雷默尔 06.03.1948
4	扎尔曼·古列维奇 19.01.1930	雅科夫·叶夫舍维奇 20.06.1948	列夫·斯科罗霍德 03.06.1941	鲍里斯·捷尔克 04.12.1941
3	萨拉·古列维奇 02.04.1933		莫伊谢伊·诺亚姆尼茨基 28.12.1933	阿伦·格宁 14.05.1937
2	伊杰斯·温尼茨卡娅 06.05.1927	莫鲁赫·潘切斯基斯 11.03.1922	达维德·弗鲁姆施泰因 30.01.1934	阿伦·切尔尼霍夫斯基 16.09.1933
1	罗扎利娅·格里古博娃 27.01.1932	鲍里斯·利谢尔 21.08.1957	海姆·库利克 15.12.1938	莫伊舍·特劳布 07.01.1938

排列	9	8	7	6
45	阿科波娃·捷尔 26.10.1957	安娜·马特恰诺娃 25.02.1961		
44		齐利亚·利伯曼 18.08.1960		
27	莫伊谢伊·利亚斯 25.04.1945			
26	萨拉·施米德 15.12.1943			
25	哈纳·法因 24.05.1938			
24	鲍里斯·涅米克 24.09.1963			
23	达维德·施托夫曼 30.04.1933			
22	哈纳·杰伊奇 05.11.1924			
21	法杰伊·米舒洛维奇 08.06.1913			
20	哈纳·米舒洛维奇 22.04.1918			

排 列	9	8	7	6
19	海姆·马格林 30.12.1933			
18	托比阿斯·温捷尔贝 尔杰尔 06.09.1934			
17	雅科夫·沃罗诺夫 14.10.1921			
16	鲍里斯·沃尔芬 19.10.1934			
15	缅杰尔·涅伊 12.11.1941			
14	伊茨赖尔·涅普洛赫 20.11.1929			
13				
12				
11				
10	拉扎尔·特里布赫 22.08.1945			
9	利巴·特里布赫 25.01.1945			
8	扎尔曼·加特洛夫茨基 02.04.1928			
7	莫夫沙·加特洛夫茨基 30.12.1936			
6	哈娅·切尔诺莫尔斯 卡娅 18.04.1934			
5	格尼亚·切尔诺莫尔 斯卡娅 24.09.1927			
4	玛利娅·马尔古列斯 16.07.1932			
3	H. 马尔古列斯 29.04.1937			
2	菲利浦·马尔古列斯 28.09.1911			
1				

续表

排\列	5	4	3	2	1
47					马尔维纳·鲁德明斯基 28.07.1943
46					尤里·艾尔吉娜 27.05.1943
31	伊达·莱维娜				
30	什穆尔·日克 14.12.1930				
29	C. 科夫涅尔 16.07.1939	B. 萨姆索诺维奇 05.11.1913			乌舍尔·鲁德任斯基 10.03.1948
28	T. 马吉德 20.07.1939	C. 坦杰特			
27	哈亚·托帕斯 04.02.1922	哈纳·巴斯基纳 01.06.1935	米拉·宾斯卡娅 26.01.1914		
26	A. 托帕斯 02.06.1914	尼西尔·劳特曼 10.11.1912	哈纳·杰伊奇 07.06.1930		
25	别伊利亚·普兹里娜 09.04.1945	西姆哈·劳特曼 13.10.1946	哈亚·希赫曼 06.11.1919		
24	哈娜·拉赫马诺维奇 24.09.1916	伊扎别尔·哈尼娜 26.12.1921	佩夏·济夫 16.05.1950		
23	海姆·布利塔尼茨基 11.09.1922	雷萨·劳特曼 15.06.1920	叶菲姆·韦尔克洛尔斯基 04.05.1935		
22	马坦·日温 23.10.1943	马卡尔·日温 06.08.1919		弗拉基米尔·阿布戈夫	
21	伊达·日维娜 28.01.1955	丹尼尔·日温 15.02.1926		马克·阿布戈夫 18.05.1944	
20	德里拉·施泰因贝尔格 26.11.1938	巴舍娃·施泰因贝尔格 10.04.1934			
19	施穆耶尔·施泰因贝尔格 19.09.1933	维马明·鲁宾施泰因 09.08.1935			

排列	5	4	3	2	1
18	马克斯·佩尔索夫 02.11.1936	达维德·克赖泽尔曼 03.12.1915			
17	平哈斯·佩尔索夫 15.07.1933	济姆马尔·奥尔洛夫 05.09.1942		帕维尔·霍列茨 09.05.1947	
16	海姆·阿尔特 13.12.1916	列夫·罗津贝尔格 04.10.1949	瓦夏拉茨诺夏克 02.07.1944	安舍尔·拉兹诺希克 13.01.1946	
15	别尼阿·卡赫诺韦茨基 15.10.1945	阿伦·奥斯特洛夫斯基 09.06.1929	哈娜·波尔特诺娃 29.08.1924	约尔金·普特诺夫 16.05.1957	
14	多巴·蔡特林 24.07.1940	约瑟夫·蔡特林 03.01.1945	阿伦·伯恩施泰因 28.03.1952	玛利亚·伯恩施泰因 09.12.1927	
13	鲍里斯·蔡特林 14.01.1935	伊萨克·加尔佩林 29.01.1942	扎尔曼·伯恩施泰因 14.02.1939	伊丽莎白·米勒 21.06.1935	
12					
11					
10	韦利夫·格拉德施泰因 11.06.1931	施普林察·格拉德施泰因 05.09.1906	哈亚·赞特利亚乌费尔 18.03.1918	格尔达·赞特利亚乌费尔 13.11.1943	
9	什列莫·格拉德施泰因 24.08.1919	苏拉·格拉德施泰因 1946	杨克利·赞特利亚乌费尔 13.02.1928	约纳·赞特利亚乌费尔 28.02.1933	
8	托伊巴·施瓦尔茨贝尔格 31.03.1943	别伊利亚·克罗兹 22.02.1915	萨拉·埃克利曼 13.05.1933	拉希尔·扎茨 23.05.1950	
7	阿布拉姆·施瓦尔茨贝尔格 04.08.1942	尤达·克罗兹 05.04.1947	列昂季·扎茨 21.01.1921	莫尔杜海·扎茨 23.07.1937	
6	莫尔杜海·苏克尼克 08.10.1927	沙亚·苏克尼克 14.12.1920	哈亚·莫尔杜霍维奇 12.12.1924		边齐翁·别洛乌索夫 27.10.1949

续表

排 列	5	4	3	2	1
5	萨拉·苏克尼克 28.12.1943	佩尔拉·苏克尼克 11.01.1922	瑙姆·莫尔杜霍维奇 12.12.1924		
4	金娜·通克诺卡娅 15.05.1933	莫伊舍·尤德金 01.10.1915			
3	阿列克谢·通克诺基 1920		约瑟夫·奥尔默特 14.05.1941		
2	武尔夫·扎列茨基 26.03.1920				
1	杨克利·加尔巴尔 16.05.1959	吉尔什·莫纳 19.01.1963			

注：人名下的日期为墓主死亡的日、月、年。

The English Version

排 列	44	43	42	41
27				Tseipa Liberman
26	Sara Kogan 23.05.1922	Morduhai Burkon 22.04.1955	Boris Reivkin 20.11.1951	Zinovy Liberman 25.04.1924
25	Mnuha Kokan 11.04.1937	Mihail Paihel 19.04.1920	Meer Lifshits 14.11.1927	Moshko Shneider 03.02.1940
24	Iosif Malaiy 6.05.1923	Revika Soloveichik 22.07.1937	Zelda Bezdenshskaya 21.11.1938	Yankel Shneider 03.05.1940
23	Xaim Malaiy 4.02.1932	Leonty Livson 14.05.1945	Itshok Bezleshsky 21.11.1935	Leizer Ravve 28.10.1945
22	Moisey Shmidman 30.10.1923	Emanuil Tominsky 04.11.1937	Lev Abramoich 08.01.1948	Haim Liberman 21.12.1930
21	Iosif Berehovich 25.09.1946	Bek Hitman 23.08.1932	Akim Falik 24.12.1930	Moisey Ezersky 22.02.1938
20		Meir Gershkovich 30.09.1913	Grigory Bulger 03.06.1927	Salfy Faingold 24.12.1920
19		Aron Meerovich 06.01.1951	Izrail Meerovich 16.03.1914	Urizl Klein 23.09.1945
18	Aleksadar Cherniavsky 27.06.1920	Yaakov Meerovich 24.11.1919	Aron Viktorovich 13.12.1925	Yaakov Klein 29.02.1940
17	Semen Kaslz 12.05.1933	Raisa Meerovich Bich 24.11.1919	Marich Viktorovich 28.01.1927	Abram Klein 30.10.1946

列\排	44	43	42	41
16	Lev Alter 22. 11. 1945		Sofia Pubanovich 21. 12. 1944	Izrail Krol 12. 11. 1928
15	Uver Segal 31. 07. 1924	Haikel Pass 11. 03. 1935	Solomon Rubanovich 13. 02. 1941	Gita Krol 04. 09. 1927
14	Iosif Ifliand 05. 07. 1913	Leonid Estrin 04. 04. 1928	Basia Shrirov 28. 02. 1928	Grigory Krol 30. 08. 1935
13	Doba Ifliand 19. 09. 1928	Inna Varshavskaya 23. 07. 1922	Gilel Shriro 6. 12. 1936	Shroma Krol 7. 07. 1945
12				
11			Peisah Pistunovich 25. 03. 1912	
10	Lev Vilensky 14. 07. 1927	Aron liberman 3. 07. 1941	Gl. Pistunovich 30. 09. 1950	Gilem Lensky 14. 11. 1922
9	Abram Dubravsky 24. 12. 1925	Revika Liberman 17. 01. 1940	Yaakov Pistunovich 8. 01. 1955	
8	Anisim Bistritsky 27. 12. 1931		Enia Vaishden 04. 11. 1948	Aron Horosh 03. 02. 1947
7	Nahum Fars 10. 08. 1933		Abram Kachanovsky 05. 05. 1935	Fania Horosh 02. 03. 1942
6	Shmul Vul Fovich 13. 12. 1922		Leiba Vaishden 11. 08. 1928	
5			Tatiana Kachanovskaya 03. 02. 1945	
4				
3				
2				
1				

列\排	40	39	38	37
28			Isai Ratkevich 3. 120. 1924	
27	Mladen Klein	Lev Golovchiner 15. 03. 1942	Elizaveta Ratkevich 28. 08. 1944	
26	Avrum Bragen 24. 05. 1943	Gitlia Golovchiner 13. 02. 1960	Lea Eerkovich 10. 07. 1952	Natan Fraiberger 31. 12. 1940
25	Naum Sarazhinsky 24. 05. 1943	Pavel Rubepshtein 23. 08. 1918	Mihail Berkovich 02. 08. 1937	Haya Oksamberg 06. 02. 1946
24	Malka Shneider 9. 07. 1945	Rahil Eerkovich 11. 12. 1942	Erimei Vamburg 23. 11. 1915	Tasia Eopg 07. 04. 1916

列 排	40	39	38	37
23	Rebenok Shneider	Meer Kalenchik 12. 10. 1922	Iosif Bamburg 29. 04. 1946	Maria Grosman 13. 01. 1953
22	Mariam Zuboreva 16. 02. 1932	Abram Troitsin 14. 07. 1942	Mihail Lendengolts 25. 12. 1957	Aron Gurevich 28. 07. 1938
21	Naftalin Zuborev 9. 11. 1925	Hana Troitsina 14. 07. 1954	Moisei Levitin 18. 07. 1956	Evsei Ferbeg 18. 07. 1919
20	Elvka Ezerskaya 30. 01. 1939	Tsiraya Lihtis 07. 04. 1942	Gershen Basin 27. 07. 1950	Feiga Litvak 20. 01. 1924
19	Abram Ezersky 02. 07. 1931	Yaakov Amer 28. 08. 1939	Revaka Easina 26. 04. 1951	Issak Litvak 05. 06. 1924
18	Rahilv Yanovich 23. 12. 1923	Nona Tunkelv 18. 02. 1937	Hana Muravchik 07. 07. 1940	Bennamin Gasman 01. 07. 1944
17	Moishe Yaovich 06. 02. 1921	Isai Frishman 29. 08. 1919	Moishe Muravchik 28. 02. 1930	Basia Kameneva 15. 01. 1947
16	Girsh Levin 16. 02. 1959	Zina Tsirelvson 29. 08. 1928	Sofia Volfson 09. 10. 1920	Raisa Peshkovskaya 16. 04. 1940
15	Yaakov Kun 06. 04. 1938	Solomen Muravchik 08. 03. 1934	Ilia Volfson 14. 02. 1933	Lev Agranovsky 28. 05. 1928
14	Nuhim Stoliar 11. 10. 1945	Gershko Zilbermanster 24. 04. 1929		Mnuha Basin 31. 08. 1933
13	Rivka Stoliar 10. 12. 1950	Leya Kushner 15. 02. 1952		Aizik Basin 10. 11. 1931
12			Soibel Leiberg 25. 02. 1955	
11	Honon Rozenblium 11. 05. 1922		Haya Vaishtein 13. 01. 1932	Mariya Elkin 13. 12. 1944
10	Polina Rozenblium 14. 02. 1954	Geinah Vainshtein 17. 11. 1923	Shaya Zhelezniakov 31. 08. 1949	Solomon Elkin 11. 11. 1935
9		Sara Vainer 14. 10. 1924	Rasha Shelezniakova 23. 04. 1944	Minei Elkin 01. 10. 1939
8	Vladimir Gurfenhel 20. 10. 1918	Raisa Zhelezniakova 04. 05. 1923		Rivka Alkunovich 10. 10. 1939
7	Mihail Gurfinkel 13. 07. 1919	Leizer Zhelezniakov 16. 06. 1927		Morduhai Alkunovich 16. 03. 1941
6			Leoty Gershtorin 11. 12. 1917	Abram Fishzon 15. 01. 1922
5			Mihail Gershgorin 09. 05. 1920	Moris Borshtein 22. 03. 1930
4			Yakov Madorsky 09. 01. 1959	Mihail Kraslavshy 14. 11. 1913

续表

列\排	40	39	38	37
3			Isaak Malorsky 04.03.1953	Gvosh Failand 06.03.1917
2			Riza Madorskaya 06.09.1941	Mobelv Slutskty 14.01.1918
1			Isaak Madorsky 22.06.1922	Feyga Slutskaya 08.09.1922

列\排	36	35	34	33
28		Bliuma Bilik 17.03.1930		
27		Abraam Altshuler 02.03.1938		
26	Rahmil Esterkin 25.01.1920	Geya Altshuler 08.08.1928	Harbiton Biyalik 20.01.1950	Yudif Fonareva 04.02.1944
25	Feiga Esterkin 10.01.1920	Dina Gurevich 22.07.1923	David Muncher 23.01.1957	Leva Mahlina
24	Gitlia Borg 23.04.1953	Boruh Gurevich 08.06.1955		Samuil Zalmanov 29.07.1942
23	Boris Borg 20.03.1922	Itzhak Alvtshuler 22.02.1940	Haim Topper 01.05.1955	Hana Zalmanov 21.08.1958
22	Girsh Gurevich 03.08.1944	Ruvim Altshuler 1930	Solomon Zlatkin 24.11.1953	Hava Zaretskaya 14.06.1942
21	Roza Gurevich 14.06.1936	Zinovin Rabinovich 27.02.1943	Mina Zlatkin 8.10.1948	Ruvim Zartsky 08.05.1946
20	Berta Litvah 14.09.1936	Ita Kirshen – Boim 11.05.1944	Fania Frenkel 01.03.1952	Rahil Zaretskaya 12.04.1936
19	Rima Eskina 29.03.1920	Adolf Frenkel 06.06.1953	Haim Frenkel 19.04.1945	Abram Zaretsky 12.12.1937
18	Aron Eskin 20.10.1939	Hana Tesler 26.05.1932	Dvoira Gobernik 15.07.1933	
17	R. Milihiker 08.07.1945	Lida Tesler 03.01.1920	Grigory Gobernik 21.08.1919	Lobar Lendner 24.07.1958
16	A. Milihker 24.05.1939	Iosif Brandg 20.09.1935	Efroim Dubshan 29.10.1945	Frum Faibushevskaya 19.03.1946
15	Yaakov Milihker 01.11.1955	Yuda Mirvis 22.10.1933	Shahis Shteiner 27.07.1931	Sheina Kots 19.03.1957

续表

列\排	32	31	30	29
28	Aaron Tsaplik 23. 02. 1932			
27	Galina Tanenbluk 16. 05. 1924			Luft Meer 11. 08. 1952
26	Grunia Zalmanov 11. 02. 1930	Liya Kleiman 7. 07. 1940	Polia Podliashchuk 21. 05. 1926	Revekka Ratis 9. 11. 1922
25	Zalman Zalmanov 25. 02. 1946	Grigory Kleiman 8. 10. 1947	Ilia Epeiblum 26. 03. 1923	Sheina Luft 9. 11. 1922
24	Golda Hulina 9. 11. 1939	Aaron Roytman 26. 03. 1929	Meer Ulanovsky 21. 06. 1938	Vera Tuv 29. 10. 1940
23	Haya Prezhanskaya 11. 02. 1938	Vulf Eruhimovich 20. 12. 1924	David Blaun 13. 04. 1940	Mark Tuv 29. 10. 1949
22	Haim Gershenkor 3. 12. 1913	Sheva Kesler 31. 08. 1929	Naftali Geiman 16. 01. 1941	Vladimir Tsukerman 22. 03. 1924
21	Ester Gershenkor 3. 12. 1913	Revekka Dinaburg 20. 11. 1926	Agnessa Geiman 12. 01. 1950	Yaakov Vaingurt 22. 03. 1922
20	Genah Genshenkon 27. 03. 19	Seva Dinaburg 4. 03. 1941	Evgeniya Gohshtandt 25. 01. 1945	Iosif Mihalevsky 20. 10. 1943
19	Faina Fegelbom 19. 03. 1953	Mentel Dinaburg 30. 12. 1945	Tsirel Bolinovskaya 12. 12. 1926	David Mihalevsky 21. 12. 1944
18	Evald Shmidl 9. 08. 1954	Hana Levitin 6. 09. 1944	Gita Nahtigalova 21. 10. 1943	Evgeniya Orhelik 22. 10. 1925
17	Verta Umanskaya 31. 12. 1940	Sarra Senkin 25. 07. 1933	Maria Brant 29. 01. 1946	Sarra Orielik 6. 04. 1915
16	Rozalia Pasternak 31. 10. 1947	Hana Elyashson 15. 05. 1938	Meri Pevzner 16. 12. 1934	
15	Genia Gusennskaya 30. 08. 1950	Ronia Borodina 4. 02. 1951	Maria Toper 3. 01. 1929	Sarra Mordohovich 14. 10. 1945
14	Rohlia Gurvich 24. 03. 1926	Fenia Itskovich 8. 11. 1945	Esfir Moshchisky 16. 12. 1956	Tatiana Mordohovich 12. 09. 1918
13	Kalma Gurevich 24. 12. 1918	David Golubitsky 27. 01. 1946	Aleksandr Moshchisky 31. 07. 1944	Aaron Mordohovnch 2. 02. 1948
12				
11		Izrail Galperin 8. 01. 1925		
10	Yaakov Kissin 21. 10. 1948	Ester Galperin 22. 11. 1915		

排＼列	32	31	30	29
9		Ioil Galperin 30. 06. 1919		
8		Griror Suzdalnitsky 04. 10. 1948	Mekno Kreinni 28. 09. 1912	
7	Aleksandr Peisahov 23. 03. 1933	Yury Borovoy 12. 01. 1952	Iosif Kreinin 29. 05. 1912	
6	Shmary Krugliakov 31. 08. 1943	Girsh Krugliakov	Solomon Poatofak 16. 10. 1918	
5	Evgen Krugliakova 25. 06. 1947	Iosif Dovrishman 21. 03. 1937		
4		Anany Mindalevich 22. 04. 193		
3		Aaron Mekler 02. 02. 1932		
2	Maria Vahter 23. 08. 1921			
1	Sarra Vahter 30. 12. 1932			

排＼列	28	27	26	25
28				
27				
26	Eiga Luft 25. 07. 1924			
25	David Luft 16. 02. 1928	Leiba Luft 06. 08. 1947		
24	Haim Nemchenok 02. 02. 1950	Itshak Nemchenok 29. 03. 1954		
23	Hasia Nemchenok 26. 03. 1924	Sarra Nemchenok 10. 02. 1928		
22	Lev Uryan 18. 08. 1929	Izrail Nemchenok 12. 03. 1935		
21	Ginda Uryan 11. 05. 1938	Aris Spokoinay 01. 07. 1916		
20	Efroim Fain 06. 01. 1938	Ester Gershevich 19. 01. 1912		
19	Kehva Fain 15. 01. 1907	Paulina Krinskaya 12. 07. 1913		

续表

列\排	28	27	26	25
18	Solomon Ginzburg 20. 07. 1939	Sofia Leizerman 11. 09. 1909		
17	Fruma Ginzburg 9. 10. 1931	Feiga Zelmanovich 28. 11. 1920		
16	Efim Ginzburg 09. 12. 1912	Revekka Gorfung 20. 11. 1927		
15	Raisa Kan 02. 12. 1931	Anna Bader 29. 11. 1948		
14	Marian Kan 20. 07. 1947	Ioffe Naftalin 01. 03. 1954	Mihail Kremer 03. 06. 1941	Dvosa Stoliar 09. 04. 1927
13	Plinhus Kan 25. 08. 1941	Medel Naftalin 28. 06. 1928	Haim Kremer 29. 06. 1947	Haya Stoliar 10. 11. 1927
12			Maria Ziskina 21. 05. 1926	Eva Ziskina 24. 12. 1921
11		Aaron Kogan 01. 04. 1931	Tsipa Roizen 04. 11. 1923	Moissey Ziskin 09. 05. 1933
10	Ruhel Kagan 15. 02. 1920	Lakka Kogan 10. 03. 1944	Gita Klaver 09. 08. 1953	Rahil Klarer 31. 01. 1934
9	Solomon Kagan 22. 07. 1919	Sofia Kogan 18. 07. 1951	Leya Losser 06. 07. 1922	Revekka Klarer 24. 08. 1948
8	Samuil Kagan 24. 07. 1920	Elena Tonkonogov 01. 06. 1925	Maria Tsihanskaya 06. 08. 1918	Revekka Dubrovkin 25. 09. 1931
7		Grigory Tonkonogov 12. 06. 1920	Yaakov Gubbotnik 19. 06. 1918	Vulf Dubrovkin 15. 01. 1931
6				Iosel Kupitsky 06. 07. 1921
5				Sarra Kupitskaya 26. 11. 1927
4				
3				
2			Liubov Trigubova 31. 10. 1932	
1			Samuil Trigubov 16. 10. 1949	Solomon Topas 23. 06. 1963

排列	24	23	22
31		Moisey Galilevich 01. 09. 1920	
30	Y. Gerenshtein 02. 01. 1906	Iosif Gefftain 24. 04. 1906	
29	Lev Ray 08. 12. 1924	Freida Yuditskaya 25. 04. 1927	
28	Iosif Lvov 16. 12. 1931	Lahil Lerner 29. 05. 1908	Semen Avlutsky 30. 12. 1929
27	David Vulf 13. 10. 1916	Abram Yarho 07. 12. 1956	Leya Borodavkina 26. 01. 1931
26	Zahar Tsatskin 10. 05. 1917	Yaakov Yarho 13. 02. 1911	Anchel Duletsky
25	Shim Semernitsky 26. 07. 1948	Esfir Yarho 26. 06. 1942	Ilia Kleiner 21. 12. 1930
24	Lev Yarho 12. 07. 1920	Aleksey Yarho 23. 06. 1945	Leib Litvak 22. 05. 1929
23	Dora Semernitskaya 29. 10. 1950	Lazar Lerner 11. 11. 1957	Bentsian Spivak 12. 12. 1920
22	Marina Blits 27. 11. 1954	Grigory Lerner 09. 10. 1946	Bliuma Chernikova 03. 10. 1924
21	Leon Blits 10. 09. 1944	Eva Rov	Leya Kiyachko 29. 03. 1944
20			
19	Hana – Leya Levin 30. 03. 1925	Yaakov Monashkin 20. 01. 1940	Morduh Aleksvndrov 14. 01. 1935
18	Benjamin Orhov	Mina Monashkina 20. 02. 1946	Sarra Aleksandrova 26. 08. 1925
17	Kats Mladenets	Esfir Adler 15. 02. 1954	Haya Darevskaya 07. 04. 1941
16	Mihail Kats 30. 08. 1931	Freida Onikul 15. 02. 1954	Gersh Dalevsky 07. 09. 1933
15	Eliokim Kats 02. 11. 1933	Isaak Adrer 10. 02. 1948	Mira Levinskaya 11. 08. 1952
14	Meer Meizin 25. 10. 1952	Arron Surdutovich 12. 04. 1943	Vladimir Bronshtein 23. 02. 1953

续表

列\排	24	23	22
13	Girsh Meizin 30. 12. 1912	Abram Perla 20. 04. 1947	Sarra Meitina 15. 01. 1953
12	Meer Trigubov 25. 04. 1946	Fruma Komisarova 21. 02. 1932	Ludel Levinsky 03. 01. 1961
11	Iosif Trigubov 14. 03. 1921	Abram Komisarov 17. 10. 1945	
10	Yudel Bolsky 14. 09. 1932	YudifRabrova 23. 02. 1932	Sarra Sherel 27. 11. 1938
9	Lazar Shvartsberg 02. 11. 1912	Semen Kabalkin 20. 12. 1935	Abel Sherel 14. 06. 1956
8	Sarra Eraude 17. 12. 1925	Braima Podoroiskaya 28. 04. 1933	David Galandsky 08. 03. 1954
7	IzrailBraude 20. 10. 1932	Alter Podoroisky 26. 06. 1931	David Drizin 31. 01. 1922
6	Shaya London 21. 08. 1911	Aaron Samsonovich 25. 02. 1925	Anna Drizin 09. 01. 1933
5	Feodosiya London 13. 12. 1948	Lazar Tsigalnitsky 12. 01. 1963	Grigory Drizin 18. 01. 1949
4	Zahary Bogorod 25. 04. 1908	Leya Rif 29. 07. 1924	Ruda Fleishman 26. 09. 1946
3		Moysey Rif – Fishel 26. 11. 1906	Boruh Fleishman 19. 11. 1951
2		Evsey Dobisov 19. 06. 1918	Isaak Fride 06. 12. 1923
1	Solomon Tseitlin 30. 10. 1925	Aaron Kiselev Ravin 08. 09. 1940	Zalman Gashkel 18. 03. 1919

列\排	21	20	19	18
28				
27				
26				
25				
24				
23				
22				
21	Maria Neufeld 19. 11. 1950			

续表

排\列	21	20	19	18
20	Klara Babich 26. 09. 1924			
19	Evgeny Fukoman 04. 03. 1924			
18	Rahil Bengisemes 15. 06. 1915			
17	Abram Bengisemes 02. 03. 1953			
16	Raya Krasovitskaya 25. 10. 1919			
15	Feiga Krasovitskaya 20. 11. 1919			Gilel Krasovsky 16. 04. 1945
14	Minna Meitina 10. 07. 1938	Movsha Shpunt 24. 08. 1924	Yakov Laskin 14. 05. 1925	Abram Shergov 24. 10. 1926
13	Girsh Meitin 26. 04. 1935	Moisey Nemirovsky 22. 04. 1951	Mendel Laskin 11. 07. 1935	Lev Shergov 21. 11. 1940
12		Mordu Epshtein 24. 07. 1938	Hava Epshtein 19. 09. 1925	Moisey Kaplan 13. 12. 1935
11		Moisey Soloveichik 01. 01. 1934	Zalman Epshtein 03. 11. 1941	Raisa Kaplan 14. 12. 1932
10		Riva Kogan 19. 03. 1929	Sarra Slobodskaya 28. 01. 1934	Isai Zhorov 13. 01. 1934
9	Rahil Urina 16. 08. 1932	Frida Soloveichik 06. 07. 1923	Liuba Moshkovich 23. 04. 1931	Simon Zhorov 25. 06. 1920
8	LevityKaminer 30. 11. 1928			Maria Zhorova 07. 10. 1959
7	Paya Kaminer 18. 04. 1944			
6	Feiga Drizina 24. 06. 1931			
5	EfraimDrizin 14. 12. 1923	Ester Grodskaya 30. 11. 1940		
4	Pasha Dinaburg 17. 10. 1943	T. A. Rabinovich 28. 05. 1930		Yaakov Shvarts 29. 12. 1906
3		Abram. I. Rabinovich 21. 07. 1930		Liza Shvarts 20. 04. 1919
2				
1		E. M. Rabinovich 03. 04. 1933	Pinhus Zagorsky 08. 03. 1927	Verta Kaufman – Shvarts 04. 05. 1925

续表

排\列	17	16	15	14
28				
27				G. Radovsky 12.06.1942
26				R. Radovsky 1942
25				Berta Elinson 07.01.1941
24				Liya Magid Grinets 24.12.1922
23				Liubov Rolshtein 14.03.1934
22				
21				Raisa Familiat 24.08.1931
20				Hasia Goldberg 08.06.1948
19				Feiga Liudin 08.10.1929
18				Maria Shtein 25.07.1933
17				Ester Belokamen 07.01.1937
16				Hana Hassar 12.09.1911
15				
14	Berka Gorbovicher 29.08.1950	Haim Smiliansky 03.05.1943	Moishey Krasnov 23.05.1932	
13	Malka Gorbovicher 06.07.1948	Zina Smiliansky 20.09.1933	Golda Krasnova 10.12.1932	
12	Aron Faershtein 25.10.1935	David Ingerman 23.04.1942	Yaakov Ingerman 15.11.1946	
11	Sima Faershtein 22.03.1926	Haga Ingerman	Leon Levin 26.12.1923	
10	Ruvim Levitin 20.07.1943	Nadezhda Belskaya 22.11.1953	Rahil Gurevich 15.09.1935	Isidor Goldberg 26.12.1928
9	Ruvim Shaichik 16.05.1946	Moisey Belsky 14.08.1955	Benjamin Gurevich 09.02.1935	Georgy Goldberg 31.05.1915

列\排	17	16	15	14
8		Vulia Kaganov 17.10.1919	Aleksander Guchmar 09.02.1921	Isaak Goldapin 21.09.1930
7		Dvoira Meriman 05.02.1924	Maria Guchmar 18.10.1918	Isai Shikman 18.02.1924
6				David Levin – Levan 21.11.1917
5				
4	Yury Mindlin 31.05.1929			
3	Polina Mindlin 19.11.1931	Shepsel Osinovskaya 20.02.1940		
2	Iosif Zalmanovich Kaufman 11.02.1934	Ester Osinovskaya 10.02.1922	Lev Osinovsky 02.12.1956	
1	Sonia Kaufman 30.10.1940			

列\排	13	12	11	10
45				
44				Vulf Ioffe 01.11.1955
43				
42				
41			Malka Fainshtein 28.02.1933	Aron Grubets 21.03.1948
40				
39				
38			Anna Serebro 04.10.1943	Geinah Karlikov 29.05.1932
37				
36		Mihail Palkin 11.03.1913	Haya Vaitman 06.08.1924	
35			Menashe Vaitman 07.07.1930	Kalman Sherman 05.09.1953
34	Boruh Grozovsky 15.12.1922	Moishe Bykov 18.03.1924	Isaak Bukshin 10.08.1948	E. Sherman 10.08.1918
33			David Grach 05.02.1936	

列\排	13	12	11	10
32	Roha Grosman 15. 01. 1943	Shurim Barak 18. 01. 1946	Haya Grach 03. 05. 1949	Anna Gurerman 25. 03. 1927
31	Pinhus Grosman 11. 02. 1923	Emma Barak 16. 01. 1929	Ita Taits 23. 12. 1928	Anna Yudovich 04. 05. 1935
30		Aron Ginzburg 07. 02. 1947	Ita Taits 05. 05. 1956	
29	Moisey Bonner 03. 09. 1955		Meer Taits 20. 01. 1949	Zelda Kogan 04. 12. 1919
28	Anastasia Bonner 09. 08. 1938	Grigory Uranovsky 05. 03. 1922	Abram Rubin 15. 12. 1914	Leiza Polivod 03. 12. 1949
27	Isaak Bonner 09. 12. 1939	Plihus Venselshtein 03. 07. 1925	Isaak Rubin 11. 07. 1936	Motel Druzhennina 15. 08. 1941
26	Mania Kriger 04. 03. 1924	Aron Tesmenitsky 18. 11. 1913	Aron Karorto 30. 06. 1953	David Binter 28. 04. 1949
25	Reiza Gurevich 11. 08. 1945	F. Tesmenitskaya 14. 11. 1922	Fania Karorto 25. 10. 1925	Paraskovya Binter
24	Zalman Brunshtein 11. 10. 1922	Bruma Haskina 13. 12. 1945	Reveka Vilenskaya 25. 06. 1923	Olga Gershtein 03. 06. 1943
23	Liuba Brunshtein 1929	Ester Yudovich	Maria Panevelskaya 01. 03. 1941	Sarra Meerova 11. 09. 1942
22	Musi Neimark 04. 02. 1932	Genia Rubinshtein 09. 02. 1946	Girsh Rozentsveig 20. 03. 1943	Haim Usherovich 25. 03. 1946
21	Esfir Neimark 16. 03. 1940	Rahil Parizer 16. 06. 1950	Aron Tslonik 23. 03. 1932	Mendel Moiseev 02. 10. 1932
20	Anna Liukina 01. 031941	Elena Krinevich 12. 03. 1930	Sofia Preisman 02. 12. 1944	Maika Preisman 08. 09. 1946
19	Pesia Bronshtein 31. 08. 1919	Ester Vyhovskaya 03. 09. 1919	Samuil Preisman 25. 08. 1940	Feiga Kamenetskaya 15. 10. 1936
18	Aron Belokamen 25. 01. 1925	Risia Goldenberg 21. 08. 1939	Yaakov Matlin 03. 09. 1947	Grigory Matlin 02. 09. 1948
17	Abram Belokamen 20. 12. 1942	Roza Rappoport 03. 03. 1923	Solomon Matlin 04. 05. 1948	Hana Matlin 09. 03. 1926
16	Hava Rones 02. 06. 1919	Ekaterina Chaplik 23. 01. 1946	Samuil Besenovich 07. 10. 1948	Ilia Gaizenberg 14. 02. 1943
15	Sarra Pomus 28. 03. 1935	Iona Chaplik 27. 12. 1935	Robert Goldshtein 09. 05. 1953	Haim Rehomi 06. 02. 1913

续表

列＼排	13	12	11	10
14		Isak Polonsky 26.04.1916	Taiba Slutskaya 09.02.1946	Zalman Vishnevsky 16.10.1939
13		Boris Stoliar 01.07.1938	I. Slutsky 21.09.1936	Danil Altshuler 09.01.1949
12		S. Slutsker 11.10.1924		
11				
10	Pesia Lerman 25.08.1931	Klara Lukashevker 29.07.1929	Esfir Bursuk 18.08.1948	Elena Langman 24.03.1946
9	Iosif Lerman 28.01.1952	David Lukashevker 08.03.1938	Peisah Bursuk 27.09.1937	Nahama Habinskaya 30.04.1940
8	SofiaFeidman 14.03.1927	Pavil Gorshkovich 21.07.1943	Shlomo Faigersh 13.09.1920	Liusia Faigersh 14.07.1940
7		Isei Hramchenko 12.10.1947	Isaak Faigersh 24.03.1942	Lazar Soskin 12.04.1926
6	Dvoira Pistunovich 20.06.1930	Solomon Mihailovsky 15.01.1922	Samuil Sakker 05.12.1935	Isaak Kremer 26.05.1949
5	Vasia Gurevich 21.01.1953	Isaak Vertman 28.10.1929	Mihail Sakker 14.03.1925	Revekka Kremer 06.03.1948
4	Zalman Gurevich 19.01.1930	Yaakov Evshevich 20.06.1948	Lev Skorohod 03.06.1941	Boris Terk 04.12.1941
3	Sarra Gurevich 02.04.1933		Moisey Noyamnitsky 28.12.1933	Aron Genin 14.05.1937
2	Ides Vinitskaya 06.05.1927	Moruh Pancheskis 11.03.1922	David Frumshtein 30.01.1934	Aron Chernihovsky 16.09.1933
1	Rozaliya Grigubova 27.01.1932	Boris Liser 21.08.1957	Haim Kulik 15.12.1938	Moishe Traub 07.01.1938

列＼排	9	8	7	6
45	Akopova Ter 26.10.1957	Anna Matchanova 25.02.1961		
44		Tsilia Liberman 18.08.1960		
27	Moisey Lias 25.04.1945			

续表

排 列	9	8	7	6
26	Sarra Shmid 15. 12. 1943			
25	Hana Fain 24. 05. 1938			
24	Boris Nemik 24. 09. 1963			
23	David Shtofman 30. 04. 1933			
22	Hana Deich 05. 11. 1924			
21	Faddei Mishulovich 08. 06. 1913			
20	Hana Mishulovich 22. 04. 1918			
19	Haim Maglin 30. 12. 1933			
18	Tobias Unterberter 06. 09. 1934			
17	Yaakov Voronov 14. 10. 1921			
16	Boris V0lfin 19. 10. 1934			
15	Mendel Nei 12. 11. 1941			
14	Izrail Neploh 20. 11. 1929			
13				
12				
11				
10	Razar Tribuh 22. 08. 1945			
9	Liba Tribuh 25. 01. 1945			
8	Zalman Diatlovtsky 02. 04. 1928			

续表

列＼排	9	8	7	6
7	Movsha Diatlovtsky 30. 12. 1936			
6	Haya Chernomorskaya 18. 04. 1934			
5	Genia Chernomorskaya 24. 09. 1927			
4	Maria Margules 16. 07. 1932			
3	N. Margules 29. 04. 1937			
2	Filip Margules 28. 09. 1911			
1				

列＼排	5	4	3	2	1
47					Malvina Rudminsky 28. 07. 1943
46					Yury Elkina 27. 05. 1943
31	Ida Levina				
30	Shmul Zhik 14. 12. 1930				
29	S. Kovner 16. 7. 1939	V. Samsonovich 05. 11. 1913			Usher Rudzhinsky 10. 03. 1948
28	T. Magid 20. 07. 1939	S. Tandet			
27	Haya Topas 04. 02. 1922	Hana Baskina 01. 06. 1935	Mira Pinskaya 26. 01. 1914		
26	A. Topas 02. 06. 1914	Nisil Rautman 10. 11. 1912	Hana Deich 07. 06. 1930		
25	Beilia Puzrina 09. 04. 1945	Simha Rautman 13. 10. 1946	Haya Shihman 06. 11. 1919		
24	Hana Lahmanovich 24. 09. 1916	Izabel Hanina 26. 12. 1921	Pesia Zif 16. 05. 1950		
23	Haim Blitanitsky 11. 09. 1922	Reisa Rautman 15. 06. 1920	Efim Verklorsky 04. 05. 1935		

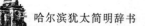
续表

列\排	5	4	3	2	1
22	Matan Zhivin 23. 10. 1943	Malka Zhivin 06. 08. 1919		Vladimir Abugov 22. 02. 194*	
21		Daniil Zhivin 15. 02. 1926		Mark Abugov 18. 05. 1944	
20	Drira Shteinberg 26. 11. 1938	Basheva Shteinberg 10. 04. 1934			
19	Shmuel Shteinberg 19. 09. 1933	Vimamin Rubenshtein 09. 08. 1935			
18	Maks Persov 02. 11. 1936	David Kraizelman 03. 12. 1915			
17	Pinhas Persov 15. 07. 1933	Zimmal Orlov 05. 09. 1942		Pavel Horets 09. 05. 1947	
16	Haim Alter 13. 12. 1916	Lev Rotenberg 04. 10. 1949	Vasia Raznoschik 02. 07. 1944	Anshel Raznoschik 13. 01. 1946	
15	Benia Kahnovetsy 15. 10. 1945	Aron Ostrovky 09. 06. 1929	Hana Portnova 29. 08. 1924	Elkin Putnov 16. 05. 1957	
14	Doba Tseitlin 24. 07. 1940	Iosif Tseitlin 03. 01. 1945	Aron Bernshtein 28. 03. 1952	Maria Bernshtein 09. 12. 1927	
13	Boris Tseilin 14. 01. 1935	Isaak Galperin 29. 01. 1942	Zalman Bernshtein 14. 02. 1939	Elizaveta Miller 21. 06. 1935	
12					
11					
10	Velv Gladshtein 11. 06. 1931	Shprintsa Gladshtein 05. 09. 1906	Haya Zantliaufer 18. 03. 1918	Golda Zantliaufer 13. 11. 1943	
9	Shlemo Gladshtein 24. 08. 1919	Sura Gladshtein 23. 1946	Yankel Zantliafer 13. 02. 1928	Iona Zantliaufer 28. 02. 1933	
8	Toiba Shvartsberg 31. 03. 1943	Beilia Kroz 22. 02. 1915	Sarra Ekelman 13. 05. 1933	Rahil Zats 23. 05. 1950	
7	Abram Shvartsberg 04. 08. 1942	Yuda Kroz 05. 04. 1947	Leonty Zats 21. 01. 1921	Mordehay Zats 23. 07. 1937	
6	Morduhai Sukenik 08. 10. 1927	Shaya Sukenik 14. 12. 1920	Haya Morduhovich 12. 12. 1924		Bentsion Belousov 27. 10. 1949
5	Saara Sukenik 28. 12. 1943	Perla Sukenik 11. 01. 1922	Naum Morduhovich 12. 12. 1924		
4	Dina Tonkonokaya 15. 05. 1933	Moishe Yudkin 01. 10. 1915			

续表

列\排	5	4	3	2	1
3	Aleksei Tonkonoky 1920		Iosif Olmert 14. 05. 1941		
2	Vulf Zaretsky 26. 03. 1920				
1	Yankel Garbar 16. 05. 1959	Girsh Mona 19. 01. 1963			

Русская Версия

列\排	44	43	42	41
27				Цыпа Либерман
26	Сара Коган 23. 05. 1922	Мордухай Буркон 22. 04. 1955	Борис Рывкин 20. 11. 1951	Зиновий Либерман 25. 04. 1924
25	Мнуха Кокан 11. 04. 1937	Михаил Райхель 19. 04. 1920	Меер Лифшиц 14. 11. 1927	Мошко Шнейдер 03. 02. 1940
24	Иосиф Малый 06. 05. 1923	Ревика Соловейчик 22. 07. 1937	Зельда Безденшская 21. 11. 1938	Янкель Шнейдер 03. 05. 1940
23	Хаим Малый 04. 02. 1932	Леонтий Либсон 14. 05. 1945	Ицхок Безденшский 21. 11. 1935	Леизер Равве 28. 10. 1945
22	Моисей Шмидман 30. 10. 1923	Емануил Томинский 04. 11. 1937	Лев Абрамович 08. 01. 1948	Хаим Либерман 21. 12. 1930
21	Иосиф Берехович 25. 09. 1946	Бек Хитман 23. 08. 1932	Аким Фалик 24. 12. 1930	Моисей Езерский 22. 02. 1938
20		Меир Гершкович 30. 09. 1913	Григорий Булгер 03. 06. 1927	Салфий Файнгольд 24. 12. 1920
19		Арон Меерович 06. 01. 1951	Израиль Меерович 16. 03. 1914	Уриэль Клейн 23. 09. 1945
18	Александр Чернявский 27. 06. 1920	Яков Меерович 24. 11. 1919	Арон Викторович 13. 12. 1925	Яков Клейн 29. 02. 1940
17	Семен Каспэ 12. 05. 1933	Райса Меерович Вич 24. 11. 1919	Мария Викторович 28. 01. 1927	Абрам Клейн 30. 10. 1946
16	Лев Альтер 22. 11. 1945		Софья Рубанович 21. 12. 1944	Израил Крол 12. 11. 1928
15	Увер Сегал 31. 07. 1924	Хаикель Пасс 11. 03. 1935	Соломон Рубанович 13. 02. 1941	Гита Крол 04. 09. 1927
14	Иосиф Ифлянд 05. 07. 1913	Леонид Естрин 04. 04. 1928	Бася Шриро 28. 02. 1928	Григорий Крол 30. 08. 1935

续表

列\排	44	43	42	41
13	Доба Ифлянд 19. 09. 1928	Инна Варшавская 23. 07. 1922	Гилель Шриро 06. 12. 1936	Шрома Крол 07. 07. 1945
12				
11			Пейсах Пистунович 25. 03. 1912	
10	Лев Виленский 14. 07. 1927	Арон Либерман 03. 07. 1941	Гл. Пистунович 31. 09. 1950	Гилем Ленский 14. 11. 1922
9	Абрам Дубравский 24. 12. 1925	Ревика Либерман 17. 01. 1940	Яков Пистунович 08. 01. 1955	
8	Анисим Бистрицкий 27. 12. 1931		Ения Вайшден 04. 11. 1948	Арон Хорош 03. 02. 1947
7	Нахум Фарс 10. 08. 1933		Абрам Качановский 05. 05. 1935	Фаня Хорош 02. 03. 1942
6	Шмуль Вульфович 13. 12. 1922		Лейба Вайшден 11. 08. 1928	
5			Татьяна Качановская 03. 02. 1945	
4				
3				
2				
1				

列\排	40	39	38	37
28			Исай Раткевич 03. 12. 1924	
27	Младен Клейн	Лев Головчинер 15. 03. 1942	Елизавета Раткевич 28. 08. 1944	
26	Аврум Брагер 24. 05. 1943	Гитля Головчинер 13. 02. 1960	Леа Беркович 10. 07. 1952	Натан Фрайбергер 31. 12. 1940
25	Наум Саражинский 24. 05. 1943	Павел Рубенштейн 23. 08. 1918	Михаил Беркович 02. 08. 1937	Хая Оксамберг 06. 02. 1946
24	Малка Шнейдер 09. 07. 1945	Рахиль Беркович 11. 12. 1942	Еримей Вамбург 23. 11. 1915	Тася Борг 07. 04. 1916
23	Ребенок Шнейдер	Меер Каленчик 12. 10. 1922	Иосиф Вамбург 29. 04. 1946	Мария Гросман 13. 01. 1953
22	Мариам Зуборева 16. 02. 1932	Абрам Троицин 14. 07. 1942	Михаил Ленденгольц 25. 12. 1957	Арон Гуревич 28. 07. 1938

续表

列\排	40	39	38	37
21	Нафталин Зуборев 09.11.1925	Хана Троицина 14.07.1954	Мойсей Левитин 18.07.1956	Евсей Ферберг 18.07.1919
20	Элька Езерская 30.01.1939	Цирая Лихтис 07.04.1942	Гершен Басин 27.07.1950	Фейга Литвак 20.01.1924
19	Абрам Езерский 02.07.1931	Яков Амер 28.08.1939	Ревека Басина 26.04.1951	ИссакЛитвак 05.06.1924
18	РахильЯнович 23.12.1923	Нона Тункель 18.02.1937	Хана Муравчик 07.07.1940	Бениамин Гасман 01.07.1944
17	Мойше Янович 06.02.1921	Исай Фришман 29.08.1919	Мойше Муравчик 28.02.1930	Бася Каменева 15.01.1947
16	Гирш Левин 16.02.1959	Зина Цирельсон 29.08.1928	Софья Вольфсон 09.10.1920	Раиса Пешковская 16.04.1940
15	Яков Кун 06.04.1938	Соломен Муравчик 08.03.1934	Илья Вольфсон 14.02.1933	Лев Аграновский 28.05.1928
14	Нухим Столяр 11.10.1945	Гершко Зильберманстер 24.04.1929		Мнуха Басин 31.08.1933
13	Ривка Столяр 10.12.1950	Лея Кушнер 15.02.1952		Айзик Басин 10.11.1931
12			СойбелЛейберг 25.02.1955	
11	Хонон Розенблюм 11.05.1922		Хая Вайштейн 13.01.1932	Мария Елкин 13.12.1944
10	Полина Розенблюм 14.02.1954	Гейнах Вайнштейн 17.11.1923	Шая Железняков 31.08.1949	Соломон Елкин 11.11.1935
9		Сара Вайнер 14.10.1924	Раша Железнякова 23.04.1944	Миней Елкин 01.10.1939
8	Владимир Гурфинкель 20.10.1918	Раиса Железнякова 04.05.1923		Ривка Алкунович 10.10.1939
7	Михаил Гурфинкель 13.07.1919	Леизер Железняков 16.06.1927		Мордухай Алкунович 16.03.1941
6			ЛеотийГершгорин 11.12.1917	Абрам Фишзон 15.01.1922
5			Михаил Гершгорин 09.05.1920	Морис Борштейн 22.03.1930
4			Яков Мадорский 09.01.1959	Михаил Краславский 14.11.1913

523

列\排	40	39	38	37
3			Исаак Мадорский 04. 03. 1953	Гвош Файланд 06. 03. 1917
2			Риза Мадорская 06. 09. 1941	Мобель Слуцкий 14. 01. 1918
1			Исаак Мадорский 22. 06. 1922	Фейга Слуцкая 08. 09. 1922

列\排	36	35	34	33
28		Блюма Билик 17. 03. 1930		
27		Абраам Альтшулер 02. 03. 1938		
26	Рахмил Эстеркин 25. 01. 1920	Гея Альтшулер 08. 08. 1928	Харбитон Биялик 20. 01. 1950	Юдиф Фонарева 04. 02. 1944
25	ФейгаЭстеркин 10. 01. 1920	Дина Гуревич 22. 07. 1923	Давид Мунчер 23. 01. 1957	Лева Махлина
24	Гитля борг 23. 04. 1953	Борух Гуревич 08. 06. 1955		Самуил Залманов 29. 07. 1942
23	Борис Борг 20. 03. 1922	ИцхакАльтшулер 22. 02. 1940	Хаим Топпер 01. 05. 1955	Хана Залманов 21. 08. 1958
22	Гирш Гуревич 03. 08. 1944	РувимАльтшулер 1930	Соломон Златкин 24. 11. 1953	Хава Зарецкая 14. 06. 1942
21	Роза Гуревич 14. 06. 1936	Зиновин Рабинович 27. 02. 1943	Мина Златкин 08. 10. 1948	Рувим Зарецкий 08. 05. 1946
20	Берта Литвах 14. 09. 1936	Ита Киршен-боим 11. 05. 1944	Фаня Френкель 01. 03. 1952	Рахиль Зарецкая 12. 04. 1936
19	Рима Эскина 29. 03. 1920	АдольфФренкель 06. 06. 1953	Хаим Френкель 19. 04. 1945	АбрамЗарецкий 12. 12. 1937
18	Арон Эскин 20. 10. 1939	Хана Теслер 26. 05. 1932	Двойра Гоберник 15. 07. 1933	Лобарь Ленднер 24. 07. 1958
17	Р. Милихикер 08. 07. 1945	Лида Теслер 03. 01. 1920	Григорий Гоберник 21. 08. 1919	Лобарь Ленднер 24. 07. 1958
16	А. Милихикер 24. 05. 1939	Иосиф брандг 20. 09. 1935	Эфроим Дубшан 29. 10. 1945	Фрум Файбушевская 19. 03. 1946
15	ЯковМилихикер 01. 11. 1955	Юда Мирвис 22. 10. 1933	ШахисШтейнер 27. 07. 1931	Шейна Коц 19. 03. 1957

续表

列\排	36	35	34	33
14	Эстер Зеликовская 21.04.1916	Хацкель Гепштейн 8.09.1945	Шмиль Ребежин 12.07.1942	Сарра Лесменицкая 23.12.1962
13	АбельЗеликовская 24.10.1920	Абрам Топаз 2.08.1939	Борис Носовинский 4.03.1953	
12		Яков Топаз 3.06.1936		
11	Иосиф Избешевский 17.04.1920	Песя Топаз 2.04.1925		
10	БасяИзбешевская 4.7.1923	Хацхель Горбурев 2.07.1923	Хаим Штейнгард 19.03.1932	Мойсей Скидельский 19.06.1951
9	Овсей Канер 20.10.1949	Арон Пинес 29.06.1951	Самсон Штейнгард 2.07.1939	
8	Хаим Аккерман 19.01.1941	Исаак Пинес 5.04.1948	Мордух Пинес 9.08.1956	Кальман Люрия 2005.1915
7	Голда Акеерман 29.10.1949	Шмера Аптерман 4.10.1932	Залман Розин 3.01.1934	Тимофей Животовский 27.08.1936
6	Яков Маламед 22.06.1930	Михель Клебанов 16.01.1913	Шломо Дорошев 22.11.1942	Соломон Кадиш 18.05.1928
5	Абрам Среберг 12.12.1923	Малка Блюм 26.04.1932	Мнуха Дорошев 11.01.1935	Хаим Мадорский 3.12.1928
4	Нахим Лобковский 13.04.1951	Яков Поляков 3.02.1938	Давид Нахомсон 15.11.1931	АлександорМадорский 31.01.1925
3	Мордух Мазель 6.05.1927	Арон Эпштейн 2.12.1927	Фрума Нахомсон 29.04.1930	Сара Смилянская 5.01.1926
2	Шмуль Коган 19.07.1934	Абрам Блох 20.03.1939	Гилел Елинсон 1.11.1932	

列\排	32	31	30	29
1	Абрам Ханиь 4.02.1936	Лея Блох 15.04.1933	Зелик Мес 10.07.1941	
28	Аарон Цаплик 23.02.1932			
27	Галина Таненблук 16.05.1924			Луфт Меер 11.08.1952
26	Груня Залманов 11.02.1930	Лия Клейман 07.07.1940	Поля Подлящук 21.05.1926	Ревекка Ратис 09.11.1922
25	Залман Залманов 25.02.1946	Григорий Клейман 08.10.1947	Илья Эпейблум 26.03.1923	Шейна Луфт 09.11.1922

排 列	32	31	30	29
24	Голда Хулина 09. 11. 1939	Аарон Ройтман 26. 03. 1929	МеерУлановский 21. 06. 1938	Вера Тув 29. 10. 1940
23	Хая Прежанская 11. 02. 1938	Вульф Ерухимович 20. 12. 1924	Давид Блаун 13. 04. 1940	Марк Тув 29. 10. 1949
22	Хаим Гершенкор 03. 12. 1913	Шева Кеслер 31. 08. 1929	Нафтали Гейман 16. 01. 1941	Владимир Цукерман 22. 03. 1924
21	Эстер Гершенкор 03. 12. 1913	Ревекка Динабург 20. 11. 1926	Агнесса Гейман 12. 01. 1950	Яков Вайнгурт 22. 03. 1922
20	Генах Геншенкон 27. 03. 19	Шева Динабург 04. 03. 1941	Евгения Гохштандт 25. 01. 1945	Иосиф Михалевский 20. 10. 1943
19	Файна Фегельбом 19. 03. 1953	Ментель Динабург 30. 12. 1945	Цирель Полиновская 12. 12. 1926	Давид Михалевский 21. 12. 1944
18	Эвальд Шмидль 09. 08. 1954	Хана Левитин 06. 09. 1944	Гита Нахтигалова 21. 10. 1943	Евгения Орхьелик 22. 10. 1925
17	Верта Уманская 31. 12. 1940	Сарра Сенькин 25. 07. 1933	Мария Брант 29. 01. 1946	Сарра Ориелик 06. 04. 1915
16	Розалия Пастернак 31. 10. 1947	Хана Эльяшсон 15. 05. 1938	Мери Певзнер 16. 12. 1934	
15	Геня Гусеннская 30. 08. 1950	Роня Бородина 04. 02. 1951	Мария Топер 03. 01. 1929	Сарра Мордохович 14. 10. 1945
14	Рохля Гурвич 24. 03. 1926	Феня Ицкович 08. 11. 1945	Эсфирь Мощиский 16. 12. 1956	Татьяна Мордохович 12. 09. 1918
13	Калма Гуревич 24. 12. 1918	Давид Голубицкий 27. 01. 1946	Александр Мощиский 31. 07. 1944	Аарон Мордохович 02. 02. 1948
12				
11		Израиль Гальперин 08. 01. 1925		
10	Яков Киссин 21. 10. 1948	Эстер Гальперин 22. 11. 1915		
9		Иоиль Гальперин 30. 06. 1919		
8		Г、рирор Суздальницкий 04. 10. 1948	Мекно Креинни 28. 09. 1912	
7	Александр Пейсахов 23. 03. 1933	Юрий Боровой 12. 01. 1952	Иосиф Крейнин 29. 05. 1912	
6	Шмарий Кругляков 31. 08. 1943	Гирш Кругляков	Соломон Поатофак 16. 10. 1918	

列＼排	32	31	30	29
5	Евген. Круглякова 25.06.1947	Иосиф Довришман 21.03.1937		
4		Ананий Миндалевич		
3		Аарон Меклер 02.02.1932		
2	Мария Вахтер 23.08.1921			
1	Сарра Вахтер 30.12.1932			

列＼排	28	27	26	25
28				
27				
26	Эйга Луфт 25.07.1924			
25	Давид Луфт 16.02.1928	Лейба Луфт 06.08.1947		
24	Хаим Немченок 02.02.1950	Ицхак Немченок 29.03.1954		
23	Хася Немченок 26.03.1924	Сарра Немченок 10.02.1928		
22	Лев урьян 18.08.1929	Израиль Немченок 12.03.1935		
21	Гинда Урьян 11.05.1938	Арис Спокойный 01.07.1916		
20	Эфроим Файн 06.01.1938	Эстер Гершевич 19.01.1912		
19	Кехва Файн 15.01.1907	Паулина Кринская 12.07.1913		
18	Соломон Гинзбург 20.07.1939	Софья Лейзерман 11.09.1909		
17	Фрума Гинзбург 09.10.1931	Фейга Зельманович 28.11.1920		
16	Ефим Гинзбург 09.12.1912	Ревекка Горфунг 20.11.1927		
15	Райса Кан 02.12.1931	Анна Бадер 29.11.1948		
14	Мариан Кан 20.07.1947	Иоффе Нафталин 01.03.1954	Михаил Кремер 03.06.1941	Двоса Столяр 09.04.1927

列\排	28	27	26	25
13	Плинхус Қан 25.08.1941	Медель Нафталин 28.06.1928	Хаим Кремер 29.06.1947	Хая столяр 10.11.1927
12			МарияЗискина 21.05.1926	ЕваЗискина 24.12.1921
11		Аарон Коган 01.04.1931	Ципа Ройзен 04.11.1923	Мойсей Зискин 09.05.1933
10	Рухель Қаган 15.02.1920	Лакка Коган 10.03.1944	Гита Клавер 09.08.1953	Рахиль Кларер 31.01.1934
9	Соломон Каган 22.07.1919	Софья Коган 18.07.1951	Лея Лоссер 06.07.1922	Ревекка Кларер 24.08.1948
8	Самуил Каган 24.07.1920	Елена Тонконогов 01.06.1925	Мария Циханская 06.08.1918	Ревекка Дубровкин 25.09.1931
7		Григорий Тонконогов 12.06.1920	Яков Губботник 19.06.1918	Вульф Дубровкин 15.01.1931
6				Иосель Купицкий 06.07.1921
5				Сарра Купицкая 26.11.1927
4				
3				
2			Любовь Тригубова 31.10.1932	
1			Самуил Тригубов 16.10.1949	Соломон Топас 23.06.1963

列\排	24	23	22
31		Мойсей Галилевич 01.09.1920	
30	Я. Геренштейн 02.01.1906	Иосиф Геффтаин 24.04.1906	
29	Лев Рай 08.12.1924	Фрейда Юдицкая 25.04.1927	
28	Иосиф Львов 16.12.1931	Лахиль Лернер 29.05.1908	Семен Авлуцкий 30.12.1929
27	Давид Вульф 13.10.1916	Абрам Ярхо 07.12.1956	Лея Бородавкина 26.01.1931
26	Захар Цацкин 10.05.1917	Яков Ярхо 13.02.1911	Анчел Дулецкий

续表

排 列	24	23	22
25	Шим Семерницкий 26. 07. 1948	Эсфирь Ярхо 26. 06. 1942	Илья Клейнер 21. 12. 1930
24	Лев Ярхо 12. 07. 1920	Алексей Ярхо 23. 06. 1945	Лейб Литвак 22. 05. 1929
23	Дора Семерницкая 29. 10. 1950	Лазар Лернер 11. 11. 1957	Бенциан Спивак 12. 12. 1920
22	Марина Блиц 27. 11. 1954	Григорий Лернер 09. 10. 1946	Блюма Черникова 03. 10. 1924
21	Леон Блиц 10. 09. 1944	Ева Ров	Лея Киячко 29. 03. 1944
20			
19	Хана – Лея Левин 30. 03. 1925	Яков Монашкин 20. 01. 1940	Мордух Александров 14. 01. 1935
18	Беньямин Орхов	Мина Монашкина 20. 02. 1946	Сарра Александрова 26. 08. 1925
17	Кац Младенец	Эсфирь Адлер 15. 02. 1954	Хая Даревская 07. 04. 1941
16	Михаил Кац 30. 08. 1931	Фрейда Оникул 15. 02. 1954	Герш Далевский 07. 09. 1933
15	Элиоким Кац 02. 11. 1933	Исаак Адрер 10. 02. 1948	Мира Левинская 11. 08. 1952
14	Меер Мейзин 25. 10. 1952	Аррон Сурдутович 12. 04. 1943	Владимир Бронштейн 23. 02. 1953
13	Гирш Мейзин 30. 12. 1912	Абрам Перла 20. 04. 1947	Сарра Мейтина 15. 01. 1953
12	Меер Тригубов 25. 04. 1946	Фрума Комисарова 21. 02. 1932	Лудел Левинский 03. 01. 1961
11	ИосифТригубов 14. 03. 1921	Абрам Комисаров 17. 10. 1945	
10	Юдел Вольский 14. 09. 1932	Юдиф Яброва 23. 02. 1932	Сарра Шерель 27. 11. 1938
9	Лазар Шварцберг 02. 11. 1912	Семен Кабалкин 20. 12. 1935	Абель Шерель 14. 06. 1956
8	Сарра Брауде 17. 12. 1925	Брайма Подоройская 28. 04. 1933	Давид Галандский 08. 03. 1954
7	Израиль Брауде 20. 10. 1932	Альтер Подоройский 26. 06. 1931	Давид Дризин 31. 01. 1922

列排	24	23	22
6	Шая Лондон 21. 08. 1911	Аарон Самсонович 25. 02. 1925	Анна Дризин 09. 01. 1933
5	Феодосия Лондон 13. 12. 1948	Лазарь Цигальницкий 12. 01. 1963	Григорий Дризин 18. 01. 1949
4	Захарий Богород 25. 04. 1908	Лея Риф 29. 07. 1924	Руда Флейшман 26. 09. 1946
3		Мойсей Риф - Фишель 26. 11. 1906	Борух Флейшман 19. 11. 1951
2		Евсей Добисов 19. 06. 1918	Исаак Фриде 06. 12. 1923
1	Соломон Цейтлин 30. 10. 1925	Аарон Киселев 08. 09. 1949	Залман Гашкель 18. 03. 1919

列排	21	20	19	18
28				
27				
26				
25				
24				
23				
22				
21	Мария Неуфельд 19. 11. 1950			
20	Клара Бабич 26. 09. 1924			
19	Евгений Фукоман 04. 03. 1924			
18	Рахиль Бенгисэмес 15. 06. 1915			
17	Абрам Бенгисэмес 02. 03. 1953			
16	Рая Красовицкая 25. 10. 1919			
15	Фейга Красовицкая 20. 11. 1919			Гилел Красовский 16. 04. 1945
14	МиннаМейтина 10. 07. 1938	Мовша Шпунт 24. 08. 1924	Яков Ласкин 14. 05. 1925	Абрам Шергов 24. 10. 1926

续表

列 排	21	20	19	18
13	Гирш Мейтин 26. 04. 1935	Мойсей Немировский 22. 04. 1951	Мендель Ласкин 11. 07. 1935	Лев Шергов 21. 11. 1940
12		МордуЭпштейн 24. 07. 1938	Хава Эпштейн 19. 09. 1925	Моисей Каплан 13. 12. 1935
11		Моисей Соловейчик 01. 01. 1934	Залман Эпштейн 03. 11. 1941	Раиса Каплан 14. 12. 1932
10		Рива Коган 19. 03. 1929	Сарра Слободская 28. 01. 1934	Исай Жоров 13. 01. 1934
9	Рахиль Урина 16. 08. 1932	Фрида Соловейчик 06. 07. 1923	Люба Мошкович 23. 04. 1931	Симон Жоров 25. 06. 1920
8	Левитий Каминер 30. 11. 1928			Мария Жорова 07. 10. 1959
7	Пая Каминер 18. 04. 1944			
6	Фейга Дризина 24. 06. 1931			
5	Ефраим Дризин 14. 12. 1923	Эстер Гродская 30. 11. 1940		
4	Паша Динабург 17. 10. 1943	Т. А. Рабинович 28. 05. 1930		Яков Шварц 29. 12. 1906
3		Абрам. И. Рабинович 21. 07. 1930		Лиза Шварц 20. 04. 1919
2				Дина Кауфман 17. 01. 1923
1		Е. М. Рабинович 03. 04. 1933	Пинхус Загорский 08. 03. 1927	Берта Кауфман – Шварц 04. 05. 1925

列 排	17	16	15	14
28				
27				Г. Радовский 12. 06. 1942
26				Р. Радовский 1942
25				Берта Елинсон 07. 01. 1941

531

续表

列　排	17	16	15	14
24				Лия Магид Гринец 24. 12. 1922
23				Любовь Рольштейн 14. 03. 1934
22				
21				Раиса Фамилиат 24. 08. 1931
20				Хася Гольдберг 08. 06. 1948
19				Фейга Людин 08. 10. 1929
18				Мария Штейн 25. 07. 1933
17				Эстер Белокамень 07. 01. 1937
16				Хана Хассар 12. 09. 1911
15				
14	Берка Горбовичер 29. 08. 1950	Хаим Смилянский 03. 05. 1943	Мойшей Краснов 23. 05. 1932	
13	Малка Горбовичер 06. 07. 1948	Зина Смилянская 20. 09. 1933	Голда Краснова 10. 12. 1932	
12	Арон Фаерштейн 25. 10. 1935	Давид Ингерман 23. 04. 1942	Яков Ингерман 15. 11. 1946	
11	СимаФаерштейн 22. 03. 1926	Хага Ингерман	Леон Левин 26. 12. 1923	
10	Рувим Левитин 20. 07. 1943	Надежда Бельская 22. 11. 1953	Рахиль Гуревич 15. 09. 1935	Исидор Гольдберг 26. 12. 1928
9	Рувим Шаичик 16. 05. 1946	Мойсей Бельский 14. 08. 1955	Бениамин Гуревич 09. 02. 1935	Георгий Гольдберг 31. 05. 1915
8		Вулья Каганов 17. 10. 1919	Александер Гучмар 09. 02. 1921	Исаак Гольдарин 21. 09. 1930
7		Двойра Мериман 05. 02. 1924	Мария Гучмар 18. 10. 1918	Исай Шикман 18. 02. 1924
6				Давид Левин – Леван 21. 11. 1917

列\排	17	16	15	14
5				
4	Юрий Миндлин 31.05.1929			
3	Полина Миндлин 19.11.1931	Шепсель Осиновская 20.02.1940		
2	Иосиф Залманович Кауфман 11.02.1934	Эстер Осиновская 10.02.1922	Лев Осиновский 02.12.1956	
1	Соня Кауфман 30.10.1940			

列\排	13	12	11	10
45				
44				Вульф Иоффе 01.11.1955
43				
42				
41			Малка Файнштейн 28.02.1933	Арон Грубец 21.03.1948
40				
39				
38			Анна Серебро 04.10.1943	Гейнах Карликов 29.05.1932
37				
36		Михаил Палкин 11.03.1913	Хая Вайтман 06.08.1924	
35			Менаше Вайтман 07.07.1930	Калман Шерман 05.09.1953
34	Борух Грозовский 15.12.1922	Мойше Быков 18.03.1924	Исаак Букшин 10.08.1948	Е Шерман 10.08.1918
33			Давид Грач 05.02.1936	
32	Роха Гросман 15.01.1943	Шурим Барак 18.01.1946	Хая Грач 03.05.1949	Анна Гурерман 25.03.1927
31	Пинхус Гросман 11.02.1923	Эмма Барак 16.01.1929	Ита Таиц 23.12.1928	Анна Юдович 04.05.1935
30		Арон Гинзбург 07.02.1947	Ита Таиц 05.05.1956	

排 列	13	12	11	10
29	Мойсей Боннер 03. 09. 1955		Меер Таиц 20. 01. 1949	Зельда Коган 04. 12. 1919
28	Анастася Боннер 09. 08. 1938	Григорий Урановский 05. 03. 1922	Абрам Рубин 15. 12. 1914	Лейза Поливод 03. 12. 1949
27	Исаак Боннер 09. 12. 1939	Плихус Венсельштейн 03. 07. 1925	Исаак Рубин 11. 07. 1936	Мотель Друженнина 15. 08. 1941
26	Маня Кригер 04. 03. 1924	АронТесменицкий 18. 11. 1913	Арон Карорто 30. 06. 1953	Давид Бинтер 28. 04. 1949
25	Рейза Гуревич 11. 08. 1945	Ф. Тесменицкая 14. 11. 1922	Фаня Карорто 25. 10. 1925	Парасковья Бинтер
24	ЗалманБрунштейн 11. 10. 1922	Брума Хаскина 13. 12. 1945	РевекаВиленская 25. 06. 1923	ОльгаГерштейн 03. 06. 1943
23	ЛюбаБрунштейн 1929	Естер Юдович	МарияПаневельская 01. 03. 1941	Сарра Меерова 11. 09. 1942
22	Муси Неймарк 04. 02. 1932	ГеняРубинштейн 09. 02. 1946	Гирш Розенцвейг 20. 03. 1943	ХаимУшерович 25. 03. 1946
21	Эсфирь Неймарк 16. 03. 1940	Рахиль Паризер 16. 06. 1950	Арон Цлоник 23. 03. 1932	Мендель Мойсеев 02. 10. 1932
20	АннаЛюлькина 01. 03. 1941	Елена Криневич 12. 03. 1930	СофьяПрейсман 02. 12. 1944	МайкаПрейсман 08. 09. 1946
19	Песя Бронштейн 31. 08. 1919	Эстер Выховская 03. 09. 1919	Самуил Прейсман 25. 08. 1940	Фейга Каменецкая 15. 10. 1936
18	Арон Белокамень 25. 01. 1925	Рися Гольденберг 21. 08. 1939	Яков Матлин 03. 09. 1947	Григорий Матлин 02. 09. 1948
17	АбрамБелокамень 20. 12. 1942	Роза Раппопорт 03. 03. 1923	СоломонМатлин 04. 05. 1948	Хана Матлин 09. 03. 1926
16	Хава Ронес 02. 06. 1919	Екатерина Чаплик 23. 01. 1946	Самуил Бесенович 07. 10. 1948	Илья Гайзенберг 14. 02. 1943
15	Сарра Помус 28. 03. 1935	Иона Чаплик 27. 12. 1935	Роберт Гольдштейн 09. 05. 1953	Хаим Рехоми 06. 02. 1913
14		Исак Полонский 26. 04. 1916	Тайба Слуцкая 09. 02. 1946	Залман Вишневский 16. 10. 1939
13		Борис Столяр 01. 07. 1938	И. Слуцкий 21. 09. 1936	ДанилАльтшулер 09. 01. 1949
12		Ш. Слуцкер 11. 10. 1924		
11				

续表

排\列	13	12	11	10
10	Песя Лерман 25.08.1931	Клара Лукашевкер 29.07.1929	Эсфирь Бурсук 18.08.1948	Елена Лангман 24.03.1946
9	Иосиф Лерман 28.01.1952	Давид Лукашевкер 08.03.1938	Пейсах Бурсук 27.09.1937	Нахама Хабинская 30.04.1940
8	СофьяФейдман 14.03.1927	ПавилГоршкович 21.07.1943	ШломоФайгерш 13.09.1920	Люся Файгерш 14.07.1940
7		Исей Храмченко 12.10.1947	ИсаакФайгерш 24.03.1942	ЛазарьСоскин 12.04.1926
6	Двойра Пистунович 20.06.1930	Соломон Михайловский 15.01.1922	Самуил Саккер 05.12.1935	Исаак Кремер 26.05.1949
5	Вася Гуревич 21.01.1953	Исаак Вертман 28.10.1929	МихаилСаккер 14.03.1925	РевеккаКремер 06.03.1948
4	ЗалманГуревич 19.01.1930	Яков Евшевич 20.06.1948	ЛевСкороход 03.06.1941	Борис Терк 04.12.1941
3	СарраГуревич 02.04.1933		Мойсей Ноямницкий 28.12.1933	Арон Генин 14.05.1937
2	Идес Виницкая 06.05.1927	Морух Панческис 11.03.1922	Давид Фрумштейн 30.01.1934	Арон Черниховский 16.09.1933
1	Розалия Григубова 27.01.1932	Борис Лисер 21.08.1957	Хаим Кулик 15.12.1938	Мойше Трауб 07.01.1938

排\列	9	8	7	6
45	Акопова Тер 26.10.1957	Анна Матчанова 25.02.1961		
44		Цилия Либерман 18.08.1960		
27	Мойсей Ляс 25.04.1945			
26	Сарра Шмид 15.12.1943			
25	Хана Файн 24.05.1938			
24	Борис Немик 24.09.1963			
23	Давид Штофман 30.04.1933			
22	Хана Деич 05.11.1924			

续表

列\排	9	8	7	6
21	Фаддей Мишулович 08. 06. 1913			
20	Хана Мишулович 22. 04. 1918			
19	Хаим Маглин 30. 12. 1933			
18	Тобиас Унтербертер 06. 09. 1934			
17	Яков Воронов 14. 10. 1921			
16	Борис Вольфин 19. 10. 1934			
15	Мендель Ней 12. 11. 1941			
14	Израиль Неплох 20. 11. 1929			
13				
12				
11				
10	Разарь Трибух 22. 08. 1945			
9	Либа Трибух 25. 01. 1945			
8	Залман Дятловцкий 02. 04. 1928			
7	Мовша Дятловцкий 30. 12. 1936			
6	Хая Черноморская 18. 04. 1934			
5	Геня Черноморская 24. 09. 1927			
4	Мария Маргулес 16. 07. 1932			
3	Н. Маргулес 29. 04. 1937			
2	Филип Маргулес 28. 09. 1911			
列\排	9	8	7	6
1				

排列	5	4	3	2	1
47					Малвина Рудминский 28.07.1943
46					Юрий Элкина 27.05.1943
31	Ида Левина				
30	Шмуль Жик 14.12.1930				
29	С. Ковнер 16.07.1939	В. Самсонович 05.11.1913			Ушер Руджинский 10.03.1948
28	Т. Магид 20.07.1939	С. Тандет			
27	Хая Топас 04.02.1922	Хана Баскина 01.06.1935	Мира Пинская 26.01.1914		
26	А. Топас 02.06.1914	Нисиль Раутман 10.11.1912	Хана Деич 07.06.1930		
25	Бейля Пузрина 09.04.1945	Симха Раутман 13.10.1946	Хая Шихман 06.11.1919		
24	Хана Лахманович 24.09.1916	Изабель Ханина 26.12.1921	Песя Зиф 16.05.1950		
23	Хаим Блитаницкий 11.09.1922	Реиса Раутман 15.06.1920	Ефим Верклорский 04.05.1935		
22	Матан Живин 23.10.1943	Малка Живин 06.08.1919		Владимир Абугов	
21	Ида Живина 28.01.1955	Даниил Живин 15.02.1926			Марк Абугов 18.05.1944
20	Дрира Штейнберг 26.11.1938	Башева Штейнберг 10.04.1934			
19	Шмуель Штейнберг 19.09.1933	Вимамин Рубенштейн 09.08.1935			
18	Макс Персов 02.11.1936	Давид Крайзельман 03.12.1915			

续表

列\排	5	4	3	2	1
17	Пинхас Персов 15.07.1933	Зиммаль Орлов 05.09.1942		Павел Хорец 09.05.1947	
16	Хаим Альтер 13.12.1916	Лев Ротенберг 04.10.1949	Вася Разносчик 02.07.1944	Аншель Разносчик 13.01.1946	
15	Бениа Кахновецкий 15.10.1945	Арон Островский 09.06.1929	Хана Портнова 29.08.1924	Елкин Путнов 16.05.1957	
14	Доба Цейтлин 24.07.1940	Иосиф Цейтлин 03.01.1945	Арон Бернштейн 28.03.1952	Мария Бернштейн 09.12.1927	
13	Борис Цейлин 14.01.1935	Исаак Галперин 29.01.1942	Залман Бернштейн 14.02.1939	Елизавета Миллер 21.06.1935	
12					
11					
10	Вельв Гладштейн 11.06.1931	Шпринца Гладштейн 05.09.1906	Хая Зантляуфер 18.03.1918	Голда Зантляуфер 13.11.1943	
9	Шлемо Гладштейн 24.08.1919	Сура Гладштейн 1946	Янкель Зантляуфер 13.02.1928	Иона Зантляуфер 28.02.1933	
8	Тоиба Шварцберг 31.03.1943	Бейля Кроз 22.02.1915	Сарра Экельман 13.05.1933	Рахиль Зац 23.05.1950	
7	Абрам Шварцберг 04.08.1942	Юда Кроз 05.04.1947	Леонтий Зац 21.01.1921	Мордехай Зац 23.07.1937	
6	Мордухай Сукеник 08.10.1927	Шая Сукеник 14.12.1920	Хая Мордухович 12.12.1924		Бенцион Белоусов 27.10.1949
5	Сарра Сукеник 28.12.1943	Перла Сукеник 11.01.1922	Наум Мордухович 12.12.1924		
4	Дина Тонконокая 15.05.1933	Мойше Юдкин 01.10.1915			
3	Алексей Тонконокий 1920		Иосиф Ольмерт 14.05.1941		
2	Вульф Зарецкий 26.03.1920				
1	Янкель Гарбар 16.05.1959	Гирш Мона 19.01.1963			

附录五 1953 年哈尔滨犹太宗教公会会员名册

Appendix Ⅴ The 1953 Roster of the Harbin Jewish Religious Society

中文名册

序号	姓　　氏	性别	名　字	出生时间（年）	国　籍	住　　　址
1	阿伦森	男	莫伊夏	1886	苏联	黑山街 47 号
2	阿格拉诺夫斯基	男	艾诺维	1918	苏联	经纬街 118 号
3	阿格拉诺夫斯卡娅	女	加林娜	1918	苏联	经纬街 118 号
4	阿格拉诺夫斯基	男	维克托	1940	苏联	经纬街 118 号
5	阿格拉诺夫斯卡娅	女	利季娅	1938	苏联	经纬街 118 号
6	阿格列	女	哈娜	1912	苏联	炮队街 9 号
7	阿布金	男	鲍里斯	1889	苏联	面包街 19 号
8	阿布金娜	女	克列拉	1923	苏联	面包街 19 号
9	阿布金娜-迈弗	女	叶拉娜	1894	苏联	面包街 19 号
10	艾森施泰因	男	拉赫米利	1860	苏联	第二躂子街 34 号
11	艾森施泰因	女	波林娜	1871	苏联	第二躂子街 34 号
12	阿帕托娃	女	巴夏	1906	苏联	新买卖街 19 号
13	阿夫托诺维奇	女	巴夏	1885	苏联	中国大街 198 号
14	阿布拉莫维奇	男	韦尼阿米克	1887	苏联	经纬街 155 号
15	布罗茨基	男	达维德	1891	苏联	面包街 57 号
16	布罗茨卡娅	女	叶娃	1893	苏联	面包街 57 号
17	布罗茨基	男	弗拉基米尔	1926	苏联	面包街 57 号
18	邦涅尔	男	莫伊谢伊	1888	苏联	面包街 93 号
19	勃兰特	男	达维德	1881	苏联	工部街 53 号
20	布龙施泰因	男	弗拉基米尔	1891	苏联	药铺街 1 号
21	别尔利亚夫斯基	男	瑙姆	1889	苏联	哥萨克街 57 号
22	巴辛	男	列维克	1903	苏联	商市街 43 号

序号	姓　氏	性别	名　字	出生时间(年)	国　籍	住　　址
23	布尔苏克	男	罗曼	1881	无国籍	药铺街 27 号
24	布尔苏克	女	丽娅	1887	无国籍	药铺街 27 号
25	布尔苏克	男	格里戈里	1880	苏　联	药铺街 27 号
26	布拉加尔	男	阿布拉姆-格尔什	1880	苏　联	沙曼街 68 号
27	布拉加尔	女	巴吉亚-鲁赫利亚	1887	苏　联	沙曼街 68 号
28	布拉加尔	男	达维德	1916	苏　联	新买卖街 2 号
29	布济诺韦尔	女	齐丽娅	1886	苏　联	沙曼街 81 号
30	博罗达夫金娜	女	萨拉	1913	苏　联	商市街 5 号
31	别尔科维奇	男	莱布	1874	苏　联	东商务街 37 号
32	别尔科维奇	男	弗拉基米尔	1910	苏　联	东商务街 37 号
33	别尔科维奇	女	奥利加	1899	无国籍	东商务街 37 号
34	布列斯列尔	男	梅尔	1886	以色列	市场街 39 号
35	布列斯列尔	女	马尔卡	1893	以色列	市场街 39 号
36	巴拉霍维奇	女	拉希尔	1879		宣威街 16 号
37	本吉亚-埃梅斯	女	哈瓦-格尼亚	1884	苏　联	面包街 19 号
38	巴赫	男	阿龙	1891	苏　联	田地街 39 号
39	宾科维奇	女	柳博芙	1893	无国籍	安顺街 67 号
40	布尔昆	男	莫尔德科	1884	苏　联	东商务街 30 号
41	布尔昆	女	马尔卡-哈娅	1888	苏　联	东商务街 30 号
42	巴斯曼	男	约瑟夫-格尔什	1901	苏　联	安顺街 40 号
43	别尔格曼	男	梅尔	1883	无国籍	马街 38 号
44	博罗达夫金娜	女	柳博芙	1881	苏　联	经纬 162 号
45	博罗娃娅	女	弗莱达	1901	苏　联	俄国街 51 号
46	别利斯基	男	莫伊舍	1879	苏　联	日本街 39 号
47	别利斯卡娅	女	涅哈玛	1879	苏　联	日本街 39 号
48	别列霍维奇	女	萨拉-罗赫利亚	1900	无国籍	第二蹚子街 11 号
49	布利茨	女	玛丽娅	1886	苏　联	中国大街 22 号
50	鲍格丹诺夫斯卡娅	女	丽塔	1899	无国籍	大坑街 4 号
51	别尔列利松	男	纳赫曼	1886	苏　联	面包街 46 号
52	别尔列利松	女	吉特利亚	1898	苏　联	面包街 46 号
53	布林杰尔	男	阿布拉姆	1893	无国籍	面包街 41 号
54	布林杰尔	女	伊塔	1905	无国籍	面包街 41 号
55	博奇杰因	男	博鲁赫	1873	苏　联	经纬二道街 55 号
56	布林施泰因	男	约瑟夫	1877	苏　联	商市街 60 号
57	拜吉娜	女	叶夫根尼娅	1930	苏　联	大坑街 26 号
58	别尔科维奇	男	马尔克	1951	苏　联	东商务街 37 号
59	魏因古尔特	女	索夏	1876	无国籍	东商务街 23 号
60	沃利曼	男	约瑟夫	1892	无国籍	药铺街 1 号

序号	姓　氏	性别	名　字	出生时间(年)	国籍	住　址
61	魏因施泰因	男	什列马	1910	苏联	木介街 6 号
62	沃尔科娃	女	米娜	1907	苏联	哥萨克街 28 号
63	瓦尔沙夫基	男	伊利亚	1884	苏联	安顺街 116 号
64	瓦尔沙夫基	男	约瑟夫	1911	苏联	工部街 116 号
65	维克托罗维奇	男	维克托	1884	苏联	经纬街 162 号
66	维克托罗维奇	女	埃斯菲里	1883	苏联	经纬街 162 号
67	韦尔绍夫斯基	男	伊萨克	1897	无国籍	炮队街 9 号
68	瓦特涅尔	男	阿布拉姆–伊采克	1872	苏联	中国大街 2 号
69	瓦特涅尔	男	哈娜	1884	苏联	中国大街 2 号
70	韦格达罗维奇	男	桑多尔	1897	匈牙利	分部街 14 号
71	吉巴杜利娜	女	安娜	1928		面包街 69 号
72	加利佩林	女	爱列奥诺拉	1924	苏联	大坑街 4 号
73	加利佩林	女	卡尔梅拉	1944	苏联	大坑街 4 号
74	古列维奇	男	西姆哈	1897	苏联	第四蹚子街 26 号
75	加尔巴尔	男	扬克利	1880	苏联	炮队街 9 号
76	戈列利克	男	阿布拉姆	1893	苏联	经纬街 152 号
77	戈列利克	女	萨拉	1899	苏联	经纬街 152 号
78	戈别尔尼克	男	姚吉达	1898	苏联	司科别列夫街 4 号
79	戈别尔尼克	男	雅科夫	1910	苏联	司科别列夫街 4 号
80	戈别尔尼克	女	拉希尔	1921	苏联	司科别列夫街 4 号
81	戈别尔尼克	女	埃斯捷尔	1942	苏联	司科别列夫街 4 号
82	戈别尔尼克	男	格里戈里	1944	苏联	司科别列夫街 4 号
83	盖津贝科	女	德韦拉	1895	苏联	面包街 57 号
84	盖津贝科	男	纳坦	1923	苏联	面包街 57 号
85	盖津贝科	男	伊利亚	1952	苏联	面包街 57 号
86	格林贝尔格	女	萨拉	1892	苏联	水洼子街 106 号
87	格林贝尔格	女	瓦莲京娜	1913	苏联	水洼子街 106 号
88	加利佩林	男	阿布拉姆	1881	苏联	东商务街 15 号
89	格罗斯曼	男	阿布拉姆	1885	苏联	炮队街 61 号
90	格尔班	女	图芭	1885	苏联	药铺街 2 号
91	盖曼	男	所罗门	1883	苏联	安国街 6 号
92	戈尔德施泰因	男	戈别尔特	1882	苏联	商市街 69 号
93	戈尔德施泰因	女	利季娅	1897	苏联	商市街 69 号
94	戈尔德施泰因	男	列夫	1921	苏联	药铺街 1 号
95	戈尔德施泰因	男	索菲娅	1924	苏联	药铺街 1 号
96	戈尔德施泰因	男	安热利卡		苏联	药铺街 1 号
97	戈尔德施泰因	男	马斯尔克	1950	苏联	药铺街 1 号
98	古列维奇	男	博鲁赫	1887	苏联	商市街 60 号

序号	姓　氏	性别	名　　字	出生时间(年)	国　籍	住　　址
99	古列维奇	女	安娜	1899	苏　联	商市街60号
100	格罗茨卡娅	女	埃斯捷尔	1898	苏　联	炮队街9号
101	戈林施泰因	男	沙博贾	1881	苏　联	炮队街9号
102	格罗斯曼	男	格里戈里	1885	波　兰	东商务街23号
103	格罗斯曼	女	克拉拉	1893	波　兰	东商务街23号
104	格罗斯曼	男	伊利亚	1927	波　兰	东商务街23号
105	格罗斯曼	女	玛尔戈丽娅	1923	无国籍	东商务街23号
106	格利杰贝尔格	男	哈伊姆	1892	苏　联	
107	格利杰贝尔格	女	米娜	1896	苏　联	商市街46号
108	格利杰贝尔格	男	达维德	1927	苏　联	商市街46号
109	戈赫什坦德—奥伊赫什坦德	男	埃利亚	1884	苏　联	新城大街88号
110	戈赫什坦德—奥伊赫什坦德	男	索菲娅	1905	苏　联	新城大街88号
111	甘杰利	女	金达	1881	苏　联	面包街41号
112	加尼辛	男	谢苗	1907	苏　联	道里江沿12号
113	戈洛夫奇涅尔	女	吉特利亚		苏　联	大坑街19号
114	戈洛夫奇涅尔	男	格里戈里	1919	苏　联	大坑街19号
115	格拉乌泽	女	波林娜	1884	苏　联	透笼街8号
116	格尔什别尔格	女			苏　联	
117	格尔什科维奇	女	索菲娅	1901	苏　联	东商务街25号
118	格尔什科维奇	男	伊萨克	1921	苏　联	东商务街25号
119	金丁	男	哈伊姆	1898	无国籍	经纬街118号
120	格林别尔格	女	伊莎贝拉	1878	无国籍	巴陵街123号
121	戈兰斯基	男	达维德	1878	苏　联	经纬街170号
122	戈兰斯卡娅	女	杰博拉	1885	苏　联	经纬街170号
123	杜布松	男	亚历山大	1915	苏　联	面包街99号
124	杜纳耶夫斯基	男	佩萨赫	1908	苏　联	炮队街89号
125	多利别尔格	男	莱巴	1884	苏　联	第五趟子街22号
126	达什科夫斯基	男	雅科夫	1900	苏　联	日本街26号
127	达什科夫斯卡娅	女	薇拉	1900	苏　联	炮队街9号
128	杰伊奇	男	列伊泽尔	1905	苏　联	安国街1号
129	若罗夫	男	列夫	1905	苏　联	水洼子街110号
130	若罗娃	女	玛丽娅	1875	苏　联	水洼子街110号
131	热维纳-扎维娜	女	伊达	1889	苏　联	炮队街9号
132	热列兹尼亚科夫	男	伊兹拉伊尔-库斯特	1888	苏　联	道里江沿36号
133	热列兹尼亚科娃	女	泽利达	1917	苏　联	道里江沿36号

序号	姓　氏	性别	名　字	出生时间(年)	国　籍	住　址
134	宗杰尔万	男	费利克斯	1879	无国籍	道里江沿 67 号
135	扎尔马诺娃	女	哈娜-齐帕	1884	苏联	马街 65 号
136	兹拉特金	男	所罗门	1879	苏联	面包街 71 号
137	扎列茨基	男	莫尔杜赫	1896	苏联	经纬街 155 号
138	扎列茨卡娅	女	吉塔	1910	苏联	经纬街 155 号
139	扎列茨卡娅	女	因娜	1929	苏联	经纬街 155 号
140	佐罗塔列娃	女	马丽亚玛	1909	苏联	哥萨克街 5 号
141	祖博夫尼克	男	拉赫米利	1895	苏联	卢家街 61 号
142	约费	男	武尔夫	1889	苏联	炮队街 9 号
143	伊茨哈吉娜	女	丽娅		苏联	
144	伊利英娜	女	安娜	1900	苏联	中国大街 198 号
145	卡尔林斯卡娅	女	哈娅—季霞	1889	苏联	安宁街 52 号
146	科雷姆斯基	男	伊茨科	1871	苏联	炮队街 9 号
147	科雷姆斯卡娅	女	季娜	1896	苏联	炮队街 9 号
148	考夫曼	男	弗拉基米尔	1894	苏联	商市街 60 号
149	考夫曼	男	伊利亚	1940	苏联	商市街 60 号
150	卡甘	男	马克斯	1874	无国籍	炮队街 9 号
151	科茨	男	伊兹拉伊尔-米赫利	1875	苏联	马街 21 号
152	科茨	女	沙伊娜	1887	苏联	马街 21 号
153	科茨	男	列夫	1907	苏联	第五蹚子街 8 号
154	科茨	女	布卢马	1918	苏联	第五蹚子街 8 号
155	科茨	男	沙诺	1945	苏联	第五蹚子街 8 号
156	科恩	男	埃林斯特	1907	无国籍	商市街 110 号
157	科恩	女	贝尔塔	1886	苏联	炮队街 1 号
158	卡弗菲利	男	弗丽达	1874	苏联	哥萨克街 34 号
159	凯利斯	男	扬克利	1928	苏联	炮队街 9 号
160	卡加涅尔	男	武尔夫	1880	苏联	炮队街 70 号
161	卡加涅尔	女	内夏	1887	苏联	炮队街 70 号
162	库什涅尔	女	索菲娅	1905	苏联	药铺街 8 号
163	库什涅尔	男	卡尔曼	1898	苏联	市场街 39 号
164	库什涅尔	女	西马	1905	苏联	市场街 39 号
165	库什涅尔	男	伊萨克	1936	苏联	市场街 39 号
166	库什涅尔	女	安娜	1935	苏联	市场街 39 号
167	库什涅尔	女	穆夏	1944	苏联	市场街 39 号
168	科莱曼	女	埃斯捷尔	1899	苏联	面包街 69 号
169	卡恩	男	康斯坦丁	1892	苏联	经纬街 111 号
170	科罗杰尔	男	菲舍尔	1887	波兰	大坑街 19 号

续表

序号	姓　氏	性别	名　字	出生时间(年)	国　籍	住　址
171	科罗杰尔	女	马尔卡	1889	波兰	大坑街19号
172	卡涅尔	男	所罗门(达维德加拉马)	1886	苏联	药铺街22号
173	卡涅尔	女	里夫卡	1894	苏联	药铺街22号
174	卡涅尔	男	纳坦	1921	苏联	药铺街22号
175	科列茨梅尔	女	叶夫根尼娅	1884	苏联	沙曼街16号
176	基普尼斯	女	费尔加	1887	苏联	沙曼街16号
177	科甘	女	博布鲁夏	1889	苏联	经纬街155号
178	科甘	女	伊拉	1923	苏联	经纬街155号
179	科拉涅尔	女	吉特利亚	1880		
180	科甘	男	安纳托利	1899	苏联	中国大街160号
181	卡尔帕切夫	男	萨姆伊尔	1880	无国籍	炮队街34号
182	卡尔帕切娃	女	萨拉	1883	苏联	炮队街34号
183	科列斯尼科娃	女	丽娅	1922	苏联	短街21号
184	卢夫特	女	凯拉	1915	苏联	面包街51号
185	卢夫特	男	伊察克-武尔夫	1896	苏联	面包街51号
186	列维茨基	男	弗拉基米尔	1892	苏联	工部街53号
187	利谢尔	男	鲍里斯	1885	苏联	第四趟子街12号
188	莱温	男	基尔什	1881	波兰	大坑街19号
189	列维京	男	莫伊捷	1900	苏联	工部街53号
190	列昂诺夫	男	纳夫图拉	1879	苏联	面包街72号
191	列昂诺娃	女	丽娅	1890	苏联	面包街72号
192	列奥东	男	约瑟夫	1890	苏联	巴陵街123号
193	列文斯基	男	伊德尔	1886	苏联	商市街100号
194	列文斯卡娅	女	弗莱达	1890	苏联	商市街100号
195	列文斯卡娅	女	采齐丽娅	1943	苏联	商市街100号
196	列姆贝尔格	男	达维德	1887	苏联	经纬街162号
197	列姆贝尔格	女	索伊别尔	1898	苏联	经纬街162号
198	莱温	男	莫伊谢伊	1884	苏联	中国大街160号
199	列维京	男	莫伊谢伊	1896	苏联	中国大街202号
200	列维京娜	女	利季娅	1911	苏联	中国大街202号
201	列维京娜	女	伊塔	1938	苏联	中国大街202号
202	列维京娜	女	马尔卡	1945	苏联	中国大街202号
203	利赫季格	男	约胡农	1894	波兰	经纬街172号
204	利赫季格	女	贝尔塔	1910	波兰	经纬街172号
205	利赫季格	男	阿布拉姆	1944	波兰	经纬街172号
206	莱温	男	平胡斯	1890		
207	林德涅尔	男	罗塔利	1895	无国籍	经纬街56号

序号	姓　氏	性别	名　字	出生时间(年)	国　籍	住　址
208	林德涅尔	女	埃斯捷尔	1887	苏联	经纬56号
209	林坚戈利茨	男	莫伊谢伊	1890	苏联	大坑街82号
210	林坚戈利茨	女	柳夏	1908	苏联	大坑街82号
211	利别尔曼	女	齐丽娅	1900	苏联	马街8号
212	列维宗	男	所罗门	1886	苏联	炮队街9号
213	莱曼施泰因	男	列夫	1900	苏联	商市街110号
214	莱曼施泰因	女	法尼亚	1900	苏联	商市街110号
215	莱曼施泰因	女	格尼亚	1925	苏联	商市街110号
216	拉布科夫斯卡娅	女	赖萨	1881	苏联	哥萨克街34号
217	马雷	男	西姆哈	1896	苏联	哥萨克街34号
218	马拉娅	女	别拉	1900	苏联	哥萨克街34号
219	曼诺韦茨基	男	雅科夫	1922	苏联	东商务街35号
220	梅津	男	约瑟夫	1885	苏联	炮队街29号
221	梅吉娜	女	埃斯菲里	1902	苏联	炮队街29号
222	门德列维奇	女	巴夏	1885	苏联	木街52号
223	门德列维奇	男	莫尔杜赫	1915	苏联	木介街52号
224	马多尔斯卡娅	女	别拉	1895	苏联	马街102号
225	马多尔斯卡娅	女	费加	1909	苏联	马街102号
226	马多尔斯基	男	雅科夫	1897	苏联	马街102号
227	米利希科尔	男	雅科夫	1873	苏联	炮队街9号
228	米利科尔	女	伊达	1899	苏联	炮队街9号
229	梅京	男	雅科夫	1892	苏联	大坑街87号
230	姆吉尼茨基	男	鲍里斯	1907	苏联	马街98号
231	蒙切尔	男	阿龙	1875	苏联	商市街83号
232	马格拉姆	男	埃弗利伊姆	1884	苏联	经纬街118号
233	马特恰诺娃	女	安娜	1889	苏联	马街8号
234	马赫林	男	莱巴-莫尔德科	1882	苏联	哥萨克街45号
235	马赫林	女	萨拉	1889	苏联	哥萨克街45号
236	马赫林	男	扎尔曼	1914	苏联	哥萨克街45号
237	莫德鲁斯	男	基尔什	1891	苏联	大坑街20号
238	莫德鲁斯	女	罗扎丽娅	1897	苏联	大坑街20号
239	梅利曼	女	玛德利娜	1890	苏联	日本街49号
240	莫希茨卡娅	女	埃斯菲里	1888	苏联	炮队街9号
241	莫尔德尔霍维奇	男	瑙姆	1883	苏联	大直街53号
242	梅罗维奇	女	拉希尔	1896	无国籍	哥萨克街28号
243	马多哈西	女	萨拉	1901	日　本	江北船坞123号
244	蒙德茨	男	基尔什	1885	苏联	炮队街9号
245	莫尔恰科夫斯卡娅	女	列维卡	1882	苏联	炮队街9号
246	米特布洛伊特	男	鲍里斯	1910		

续表

序号	姓　氏	性别	名　字	出生时间(年)	国　籍	住　址
247	莫诺斯宗	男	莫伊谢伊	1895	苏　联	炮队街85号
248	莫诺斯宗	女	杰波拉	1902	苏　联	炮队街85号
249	莫诺斯宗	女	阿夏	1923	苏　联	炮队街85号
250	莫什科维奇	男	伊利亚		苏　联	大坑街82号
251	莫什科维奇	女	叶夫根尼娅		苏　联	大坑街82号
252	涅米罗夫斯卡娅	女	凯拉	1896	苏　联	哥萨克街27号
253	涅米罗夫斯基	男	纳坦	1922	苏　联	哥萨克街37号
254	涅米罗夫斯卡娅	女	叶夫根尼雅	1925	苏　联	哥萨克街37号
255	涅米罗夫斯基	男	列昂尼德	1948	苏　联	哥萨克街37号
256	涅伊费利德	女	马利亚姆	1880	波　兰	沙曼街4号
257	娜弗塔利娜	女	列娅	1878	苏　联	日本街49号
258	诺索温茨基	男	别尔霍	1887	苏　联	大坑街20号
259	诺索温茨卡娅	女	吉夏	1897	苏　联	大坑街20号
260	涅米克	男	鲍里斯	1906	苏　联	哥萨克街20号
261	涅米克	女	法尼亚	1914	苏　联	哥萨克街20号
262	涅米克	女	拉希尔	1910	苏　联	哥萨克街20号
263	涅米克	男	马尔克	1932	苏　联	哥萨克街20号
264	涅米克	女	索菲娅	1941	苏　联	哥萨克街20号
265	奥尔霍夫	男	本纳明	1895	苏　联	监狱街
266	奥尔霍娃	女	马尔卡	1896	苏　联	监狱街
267	奥昆	男	阿布拉姆	1872	苏　联	东商务街64号
268	奥吉利	男	什姆尔	1876	苏　联	商市街29号
269	奥吉利	女	拉舍尔	1891	苏　联	商市街29号
270	奥利舍夫斯卡娅	女	列文卡	1885	以色列	马街65号
271	奥希诺夫斯基	男	阿纳托利	1911	苏　联	药铺街1号
272	奥希诺夫斯卡娅	女	根利艾达	1915	苏　联	药铺街1号
273	奥希诺夫斯基	男	列夫	1948	苏　联	药铺街1号
274	奥尼库尔	女	弗莱达	1888	苏　联	马街65号
275	奥尼库尔	女	拉希尔	1924	苏　联	马街65号
276	普拉特	男	基尔什	1894	苏　联	大坑街82号
277	普拉特	女	比尼娅	1897	苏　联	大坑街82号
278	帕列伊	男	阿弗鲁姆	1879	苏　联	炮队街9号
279	帕列伊	女	辛娜	1886	苏　联	炮队街9号
280	宾斯基	男	尤德科	1886	苏　联	药铺街85号
281	博尔特涅尔	男	艾玛努伊尔	1889	波　兰	商市街41号
282	别夫兹涅尔	男	阿布拉姆	1891	苏　联	中国大街129号
283	波多利斯卡娅	女	丽娅	1910	苏　联	第四�子街15号
284	波多利斯卡娅	女	埃斯菲里	1939	苏　联	第四�子街15号
285	波多利斯基	男	叶夫谢伊	1936	苏　联	第四�子街15号

序号	姓　氏	性别	名　字	出生时间（年）	国　籍	住　址
286	波尔特诺夫	男	埃昆	1876	苏　联	炮队街 24 号
287	波尔特诺夫	女	玛娜	1894	苏　联	炮队街 24 号
288	波利多达-达纳洛娃	女	弗丽达	1898	无国籍	面包街 87 号
289	普利卢卡	女	哈娅	1887	苏　联	炮队街 9 号
290	帕列伊	女	娜杰日达	1901	苏　联	炮队街 9 号
291	普鲁然	女	安娜	1909	无国籍	哥萨街 20 号
292	波波娃	女	薇拉	1898	无国籍	东商务街 37 号
293	劳津	女	明德利	1895	苏　联	大坑街 4 号
294	鲁缅采娃	女	鲁菲娜	1892		炮队街 9 号
295	拉波波尔特	男	列昂季	1883	苏　联	炮队街 64 号
296	罗森菲尔德	女	巴夏	1883	苏　联	水洼子街 49 号
297	罗森布吕姆	女	佩尔拉	1878	苏　联	炮队街 9 号
298	罗森茨韦格	女	安娜	1886	苏　联	马街 65 号
299	列赫斯	男	莫伊谢伊	1897	苏　联	炮队街 100 号
300	列赫斯	女	德韦拉	1902	苏　联	炮队街 100 号
301	列赫斯	男	哈伊姆	1924	苏　联	东商务街 25 号
302	列赫斯	女	加林娜	1902	苏　联	东商务街 25 号
303	里夫金	男	以色列	1886	苏　联	高加索街 37 号
304	罗斯薇	女	列文卡	1880	苏　联	炮队街 9 号
305	拉比诺维奇	女	埃斯捷尔	1882	苏　联	大坑街 71 号
306	罗森施泰因	男	尼松		苏　联	马街
307	雷夫金娜	女	塔季扬娜	1923	苏　联	第四蹚子街 8 号
308	雷夫金	男	亚历山大	1945	苏　联	第四蹚子街 8 号
309	雷夫金	男	谢苗	1947	苏　联	第四蹚子街 8 号
310	赖津	男	鲍里斯	1909	苏　联	哥萨克街 8 号
311	赖津娜	女	拉希尔	1908	苏　联	哥萨克街 8 号
312	罗森包姆	女	薇拉	1900	苏　联	安顺街 116 号
313	索罗韦伊奇克	男	莫伊谢伊	1889	苏　联	商市街 69 号
314	索罗韦伊奇克	女	拉希尔	1912	苏　联	商市街 69 号
315	斯托利亚尔	男	莫尔德科	1898	苏　联	商市街 65 号
316	斯托利亚尔	女	萨拉	1916	苏　联	商市街 65 号
317	斯托利亚尔	男	叶菲姆	1938	苏　联	商市街 65 号
318	斯托利亚尔	男	阿多利夫	1940	苏　联	商市街 65 号
319	斯托利亚尔	男	雅科夫	1942	苏　联	商市街 65 号
320	斯托利亚尔	男	格尔什	1908	苏　联	商市街 65 号
321	斯托利亚尔	女	玛丽娅	1920	苏　联	商市街 65 号
322	斯托利亚尔	男	努西姆	1947		商市街 65 号
323	斯托利亚尔	女	索菲娅	1944	苏　联	商市街 65 号
324	斯托利亚尔	男	约瑟夫	1900	苏　联	商市街 65 号

序号	姓 氏	性别	名 字	出生时间(年)	国 籍	住 址
325	斯托利亚尔	女	叶夫根尼娅	1915	苏 联	商市街65号
326	斯托利亚尔	女	伊塔	1941	苏 联	商市街65号
327	斯托利亚尔	女	玛丽娅	1937	苏 联	商市街65号
328	斯托利亚尔	男	莱布	1902	苏 联	商市街65号
329	西涅利尼科夫	男	哈伊姆-博尔	1891	苏 联	商市街69号
330	谢加尔	女	沙伊娜	1881	波 兰	短街14号
331	斯特拉斯特曼	男	哈斯克利	1890		安化街99号
332	斯特拉斯特曼	男	伊萨克	1890	苏 联	安化街99号
333	斯特拉斯特曼	女	丽娅	1896	苏 联	安化街99号
334	斯塔尔科夫	男	阿布拉姆	1911	苏 联	面包街5号
335	斯塔尔科夫	女	奥利加	1914	苏 联	面包街5号
336	斯塔尔科夫	男	拉斐尔	1933	苏 联	面包街5号
337	斯托利亚尔	女	保利纳	1886	苏 联	经纬街150号
338	斯塔尔尼斯	男	米阿依姆	1899	苏 联	商市街5号
339	斯塔尔尼斯	女	柳博芙	1899	苏 联	商市街5号
340	西阿吉纳	女	季娜伊达	1924	苏 联	大坑街20号
341	西阿吉纳	女	利季娅	1947	苏 联	大坑街20号
342	谢利措夫斯卡娅	女	玛拉	1879	苏 联	炮队街9号
343	杰斯明尼茨卡娅	女	萨拉	1892	苏 联	炮队街9号
344	塔帕斯	女	吉娜	1899	苏 联	东商务街5号
345	塔帕斯	男	所罗门	1891	苏 联	东商务街5号
346	特洛伊岑	男	莫伊谢伊	1906	苏 联	安国街3号
347	特洛伊岑	女	叶莲娜	1917	苏 联	安国街3号
348	特洛伊岑	男	阿布拉姆	1944	苏 联	安国街3号
349	特洛伊岑	男	马尔克	1952	苏 联	安国街3号
350	特洛伊岑娜	女	哈娜	1874	苏 联	安国街3号
351	杰佩尔	男	哈伊姆	1889	波 兰	炮队街9号
352	杰佩尔	女	尤丽娅	1894	波 兰	炮队街9号
353	杰佩尔	男	伊萨克	1922	波 兰	炮队街9号
354	杰佩尔	女	丽娅	1922	波 兰	炮队街9号
355	杰佩尔	男	别尔	1946	波 兰	炮队街9号
356	杰佩尔	男	杰奥多尔	1952	波 兰	炮队街9号
357	特洛茨基	男	莱布	1919	苏 联	马街102号
358	特罗茨卡娅	女	萨拉	1923	苏 联	马街102号
359	泰茨	男	叶菲姆	1901	苏 联	炮队街9号
360	图马吉娜	女	埃斯菲里	1880	无国籍	炮队街9号
361	特罗伊鲁博娃	女	苏拉	1892	苏 联	哥萨克街40号
362	菲尔索夫	男	格里戈里	1884		马家沟
363	富尔曼	男	亚普克尔	1887	苏 联	东商务街37号

续表

序号	姓　氏	性别	名　字	出生时间(年)	国　籍	住　址
364	富尔曼	女	罗兹哈尼亚	1903	苏　联	东商务街37号
365	菲舍娃	女	沙伊娜	1885	苏　联	哥萨克街10号
366	菲戈尔曼	女	德韦拉	1908	苏　联	第一蹚子街18号
367	法伊韦舍维基	男	阿布拉姆	1885	苏　联	商市街20号
368	弗利什曼	男	雅科夫	1893	苏　联	马街65号
369	法因贝尔格	女	巴夏	1892	苏　联	第二蹚子街34号
370	弗伦科尔	男	阿多利夫	1908	苏　联	马街65号
371	弗伦科尔	女	赖萨	1915	苏　联	马街65号
372	弗伦科尔	男	约瑟夫	1942	苏　联	马街65号
373	弗伦科尔	男	格里戈里	1913	苏　联	炮队街70号
374	弗伦科尔	女	利娃	1922	苏　联	炮队街70号
375	弗伦科尔	男	丽塔	1943	苏　联	炮队街70号
376	菲尔德尔	男	莫伊谢伊	1882	苏　联	东商务街92号
377	菲什巴伊姆	男	绍洛姆	1914	波　兰	面包街17号
378	福纳列夫	男	米哈伊尔	1849	苏　联	药铺街16号
379	福纳列娃	女	什利玛	1897	苏　联	药铺街16号
380	福纳列夫	男	拉多尔	1914	苏　联	药铺街16号
381	福纳列娃	女	卢菲	1935	苏　联	药铺街16号
382	法米利安特	男	列夫	1894	苏　联	商市街20号
383	芬克尔施泰因	男	约瑟夫	1884	苏　联	炮队街100号
384	费尔沙洛夫	男	米哈伊尔	1896	苏　联	经纬二道街55号
385	福纳列娃	女	米利娅姆	1913	苏　联	面包街57号
386	霍罗什	男	尤里	1923	苏　联	哥萨克街27号
387	霍罗什	女	丽娅	1924	苏　联	哥萨克街27号
388	霍罗什	男	叶利扎尔	1946	苏　联	哥萨克街27号
389	霍罗什	男	列夫	1895	苏　联	东商务街37号
390	霍罗什	女	埃斯菲里	1898	苏　联	东商务街37号
391	赫拉姆连科	女	萨拉利维	1894	苏　联	大坑街48号
392	赫梅利尼茨卡娅	女	恩塔	1889	苏　联	安宁街92号
393	哈伊莫维奇	男	谢苗	1888	苏　联	大坑街4号
394	哈伊莫维奇	女	埃斯菲里	1893	苏　联	商市街60号
395	茨维别利	男	米哈伊尔	1898	苏　联	炮队街35号
396	茨维别利	女	奥达	1900	苏　联	炮队街35号
397	茨维别利	男	鲍里斯	1922	苏　联	炮队街35号
398	楚克尔曼	女	玛丽娅	1893	无国籍	大坑街82号
399	察普尼克	男	拉扎利	1887	苏　联	哥萨克街40号
400	察普尼克	女	恰尔娜	1915	苏　联	哥萨克街40号
401	齐加尔尼茨基	男	拉扎利	1901	苏　联	中国大街122号
402	察巴尔	女	西马	1917	苏　联	中国大街122号

续表

序号	姓　氏	性别	名　字	出生时间（年）	国　籍	住　址
403	恰普利克	男	格里戈里	1894	苏　联	经纬街 150 号
404	恰普利克	女	丽娅	1903	苏　联	经纬街 150 号
405	恰普利克	男	约安	1937	苏　联	经纬街 150 号
406	恰普利克	女	柳博芙	1909	苏　联	经纬街 150 号
407	恰普利克	女	萨拉	1898	苏　联	俄国街 51 号
408	恰尔尼亚克	男	基尔什	1896	苏　联	俄国街 51 号
409	舒利格鲁斯	男	努赫伊	1886	苏　联	东商务街 90 号
410	施泰因加尔特	男	绍洛姆	1889	苏　联	经纬街 162 号
411	施泰因加尔特	女	赫娜	1894	苏　联	经纬街 162 号
412	施泰纳	女	萨拉	1891	苏　联	第五蹚子街 8 号
413	施泰纳	男	诺西姆	1915	苏　联	第五蹚子街 8 号
414	施泰纳	男	艾昂	1923	苏　联	第五蹚子街 8 号
415	绍茨赫特	男	阿弗鲁姆	1896	苏　联	第五蹚子街 16 号
416	绍茨赫特	女	伊塔	1901	苏　联	第五蹚子街 16 号
417	绍茨赫特	男	纳坦	1930	苏　联	第五蹚子街 16 号
418	夏皮罗	女	德沃尔恩	1893	苏　联	安宁街 52 号
419	施奈杰尔曼	男	阿龙	1887	苏　联	齐齐哈尔街 2 号
420	施姆科列尔	男	达维德	1898	苏　联	经纬街 170 号
421	什克洛夫斯基	男	伊茨赖尔	1884	苏　联	商市街 43 号
422	什克洛夫斯基	女	柳博芙	1906	苏　联	商市街 43 号
423	什克洛夫斯基	男	萨姆伊尔	1927	苏　联	商市街 43 号
424	什克洛夫斯卡娅	女	季谢尔	1889	苏　联	商市街 43 号
425	施奈德尔	男	约瑟夫	1900	苏　联	商市街 29 号
426	施奈德尔	女	列娅	1911	苏　联	商市街 29 号
427	施奈德尔	女	玛丽娅	1940	苏　联	商市街 29 号
428	施奈德尔	女	因娜	1943	苏　联	商市街 29 号
429	施米特利	男	埃瓦利德	1898	无国籍	俄国街 51 号
430	施米特利	男	哈伊姆	1883	无国籍	药铺街 8 号
431	施米特利	女	索菲娅	1889	无国籍	药铺街 8 号
432	施泰因贝尔格	男	米哈伊尔	1900	苏　联	大坑街 33 号
433	施姆伊洛维奇	男	阿布拉姆	1876	苏　联	炮队街 9 号
434	施泰因阿尔特	女	埃斯捷尔	1880	苏　联	面包街 69 号
435	希斯杰尔	男	梅尔	1876	苏　联	炮队街 124 号
436	埃夫罗伊姆斯基	男	博鲁赫	1888	苏　联	炮队街 70 号
437	埃夫罗伊姆斯基	女	别拉	1897	苏　联	炮队街 70 号
438	埃夫罗伊姆斯基	男	拉扎利	1927	苏　联	炮队街 70 号
439	爱泼斯坦	女	哈娜	1888	苏　联	大坑街 102 号

序号	姓　　氏	性别	名　　字	出生时间(年)	国　籍	住　　址
440	爱泼斯坦	女	萨拉	1910	苏　联	大坑街 102 号
441	埃利亚什松	男	门德尔	1870	苏　联	马街 65 号
442	尤杰洛维奇	男	以色列	1892	苏　联	经纬二道街 55 号
443	尤罗夫斯基	男	达维德	1882	苏　联	马街 37 号
444	尤塔列维奇	男	所罗门	1887	苏　联	东商务街 25 号
445	爱泼斯坦	女	恩塔	1867	苏　联	炮队街 9 号
446	什姆列夫斯卡娅	女	罗尼娅	1885	苏　联	中国大街 198 号
447	卡尔帕切娃	女	斯坦尼斯拉娃	1881	苏　联	商市街 65 号
448	亚尔霍	男	雅科夫	1914	苏　联	第二巴陵街 4 号
449	亚尔霍	女	德韦拉	1914	苏　联	第二巴陵街 4 号
450	亚尔霍	男	格里戈里	1933	苏　联	第二巴陵街 4 号
451	亚尔霍	男	伊萨克	1935	苏　联	第二巴陵街 4 号
452	亚尔霍	男	阿多利夫	1943	苏　联	第二巴陵街 4 号
453	亚尔霍	女	埃斯菲里	1948	苏　联	第二巴陵街 4 号
454	亚斯诺韦尔	男	哈伊姆	1865	苏　联	沙曼街 47 号

　　说明：表中苏联 395 人；无国籍 29 人；以色列 3 人；波兰 19 人；匈牙利 1 人；日本 1 人；国籍不明者 6 人；共计 454 人。

The English Version

Serial No.	Family Name	Given Nname	Gender (male or female)	Year of Birth	Nationality	Address (Street)
1	Aronson	Moischa	male	1886	Soviet	47 Chernogorskaya
2	Agranovsky	Einovay	male	1918	Soviet	118 Diagonalnaya
3	Agranovskaya	Galina	female	1918	Soviet	118 Diagonalnaya
4	Agranovsky	Viktor	male	1940	Soviet	118 Diagonalnaya
5	Agranovskaya	Lidiya	female	1938	Soviet	118 Diagonlnaya
6	Agre	Hana	female	1912	Soviet	9 Artilleriskaya
7	Abkin	Boris	male	1889	Soviet	19 Pekarnaya
8	Abkina	Klera	female	1923	Soviet	19 Pekarnaya
9	Abkina – Maif	Elana	female	1894	Soviet	19 Pekarnaya
10	Aizenshtein	Rahmil	male	1860	Soviet	34 2nd – Ayaliniya
11	Aizenshtein	Polina	female	1871	Soviet	34 2nd – Auliniya
12	Apatova	Basia	female	1906	Soviet	19 Novotorgovaya
13	Avtonovich	Basia	female	1885	Soviet	198 Kitaiskaya
14	Abramovich	Veniamik	male	1887	Soviet	155 Diagonalnaya

Serial No.	Family Name	Given Nname	Gender (male or female)	Year of Birth	Nationality	Address (Street)
15	Brodsky	David	male	1891	Soviet	57 Pekarnaya
16	Brodskaya	Eva	female	1893	Soviet	57 Pekarnaya
17	Brodsky	Vladimir	male	1926	Soviet	57 Pekarnaya
18	Bonner	Moisey	male	1888	Soviet	93 Pekarnaya
19	Brandt	David	male	1881	Soviet	53 2nd – Diagonal
20	Bronshtein	Vladimir	male	1891	Soviet	1 Aptekarskaya
21	Berliavsky	Naum	male	1889	Soviet	57 Kazachya
22	Bassin	Levik	male	1903	Soviet	43 Birzhevaya
23	Bursuk	Roman	male	1881	Stateless	27 Aptekarskaya
24	Bursuk	Liya	female	1887	Stateless	27 Aptekarskaya
25	Bursuk	Grigory	male	1880	Soviet	27 Aptekarskaya
26	Bragar	Abram – Gersh	male	1880	Soviet	68 Samannaya
27	Bragar	Bagiya – Ruhlia	female	1887	Soviet	68 Samannaya
28	Bragar	David	male	1916	Soviet	2 Novotorgovaya
29	Buzinover	Tsilia	female	1886	Soviet	81 Samannaya
30	Borodavkinna	Sarra	female	1913	Soviet	5 Birzhevaya
31	Berkovich	Leib	male	1874	Soviet	37 Kommercheskaya
32	Berkovich	Vladimir	male	1910	Soviet	37 Kommercheskaya
33	Berkovich	Olga	female	1899	Stateless	37 Kommercheskaya
34	Bresler	Meer	male	1886	Israeli	39 Rynochnaya
35	Bresler	Malka	female	1893	Israeli	39 Rynochnach
36	Barahovich	Rahil	female	1879	unknown	16 Nadezhdinskaya
37	Bengis Emes	Hava – Genia	female	1884	Soviet	19 Pekarnaya
38	Bah	Aron	male	1891	Soviet	39 Podevaya
39	Binkovich	Liubov	female	1893	Stateless	67 1st – Pskovskaya
40	Burkun	Mordko	male	1884	Soviet	30 Kommercheskaya
41	Burkun	Malka – Haya	female	1888	Soviet	30 Kommercheskaya
42	Basman	Iosif – Gersh	male	1901	Soviet	40 1st – Pskovskaya
43	Bergman	Meer	male	1883	Stateless	38 Konnaya
44	Borodavkina	Liubov	female	1881	Soviet	162 Diagonalnaya
45	Borovaya	Freida	female	1901	Soviet	51 Russkaya
46	Belsky	Moishe	male	1879	Soviet	39 Yaponskaya
47	Belskaya	Nehama	female	1879	Soviet	39 Yaponskaya
48	Berehovich	Sarra – Rohlia	female	1900	Stateless	11 2nd – Piniya
49	Blits	Mariya	female	1886	Soviet	22 Kitayskaya

续表

Serial No.	Family Name	Given Nname	Gender (male or female)	Year of Birth	Nationality	Address (Street)
50	Bogdanovskaya	Rita	female	1899	Stateless	4 Yamskaya
51	Berlelson	Nahman	male	1886	Soviet	46 Pekarnaya
52	Berlelson	Gitlia	female	1898	Soviet	46 Pekarnaya
53	Blinder	Abram	male	1893	Stateless	41 Pekarnaya
54	Blinder	Ita	female	1905	Stateless	41 Pekarnaya
55	Bochtein	Bruh	male	1873	Soviet	55 2nd – Diagonal
56	Brinshtein	Iosif	male	1877	Soviet	60 Birzhevaya
57	Baidina	Evgeniya	female	1930	Soviet	26 Yamskaya
58	Berkovich	Mark	male	1951	Soviet	37 Kommercheskaya
59	Vaingurt	Sosia	female	1876	Stateless	23 Kommercheskaya
60	Volman	Iosif	male	1892	Stateless	1 Aptekarskaya
61	Vainshtein	Shlema	male	1910	Soviet	6 Drovyanaya
62	Volkova	Mina	female	1907	Soviet	28 Kazachya
63	Varshavky	Ilia	male	1884	Soviet	116 1st – Psskovskaya
64	Varshavky	Iosif	male	1911	Soviet	116 2nd – Diaonal
65	Viktorovich	Viktor	male	1884	Soviet	162 Diagonalnaya
66	Viktorovich	Esfer	female	1883	Soviet	162 Diagonalnaya
67	Vershovsky	Isaak	male	1897	Stateless	9 Artillerskaya
68	Vatner	Abram – Itsek	male	1872	Soviet	2 Kitayskaya
69	Vatner	Hana	male	1884	Soviet	2 Kitayskaya
70	Vigdorovich	Sandor	male	1897	Hungarian	14 Razdelnaya
71	Gibadulina	Anna	female	1928	Soviet	69 Pekarnaya
72	Galperin	Eleonora	female	1924	Soviet	4 Yamskaya
73	Galperin	Karmmela	female	1944	Soviet	4 Yamskaya
74	Gurevich	Simha	male	1897	Soviet	26 4th – Pinya
75	Garbar	Yankel	male	1880	Soviet	9 Artillerskaya
76	Gorelik	Abram	male	1893	Soviet	152 Diaonalnaya
77	Gorelik	Sarra	female	1899	Soviet	152 Diaonalnaya
78	Gobernik	Ieogida	male	1898	Soviet	4 Skobelevskaya
79	Gobernik	Yaakov	male	1910	Soviet	4 Skobelevskaya
80	Goberink	Rahil	female	1921	Soviet	4 Skobelevskaya
81	Gobernik	Ester	female	1942	Soviet	4 Skobelevskaya
82	Gobernik	Grigory	male	1944	Soviet	4 Skobelevskaya
83	Gaizenberg	Dveira	female	1895	Soviet	57 Pekarnaya
84	Gaizenberg	Natan	male	1923	Soviet	57 Pekarnaya

Serial No.	Family Name	Given Nname	Gender (male or female)	Year of Birth	Nationality	Address (Street)
85	Gaiznberg	Ilia	male	1952	Soviet	57 Pekarnaya
86	Grinberg	Sarra	female	1892	Soviet	106 Bolotnaya
87	Grinberg	Valentina	female	1913	Soviet	106 Bolotnaya
88	Galperin	Abram	male	1881	Soviet	15 Kommercheskaya
89	Grosman	Abram	male	1885	Soviet	61 Artillerskaya
90	Gerban	Tuba	female	1885	Soviet	2 Aptekarskaya
91	Geiman	Solomon	male	1883	Soviet	6 Vladimirskaya
92	Goldshtein (died in 1938)	Gobert	male	1882	Soviet	69 Birzhevaya
93	Goldshtein	Lidiya	female	1897	Soviet	69 Birzhevaya
94	Goldshtein	Lev	male	1921	Soviet	1 Aptekarskaya
95	Goldshtein	Sofia	male	1924	Soviet	1 Aptekarskaya
96	Goldshtein	Anzhelika	male		Soviet	1 Aptekarskaya
97	Goldshtein	Mosrk	male	1950	Soviet	1 Aptekarskaya
98	Gurevich	Boruh	male	1887	Soviet	60 Birzhevaya
99	Gurevich	Anna	female	1899	Soviet	60 Birzhevaya
100	Grodskaya	Ester	female	1898	Soviet	9 Artillerskaya
101	Gorinshtein	Shabzia	male	1881	Soviet	9 Artillerskaya
102	Grosman	Grigory	male	1885	Polish	23 Kommercheskaya
103	Grosman	Klara	female	1893	Polish	23 Kommercheskaya
104	Grosman	Ilia	male	1927	Polish	23 Kommercheskaya
105	Grosman	Margolia	female	1923	Stateless	23 Kommercheskaya
106	Goldenberg	Haim	male	1892	Soviet	
107	Goldenberg	Mina	female	1896	Soviet	46 Birzhevaya
108	Goldenberg	David	male	1927	Soviet	46 Birzhevaya
109	Gohshtand – Oihshtand	Elia	male	1884	Soviet	88 Novogorodnvaya
110	Gohshtand – Oihshtand	Sofia	male	1905	Soviet	88 Novogorodnaya
111	Gandel	Ginda	female	1881	Soviet	41 Pekarnaya
112	Ganihin	Semen	male	1907	Soviet	12 Beregovaya
113	Golovchiner	Gitlia	female		Soviet	19 Yamskaya
114	Golovchiner	Grigory	male	1919	Soviet	9 Yamskaya
115	Grauze	Polina	female	1884	Soviet	8 Skvznaya
116	Gershberg		female		Soviet	

Serial No.	Family Name	Given Nname	Gender (male or female)	Year of Birth	Nationality	Address (Street)
117	Gershkovich	Sofia	female	1901	Soviet	25 Kommercheskya
118	Gershkovich	Issak	male	1921	Soviet	25 Kommercheskya
119	Gindin	Haim	male	1898	Stateless	118 Diagonalna
120	Grinberg	Izabella	female	1878	Stateless	123 Borodinskaya
121	Golansky	David	male	1878	Soviet	170 Diagonalna
122	Golanskaya	Debora	female	1885	Soviet	170 Diagonalna
123	Dubson	Aleksandr	male	1915	Soviet	99 Pekarnaya
124	Dunaevsky	Peisah	male	1908	Soviet	89 Artilerskaya
125	Dolberg	Leiba	male	1884	Soviet	22 5th – Liniya
126	Dashkovsky	Yaakov	male	1900	Soviet	26 Yaponskaya
127	Dashkovskaya	Vera	female	1900	Soviet	9 Artillerisk
128	Deich	Leizer	male	1905	Soviet	1 Vladimirsk
129	Zhorov	Lev	male	1905	Soviet	110 Bolotnaya
130	Zhorova	Mariya	female	1875	Soviet	110 Bolotnaya
131	Zhevina – Zavina	Ida	female	1889	Soviet	9 Artilleriska
132	Zhelezniakov	Israel – Kust	male	1888	Soviet	36 Berekovaya
133	Zheleznyakova	Zelda	female	1917	Soviet	36 Berekovaya
134	Zondervan	Feliks	male	1879	Stateless	67 Berekovaya
135	Zalmanova	Hana – Tsipa	female	1884	Soviet	65 Konnaya
136	Zlatkin	Solomon	male	1879	Soviet	71 Pekarnaya
137	Zaretsky	Morduh	male	1896	Soviet	155 Diagonalnaya
138	Zaretskaya	Gita	female	1910	Soviet	155 Diagonalnaya
139	Zaretskaya	Inna	female	1929	Soviet	155 Diagonalnaya
140	Zolotareva	Maryama	female	1909	Soviet	5 Kazachya
141	Zubovnik	Rahmil	male	1895	Soviet	61 Rumynskaya
142	Ioffe	Vulf	male	1889	Soviet	9 Artilleriskaya
143	Itzhakina	Liya	female		Soviet	
144	Ilina	Anna	female	1900	Soviet	198 Kitayskaya
145	Karlinskaya	Haya – Tisia	female	1889	Soviet	52 Zeysko – Atamanskaya
146	Krymsky	Itsko	male	1871	Soviet	9 Artilleriskaya
147	Krymskaya	Zina	female	1896	Soviet	9 Artilleriskaya
148	Kaufman	Vladimir	male	1894	Soviet	60 Birzhkvaya
149	Kaufman	Ilia	male	1940	Soviet	60 Birzhkvaya
150	Kagan	Maks	male	1874	Stateless	9 Artilleriskaya

Serial No.	Family Name	Given Nname	Gender (male or female)	Year of Birth	Nationality	Address (Street)
151	Kots	Israel – Mihel	male	1875	Soviet	21 Konnaya
152	Kots	Sheina	female	1887	Soviet	21 Konnaya
153	Kots	Lev	male	1907	Soviet	8 5th – Liniya
154	Kots	Bliuma	female	1918	Soviet	8 5th – Liniya
155	Kots	Shaano	male	1945	Soviet	8 5th – Liniya
156	Kon	Erinst	male	1907	Stateless	110 Birzhkvaya
157	Kon	Berta	female	1886	Soviet	1 Artilleriskaya
158	Kaffel	Frida	male	1874	Soviet	34 Kazachya
159	Keilis	Yankel	male	1928	Soviet	9 Artilleriskaya
160	Kaganer	Vulf	male	1880	Soviet	70 Artilleriskaya
161	Kaganer	Nesia	female	1887	Soviet	70 Artilleriskaya
162	Kushner	Sofia	female	1905	Soviet	8 Aptekarskaya
163	Kushner	Kalman	male	1898	Soviet	39 Rynochnaya
164	Kushner	Sima	female	1905	Soviet	39 Rynochnaya
165	Kushner	Isaak	male	1936	Soviet	39 Rynochnaya
166	Kushner	Anna	female	1935	Soviet	39 Rynochnaya
167	Kushner	Musia	female	1944	Soviet	39 Rynochnaya
168	Kleiman	Ester	female	1899	Soviet	69 Pekarnaya
169	Kann	Konstantin	male	1892	Soviet	111 Diagonalnaya
170	Kroter	Fishel	male	1887	Polish	19 Yamskaya
171	Kroter	Malka	female	1889	Polish	19 Yamskaya
172	Kaner	Solomon (David Galama)	male	1886	Soviet	22 Aptekarskaya
173	Kaner	Rivka	female	1894	Soviet	22 Aptekapskaya
174	Kaner	Natan	male	1921	Soviet	22 Aptekarskaya
175	Krezmer	Evgenia	female	1884	Soviet	16 Samannaya
176	Kipnis	Felga	female	1887	Soviet	16 Samannaya
177	Kogan	Dobrsia	female	1889	Soviet	155 Diagonalnaya
178	Kogan	Ira	female	1923	Soviet	155 Diagonalnaya
179	Klaner	Gitlia	female	1880	unknown	
180	Kogan	Anatoly	male	1899	Soviet	160 Kitayskaya
181	Karpachev	Samuil	male	1880	Stateless	34 Artilleriskaya
182	Karpacheva	Sarra	female	1883	Soviet	34 Artilleriskaya
183	Kolesnikova	Liya	female	1922	Soviet	21 Kortkaya
184	Luft	Keila	female	1915	Soviet	51 Pekarnaya

Serial No.	Family Name	Given Nname	Gender (male or female)	Year of Birth	Nationality	Address (Street)
185	Luft	Itsak – Vulf	male	1896	Soviet	51 Pekarnaya
186	Levitsky	Vladimir	male	1892	Soviet	53 2nd – Diagonalnaya
187	Lisser	Boris	male	1885	Soviet	124th – Liniya
188	Levin	Girsh	male	1881	Polish	19 Yamskaya
189	Levitin	Moite	male	1900	Soviet	53 2nd – Diagonalnaya
190	Leonov	Naftura	male	1879	Soviet	72 Pekarnaya
191	Leonova	Liya	female	1890	Soviet	72 Pekarnaya
192	Leodon	Iosif	male	1890	Soviet	123 Borodinskaya
193	Levinsky	Idel	male	1886	Soviet	100 Birzhevaya
194	Levinskaya	Freida	female	1890	Soviet	100 Birzhevaya
195	Levinskaya	Tsetsilia	female	1943	Soviet	100 Birzhevaya
196	Lemberg	David	male	1887	Soviet	162 Diagonalnaya
197	Lemberg	Soibel	female	1898	Soviet	162 Diagonalnaya
198	Levin	Moisey	male	1884	Soviet	160 Kitayskaya
199	Levitin	Moisey	male	1896	Soviet	202 Kitayskaya
200	Levitina	Lidiya	female	1911	Soviet	202 Kitayskaya
201	Levitina	Ita	female	1938	Soviet	202 Kitayskaya
202	Levitina	Malka	female	1945	Soviet	202 Kitayskaya
203	Lihtig	Iohunon	male	1894	Polish	172 Diagonalnaya
204	Lihtig	Berta	female	1910	Polish	172 Diagonalnaya
205	Lihtig	Abram	male	1944	Polish	172 Diagonalnaya
206	Levnn	Pinhus	male	1890	unknown	
207	Lindner	Lotar	male	1895	Stateless	56 Diagonalnaya
208	Lindner	Ester	female	1887	Soviet	56 Diagonalnaya
209	Lindengolts	Moisey	male	1890	Soviet	82 Yamskaya
210	Lindengolts	Liusia	female	1908	Soviet	82 Yamskaya
211	Liberman	Tsiliya	female	1900	Soviet	8 Konnaya
212	Levinzon	Solomon	male	1886	Soviet	9 Artillerskaya
213	Leimanshtein	Lev	male	1900	Soviet	110 Birzhevaya
214	Leimanshtein	Fania	female	1900	Soviet	110 Birzhevaya
215	Leimanshtein	Genia	female	1925	Soviet	110 Birzhevaya
216	Labkovskaya	Raisa	female	1881	Soviet	34 Kazachya
217	Malai	Simha	male	1896	Soviet	34 Kazachya

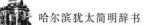

Serial No.	Family Name	Given Nname	Gender (male or female)	Year of Birth	Nationality	Address (Street)
218	Malaya	Bella	female	1900	Soviet	34 Kazachya
219	Mannovetsky	Yaakov	male	1922	Soviet	35 Kommercheskaya
220	Meizin	Iosif	male	1885	Soviet	29 Artillerskaya
221	Meizina	Esfir	female	1902	Soviet	29 Artillerskaya
222	Mendelevich	Basia	female	1885	Soviet	52 Dravyannaya
223	Mendelevich	Morduh	male	1915	Soviet	52 Dravyannaya
224	Madorskaya	Beila	female	1895	Soviet	102 Konnaya
225	Madorskaya	Feiga	female	1909	Soviet	102 Konnaya
226	Madorsky	Yaakov	male	1897	Soviet	102 Konnaya
227	Milihiker	Yaakov	male	1873	Soviet	9 Artillerskaya
228	Milihiker	Ida	female	1899	Soviet	9 Artillerskaya
229	Meitin	Yaakov	male	1892	Soviet	87 Yamskaya
230	Muginitsky	Boris	male	1907	Soviet	98 Konnaya
231	Muncher	Aron	male	1875	Soviet	83 Birzhevaya
232	Magram	Eflim	male	1884	Soviet	118 Diagonalnaya
233	Matchanova	Anna	female	1889	Soviet	8 Konnaya
234	Mahlin	Leiba – Mordko	male	1882	Soviet	45 Kazachya
235	Mahlin	Sarra	female	1889	Soviet	45 Kazachya
236	Mahlin	Zalman	male	1914	Soviet	45 Kazachya
237	Modrus	Girsh	male	1891	Soviet	20 Yamskaya
238	Modrus	Rozalia	female	1897	Soviet	20 Yamskaya
239	Melman	Madlina	female	1890	Soviet	49 Yaponskaya
240	Moshitskaya	Esfir	female	1888	Soviet	9 Artilerskaya
241	Mordrhovich	Naum	male	1883	Soviet	53 Bprospekt
242	Meerovich	Rahil	female	1896	Stateless	28 Kazachya
243	Motohasi	Sarra	female	1901	Japanese	123 Zaton – Sun – Dzn
244	Mondz	Girsh	male	1885	Soviet	9 Artilerskaya
245	Molchakovskaya	Revekka Areksandra	female	1882	Soviet	9 Artilrskaya
246	Mitbroit	Boris	male	1910	unknown	
247	Monoszon	Moissy	male	1895	Soviet	85 Artilerskaya
248	Monoszon	Debora	female	1902	Soviet	85 Artilerskaya
249	Monoszon	Asia	female	1923	Soviet	85 Artilerskaya
250	Moshkovich	Ilya	male		Soviet	82 Yamskaya

续表

Serial No.	Family Name	Given Nname	Gender (male or female)	Year of Birth	Nationality	Address (Street)
251	Moshkovich	Evgenia	female		Soviet	82 Yamskaya
252	Nemirovskaya	Keila	female	1896	Soviet	27 Kazachya
253	Nemirosky	Natan	male	1922	Soviet	37 Kazachya
254	Nemiroskaya	Evgenia	female	1925	Soviet	37 Kazachya
255	Nemirosky	Leonid	male	1948	Soviet	37 Kazachya
256	Neifeld	Maryam	female	1880	Polish	4 Samannaya
257	Naftalina	Leya	female	1878	Soviet	49 Yponskaya
258	Nosovintsky	Berho	male	1887	Soviet	20 Yamskaya
259	Nosovintskaya	Gisia	female	1897	Soviet	20 Yamskaya
260	Nemik	Boris	male	1906	Soviet	20 Kazachya
261	Nemik	Fania	female	1914	Soviet	20 Kazachya
262	Nemik	Rahil	female	1910	Soviet	20 Kazachya
263	Nemik	Mark	male	1932	Soviet	20 Kazachya
264	Nemik	Sofia	female	1941	Soviet	20 Kazachya
265	Orhov	Bennamin	male	1895	Soviet	Tyuremiaya
266	Orhova	Malka	female	1896	Soviet	Tyurmnaya
267	Okun	Abram	male	1872	Soviet	64 Kommercheskaya
268	Ogiri	Shmul	male	1876	Soviet	29 Birzhevaya
269	Ogiri	Rashel	female	1891	Soviet	29 Birzhevaya
270	Olshevskaya	Revenka	female	1885	Israeli	65 Konnaya
271	Osinovky	Anatoly	male	1911	Soviet	1 Aptekarskaya
272	Osinovkaya	Genrietta	female	1915	Soviet	1 Aptekarskaya
273	Osinovky	Lev	male	1948	Soviet	1 Aptekarskaya
274	Onikul	Freida	female	1888	Soviet	65 Konnaya
275	Onikul	Rahil	female	1924	Soviet	65 Konnaya
276	Plat	Girsh	male	1894	Soviet	82 Yamskaya
277	Plat	Binia	female	1897	Soviet	82 Yamskaya
278	Paley	Avrum	male	1879	Soviet	9 Artillerskaya
279	Paley	Hena	female	1886	Soviet	9 Artillerskaya
280	Pinsky	Yudko	male	1886	Soviet	85 Aptekarskaya
281	Portner	Emmanuil	male	1889	Polish	41 Birzhevaya
282	Pevzner	Abram	male	1891	Soviet	129 Kitayskyaa
283	Podolskaya	Liya	female	1910	Soviet	15 4th – AyaLiniya
284	Podolskaya	Esfir	female	1939	Soviet	15 4th – AyaLiniya
285	Podolsky	Evsey	male	1936	Soviet	15 4th – AyaLiniya

Serial No.	Family Name	Given Nname	Gender (male or female)	Year of Birth	Nationality	Address (Street)
286	Portnov	Elkun	male	1876	Soviet	24 Artllerskaya
287	Portnov	Mana	female	1894	Soviet	24 Artillerskaya
288	PolidodaDanalova	Frida	female	1898	Stateless	87 Pekaraya
289	Priluka	Haya	female	1887	Soviet	9 Artillerskaya
290	Paley	Nadezhda	female	1901	Soviet	9 Artillerskaya
291	Pruzhan	Anna	female	1909	Stateless	20 Kazachya
292	Popova	Vera	female	1898	Stateless	37 Kommercheskaya
293	Rauzen	Mindel	female	1895	Soviet	4 Yamskaya
294	Rumiantseva	Rufina	female	1892	unknown	9 Artillerskaya
295	Rapoport	Leonty	male	1883	Soviet	64 Artillerskaya
296	Rozenferd	Basia	female	1883	Soviet	49 Bolotnaya
297	Rozenblium	Perla	female	1878	Soviet	9 Artillerskaya
298	Rozentsveig	Anna	female	1886	Soviet	65 Konnaya
299	Rehes	Moisey	male	1897	Soviet	100 Artillerskaya
300	Rehes	Dveira	female	1902	Soviet	100 Artillerskaya
301	Rehes	Haim	male	1924	Soviet	25 Kommercheskaya
302	Rehes	Galina	female	1902	Soviet	25 Kommercheskaya
303	Rivkin	Israel	male	1886	Soviet	37 Kavkazskaya
304	Rosvve	Revekka	female	1880	Soviet	9 Artillerskaya
305	Rabinovich	Ester	female	1882	Soviet	71 Yamskaya
306	Rozenshtein	Nison	male		Soviet	Konnaya
307	Rivkina	Tatyana	female	1923	Soviet	8 4th – Liniya
308	Rivkin	Aleksandar	male	1945	Soviet	8 4th – Liniya
309	Rivkin	Semen	male	1947	Soviet	8 4th – Liniya
310	Reizin	Boris	male	1909	Soviet	8 Kazachya
311	Reizina	Rahil	female	1908	Soviet	8 Kazachya
312	Rozenbaum	Vera	female	1900	Soviet	116 1st – Pskovskaya
313	Soloveichik	Moisey	male	1889	Soviet	69 Birzhevaya
314	Soloveichik	Rahil	female	1912	Soviet	69 Birzhevaya
315	Stoliar	Mordko	male	1898	Soviet	65 Birzhevaya
316	Stoliar	Sarra	female	1916	Soviet	65 Birzhevaya
317	Stoliar	Efim	male	1938	Soviet	65 Birzhevaya
318	Stoliar	Adolf	male	1940	Soviet	65 Birzhevaya
319	Stoliar	Yaakov	male	1942	Soviet	65 Birzhevaya

Serial No.	Family Name	Given Nname	Gender (male or female)	Year of Birth	Nationality	Address (Street)
320	Stoliar	Gersh	male	1908	Soviet	65 Birzhevaya
321	Stoliar	Mariya	female	1920	Soviet	65 Birzhevaya
322	Stoliar	Nuhim	male	1947	Soviet	65 Birzhevaya
323	Stoliar	Sofia	female	1944	Soviet	65 Birzhevaya
324	Stoliar	Iosif	male	1900	Soviet	65 Birzhevaya
325	Stoliar	Evgenia	female	1915	Soviet	65 Birzhevaya
326	Stoliar	Ita	female	1941	Soviet	65 Birzhevaya
327	Stoliar	Mariya	female	1937	Soviet	65 Birzhevaya
328	Stoliar	Leib	male	1902	Soviet	65 Birzhevaya
329	Sinelnikov	HaimBor	male	1891	Soviet	69 Birzhevaya
330	Segal	Sheina	female	1881	Polish	14 Korotkaya
331	Strastman	Haskel	male	1890	Soviet	99 Tverskaya
332	Strastman	Isaak	male	1890	Soviet	99 Tverskaya
333	Strastman	Liya	female	1896	Soviet	99 Tverskaya
334	Starkov	Abram	male	1911	Soviet	5 Pekarnaya
335	Starkov	Olbga	female	1914	Soviet	5 Pekarnaya
336	Starkov	Rafail	male	1933	Soviet	5 Pekarnaya
337	Stoliar	Paulina	female	1886	Soviet	150 Diagonalnaya
338	Starnis	Miaaim	male	1899	Soviet	5 Birzhevaya
339	Starnis	Liubov	female	1899	Soviet	5 Birzhevaya
340	Siagina	Zinaida	female	1924	Soviet	20 Yamskaya
341	Siagina	Lidiya	female	1947	Soviet	20 Yamskaya
342	Seltsovskaya	Mara	female	1879	Soviet	9 Arthlerskaya
343	Tesmeenitskaya	Sarra	female	1892	Soviet	9 Arthlerskaya
344	Topaz	Dina	female	1899	Soviet	5 Komercheskaya
345	Topaz	Solomon	male	1891	Soviet	5 Komercheskaya
346	Troitsein	Moisey	male	1906	Soviet	3 Vladimir
347	Troitsein	Elena	female	1917	Soviet	3 Vladimir
348	Troitsein	Abram	male	1944	Soviet	3 Vladimir
349	Troitsein	Mark	male	1952	Soviet	3 Vladimir
350	Troitseina	Hana	female	1874	Soviet	3 Vladimir
351	Tepper	Haim	male	1889	Polish	9 Artillerskaya
352	Tepper	Yulia	female	1894	Polish	9 Artillerskaya
353	Tepper	Isaak	male	1922	Polish	9 Artillerskaya
354	Tepper	Liya	female	1922	Polish	9 Artillerskaya

续表

Serial No.	Family Name	Given Nname	Gender (male or female)	Year of Birth	Nationality	Address (Street)
355	Tepper	Ber	male	1946	Polish	9 Artillerskaya
356	Tepper	Teodor	male	1952	Polish	9 Artillerskaya
357	Trotsky	Leib	male	1919	Soviet	102 Konnaya
358	Trotskaya	Sarra	female	1923	Soviet	102 Konnaya
359	Taits	Efim	male	1901	Soviet	9 Artillerskaya
360	Tumarkina	Esfir	female	1880	stateless	9 Artillerskaya
361	Troilubova	Sura	female	1892	Soviet	40 Kazvchya
362	Firsov	Grigory	male	1884	unknown	Mozyatou
363	Furman	Yapkel	male	1887	Soviet	37 Kommercheskaya
364	Furman	Rozkhaniya	female	1903	Soviet	37 Kommercheskaya
365	Fisheva	Sheina	female	1885	Soviet	10 Kazvchya
366	Feigelman	Dveira	female	1908	Soviet	18 1st – Diniya
367	Faivisheveky	Abram	male	1885	Soviet	20 Birzhevya
368	Frishman	Yaakov	male	1893	Soviet	65 Konnaya
369	Fainberg	Basia	female	1892	Soviet	34 2nd – Liniya
370	Frenkel	Adolf	male	1908	Soviet	65 Konnaya
371	Frenkel	Raisa	female	1915	Soviet	65 Konnaya
372	Frenkel	Iosif	male	1942	Soviet	65 Konnaya
373	Frenkel	Grigory	male	1913	Soviet	70 Artillerskaya
374	Frenkel	Riva	female	1922	Soviet	70 Artillerskaya
375	Frenkel	Rita	male	1943	Soviet	70 Artillerskaya
376	Ferdel	Moisey	male	1882	Soviet	92 Kommercheskaya
377	Fishbaim	Sholom	male	1914	Polish	17 Pekarnaya
378	Fonarev	Mihail	male	1849	Soviet	16 Aptekarskaya
379	Fonareva	Shlima	female	1897	Soviet	16 Aptekarskaya
380	Fonarev	Lador	male	1914	Soviet	16 Aptekarskaya
381	Fonareva	Ruf	female	1935	Soviet	16 Aptekarskaya
382	Familiant	Lev	male	1894	Soviet	20 Birzhevaya
383	Finkelshtein	Iosif	male	1884	Soviet	100 Atillerskaya
384	Fershalov	Mihail	male	1896	Soviet	55 2nd – Diagonalnaya
385	Fonareva	Miryam	female	1913	Soviet	57 Pekarnaya
386	Horosh	Yury	male	1923	Soviet	27 Kazachya
387	Horosh	Liya	female	1924	Soviet	27 Kazachya
388	Horosh	Eliazar	male	1946	Soviet	27 Kazachya
389	Horosh	Lev	male	1895	Soviet	37 Kommercheskaya

Serial No.	Family Name	Given Nname	Gender (male or female)	Year of Birth	Nationality	Address (Street)
390	Horosh	Esfir	female	1898	Soviet	37 Kommercheskaya
391	Hramlenko	Sarrapive	female	1894	Soviet	48 Yamskaya
392	Hmelnitskaya	Enta	female	1889	Soviet	92 Zeysko – Atamskaya
393	Haimovich	Semen	male	1888	Soviet	4 Yamskaya
394	Haimovich	Esfir	female	1893	Soviet	60 Birzhevaya
395	Tsvibel	Mihail	male	1898	Soviet	35 Artillerskaya
396	Tsvibel	Oda	female	1900	Soviet	35 Artillerskaya
397	Tsvibel	Boris	male	1922	Soviet	35 Artillerskaya
398	Tsukkerman	Mariya	female	1893	Stateless	82 Yamskaya
399	Tsapnik	Lazal	male	1887	Soviet	40 Kazachya
400	Tsapnik	Charna	female	1915	Soviet	40 Kazachya
401	Tsigalnitsky	Lazar	male	1901	Soviet	122 Kitsyskaya
402	Tsabal	Sima	female	1917	Soviet	122 Kitsyskaya
403	Chaplik	Grigory	male	1894	Soviet	150 Diagonalnaya
404	Chaplik	Liya	female	1903	Soviet	150 Diagonalnaya
405	Chaplik	Ioann	male	1937	Soviet	150 Diagonalnaya
406	Chaplik	Liubov	female	1909	Soviet	150 Diagonalnaya
407	Chaplik	Sarra	female	1898	Soviet	51 Russkaya
408	Chapniak	Girsh	male	1896	Soviet	51 Russkaya
409	Shuriglus	Nuhei	male	1886	Soviet	90 Kommercheskaya
410	Shteingart	Sholom	male	1889	Soviet	162 Diagonalnaya
411	Shteingart	Hena	female	1894	Soviet	162 Diagonalnaya
412	Shteiner	Sarra	female	1891	Soviet	8 5th – Diniya
413	Shteiner	Nohim	male	1915	Soviet	8 5th – Diniya
414	Shteiner	Aon	male	1923	Soviet	8 5th – Diniya
415	Shotshet	Avrum	male	1896	Soviet	16 5th – Diniya
416	Shotshet	Ita	female	1901	Soviet	16 5th – Diniya
417	Shotshet	Natan	male	1930	Soviet	16 5th – Diniya
418	Shapiro	Dvoirn	female	1893	Soviet	52 Zeysko – Atamskaya
419	Shnaiderman	Aron	male	1887	Soviet	2 Tsitsikarskaya
420	Shmukler	David	male	1898	Soviet	170 Diagonalnaya
421	Shklovsky	Israel	male	1884	Soviet	43 Birzhevaya
422	Shklovsky	Liubov	female	1906	Soviet	43 Birzhevaya

Serial No.	Family Name	Given Nname	Gender (male or female)	Year of Birth	Nationality	Address (Street)
423	Shklovsky	Samuil	male	1927	Soviet	43 Birzhevaya
424	Shklovskaya	Zisel	female	1889	Soviet	43 Birzhevaya
425	Shneider	Iosif	male	1900	Soviet	29 Birzhevaya
426	Shneider	Leya	female	1911	Soviet	29 Birzhevaya
427	Shneider	Mariya	female	1940	Soviet	29 Birzhevaya
428	Shneider	Inna	female	1943	Soviet	29 Birzhevaya
429	Shmidl	Evald	male	1898	Stateless	51 Russkaya
430	Shpendel	Haim	male	1883	Stateless	8 Aptekarskaya
431	Shpendel	Sofia	female	1889	Stateless	8 Aptekarskaya
432	Shteinberg	Mihail	male	1900	Soviet	33 Yamskaya
433	Shmuilovich	Abram	male	1876	Soviet	9 Artillerskaya
434	Shteinardt	Ester	female	1880	Soviet	69 Pekarnaya
435	Shister	Meer	male	1876	Soviet	124 Artillerskaya
436	Efroimsky	Boruh	male	1888	Soviet	70 Artillerskaya
437	Efroimsky	Beila	female	1897	Soviet	70 Artillerskaya
438	Efroimsky	Razar	male	1927	Soviet	70 Artillerskaya
439	Epshtein	Hana	female	1888	Soviet	102 Yamskaya
440	Epshtein	Sarra	female	1910	Soviet	102 Yamskaya
441	Eliashson	Mendel	male	1870	Soviet	65 Konnaya
442	Yudelovich	Israel	male	1892	Soviet	55 2nd – Diaonalnaya
443	Yurovsky	David	male	1882	Soviet	37 Konnaya
444	Yudalevich	Solomon	male	1887	Soviet	25 Kommercheskaya
445	Epshtein	Enta	female	1867	Soviet	9 Artillerskaya
446	Shmulevskaya	Ronia	female	1885	Soviet	198 Kitayskaya
447	Karpacheva	Stanislava	female	1881	Soviet	65 Birzhevaya
448	Yarho	Yaakov	male	1914	Soviet	4 2nd – Borodinskaya
449	Yarho	Dveira	female	1914	Soviet	4 2nd – Borodinskaya
450	Yarho	Grigory	male	1933	Soviet	4 2nd – Borodinskaya
451	Yarho	Issak	male	1935	Soviet	4 2nd – Borodinskaya

续表

Serial No.	Family Name	Given Nname	Gender (male or female)	Year of Birth	Nationality	Address (Street)
452	Yarho	Adolf	male	1943	Soviet	4 2nd – Borodinskaya
453	Yarho	Esfir	female	1948	Soviet	4 2nd – Borodinskaya
454	Yasinover	Haim	male	1865	Soviet	47 Samannaya

Note：The 454 persons as listed above are made up of 395 Soviets，29 stateless persons，19 Polish citizens，6 persons of unknown nationalities，3 Israelis，1 Hungarian and 1 Japanese.

Русская Версия

	Фамилия	Пол	Имя	Рождения	Подданст	Адрес
1	Аронсон	м	Мойща	1886	СССР	Черногорская 47
2	Аграновский	м	Эиновый	1918	СССР	Диагональная 118
3	Аграновская	ж	Галина	1918	СССР	Диагональная 118
4	Аграновский	м	Виктор	1940	СССР	Диагональная 118
5	Аграновская	ж	Лидия	1938	СССР	Диагональная 118
6	Агре	ж	Хана	1912	СССР	Артиллерийская 9
7	Абкин	м	Борис	1889	СССР	Пекарная 19
8	Абкина	ж	Клера	1923	СССР	Пекарная 19
9	Абкина – Майф	ж	Елана	1894	СССР	Пекарная 19
10	Айзенштейн	м	Рахмиль	1860	СССР	2-ая линия 34
11	Айзенштейн	ж	Полина	1871	СССР	2-ая линия 34
12	Апатова	ж	Бася	1906	СССР	Новоторговая 19
13	Автонович	ж	Бася	1885	СССР	Китайская 198
14	Абрамович	м	Вениамик	1887	СССР	Диагональная 155
15	Бродский	м	Давид	1891	СССР	Пекарная 57
16	Бродская	ж	Ева	1893	СССР	Пекарная 57
17	Бродский	м	Владимир	1926	СССР	Пекарная 57
18	Боннер	м	Мойсей	1888	СССР	Пекарная 93
19	Брандт	м	Давид	1881	СССР	2-ая Диагональная 53
20	Бронштейн	м	Владимир	1891	СССР	Аптекарская 1
21	Берлявский	м	Наум	1889	СССР	Казачья 57
22	Бассин	м	Левик	1903	СССР	Биржевая 43
23	Бурсук	м	Роман	1881	Безпод	Аптекарская 27
24	Бурсук	ж	Лия	1887	Безпод	Аптекарская 27

	Фамилия	Пол	Имя	Рождения	Подданст	Адрес
25	Бурсук	м	Григорий	1880	СССР	Аптекарская 27
26	Брагар	м	Абрам – Герш	1880	СССР	Саманная 68
27	Брагар	ж	Багия – Рухля	1887	СССР	Саманная 68
28	Брагар	м	Давид	1916	СССР	Новоторговая 2
29	Бузиновер	ж	Цилия	1886	СССР	Саманная 81
30	Бородавкинна	ж	Сарра	1913	СССР	Биржевая 5
31	Беркович	м	Лейб	1874	СССР	Коммерческая 37
32	Беркович	м	Владимир	1910	СССР	Коммерческая 37
33	Беркович	ж	Ольга	1899	Безпод	Коммерческая 37
34	Бреслер	м	Меер	1886	Израиль	Рыночная 39
35	Бреслер	ж	Малка	1893	Израиль	Рыночная 39
36	Барахович	ж	Рахиль	1879		Надеждинская 16
37	Бенгис – Эмес	ж	Хава – Геня	1884	СССР	Пекарная 19
38	Бах	м	Арон	1891	СССР	Подевая 39
39	Бинкович	ж	Любовь	1893	Безпод	1-ая Псковская 67
40	Буркун	м	Мордко	1884	СССР	Коммерческая 30
41	Буркун	ж	Малка – Хая	1888	СССР	Коммерческая 30
42	Басман	м	ИосифГерш	1901	СССР	1-ая Псковская 40
43	Бергман	м	Меер	1883	Безпод	Конная 38
44	Бородавкина	ж	Любовь	1881	СССР	Диагональная 162
45	Боровая	ж	Фрейда	1901	СССР	Русская 51
46	Бельский	м	Мойше	1879	СССР	Японская 39
47	Бельская	ж	Нехама	1879	СССР	Японская 39
48	Берехович	ж	Сарра – Рохля	1900	Безпод	2-ая Линия 11
49	Блиц	ж	Мария	1886	СССР	Китайская 22
50	Богдановская	ж	Рита	1899	Безпод	Ямская 4
51	Берлельсон	м	Нахман	1886	СССР	Пекарная 46
52	Берлельсон	ж	Гитля	1898	СССР	Пекарная 46
53	Блиндер	м	Абрам	1893	Безпод	Пекарная 41
54	Блиндер	ж	Ита	1905	Безпод	Пекарная 41
55	Бочтейн	м	Борух	1873	СССР	2 – Диагональная 55
56	Бринштейн	м	Иосиф	1877	СССР	Биржевая 60
57	Байдина	ж	Евгения	1930	СССР	Ямская 26
58	Беркович	м	Марк	1951	СССР	Коммерческая 37
59	Вайнгурт	ж	Сося	1876	Безпод	Коммерческая 23
60	Вольман	м	Иосиф	1892	Безпод	Аптекарская 1
61	Вайнштейн	м	Шлема	1910	СССР	Дровяная 6

续表

	Фамилия	Пол	Имя	Рождения	Подданст	Адрес
62	Волкова	ж	Мина	1907	СССР	Казачья 28
63	Варшавкий	м	Илья	1884	СССР	1 – ая Псковская 116
64	Варшавкий	м	Иосиф	1911	СССР	2 – ая Диагональная 116
65	Викторович	м	Виктор	1884	СССР	Диагональная 162
66	Викторович	ж	Эсферь	1883	СССР	Диагональная 162
67	Вершовский	м	Исаак	1897	Безпод	Артиллерийская 9
68	Ватнер	м	Абрам – Ицек	1872	СССР	Китайская 2
69	Ватнер	м	Хана	1884	СССР	Китайская 2
70	Вигдорович	м	Сандор	1897	Венгер	Раздельная 14
71	Гибадулина	ж	Анна	1928	СССР	Пекарная 69
72	Гальперин	ж	Элеонора	1924	СССР	Ямская 4
73	Гальперин	ж	Карммела	1944	СССР	Ямская 4
74	Гуревич	м	Симха	1897	СССР	4-ая Линия 26
75	Гарбар	м	Янкель	1880	СССР	Артиллерийская 9
76	Горелик	м	Абрам	1893	СССР	Диагональнаят 152
77	Горелик	ж	Сарра	1899	СССР	Диагональнаят 152
78	Гоберник	м	Иеогида	1898	СССР	Скобелевская 4
79	Гоберник	м	Яков	1910	СССР	Скобелевская 4
80	Гоберник	ж	Рахиль	1921	СССР	Скобелевская 4
81	Гоберник	ж	Эстер	1942	СССР	Скобелевская 4
82	Гоберник	м	Григорий	1944	СССР	Скобелевская 4
83	Гайзенберг	ж	Двейра	1895	СССР	Пекарная 57
84	Гайзенберг	м	Натан	1923	СССР	Пекарная 57
85	Гайзенберг	м	Илья	1952	СССР	Пекарная 57
86	Гринберг	ж	Сарра	1892	СССР	Болотная 106
87	Гринберг	ж	Валентина	1913	СССР	Болотная 106
88	Гальперин	м	Абрам	1881	СССР	Коммерческая 15
89	Гросман	м	Абрам	1885	СССР	Артиллерийская 61
90	Гербан	ж	Туба	1885	СССР	Аптекарская 2
91	Гейман	м	Соломон	1883	СССР	Владимирский пер 6
92	Гольдштейн	м	Гоберт	1882	СССР	(1938 умер)Биржевая 69
93	Гольдштейн	ж	Лидия	1897	СССР	Биржевая 69
94	Гольдштейн	м	Лев	1921	СССР	Аптекарская 1
95	Гольдштейн	м	Софья	1924	СССР	Аптекарская 1
96	Гольдштейн	м	Анжелика	?	СССР	Аптекарская 1
97	Гольдштейн	м	Моsrk	1950	СССР	Аптекарская 1
98	Гуревич	м	Борух	1887	СССР	Биржевая 60
99	Гуревич	ж	Анна	1899	СССР	Биржевая 60

	Фамилия	Пол	Имя	Рождения	Подданст	Адрес
100	Гродская	ж	Эстер	1898	СССР	Артиллерская 9
101	Гориншейн	м	Шабзя	1881	СССР	Артиллерская 9
102	Гросман	м	Григорий	1885	Польское	Коммерческая 23
103	Гросман	ж	Клара	1893	Польское	Коммерческая 23
104	Гросман	м	Илья	1927	Польское	Коммерческая 23
105	Гросман	ж	Марголия	1923	Безпод	Коммерческая 23
106	Гольденберг	м	Хаим	1892	СССР	
107	Гольденберг	ж	Мина	1896	СССР	Биржевая 46
108	Гольденберг	м	Давид	1927	СССР	Биржевая 46
109	Гохштанд – Ойхштанд	м	Эля	1884	СССР	Новогородная 88
110	Гохштанд – Ойхштанд	м	Софья	1905	СССР	Новогородная 88
111	Гандель	ж	Гинда	1881	СССР	Пекарная 41
112	Ганихин	м	Семен	1907	СССР	Береговая 12
113	Головчинер	ж	Гитля		СССР	Ямская 19
114	Головчинер	м	Григорий	1919	СССР	Ямская 9
115	Граузе	ж	Полина	1884	СССР	Сквозная 8
116	Гершберг	ж			СССР	
117	Гершкович	ж	Софья	1901	СССР	Коммерческя 25
118	Гершкович	м	Иссак	1921	СССР	Коммерческя 25
119	Гиндин	м	Хаим	1898	Безпод	Диагональна 118
120	Гринберг	ж	Изабелла	1878	Безпод	Бородинская 123
121	Голанский	м	Давид	1878	СССР	Диагональная 170
122	Голанская	ж	Дебора	1885	СССР	Диагональная 170
123	Дубсон	м	Александр	1915	СССР	Пекарная 99
124	Дунаевский	м	Пейсах	1908	СССР	Артиллерийская 89
125	Дольберг	м	Лейба	1884	СССР	5 – Линия 22
126	Дашковский	м	Яков	1900	СССР	Японская 26
127	Дашковская	ж	Вера	1900	СССР	Артиллерийская 9
128	Дейч	м	Лейзер	1905	СССР	Владимирск 1
129	Жоров	м	Лев	1905	СССР	Болотная 110
130	Жорова	ж	Мария	1875	СССР	Болотная 110
131	Жевина – Завина	ж	Ида	1889	СССР	Артиллерийская 9
132	Железняков	м	Израиль – Куст	1888	СССР	Берековая 36
133	Железнякова	ж	Зельда	1917	СССР	Берековая 36
134	Зондерван	м	Феликс	1879	Безпод	Берековая 67
135	Залманова	ж	Хана – Ципа	1884	СССР	Конная 65
136	Златкин	м	Соломон	1879	СССР	Пекарная 71
137	Зарецкий	м	Мордух	1896	СССР	Диагональная 155

续表

	Фамилия	Пол	Имя	Рождения	Подданст	Адрес
138	Зарецкая	ж	Гита	1910	СССР	Диагональная 155
139	Зарецкая	ж	Инна	1929	СССР	Диагональная 155
140	Золотарева	ж	Марьяма	1909	СССР	Казачья 5
141	Зубовник	м	Рахмиль	1895	СССР	Румынская 61
142	Иоффе	м	Вульф	1889	СССР	Артиллерийская 9
143	Ицхакина	ж	Лия		СССР	
144	Ильина	ж	Анна	1900	СССР	Китайская 198
145	Карлинская	ж	Хая – Тися	1889	СССР	Зейско – Атаманская 52
146	Крымский	м	Ицко	1871	СССР	Артиллерийская 9
147	Крымская	ж	Зина	1896	СССР	Артиллерийская 9
148	Кауфман	м	Владимир	1894	СССР	Биржевая 60
149	Кауфман	м	Илья	1940	СССР	Биржевая 60
150	Каган	м	Макс	1874	Безпод	Артиллерийская 9
151	Коц	м	Израиль – Михель	1875	СССР	Конная 21
152	Коц	ж	Шейна	1887	СССР	Конная 21
153	Коц	м	Лев	1907	СССР	5 – Линия 8
154	Коц	ж	Блюма	1918	СССР	5 – Линия 8
155	Коц	м	Шаано	1945	СССР	5 – Линия 8
156	Кон	м	Эринст	1907	Безпод	Биржевая 110
157	Кон	ж	Берта	1886	СССР	Артиллерийская 1
158	Каффель	м	Фрида	1874	СССР	Казачья 34
159	Кейлис	м	Янкель	1928	СССР	Артиллерийская 9
160	Каганер	м	Вульф	1880	СССР	Артиллерийская 70
161	Каганер	ж	Неся	1887	СССР	Артиллерийская 70
162	Кушнер	ж	Софья	1905	СССР	Аптекарская 8
163	Кушнер	м	Калман	1898	СССР	Рыночная 39
164	Кушнер	ж	Сима	1905	СССР	Рыночная 39
165	Кушнер	м	Исаак	1936	СССР	Рыночная 39
166	Кушнер	ж	Анна	1935	СССР	Рыночная 39
167	Кушнер	ж	Муся	1944	СССР	Рыночная 39
168	Клейман	ж	Эстер	1899	СССР	Пекарная 69
169	Канн	м	Константин	1892	СССР	Диагональная 111
170	Кротер	м	Фишель	1887	Польск	Ямская 19
171	Кротер	ж	Малка	1889	Польск	Ямская 19
172	Канер	м	Соломон (Давид Галама)	1886	СССР	Аптекарская 22
173	Канер	ж	Ривка	1894	СССР	Аптекарская 22
174	Канер	м	Натан	1921	СССР	Аптекарская 22

续表

	Фамилия	Пол	Имя	Рождения	Подданст	Адрес
175	Крезмер	ж	Евгения	1884	СССР	Саманная 16
176	Кипнис	ж	Фельга	1887	СССР	Саманная 16
177	Коган	ж	Добруся	1889	СССР	Диагональная 155
178	Коган	ж	Ира	1923	СССР	Диагональная 155
179	Кланер	ж	Гитля	1880		
180	Коган	м	Анатолий	1899	СССР	Китайская 160
181	Карпачев	м	Самуил	1880	Безпод	Артиллерийская 34
182	Карпачева	ж	Сарра	1883	СССР	Артиллерийская 34
183	Колесникова	ж	Лия	1922	СССР	Короткая 21
184	Луфт	ж	Кейла	1915	СССР	Пекарная 51
185	Луфт	м	Ицак – Вульф	1896	СССР	Пекарная 51
186	Левицкий	м	Владимир	1892	СССР	2-ая Диагональная 53
187	Лиссер	м	Борис	1885	СССР	4-ая Линия 12
188	Левин	м	Гирш	1881	Польск	Ямская 19
189	Левитин	м	Мойте	1900	СССР	2-ая Диагональная 53
190	Леонов	м	Нафтура	1879	СССР	Пекарная 72
191	Леонова	ж	Лия	1890	СССР	Пекарная 72
192	Леодон	м	Иосиф	1890	СССР	Бородинская 123
193	Левинский	м	Идель	1886	СССР	Биржевая 100
194	Левинская	ж	Фрейда	1890	СССР	Биржевая 100
195	Левинская	ж	Цецилия	1943	СССР	Биржевая 100
196	Лемберг	м	Давид	1887	СССР	Диагональная 162
197	Лемберг	ж	Сойбель	1898	СССР	Диагональная 162
198	Левин	м	Мойсей	1884	СССР	Китайская 160
199	Левитин	м	Мойсей	1896	СССР	Китайская 202
200	Левитина	ж	Лидия	1911	СССР	Китайская 202
201	Левитина	ж	Ита	1938	СССР	Китайская 202
202	Левитина	ж	Малка	1945	СССР	Китайская 202
203	Лихтиг	м	Иохунон	1894	Польск	Диагональная 172
204	Лихтиг	ж	Берта	1910	Польск	Диагональная 172
205	Лихтиг	м	Абрам	1944	Польск	Диагональная 172
206	Левин	м	Пинхус	1890		
207	Линднер	м	Лотарь	1895	Безпод	Диагональная 56
208	Линднер	ж	Эстер	1887	СССР	Диагональная 56
209	Линденгольц	м	Мойсей	1890	СССР	Ямская 82
210	Линденгольц	ж	Люся	1908	СССР	Ямская 82
211	Либерман	ж	Цилия	1900	СССР	Конная 8

续表

	Фамилия	Пол	Имя	Рождения	Подданст	Адрес
212	Левинзон	м	Соломон	1886	СССР	Артиллерийская 9
213	Лейманштейн	м	Лев	1900	СССР	Биржевая 110
214	Лейманштейн	ж	Фаня	1900	СССР	Биржевая 110
215	Лейманштейн	ж	Геня	1925	СССР	Биржевая 110
216	Лабковская	ж	Раиса	1881	СССР	Казачья 34
217	Малый	м	Симха	1896	СССР	Казачья 34
218	Малая	ж	Белла	1900	СССР	Казачья 34
219	Манновецкий	м	Яков	1922	СССР	Коммерческая 35
220	Мейзин	м	Иосиф	1885	СССР	Артиллерийская 29
221	Мейзина	ж	Эсфирь	1902	СССР	Артиллерийская 29
222	Менделевич	ж	Бася	1885	СССР	Дравянная 52
223	Менделевич	м	Мордух	1915	СССР	Дравянная 52
224	Мадорская	ж	Бейла	1895	СССР	Конная 102
225	Мадорская	ж	Фейга	1909	СССР	Конная 102
226	Мадорский	м	Яков	1897	СССР	Конная 102
227	Милихикер	м	Яков	1873	СССР	Артиллерийская 9
228	Милихикер	ж	Ида	1899	СССР	Артиллерийская 9
229	Мейтин	м	Яков	1892	СССР	Ямская 87
230	Мугиницкий	м	Борис	1907	СССР	Конная 98
231	Мунчер	м	Арон	1875	СССР	Биржевая 83
232	Маграм	м	Эфльим	1884	СССР	Диагональная 118
233	Матчанова	ж	Анна	1889	СССР	Конная 8
234	Махлин	м	Лейба – Мордко	1882	СССР	Казачья 45
235	Махлин	ж	Сарра	1889	СССР	Казачья 45
236	Махлин	м	Залман	1914	СССР	Казачья 45
237	Модрус	м	Гирш	1891	СССР	Ямская 20
238	Модрус	ж	Розалия	1897	СССР	Ямская 20
239	Мельман	ж	Мадлина	1890	СССР	Японская 49
240	Мошицкая	ж	Эсфирь	1888	СССР	Артиллерийская 9
241	Мордрхович	м	Наум	1883	СССР	Б проспект 53
242	Меерович	ж	Рахиль	1896	Безпод	Казачья 28
243	Мотохаси	ж	Сарра	1901	Японс	Затон Сун Дзн 123
244	Мондз	м	Гирш	1885	СССР	Артиллерийская 9
245	Молчаковская	ж	Ревекка Александра	1882	СССР	Артиллерийская 9
246	Митбройт	м	Борис	1910		
247	Моносзон	м	Мойсей	1895	СССР	Артиллерийская 85
248	Моносзон	ж	Дебора	1902	СССР	Артиллерийская 85

	Фамилия	Пол	Имя	Рождения	Подданст	Адрес
249	Моносзон	ж	Ася	1923	СССР	Артиллерийская 85
250	Мошкович	м	Илья		СССР	Ямская 82
251	Мошкович	ж	Евгения		СССР	Ямская 82
252	Немировская	ж	Кейла	1896	СССР	Казачья 27
253	Немировский	м	Натан	1922	СССР	Казачья 37
254	Немировская	ж	Евгения	1925	СССР	Казачья 37
255	Немировский	м	Леонид	1948	СССР	Казачья 37
256	Нейфельд	ж	Марьям	1880	Польск	Саманная 4
257	Нафталина	ж	Лея	1878	СССР	Японская 49
258	Носовинцкий	м	Берхо	1887	СССР	Ямская 20
259	Носовинцкая	ж	Гися	1897	СССР	Ямская 20
260	Немик	м	Борис	1906	СССР	Казачья 20
261	Немик	ж	Фаня	1914	СССР	Казачья 20
262	Немик	ж	Рахиль	1910	СССР	Казачья 20
263	Немик	м	Марк	1932	СССР	Казачья 20
264	Немик	ж	Софья	1941	СССР	Казачья 20
265	Орхов	м	Беннамин	1895	СССР	Тюремная
266	Орхова	ж	Малка	1896	СССР	Тюремная
267	Окунь	м	Абрам	1872	СССР	Коммерческая 64
268	Огири	м	Шмуль	1876	СССР	Биржевая 29
269	Огири	ж	Рашель	1891	СССР	Биржевая 29
270	Ольшевская	ж	Ревенка	1885	Израи	Конная 65
271	Осиновкий	м	Анатолий	1911	СССР	Аптекарская 1
272	Осиновкая	ж	Генриэтта	1915	СССР	Аптекарская 1
273	Осиновкий	м	Лев	1948	СССР	Аптекарская 1
274	Оникул	ж	Фрейда	1888	СССР	Конная 65
275	Оникул	ж	Рахиль	1924	СССР	Конная 65
276	Плат	м	Гирш	1894	СССР	Ямская 82
277	Плат	ж	Биня	1897	СССР	Ямская 82
278	Палей	м	Аврум	1879	СССР	Артиллерийская 9
279	Палей	ж	Хьена	1886	СССР	Артиллерийская 9
280	Пинский	м	Юдко	1886	СССР	Аптекарская 85
281	Портнер	м	Эммануил	1889	Польск	Биржевая 41
282	Певзнер	м	Абрам	1891	СССР	Китайскяа 129
283	Подольская	ж	Лия	1910	СССР	4-ая Линия 15
284	Подольская	ж	Эсфирь	1939	СССР	4-ая Линия 15
285	Подольский	м	Евсей	1936	СССР	4-ая Линия 15
286	Портнов	м	Элкун	1876	СССР	Артиллерийская 24

续表

	Фамилия	Пол	Имя	Рождения	Подданст	Адрес
287	Портнов	ж	Мана	1894	СССР	Артиллерийская 24
288	Полидода Даналова	ж	Фрида	1898	Безпод	Пекарная 87
289	Прилука	ж	Хая	1887	СССР	Артиллерийская 9
290	Палей	ж	Надежда	1901	СССР	Артиллерийская 9
291	Пружан	ж	Анна	1909	Безпод	Казачья 20
292	Попова	ж	Вера	1898	Безпод	Коммерческая 37
293	Раузен	ж	Миндель	1895	СССР	Ямская 4
294	Румянцева	ж	Руфина	1892		Артиллерийская 9
295	Рапопорт	м	Леонтий	1883	СССР	Артиллерийская 64
296	Розенферд	ж	Бася	1883	СССР	Болотная 49
297	Розенблюм	ж	Перла	1878	СССР	Артиллерийская 9
298	Розенцвейг	ж	Анна	1886	СССР	Конная 65
299	Рехес	м	Мойсей	1897	СССР	Артиллерийская 100
300	Рехес	ж	Двейра	1902	СССР	Артиллерийская 100
301	Рехес	м	Хаим	1924	СССР	Коммерческая 25
302	Рехес	ж	Галина	1902	СССР	Коммерческая 25
303	Ривкин	м	Израиль	1886	СССР	Кавказская 37
304	Росвве	ж	Ревекка	1880	СССР	Артиллерийская 9
305	Рабинович	ж	Эстер	1882	СССР	Ямская 71
306	Розенштейн	м	Нисон		СССР	Конная
307	Рывкина	ж	Татьяна	1923	СССР	4-ая Линия 8
308	Рывкин	м	Александр	1945	СССР	4-ая Линия 8
309	Рывкин	м	Семен	1947	СССР	4-ая Линия 8
310	Рейзин	м	Борис	1909	СССР	Казачья 8
311	Рейзина	ж	Рахиль	1908	СССР	Казачья 8
312	Розенбаум	ж	Вера	1900	СССР	1-ая Псковская 116
313	Соловейчик	м	Мойсей	1889	СССР	Биржевая 69
314	Соловейчик	ж	Рахиль	1912	СССР	Биржевая 69
315	Столяр	м	Мордко	1898	СССР	Биржевая 65
316	Столяр	ж	Сарра	1916	СССР	Биржевая 65
317	Столяр	м	Ефим	1938	СССР	Биржевая 65
318	Столяр	м	Адольф	1940	СССР	Биржевая 65
319	Столяр	м	Яков	1942	СССР	Биржевая 65
320	Столяр	м	Герш	1908	СССР	Биржевая 65
321	Столяр	ж	Мария	1920	СССР	Биржевая 65
322	Столяр	м	Нухим	1947	СССР	Биржевая 65
323	Столяр	ж	Софья	1944	СССР	Биржевая 65
324	Столяр	м	Иосиф	1900	СССР	Биржевая 65

	Фамилия	Пол	Имя	Рождения	Подданст	Адрес
325	Столяр	ж	Евгения	1915	СССР	Биржевая 65
326	Столяр	ж	Ита	1941	СССР	Биржевая 65
327	Столяр	ж	Мария	1937	СССР	Биржевая 65
328	Столяр	м	Лейб	1902	СССР	Биржевая 65
329	Синельников	м	ХаимБор	1891	СССР	Биржевая 69
330	Сегал	ж	Шейна	1881	Польск	Короткая 14
331	Страстман	м	Хаскель	1890	СССР	Тверская 99
332	Страстман	м	Исаак	1890	СССР	Тверская 99
333	Страстман	ж	Лия	1896	СССР	Тверская 99
334	Старков	м	Абрам	1911	СССР	Пекарная 5
335	Старков	ж	Ольга	1914	СССР	Пекарная 5
336	Старков	м	Рафаил	1933	СССР	Пекарная 5
337	Столяр	ж	Паулина	1886	СССР	Диагональная 150
338	Старнис	м	Миааим	1899	СССР	Биржевая 5
339	Старнис	ж	Любовь	1899	СССР	Биржевая 5
340	Сиагина	ж	Зинаида	1924	СССР	Ямская 20
341	Сиагина	ж	Лидия	1947	СССР	Ямская 20
342	Сельцовская	ж	Мара	1879	СССР	Артиллерийская 9
343	Тесмееницкая	ж	Сарра	1892	СССР	Артиллерийская 9
344	Топаз	ж	Дина	1899	СССР	Комерческая 5
345	Топаз	м	Соломон	1891	СССР	Комерческая 5
346	Троицын	м	Мойсей	1906	СССР	Владимир пер 3
347	Троицын	ж	Елена	1917	СССР	Владимир пер 3
348	Троицын	м	Абрам	1944	СССР	Владимир пер 3
349	Троицын	м	Марк	1952	СССР	Владимир пер 3
350	Троицына	ж	Хана	1874	СССР	Владимир пер 3
351	Теппер	м	Хаим	1889	Польск	Артиллерийская 9
352	Теппер	ж	Юлия	1894	Польск	Артиллерийская 9
353	Теппер	м	Исаак	1922	Польск	Артиллерийская 9
354	Теппер	ж	Лия	1922	Польск	Артиллерийская 9
355	Теппер	м	Бер	1946	Польск	Артиллерийская 9
356	Теппер	м	Теодор	1952	Польск	Артиллерийская 9
357	Троцкий	м	Лейб	1919	СССР	Конная 102
358	Троцкая	ж	Сарра	1923	СССР	Конная 102
359	Тайц	м	Ефим	1901	СССР	Артиллерийская 9
360	Тумаркина	ж	Эсфирь	1880	Безпод	Артиллерийская 9
361	Троилубова	ж	Сура	1892	СССР	Казачья 40
362	Фирсов	м	Григорий	1884		Мозягоу

续表

	Фамилия	Пол	Имя	Рождения	Подданст	Адрес
363	Фурман	м	Япкель	1887	СССР	Коммерческая 37
364	Фурман	ж	Розхания	1903	СССР	Коммерческая 37
365	Фишева	ж	Шейна	1885	СССР	Казачья 10
366	Фейгельман	ж	Двейра	1908	СССР	1-ая Линия 18
367	Файвишевекий	м	Абрам	1885	СССР	Биржевая 20
368	Фришман	м	Яков	1893	СССР	Конная 65
369	Фаинберг	ж	Бася	1892	СССР	2-ая Линия 34
370	Френкель	м	Адольф	1908	СССР	Конная 65
371	Френкель	ж	Раиса	1915	СССР	Конная 65
372	Френкель	м	Иосиф	1942	СССР	Конная 65
373	Френкель	м	Григорий	1913	СССР	Артиллерийская 70
374	Френкель	ж	Рива	1922	СССР	Артиллерийская 70
375	Френкель	м	Рита	1943	СССР	Артиллерийская 70
376	Фердель	м	Мойсей	1882	СССР	Коммерческая 92
377	Фишбаим	м	Шолом	1914	Польск	Пекарная 17
378	Фонарев	М	Михаил	1849	СССР	Аптекарская 16
379	Фонарева	Ж	Шлима	1897	СССР	Аптекарская 16
380	Фонарев	М	Ладор	1914	СССР	Аптекарская 16
381	Фонарева	Ж	Руфь	1935	СССР	Аптекарская 16
382	Фамилиант	м	Лев	1894	СССР	Биржевая 20
383	Финкельштейн	м	Иосиф	1884	СССР	Артиллерийская 100
384	Фершалов	м	Михаил	1896	СССР	2-ая Диагональная 55
385	Фонарева	ж	Мирьям	1913	СССР	Пекарная 57
386	Хорош	м	Юрий	1923	СССР	Казачья 27
387	Хорош	ж	Лия	1924	СССР	Казачья 27
388	Хорош	м	Елиазар	1946	СССР	Казачья 27
389	Хорош	м	Лев	1895	СССР	Коммерческая 37
390	Хорош	ж	Эсфирь	1898	СССР	Коммерческая 37
391	Храмленко	ж	Сарраưиве	1894	СССР	Ямская 48
392	Хмельницкая	ж	Энта	1889	СССР	Зейско - Атамская 92
393	Хаймович	м	Семен	1888	СССР	Ямская 4
394	Хаймович	ж	Эсфирь	1893	СССР	Биржевая 60
395	Цвибель	м	Михаил	1898	СССР	Артиллерийская 35
396	Цвибель	ж	Ода	1900	СССР	Артиллерийская 35
397	Цвибель	м	Борис	1922	СССР	Артиллерийская 35
398	Цуккерман	ж	Мария	1893	Безпод	Ямская 82
399	Цапник	м	Лазаль	1887	СССР	Казачья 40
400	Цапник	ж	Чарна	1915	СССР	Казачья 40

续表

	Фамилия	Пол	Имя	Рождения	Подданст	Адрес
401	Цигальницкий	м	Лазарь	1901	СССР	Китайская 122
402	Цабал	ж	Сима	1917	СССР	Китайская 122
403	Чаплик	м	Григорий	1894	СССР	Диагональная 150
404	Чаплик	ж	Лия	1903	СССР	Диагональная 150
405	Чаплик	м	Иоанн	1937	СССР	Диагональная 150
406	Чаплик	ж	Любовь	1909	СССР	Диагональная 150
407	Чаплик	ж	Сарра	1898	СССР	Русская 51
408	Чарняк	м	Гирш	1896	СССР	Русская 51
409	Шуриглус	м	Нухей	1886	СССР	Коммерческая 90
410	Штейнгарт	м	Шолом	1889	СССР	Диагональная 162
411	Штейнгарт	ж	Хена	1894	СССР	Диагональная 162
412	Штейнер	ж	Сарра	1891	СССР	5-ая Линия 8
413	Штейнер	м	Нохим	1915	СССР	5-ая Линия 8
414	Штейнер	м	Аьон	1923	СССР	5-ая Линия 8
415	Шоцхет	м	Аврум	1896	СССР	5-ая Линия 16
416	Шоцхет	ж	Ита	1901	СССР	5-ая Линия 16
417	Шоцхет	м	Натан	1930	СССР	5-ая Линия 16
418	Шапиро	ж	Двойрн	1893	СССР	Зейско – Атамская 52
419	Шнайдерман	м	Арон	1887	СССР	Цицикарская 2
420	Шмуклер	м	Давид	1898	СССР	Диагональная 170
421	Шкловский	м	Израиль	1884	СССР	Биржевая 43
422	Шкловский	ж	Любовь	1906	СССР	Биржевая 43
423	Шкловский	м	Самуил	1927	СССР	Биржевая 43
424	Шкловская	ж	Зисель	1889	СССР	Биржевая 43
425	Шнейдер	м	Иосиф	1900	СССР	Биржевая 29
426	Шнейдер	ж	Лея	1911	СССР	Биржевая 29
427	Шнейдер	ж	Мария	1940	СССР	Биржевая 29
428	Шнейдер	ж	Инна	1943	СССР	Биржевая 29
429	Шмидль	м	Эвальд	1898	Безпод	Русская 51
430	Шпендель	м	Хаим	1883	Безпод	Аптекарская 8
431	Шпендель	ж	Софья	1889	Безпод	Аптекарская 8
432	Штейнберг	м	Михаиль	1900	СССР	Ямская 33
433	Шмуйлович	м	Абрам	1876	СССР	Артиллерийская 9
434	Штейнардт	ж	Эстер	1880	СССР	Пекарная 69
435	Шистер	м	Меер	1876	СССР	Артиллерийская 124
436	Эфроимский	м	Борух	1888	СССР	Артиллерийская 70
437	Эфроимский	ж	Бейла	1897	СССР	Артиллерийская 70
438	Эфроимский	м	Разарь	1927	СССР	Артиллерийская 70
439	Эпштейн	ж	Хана	1888	СССР	Ямская 102

续表

	Фамилия	Пол	Имя	Рождения	Подданст	Адрес
440	Эпштейн	ж	Сарра	1910	СССР	Ямская 102
441	Эльяшсон	м	Мендель	1870	СССР	Конная 65
442	Юделович	м	Израиль	1892	СССР	2-ая Диагональная 55
443	Юровский	м	Давид	1882	СССР	Конная 37
444	Юдалевич	м	Соломон	1887	СССР	Коммерческая 25
445	Эпштейн	ж	Энта	1867	СССР	Артиллерийская 9
446	Шмулевская	ж	Роня	1885	СССР	Китайская198
447	Карпачева	ж	Станислава	1881	СССР	Биржевая 65
448	Ярхо	м	Яков	1914	СССР	2-ая Бородинская 4
449	Ярхо	ж	Двейра	1914	СССР	2-ая Бородинская 4
450	Ярхо	м	Григорий	1933	СССР	2-ая Бородинская 4
451	Ярхо	м	Иссак	1935	СССР	2-ая Бородинская 4
452	Ярхо	м	Адольф	1943	СССР	2-ая Бородинская 4
453	Ярхо	ж	Эсфирь	1948	СССР	2-ая Бородинская 4
454	Ясиновер	м	Хаим	1865	СССР	Саманная 47

Всего 454 чел. ，Втом числе：

СССР——395 чел.

Безпод. ——29 чел.

Польское под. ——19 чел.

Подданство неясное——6 чел.

Израильское под. ——3 чел.

Венгерское под. ——1 чел.

Японское под. ——1 чел.

附录六　哈尔滨犹太历史文化
遗址遗迹示意图
Appendix Ⅵ　A Sketch Map of the Jewish
Sites in Harbin

① 犹太总会堂遗址　The renovated Main Jewish Synagogue
② 犹太新会堂遗址　The renovated Jewish New Synagogue
③ 哈尔滨犹太妇女慈善会、犹太养老院和犹太免费食堂遗址
　 Site of the Harbin Jewish Women Charity Society,
　 Jewish Home for the Aged and the Jewish Free Kitchen
④ 哈尔滨犹太国民银行遗址
　 Site of the former Harbin Jewish People's Bank
⑤ 哈尔滨犹太中学遗址
　 Site of the former Harbin Jewish High School
⑥ 哈尔滨犹太医院遗址
　 Site of the former Harbin Jewish Hospital
⑦ 马迭尔旅馆 "Moderne" Hotel
⑧ "米尼阿久尔" 咖啡茶食店遗址　Miniature Café-Restaurant
⑨ 边特兄弟商行遗址　The Bent Brothers Trading Company
⑩ 穆棱煤矿公司遗址
　 Site of the former office building of the Muling Coal & Mine Company
⑪ 萨姆索维奇兄弟商会遗址　The Samsonovitch Brothers Company
⑫ L.S.斯基德尔斯基私邸遗址
　 The private residence of L. S. Skidelski
⑬ 莫斯科大药房遗址
　 Site of the former Moscow pharmacy
⑭ A.L.奥昆大楼遗址　Site of the former A. L. Okun Building
⑮ 德国医生罗森达里医院遗址　Site of Dr. Rosendal Hospital
⑯ 哈尔滨第一社会商务学校遗址
　 Site of the former Harbin No. 1 Social & Commercial School
⑰ 犹太商人克罗尔私邸遗址
　 The former private residence of Jewish businessman Mr. G. L. Kroll
⑱ 波格丹诺夫斯基大楼遗址
　 Site of the former Bogdanovski Building
⑲ 拉比诺维奇大楼遗址
　 Site of the former I. A. Rabinovitch Building
⑳ 别尔科维奇大楼遗址
　 Site of the former R. A. Berkovitch Building
㉑ 索斯金故居　The former residence of Mr. Soskin
㉒ 梅耶洛维奇大楼遗址　The Meyerovich building
㉓ 皇山犹太公墓　Huangshan Jewish Cemetery
㉔ 阿什河糖厂　The Ashhe Sugar factory
㉕ 哈尔滨赛马场　Site of the former Harbin Horse Racing Court

主要参考文献
Main References

俄文文献
Russian Sources

1. Еврейская жизнь. Харбин. 1928. 1929. 1935 №40. 1939 №3 - 4. 1941.

《犹太生活》，哈尔滨，1928 年、1929 年、1935 年第 40 期、1939 年第 3～4 期、1941 年。

2. Адресная книга. Торгово-промышленный указатель. Харбин. 1922 г.

《住址簿》，载于 1922 年《商工指南》，哈尔滨。

3. Бюллетень Ассоциации выходцев из Китая в Израиле. Тель-Авив-Яффо №100-395.

《以色列原居中国犹太人协会会刊》，特拉维夫-雅法，第 100～395 期。

4. Устав Еврейского народного банка в Харбине. Харбин. 1923.

《哈尔滨犹太国民银行章程》，哈尔滨，1923。

5. Юбилейный сборник Харбинского биржевого комитета（1906 - 1932）. Харбин. 1934.

《哈尔滨交易委员会纪念文集》(1906～1932)，哈尔滨，1934。

6. В. И. Сурин. Промышленность Северной Манчжурии и Харбина. Харбин. 1928.

В. И. 苏林：《北满洲与哈尔滨的工业》，哈尔滨，1928。

7. Список домовладельцев гор. Харбина и окрестностей. Харбин. 1926.

《哈尔滨及市郊房产主名册》，哈尔滨，1928。

8. Иннокентий Чаров. Альбом Харбина. Харбин. 1930.

因诺肯季·恰罗夫：《哈尔滨影集》，哈尔滨，1930。

9. Политехник. Альбом гор. Харбина. Харбин. 1933.

《哈工大同学会》，载于《哈尔滨影集》，哈尔滨，1933。

10. Исторический обзор Харбинского коммерческого училища за 15 лет. Харбин. 1921.

《哈尔滨商务学堂 15 年来历史沿革》，哈尔滨，1921。

11. Вестник Азии. Журнал Общества русских ориенталистов. Харбин. 1911. №10. 1925.

俄国东方学者协会会刊《亚细亚时报》，哈尔滨，1911 年第 10 期、1925 年。

12. Новости Жизни. Юбилейный номер (1907 - 1927). Харбин. 1927.

《生活新闻》报 1907～1927 年纪念专号，哈尔滨，1927 年。

13. Рубеж. Литературно-художественный иллюстрированный журнал. Харбин. 1928 - 1930.

文艺画刊《边界》，哈尔滨，1928～1930 年。

14. Заря. Ежедневная газета. Харбин. 1924 - 1925.

《霞光》日报，哈尔滨，1924～1925 年。

15. Рупор. Ежедневная газета. Харбин. 1921.

《喉舌》日报（《鲁波尔》报），哈尔滨，1921 年。

16. Людмира Дземешкевич. Харбинские были. Омск. 1999.

柳德米拉·德杰梅什凯维奇：《哈尔滨往事》，鄂木斯克，1999。

17. О. И. Кочубей. В. Ф. Печерица. Исход и возвращение. Русская эмиграция в Китае в 20 - 40 годы. Владивосток. 1998.

О. И. 科丘别依、В. Ф. 别切利察：《出走与回归（20～40 年代俄侨在中国)》，符拉迪沃斯托克，1999。

18. Н. М. Доброхотов. Спутник коммерсанта Ежегодник. Экономический, железнодорожный, административный и общественный справочник по Северной Маньчжурии и по г. Харбину (1926 - 1927). Харбин. 1926.

Н. М. 多布罗霍托夫：《商家必备》，载《北满暨哈尔滨经济、铁路、行政与社会指南》(1926～1927 年)，哈尔滨，1926 年。

19. К. Очеретин. Харбин-Фуцзядянь. Торгово-промышленный и железнодорожный справочник. Харбин. 1925.

K. 奥切列金:《哈尔滨—傅家甸商工和铁路指南》,哈尔滨,1925。

20. Российская Академия наук. Институт российской истории. Годы. Люди. Судьбы. История российской эмиграции в Китае. Москва. 1998.

俄罗斯科学院俄国史研究所:《年代、人们和命运——中国俄侨史》,莫斯科,1998。

21. С. И. Лазарева. О. И. Сергевич. Н. Л. Горкавенко. Российские женщины в Маньчжурии-краткие очереки из истории эмиграции. Владивосток. 1996.

С. И. 拉扎列娃、О. И. 谢尔盖耶夫、Н. Л. 戈尔卡文科:《俄国妇女在满洲——侨民史中的一段概述》,符拉迪沃斯托克,1996。

22. Россияне в Азиатско-тихоокеанском регионе. Сотрудничество на рубеже веков. (книга 1. 2). Владивосток 1999.

《俄国人在亚太地区:多世纪以来的境外合作》(第1、2册),符拉迪沃斯托克,1999。

23. Китайской народной республике 50 лет: История и современность. Владивосток. 1999.

《纪念中华人民共和国成立50周年:历史与现实》,符拉迪沃斯托克,1999。

24. А. А. Хисамутдинов. Российская эмиграция в Азиатско-Тихоокеанском регионе и Южной Америке. Биографический словарь. Владивосток. 2000.

А. А. 希萨穆季诺夫:《亚太地区及南美洲俄侨人物传记词典》,符拉迪沃斯托克,2000。

25. Харбинцы в Москве. Биографические очерки в двух выпусках. Москва. 1997.

《哈尔滨人在莫斯科》,《人物传略》第1、2册,莫斯科,1997。

26. Русские в Китае. Государственный архив административных органов Свердловской области и Екатеринбургское общество 《Русские в Китае》. №12. Екатеринбург. 1998.

斯维尔德洛夫斯克洲国立档案馆与叶卡捷琳堡俄国人在中国协会编:《俄国人在中国》第12期,叶卡捷琳堡,1998年。

27. Русские харбинцы в Австрарии. Сидней. 1999 №1. 2000 №2.

《俄籍哈尔滨人在澳大利亚》，悉尼，1999 年第 1 期、2000 年第 2 期。

28. Китайская Восточная железная дорога и промышленность Северной Маньчжурии. Альбом.

《中东铁路及北满工业相册》。

29. Юбилейный сборник Политехник (1969 – 1979) №10. Сидней. 1979.

《哈工大同学会纪念专号（1969～1979）》第 10 期，悉尼，1979 年。

30. Бетар в Китае (1929 – 1949). Тель-Авив. 1969.

《"贝塔"在中国（1929～1949 年)》，特拉维夫，1969。

31. Е. П. Таскина. Русский харбин. Москва. 1998.

Е. П. 塔斯金娜：《俄罗斯的哈尔滨》，莫斯科，1998。

32. Виктор Петров. Город на Сунгари. Вашингтон. 1983.

维克托·彼得罗夫：《松花江上的城市》，华盛顿，1983。

33. А. Ф. Вежновец. Н. П. Крадин. Записки краеведов. Хабаровск. 2000.

А. Ф. 韦日诺韦茨、Н. П. 克拉金：《地方史专家速写》，哈巴罗夫斯克，2000。

34. Ольга Багич. Россияне в Азии №1 – 7. Торинто. 1994 – 2000.

奥尔佳·巴吉奇：《俄国人在亚洲》第 1～7 期，多伦多，1994～2000 年。

35. Россия и АТР. 1999. №3. Владивосток.

《俄罗斯与亚太地区》1999 年第 3 期，符拉迪沃斯托克。

36. Г. В. Мелихов. Российская эмиграция в Китае (1917 – 1924). Москва. 1997.

Г. В. 麦利霍夫：《俄侨在中国（1917～1924)》，莫斯科，1997。

37. Г. В. Мелихов Маньчжурия далекая и близкая. Москва. 1991.

Г. В. 麦利霍夫：《遥远而邻近的满洲》，莫斯科，1991。

38. Д. Г. Селькина. Е. П. Таскина. Харбин. Ветка русского дерева. Новосибирск. 1991.

Д. Г. 谢利金娜、Е. П. 塔斯金娜：《哈尔滨——俄国大树上的一支》，新西伯利亚，1991。

39. Русский настольный календарь. На 1942 год. Харбин. 9 - год Кан-Де.

《1942 年俄国台历》，哈尔滨，1942。

40. Десять лет Маньчжудиго. Русское искусство в Маньчжурской империи. Харбин. 1942.

《满洲国建国 10 周年》，载于《俄罗斯艺术在满洲帝国》，哈尔滨，1942 年。

英文文献
English Sources

41. Passage Through China. The Jewish Communities of Harbin, Tientsin and Shanghai. Tel Aviv, Summer 1986.

《中国通道：哈尔滨、天津和上海的犹太社区》，特拉维夫，1986。

42. *Encyclopaedia Judaica*, Keter Publishing House, Jerusalem, 1972.

《犹太百科全书》，基特出版社，耶路撒冷，1972。

43. Bulletin, Association of Former Residents of China in Israel, 1972 - 2000.

《以色列原居中国犹太人协会会刊》，1972 - 2000 年。

日文文献
Japanese Sources

44. 杉山公子：《哈爾濱物語》，東京，地久館，1985。

45. 每日新聞社：《1 億人の昭和史》（日本殖民地史）第 2 卷：《滿洲》，東京，1978.8。

46. 每日新聞社：《1 億人の昭和史》第 1 卷：《滿洲事變前後》，東京，1975.5。

47. 哈爾濱特別市公署：《哈爾濱市勢要覽》，哈爾濱，1933。

48. 哈爾濱市公署：《哈爾濱市政要覽》，哈爾濱，1943。

49. 南滿洲鐵道株式會社哈爾濱事務所調查課：《東支鐵道沿線教育設施の現狀》，哈爾濱，1925.4。

50. 哈爾濱日本商工會議所：《在北滿に於ける外國資本並にの其活動狀況》，哈爾濱，1936。

51. 哈爾濱日本商工會議所：《北滿に於ける白系露人投資本とその活動狀況》，哈爾濱，1936。

52. 滿洲興信聯盟：《東北滿商工人事興信錄》，哈爾濱，1942。

53. 北滿商工社：《北滿商工紳士錄》，哈爾濱，1937.7。

54. 越澤明：《哈爾浜の都市計画（1898—1945)》，東京總和社，1990.10。

55. 來日露西亞人研究會會報《異鄉》，新宿，1998—1999。

56. 《露亞時報》，哈爾濱，1926。

中文文献
Chinese Sources

57. 石岩、戴伟：《犹太人移居哈尔滨的历史及其作用》，载于《北方文物》1992年第 2 期。

58. 赵喜罡：《哈尔滨的犹太人》，载于《哈尔滨文史资料》1995 年第 19 期。

59. 陈冬玲：《哈尔滨犹太人》，载于《黑龙江日报》2000 年 5 月 18 日。

60. 张铁江：《哈尔滨：近代东亚犹太人最大的活动中心》，载于《学习与探索》2000 年第 6 期。

61. 李述笑：《哈尔滨历史编年》，哈尔滨，2000 年。

62. 李述笑等：《哈尔滨旧影》，人民美术出版社，2000。

63. 李述笑、傅明静：《哈尔滨犹太人人口、国籍和职业构成问题探讨》，载于《学习与探索》2001 年第 3 期。

64. 李述笑：《犹太音乐家和哈尔滨音乐城》，载于《黑龙江日报》，2001 年 3 月 26 日、2001 年 4 月 9 日。

65. 李述笑：《格·鲍·德里金其人》，载于《黑龙江日报》，2001 年 4 月 30 日。

66. 阿巴·埃班：《犹太史》，中国社会科学出版社，1986。

67. 潘光：《犹太人在上海》，上海画报出版社，1995。

68. 沃尔特·拉克：《犹太复国主义史》，上海三联书店，1996。

69. 哈依姆·赫尔佐克：《勇敢的犹太人》，中国社会科学出版社，1996。

70. 《东北年鉴》，哈尔滨，1931。

71. 赫尔穆特·斯特恩：《弦裂——柏林爱乐乐团首席小提琴家斯特恩回忆录》，人民文学出版社，2003。

72. 格·卡明斯基：《中国的大时代——罗生特在华手记》，中国社会科学出版社，2003。

73. 韩天艳、程红泽、肖洪：《哈尔滨犹太家族史》，黑龙江人民出版社，2010。

后 记
Postscript

　　哈尔滨犹太人史是犹太人世界散居史的重要组成部分，哈尔滨则留下了善待犹太人的光彩记录。这充分体现了中国人民具有博大的国际主义情怀和强烈的人道主义精神，对犹太人具有深厚的友好情谊。犹太人在哈尔滨期间，依靠他们的聪明才智和辛勤汗水，为哈尔滨的经济社会发展和使其成为国际化大都市作出了重要贡献。这是哈尔滨人民永远不能忘记的。进入 21 世纪以来，关心和研究这段历史的中国人、犹太人和各国学者越来越多，因而编辑出版《哈尔滨犹太简明辞书》就显得愈益迫切。有鉴于此，同时也为加强哈尔滨犹太历史文化研究奠定坚实的基础，我们在 2005 年申请了国家社科基金项目"哈尔滨犹太人历史文化百科全书"。由于在哈尔滨的犹太人历史档案资料所限，我们先后耗时耗资组团到以色列原居中国犹太人协会资料室、以色列散居世界各地犹太人博物馆、俄罗斯哈巴罗夫斯克档案馆、德国柏林犹太博物馆，以及法国国家档案馆查阅、复制、翻译了大量相关历史档案资料。查阅梳理这些资料占用了大量时间，因此课题完成的时间比计划有所延后，于 2010 年 3 月结项。考虑到这部书稿在规模、内容上与百科全书尚有差距，因此在出版时将该书更名为《哈尔滨犹太简明辞书》。这部书稿是集体合作的成果，凝结着黑龙江省社会科学院犹太研究中心科研人员的辛勤劳动和心血智慧。值得一提的是，韩天艳、程红泽、肖洪合著的《哈尔滨犹太家族史》一书，对本书的素材整合与选用颇有帮助。

　　本书共收入词条 800 余条，图片 250 余张，共计 64 万字。条目类别分工及完成工作量的情况是：李述笑：社团与附录部分；张铁江：金融部分；程红泽：经济部分；韩天艳：文化艺术部分；肖洪：政治部分；宋晓松：教育卫生部分；王桂芝：宗教部分；历史人物部分由郝志鸿、傅明静、韩天艳、程红泽四位同志共同完成；外文翻译及校对主要由郝志鸿同志完成。本书编者完成的文字量分别为：曲伟 2.5 万字；李述笑 3 万字；郝志鸿 23 万字；韩天艳 13 万字；程红泽 11 万字；王桂芝 3.6 万字；肖洪 3 万字；张铁江 1.5 万字；袁晓初 1.5 万字；宋晓松 1.2 万字；傅明静 0.7 万字。

上述各个部分均按分工由作者在我本人和李述笑先生指导下独立完成。本人作为享受国务院特殊津贴专家、哈尔滨犹太历史文化省级重点学科带头人和项目负责人，主持课题大纲设计分工，创造课题启动条件，通读审改课题全部书稿，就相关部分进行修改，并多次组织课题组成员集体讨论。李述笑研究员作为前任哈尔滨犹太历史文化省级重点学科带头人，不但承担了课题的大量文稿，负责社团、附录部分撰稿和选择插图，还协助本人通读修改了全部书稿。傅明静研究馆员作为哈尔滨犹太研究中心主任（2005～2009 年 6 月），除承担犹太人物部分撰稿外，还代我承担了课题日常督办检查任务。全体课题组成员都是几易其稿，都付出了艰辛的劳动。另外，哈尔滨工程大学英语系张冰教授参与了课题的研究和本书海外版的翻译工作。

本书采用的外文资料图片一部分是用课题经费购买的，一部分是以色列—中国友好协会、以色列原居中国犹太人协会赠送的，还有一部分是以色列散居世界犹太人博物馆提供的，法国图格涅夫图书馆馆长萨宾娜也赠送了部分资料图片，还从德国柏林犹太博物馆、俄罗斯哈巴罗夫斯克档案馆复制了一部分。书稿完成后，特邀国家首届百种重点社科期刊《学习与探索》编审、享受国务院特殊津贴专家张慧彬，副编审肖海晶，编辑朱磊、张荣东，珠海大学教授王凯宏进行审读。还有，国家社会科学基金为本书出版提供了资助，在此一并表示衷心的感谢。特别要感谢中国钢海集团董事长兼总经理胡献忠先生对本书出版提供的资助。

本书的出版，得到黑龙江省政协主席杜宇新，中共黑龙江省委常委、省政府常务副省长刘国中和中共哈尔滨市委书记林铎及市委宣传部部长张丽欣等同志的重视和支持，黑龙江省历史文化研究工程提供了出版资助，哈尔滨市社科院院长鲍海春研究员、哈尔滨马迭尔集团总经理刘瑞强先生参与了本书的出版策划，并审读了全书，提出了有益的意见。在此一并致谢。

"大木百寻，根基深也"；"海纳百川，有容乃大"。本书的突出特色：一是集体编撰，内容丰富，已经成为了集哈尔滨犹太人研究的大成之作；二是疏密有序，图文并茂，采用了大量珍贵的历史资料；三是年表修编，与时俱进，全面体现了哈尔滨与世界犹太交往的与时俱进；四是开放包容，学术规范，突出显现了本书作者具有相当专业的犹太研究功底。它将成为关注哈尔滨犹太人历史的必读书、研究哈尔滨犹太人文化的工具书，也将成为体现中华民族善待犹太人这一光彩人道主义记录的见证书。

　　哈尔滨犹太历史文化研究正处于起步阶段，我们的这一研究成果虽然代表了这一研究的最新发现和最新进展，具有基础性和开拓性，但是由于哈尔滨犹太历史文化研究的大量资料流散世界各地，受资金所限未能进行更多采集，特别是原居哈尔滨犹太人现在健在者为数不多，对其口述历史抢救不够等等原因所限，哈尔滨犹太历史文化还有诸多谜底有待进一步揭开。该书的出版对于哈尔滨犹太历史文化研究来说还是阶段性的成果。我们深知，尽管作者付出了艰辛劳动，但由于资料占有方面的限制和时间紧迫，该书肯定会有一些遗漏，存在一定缺憾。这里，我们只能期待未来随着哈尔滨犹太历史文化资料的新发现和对这方面研究取得新进展而进行再版时，补足遗漏，克服缺憾。我们恳切希望读者提出宝贵的批评和建议，也希望有更多学者参与哈尔滨犹太历史文化研究，以使哈尔滨犹太历史文化研究的水平不断得到提高。

曲　伟

2012 年 12 月 20 日